Das große Buch

Joomla! 2.5

Daniel Koch

DATA BECKER

Copyright	© by DATA BECKER GmbH & Co. KG
	Merowingerstr. 30
	40223 Düsseldorf
Produktmanagement und Lektorat	Peter Meisner
Umschlaggestaltung	David Haberkamp
Coverfoto	@ Pixelwolf2 – Fotolia.com
Textbearbeitung und Gestaltung	Andreas Quednau (www.aquednau.de)
Druck	Media-Print, Informations-Technologie GmbH

ISBN 978-3-8158-3111-3

Wichtiger Hinweis

Die in diesem Buch wiedergegebenen Verfahren und Programme werden ohne Rücksicht auf die Patentlage mitgeteilt. Sie sind für Amateur- und Lehrzwecke bestimmt.

Alle technischen Angaben und Programme in diesem Buch wurden von den Autoren mit größter Sorgfalt erarbeitet bzw. zusammengestellt und unter Einschaltung wirksamer Kontrollmaßnahmen reproduziert. Trotzdem sind Fehler nicht ganz auszuschließen. DATA BECKER sieht sich deshalb gezwungen, darauf hinzuweisen, dass weder eine Garantie noch die juristische Verantwortung oder irgendeine Haftung für Folgen, die auf fehlerhafte Angaben zurückgehen, übernommen werden kann. Für die Mitteilung eventueller Fehler sind die Autoren jederzeit dankbar.

Wir weisen darauf hin, dass die im Buch verwendeten Soft- und Hardwarebezeichnungen und Markennamen der jeweiligen Firmen im Allgemeinen warenzeichen-, marken- oder patentrechtlichem Schutz unterliegen.

Vorwort

Joomla! hat sich längst zu einem der beliebtesten Content-Management-Systeme entwickelt. Das verwundert nicht, schließlich lässt sich Joomla! einfach installieren und konfigurieren und bietet zudem eine leicht verständliche Benutzeroberfläche.

Das System ist sehr flexibel, lässt sich um fast jede beliebige Funktionalität erweitern und ist vielseitig einsetzbar. Sei es nun die private Homepage, eine komplexe Firmenwebseite oder eine Community – mit Joomla! ist all das kein Problem.

Sie erfahren in diesem Buch zunächst, wie Sie Ihre Webseite strukturieren, Inhalte anlegen, Bilder hochladen und Extensions einsetzen können.

Ein sehr wichtiger Aspekt im Zusammenhang mit Joomla! sind die Templates. Denn erst das Template sorgt für den optischen Aha-Effekt, wenn Ihre Webseite aufgerufen wird. In diesem Buch wird daher ausführlich auf das Anpassen bestehender und die Entwicklung eigener Templates eingegangen. So steht dem individuellen Layout Ihrer Webseite nichts mehr im Weg. Sie erfahren, wie sich Module in Templates platzieren, Inhalte anzeigen und die Frontend-Ausgabe überschreiben lässt.

Ebenso finden Sie in diesem Buch zahlreiche Hinweise zur Absicherung Ihrer Joomla!-Webseite. Zusätzlich gibt es Tipps & Tricks zu den Themen Webseitenperformance und Suchmaschinenoptimierung.

Kapitel 12 beschreibt dann noch einmal Schritt für Schritt, wie Sie Ihre Webseite mit Joomla! anlegen und dann tatsächlich bei einem Provider online stellen können.

Im Downloadbereich von DATA BECKER (*http://www.databecker.de/buch-dl*) stehen Ihnen längere Listings zum Download zur Verfügung.

Bei Fragen zum Buch oder Joomla! erreichen Sie mich unter *kontakt@medienwerke.de*.

Berlin, März 2012   Daniel Koch

Inhalt

8. Eigene Templates entwickeln 458

10. Profi-Formulare mit den BreezingForms 745

11. Suchmaschinenoptimierung, Sicherheit und Performance 767

1. Installation und Konfiguration

Joomla! selbst lässt sich binnen weniger Minuten installieren. Damit die Installation aber überhaupt möglich ist, muss eine geeignete Arbeitsumgebung vorhanden sein. Dazu gehören ein Server, ein von Joomla! unterstütztes Datenbanksystem und PHP. Wer will, kann das alles im Handumdrehen mit sogenannten All-in-one-Paketen manuell aufsetzen. Das wird in diesem Kapitel natürlich behandelt, genauso aber auch die Nachteile dieser „Wunderpäckchen". Daher wird der traditionelle Weg über die Installation der einzelnen Komponenten ebenfalls beschrieben.

Nachdem die Vorarbeiten abgeschlossen sind, geht es dann zur Joomla!-Installation. Und auch wenn es dort einmal klemmen sollte, hilft dieses Kapitel weiter, denn hier werden die typischen Fehlerquellen durchleuchtet und Lösungen aufgezeigt.

Zunächst aber werfen wir ein Blick darauf, welche Neuerungen Joomla! 2.5 im Vergleich zu den Vorgängerversionen zu bieten hat.

1.1 Die wichtigen Neuerungen im Überblick

Endlich ist es da, das brandaktuelle Joomla! 2.5. Dieses Kapitel wirft zunächst einen kurzen Blick auf die wichtigsten Funktionen, die in der neuen Version enthalten sind. Zunächst aber ein – ganz kurzer – Blick auf die Joomla!-Versionen der letzten Monate. Denn gerade die undurchsichtigen Versionsnamen machten Joomla!-Anwendern das Leben schwer.

Mit Version 1.5 legte Joomla! bereits einen deutlichen Qualitätssprung im Vergleich zur Version 1.0 hin. Das hat die Erwartungen an den Nachfolger Joomla! 1.6 umso mehr gesteigert. Allerdings war die Haltbarkeit dieser Version sehr gering. Anstatt nämlich Joomla! 1.6 weiterzuentwickeln, ging man direkt zu Joomla! 1.7 über, der Support für Joomla! 1.6 wurde von offizieller Joomla!-Seite eingestellt.

Ende Januar wurde nun Joomla! 2.5 veröffentlicht, eine sogenannte Long-Term-Release-Version. Was aber hat es mit einer solchen Version eigentlich auf sich? In der Programmier- und Software-Welt gibt es das Konzept geteilter Release-Zyklen schon lange. Und so wie dort wird es nun auch in Joomla! einen kurzfristigen (Short Term Release) und einen langfristigen Release-Zyklus (Long Term Release) geben. Die Joomla!-Hauptentwickler haben es sich mit Einführung von Version 1.6 zum Ziel gesetzt, alle sechs Monate eine neue Joomla!-Version zu veröffentlichen. Dabei ist Joomla! 1.6 ein kurzfristiges Release gewesen. Joomla! 1.7 war das zweite kurzfristige Release. Mit Version 2.5 wurde nun seit Joomla! 1.5 wieder ein langfristiges Release veröffentlicht. Fortan soll es alle achtzehn Monate ein solches langfristiges Release geben.

Stellt sich natürlich die Frage, wie es sich mit dem Support für die einzelnen Versionen verhält? Bei den langfristigen Zyklen ist dieser Support natürlich vergleichsweise lange gegeben. So wird Joomla! 1.5 als langfristiges Release noch bis April 2012 mit Sicherheits-Updates versorgt. Für Sie bedeutet dies faktisch: Wenn Ihre Webseite bislang auf Joomla! 1.5 läuft, müssen Sie diese nicht unbedingt auf Joomla! 1.7 umstellen. Spätestens dann, wenn der Support für Joomla! 1.5 eingestellt wird, sollten Sie Ihre Webseite dann aber auf Joomla! 2.5 upgraden.

Anders sieht es mit dem Support der kurzfristigen Versionen aus. Dieser endet exakt mit dem Erscheinen einer neuen Version.

Zunächst werden auf den folgenden Seiten die wichtigsten Neuerungen gezeigt, die Joomla! 2.5 im Vergleich zu seinen Vorgängern zu bieten hat.

Zwei Begriffsdefinitionen zu Beginn: Im Zusammenhang mit Joomla! werden Ihnen immer wieder die beiden Begriffe Backend und Frontend begegnen. Mit Backend ist der Administrationsbereich gemeint. Darauf haben – wenn Sie die Webseite alleine betreiben – nur Sie Zugriff. Das Backend ist über eine spezielle Adresse erreichbar und mit einem Passwort geschützt.

Das Frontend ist das, was die Besucher Ihrer Seite sehen, also die eigentliche Webseite.

Neues Backend

Wenn Sie zuvor mit Joomla! 1.5 gearbeitet haben, werden Sie überrascht sein, wie stark sich das Layout des Backends verändert hat.

Das Backend wirkt aufgeräumt und erwachsener. Trotz der optischen Änderungen ist Joomla! aber eines geblieben: eins der übersichtlichsten Content-Management-Systeme (CMS) überhaupt.

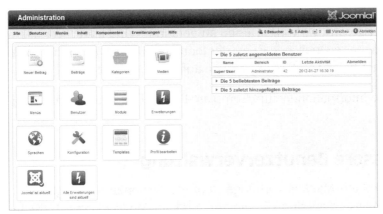

Hier hat sich einiges getan.

Sauberer und (teilweise) barrierefreier Code

Bei einem Blick in den im Frontend generierten Quellcode fällt zunächst einmal auf, dass die alten Layouttabellen verschwunden sind. Im Klartext bedeutet dies, dass Joomla! standardmäßig tabellenfreie Inhalte ausliefert. Das war so zwar auch bereits in Joomla! 1.5 prinzipiell möglich, dort muss-te man allerdings auf Overrides zurückgreifen. Dieser Umweg – für den man sich doch etwas ausführlicher mit der Theme-Thematik befassen musste – entfällt in Joomla! 2.5 (wenngleich auch in Joomla! 2.5 Overrides möglich sind, nur muss man sie eben nicht dazu verwenden, das Tabellen-layout zu entfernen).

Ein Blick in das neue Frontend zeigt ein klassisches Standard-Template.

Es zeigt sich ein deutlicher Fortschritt im Vergleich zu den Vorgänger-versionen. Insgesamt wirkt das Design aufgeräumter und klarer. Vor allem aber der generierte Quellcode ist es, der Joomla! nun auch auf dem Gebiet der Barrierefreiheit zu anderen Systemen aufschließen lässt.

Ausführliche Informationen zum Template-Design finden Sie in den Kapiteln 7 und 8.

Eine bessere Benutzerverwaltung

Eines der größten Mankos vorheriger Joomla!-Versionen im Vergleich zu anderen CM-Systemen sind die eingeschränkten Möglichkeiten hinsichtlich der Benutzerverwaltung gewesen. Auch in diesem Bereich hat sich in Joomla! 2.5 eine ganze Menge getan. So kann man jetzt zum Beispiel festlegen, was die einzelnen Benutzergruppen genau dürfen. Zudem lassen sich eigene Benutzergruppen definieren.

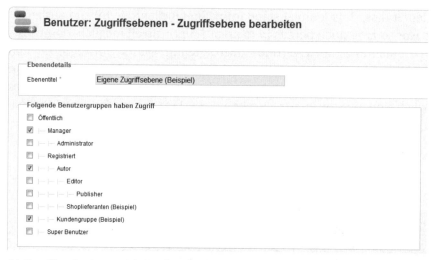

Die Zugriffsrechte lassen sich detailliert festlegen.

Und auch Zugriffsberechtigungen und Zugriffsebenen können Sie nun professionell zuweisen. Auf das wichtige Thema der Benutzerverwaltung wird in Kapitel 6 eingegangen.

Captcha für Formulare

Endlich wurde eine Captcha-Funktion integriert. So lässt sich automatisch generierter Formular-Spam verhindern oder zumindest stark minimieren. Bei Joomla! kann man dabei das bekannte reCAPTCHA einsetzen.

Ein effektiver
Schutz gegen
Spam.

Nur dann, wenn die angezeigte Buchstaben-Zahlen-Kombination in das Textfeld eingetragen wird, lässt sich das Formular abschicken. Eine solche Funktion war in früheren Joomla!-Versionen ausschließlich über Drittkomponenten umsetzbar. Dieser Umweg kann nun entfallen.

Entfernte Erweiterungen

Wer kennt sie nicht, die Umfrage- bzw. Poll-Erweiterung für Joomla!, die jahrelang über das *Components*- bzw. *Komponenten*-Menü erreichbar war? Sieht man sich jetzt dieses Menü an, wird deutlich, dass die Erweiterung dort tatsächlich nicht mehr verfügbar ist.

Einige Erweiterungen wurden entfernt.

Für das Fehlen dieser Komponenten gibt es durchaus berechtigte Gründe. Vor allem die Umfrage-Erweiterung sah sich nämlich immer wieder massiver Kritik ausgesetzt. Schuld daran war vor allem der geringe Funktionsumfang, der die Joomla!-Gemeinde störte. Im Endeffekt wurde diese Standarderweiterung daher kaum eingesetzt. Stattdessen griffen die meisten Anwender auf alternative Extensions zurück. Dieser Tatsache ist man nun gerecht geworden und hat solche Erweiterungen aus dem Joomla!-Paket entfernt, für die es ausreichend Alternativen gibt. Vorteil hiervon: Das Joomla!-Paket wird dadurch nicht mehr künstlich aufgebläht, und die Joomla!-Entwickler können sich auf ihre Kernaufgaben konzentrieren.

Verbessertes Extension-Management

Ebenfalls deutlich überarbeitet wurden die Funktionen rund um die Erweiterungen, denn diese sollen sich nun direkt über das Joomla!-Backend aktualisieren lassen. Sogar einen Warnbereich gibt es, in dem auf mögliche Sicherheitsrisiken hingewiesen wird.

Gerade die Extension-Sicherheit ist es gewesen, die in der Vergangenheit immer wieder Anlass zur Kritik an Joomla! bot. Denn Erweiterungen ließen sich mit einigem PHP-Wissen programmieren, die Sicherheit blieb jedoch oftmals auf der Strecke. In Joomla! 2.5 hat man sich speziell diesem Thema zugewandt. Sobald man sich ins Backend einloggt, bekommt man angezeigt, ob die installierten Erweiterungen aktuell sind.

Auch die Aktualität der Erweiterungen wird jetzt überprüft.

Wie der sichere Umgang mit Joomla!-Erweiterungen funktioniert, wird ausführlich in Kapitel 9 beschrieben.

Inhaltsverwaltung

Joomla! gehörte leider zu den Content-Management-Systemen mit der starrsten Content-Hierarchie. Wie Sie vielleicht aus eigener (leidvoller) Erfahrung wissen, musste man Inhalt in Joomla! immer in eine zuvor definierte Struktur aus Bereichen und Kategorien einordnen. (Es gibt zwar ebenfalls die Möglichkeit zum Anlegen nicht kategorisierter Inhalte, aber auch das ist lediglich eine Notlösung.)

Bereiche gibt es ab sofort nicht mehr.

Hier hinkt Joomla! anderen CM-Systemen leider um Jahre hinterher. Allerdings gibt es in Joomla! 2.5 einige Neuerungen, die in die richtige Richtung weisen. Konnte man bislang beispielsweise Kategorien keine Unterkategorien zuweisen, hat man dieses Konzept jetzt gründlich überarbeitet.

Auch das Bereiche-Konzept wurde aus Joomla! 2.5 vollständig entfernt. Das ist sinnvoll, schließlich war vielen Joomla!-Anwendern Sinn und Zweck bzw. der Unterschied zwischen Bereichen und Kategorien ohnehin nicht ganz klar. Ab sofort gibt es nur noch Kategorien.

Mehr Sicherheit

Eines der Hauptprobleme von Joomla! (und anderer vergleichbarer Systeme) ist die Sicherheit. So sahen sich in der Vergangenheit Joomla!-betriebene Webseiten oft Angriffen ausgesetzt. Schuld daran war allerdings meist nicht Joomla! selbst. Vielmehr waren zwei Aspekte maßgeblich daran beteiligt:

> ➢ Joomla! wurde nicht regelmäßig aktualisiert.

> ➢ Die installierten Erweiterungen waren schlecht programmiert oder wurden nicht aktualisiert.

Diese Dinge lassen sich in der 2.5-Version quasi auf Knopfdruck beheben. Direkt nach der Backend-Anmeldung zeigt Joomla!, ob das System und die installierten Erweiterungen aktuell sind.

So sieht man gleich, ob alles aktuell ist.

Zusätzlich kann man im Backend überprüfen, für welche Extensions Updates verfügbar sind.

Ebenfalls zur erhöhten Sicherheit trägt das leichtere Durchführen von Updates bei. Stellte sich dieser Prozess in der Vergangenheit – vor allem für Joomla!-Neulinge – oft problematisch dar, geht das heute auf Knopfdruck. Auch das ist natürlich ein enormer Gewinn an Sicherheit.

Weitere Neuerungen

Neben den aufgeführten Punkten hat Joomla! 2.5 noch eine ganze Reihe weiterer Neuerungen zu bieten. Einige davon werden Sie – da diese verborgen im Hintergrund arbeiten – vielleicht gar nicht bemerken. Hier ein kurzer Überblick über weitere interessante Funktionen:

➢ Endlich gibt es mit Captchas auch einen effektiven Spam-Schutz für Formulare.

➢ Das Anlegen neuer Module für Menüs geht einfacher.

➢ Das Backend lässt sich deutlich flexibler gestalten.

➢ Die Datenbank lässt sich automatisch darauf überprüfen, ob deren Schema nach einem Update noch aktuell ist.

➢ Menüs lassen sich direkt nach ihrer Erstellung mit einem Modul verknüpfen.

> ➤ Die Übersetzungen bei mehrsprachigen Webseiten lassen sich flexibel anpassen.

> ➤ Wird die Seite offline geschaltet, kann ein eigenes Logo direkt über das Backend angegeben werden.

> ➤ Eine verbesserte Suchfunktion wurde integriert.

> ➤ Die Ausgabe des Frontends ist ebenfalls flexibler gestaltbar.

Diese und weitere Neuerungen werden Sie im Laufe dieses Buchs natürlich detailliert kennenlernen.

1.2 Eine Testumgebung einrichten

Bevor man mit Joomla! arbeiten kann, muss eine geeignete Arbeitsumgebung geschaffen werden. Dazu gehören ein Server, eine MySQL-Datenbank und PHP. Wer will, kann das alles mit sogenannten All-in-one-Paketen binnen weniger Minuten aufsetzen.

Die eigene Entwicklungsumgebung

Wenn Sie einen Server, PHP und MySQL manuell aufsetzen wollen, finden Sie im Anhang eine entsprechende Schritt-für-Schritt-Anleitung.

Nachdem die Vorarbeiten abgeschlossen sind, geht es dann zur eigentlichen Joomla!-Installation. Und auch wenn es dort einmal klemmen sollte, hilft dieses Kapitel weiter, indem die typischen Fehlerquellen durchleuchtet und Lösungen gezeigt werden.

Rundum-sorglos-Pakete für die Schnellinstallation

Sie haben sich schon lange für ein eigenes CMS interessiert, sind bislang aber stets vor der (zumindest auf den ersten Blick) aufwendigen Installation von Apache, PHP und MySQL zurückgeschreckt? Dann ist ein sogenanntes All-in-one-Installationspaket genau das Richtige für Sie. Diese Pakete sorgen dafür, dass Sie mit wenigen Handgriffen stolzer Besitzer einer vollständigen Serverumgebung sind. In der Tabelle sehen Sie eine Auswahl der beliebtesten Tools.

Name	Adresse	Beschreibung
MAMP	*http://www.mamp.info/*	Dieses Paket wurde speziell für Freunde des Macs entwickelt und installiert unter OS X Apache, MySQL und PHP. MAMP gibt es einmal kommerziell und einmal kostenlos. Normalerweise genügt die kostenlose Variante völlig.
XAMPP	*http://www.apachefriends. org/*	Auf diesem für Windows, Mac und Linux gleichermaßen einsetzbaren Paket wird der Fokus in diesem Kapitel liegen.
AppServ	*http://www.appservnetwork. com/*	AppServ installiert unter Windows eine WAMP-Umgebung.

Der Fokus liegt in diesem Buch auf XAMPP von Apache Friends (*http:// www.apachefriends.org/*).

Namensvielfalt

Im Zusammenhang mit dem Aufsetzen von Entwicklungsumgebungen werden Ihnen immer wieder die beiden Begriffe LAMP und WAMP begegnen. Dabei steht LAMP für **L**inux **A**pache **M**ySQL **P**HP, WAMP ist die Abkürzung für **W**indows **A**pache **M**ySQL **P**HP.

Darüber hinaus gibt es auch noch solche Installationspakete, in denen neben Apache, MySQL und PHP auch gleich Joomla! enthalten ist. Damit können Sie alle benötigten Komponenten für Ihre Joomla!-Testumgebung direkt auf einen Streich installieren. Ideal sind diese Pakete natürlich vor allem, da Sie sich hier nicht weiter um die Joomla!-Installation kümmern müssen.

Typische Vertreter sind Joomlas2Go (*http://www.joomlaos.de/option,com_remository/Itemid,41/func,fileinfo/id,4209.html/*) und XJ Joomla! (*http:// www.joomlaos.de/Downloads/Joomla_Core/XJ!.html*).

Leider arbeiten diese Pakete zumeist nicht mit den aktuellsten Joomla!-Versionen. (So war beispielsweise bis zur Drucklegung dieses Buchs in beiden Paketen Joomla! 2.5 noch nicht verfügbar.) Es kann also schon mal einige Wochen oder sogar Monate dauern, bis neue Sicherheitspatches von den Entwicklern integriert werden. Achten Sie hier also unbedingt darauf, das System auf entsprechende Schwachstellen hin zu überprüfen und bei Bedarf manuell zu aktualisieren. Zudem sind auch diese Pakete normalerweise ausschließlich für Testumgebungen gedacht. Auf Produktivumgebungen haben sie aufgrund mangelnder Sicherheit nichts zu suchen.

Die XAMPP-Installation verläuft sowohl unter Linux und Macintosh als auch auf Windows-Rechnern problemlos und ist in wenigen Minuten abgeschlossen. Bevor es nun aber tatsächlich „ernst" wird, wenn Sie zur Installation schreiten, noch ein Blick darauf, was man sich denn mit der XAMPP-Installation so alles auf seinen Computer lädt.

Windows	Linux
Apache 2.2.14 (IPv6 enabled), MySQL 5.1.41 + PBXT engine, PHP 5.3.1, OpenSSL 0.9.8l, phpMyAdmin 3.2.4, XAMPP Control Panel 2.5.8, XAMPP CLI Bundle 1.6, Webalizer 2.21-02, Mercury Mail Transport System v4.72, msmtp 1.4.19, FileZilla FTP Server 0.9.33, SQLite 2.8.17, SQLite 3.6.20, ADODb 5.10, eAccelerator 0.9.6-rc1, Xdebug 2.0.6-dev, Ming 0.4.3	Apache 2.2.14, MySQL 5.1.41, PHP 5.3.1 & PEAR + SQLite 2.8.17/3.6.16 + multibyte (mbstring) support, Perl 5.10.1, ProFTPD 1.3.2c, phpMyAdmin 3.2.4, OpenSSL 0.9.8l, GD 2.0.1, Freetype2 2.1.7, libjpeg 6b, libpng 1.2.12, gdbm 1.8.0, zlib 1.2.3, expat 1.2, Sablotron 1.0, libxml 2.7.6, Ming 0.4.2, Webalizer 2.21-02, pdf class 009e, ncurses 5.3, mod_perl 2.0.4, FreeTDS 0.63, gettext 0.17, IMAP C-Client 2007e, OpenLDAP (client) 2.3.11, mcrypt 2.5.7, mhash 0.8.18, eAccelerator 0.9.5.3, cURL 7.19.6, libxslt 1.1.26, libapreq 2.12, FPDF 1.6, XAMPP Control Panel 0.8, bzip 1.0.5, PBXT 1.0.09-rc, PBMS 0.5.08-alpha, ICU4C Library 4.2.1

Das zeigt eindrucksvoll, wie umfangreich die Installation wird und dass man anschließend tatsächlich im Besitz einer vollständigen Server- und Entwicklungsumgebung ist.

Rundum sorglos ist nicht ganz die Wahrheit

Es geht an dieser Stelle in erster Linie darum, dass Sie auf Ihrem Computer zu Hause eine Entwicklungsumgebung für Joomla! schnell und unkompliziert einrichten können. Dafür reicht XAMPP allemal. Im professionellen Bereich ist XAMPP aufgrund seiner Grundkonfigurationen umstritten und wird gemieden. Hier wird auf die manuelle Installation von PHP, Apache und MySQL gesetzt, die im Anhang beschrieben wird. Dieses Mindestmaß an Sicherheit ist von den XAMPP-Entwicklern übrigens durchaus gewollt. Denn nur dadurch lässt sich XAMPP so einfach und problemlos installieren.

Die XAMPP-Installation unter Windows

XAMPP kann kostenlos von der Seite *http://www.apachefriends.org/* heruntergeladen werden. Damit es mit der Installation auch tatsächlich klappt, müssen die folgenden Systemvoraussetzungen erfüllt sein:

➢ 64 MByte RAM
➢ 160 MByte freier Speicherplatz
➢ Windows 98, ME, NT, 2000, XP, Vista oder 7

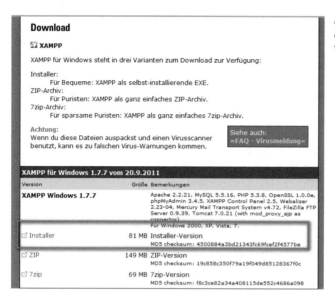

Diese EXE-Datei lädt man sich üblicherweise herunter.

Installiert werden sollte XAMPP über die Installer-Version, da hier ein Assistent durch alle notwendigen Schritte führt. Rufen Sie die Seite *http://www.apachefriends.org/de/xampp-windows.html* auf, klicken Sie im Bereich *Download* auf *Installer* und laden Sie die EXE-Datei herunter.

Wer lieber einen etwas puristischeren Weg über eine Zip-Datei gehen will, findet eine Anleitung unter *http://www.apachefriends.org/de/xampp-windows.html*.

Administratorrechte einstellen

Auf allen NT-basierten Windows-Systemen (NT, 2000, XP, Vista, 7) sollten Sie über Administratorrechte verfügen. Kontrollieren und gegebenenfalls einstellen lässt sich das über *Start/ Systemsteuerung/ Benutzerkonten*.

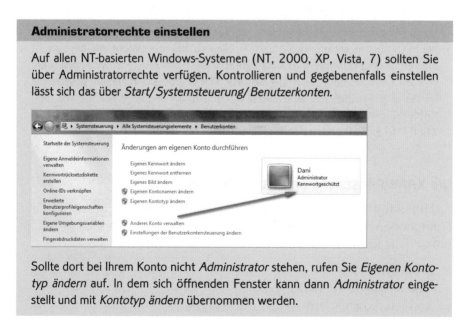

Sollte dort bei Ihrem Konto nicht *Administrator* stehen, rufen Sie *Eigenen Kontotyp ändern* auf. In dem sich öffnenden Fenster kann dann *Administrator* eingestellt und mit *Kontotyp ändern* übernommen werden.

Gestartet wird die Installation über einen Doppelklick auf die heruntergeladene EXE-Datei. Der Warnhinweis zu den Benutzerkonteneinstellungen (siehe oben) kann mit *OK* bestätigt werden. Den Willkommensbildschirm überspringen Sie mit *Weiter*. Nach Wahl des Installationsverzeichnisses (üblicherweise *C:\xampp*) hilft ein Assistent bei der Installation von XAMPP. Wenn Sie mit Windows Vista oder Windows 7 arbeiten, sollten Sie XAMPP auf alle Fälle nicht unter *C:\Program Files* bzw. *C:\Programme* installieren, da dort in der Standardinstallation keine Schreibrechte gegeben sind.

Mit *Weiter* geht es zum nächsten Schritt. Jetzt kann noch festgelegt werden, ob auf dem Desktop ein Icon und im Startmenü ein Eintrag für XAMPP angelegt werden sollen.

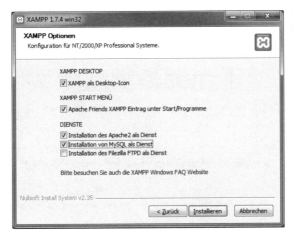

Weitere Einstellungen können vorgenommen werden.

Außerdem wird angeboten, Apache, MySQL und FileZilla als Windows-Dienst zu installieren. Diese Variante sollten Sie wählen, wenn Sie (fast) täglich mit XAMPP arbeiten.

Mit *Installieren* wird die Installation gestartet.

Aufgrund der zahlreichen in XAMPP enthaltenen Komponenten dauert die Installation übrigens eine ganze Weile.

XAMPP und die Windows-Firewall

Sobald Sie den Apache-Server und MySQL starten, wird sich – wenn Sie sie aktiviert haben – die Windows-Firewall melden. Mit *Nicht mehr blocken* bzw. *Zugriff zulassen* sorgen Sie dafür, dass Sie mit dem Apache-Server von der Windows-Firewall unbehelligt arbeiten können.

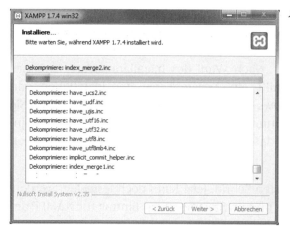

XAMPP wird installiert.

Nach der erfolgreich abge-
schlossenen Installation klicken Sie auf *Fertig stellen*.
Daraufhin fragt XAMPP Sie,
ob das XAMPP Control Pa-
nel gestartet werden soll.

Üblicherweise wählt man
hier *Ja*. Dadurch wird die
*XAMPP Control Panel Appli-
cation* gestartet.

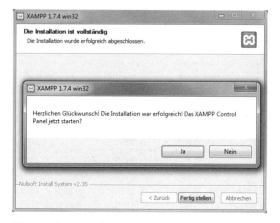

Die Installation ist fast beendet.

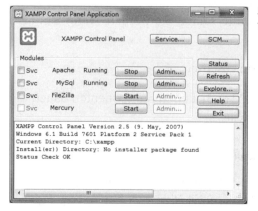

*Das Control Panel
von XAMPP.*

Darüber können unter anderem Apache und MySQL gestartet und wieder
angehalten werden. Sobald genau diese beiden genannten Module auf

Start gestellt sind, sollten Sie einen ersten Test wagen. Um herauszufinden, ob tatsächlich ein Webserver läuft, geben Sie in die Adresszeile des Browsers Folgendes ein:

- `http://localhost`

Bestätigen Sie diese Eingabe mit der Enter-Taste. Daraufhin meldet sich XAMPP beim ersten Start mit der Sprachauswahl.

Nachdem Sie auf den Link der gewünschten Sprache geklickt haben, werden Sie zur Startseite von XAMPP weitergeleitet. Dort haben Sie unter anderem Zugriff auf einen Sicherheitscheck sowie Konfigurationstools für MySQL, PHP und FTP.

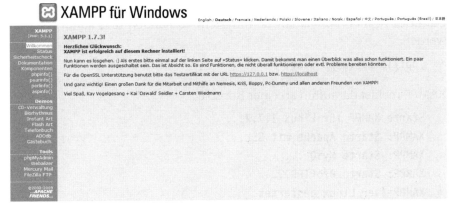

Das ist die XAMPP-Startseite.

Sie sind jetzt somit im Besitz einer Entwicklungsumgebung und können Joomla! dort installieren. Wie sich Joomla! installieren lässt, erfahren Sie ab Seite 34.

Die Linux-Installation von XAMPP

In den meisten Linux-Umgebungen sind bereits die notwendigen Komponenten vorhanden, um Joomla! installieren und betreiben zu können. Ist das nicht der Fall, bietet XAMPP eine ideale Möglichkeit, schnellstmöglich auch unter Linux eine entsprechende Umgebung aufzusetzen. Enthalten sind darin folgende Komponenten:

Apache 2.2.21, MySQL 5.5.16, PHP 5.3.8 & PEAR + SQLite 2.8.17/3.6.16 + multibyte (mbstring) support, Perl 5.10.1, ProFTPD 1.3.3e, phpMyAdmin 3.4.5, OpenSSL 1.0.0c, GD 2.0.1, Freetype2 2.1.7, libjpeg 6b, libpng 1.2.12, gdbm 1.8.0, zlib 1.2.3, expat 1.2, Sablotron 1.0, libxml 2.7.6, Ming 0.4.2, Webalizer 2.21-02, pdf class 009e, ncurses 5.3, mod_perl 2.0.5, FreeTDS 0.63, gettext 0.17, IMAP C-Client 2007e, OpenLDAP (client) 2.3.11, mcrypt 2.5.7, mhash 0.8.18, eAccelerator 0.9.5.3, cURL 7.19.6, libxslt 1.1.26, libapreq 2.12, FPDF 1.6, XAMPP Control Panel 0.8, bzip 1.0.5, PBXT 1.0.09-rc, PBMS 0.5.08-alpha, ICU4C Library 4.2.1

Das XAMPP-Paket für Linux finden Sie unter *http://www.apachefriends. org/de/xampp-linux.html.*

Nach dem Download öffnen Sie eine Linux-Shell und melden sich über

- su

als *root* am System an. Anschließend wird das heruntergeladene Paket entpackt. Für die Version 1.7.4 sieht der Befehl folgendermaßen aus:

- `tar xvfz xampp-linux-1.7.7.tar.gz -C /opt`

Damit ist XAMPP bereits auf dem System vorhanden und kann gestartet werden:

- `/opt/lampp/lampp start`

XAMPP meldet daraufhin an einer Konsole:

- `Starte XAMPP für Linux 1.7.7...`
- `XAMPP: Starte Apache mit SSL...`
- `XAMPP: Starte MySQL...`
- `XAMPP: Starte ProFTPD...`
- `XAMPP fuer Linux gestartet.`

Auch unter Linux heißt es jetzt wieder: Testen Sie die Installation über den Aufruf des lokalen Webservers im Browser über die Adresse *http:// localhost.*

MAMP – eine Entwicklungsumgebung für den Mac

Wer mit einem Mac arbeitet, kann ebenfalls auf ein Installationspaket zurückgreifen. Darin enthalten sind momentan die folgenden Tools und Programme:

- ➢ Apache 2.0.63
- ➢ MySQL 5.1.44
- ➢ PHP 5.2.13 & 5.3.2
- ➢ APC 3.1.3
- ➢ eAccelerator 0.9.6
- ➢ XCache 1.2.2 & 1.3.0

- phpMyAdmin 3.2.5
- Zend Optimizer 3.3.9
- SQLiteManager 1.2.4
- Freetype 2.3.9
- t1lib 5.1.2
- curl 7.20.0
- jpeg 8
- libpng-1.2.42
- gd 2.0.34
- libxml 2.7.6
- libxslt 1.1.26
- gettext 0.17
- libidn 1.15
- iconv 1.13
- mcrypt 2.6.8
- YAZ 4.0.1 & PHP/YAZ 1.0.14

Dieses Paket nennt sich MAMP und kann von der Seite *http://www.mamp. info/de/downloads/index.html* heruntergeladen werden.

Die richtige Version wählen

Auf der Projektwebseite *http://www.mamp.info/* werden zwei Versionen von MAMP angeboten: einmal MAMP selbst und einmal MAMP PRO. Normalerweise reicht MAMP völlig aus. Nur wer mehrere Hosts konfigurieren will und zusätzliche weiterführende Funktionen benötigt, greift auf MAMP PRO zurück. Der Preis für MAMP PRO liegt derzeit bei 39 Euro.

Zwei Voraussetzungen müssen für die Installation von MAMP erfüllt sein:

- Als Betriebssystem muss Apple Mac OS X ab Version 10.4.0 verwendet werden.
- MAMP kann nur mit Administratorrechten installiert werden!

Die Installation selbst ist dann denkbar schnell erledigt. Laden Sie zunächst das MAMP-Disk-Image von *http://www.mamp.info* herunter. Öffnen Sie es und ziehen Sie MAMP in Ihren *Programme-* bzw. *Applications*-Ordner.

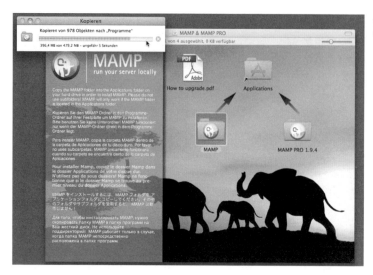

Die Installation läuft.

Nach der Installation kann der Server gestartet werden. Rufen Sie dazu MAMP auf und klicken Sie auf *Server starten*. Dass der Server erfolgreich gestartet wurde, ist an der Statusanzeige zu erkennen. Sollten Sie nicht als Administrator angemeldet sein, müssen Sie das Administratorkennwort eingeben. Standardmäßig wird der Webserver auf Port 8888 betrieben. Diesen Port müssen Sie beim Aufruf der lokalen Webseite im Browser zusätzlich angeben.

Der Aufruf im Browser sieht folgendermaßen aus:

http://localhost:8888

1.3 Joomla! auf dem Testserver installieren

Nachdem die Testumgebung eingerichtet wurde, kann mit der eigentlichen Joomla!-Installation begonnen werden. Dafür gibt es prinzipiell immer zwei Möglichkeiten:

> ➢ Man lädt Joomla! von der offiziellen Seite *http://joomla.org* herunter.

> ➢ Man lädt Joomla! von der deutschsprachigen Seite *http://jgerman.de* herunter.

Der Vorteil der ersten Variante besteht zweifellos in der Aktualität der Joomla!-Pakete, schließlich laden dort die Entwickler die Pakete direkt hoch. Das „Problem" dabei: Die Pakete enthalten lediglich englische Sprachdateien. Das ist allerdings kein wirkliches Problem, da man die Übersetzungsdateien später nachinstallieren kann.

Bei jgerman.de handelt es sich hingegen um einen „Übersetzungsdienst" für Joomla!. In diesem Projekt haben sich freiwillige Helfer zusammengetan, Wenn Sie dieses Paket installieren, bekommen Sie Joomla! direkt mit einer deutschsprachigen Benutzeroberfläche, müssen die Übersetzungsdateien also nicht nachträglich manuell installieren. Wie Sie die deutschen Übersetzungsdateien nachträglich installieren können, wird in Kapitel 2 gezeigt.

Die eigentliche Installationsroutine ist übrigens bei beiden Varianten identisch. Auch wenn Sie also das englische Paket von *http://joomla.org/* herunterladen, können Sie im ersten Schritt als Installationssprache Deutsch festlegen. Damit führt Sie dann ein Assistent in deutscher Sprache durch die Installation. Der Administrationsbereich ist dann allerdings wieder in englischer Sprache.

Die jeweils aktuellste Version finden Sie unter *http://www.joomla.org/download.html*. Wenn Sie gleich ein deutschsprachiges Paket installieren wollen, laden Sie sich dieses von der Seite *http://www.jgerman.de/* herunter.

Anschließend muss das Archiv entpackt werden. Unter Windows klicken Sie es mit der rechten Maustaste an und wählen *Alle extrahieren*. Jetzt muss nur noch ein Verzeichnisname (z. B. *joomla25*) angegeben werden. Mit *Extrahieren* wird das Archiv entpackt.

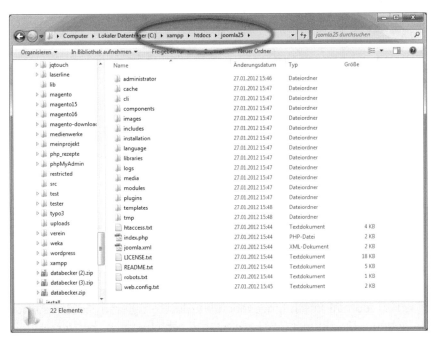

Das Paket wurde entpackt.

Kopieren Sie anschließend dieses Verzeichnis in das *htdocs*-Verzeichnis Ihres lokalen Servers. (Das liegt auf Windows-Systemen beispielsweise unter *C:\xampp\htdocs*.)

Vergessen Sie nicht, XAMPP zu starten. Das geht am einfachsten über die im *xampp*-Verzeichnis liegende Datei *xampp_start.exe*.

Anschließend können Sie mit der Installation beginnen. Rufen Sie dazu die Start.seite von Joomla! auf. Haben Sie, wie zuvor beschrieben, die Joomla!-Dateien in das Unterverzeichnis *htdocs/joomla25* kopiert, sieht der Aufruf folgendermaßen auf:

- `http://localhost/joomla25/`

Wundern Sie sich nicht, dass im Pfad das *htdocs*-Verzeichnis nicht explizit angegeben wird. Das ist kein Tippfehler, sondern wird tatsächlich so gemacht, da es sich bei *htdocs* um das Standardverzeichnis handelt.

Haben Sie ein anderes Verzeichnis gewählt, passen Sie diesen Aufruf entsprechend an. Möglicherweise kommt es dabei zu einer Fehlermeldung.

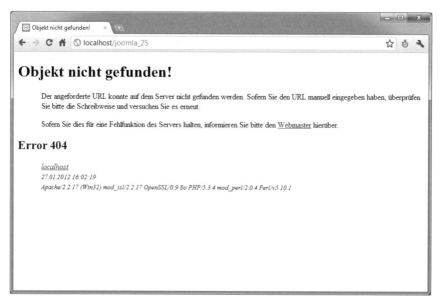

Hier stimmt der Aufruf nicht.

Objekt nicht gefunden! (in Mozilla Firefox und Google Chrome) bzw. *Diese Seite kann nicht angezeigt werden* (im Internet Explorer) signalisieren, dass der Pfad zu Joomla! falsch eingegeben wurde. Korrigieren Sie den Aufruf dahin gehend. Im aktuellen Beispiel wurde versehentlich das Verzeichnis *joomla_25* angegeben, obwohl die Dateien im Verzeichnis *joomla25* liegen.

Sollte die Fehlermeldung *Verbindung fehlgeschlagen* erscheinen (beim Internet Explorer steht *Diese Seite kann nicht angezeigt werden*), liegt es am noch nicht gestarteten Server, was Sie über einen Doppelklick auf die im *xampp*-Verzeichnis liegende *xampp_start.exe* nachholen können.

Wenn Sie XAMPP verwenden, können Sie den Server durch Doppelklick auf die Datei *xampp_start.exe* starten, die im *xampp*-Verzeichnis liegt.

Ausführliche Informationen zum Starten des „klassischen" Apache-Servers finden Sie auf der Seite *http://httpd.apache.org/docs/2.0/de/invoking.html*.

Die Installationssprache festlegen

Nach dem Aufruf der Joomla!-Startseite *http://localhost/joomla25/* meldet sich die Startseite des Joomla!-Installers. (Intern leitet Sie Joomla! dabei übrigens automatisch auf die Seite *installation/index.php* um, was Sie in der Adresszeile des Browsers sehen.)

Die Installation startet.

In diesem ersten Schritt wird die Sprache eingestellt, in der die Installation durchgeführt werden soll. Aber Achtung: Dabei handelt es sich ausschließlich um die Sprache, die Sie durch die Installation begleitet. Mit der Sprache im Back- und Frontend hat diese Einstellung nichts zu tun. Wie sich die Sprachen dort ändern lassen, erfahren Sie aber natürlich im weiteren Verlauf dieses Buchs.

Stellen Sie die gewünschte Sprache (z. B. *German DE-CH-AT*) ein und bestätigen Sie die Sprachauswahl mit *Weiter*.

Die Installationseinstellungen überprüfen

Innerhalb der Installationsprüfung geht es darum, ob der Server die Voraussetzungen für eine Joomla!-Installation erfüllt.

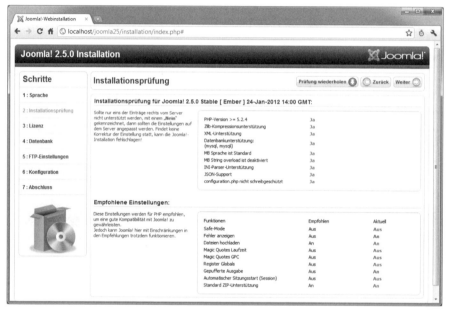

Die Installationsvoraussetzungen werden kontrolliert.

In diesem Schritt überprüft Joomla! die lokalen Gegebenheiten. Im oberen
Seitenbereich sind die Systemeinstellungen aufgeführt. Dort sollte alles auf
Ja stehen. In der folgenden Tabelle finden Sie Hinweise dazu, was zu tun
ist, wenn bei einem oder mehreren dieser Punkte ein *Nein* auftaucht.

Bereich	Beschreibung
PHP-Version >= 5.2.4	Sollten Sie eine ältere PHP-Version verwenden, führen Sie in jedem Fall eine Aktualisierung durch. Normalerweise genügt es, sich die neue Version von *http://php.net* herunterzuladen, sie zu entpacken und über die bestehende PHP-Installation zu kopieren. (Vorher sollten Sie allerdings noch die *php.ini* sichern und sie dann wieder in die neue PHP-Umgebung einfügen.)
Zlib-Kompression wird unterstützt	Unter Windows ist die Zlib-Funktionalität enthalten. Bei Linux muss die Erweiterung beim Kompilieren von PHP mit der Option *--with-zlib[=DIR]* aktiviert werden.

Bereich	Beschreibung
XML-Unterstützung	Die XML-Unterstützung ist unter Linux und Windows aktiviert. Sollten Sie allerdings PHP mit der Option *--disable-xml* kompiliert haben, kompilieren Sie einfach neu und lassen dieses Mal *--disable-xml* weg.
Datenbankunterstützung :(mysql, mysqli)	Seit PHP 5 ist MySQL weder standardmäßig aktiviert, noch ist die MySQL-Clientbibliothek in PHP enthalten. Wenn Sie Windows nutzen, müssen Sie daher die *php.ini* öffnen und dort vor dem Eintrag *extension=php_mysql.dll* das Semikolon entfernen. Anschließend kopieren Sie die Datei *libmysql.dll* in das Windows-Stammverzeichnis. Wenn Sie PHP selbst kompilieren, verwenden Sie die Option *--with-mysql=[DIR]*.
MB Sprache ist Standard	Der Installer überprüft, ob die PHP-Extension *mbstring* vorhanden ist. Sollte das bei Ihnen nicht der Fall sein, öffnen Sie unter Windows die Datei *php.ini* und entfernen das Semikolon vor der Zeile *extension=php_mbstring.dll*. Bei Linux kompilieren Sie PHP mit der Option *--enable-mbstring*.
MB String overload ist deaktiviert	Setzen Sie in der *php.ini* vor *mbstring.func_overload* ein Semikolon und deaktivieren Sie somit *MB string overload*.
INI-Parser-Unterstützung	Ermöglicht das Auslesen von Werten aus INI-Dateien.
JSON-Support	Die **J**ava**S**cript **O**bject **N**otation, kurz JSON, ermöglicht den Austausch von Daten zwischen Anwendungen. Joomla! 2.5 benötigt JSON-Unterstützung, um zu laufen.
configuration.php nicht schreibgeschützt	Joomla! trägt die Konfigurationseinstellungen in die *configuration.php* ein. Damit die Einstellungen übernommen werden, muss diese Datei beschreibbar sein. Wenn es hier zu der Fehlermeldung *Die configuration.php ist nicht beschreibbar!* kommt, deutet das auf falsche CHMOD-Rechte oder eine fehlende *configuration.php* hin. Informationen zur Lösung dieses Problems finden Sie ab Seite 86.

Auch im Bereich *Empfohlene Einstellungen* sollten möglichst die empfohlenen mit den aktuellen Einstellungen übereinstimmen – wobei es hier Ausnahmen geben kann. So ist es auf Entwicklungs- bzw. Testumgebungen durchaus üblich, sich die generierten PHP-Fehler anzeigen zu lassen. Wenn Sie Joomla! allerdings auf einem öffentlich zugänglichen Server installieren, sollten die Einstellungen unter *Aktuell* aber mit denen übereinstimmen, die unter *Empfohlen* aufgeführt sind.

Funktionen	Empfohlen	Aktuell
Safe-Mode	Aus	Aus
Fehler anzeigen	Aus	An
Dateien hochladen	An	An
Magic Quotes Laufzeit	Aus	Aus
Magic Quotes GPC	Aus	Aus
Register Globals	Aus	Aus
Gepufferte Ausgabe	Aus	An
Automatischer Sitzungsstart (Session)	Aus	Aus
Standard ZIP-Unterstützung	An	An

Die empfohlenen Einstellungen.

Das bedeuten die einzelnen Optionen:

➤ *Safe-Mode* – Dient dazu, den Dateizugriff einzuschränken. Dieser Modus wird bevorzugt auf solchen Servern aktiviert, auf denen mehrere Websites parallel laufen.

➤ *Fehler anzeigen* – Hierdurch werden PHP-Fehler angezeigt. Während der Entwicklungsphase kann es durchaus sinnvoll sein, sich die Fehler anzeigen zu lassen. Geht die Seite später in den Livebetrieb, sollte man die Fehleranzeige allerdings unbedingt deaktivieren.

➤ *Dateien hochladen* – Ermöglicht den Datei-Upload mittels HTTP.

➤ *Magic Quotes Laufzeit* – Werden Daten an den Webserver geschickt, werden Teile der Inhalte durch Maskierung geschützt. Zusätzlich werden zurückgelieferte Daten aus Datenbanken und Textdateien maskiert.

➤ *Magic Quotes GPC* – magic_quotes_gpc ist ein Eintrag in der *php.ini*-Datei, der PHP anweist, die Werte von übermittelten GPC-Parametern (GET, POST und COOKIE) einer automatische Sonderzeichen-Auszeichnung (sogenanntes Escaping) zu unterziehen.

➤ *Register Globals* – Stellt globale Variablen unter ihrem Eigennamen zur Verfügung. Diese Option sollte in jedem Fall auf *Aus* stehen.

➤ *Gepufferte Ausgabe* – Inhalte werden erst dann an den Browser übermittelt, wenn ein bestimmter Skriptteil abgearbeitet wurde.

➤ *Automatischer Sitzungsstart (Session)* – Die Session wird automatisch mit dem Aufruf der Webseite gestartet. Nachteil dieser Variante: Es können keine weiteren Objekte mehr in die Session aufgenommen werden.

➤ *Standard ZIP-Unterstützung* – Hier wird überprüft, ob eine native ZIP-Unterstützung vorhanden ist. Wichtig ist diese ZIP-Unterstützung beispielsweise, wenn später über das Backend Updates als ZIP-Archive installiert werden sollen.

Die entsprechenden Einstellungen lassen sich über die PHP-Konfigurationsdatei *php.ini* anpassen.

Hier finden Sie die php.ini für XAMPP

Wie Sie die *php.ini* bei einer Einzelinstallation von PHP anpassen, wurde eingangs dieses Kapitels gezeigt. Bei XAMPP liegt die *php.ini* allerdings an ganz anderer Stelle, nämlich unter *xampp/php/bin*. Bis XAMPP 1.7.0 lag die *php.ini* im Verzeichnis *xampp/apache/bin*.

Entscheidende Bedeutung kommt dem Magic-Quotes-Eintrag zu, da hier die häufigste Fehlerursache bei Joomla!-Installationen zu finden ist. Zum Beseitigen des „Magic-Quotes-Problems" muss in der *php.ini* der Eintrag

- `magic_quotes_gpc = Off`

in

- `magic_quotes_gpc = On`

geändert werden. Nach einem Neustart des Servers und *Prüfung wiederholen* werden die Änderungen übernommen.

Erst wenn alle Einträge auf Grün stehen, sollten Sie tatsächlich mit der Installation beginnen, die mit *Weiter* eingeleitet wird. Zwar lässt sich Joomla! auch installieren, wenn nicht alles auf Grün steht, das führt dann aber im laufenden Betrieb möglicherweise zu Problemen.

Haben Sie Änderungen an der Serverkonfiguration bzw. der *php.ini* vorgenommen, können Sie die Prüfung über *Prüfung wiederholen* noch einmal durchführen.

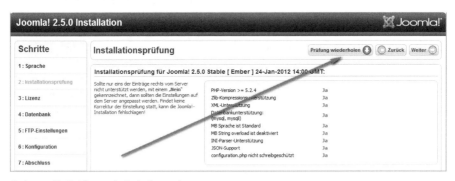

So kann die Prüfung wiederholt werden.

Testen Sie über diese Schaltfläche, ob die neuen Einstellungen zum Erfolg geführt haben.

Server neu starten

Beachten Sie, dass Sie möglicherweise den Server neu starten müssen, damit die Änderungen wirksam werden. Bei XAMPP klicken Sie dazu die Datei *xampp_restart.exe* an, die im *xampp*-Verzeichnis zu finden ist.

Mit *Weiter* geht es zum nächsten Installationsschritt. Dort sind keine weiteren Einstellungen nötig, da hier lediglich die Lizenzbestimmungen bestätigt werden müssen.

Details zur Joomla!-Lizenz

Joomla! wird unter der GNU/GPL vertrieben. Eine deutsche Übersetzung des Lizenztexts ist unter *http://www.gnu.de/gpl-ger.html* zu finden. Die Lizenz besagt, dass Joomla! ohne Einschränkung für jeden Zweck verwendet und ausdrücklich auch kommerziell genutzt werden darf. Der Joomla!-Quellcode selbst muss dem Empfänger allerdings kostenlos zur Verfügung gestellt werden.

Kritik an der GNU/GPL-Lizenz gibt es vor allem aufgrund des sogenannten Copyleft-Prinzips. Denn alle von Joomla! abgeleiteten Programme dürfen nur dann verbreitet werden, wenn sie ebenfalls zu den Bedingungen der GNU/GPL lizenziert sind.

Hier kommt es häufig zu Missverständnissen, wenn es darum geht, was man als Joomla!-Entwickler nun eigentlich darf und was nicht. Deswegen an dieser Stelle die wichtigsten Punkte auf einen Blick: Sie dürfen Joomla! vertreiben und Geld für die von Ihnen angebotenen Dienstleistungen nehmen. Ebenso dürfen Sie Änderungen an Joomla! vornehmen. Der Copyright-Hinweis im Quelltext sowie die Lizenz dürfen aber nicht verändert werden. (Dagegen darf die Grafik *Powered by Joomla!* ausgeblendet werden.) Auf den Punkt gebracht, bedeutet dies, dass Sie nicht so tun dürfen, als sei Joomla! Ihre Eigenkreation.

Wenn Sie mit den Lizenzbestimmungen einverstanden sind, bestätigen Sie das Fenster mit *Weiter*.

Datenbankeinstellungen

Weiter geht es mit den Datenbankeinstellungen. Dort werden die Zugangsdaten zum MySQL- bzw. MySQLi-Server erwartet.

Über das Feld *Datenbanktyp* wird festgelegt, um welche Art von Datenbank es sich handelt. Üblicherweise stellt man *MySQL* ein. Bei XAMPP können Sie aber auch MySQLi wählen. Beide Varianten funktionieren hier. Wenn Ihr Provider MySQLi unterstützt, weist er Sie normalerweise auf diesen

Umstand hin. In diesem Fall wählen Sie *MySQLi*. Wenn Ihnen Ihr Provider explizit die Wahl zwischen MySQL und MySQLi lässt, sollten Sie auf alle Fälle die MySQLi-Variante wählen.

Die Datenbankeinstellungen werden angegeben.

Vorteile von MySQLi

Für PHP gibt es die beiden MySQL-Extensions MySQL und MySQLi. Das mit PHP 5 eingeführte MySQLi (**MySQL i**mproved) unterstützt vollständig MySQL 4 und soll in Zukunft besser mit den neuen MySQL-Entwicklungen Schritt halten können. Für Entwickler, die ihre Software objektorientiert programmieren, bietet MySQLi zudem den Vorteil, dass das Modul objektorientiert angesprochen werden kann. Ausführliche Informationen zu MySQLi direkt von Zend finden Sie unter *http://devzone.zend.com/node/view/id/686*.

In das *Servername*-Feld wird normalerweise *localhost* eingetragen. (Das ist übrigens nicht nur bei lokalen Installationen der Fall, auch auf Servern im Internet, also beim Provider, muss man häufig diesen Servernamen verwenden.)

IP-Adresse statt Servername

Alternativ zum Servernamen können Sie auch die IP-Adresse angeben. Das ist meistens *127.0.0.1*.

43

Unter *Benutzername* und *Passwort* geben Sie die Daten des MySQL-Benutzers ein. Bei einer XAMPP-Installation lautet der Benutzername standardmäßig *root*. Das Passwortfeld muss bei XAMPP in der Regel leer bleiben. Wenn Sie andere Zugangsdaten vergeben haben, geben Sie diese an. Bei der Installation beim Provider teilt dieser Ihnen die MySQL-Daten mit.

Bei einer lokalen Installation ist der Name der MySQL-Datenbank frei wählbar, er sollte allerdings weder Sonder- noch Leerzeichen enthalten. Die Datenbank wird von Joomla! automatisch angelegt, wenn Sie den nächsten Installationsschritt aufrufen. Beim Provider wiederum werden Sie normalerweise ein festes Kontingent an Datenbanken mit entsprechenden Namen besitzen, und die Zugangsdaten werden vorgegeben sein.

Vor jeder Tabelle, die in der Datenbank erzeugt wird, wird der in das Feld eingegebene Wert eingefügt. Sinnvoll ist diese Option vor allem, wenn Sie bei Ihrem Provider nur eine MySQL-Datenbank anlegen dürfen, dort aber mehrere Joomla!-Seiten betreiben wollen. Durch ein unterschiedliches Präfix können die Tabellen der verschiedenen Joomla!-Installationen auseinandergehalten werden.

Eine Frage der Sicherheit

Über ein Präfix können Sie übrigens auch die Sicherheit von Joomla! erhöhen. Dazu müssen Sie nur ein anderes Präfix als das altbekannte *jos_* angeben. Denn dieses Standardpräfix ist in der Joomla!-Community natürlich hinlänglich bekannt und kann somit für Angriffe genutzt werden. Ausführliche Informationen zu diesem Thema finden Sie in Kapitel 11. Seit Joomla! 1.7 wird das Präfix übrigens zufällig generiert, ist also nicht mehr standardmäßig auf *jos_* gesetzt. Man sollte dann auch tatsächlich nicht aus alter Gewohnheit zum vertrauten *jos_* zurückkehren.

Sollten sich bereits Joomla!-Tabellen in der Datenbank befinden, können diese vor dem Neuanlegen gesichert und unter einem anderen Namen gespeichert werden. Dazu aktivieren Sie die Option *Sichern* im Bereich *Alte Datenbanktabellen*.

Nachdem die Einstellungen vollständig sind, werden sie mit *Weiter* bestätigt. Joomla! versucht, eine Verbindung zum MySQL-Server herzustellen. Gelingt das nicht, wird eine Fehlermeldung ausgegeben.

Korrigieren Sie die eingetragenen Werte und bestätigen Sie die Angaben erneut mit *Weiter*.

Die Verbindung zur Datenbank konnte nicht hergestellt werden.

MySQL-Passwort vergessen? – Joomla! trotzdem installieren

Wenn Sie nicht mehr wissen, welchen Benutzer Sie in phpMyAdmin angelegt haben, aber dennoch die Installation fortsetzen wollen, verwenden Sie einfach den Standardbenutzer *root*. Bei dem lassen Sie dann das Passwortfeld leer. (Es sei denn, Sie haben *root* ein Passwort zugewiesen. Dann geben Sie das natürlich ebenfalls mit an.)

Wurden die MySQL-Zugangsdaten richtig eingetragen, gelangen Sie automatisch zur FTP-Konfiguration.

Die FTP-Einstellungen angeben

Bei einer lokalen Installation können Sie diesen Schritt mit *Weiter* überspringen.

Nur für Linux-Server

Der FTP-Layer von Joomla! – für den Sie in diesem Schritt die FTP-Angaben eintragen – ist nur auf Linux-Servern verfügbar. Auf Windows-Systemen lässt er sich nicht nutzen.

Interessant sind die FTP-Einstellungen allerdings immer dann, wenn es um eine Installation beim Provider geht. Warum das so ist, wird ab Seite 60 noch einmal ausführlich beschrieben. So viel aber bereits an dieser Stelle: Diese Funktion verhindert mögliche Probleme mit den Zugriffsrechten und einem eventuell eingeschalteten PHP-Safe-Mode. Bei einer lokalen Installation müssen die FTP-Einstellungen nicht angegeben werden.

An dieser Stelle wird – da hier von einer lokalen Installation ausgegangen wird – der FTP-Schritt mit *Weiter* übersprungen. Ab Seite 62 wird gezeigt, wie die FTP-Optionen richtig konfiguriert werden.

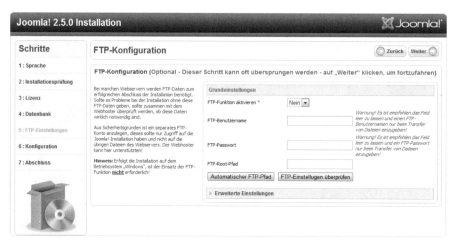

Die FTP-Optionen müssen lokal nicht angegeben werden.

Die Seite konfigurieren

In dem sich nun öffnenden Schritt werden die allgemeinen Seiteninformationen erwartet. Das sind unter anderem der Name der Seite und die Administratordaten.

Der Name kann später im Backend jederzeit angepasst werden.

Der eingetragene Name erscheint in der Titelzeile des Browserfensters. Er taucht aber auch an anderer Stelle auf. So wird er zum Beispiel beim Versenden von Bestätigungs-E-Mails an registrierte Benutzer verwendet.

Über *Erweiterte Einstellungen (optional)* können allgemeine Metadaten angegeben werden. Diese Daten gelten dann standardmäßig global für alle ausgelieferten Seiten Ihrer Joomla!-Installation. Weist man jedoch den einzelnen Seiten eigene Metaangaben zu, überschreiben diese die globalen Werte.

Die Grundkonfiguration wird vorgenommen.

> ➢ *Meta-Beschreibung* – Hierüber gibt man eine allgemeine Beschreibung der Seite an. Diese wird unter Umständen von den Suchmaschinen in den Trefferlisten angezeigt.

> ➢ *Meta-Schlüsselwörter* – Geben Sie hier eine Liste mit den relevanten Schlüsselwörtern ein. Die Schlüsselwörter haben heutzutage allerdings keine Bedeutung mehr, wenn es um Suchmaschinenoptimierung geht.

Im *Site*-Register gibt es zusätzlich den Punkt *Website offline*. Diese Option ist äußerst praktisch, da dadurch das Frontend der Seite direkt nach der Installation offline geschaltet werden kann. So können Sie nach der Installation alles überprüfen und konfigurieren. Die Besucher bekommen während dieser Phase im Frontend einen entsprechenden Hinweis angezeigt.

Wenn Ihre Seite dann konfiguriert ist, können Sie diese dann jederzeit online stellen.

Im mittleren Fensterbereich geben Sie die Administratordaten ein.

➢ *E-Mail* – Geben Sie hier Ihre E-Mail-Adresse ein. Als Administrator bekommen Sie hin und wieder Post von Joomla!, die an diese Adresse geschickt wird.

➢ *Admin-Benutzername* – Standardmäßig wird *admin* verwendet. Bei einer lokalen Installation ist das völlig in Ordnung. Ansonsten sollten Sie einen anderen Benutzernamen verwenden.

➢ *Administrator-Passwort* – Dabei handelt es sich um das Administratorpasswort für Joomla!. Ohne dieses Passwort können Sie keine administrativen Aufgaben an Joomla! vornehmen. Bei Bedarf können Sie das Passwort natürlich an dieser Stelle ändern. (Eine Änderung ist aber auch später jederzeit möglich.) Bei einer lokalen Testumgebung bzw. einer lokalen Installation können Sie ruhig ein einfacheres Passwort wählen. Sobald Sie die Seite allerdings auf einem öffentlich zugänglichen Server betreiben, heißt es aufgepasst! Denn jeder, der das Admin-Passwort kennt oder „knacken" kann, hat uneingeschränkten Zugriff auf Ihre Webseite und kann sie verändern oder löschen. Deshalb gilt: Das Passwort sollte mindestens eine Länge von acht Zeichen besitzen und aus einer Buchstaben-Ziffern-Kombination bestehen.

➢ *Administrator-Passwort bestätigen* – Hier geben Sie das Passwort ein weiteres Mal ein. Stimmen die Werte der beiden Passwortfelder nicht überein, kann die Installation nicht abgeschlossen werden.

Im unteren Fensterbereich gibt es noch die Schaltfläche *Beispieldateien installieren*. Gerade für Joomla!-Neueinsteiger und all diejenigen, die Joomla! 2.5 zunächst kennenlernen wollen, ist diese Option interessant. Hierdurch werden Beispieldatensätze installiert, mit denen man experimentieren kann. Im weiteren Verlauf dieses Buchs wird mit den Beispieldateien gearbeitet. Klicken Sie auf *Beispieldateien installieren*. Joomla! meldet sich anschließend mit einer entsprechenden Erfolgsmeldung:

Die Beispieldateien wurden installiert.

Mit *Weiter* geht es zum nächsten Schritt und damit zum Abschluss der Installation.

Die Installation abschließen

Wird diese Meldung angezeigt, war die Installation erfolgreich.

Die Installation hat geklappt.

Aber Achtung: Ganz abgeschlossen ist die Installation noch nicht. Vielmehr muss jetzt noch das Installationsverzeichnis gelöscht werden. Klicken Sie dazu auf die Schaltfläche *Installationsverzeichnis löschen*.

So lässt sich das Installationsverzeichnis löschen.

Alternativ können Sie auch in das Verzeichnis, in das Sie Joomla! auf dem Server installiert haben, wechseln, und löschen dort das Verzeichnis *installation*.

Erst nachdem das Verzeichnis gelöscht wurde, können Sie auf das Backend, also den Verwaltungsbereich von Joomla!, zugreifen.

Ob der Zugriff auf Front- und Backend klappt, können Sie über die beiden Schaltflächen *Website* und *Administrator* im oberen Fensterbereich testen.

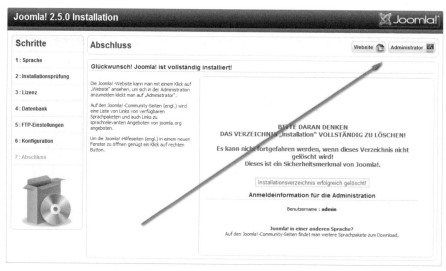

So greift man auf Backend und Frontend zu.

1.4 Joomla! über die Microsoft Webplattform installieren

Mit der WebMatrix und der Webplattform bietet Microsoft gleich zwei interessante Tools für Webentwickler.

Microsofts WebMatrix

Mit der WebMatrix kann man sich nicht nur eine vollständige Entwicklungsumgebung mit Server, Datenbank und PHP einrichten, auch Joomla!, WordPress, Drupal etc. lassen sich darüber installieren. WebMatrix richtet sich an Aufsteiger und Fortgeschrittene. Enthalten sind alle wichtigen Werkzeuge und Funktionen, die man für die Erstellung von Webseiten benötigt.

> ➢ Datenbankeditor
> ➢ Webserververwaltung
> ➢ Codeeditor
> ➢ FTP-Tool
> ➢ Suchmaschinenoptimierung

Auf folgenden Systemen lässt sich die WebMatrix installieren:

➢ Windows 7
➢ Windows Server 2003 Service Pack 2
➢ Windows Server 2008
➢ Windows Server 2008 R2
➢ Windows Vista Service Pack 2
➢ Windows XP Service Pack 3

Um die Plattform zu installieren, laden Sie sich diese von der Seite *http://www.microsoft.com/web/webmatrix/* herunter und klicken die EXE-Datei doppelt an, um die Installation zu starten.

Es wird nun automatisch nach der aktuellsten Version der WebMatrix gesucht.

Die aktuelle Version wurde gefunden.

Durch Anklicken der *Installieren*-Schaltfläche wird ein weiteres Dialogfenster geöffnet. Darin sind die zu installierenden Komponenten aufgeführt. Über *Ich stimme zu* wird die Installation gestartet. Die Installation dauert – auch natürlich in Abhängigkeit von der Geschwindigkeit Ihrer Onlineverbindung – einige Minuten und kann mit *Fertig stellen* beendet werden.

Anschließend lässt sich Joomla! über die WebMatrix installieren.

Das ist der Startbildschirm.

Klicken Sie dazu im Startbildschirm auf *Website aus Web Gallery*. Im nächsten Fenster markieren Sie Joomla!, tragen im unteren Fensterbereich einen Webseitennamen ein und klicken auf *Weiter*. Im nächsten Schritt wird gefragt, was für eine Datenbank Sie verwenden wollen. Hier lassen Sie *MySQL* aktiviert. Außerdem haben Sie auf dieser Seite die Wahl zu entscheiden, ob MySQL lokal oder auf einem Remoteserver installiert werden soll. Normalerweise stellt man hier *Ja, auf dem lokalen Computer installieren* ein und bestätigt das mit *Weiter*.

Geben Sie nun die Zugangsdaten für den MySQL-Server an. Beachten Sie, dass unbedingt ein Passwort angegeben werden muss, da die Installation ansonsten nicht abgeschlossen werden kann. Mit *Weiter* wird das Passwort bestätigt.

Jetzt werden noch einmal alle benötigten Komponenten angezeigt. Im Fall von Joomla! sind das neben Joomla! auch noch MySQL, PHP und der MySQL-Connector.

Über *Ich stimme zu* wird die Installation gestartet. Das dauert jetzt wieder eine Weile. Die WebMatrix hält Sie aber mittels Statusmeldungen über den Fortschritt der Installation auf dem Laufenden.

Nach erfolgreicher Installation geht es mit der Konfiguration weiter. Bestimmen Sie zunächst, ob eine neue Datenbank erstellt oder mit einer bereits vorhandenen Datenbank gearbeitet werden soll. Anschließend geben Sie die Zugangsdaten für den MySQL-Server, den Datenbanknamen, Suffix etc. an. Diese Einstellungen kennen Sie bereits von der normalen Joomla!-Installation.

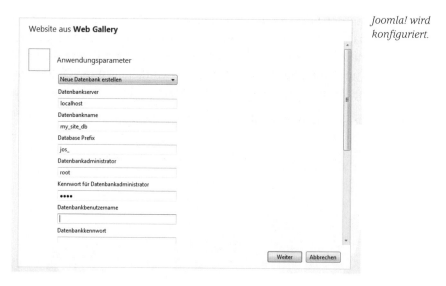

Joomla! wird konfiguriert.

Mit *Weiter* werden die Einstellungen übernommen. Sind die Daten korrekt, wird Joomla! automatisch installiert.

Wenn Sie anschließend WebMatrix öffnen, steht darin Joomla! zur Verfügung und kann verwendet werden.

Die Installation mit dem Microsoft Webplattform-Installer

Auch über den Microsoft Webplattform-Installer lässt sich Joomla! sehr komfortabel installieren. Dieses kleine Tool ermöglicht es Ihnen, mit wenigen Mausklicks die verschiedensten Webanwendungen – und dazu gehört eben auch Joomla! – zu installieren.

Nachdem der Webplattform-Installer heruntergeladen und installiert wurde, können Sie ihn ausführen.

Bei jedem Start überprüft das Tool, welche aktuellen Anwendungen verfügbar sind, und bietet diese zum Download an.

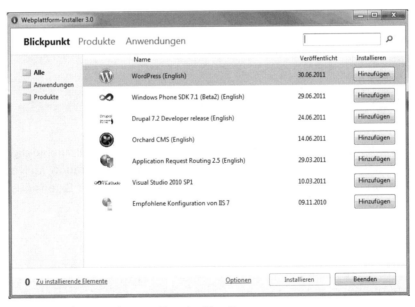

Diese Anwendungen stehen zum Download bereit.

Sollte Joomla! nicht aufgeführt sein, suchen Sie danach am besten über das Suchfeld im oberen Fensterbereich. Klicken Sie dann auf die Schaltfläche *Hinzufügen*, die neben dem Joomla!-Eintrag angezeigt wird. Mit *Installieren* und *Ich stimme zu* wird die Installation gestartet.

Anschließend müssen die Zugangsdaten zur MySQL-Datenbank und zum Joomla!-Backend angegeben werden. Beachten Sie, dass hier besondere Anforderungen an die Passwörter gestellt werden. Diese müssen aus mindestens acht Zeichen bestehen, es müssen Groß- und Kleinbuchstaben verwendet werden, und eine Kombination aus Buchstaben und Zahlen muss ebenfalls vorhanden sein. Mit *Weiter* wird die Installation gestartet.

1.5 Von Joomla! 1.5 auf Joomla! 2.5 umsteigen

Wer bereits Joomla! 1.5 installiert hat, muss die 2.5er-Version nicht unbedingt neu installieren. Denn wie beim Umstieg von Joomla! 1.0 auf 1.5 gibt es auch jetzt ein Migrationstool, das beim Upgrade hilft.

Die Extension jUpgrade kann von der Seite *http://matware.com.ar/down loads/joomla/jupgrade.html* heruntergeladen werden. Die Extension migriert die folgenden Elemente:

➢ Kategorien
➢ Banner
➢ Kontakte
➢ Module
➢ Newsfeeds
➢ Weblinks
➢ Benutzer
➢ Artikel

Wenn Sie Extensions von Drittanbietern im Einsatz haben, müssen Sie diese erneut unter Joomla! 2.5 installieren, da sie von der Migration ausgeschlossen sind. Ausnahme bilden hier lediglich die folgenden Extensions, die von jUpgrade tatsächlich mit migriert werden.

➢ Adminpraise
➢ Kunena
➢ K2
➢ JoomComment
➢ Virtuemart
➢ redSHOP
➢ CommunityBuilder
➢ JCE
➢ Contact Enhanced

> ➢ JomSocial
> ➢ redFORM
> ➢ JEvents
> ➢ Akeeba Backup
> ➢ Jumi
> ➢ redMEMBER

Rufen Sie im Backend von Joomla! 1.5 *Erweiterungen/Erweiterungen* auf. Über die Schaltfläche *Datei auswählen* wird das heruntergeladene Zip-Archiv ausgewählt. Mit *Hochladen & Installieren* wird die Installation eingeleitet.

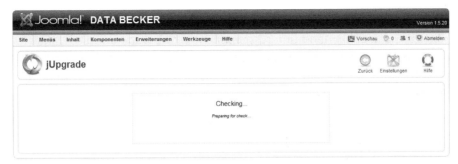

Die Erweiterung wird installiert.

Nach der Installation wird eine Erfolgsmeldung angezeigt.

Die Erweiterung ist nun über *Komponenten/jUpgrade* verfügbar.

Das Upgrade kann eingeleitet werden.

Sollte die Meldung *Mootools 1.2 not loaded. Please enable "System - Mootools Upgrade" plugin.* angezeigt werden, öffnen Sie *Erweiterungen/ Plugins* und aktivieren dort das *Plugin System - Mootools Upgrade*. Module werden aktiviert, indem man in der Spalte *Aktiviert* auf das rote Symbol klickt.

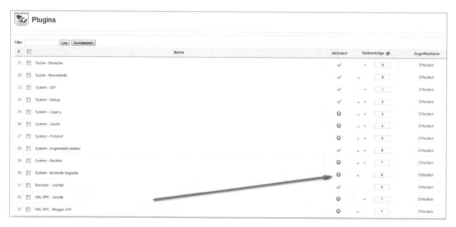

Dieses Plug-in muss aktiviert werden.

Klicken Sie anschließend unter *Komponenten/jUpgrade* auf die Grafik *Upgrade starten*. Beachten Sie, dass für das Upgrade eine Onlineverbindung bestehen muss. Die Extension lädt Joomla! 2.5 automatisch herunter und entpackt das Zip-Archiv.

Sollte es beim Einsatz von jUpgrade zu Problemen kommen, finden Sie auf der Seite *http://matware.com.ar/forum/projects/jupgrade/jupgrade-f-a-q. html* einen ausführlichen FAQ-Bereich. Da die Fehlerquellen sehr unterschiedlicher Natur sein können, würde es an dieser Stelle schlichtweg zu weit führen, alle möglichen Fehler aufzuzeigen. Gerade auf lokalen Testumgebungen ist aber oftmals folgende Fehlermeldung anzutreffen:

- `406: cURL not loaded`

Das bedeutet eigentlich nur, dass die PHP-Extension Curl nicht aktiv ist. Um diese zu aktivieren, rufen Sie im *xampp*-Verzeichnis aus dem *php*-Verzeichnis die Datei *php.ini* in einem Texteditor auf. Suchen Sie dort nach folgendem Eintrag:

- `;extension=php_curl.dll`

Entfernen Sie das vorangestellte Semikolon:

- `extension=php_curl.dll`

Starten Sie anschließend den Server neu. Jetzt sollte der Download laufen. Macht er das nicht, klicken Sie im oberen Fensterbereich auf *Einstellungen*. In dem sich daraufhin öffnenden Fenster muss im Bereich *Download überspringen* der Wert *Nein* eingestellt sein. Mit *Speichern* werden die Einstellungen übernommen.

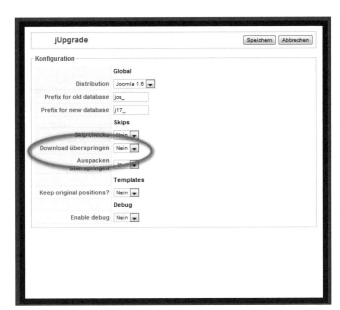

Nur so wird Joomla! heruntergeladen.

Im Bereich *Lade Joomla! 2.5 herunter* ist zu erkennen, wie viel bereits heruntergeladen wurde.

- `8085247 bytes / 8085247 bytes`

Wenn der Download abgeschlossen ist, sich dann aber nichts weiter tut, rufen Sie erneut die Einstellungen auf und stellen nun den Wert von *Download überspringen* auf *Ja*. Auch das muss wieder gespeichert werden.

Kontrollieren Sie außerdem, ob bei *Auspacken überspringen* der Wert *Nein* eingestellt ist.

Rufen Sie anschließend erneut *Komponenten/jUpgrade* auf und klicken Sie auf die bekannte Grafik. jUpgrade informiert nun darüber, welche Elemente gerade auf Joomla! 2.5 migriert werden.

jUpgrade installiert Joomla! 2.5 in das Verzeichnis *jupgrade* der bestehenden Joomla!-Installation. Die alte Joomla!-Version bleibt also erhalten. Joomla! 2.5 kann folgendermaßen aufgerufen werden: *http://localhost/joomla/jupgrade/administrator/*.

Der Umstieg funktioniert allerdings nicht ganz reibungslos, da es in Joomla! 2.5 keine Einteilung der Inhalte mehr in Kategorien und Bereiche gibt. jUpgrade macht aus den Bereichen übergeordnete Kategorien. Die den vormaligen Bereichen untergeordneten Kategorien werden hingegen zu untergeordneten Kategorien. Das kann in dieser Form gewollt sein, ist aber vielleicht nicht immer ideal. Vor allem diejenigen, die bereits festgestellt haben, dass die alte Seitenstruktur nicht unbedingt ideal ist, sollten hier die Möglichkeit nutzen, die Inhalte gleich neu zu strukturieren.

Eine weitere Frage ist, ob die Modulpositionen wie gewünscht arbeiten. Und auch bei den Templates ist Vorsicht geboten. Denn hier hat sich sehr viel verändert. Templates von Joomla! 1.5 sind nicht ohne Anpassungen unter 2.5 lauffähig. Mehr zu diesem Thema finden Sie im weiteren Verlauf dieses Buchs.

1.6 Von Joomla! 1.6/1.7 auf Joomla! 2.5 wechseln

Der Umstieg von Joomla! 1.6/1.7 auf die 2.5er-Version ist ebenfalls sehr einfach möglich. Dazu sollte allerdings unbedingt mindestens Joomla! 1.6.5 installiert sein.

Für ein Upgrade auf Joomla! 2.5 rufen Sie *Erweiterungen/Erweiterungen* auf. Im Register *Aktualisieren* klicken Sie in der Werkzeugleiste auf *Aktualisierungen suchen*.

Joomla! 2.5 wurde gefunden.

Joomla! überprüft jetzt automatisch, ob eine aktuelle Version verfügbar ist, und zeigt diese an. Um nun Joomla! 2.5 zu installieren, aktivieren Sie das Kontrollkästchen vor dem Eintrag und klicken in der Werkzeugleiste auf *Aktualisieren*.

Die Installation wird automatisch durchgeführt, dauert aber einige Zeit. Eine andere Möglichkeit besteht darin, den Installationsmanager von Joomla! zu verwenden. Diese Variante bietet sich an, wenn die zuvor gezeigte Installationsvariante nicht funktioniert, was beispielsweise auf Shared-Hosting-Webspace passieren kann.

Laden Sie sich dazu von der Seite *http://joomlacode.org/gf/project/joomla/ frs/?action=FrsReleaseBrowse&frs_package_id=5986* das gewünschte Update-Archiv herunter. Diese besitzen üblicherweise Namen wie Joomla_ *1.7.4_to_2.5-Stable-Patch_Package.zip*. (Bei Drucklegung dieses Buchs ist leider noch kein entsprechendes Paket verfügbar gewesen.) Rufen Sie anschließend *Erweiterungen/Erweiterungen* auf. Über die Schaltfläche *Datei auswählen* suchen Sie nach dem heruntergeladenen Zip-Archiv. Mit *Hochladen und Installieren* wird der Umstieg auf Joomla! 2.5 vollzogen.

Auch wenn die Meldung etwas anderes suggerieren mag. Joomla! 2.5 wurde installiert.

Wenn Sie das Backend nach erfolgreicher Installation aktualisieren, ist das System auf 2.5 umgestellt.

Nach der Aktualisierung des Backends werden Sie möglicherweise einige kryptische Bezeichnungen bemerken.

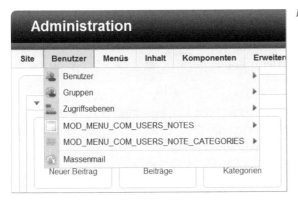

Hier fehlen Übersetzungen.

Schuld daran sind fehlende Übersetzungen. In solch einem Fall sollten Sie – wie es in Kapitel 2 beschrieben wird – das deutsche Sprachpaket manuell nachinstallieren.

1.7 Joomla! beim Provider einrichten

Die lokale Installation ist für die meisten Anwender nur der erste Schritt. Meistens soll nach einem lokalen Test Joomla! auf dem Server eines Providers installiert werden.

Eine detaillierte Anleitung

In Kapitel 12 wird noch einmal Schritt für Schritt gezeigt, wie man eine Seite lokal entwickelt und diese dann zum Provider bekommt.

Welche Voraussetzungen sollte der Provider erfüllen?

Prinzipiell können Sie Joomla! bei jedem Provider installieren, der die nötigen Mindestvoraussetzungen erfüllt (die folgende Übersicht zeigt die empfohlenen Voraussetzungen):

➢ 15 MByte Webspace

➢ MySQL 5.0.4 oder höher

➢ PHP 5.3 oder höher

➢ Apache 2.x oder höher

➢ Microsoft IIS 7 oder höher

➢ XML-, JSON- und Zlib-Unterstützung

Alternativ zum Apache-Server kann auch der Microsoft Internet Information Server verwendet werden. Empfohlen wird dann jedoch mindestens Version 6.

Die genannten Voraussetzungen sollte der Server bzw. das Webspace-Angebot also erfüllen.

An dieser Stelle sei Ihnen jedoch gleich der Hinweis gegeben, dass es spezielle Joomla!-Provider gibt, bei denen die Probleme, die oft bei „normalen" Providern auftreten, vermieden werden können.

Es gibt mittlerweile eine Vielzahl an speziellen Joomla!-Providern. Dort ist Joomla! bereits vorinstalliert, der Safe-Mode ist auf Wunsch auf *Off* gestellt, und es gibt oft auch noch kostenlose Templates, die man nutzen kann. Die Preise unterscheiden sich meistens nicht von denen „normaler" Provider, sodass Sie auch an kostengünstige Joomla!-Webspace-Pakete kommen. Nachfolgend finden Sie eine Auswahl möglicher Anbieter, wobei der Fairness halber hier gesagt werden muss, dass es natürlich noch zahlreiche weitere Joomla!-Provider gibt.

> *http://www.joomla100.de/*
> *http://www.joomlahosting.de/*
> *http://www.fc-hosting.de/*
> *http://novatrend.ch/*
> *http://www.weblink.ch/*

Prinzipiell gibt es zwei Möglichkeiten, wie Sie Joomla! bei einem Provider nutzen können. Bei der ersten Variante laden Sie die Joomla!-Daten per FTP auf den Server des Providers und führen dort den Installer aus. Davon wird auf den folgenden Seiten ausgegangen. Ebenso können Sie aber auch alle Ihre lokalen Joomla!-Daten per FTP auf den Server übertragen, die Konfigurationsdatei per Hand ändern und die Datenbank über phpMy-Admin importieren. Eine Anleitung dazu finden Sie ab Seite 78.

Joomla! beim Provider installieren

Für die Installation benötigen Sie zunächst einmal die FTP-Zugangsdaten Ihres Providers, die Sie in Ihrem dortigen Account finden. Wenn Sie Ihre Seite nicht ausschließlich mit Joomla! betreiben wollen, sollten Sie Joomla! in einem separaten Verzeichnis installieren.

Anschließend entpacken Sie das von der Seite *http://www.joomla.de/download-joomla.html* heruntergeladene Joomla!-Archiv in ein Verzeichnis auf Ihrem lokalen Rechner und kopieren sämtliche Inhalte auf den Server.

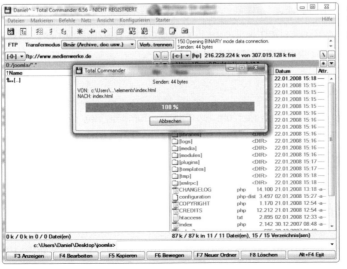

Die Joomla!-Daten werden mittels FTP übertragen.

Sobald die Daten übertragen sind, rufen Sie das bekannte Installations-skript auf. Anschließend können die Installationsschritte wie bei einer lokalen Joomla!-Umgebung durchgeführt werden.

Diese Schritte wurden in diesem Kapitel bereits erläutert. Auf den folgenden Seiten geht es daher ausschließlich um die Besonderheiten, die bei der Joomla!-Installation bei einem Provider auf Sie zukommen (können).

Die FTP-Daten angeben

Während der Joomla!-Installation können Sie die FTP-Daten angeben. Da stellt sich zunächst natürlich erst einmal die Frage, wozu das gut ist. Der in Joomla! integrierte FTP-Layer erlaubt Dateioperationen. Dazu gehören beispielsweise das Installieren von Extensions und das Aktualisieren der Joomla!-Konfigurationsdatei, ohne dass die relevanten Verzeichnisse und Dateien beschreibbar sein müssen. Das macht das Leben für den Administrator natürlich deutlich einfacher und den Betrieb der Seite im Allgemeinen sicherer. So können Sie, die korrekte Eingabe der FTP-Daten vorausgesetzt, auch dann vollständig mit Joomla! arbeiten, wenn im Backend unter *Hilfe/Joomla!-Hilfe/Systeminfo/Verzeichnisrechte* alle Verzeichnisse auf Rot, also auf nicht beschreibbar, stehen.

Interessant ist die Eingabe der FTP-Daten aber auch noch aus einem anderen Grund. Denn hiermit lassen sich Probleme bei eingeschaltetem Safe-Mode im Keim ersticken. Beachten Sie, dass die FTP-Einstellungen bei lokalen Installationen eigentlich überflüssig sind, wenn Sie Joomla! allerdings auf einem virtuellen Server installieren, sollten Sie diese Funktion nutzen. Dabei ist es aus Sicherheitsgründen ratsam, unterschiedliche FTP-Konten für sich als Benutzer und für Joomla! einzurichten und das Joomla!-Konto nur für das entsprechende Joomla!-Verzeichnis freizugeben. Wie das funktioniert, wird im nächsten Abschnitt gezeigt.

Läuft nicht unter Windows

Denken Sie daran, dass es sich hier um ein Feature handelt, das sich nur auf Linux-Servern nutzen lässt. Unter Windows bleibt der FTP-Layer wirkungslos. Allerdings auch gleich der Hinweis dazu: Bei den meisten Providern laufen Linux-Server.

Die FTP-Daten können Sie entweder direkt während der Installation eingeben, oder Sie holen das später im Backend über *Site/Konfiguration* im Register *Server* nach. Aktivieren Sie, wenn Sie mit FTP arbeiten wollen, im

Bereich *FTP aktivieren* das Optionsfeld *Ja* und geben Sie die FTP-Zugangsdaten ein. Diese haben Sie von Ihrem Provider erhalten.

Einen lokalen FTP-Server einrichten

Wenn Sie mit XAMPP arbeiten, können Sie sich im Handumdrehen einen lokalen FTP-Server einrichten. Die entsprechende Anleitung finden Sie unter *http://localhost/xampp/filezilla.php* (also in der lokalen XAMPP-Hilfe).

Mit diesen Einstellungen können Sie nun den vollen Funktionsumfang von Joomla! nutzen, auch wenn Sie beispielsweise keine Schreibrechte für die erforderlichen Verzeichnisse eingerichtet haben.

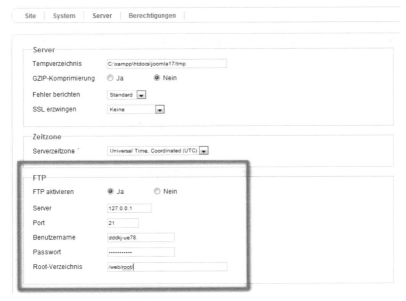

Hier wird der FTP-Zugang konfiguriert.

Einen exklusiven zusätzlichen Joomla!-FTP-Account anlegen

Es wurde bereits auf die Vorteile der FTP-Funktionalität hingewiesen, die Joomla! 2.5 mitbringt. Wenn Sie diese nutzen wollen, sollten Sie allerdings einen speziellen Joomla!-FTP-User anlegen, der ausschließlich Zugriff auf dieses Joomla!-Verzeichnis hat. Sollte es dann zu Sicherheitsproblemen kommen, haben die „nur" Auswirkungen auf dieses Verzeichnis. Wie das funktioniert, wird hier anhand von Strato gezeigt. Bei anderen Providern funktioniert es ähnlich, dort heißen die Menüpunkte dann lediglich etwas anders.

1 Loggen Sie sich in Ihren Account ein und rufen Sie *Verwaltung/FTP-Zugänge verwalten* auf.

2 Über *Neuen FTP-Zugang anlegen* wird das Dialogfenster geöffnet, in dem Sie die Zugangsdaten für den neuen FTP-Account anlegen.

3 Legen Sie in diesem Dialog *Benutzername*, *Domain* und *Passwort* fest.

4 Im Bereich *Startverzeichnis* geben Sie das entsprechende Verzeichnis an. Im Idealfall handelt es sich um ein Verzeichnis, in dem ausschließlich die Joomla!-Daten liegen.

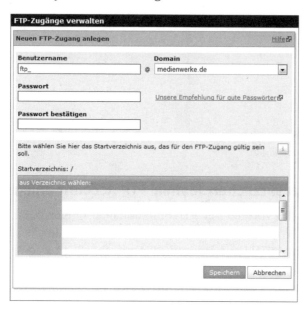

5 Mit *Speichern* wird die Konfiguration abgeschlossen.

Den hier angelegten FTP-User geben Sie während der Joomla!-Installation an. Dieser Benutzer hat ausschließlich auf das an dieser Stelle angegebene Joomla!-Verzeichnis Zugriff.

Joomla! beim Provider installieren und einrichten: eine Beschreibung am Beispiel von Strato

Auch bei Strato kann man Joomla! verwenden. Laden Sie sich zunächst das aktuelle Joomla!-Paket von der Seite *http://www.jgerman.de/* herunter und entpacken Sie es. Kopieren Sie anschließend das entpackte Joomla!-Verzeichnis auf Ihren Webspace und starten Sie die Installation über den Aufruf der Joomla!-Startseite.

Interessant ist in erster Linie der vierte Installationsschritt. Dort muss man die Datenbankinformationen eintragen. Hier ein Beispiel für typische Zugangsdaten:

➢ Servername: *rdbms.strato.de*
➢ Benutzername: *U123456*
➢ Passwort: wird selbst vergeben
➢ Datenbankname: *DB123456*

Die entsprechenden Informationen finden Sie im Strato-Kundenbereich unter *Verwaltung/Datenbankverwaltung*. Die weiteren Installationsschritte unterscheiden sich dann nicht von einer normalen Joomla!-Installation.

Joomla! bei 1&1 installieren

Auch bei 1&1 lässt sich Joomla! sehr einfach installieren. Um Joomla! installieren zu können, müssen Sie zunächst eine Datenbank anlegen. Loggen Sie sich dazu im 1&1 Control-Center (*https://login.1und1.de/*) ein. Wählen Sie unter *Vertragsauswahl* den gewünschten Vertrag über *Vertrag auswählen* aus. Rufen Sie dann *Homepage/Anwendungen/MySQL-Datenbank* auf.

Über *Neue Datenbank* wird die neue Datenbank eingerichtet. Die aufgeführten Zugangsdaten sollten Sie notieren, da Sie sie für die Joomla!-Installation brauchen.

Die Zugangsdaten können beispielsweise folgendermaßen aussehen:

➢ Servername: *db123.1und1.de*
➢ Benutzername: *db03454345*

➢ Passwort: wird selbst vergeben

➢ Datenbankname: *DB123456*

Stellen Sie anschließend eine FTP-Verbindung zum 1&1-Server her. Dort können Sie Joomla! nun direkt ins Root- oder in ein Unterverzeichnis installieren. Wenn Sie sich für ein Unterverzeichnis entscheiden, sollten Sie auf der Seite *http://hilfe-center.1und1.de/search/go.php?t=e754695* nachlesen, wie Sie für die Domain als Verwendungsart *Webspace anlegen* und bei *Heimatverzeichnis/Neues Verzeichnis anlegen* das gewünschte Verzeichnis (z. B. *joomla!*) angeben können.

Laden Sie sich zunächst das aktuelle Joomla!-Paket von der Seite *http://www.jgerman.de/* herunter und entpacken Sie es.

Öffnen Sie die *htaccess.txt*, die im Stammverzeichnis von Joomla! liegt, in einem Texteditor und fügen Sie die Einträge für PHP 5 hinzu. An welcher Stelle Sie sie einfügen, spielt keine Rolle.

- `AddType x-mapp-php5 .php`
- `AddHandler x-mapp-php5 .php`

Entfernen Sie die Raute (#) vor dem Eintrag *RewriteBase*.

Kopieren Sie anschließend das entpackte Joomla!-Verzeichnis auf Ihren Webspace und starten Sie die Installation über den Aufruf der Joomla!-Startseite.

Benennen Sie die *htaccess.txt* in *.htaccess* um (den Punkt vor dem Dateinamen nicht vergessen).

Um die Installation zu starten, rufen Sie das Verzeichnis auf, in das Joomla! kopiert wurde. Haben Sie die Daten ins Stammverzeichnis kopiert, genügt der Aufruf des Domainnamens.

Die eigentlichen Installationsschritte unterscheiden sich dann nicht von denen einer normalen Joomla!-Installation.

Umzug aus einer lokalen Testumgebung auf einen öffentlichen Server

In diesem Buch und wahrscheinlich auch im „normalen Leben" werden Sie Ihre Webseiten auf dem lokalen PC erstellen und sie erst danach auf den Server im Internet übertragen. Nur wie funktioniert dieses Übertragen überhaupt?

Prinzipiell sind dafür lediglich drei Schritte nötig.

1. Die Joomla!-Verzeichnisse und -Dateien müssen auf den Server kopiert werden.

2. Sie müssen die Joomla!-Konfigurationsdatei *configuration.php* anpassen.

3. Die Datenbankinhalte, also die Inhalte Ihrer Webseite, müssen auf den Server übertragen werden.

Mit phpMyAdmin geht es am einfachsten

Auf phpMyAdmin wurde bereits verwiesen. Und auch im Zusammenhang mit der „Spiegelung" der lokalen Seite auf den Onlineserver kommt dieses MySQL-Verwaltungstool zum Einsatz. Bei XAMPP und anderen vergleichbaren Paketen ist phpMyAdmin bereits standardmäßig enthalten.

Haben Sie sich hingegen für eine Installation der einzelnen Komponenten (Apache, PHP, MySQL) entschieden, muss phpMyAdmin zunächst in der Serverumgebung bereitgestellt werden.

Ausführliche Informationen

Ab Seite 78 finden Sie ausführlichere Informationen zu phpMyAdmin. Dort gibt es auch noch einmal eine detaillierte Installationsanleitung und Hilfestellungen zu den verschiedensten Problemen, die im Zusammenhang mit phpMyAdmin auftreten können.

Heruntergeladen werden kann phpMyAdmin von der Seite *http://www.phpmyadmin.net/*. Das entpackte Paket legen Sie in einem eigenen Verzeichnis (z. B. *phpmyadmin*) unterhalb des Dokumentverzeichnisses Ihres Servers (*/htdocs*) ab.

Öffnen Sie anschließend die Konfigurationsdatei *config.inc.php* im neu angelegten *phpmyadmin*-Verzeichnis. Hier müssen die folgenden Daten angepasst werden.

- `$cfg['Servers'][$i]['user'] = 'root';` // MySQL user
- `$cfg['Servers'][$i]['password'] = 'ihrpasswort';` // MySQL password
- `$cfg['Servers'][$i]['only_db'] = '';` // If set to a db-name

Tragen Sie die Zugangsdaten für die MySQL-Datenbank ein. Sollten Sie während der MySQL-Installation keine besonderen Daten angegeben haben, wird als Benutzer *root* verwendet. Der Passwortbereich bleibt in diesem Fall leer.

Anschließend kann phpMyAdmin über *http://localhost/phpmyadmin/index.php* aufgerufen werden.

phpMyAdmin wird nicht nur lokal, sondern auch auf dem Onlineserver benötigt. Bei vielen Providern ist das Tool bereits vorinstalliert und kann meistens über einen Punkt wie *Datenbank administrieren* gestartet werden. Sollte das bei Ihrem Provider nicht der Fall sein, müssen Sie die phpMyAdmin-Daten zunächst per FTP auf den Server übertragen.

Legen Sie sich auch dazu zunächst ein *phpmyadmin*-Verzeichnis an und laden Sie dort die Dateien hinein. Anschließend muss die *config.inc.php* angepasst werden:

- `$cfg['Servers'][$i]['host'] = 'http://www.ihreseite.de';` // MySQL hostname or IP address
- `$cfg['Servers'][$i]['user'] = 'ihrusername';` // MySQL user
- `$cfg['Servers'][$i]['password'] = 'ihrpasswort';` // MySQL password
- `$cfg['Servers'][$i]['only_db'] = '';` // If set to a db-name

Hier werden die Zugangsdaten für die MySQL-Datenbank eingetragen, die auf dem Webserver liegt. Die notwendigen Daten bekommen Sie von Ihrem Provider. Der Aufruf von phpMyAdmin kann dann beispielsweise über *http://www.ihreseite.de/phpmyadmin/index.php* erfolgen.

Die Joomla!-Konfiguration anpassen und auf den Server übertragen

Jetzt liegen zwar alle Joomla!-Daten auf dem Server, bevor das neue CMS aber genutzt werden kann, muss allerdings noch die *configuration.php* angepasst werden. Diese Joomla!-Konfigurationsdatei finden Sie im Joomla!-Stammverzeichnis.

Suchen Sie in dieser Datei jeweils nach den folgenden Zeilen und passen Sie sie entsprechend an.

> *public $db = 'datenbank;* – der Name der Datenbank
> *public $host = 'localhost';* – der Name des Datenbankservers (bei vielen Providern heißt er überraschenderweise *localhost*)
> *public $password = 'xxxxxx';* – das Passwort für die Datenbank
> *public $user = 'root';* – der Name des Datenbankusers

Kopieren Sie die geänderte *configuration.php* auf den Server.

Die Datenbankinhalte übertragen

Die ersten Schritte sind zwar getan, und Joomla! liegt auf dem Server, allerdings fehlt noch etwas Entscheidendes, nämlich die eigentlichen Seiteninhalte. Diese werden über ein sogenanntes Datenbank-Dump überspielt. Dabei werden die Inhalte per SQL aus der Datenbank exportiert, und diese SQL-Syntax wird dann in die Datenbank auf dem Webserver eingefügt.

1 Rufen Sie in Ihrer lokalen Serverumgebung phpMyAdmin auf und wählen Sie im linken Fensterbereich die Joomla!-Datenbank aus.

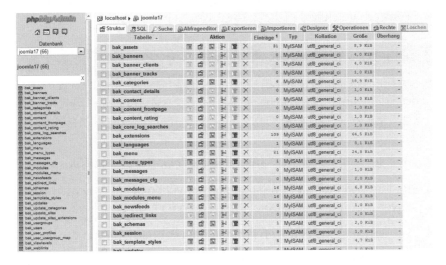

2 Daraufhin erscheinen im linken Fensterbereich die Tabellen der Datenbank, während rechts eine umfangreichere Tabellenübersicht inklusive einiger Registerkarten angezeigt wird. Öffnen Sie dort *Exportieren*.

3 In dem sich nun öffnenden Fenster können Exportoptionen eingestellt werden. Aktivieren Sie zunächst über *Alles auswählen* die zu exportierenden Tabellen.

4 Je nachdem, wie groß die Datenbank ist, sollte zusätzlich eine Zip- bzw. Gzip-Kompression gewählt werden. Denn nicht wenige Provider erlauben lediglich das Einspielen von SQL-Dateien, die nicht größer als 4 MByte sind.

5 Nachdem diese Einstellungen vorgenommen wurden, aktivieren Sie *Senden* und beginnen den Export mit *OK*. Die jetzt zum Download angebotene SQL- bzw. Zip- oder Gzip-Datei wird in einem beliebigen Verzeichnis gespeichert.

Die Daten werden exportiert.

Die Joomla!-Daten liegen nun im SQL-Format vor, müssen allerdings noch auf den Webserver übertragen werden.

1 Rufen Sie dazu auf dem Onlineserver phpMyAdmin auf und wählen Sie die betreffende Datenbank aus dem Drop-down-Feld im linken Fensterbereich aus.

So wird eine neue Datenbank angelegt

Sollte sich auf dem Server noch keine Datenbank befinden, tragen Sie den Namen der neu anzulegenden Datenbank auf der Startseite von phpMyAdmin in das Feld *Neue Datenbank anlegen* ein. Mit *Anlegen* wird die Datenbank erzeugt.

2 Aus der Menüleiste wird anschließend *Importieren* gewählt.

3 In dem sich hierauf öffnenden Fenster geben Sie über *Durchsuchen* die zuvor exportierte SQL-Datei (bzw. Zip- oder Gzip-Datei) an.

4 Die übrigen Einstellungen können mit *OK* übernommen werden.

5 phpMyAdmin fügt nun automatisch die neuen Daten in die Tabelle ein. Ob es tatsächlich geklappt hat, lässt sich am einfachsten überprüfen, indem man das Joomla!-Backend aufruft und sich mit den Zugangsdaten seiner lokalen Joomla!-Installation einloggt.

Der Import funktioniert normalerweise reibungslos. Probleme gibt es lediglich, wenn sich in der Datenbank, in die die neuen Joomla!-Daten eingefügt werden sollen, bereits Joomla!-Tabellen befinden. Ob dem so ist, erkennen Sie beim Versuch, die Daten zu importieren, an der in der folgenden Abbildung gezeigten Fehlermeldung.

Um die Daten in eine bestehende Joomla!-Datenbank einzufügen, gibt es zwei Varianten: Möglichkeit 1 besteht darin, alle vorhandenen Joomla!-Tabellen zu löschen.

Bei der zweiten Variante exportieren Sie die Daten mittels der Option *Drop Table*. Dazu stellen Sie beim Export der SQL-Daten im Bereich *Struktur* die Option *Mit 'Drop Table'* ein.

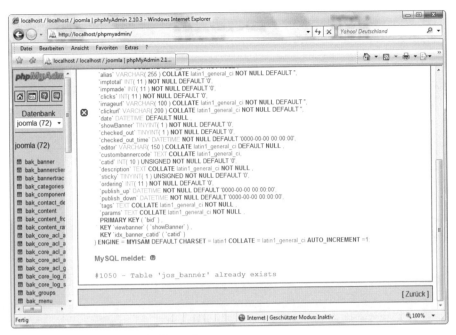

Ein Fehler beim Importieren der Datensätze.

Werden die so ausgezeichneten Daten anschließend importiert, wird bei jeder Tabelle automatisch überprüft, ob sie bereits existiert. Ist das der Fall, wird die bestehende Tabelle gelöscht und durch die neue ersetzt.

Der Umzug vom einen zum anderen Provider

Natürlich kann es vorkommen, dass Sie mit Ihrem Provider nicht mehr zufrieden sind und wechseln wollen. In einem solchen Fall müssen Sie mit Ihrer Joomla!-Installation vom einen auf den anderen Server umziehen. Das lässt sich in wenigen Schritten realisieren.

Laden Sie sich dafür zunächst vom alten Server sämtliche Joomla!-Dateien via FTP-Tool herunter. Gute FTP-Programme sind beispielsweise FileZilla (*http://www.filezilla.de/*) und der Total Commander (*http://www.ghisler. com/deutsch.htm*). Um eine FTP-Verbindung herstellen zu können, benötigen Sie die folgenden Daten:

➤ Ihre Domain (z. B. *ftp.databecker.de*)

➤ Ihren FTP-Benutzernamen

➤ Ihr Passwort

Diese Daten bekommen Sie von Ihrem Provider und können darüber eine FTP-Verbindung herstellen. Beim Total Commander rufen Sie dazu *Netz/*

FTP verbinden und dann *Neue Verbindung* auf. In das sich öffnende Fenster tragen Sie die FTP-Verbindungsparameter ein, wobei der Titel frei gewählt werden kann.

Die FTP-Daten werden eingetragen.

Mit *OK* werden die Einstellungen gespeichert. Auf der sich daraufhin öffnenden Übersichtsseite markieren Sie die eben angelegte Verbindung.

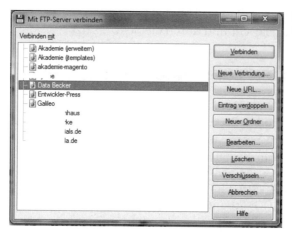

Die Verbindung wird hergestellt.

Über *Verbinden* wird der Server aufgerufen. Navigieren Sie dort zu dem Verzeichnis, in dem die Joomla!-Dateien liegen. Die Joomla!-Verzeichnisstruktur sieht aus, wie in folgender Abbildung gezeigt.

Markieren Sie hier alle Dateien und Verzeichnisse und laden Sie sie auf Ihren lokalen Computer herunter. (Beim Total Commander klicken Sie dazu im unteren Fensterbereich auf die *Kopieren*-Schaltfläche.)

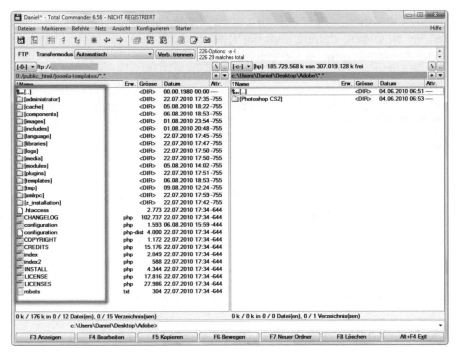

So sollte die Verzeichnisstruktur aussehen.

Damit haben Sie den ersten Schritt erledigt. Anschließend müssen Sie sich auf dem FTP-Server des neuen Providers einloggen und die zuvor heruntergeladenen Daten dort hochladen. Zu guter Letzt muss dann noch die Joomla!-Konfigurationsdatei angepasst werden. Wie das funktioniert, wurde in diesem Kapitel bereits an mehreren Stellen beschrieben.

Joomla! auf einem externen, eigenen Server installieren

Während man bei einem normalen Webspace-Paket mehr oder minder an die Vorgaben des Providers gebunden ist, hat man, wenn man einen virtuellen oder dezidierten Server betreibt, mehr Handlungsspielraum.

Wenn Sie einen virtuellen Server betreiben, müssen Sie zunächst eine Datenbank anlegen. Bei Plesk rufen Sie dazu die betreffende Domain auf und wählen dort den Punkt *Database*. Mit *Add new Database* wird die neue Datenbank erzeugt.

Geben Sie an dieser Stelle zunächst den Datenbanknamen an und merken Sie sich gegebenenfalls das vordefinierte Präfix, denn dieses müssen Sie später, wenn es an die Joomla!-Installation geht, mit angeben. Im aktuellen

Beispiel heißt die Datenbank also nicht *joomla*, sondern *mk_joomla*. Achten Sie außerdem darauf, dass bei *Type* der richtige Wert (normalerweise sollte das *MySQL* sein) eingestellt ist.

Eine neue Datenbank wird angelegt.

Nachdem die Datenbank mit *OK* erzeugt wurde, legen Sie über *Add new Database User* einen entsprechenden Datenbanknutzer an. Anschließend kann mit der Joomla!-Installation begonnen werden. Gehen Sie dabei dann genau so vor, wie es in diesem Kapitel bereits beschrieben wurde.

Die Apache Rewrite Engine (mod_rewrite) aktivieren

Um später suchmaschinenfreundliche URLs nutzen zu können, muss das sogenannte mod_rewrite am Server aktiviert werden. Wie das funktioniert, zeigt dieser Abschnitt. Zunächst sollten Sie überprüfen, ob auf Ihrem Server das mod_rewrite-Modul bereits läuft. In Joomla! rufen Sie dazu *Site/ Systeminformationen* auf und wechseln in das Register *PHP-Informationen*.

Das Modul wurde bereits geladen.

Im Bereich *Loaded Modules* muss *mod_rewrite* notiert sein. In diesem Fall ist die Apache Rewrite Engine bereits aktiviert.

Sollten Sie Joomla! noch nicht installiert haben, legen Sie eine PHP-Datei mit folgendem Inhalt an:

```
<?php
   echo phpinfo();
?>
```

Kopieren Sie sie dann auf den Server. Sobald Sie sie im Browser aufrufen, werden ebenfalls die benötigten PHP-Informationen angezeigt. Taucht dabei das Apache-Modul nicht auf, müssen Sie es installieren.

Unter OpenSuSE beispielsweise öffnen Sie die Datei */etc/sysconfig/apache2*. Dort suchen Sie nach dem Eintrag

```
APACHE_MODULES="..."
```

und ergänzen ihn um *mod_rewrite*. Damit OpenSuSE die Einstellungen übernimmt, muss auf der Konsole nun nur noch SuSEconfig ausgeführt werden. Mit *etc/init.d/apache* wird abschließend der Apache neu gestartet.

Ähnlich einfach funktioniert es bei Debian. Dort führen Sie den Befehl

```
a2enmod rewrite
```

aus und starten über

```
/etc/init.d/apache2 force-reload
```

die Apache-Konfiguration neu.

Wenn Sie mit Windows arbeiten, öffnen Sie die Apache-Konfigurationsdatei *http.conf*, die im *conf*-Verzeichnis der Apache-Installation liegt. Dort entfernen Sie vor der Zeile

```
#LoadModule rewrite_module modules/mod_rewrite.so
```

das Raute-Zeichen. Anschließend sollte diese Zeile dann folgendermaßen aussehen:

```
LoadModule rewrite_module modules/mod_rewrite.so
```

Jetzt muss die Datei nur noch abgespeichert und der Server neu gestartet werden.

1.8 Updates regelmäßig einspielen

Joomla! ist ein lebendiges Projekt. Das bedeutet, dass permanent neue Aktualisierungen veröffentlicht werden. Diese bringen häufig kleinere Verbesserungen mit sich, stopfen aber oft auch bekannte Sicherheitslöcher. Umso wichtiger ist es daher, dass Sie immer wieder neue Updates installieren.

Durch sogenannte Patches werden kleine Programmfehler, aber auch schwere Sicherheitslücken behoben bzw. geschlossen. Sie sollten daher in regelmäßigen Abständen überprüfen, ob es entsprechende Patches gibt.

Zu finden sind diese jeweils auf der offiziellen Joomla!-Webseite *http://joomla.org/*. Folgen Sie dort dem *Download*-Link.

So kommen Sie an die Updates.

Suchen Sie nach dem jeweils aktuellsten Patch und laden Sie ihn herunter. Die „Installation" selbst funktioniert dann denkbar einfach: Das heruntergeladene Archiv wird in das Installationsverzeichnis von Joomla! entpackt.

Dabei werden vorhandene Dateien überschrieben. Das bedeutet natürlich auch, dass Änderungen, die Sie möglicherweise an den Joomla!-Quelltexten vorgenommen haben, verloren gehen.

Alternativ dazu können Sie Joomla! auch direkt über das Backend aktualisieren. Direkt nach dem Einloggen wird angezeigt, ob Joomla! und die installierten Erweiterungen aktuell sind.

Ist dort ein grüner Haken zu sehen, ist die installierte Version aktuell. Wenn nicht, klicken Sie die Grafik an oder rufen *Erweiterungen/Erweiterungen* auf und öffnen das Register *Aktualisieren*. Über die Schaltfläche *Aktualisierungen suchen* können Sie Joomla! anweisen, nach verfügbaren Updates zu suchen. Aktivieren Sie das vor dem gewünschten Update stehende Kontrollkästchen und klicken Sie in der Werkzeugleiste auf *Aktualisieren*.

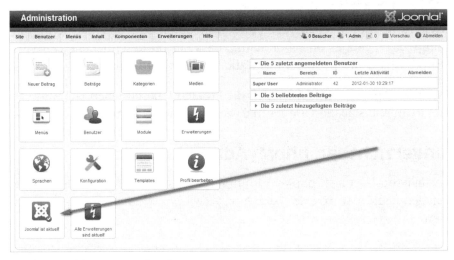

Joomla! ist auf dem neuesten Stand.

Neben Joomla! selbst können auch die Erweiterungen direkt über das Backend aktualisiert werden. Das gilt allerdings nur für solche, die das automatische Update unterstützen. Verlassen Sie sich also nicht darauf, dass hier alle notwendigen Updates aufgelistet sind. Die entsprechenden Einstellungen finden Sie unter *Erweiterungen/Erweiterungen* im Register *Überprüfen*. Mit *Überprüfen* wird nach verfügbaren Updates gesucht.

Eine Erweiterung kann aktualisiert werden.

Um ein Update zu installieren, aktivieren Sie das vorangestellte Kontrollkästchen und klicken in der Werkzeugleiste auf *Installieren*.

1.9 Typische Problemfälle nach der Installation

Viele Anwender machen bei all diesen Abläufen ihre ganz eigenen Erfahrungen. Los geht es oft schon damit, dass der oft beschriebene „Alles-ist-grün-Zustand" während der Installation nicht anzutreffen ist.

Auf den folgenden Seiten werden die Probleme beschrieben, die während der Joomla!-Installation immer mal wieder auftreten können.

Unverzichtbar: phpMyAdmin installieren

Installieren lässt sich phpMyAdmin vergleichsweise einfach. Die Archivdateien kann man von der Seite *http://www.phpmyadmin.net/* herunterladen.

Aufpassen beim Provider

Viele Anwender machen den Fehler, phpMyAdmin einfach auf den Server des Providers zu kopieren. Wer hier keine zusätzlichen Sicherheitseinstellungen vornimmt, macht seine Datenbank für Angreifer zugänglich. Lesen Sie daher unbedingt ab Seite 83, wie sich dieses Sicherheitsproblem beheben lässt.

Die Dateien sind in verschiedenen Formaten verfügbar: ZIP, GZ und BZ2. Laden Sie sich phpMyAdmin in dem Format herunter, mit dem Ihr Packprogramm etwas anfangen kann. Unter Windows ist das normalerweise ZIP, während auf Linux-Plattformen GZ und BZ2 gängig sind.

phpMyAdmin ist – was die Installationsvoraussetzungen anbelangt – zwar nicht besonders anspruchsvoll, einige Dinge müssen aber vorhanden sein. Zunächst einmal muss sichergestellt sein, dass die folgenden vier PHP-Erweiterungen aktiviert sind:

➢ MySQL
➢ MyCrypt
➢ MBString
➢ GD2

Um PHP-Erweiterungen zu aktivieren, öffnen Sie die *php.ini* und entfernen vor den folgenden Zeilen jeweils das Semikolon.

▪ `;extension=php_gd2.dll`
▪ `;extension=php_mbstring.dll`

- `;extension=php_mcrypt.dll`
- `;extension=php_mysql.dll`

Auch hinsichtlich der nötigen MySQL-Version gibt es Einschränkungen. Unterstützt werden von phpMyAdmin alle Versionen von MySQL 3.23.32 bis 5.0 und höher (außer 4.1.0 und 4.1.1).

Wenn Sie phpMyAdmin auf dem Webspace eines Providers installieren wollen, benötigen Sie einige systemspezifische Informationen:

➢ Den Hostnamen oder die Adresse des Servers (das könnte beispielsweise *http://www.databecker.de/* sein).

➢ Die Zugangsdaten zum Webserver (Benutzername, Passwort), mit denen Sie die Daten per FTP oder Weboberfläche auf den Server laden können.

➢ Den Hostnamen oder die IP-Adresse des MySQL-Servers.

➢ Die Zugangsdaten zum MySQL-Server.

Die eigentliche Installation von phpMyAdmin beschränkt sich dann auf das Entpacken des Archivs in ein Verzeichnis des Servers. Soll phpMyAdmin auf einem Server im Internet installiert werden, kopieren Sie die entpackten Daten per FTP-Client auf den Webspace. Dabei variiert das Verzeichnis, in das phpMyAdmin installiert wird. Es handelt sich üblicherweise um *public_html* oder ein anderes Verzeichnis, in das Sie auch Ihre anderen Webdateien legen.

Wollen Sie phpMyAdmin auf einem lokalen Linux-Server installieren, funktioniert das ähnlich. Dort verschieben Sie das heruntergeladene Archiv in das Root-Verzeichnis des Servers (z. B. *var/www/html*) oder in ein entsprechendes Unterverzeichnis (z. B. *var/www/html/utilities*). Anschließend wird das Archiv entpackt:

- `tar -xzvf phpmyadmin-x.x.x.tar.gz`

Stellen Sie zudem sicher, dass die Zugriffsrechte für die entpackten Dateien stimmen. Die Daten müssen lesbar sein.

Auf einem lokalen Windows-Server lässt sich phpMyAdmin ebenfalls sehr einfach installieren. Das Zielverzeichnis ist in diesem Fall ein Unterverzeichnis von *DocumentRoot* (Apache) oder *wwwroot* (IIS). Wenn Apache als Dienst läuft, müssen Sie überprüfen, ob der Benutzer, unter dem der Dienst arbeitet, über die Zugriffsrechte auf das phpMyAdmin-Verzeichnis verfügt. Beim IIS sieht es ähnlich aus, dort muss der Benutzer *IUSR_name* die entsprechenden Rechte besitzen.

Bevor Sie phpMyAdmin allerdings einsetzen können, müssen Sie es konfigurieren. Wie das vonstattengeht, wird im nächsten Abschnitt beschrieben.

Grundlegende Einstellungen vornehmen

Konfiguriert wird phpMyAdmin über eine PHP-Datei, die im Hauptverzeichnis liegt. Bei dieser *config.inc.php* handelt es sich um eine Datei, die gültigen PHP-Code enthält. Legen Sie innerhalb des Hauptverzeichnisses die Datei *config.inc.php* an. Ebenso können Sie auch eine Kopie der bereits im Hauptverzeichnis liegenden *config.sample.inc.php* erstellen und diese in *config.inc.php* umbenennen. Am besten verwenden Sie einen PHP- oder einen Texteditor. Wichtig ist, dass am Anfang und am Ende der Datei keine Zeichen vor *<?php* bzw. *?>* stehen (auch Leerzeichen dürfen dort nicht auftauchen). Ansonsten gibt es beim Aufrufen von phpMyAdmin die Fehlermeldung *CANNOT SEND HEADER INFORMATION*.

Wie phpMyAdmin intern arbeitet

phpMyAdmin lädt intern zunächst die Datei *libraries/config.default.php*. Darin sind die grundlegenden Konfigurationseinstellungen enthalten. Anschließend werden die Werte eingelesen, die in der *config.inc.php* definiert sind. Innerhalb der *libraries/config.default.php* befinden sich die Standardwerte für die Konfiguration. Sind diese in Ordnung, muss man sie nicht noch einmal in der *config.inc.php* definieren. Das ist auch der Grund dafür, dass sich die Konfiguration innerhalb der *config.inc.php* normalerweise auf ein paar wenige Zeilen beschränken kann.

Die Konfiguration selbst ist standardmäßig nicht sehr aufwendig. Im einfachsten Fall genügen diese wenigen Zeilen:

- `<?php`
- `$i=0;`
- `$i++;`
- `$cfg['PmaAbsoluteUri'] = 'http://www.databecker.de/pma';`
- `$cfg['Servers'][$i]['host'] = 'MySQL.databecker.de';`
- `$cfg['Servers'][$i]['auth_type'] = 'cookie';`
- `$cfg['blowfish_secret'] = '123132sfdsdfsf212313';`
- `$cfg['Servers'][$i]['user'] = '';`
- `cfg['Servers'][$i]['password'] = '';`
- `?>`

Konfiguriert wird phpMyAdmin über PHP-Variablen (zu erkennen an dem vorangestellten Dollar-Zeichen). Die einzelnen Werte werden noch ausführlich gezeigt.

Seit phpMyAdmin 2.6.0 gibt es neben der *config.inc.php* noch eine weitere Konfigurationsdatei namens *layout.inc.php*. Darin sind Informationen zum Oberflächendesign von phpMyAdmin enthalten. Über diese Designs wird das Aussehen von phpMyAdmin gesteuert. Das ist vergleichbar mit den Templates unter Joomla!. Jedes dieser Templates bzw. Themes besitzt unterhalb des *themes*-Verzeichnisses ein eigenes Unterverzeichnis.

Wichtig ist vor allem, dass Syntaxfehler in den Konfigurationsdateien vermieden werden. Schleicht sich nämlich einer ein, ist kein Zugriff auf phpMyAdmin mehr möglich.

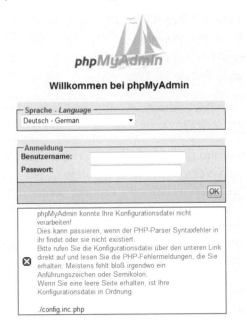

Der Zugriff auf phpMyAdmin klappt nicht.

In diesem Fall überprüfen Sie die angegebene Konfigurationsdatei. Einer der am häufigsten vorkommenden Fehler ist übrigens, dass am Ende einer Anweisung ein Semikolon vergessen wird. Eine Angabe wie

- ```
$cfg['SQP']['fmtType'] = 'text'
```

würde unweigerlich zur gezeigten Fehlermeldung führen. Korrekt sieht die Syntax folgendermaßen aus:

- ```
$cfg['SQP']['fmtType'] = 'text';
```

Beendet werden müssen Variablenzeilen also immer mit einem Semikolon.

phpMyAdmin beim Provider einrichten und konfigurieren

Sehr oft ist bei den Providern phpMyAdmin bereits vorinstalliert. Entsprechende Hinweise dazu finden Sie auf den Seiten Ihres Providers. Es ist aber auch kein Problem, wenn phpMyAdmin nicht vorinstalliert ist, denn das lässt sich ganz einfach nachholen. Wie es funktioniert, wird in diesem Abschnitt anhand von 1&1 gezeigt. Bei anderen Providern läuft die Installation und Konfiguration aber ähnlich ab.

phpMyAdmin wird von der Seite *http://www.phpmyadmin.net/* heruntergeladen und auf dem heimischen Rechner entpackt. In die *config.inc.php* müssen dann die Zugangsdaten eingetragen werden.

- `cfg['PmaAbsoluteUri'] = 'http://www.databecker.de/phpMyAdmin/';`
- `$cfg['Servers'][$i]['host'] = 'db01.puretec.de';`
- `$cfg['Servers'][$i]['auth_type'] = 'config';`
- `$cfg['Servers'][$i]['user'] = 'dboxxxxxxxx';`
- `$cfg['Servers'][$i]['password'] = 'xxxxxxxx';`
- `$cfg['Servers'][$i]['only_db'] = 'dbxxxxxxxx';`

Die Zugangsdaten sind bei 1&1 im 1&1 Control-Center zu finden. Dort öffnen Sie den Punkt *Anwendungen/MySQL-Datenbank*.

Anschließend kopieren Sie das gesamte phpMyAdmin-Verzeichnis auf den Server. Zusätzlich sollten Sie einen Verzeichnisschutz anlegen. Bei 1&1 finden Sie die entsprechenden Einstellungen im 1&1 Control-Center unter *Mein 1&1 Webhosting/Webspace & Zugänge/Geschützte Verzeichnisse einrichten*. Eine detaillierte Anleitung zur Installation von phpMyAdmin bei 1&1 finden Sie unter *http://hilfe-center.1und1.de/hosting/scripte_daten banken/datenbanken/4.html*.

Bei Strato ist es übrigens noch einfacher. Dort wird phpMyAdmin nämlich standardmäßig für die Datenbankverwaltung verwendet. Weiterführende Informationen zu diesem Thema finden Sie auf der Seite *http://www. strato-faq.de/artikel.html?articleid=1040*.

Besonderheiten von Providerinstallationen

Dass die Installation von phpMyAdmin theoretisch nicht kompliziert ist, wurde deutlich. Die Erfahrung zeigt allerdings, dass es immer mal wieder zu Problemen kommt. Im folgenden Abschnitt lesen Sie, wie Sie auf mögliche Installations- und Konfigurationsprobleme am besten reagieren.

Internal Server Error

Ein Problem, das bei vielen Providern immer mal wieder auftaucht, ist die Fehlermeldung *Internal Server Error*. Diese Fehlermeldung betrifft entweder den linken, den rechten oder gleich beide Frames der phpMyAdmin-Oberfläche. Die Ursachen für diese Fehlermeldung können sehr vielfältig sein. Weiter hilft zunächst aber immer ein Blick in die Error-Logdateien des Servers.

Hauptgrund für die Fehlermeldung sind sehr oft fehlerhafte Einträge in der Datei *.htaccess*. Überprüfen Sie daher, ob die *.htaccess*-Datei korrekt ist. Zu Testzwecken können Sie sie auch löschen und dann ausprobieren, ob der Zugriff auf phpMyAdmin gelingt. Ist das der Fall, können Sie sich bei der Fehleranalyse ganz auf die *.htaccess*-Datei konzentrieren.

phpMyAdmin vor Fremdzugriff schützen

Gerade weil sich phpMyAdmin so einfach installieren lässt, gehen viele Anwender damit viel zu sorglos um. Die Erfahrung zeigt, dass viele User das Tool einfach auf ihren Webserver packen, ohne es gegen Fremdzugriffe abzusichern. Finden Angreifer auf solchen Servern offene Verzeichnisse, können sie fremde Datenbanken mit dem Hauptbenutzer *root* ohne Passwort administrieren. Solche Probleme hat man nicht, wenn phpMyAdmin vom Provider bereits vorinstalliert ist. Denn die Provider sichern phpMyAdmin in der Regel ab. Anders sieht es allerdings aus, wenn es nachträglich selbst installiert wird. Und das ist gar nicht mal so selten der Fall.

Wenn Sie phpMyAdmin bei Ihrem Provider installieren wollen, gehen Sie dazu zunächst einmal so vor, wie es in diesem Kapitel beschrieben wurde. Anschließend muss allerdings das Verzeichnis gesperrt werden, in dem phpMyAdmin liegt. Das geht beispielsweise mit *.htaccess*. Bei *http* oder *cookie* ist das nicht nötig, allerdings sollte man auch bei diesen beiden Varianten normale Sicherheitsüberlegungen wie beispielsweise das regelmäßige Ändern des Passworts etc. anstellen.

Das Verzeichnis, in dem phpMyAdmin liegt, ist voll mit sensiblen Daten. Daher gilt es, alle Skripten und Verzeichnisse vor Veränderungen zu schützen. Achten Sie zusätzlich darauf, dass außer Ihnen nur der Webserver die im phpMyAdmin-Verzeichnis liegenden Dateien lesen und ausschließlich Sie diese beschreiben können.

Safe-Mode aktivieren

Ein möglicher Angriffsversuch auf die Konfigurationsdatei könnte so aussehen, dass jemand die Datei per *include()*-Befehl in seine eigenen Skripten einbindet. Verhindern lässt sich das durch Aktivieren des Safe-Mode. Überprüfen Sie die Einstellungen über die bereits bekannte *phpinfo()*-Funktion. Den Safe-Mode aktivieren kann lediglich Ihr Provider, es sei denn, Sie betreiben einen eigenen Server.

Das Sperren des phpMyAdmin-Verzeichnisses geht bei den meisten Providern über eine grafische Benutzeroberfläche. Bei 1&1 gibt es die entsprechenden Einstellungen im 1&1 Control-Center unter *Mein 1&1 Webhosting/ Webspace & Zugänge/Geschützte Verzeichnisse einrichten*. Bei Strato existiert ebenfalls ein Tool, mit dem man Verzeichnisse schützen kann. Dort wählt man nach dem Einloggen in den Kundenbereich *Homepagegestaltung/Website-Configurator*. Auf der sich öffnenden Seite ist der Punkt *Verzeichnis Schutz Manager* zu finden.

Zunächst legen Sie einen neuen Benutzer an. Öffnen Sie anschließend unter *Zugriffsschutzverwaltung* den Punkt *Schutz anlegen*. Daraufhin werden alle vorhandenen Verzeichnisse aufgelistet. Hinter dem Verzeichnis, in dem phpMyAdmin liegt, klicken Sie auf *Verzeichnis schützen*. Anschließend müssen den Benutzern nur noch die Berechtigungen für die geschützten Verzeichnisse zugewiesen werden. Wer das Ganze noch einmal etwas ausführlicher nachlesen möchte, findet unter *http://www.strato-faq.de/artikel.html?articleid=1680* entsprechende Hinweise.

Bei den Providern dauert es meistens ein paar Minuten, bis der Zugriffsschutz greift. Während dieser Zeit sollten Sie die Zugangsdaten nicht in der *config.inc.php* speichern. Denn noch wäre diese Datei für jeden zugänglich. Erst wenn Sie beim Zugriff auf das phpMyAdmin-Verzeichnis zur Eingabe von Benutzername und Passwort aufgefordert werden, ist das System sicher.

Das Verzeichnis auf dem eigenen Server absichern

Anders sieht es aus, wenn Sie einen eigenen Server betreiben. Dann steht oftmals kein grafisches Tool für den Verzeichnisschutz zur Verfügung. Aber auch so lässt sich ein Verzeichnisschutz recht zügig aufbauen. Unter OpenSuSE müssen Sie dazu die Datei *default-server.conf* anpassen, die im Verzeichnis *etc/apache2/* zu finden ist. Dort ergänzen Sie die folgenden Zeilen:

- ```
  <Directory /srv/www/htdocs/phpMyAdmin/>
  ```
- ```
  Authname "Login phpMyAdmin"
  ```
- ```
  AuthType Basic
  ```
- ```
  AuthUserFile /etc/apache2/.htpasswd2
  ```

- `require user dasistderuser`
- `</Directory>`

Anstelle des Benutzernamens *dasistderuser* geben Sie den Benutzernamen an, der sich in phpMyAdmin einloggen darf. Anschließend wechseln Sie in das Verzeichnis */etc/apache2/* und legen über

- `htpasswd2 -c .htpasswd2 dasistderuser`

die Passwortdatei für den Benutzer *dasistderuser* an. Das System fordert Sie nun zur Eingabe eines Passworts auf. Damit die Änderungen wirksam werden, muss der Server über *etc/init.d/apache2 restart* neu gestartet werden.

Maximale Speicherbelegung für Skripten

In der PHP-Konfiguration ist festgelegt, wie viel Arbeitsspeicher ein Skript maximal belegen darf. Definiert wird dieser Wert über die Option *memory_limit* in der *php.ini*. Standardmäßig wird die maximale Speicherbelegung auf 8 MByte festgesetzt. Diese Limitierung kann stören, wenn man mit phpMyAdmin umfangreichere Operationen ausführen möchte. Typischerweise treten Probleme beim Importieren und Exportieren größerer Datenbanken auf. Wenn Sie Zugriff auf die *php.ini* haben, setzen Sie den Wert entsprechend hoch.

Auch in phpMyAdmin lässt sich das Speicherlimit anpassen. Dort setzt man den Wert der Variablen *$cfg['MemoryLimit']* neu:

- `$cfg['MemoryLimit'] = '16M';`

Im gezeigten Beispiel wird dem Skript nun eine maximale Speicherbelegung von 16 MByte gestattet. Das funktioniert allerdings nur, wenn der Safe-Mode nicht aktiviert ist. Ist er jedoch aktiv, hat diese Einstellung keinerlei Auswirkungen auf das Speicherlimit.

Maximale Laufzeit für PHP-Skripten

Theoretisch kann man mit einem einzigen PHP-Skript den gesamten Server lahmlegen. Damit genau das nicht passiert, unterliegen PHP-Skripten in aller Regel einer Laufzeitbegrenzung. Eingestellt wird diese maximale Laufzeit in der *php.ini* über die Option *max_execution_time*. Üblicherweise definiert man die Laufzeitbegrenzung mit 30 Sekunden. Genau diese Laufzeitbegrenzung ist es aber, die das Einlesen größerer Datenmengen in phpMyAdmin unmöglich macht. Denn das Einlesen dauert oftmals länger als 30 Sekunden. Sind die 30 Sekunden um, wird phpMyAdmin vom Server beendet, bevor alle Daten eingelesen sind.

phpMyAdmin versucht, die Laufzeit vor dem Einlesen der Daten automatisch zu verlängern. Das klappt allerdings nur, wenn der Safe-Mode deaktiviert ist.

Ist der Safe-Mode nicht aktiv, können Sie innerhalb der Konfigurationsdatei von phpMyAdmin den Wert manuell hochsetzen.

- `cfg['ExecTimeLimit'] = 600;`

Durch diese Syntax wird die maximale Laufzeit der Skripten auf 60 Sekunden erhöht.

Die maximale Uploadgröße für PHP-Skripten

Über die beiden Optionen *upload_max_filesize* und *post_max_size* wird in der PHP-Konfiguration festgelegt, wie groß eine Datei maximal sein darf, um sie mittels PHP-Skript auf den Server laden zu können. Dass die dort gemachten Einstellungen zum Problem werden können, wird deutlich, wenn man sich überlegt, dass z. B. eine Joomla!-Datenbank mittels phpMyAdmin importiert werden soll. Ist dann der bei *upload_max_filesize* und *post_max_size* eingestellte Wert zu klein, wird der Import mit einer Fehlermeldung abgebrochen.

Wie groß die maximale Dateigröße ist, wird unter anderem in phpMyAdmin im Importdialog angezeigt (zu erkennen an dem *KB*-Wert direkt neben der *Durchsuchen*-Schaltfläche).

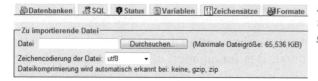

So weiß man, wie viel maximal auf den Server geladen werden darf.

Wenn Sie Zugriff auf die *php.ini* haben, können Sie die beiden Werte bei Bedarf hochsetzen. Besteht diese Möglichkeit nicht, lassen sich die Anpassungen auch über eine *.htaccess* vornehmen. Sollte auch das nicht möglich sein, aktivieren Sie die FTP-Benutzereinstellungen in Ihrer Joomla!-Installation. Ausführliche Informationen dazu finden Sie ab Seite 62.

Fehlende oder nicht ausreichende Schreibrechte

Wenn der Joomla!-Installer keine ausreichenden Schreibrechte hat, funktioniert die Installation entweder überhaupt nicht, oder bei der späteren Arbeit mit Joomla! kommt es wieder zu Problemen. Das gilt vor allem im Zusammenhang mit der Datei *configuration.php*. Diese wird am Ende der

Installation mit ihren individuellen Werten erzeugt. Wenn der Installer für das entsprechende Verzeichnis nicht über genügend Schreibrechte verfügt, schlägt die Installation fehl.

Schreibrechte

Sobald es zu Problemen bei der Installation kommt, werden Sie früher oder später mit dem Begriff CHMOD in Berührung kommen. Bei CHMOD handelt es sich um ein UNIX-Tool, mit dem sich Zugriffsrechte für Dateien und Verzeichnisse ändern lassen. Das soll es an dieser Stelle aber auch schon mit der Theorie gewesen sein. Weiterführende theoretische Aspekte zu CHMOD werden beispielsweise unter *http://de.wikipedia.org/wiki/Unix-Dateirechte* behandelt.

Damit die Joomla!-Installation und auch die spätere Arbeit mit dem CMS klappen, bekommen die Verzeichnisse die CHMOD-Rechte *755* oder *775*. Ob die Dateien beschreibbar sind, können Sie in Joomla! unter *Site/ Systeminformationen* im *Register* Verzeichnisrechte überprüfen.

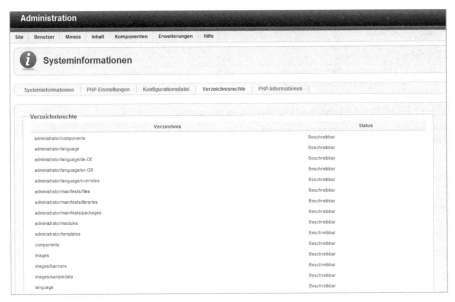

Die Verzeichnisse sind beschreibbar.

Die Rechte der einzelnen Dateien sollten auf CHMOD *644* gesetzt werden. Zunächst erhalten Sie einen Überblick darüber, was diese Rechte bewirken (in den Tabellen bedeutet J jeweils, dass die angegebene Gruppe Rechte besitzt).

Die meisten Rechte besitzt man mit *777*. Allerdings sollten Sie diese Rechte auf öffentlichen Servern nicht vergeben, da diese Einstellung ein zu großes Sicherheitsrisiko darstellt.

Zugriff	Eigentümer	Gruppe	Sonstige
Lesen	J	J	J
Schreiben	J	J	J
Ausführen	J	J	J

CHMOD *775* bedeutet:

Zugriff	Eigentümer	Gruppe	Sonstige
Lesen	J	J	J
Schreiben	J	J	N
Ausführen	J	J	J

Bei CHMOD *755* werden die folgenden Rechte verwendet:

Zugriff	Eigentümer	Gruppe	Sonstige
Lesen	J	J	J
Schreiben	J	N	N
Ausführen	J	J	J

Und CHMOD *644* bedeutet schließlich dieses:

Zugriff	Eigentümer	Gruppe	Sonstige
Lesen	J	J	J
Schreiben	J	N	N
Ausführen	N	N	N

Prinzipiell sollten die Joomla!-Verzeichnisse auf *755* gesetzt werden, für Dateien gilt hingegen *644*. Ausnahmen bilden die folgenden Dateien:

➢ *index.php*
➢ *configuration.php*
➢ *.htaccess*
➢ */templates/IhrTemplate/index.php*
➢ */administrator/index.php*

Diese benötigen lediglich Leserechte, also *444*. Gleiches gilt für sämtliche Dateien mit den Suffixen *.js* und *.css* sowie für alle Bild- und Videodateien.

Wenn das Administratorpasswort vergessen wurde

Sollten Sie das Administratorpasswort vergessen haben, können Sie Ihre eigene Seite nicht mehr verwalten. Aber keine Bange, mit einfachen Mitteln lässt sich das Passwort wieder zurücksetzen. Das Einzige, was dafür benötigt wird (zumindest geht es damit am einfachsten), ist phpMyAdmin.

Der anzuwendende Trick ist eigentlich gar keiner: Es wird lediglich das aktuelle Administratorpasswort ausgetauscht und auf *admin* gesetzt.

Rufen Sie dazu phpMyAdmin auf und öffnen Sie die Tabelle *jos_users*. (Achtung: Wenn Sie ein anderes Präfix als *jos_* verwendet haben, heißt die Tabelle anders. Wurde also beispielsweise *data_* als Präfix verwendet, ist der Tabellenname *data_user*.)

Über *Anzeigen* und das Stiftsymbol zum Bearbeiten wird die abgebildete Eingabemaske geöffnet.

Im *password*-Feld steht Ihr Admin-Passwort, das allerdings verschlüsselt ist und auch nicht wiederhergestellt werden kann. Löschen Sie das alte Passwort und tragen Sie stattdessen Folgendes ein:

- `21232f297a57a5a743894a0e4a801fc3`

Feld	Typ	Funktion	Null	Wert
id	int(11)	▾		62
name	text	▾		Administrator
username	varchar(150)	▾		admin
email	varchar(100)	▾		kontakt@medienwerke.de
password	varchar(100)	▾		4030356d5278651bcffbc94025569bee:Cxhrï
usertype	varchar(75)	▾		Super Administrator
block	tinyint(4)	▾		0
sendEmail	tinyint(4)	▾	☐	1
gid	tinyint(3) unsigned	▾		25
registerDate	datetime	▾		2008-01-23 10:08:16
lastvisitDate	datetime	▾		2008-01-29 06:00:23
activation	varchar(100)	▾		
params	text	▾		

Hier kann das Passwort neu gesetzt werden.

Nachdem die Änderungen gespeichert wurden, können Sie sich mit dem neuen Admin-Passwort *admin* am System anmelden.

Alternativ dazu können Sie das Passwort auch im Klartext eintragen. Dazu müssen Sie allerdings im Feld *password* den Wert *MD5* einstellen. Das Passwort kann dann im Klartext (hier also *admin*) eingetragen werden.

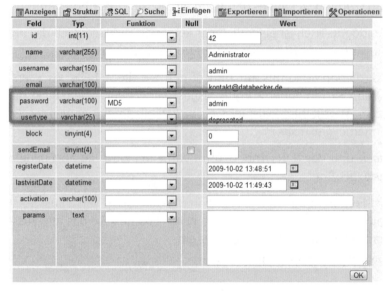

Das Passwort wird eingetragen.

phpMyAdmin verschlüsselt das Passwort automatisch, sobald Sie auf *OK* klicken.

Wenn Sie direkt mit der MySQL-Konsole arbeiten, können Sie das Passwort ebenfalls sehr einfach ändern. Dazu stellen Sie zunächst ein Verbindung zum Datenbankserver her und wählen über

- `USE joomla;`

die richtige Datenbank aus. Anschließend setzen Sie mit dem Befehl

- `UPDATE jos_users`
- `SET password='21232f297a57a5a743894a0e4a801fc3'`
- `WHERE name="Administrator";`

das Passwort *admin* neu – wobei hier davon ausgegangen wird, dass das Präfix *jos_* in der Datenbank verwendet wird. Sollten Sie ein anderes definiert haben, müssen Sie den Aufruf entsprechend anpassen.

Alle Benutzer fehlen, und eine Anmeldung als Administrator ist nicht mehr möglich

Es kann vorkommen (und das häufiger, als man glaubt), dass alle Benutzer aus der Datenbank gelöscht wurden – sprich, die Tabelle *jos_users* ist leer. Das ist nicht nur ärgerlich, sondern führt auch dazu, dass Sie sich nicht mehr als Administrator (oder irgendjemand anderer) in das Backend einloggen können. Denn auch der Administrator steht normalerweise in dieser Tabelle. Um den Administrator inklusive eines neuen Passworts anzulegen, können Sie erneut phpMyAdmin verwenden.

1 Rufen Sie dazu die Joomla!-Datenbank mittels phpMyAdmin auf und öffnen Sie die Tabelle *jos_users*. (Auch hier gilt wieder: Haben Sie ein anderes Präfix als *jos_* verwendet, heißt die Tabelle anders, also beispielsweise *data_users*.)

2 Wechseln Sie in das Register *SQL* und tragen Sie folgendes SQL-Dump ein (Achtung, passen Sie gegebenenfalls die Tabellennamen an, wenn Sie während der Joomla!-Installation ein anderes Präfix als *jos_* angegeben haben):

- `INSERT INTO 'jos_users' VALUES (62, 'Administrator', 'admin', ' ihre@e-mail-adresse.de', '21232f297a57a5a743894a0e4a801fc3', 'Super Administrator', 0, 1, 25, '2006-01-21 17:30:00', '0000-00-00 00:00:00', '', '')`
- `INSERT INTO 'jos_core_acl_aro' VALUES (10,'users','62',0,'Administrator',0)`
- `INSERT INTO 'jos_core_acl_groups_aro_map' VALUES (25,'',10);`

3 Das Fenster sollte jetzt insgesamt folgendermaßen aussehen:

4 Über *OK* wird der Administrator neu angelegt.

Um sich nun am System als Administrator anzumelden, verwenden Sie als Benutzernamen *admin* und als Passwort ebenfalls *admin*.

So kommen Sie an die absoluten Pfadangaben des Providers

Im Joomla!-Betrieb werden Sie an verschiedenen Stellen immer mal wieder nach dem absoluten Pfad gefragt. Wie der lautet, lässt sich ganz einfach herausfinden. Legen Sie sich eine PHP-Datei (nennen Sie sie beispielsweise *pfad.php*) mit folgendem Inhalt an:

- `<?php`
- `    echo $_SERVER['DOCUMENT_ROOT'];`
- `?>`

Laden Sie diese anschließend per FTP auf den Server und rufen Sie sie im Browser auf. Der gesuchte Pfad wird daraufhin angezeigt.

Der Pfad wird im Browser ausgegeben.

Wenn nach der Installation Strict-Standard-PHP-Fehler angezeigt werden

Wenn die Installation von Joomla! klappt und man danach die Seite aufruft, werden möglicherweise PHP-Fehlermeldungen angezeigt.

- `Strict Standards: Accessing static property JCache::$_handler as non static in C:\xampp\htdocs\joomla\libraries\joomla\cache\cach e.php on line 420`
- `Strict Standards: Accessing static property JCache::$_handler as non static in C:\xampp\htdocs\joomla\libraries\joomla\cache\cach e.php on line 422`
- `Strict Standards: Accessing static property JCache::$_handler as non static in C:\xampp\htdocs\joomla\libraries\joomla\cache\cach e.php on line 422`
- `Strict Standards: Accessing static property JCache::$_handler as non static in C:\xampp\htdocs\joomla\libraries\joomla\cache\cach e.php on line 422`

- Strict Standards: Accessing static property JCache::$_handler as non static in C:\xampp\htdocs\joomla\libraries\joomla\cache\cache.php on line 422

Genaugenommen handelt es sich dabei nicht um PHP-Fehlermeldungen, sondern vielmehr um Warnhinweise. Nichtsdestotrotz stören diese natürlich. Um solche Warnhinweise auszuschalten, öffnen Sie die *php.ini* und suchen darin nach folgendem Bereich:

- ; Default Value: E_ALL & ~E_NOTICE
- ; Development Value: E_ALL | E_STRICT
- ; Production Value: E_ALL & ~E_DEPRECATED
- ; http://php.net/error-reporting
- error_reporting = E_ALL | E_STRICT

Ändern Sie die letzte Zeile folgendermaßen ab:

- error_reporting = E_ALL & ~E_NOTICE

Nach einem Neustart des Servers werden die PHP-Warnhinweise nicht mehr angezeigt.

Charakteristische Problemfälle mit MySQL sicher lösen

Eine Achillesferse beim Webhosting im Allgemeinen und bei Joomla! im Besonderen ist MySQL. Denn damit Joomla! überhaupt laufen kann, muss zunächst einmal eine Verbindung zur Datenbank hergestellt werden. Das klappt leider nicht immer. Die folgenden Seiten bieten Lösungsansätze, wenn es einmal nicht wie gewünscht funktioniert.

Eine neue Datenbank anlegen

Um mit Joomla! arbeiten zu können, brauchen Sie eine Datenbank. Wenn bei Ihrem Provider bereits eine eingerichtet ist, können Sie ganz normal mit der Joomla!-Installation beginnen.

Existiert noch keine Datenbank, holen Sie das Anlegen nach. Dazu loggen Sie sich im Administrationsbereich Ihrer Domainverwaltung ein und rufen dort die Datenbankverwaltung auf. Wenn bei Ihrem Provider phpMyAdmin zum Einsatz kommt, gehen Sie folgendermaßen vor:

1   Auf der Startseite tragen Sie in das Feld *Neue Datenbank anlegen* den gewünschten Datenbanknamen ein.

2 Über *Anlegen* wird die neue Datenbank erzeugt.

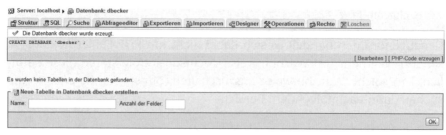

Die neue Datenbank wurde angelegt.

Viele Provider bieten eine eigene Oberfläche für die Datenbankverwaltung. Die einzelnen Schritte unterscheiden sich dabei zwar geringfügig, das grundlegende Vorgehen ist aber überall gleich. Exemplarisch wird das hier anhand von Strato gezeigt.

1 Loggen Sie sich in Ihren Account ein und rufen Sie unter *Einstellungen* den Punkt *Datenbankverwaltung* auf. Dort werden zunächst einmal alle eventuell bereits vorhandenen Datenbanken angezeigt.

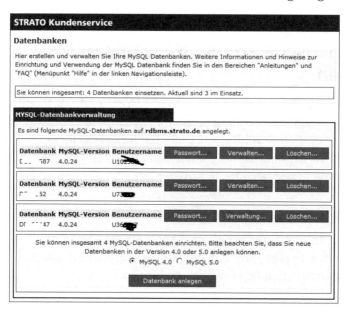

2 Mit *Datenbank anlegen* erzeugen Sie eine neue Datenbank. Über *Passwort* wird der Datenbank ein Passwort zugewiesen.

Damit ist die Datenbank angelegt, und Sie können mit der Joomla!-Installation beginnen. Entscheidend ist, dass Sie in Schritt 4 der Installation die richtigen Zugangsdaten für die Datenbank angeben. Notieren Sie sich dazu

> den Hostnamen (bei Strato *rdbms.strato.de*),

> den Benutzernamen (der bei Strato neben dem Tabellennamen angezeigt wird) und

> das Passwort.

Diese Daten tragen Sie anschließend bei der Joomla!-Installation ein.

Benutzer- und Schreibrechte einrichten

Standardmäßig wird nach der Installation von MySQL (das gilt auch, wenn Sie MySQL im Paket mit XAMPP installiert haben) nur ein Benutzer angelegt. Dieser lautet *root*, besitzt aber kein Passwort. Somit hat jeder, der Zugang zu Ihrer Installation hat, auch Zugriff auf Ihre MySQL-Daten. Diese Einstellung gilt es in jedem Fall zu ändern.

Sie können explizit festlegen, was ein Benutzer darf und was er nicht darf. Wenn der Benutzer mit Joomla! arbeiten können muss, sollten Sie ihm die vollen Rechte für die entsprechende Datenbank zuweisen. Rufen Sie dazu innerhalb der geöffneten Datenbank *Rechte* auf und klicken Sie auf das Stiftsymbol, das neben dem betreffenden Benutzer angezeigt wird. In dem sich öffnenden Fenster weisen Sie ihm über *Alle auswählen* sämtliche Rechte für die aktuelle Datenbank zu.

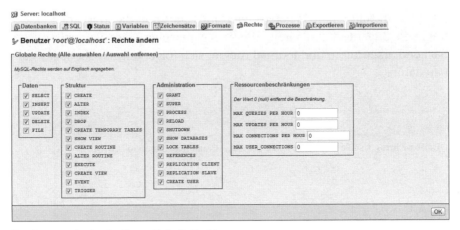

Der Benutzer besitzt in diesem Fall alle Rechte.

Mit *OK* werden die Einstellungen übernommen.

Wenn Sie einem Benutzer nur so viele Rechte wie nötig zuweisen wollen, ist auch das möglich. So muss zum Beispiel ein Benutzer, der mit Joomla! arbeitet, nicht das *SHUTDOWN*-Recht haben. Diese Berechtigung könnte er nämlich dafür nutzen, andere Benutzer komplett vom Server auszuschließen, indem der MySQL-Server heruntergefahren wird.

Um mit Joomla! effektiv und ohne Einschränkungen arbeiten zu können, sind folgende Rechte ausreichend:

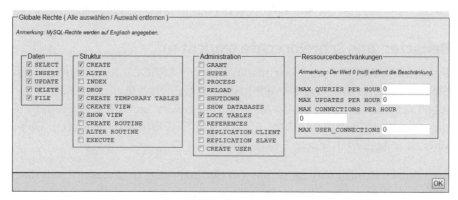

Diese Rechte reichen für den Joomla!-Betrieb völlig aus.

Auch diese Einstellungen werden mit *OK* übernommen.

Wenn MySQL den Zugriff verweigert

Die Gründe dafür, dass MySQL den Zugriff verweigert, können ganz unterschiedlicher Natur sein. Meistens allerdings stimmen die in Joomla! eingetragenen Zugangsdaten nicht. Wenn Sie beispielsweise versuchen, das Backend aufzurufen, und Joomla! meldet sich folgendermaßen, liegt es genau daran.

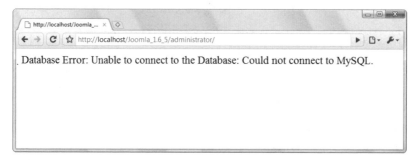

Sieht man zwar nicht gern, kommt aber immer mal wieder vor: eine MySQL-Fehlermeldung.

Welche Zugangsdaten Sie während der Joomla!-Installation eingetragen haben, können Sie jederzeit überprüfen. Dazu rufen Sie im Stammverzeichnis von Joomla! die *configuration.php* in einem Texteditor auf. Dort finden Sie den folgenden Bereich:

- /* Database Settings */
- var $dbtype = 'mysql';
- var $host = 'localhost';
- var $user = 'admin';
- var $password = 'meinpasswort';
- var $db = '_neues';
- var $dbprefix = 'jos_';

Hier können Sie überprüfen, ob die Zugangsdaten korrekt eingetragen wurden. Sollte das nicht der Fall sein, korrigieren Sie die Einstellungen entsprechend.

Eine weitere typische Fehlermeldung ist

- MySQL support Unavailable

bzw.

- Database Error: Unable to connect to the database:The MySQL adapter "mysql" is not available.

In diesem Fall fehlt PHP die MySQL-Unterstützung. Um diese zu aktivieren, öffnen Sie die PHP-Konfigurationsdatei *php.ini* und entfernen das Semikolon vor der Zeile *extension=php_mysql.dll*. Anschließend klappt der Zugriff wieder (gegebenenfalls auch erst nach einem Neustart des Servers). Sollten Sie keinen Zugriff auf die *php.ini* haben (was bei einem gemieteten Webspace üblicherweise der Fall ist), fragen Sie bei Ihrem Provider nach, ob er die MySQL-Unterstützung aktivieren kann. Macht er das nicht, können Sie Joomla! dort nicht verwenden.

2. Die Grundkonfiguration

Nach der Joomla!-Installation beginnt die eigentliche Arbeit an der Webseite: die Konfiguration von Joomla! und die Eingabe von Inhalten. In diesem Kapitel erfahren Sie, wie Sie am effektivsten mit Joomla! arbeiten können und welche Einstellungen am Anfang unbedingt vorgenommen werden sollten.

2.1 Wichtige Begriffe im Joomla!-Universum

Während der Arbeit mit Joomla! werden Ihnen immer wieder Begriffe wie Backend, Frontend, Template etc. begegnen. Dieser Abschnitt wirft einen Blick auf die wichtigsten Begrifflichkeiten aus dem Joomla!-Universum.

Backend

Das Backend ist der Administrationsbereich von Joomla!. Darin können sämtliche Einstellungen zu Joomla! vorgenommen werden. Wenn Sie Joomla! installieren, sind Sie zunächst der einzige Benutzer – der sogenannte Administrator –, der auf das Backend zugreifen kann. Bei Bedarf können aber auch weitere Benutzer eingerichtet werden, denen ebenfalls Zugang zum Backend gewährt wird.

Aufrufen können Sie das Backend über den Pfad */administrator*. Haben Sie Joomla! also in das Verzeichnis *joomla25* installiert, sieht der Pfad folgendermaßen aus:

http://localhost/joomla25/administrator

Dort können Sie sich mit den während der Installation angegebenen Zugangsdaten anmelden. Nach erfolgreicher Anmeldung können Sie im Backend sämtliche Einstellungen – abhängig von Ihren Zugriffsrechten – vornehmen.

Frontend

Unter dem Frontend versteht man das, was die Besucher Ihrer Webseite sehen. Das Frontend ist also die eigentliche Webseite. Normale Benutzer werden sich nur im Frontend aufhalten. Auf den Administrationsbereich, also das Backend, haben sie in aller Regel keinen Zugriff.

Datenbank und Dateien

Joomla! besteht zunächst einmal aus einer Vielzahl an Dateien und Verzeichnissen. Dabei handelt es sich um XML-, JavaScript-, HTML- und PHP-Dateien.

Die Daten für das Backend liegen im Verzeichnis *administrator*. Innerhalb dieses Verzeichnisses gibt es unter anderem die Verzeichnisse *cache*, *components*, *language*, *modules* und *templates*. Diese enthalten die relevanten Dateien für das Backend. Verzeichnisse mit denselben Namen sind auch noch einmal außerhalb des *administrator*-Verzeichnisses zu finden. Diese sind dann für die Anzeige des Frontends verantwortlich.

Interessant ist darüber hinaus auch das Verzeichnis *Media*. Darin werden sämtliche Bilder, Videos etc. gespeichert, die über *Inhalt/Medien* verwaltet werden.

Hierüber werden Medieninhalte verwaltet.

Inhalte

Für Inhalte werden oftmals auch Begriffe wie Content, Artikel und Beiträge verwendet, die aber im Endeffekt alle dasselbe bedeuten. Die einzelnen Inhalte können jeweils voneinander getrennt verwaltet werden.

Die Verwaltung der Inhalte findet in Joomla! auf diesen zwei Ebenen statt:

➢ Kategorien
➢ Beiträge

Dabei werden die Beiträge in Kategorien eingeordnet. (Wobei Beiträge nicht unbedingt einer Kategorie zugeordnet werden müssen. Es gibt auch Beiträge, die nicht kategorisiert sind.)

Die Ausgabe der Kategorien im Frontend kann ganz unterschiedlich aussehen. So gibt es beispielsweise eine Blog-Ansicht.

Eine typische Blog-Ansicht in Joomla!.

Ebenso lassen sich aber auch Listen ausgeben, über die dann die einzelnen Beiträge aufgerufen werden können.

Die Beiträge können zudem direkt mit Menüpunkten verlinkt werden, damit sie so unmittelbar aufgerufen werden können.

Die Startseite des Joomla!-Frontends nimmt eine Sonderstellung ein. Diese läuft von Joomla!-Version zu Joomla!-Version immer mal wieder unter einem anderen Namen, und dies gilt dann auch für die auf der Startseite veröffentlichten Beiträge. Mal hieß das Ganze „Frontpage", mal „Vorgestellt". Momentan heißen die auf der Startseite veröffentlichten Artikel jedenfalls „Hauptbeiträge". Ob es dabei bleibt, ist allerdings ungewiss.

Gespeichert werden die Inhalte in der Datenbank.

Benutzer

Wenn Sie Joomla! installieren, werden Sie direkt als Benutzer angelegt. Dabei bekommen Sie automatisch Administratorrechte zugewiesen, dürfen also auf das Backend zugreifen und sämtliche Funktionen nutzen.

Es können beliebig viele weitere Benutzer angelegt werden. Diese können dann, je nach den ihnen zugewiesenen Rechten, im Frontend oder im Backend arbeiten.

So darf ein Super-Benutzer im Backend auf alle Funktionen zugreifen.

Diese Optionen gibt es für Super-Administratoren.

Ganz anders sieht die Sache bei normalen Managern aus, denn denen werden nach dem Einloggen ins Backend weitaus weniger Funktionen angeboten.

Hier stehen deutlich weniger Optionen zur Auswahl.

Benutzer können dabei in frei definierbare oder in vordefinierte Gruppen eingeordnet werden. So kann man beispielsweise festlegen, dass ein Benutzer zwar Inhalte im Frontend schreiben darf, diese aber erst nach Prüfung durch einen Redakteur freigeschaltet werden.

In Version 2.5 ist Joomla! auf dem Gebiet der Benutzerverwaltung jedenfalls deutlich komfortabler.

Templates

Für die Gestaltung von Joomla!-basierten Webseiten wird auf Templates zurückgegriffen. Solch ein Template können Sie sich wie eine Schablone vorstellen. Innerhalb der Template-Datei werden Platzhalter definiert, die später automatisch im Frontend durch die richtigen Inhalte ersetzt werden.

Viele Templates arbeiten mit Parametern, über die sich beispielsweise die Schriftgröße und die Hintergrundfarbe der Seite jederzeit verändern lassen.

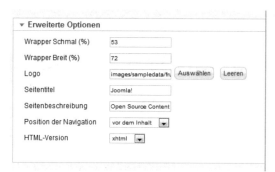

So können die Templates noch variabler gestaltet werden.

Eine der Besonderheiten von Template-Systemen ist, dass mehrere Templates parallel verwendet werden können. Auf diese Weise lassen sich einzelne Webseitenbereiche sehr einfach optisch voneinander trennen. In diesem Buch gibt es sehr detaillierte Informationen dazu, wie sich Templates einsetzen und selbst entwickeln lassen.

Erweiterungen

Joomla! bringt zwar schon eine ganze Menge Funktionen mit, dieser Funktionsumfang lässt sich aber noch um ein Vielfaches erweitern. Typische Erweiterungen (Extensions) sind Videoplayer, Bildergalerien und Foren. Dabei unterscheidet Joomla! zwischen verschiedenen Arten von Erweiterungen. Es gibt Plug-ins, Komponenten und Module. Im weiteren Verlauf dieses Buchs lernen Sie nicht nur die verschiedenen Erweiterungsarten kennen, es werden auch viele dieser interessanten Extensions vorgestellt.

2.2 Das erste Mal im Backend: So arbeitet Joomla!

Zentrale Anlaufstelle für Ihre Joomla!-Webseite ist das sogenannte Backend, also der Administrationsbereich. Standardmäßig befindet sich das Backend im Verzeichnis *administrator* innerhalb des Joomla!-Pfads. Haben Sie Joomla! lokal unter XAMPP im Verzeichnis *htdocs/joomla25* installiert, lässt sich das Backend üblicherweise folgendermaßen aufrufen:

- `http://localhost/joomla25/administrator`

Beim Backend-Aufruf erscheint erst mal die Log-in-Maske.

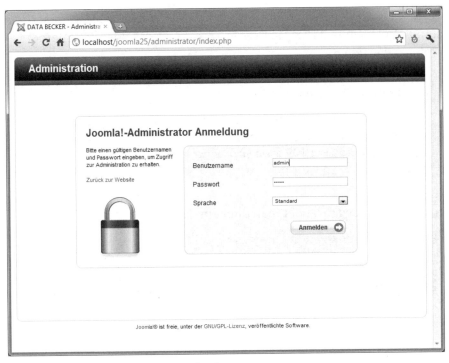

Hierüber bekommt man Zugang zum Backend.

Beim ersten Aufruf geben Sie den Benutzernamen *admin* und das während der Installation gewählte Passwort ein. (Wenn Sie während der Installation einen anderen Benutzernamen als *admin* angegeben haben, müssen Sie diesen verwenden.)

Ein Wort zur Sicherheit

Bei einer lokalen Joomla!-Installation kann natürlich als Benutzername *admin* verwendet werden. Sobald die Seite aber auf einem Server im Internet gehostet wird, sollten Sie während der Installation unbedingt einen anderen Namen angeben. Das ist schon mal ein erster Schutz vor unerlaubten Zugriffen auf Ihr Backend. Denn Angreifer werden zunächst immer den Benutzernamen *admin* ausprobieren.

Um tatsächlich im Joomla!-Backend arbeiten zu können, muss ein vergleichsweise moderner Browser verwendet werden, der die folgenden Anforderungen erfüllt:

> JavaScript muss aktiviert sein.
> Cookies müssen akzeptiert werden.

Verwendet werden sollten am besten vergleichsweise neue Browser wie zum Beispiel Firefox, Mozilla, Google Chrome, Opera oder der Internet Explorer ab Version 6.

Das deutsche Sprachpaket

In diesem Buch wird von einer deutschsprachigen Joomla!-Installation ausgegangen. Sollte bei Ihnen momentan noch eine englische Arbeitsumgebung installiert sein, finden Sie ab Seite 109 Informationen zur Installation des deutschen Sprachpakets.

Nach dem Einloggen landet man direkt im Kontrollzentrum.

Das Kontrollzentrum ist das Herzstück der Joomla!-Verwaltung.

Darüber hat man Zugriff auf alle Funktionen von Joomla!. Im oberen Fensterbereich befindet sich die Hauptnavigation. Was sich hinter den jeweiligen Einträgen verbirgt, wird auf den folgenden Seiten beschrieben.

Der Zugriff auf die (normalerweise) am häufigsten verwendeten Funktionen wird über Symbole erleichtert. Auch dazu wird es im weiteren Verlauf dieses Buchs natürlich noch ausführliche Informationen geben.

Im rechten Fensterbereich des Kontrollzentrums werden einige wichtige Informationen angezeigt.

Einige interessante Angaben werden direkt angeboten.

Dort sind

> die letzten fünf angemeldeten Benutzer,

> die letzten fünf am häufigsten aufgerufenen Artikel und

> die fünf zuletzt hinzugefügten Artikel

aufgelistet.

2.3 Die Arbeitsweise von Joomla!

Nachdem Sie sich eingeloggt haben, meldet sich Joomla! mit einer Vielzahl an Symbolen. Die beruhigende Meldung vorweg: Die Joomla!-Entwickler haben sich mit dem Entwerfen der Symbole Mühe gegeben. Daher kann man mit den Symbolen – und hier unterscheidet sich Joomla! von vielen anderen CM-Systemen – auch tatsächlich etwas anfangen.

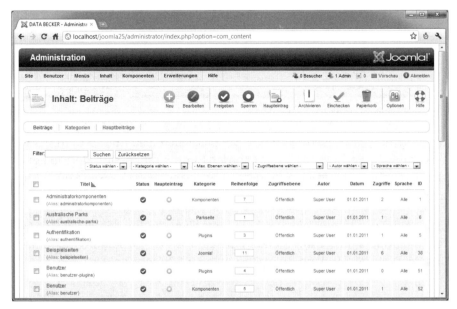

Alles schön übersichtlich.

Joomla! enthält eine Vielzahl an Menüs und Funktionen, ist aber dennoch äußerst übersichtlich aufgebaut. Sehr angenehm ist zudem der Aspekt, dass die Arbeit wirklich intuitiv ist. Denn prinzipiell ist die Bedienung in jedem Joomla!-Bereich gleich. Sie rufen einen Bereich auf, nehmen dort die Änderungen vor und speichern sie ab. Klingt einfach? Das ist es auch.

Die Funktionsweise lässt sich am besten anhand eines Beispiels zeigen. Durch die folgenden Schritte weisen Sie der Seite einige Metadaten zu. (Was es damit genau auf sich hat, wird in Kapitel 11 noch einmal detailliert beschrieben. So viel aber bereits an dieser Stelle: Die Metadaten spielen eine Rolle, wenn es um das Thema Suchmaschinenoptimierung geht.)

Rufen Sie *Site/Konfiguration* auf. Es fällt zunächst einmal eine neue Symbolleiste im oberen Fensterbereich auf.

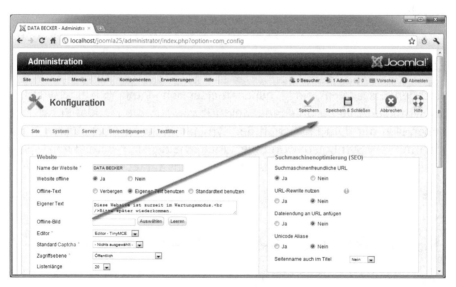

Eine neue Symbolleiste wird eingeblendet.

Diese Symbolleiste ist dynamisch. Sie passt sich also immer dem gerade aufgerufenen Fenster an. Innerhalb der Konfiguration sind dort lediglich vier Symbole zu sehen. Ganz anders sieht es aber beispielsweise aus, wenn man *Inhalt/Beiträge* aufruft.

Es werden also immer die Symbole angezeigt, die für den jeweiligen Bereich relevant sind. Ausführliche Informationen zur Bedeutung der einzelnen Symbole gibt es dann im weiteren Verlauf dieses Kapitels.

Jetzt hat sich die Symbolleiste verändert.

Öffnen Sie nun wieder *Site/Konfiguration*. Tragen Sie im Register *Site* in das Feld *Meta-Beschreibung* beispielsweise Folgendes ein:

- Onlineshop für innovative und preiswerte IT-Produkte: Website- und Shopsysteme, Finanzsoftware, SEO-Software, Goldene Serie, Bücher und Zubehör.

In der Symbolleiste gibt es nun zwei Schaltflächen, über die die Änderungen, die im aktuellen Dialogfenster vorgenommen wurden, übernommen werden können:

➢ *Speichern* – Speichert die aktuellen Einstellungen, die aktuelle Seite bleibt aber geöffnet.

➢ *Speichern & Schließen* – Hierüber werden die aktuellen Einstellungen ebenfalls gespeichert. Allerdings wird die aktuelle Seite damit geschlossen, und man wird automatisch in das Kontrollzentrum umgeleitet.

Wenn Sie keine weiteren Änderungen an der aktuellen Seite vornehmen wollen, wählen Sie üblicherweise *Abbrechen*.

Über die Schaltfläche *Hilfe* können Sie die Onlinehilfe zu Joomla! aufrufen. Diese ist allerdings komplett in englischer Sprache verfasst. Ob sich zukünftig jemand die Mühe macht, diese Hilfeseiten zu übersetzen, lässt sich momentan noch nicht abschätzen.

Zurück zum Beispiel: Übernehmen Sie die in das Feld *Meta-Beschreibung* eingetragenen Werte mit *Speichern*. Dass die Änderungen tatsächlich gespeichert wurden, zeigt Joomla! mit einer entsprechenden Meldung an.

Die Konfiguration wurde erfolgreich gespeichert!

Um sich die vorgenommenen Änderungen im Frontend anzusehen, klicken Sie in der oberen Symbolleiste auf den *Vorschau*-Link.

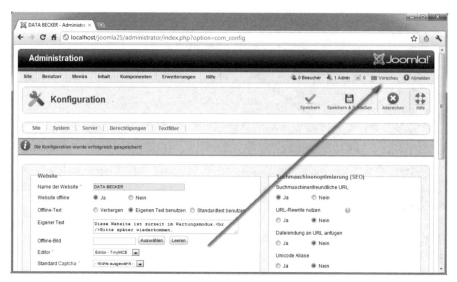

So sieht man die Änderungen gleich.

Damit Sie die Auswirkungen der Änderungen sehen können, die im Feld *Meta-Beschreibung* vorgenommen wurden, müssen Sie den Quelltext der im Frontend angezeigten Seite aufrufen. Klicken Sie dazu die Seite mit der rechten Maustaste an und wählen Sie *Seiten-Quelltext anzeigen*. Möglicherweise lautet in Ihrem Browser dieser Kontextmenüpunkt auch anders. In Firefox und in Google Chrome heißt er beispielsweise *Seitenquelltext anzeigen*, im Internet Explorer *Quellcode anzeigen*.

Die Änderungen wurden übernommen.

Im Bereich der Metadaten wurde der eingetragene Wert der Metaangabe *description* zugewiesen.

2.4 Das deutsche Sprachpaket installieren

In den Beschreibungen dieses Buchs wird von einer deutschsprachigen Benutzeroberfläche in Joomla! ausgegangen. In diesem Abschnitt wird gezeigt, wie Sie ein deutsches Sprachpaket installieren können. Diese Beschreibung gilt so natürlich auch für alle anderen Sprachpakete. Wenn Sie ohnehin das deutschsprachige Installationspaket verwendet haben, sind die folgenden Schritte nicht nötig.

Die deutschen Sprachdateien können Sie sich von der Seite *http://www. jgerman.de/* herunterladen. Am besten wählen Sie gleich das vollständige Sprachpaket aus. Dadurch werden Backend und Frontend gleichermaßen übersetzt. Das heruntergeladene Zip-Archiv entpacken Sie bitte nicht!

1 Laden Sie sich das gewünschte Archiv herunter. (Achtung, die Archive nicht selbstständig entpacken! Das erledigt Joomla! automatisch während der Installation.)

2 Anschließend rufen Sie *Extensions* und dann *Extensions-Manager* auf.

3 Hier können Sie zwischen drei verschiedenen Installationsvarianten wählen. Am einfachsten funktioniert der Datei-Upload vom lokalen Rechner aus. Dazu klicken Sie im Bereich *Upload Package File* auf *Datei auswählen* und wählen die heruntergeladene Sprachdatei für das Backend aus.

4 Mit *Upload & Install* wird die Sprachdatei installiert. Joomla! zeigt nach erfolgreicher Installation eine entsprechende Meldung an.

Diese Sprachpakete wurden installiert.

Die installierte Sprache ist nun zwar im System verfügbar, sie muss aber noch aktiviert werden. Rufen Sie dazu *Extensions/Language Manager* auf.

Auf dieser Seite sehen Sie jetzt alle installierten Sprachen. Die jeweils eingestellte Standardsprache ist an einem farbigen Stern in der Spalte *Default* zu erkennen.

Klicken Sie in den beiden Registern *Installed – Site* und *Installed – Administrator* jeweils in der Zeile *German (Germany-Switzerland-Austria)* auf den hellgrauen Stern. (Wenn Sie die Beispieldateien nicht installiert haben oder diese nicht übersetzen wollen, brauchen Sie nur den Stern im Register *Installed – Administrator* anzuklicken.)

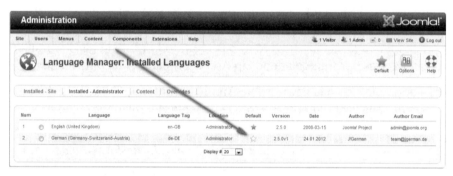

So wird die Sprache eingestellt.

Dieser Stern wechselt daraufhin automatisch seine Farbe in Orange, die Sprache ist somit also Standard. Zusätzlich wird ein Hinweistext angezeigt.

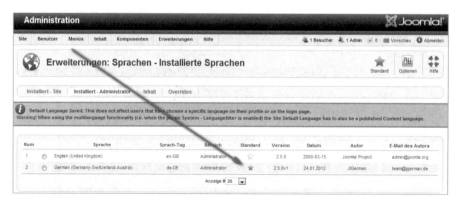

Die Sprache wurde erfolgreich umgestellt.

Der Hinweistext besagt noch einmal, dass die Sprache erfolgreich umgestellt wurde.

Jeder Benutzer erhält seine eigene Sprache

Mithilfe der gezeigten Schritte wurde die Standardsprache für das Backend eingestellt. Alternativ dazu kann man auch für jeden einzelnen Benutzer eine Sprache festlegen. Mehr zu diesem Thema finden Sie ab Seite 129.

Noch bevor Sie sich in Joomla! einloggen, können Sie – wenn tatsächlich verschiedene Sprachdateien installiert wurden – über das Feld *Sprache* die im Backend zu verwendende Sprache auswählen.

Die Sprache lässt sich vor der Anmeldung einstellen.

Wenn Sie dort *Standard* wählen, wird die im Backend eingestellte Standardsprache gewählt. Wird hingegen eine andere Sprache als die standardmäßig definierte ausgewählt, wird diese für die Backend-Darstellung verwendet.

2.5 Die wichtigsten Bedienelemente auf einen Blick

Joomla! ist sehr übersichtlich strukturiert, sodass man sich schnell zurechtfindet. Im oberen Fensterbereich sehen Sie die Menüleiste, die den Zugriff auf alle Joomla!-Funktionen ermöglicht.

Über diese Symbolleiste hat man Zugriff auf alle Funktionen.

An dieser Stelle werden die Menüinhalte für eine erste Orientierung kurz beschrieben. Ausführlichere Informationen zu den jeweiligen Einträgen finden Sie dann an den entsprechenden Stellen im Buch.

➢ *Site* – Die allgemeinen Einstellungen, die für alle einzelnen Seiten und die Serverumgebung gelten, sind in diesem Menü zusammengefasst. Dazu gehören unter anderem das Kontrollzentrum, die Benutzerverwaltung und die globale Konfiguration.

➢ *Benutzer* – Joomla! ermöglicht das komfortable Anlegen und Verwalten von Benutzern und Benutzergruppen. Alle relevanten Einstellungen dazu finden Sie in diesem Menü.

➢ *Menüs* – Im Frontend finden Sie zahlreiche Menüs, die standardmäßig jeweils als eigene Boxen angezeigt werden. Deren Verwaltung wird über dieses Menü vorgenommen. Joomla! stellt in den Beispieldateien vier Menüs zur Verfügung. Es können neue Menüs angelegt sowie bestehende bearbeitet oder gelöscht werden.

➢ *Inhalt* – Die Inhalte der Webseite werden über dieses Menü verwaltet. Joomla! strukturiert die Inhalte vergleichbar mit dem Dateibaum, wie man ihn von Betriebssystemen kennt.

➢ *Komponenten* – Die Komponenten sind eines der Herzstücke von Joomla!, denn mit diesen können Sie Ihre Webseite um Elemente wie ein Forum oder eine Bannerverwaltung erweitern. In diesem Buch werden zahlreiche Komponenten und deren Verwendung vorgestellt.

➢ *Erweiterungen* – Um Joomla! zu erweitern, gibt es nicht nur die zuvor erwähnten Komponenten. Ebenso lassen sich auch Templates, Plug-ins und Module nutzen.

➢ *Hilfe* – Dieses Menü enthält die allgemeine Joomla!-Hilfe sowie den Punkt *Systeminfo*. Während Erstere einen schnellen Zugriff auf die Onlinehilfe ermöglicht, liefert *Systeminfo* ausführliche Daten zur Joomla!-Umgebung. Dazu gehören unter anderem die PHP-Version und der verwendete Webserver.

Im oberen Fensterbereich gibt es neben den genannten Menüpunkten auch noch einige Optionen.

Auch diese lohnen einen genaueren Blick:

➢ *X Besucher* – Zeigt die Anzahl der Besucher, die sich im Frontend registriert und momentan eingeloggt haben.

➢ *X Admin* – Hierüber kann man die Anzahl der gerade am Backend angemeldeten Benutzer sehen.

> ➤ *X* (Nachrichtensymbol) – Joomla! ermöglicht den Nachrichtenaustausch der Benutzer untereinander. So können sich die einzelnen Benutzer Nachrichten zuschicken. Diese werden dann nicht per E-Mail gesendet, sondern Joomla!-intern verwaltet. Ausführliche Informationen zur Nachrichtenverwaltung finden Sie in Kapitel 6.

Weitere Optionen sind verfügbar.

Darüber hinaus gibt es im oberen Fensterbereich noch zwei weitere interessante Links.

> ➤ *Vorschau* – Hierüber können Sie sich die Seite im Frontend anzeigen lassen. Interessant ist das natürlich vor allem immer dann, wenn Sie Änderungen an der Seite vorgenommen haben.

> ➤ *Abmelden* – Über diesen Link können Sie sich vom Backend abmelden. Nach dem Anklicken dieses Links werden Sie automatisch ausgeloggt, und Joomla! zeigt die Log-in-Seite an. Mehr zu diesem Thema gibt es im nächsten Abschnitt.

Automatisches Abmelden

Nach dem Einloggen können Sie sich beliebig lange im Backend bewegen. Allerdings gibt es einen Sicherheitsmechanismus, der dafür sorgt, dass Sie vom System automatisch abgemeldet werden, wenn Sie eine bestimmte Zeit keine Aktion im Backend ausgeführt haben. Standardmäßig ist diese Zeitspanne auf 15 Minuten festgelegt. Wollen Sie diesen Zeitraum ändern, rufen Sie *Site/Konfiguration/System* auf. Im Bereich *Sitzung (Session)* können Sie die gewünschte Zeitspanne angeben.

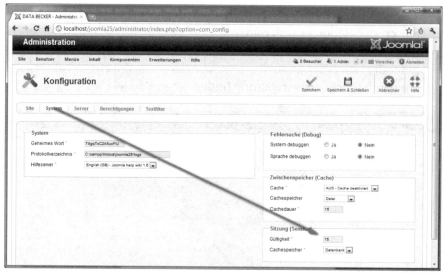

Hier wird die gewünschte Zeitspanne eingestellt.

Dabei entspricht der in das Feld *Gültigkeit* eingetragene Wert einer Minutenangabe. Setzen Sie diesen Wert bei Bedarf hoch. Dieses Hochsetzen empfiehlt sich vor allem, wenn man lokal arbeitet, da man sich so nicht immer erneut einloggen muss.

Die Joomla!-Symbole

Einen allgemeinen Überblick über die verfügbaren Werkzeugleistensymbole liefert die folgende Tabelle:

Symbol	Titel	Beschreibung
Archivieren	*Archivieren*	Das ausgewählte Element wird in das Archiv verschoben. Archivierte Elemente sind nach wie vor ihren Sektionen und Kategorien zugeordnet. Aus dem Archiv heraus können Elemente wiederhergestellt (*Aus Archiv entfernen*) oder gelöscht (*Papierkorb*) werden.
Freigeben	*Freigeben*	Über diese Schaltfläche wird ein Element auf der Webseite veröffentlicht und so im Frontend sichtbar gemacht. Es wird immer das aktuell ausgewählte Element veröffentlicht.
Sperren	*Sperren*	Ermöglicht das Entfernen eines Elements aus dem Frontend, ohne dass es gelöscht werden muss. Ebenso lassen sich aber auch Benutzer sperren.
Entsperren	*Entsperren*	Gesperrte Benutzer können wieder entsperrt werden.

Symbol	Titel	Beschreibung
Aktivieren	*Aktivieren*	Erlaubt das Aktivieren von Benutzern.
Bearbeiten	*Bearbeiten*	Das Element wird in der Bearbeitungsansicht geöffnet.
Einchecken	*Einchecken*	Wenn ein Element geöffnet wurde, ist es für andere Benutzer zunächst einmal nicht zu öffnen. Sie erkennen ein solches Element an einem vorangestellten Schloss. Über *Einchecken* können Sie diese Sperre aufheben.
Entfernen	*Entfernen*	Das ausgewählte Element wird gelöscht. Diese Funktion steht zum Beispiel unter *Inhalt/Hauptbeiträge* zur Verfügung. Das gelöschte Element wird dann zwar von der Startseite entfernt, ist aber nach wie vor als normales Inhaltselement verfügbar (im Gegensatz zur Papierkorbfunktion, bei der Elemente in den Papierkorb verschoben werden).
Hilfe	*Hilfe*	Ruft die Joomla!-Hilfe auf.
Speichern & Schließen	*Speichern & Schließen*	Die am Element vorgenommenen Änderungen werden gespeichert. Nach dem Speichern wird der Editormodus verlassen und automatisch die übergeordnete Seite aufgerufen.
Speichern	*Speichern*	Die am Element vorgenommenen Änderungen werden im Editormodus gespeichert. So können Sie anschließend weitere Änderungen am Element vornehmen, ohne (wie bei *Speichern & Schließen*) erneut den Bearbeitungsmodus aufrufen zu müssen.
Speichern & Neu	*Speichern & Neu*	Über diese Funktion wird der Editormodus des aktuellen Elements geschlossen. Gleichzeitig wird ein neuer Bearbeitungsmodus geöffnet, über den sich ein Element desselben Typs anlegen lässt.
Als Kopie speichern	*Als Kopie speichern*	Das geöffnete Element wird als Kopie gespeichert.
Bearbeiten	*Bearbeiten*	Für das ausgewählte Element wird der Editormodus geöffnet.
Neu	*Neu*	Erlaubt das Anlegen neuer Elemente. Das kann zum Beispiel ein Artikel, ein Benutzer oder ein Menüeintrag sein.

Symbol	Titel	Beschreibung
★ Standard	*Standard*	Stellt den ausgewählten Template-Stil als Standard ein.
Kopieren	*Kopieren*	Ermöglicht das Kopieren von Modulen, Beiträgen etc.
Papierkorb	*Papierkorb*	Das gewählte Element wird in den Papierkorb verschoben. Von dort kann es wiederhergestellt werden. Verfügbar ist diese Option beispielsweise bei den Beiträgen.
Löschen	*Löschen*	Hierüber können Sie zum Beispiel Menüs löschen.
Wiederherstellen	*Wiederherstell-en*	Das gewählte Element wird wiederhergestellt.
Optionen	*Optionen*	Ruft die zum aktuellen Bereich verfügbaren Optionen auf. Bei den Beiträgen sind das beispielsweise die Beitrags-optionen.

Welche Symbole letztendlich angezeigt werden, ist von der aufgerufenen Seite bzw. der Bearbeitungsansicht abhängig. Die in Joomla! existierenden Ansichten zeigt der folgende Abschnitt.

Die unterschiedlichen Bearbeitungsansichten

Dass auf den verschiedenen Joomla!-Seiten jeweils andere Symbole angezeigt werden, wurde auf den vorherigen Seiten beschrieben. Dort haben Sie auch die Symbole im Joomla!-Backend ganz allgemein kennengelernt, die Sie brauchen, wenn es um das Bearbeiten von Inhalten geht. Welche Symbole angezeigt werden, hängt von der verwendeten Ansicht ab. Die Listen- und die Bearbeitungsansicht lernen Sie auf den folgenden Seiten kennen.

In der Listenansicht können alle Elemente eines bestimmten Verwaltungsbereichs angezeigt werden, und es kann darauf zugegriffen werden. Die Funktionalitäten passen sich den entsprechenden Objekten an. In den meisten dieser Listen lassen sich gleich mehrere Objekte markieren und anpassen. Dazu setzt man einfach einen Haken vor die gewünschten Elemente. Wenn Sie zum Beispiel *Inhalt/Beiträge* aufrufen, werden alle angelegten Artikel aufgeführt.

Alle Artikel werden aufgeführt.

Die Übersicht setzt sich aus den folgenden Spalten zusammen:

Spalte	Inhalt
Checkbox bzw. Kontrollkästchen	Mittels dieser Kontrollkästchen können die Elemente markiert werden. Über das in der Titelleiste lassen sich alle Elemente auswählen.
Titel	Der Titel des Elements.
Status	Durch Anklicken des angezeigten Symbols lassen sich Inhalte veröffentlichen oder verstecken.
Haupteintrag	Hierüber kann festgelegt werden, ob das Element auf der ersten Seite im Frontend (auf der Homepage) angezeigt werden soll.
Kategorie	Gibt die Kategorie an, die dem Element zugeordnet wurde.
Reihenfolge	Diese Spalte ermöglicht das Neuordnen der Elemente über die Pfeiltasten.
Zugriffsebene	Über diese Spalte werden die Zugriffsrechte festgelegt: *Öffentlich*: für alle zu bearbeiten, *Registriert*: nur für eingeloggte und registrierte Benutzer, *Special* (*Spezial*): nur für registrierte Benutzer, die mindestens *Autor* sind.
Autor	Der Autor des Artikels.
Datum	Das Datum der Veröffentlichung.
Zugriffe	Gibt an, wie oft auf den Artikel bereits zugriffen wurde.
Sprache	Zeigt die Sprache an, in der der Artikel verfasst ist.
ID	Die ID (eindeutige Kennung) des Artikels.

Einige Parameter sind anklickbar und ändern ihren Status (z. B. in der *Status*-Spalte) oder wechseln in den Bearbeitungsmodus des jeweiligen Objekts. Wenn Sie also beispielsweise bei einem Artikel in der *Status*-Spalte auf das Symbol klicken, wird der Status umgekehrt. Ein freigegebener Artikel wird also gesperrt.

Dieser Artikel wurde gesperrt.

Um den Überblick in langen Listen zu wahren, werden im oberen Fensterbereich Auswahlfelder angeboten, mit denen sich Inhalte filtern lassen.

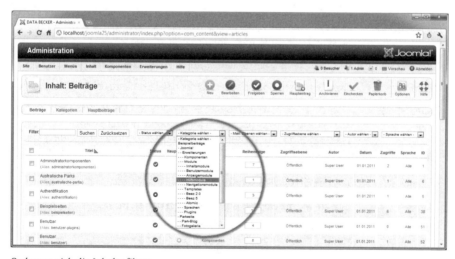

So lassen sich die Inhalte filtern.

Dort können Sie beispielsweise festlegen, dass ausschließlich veröffentlichte Beiträge oder solche, die in einer ganz bestimmten Kategorie stehen, angezeigt werden.

Direkt über die Spaltenüberschriften sortieren

Die Listeneinträge lassen sich sortieren. Dazu klicken Sie einfach die Beschriftung der betreffenden Spalte an, nach der sortiert werden soll. Daraufhin wird neben dem Namen ein Dreieck angezeigt. Zeigt dessen Spitze nach oben, erfolgt die Sortierung aufsteigend. Mit einem weiteren Klick auf den Spaltennamen wird die Reihenfolge umgedreht.

Neben der zuvor gezeigten Listenansicht gibt es auch die Bearbeitungsansicht bzw. den Bearbeitungsmodus. Darin konzentriert man sich immer auf ein einzelnes Element wie zum Beispiel einen Beitrag, einen Benutzer oder ein Menü. Je nach zu bearbeitendem Element variieren die Bearbeitungsoberflächen. Wollen Sie beispielsweise einen Beitrag bearbeiten, klicken Sie dessen Titel in der Listenansicht *Inhalt/Beiträge* an.

So einfach lassen sich Beiträge bearbeiten.

Das betreffende Element kann nun bearbeitet werden. Sobald Sie sich im Editiermodus befinden, wird das jeweilige Objekt gesperrt bzw. ausgecheckt. Andere Benutzer dürfen somit darauf nicht mehr zugreifen. Das ist durchaus sinnvoll, denn wenn mehrere Benutzer gleichzeitig einen Inhalt ändern wollten, würde sich lediglich die Bearbeitung eines Benutzers durchsetzen. Die anderen Eingaben gingen verloren.

Zu erkennen sind gesperrte Elemente in der Listenansicht an einem Schloss vor dem Titel.

Ein Beitrag wurde gesperrt.

Da das Prinzip des Ein- und Auscheckens nur funktioniert, wenn die Bearbeitungsprozesse durch den Benutzer jeweils über *Speichern* oder *Schließen* beendet werden, ist das normale Joomla!-Menü, solange ein Element gesperrt ist, deaktiviert. Somit wird garantiert, dass die Bearbeitungsansicht nicht (versehentlich) über das Hauptmenü verlassen wird.

Um ein gesperrtes Element explizit wieder freizugegeben, aktivieren Sie das vorangestellte Kontrollkästchen und klicken in der Werkzeugleiste auf *Einchecken*.

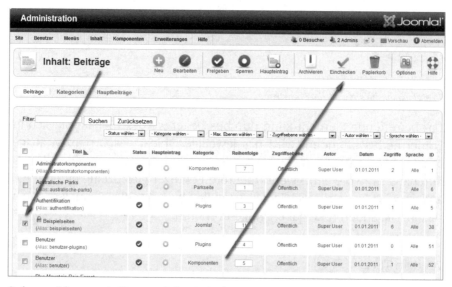

So lassen sich gesperrte Element wieder einchecken.

Die Bearbeitungsansichten variieren untereinander. So sieht der Bearbeitungsmodus für Beiträge anders aus als der für Menüs. Die Funktionsweise ist aber immer die gleiche.

2.6 Die Seite offline schalten

Nimmt man größere Umbauarbeiten an seiner Webseite vor, sollte man diese vorübergehend offline schalten. Ruft ein Besucher die Webseite dann auf, wird ihm ein entsprechender Hinweis angezeigt.

Die Seite wurde offline geschaltet.

Das ist praktisch, schließlich wissen die Besucher damit gleich, dass die Seite derzeit gewartet wird.

Die Einstellungen dazu finden Sie unter *Site/Konfiguration/Site* im Bereich *Website*.

In das Feld *Eigener Text* tragen Sie den Text ein, der angezeigt werden soll. Um die Seite tatsächlich in den Offlinebetrieb zu schalten, aktivieren Sie die Option *Ja* im Bereich *Website offline*. Die Einstellungen müssen abschließend gespeichert werden.

Wenn Sie die Seite später wieder online schalten wollen, stellen Sie bei *Website offline* den Wert *Nein* ein.

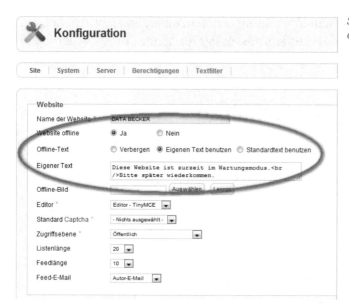

So wird die Seite offline gestellt.

Im Feld *Eigener Text* steht der Text, der den Besuchern angezeigt wird.

*Diese Website ist zurzeit im Wartungsmodus.
Bitte später wiederkommen.*

Diesen Text können Sie beliebig anpassen.

Interessant ist auch die Option *Offline-Bild*. Darüber können Sie nämlich beispielsweise ein eigenes Logo einbinden, das dann bei der Wartungsmeldung angezeigt wird.

Ein eigenes Logo wurde eingebunden.

Um ein eigenes Bild einzufügen, klicken Sie bei *Offline-Bild* auf die *Auswählen*-Schaltfläche. Wenn sich das Logo bereits in der Medienverwaltung von Joomla! befindet, klicken Sie es an und wählen *Einfügen*.

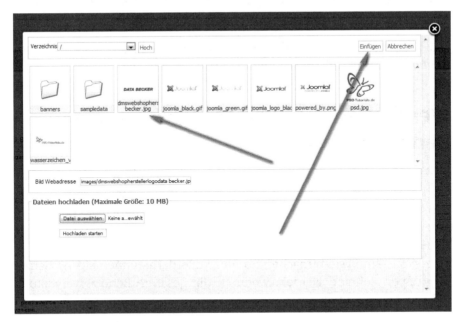

Das Logo wird ausgewählt.

Sollte das gewünschte Logo noch nicht in der Medienverwaltung liegen, muss es zunächst hochgeladen werden. Klicken Sie dazu auf die Schaltfläche *Datei auswählen*. Über den bekannten Dateidialog kann die gewünschte Datei durch einen Doppelklick ausgewählt werden. Über die Schaltfläche *Hochladen starten* wird sie auf den Server geladen.

So kann die Grafik hochgeladen werden.

Soll das Logo später nicht mehr angezeigt werden, klicken Sie unter *Site/ Konfiguration* bei *Offline-Bild* auf die *Leeren*-Schaltfläche.

2.7 Wer was darf: ein erster Blick auf die Benutzerverwaltung

In Kapitel 6 wird es detailliert um die Joomla!-Benutzerverwaltung gehen. Die hat es seit Joomla! 1.6 tatsächlich in sich und wurde im Vergleich zu den Vorgängerversionen deutlich verbessert. Denn in der Tat handelt es sich jetzt um eine echte **A**ccess **C**ontrol **L**ist (ACL), zu Deutsch Zugriffssteuerungsliste. So kann man nun endlich explizit festlegen, welche Benutzer was am System machen dürfen. Außerdem können eigene Benutzergruppen definiert werden, wodurch die gesamte Benutzerverwaltung deutlich flexibler wird.

Mit Joomla! 2.5 wurde mit den sogenannten Benutzerhinweisen ein weiteres Feature eingeführt. Darüber lassen sich Notizen über einzelne Benutzer anlegen. So lassen sich zu den Benutzern kleine Tagebücher anlegen, in denen wichtige oder weniger wichtige Hinweise hinterlegt werden.

Die Benutzerverwaltung lässt sich in Joomla! auf vier verschiedenen Ebenen definieren.

- ➤ Globale Konfiguration
- ➤ Komponenten
- ➤ Kategorien
- ➤ Artikel

Was die einzelnen Benutzergruppen und Benutzer dürfen, wird dabei von oben nach unten vererbt. Die obere Ebene ist dabei die globale Konfiguration. Alles das, was dort eingestellt wird, vererbt sich auf die darunterliegenden Ebenen. Nimmt man dann in einer der untergeordneten Ebenen andere Einstellungen vor, überschreibt man damit die globalen Einstellungen.

Die globalen Einstellungen für die Benutzerrechte finden Sie unter *Site/ Konfiguration/Berechtigungen*.

Diese Gruppen sind standardmäßig vorhanden.

Auf dieser Seite sind zunächst einmal alle im System definierten Benutzergruppen zu sehen. Für jede dieser Gruppen können die jeweiligen Rechte definiert werden. Klicken Sie dazu die gewünschte Gruppe an.

Weiterführende Informationen

Das Thema Benutzerverwaltung hat in Joomla! 2,5 deutlich an Bedeutung gewonnen. Daher gibt es in Kapitel 6 ausführliche Informationen zu diesem Thema.

Im rechten Fensterbereich sehen Sie die momentan der jeweiligen Benutzergruppe zugewiesenen Rechte.

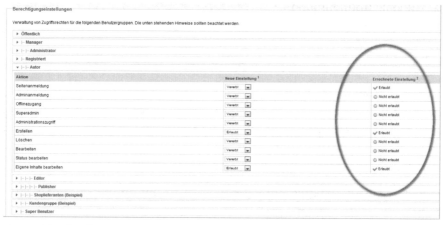

Das sind die aktuellen Einstellungen.

Unter *Neue Einstellungen wählen* können diese Einstellungen verändert werden.

Der Bereich *Errechnete Einstellung* zeigt die tatsächlichen Berechtigungen an. Interessant ist das im Zusammenhang mit Konflikten, die bei der Vergabe von Rechten auftreten. Wurde also zum Beispiel in einer Gruppe festgelegt, dass diese eine bestimmte Aktion ausführen darf, an einer anderen Stelle ist aber etwas Gegenteiliges angegeben, ist in dieser Spalte zu erkennen, welche Einstellungen tatsächlich greifen werden.

Insgesamt stehen vier verschiedene Optionen zur Verfügung.

➢ *Nicht gesetzt* – Diese Einstellung gibt es nur für die Gruppe *Public* in der globalen Konfiguration.

➢ *Vererbt* – Es werden die Einstellungen der übergeordneten Gruppe verwendet.

➢ *Verweigert* – Mitglieder dieser Gruppe dürfen die Aktion nicht ausführen. Dabei spielt es auch keine Rolle, was in der übergeordneten Gruppe festgelegt ist.

➢ *Erlaubt* – Mitglieder dieser Gruppe dürfen die Aktion ausführen.

Die Gruppe *Öffentlich* ist die Elterngruppe. Ihre Einstellungen werden an sämtliche anderen Gruppen vererbt. Setzt man in einer anderen Gruppe einen Wert, überschreibt man damit für diese Gruppe den bei *Öffentlich* gesetzten Wert. Dieses Vererbungsprinzip setzt sich bei allen anderen Gruppen fort. Ein Beispiel:

Hier sehen Sie zunächst die Berechtigungen der Gruppe *Manager*.

Berechtigungseinstellungen		
Verwaltung von Zugriffsrechten für die folgenden Benutzergruppen. Die unten stehenden Hinweise sollten beachtet werden.		

▶ Öffentlich		
▼ ├ Manager		
Aktion	**Neue Einstellungen wählen** [1]	**Errechnete Einstellung** [2]
Seiten Anmeldung	Erlaubt ▾	✔ Erlaubt
Admin Anmeldung	Erlaubt ▾	✔ Erlaubt
Offline Zugang	Vererbt ▾	⊘ Nicht erlaubt
Superadmin	Vererbt ▾	⊘ Nicht erlaubt
Komponentenzugriff	Vererbt ▾	⊘ Nicht erlaubt
Erstellen	Erlaubt ▾	✔ Erlaubt
Löschen	Erlaubt ▾	✔ Erlaubt
Bearbeiten	Erlaubt ▾	✔ Erlaubt
Rechte bearbeiten	Erlaubt ▾	✔ Erlaubt
Eigene Inhalte bearbeiten	Erlaubt ▾	✔ Erlaubt

Die aktuellen Manager-Einstellungen.

Nicht erlaubt sind Mitgliedern dieser Gruppe die Aktionen *Superadmin*, *Offline Zugang* und *Komponentenzugriff*. Werfen Sie im Vergleich dazu einen Blick auf die Berechtigungen der Gruppe *Administrator*.

▶ Öffentlich		
▶ ├ Manager		
▼ ├├ Administrator		
Aktion	**Neue Einstellungen wählen** [1]	**Errechnete Einstellung** [2]
Seiten Anmeldung	Vererbt ▾	✔ Erlaubt
Admin Anmeldung	Vererbt ▾	✔ Erlaubt
Offline Zugang	Vererbt ▾	⊘ Nicht erlaubt
Superadmin	Vererbt ▾	⊘ Nicht erlaubt
Komponentenzugriff	Erlaubt ▾	✔ Erlaubt
Erstellen	Vererbt ▾	✔ Erlaubt
Löschen	Vererbt ▾	✔ Erlaubt
Bearbeiten	Vererbt ▾	✔ Erlaubt
Rechte bearbeiten	Vererbt ▾	✔ Erlaubt
Eigene Inhalte bearbeiten	Vererbt ▾	✔ Erlaubt

Das sind die Berechtigungen für Administratoren.

Diese besitzt prinzipiell die gleichen Berechtigungen, einen Unterschied gibt es lediglich bei *Komponentenzugriff*. Denn anders als Mitglieder der Gruppe *Manager* dürfen Mitglieder der Gruppe *Administrator* auf sämtliche Bereiche im Backend zugreifen.

Ausführliche Informationen zu den Benutzergruppen finden Sie in Kapitel 6.

2.8 Persönliche Einstellungen für jedermann

Innerhalb der Konfiguration können Einstellungen vorgenommen werden, die zunächst einmal für alle Benutzer gelten. Dazu gehören beispielsweise der verwendete Editor und die Zeitzone. Aber auch an anderen Stellen lassen sich allgemeingültige Einstellungen vornehmen. So kann man unter *Erweiterungen/Templates* das im Backend zu verwendende Template bestimmen. Sämtliche Einstellungen gelten für alle Benutzer gleichermaßen. Allerdings kann jeder Benutzer auf Wunsch auch eigene Einstellungen vornehmen und diese in seinem Joomla!-Profil speichern.

Die notwendigen Einstellungen dazu finden Sie unter *Site/Mein Profil*.

Die persönlichen Profileinstellungen.

Im linken Fensterbereich können zunächst einmal allgemeine Einstellungen für den aktuellen Benutzer (also den Benutzer, der momentan im Backend angemeldet ist) definiert werden.

Dort lassen sich dann Name, Benutzername, E-Mail-Adresse etc. anpassen. Außerdem sieht man dort das Registrierungsdatum und das Datum, an dem sich der Benutzer das letzte Mal am System angemeldet hat.

Im rechten Fensterbereich gibt es hingegen einige Optionen, über die sich das Backend individualisieren lässt.

Das Backend wird angepasst.

Überall dort, wo *Standard verwenden* als Wert eingestellt ist, wird für das Profil auf die allgemeinen Joomla!-Einstellungen zurückgegriffen. Wollen Sie nun aber zum Beispiel ein anderes Backend-Template einstellen, wählen Sie dieses über das Auswahlfeld aus. Diese Einstellungen überschreiben dann die globalen. Aber Achtung: Das gilt ausschließlich für den aktuellen Benutzer. Bei den anderen Benutzern wird – wenn diese nicht ebenfalls etwas anderes eingestellt haben – das Standard-Template angezeigt.

Damit die Änderungen tatsächlich wirksam werden, müssen sie gespeichert werden.

Jedem Benutzer seine Sprache

In den Profileinstellungen kann jeder Benutzer auch ganz individuell die von ihm bevorzugte Sprache auswählen.

Die Sprache wird eingestellt.

Mit *Standard verwenden* wird die standardmäßig festgelegte Sprache beibehalten. Eine andere Sprache wählt man über die betreffenden *Sprache*-Auswahlfelder aus.

Als Administrator kann man übrigens für alle Benutzer die Sprache individuell festlegen. Weiß man also beispielsweise, dass ein Backend-Benutzer ohnehin eher eine englische Oberfläche bevorzugt, kann man das entweder gleich beim Anlegen des Benutzers oder nachträglich festlegen. (Dem jeweiligen Benutzer steht es dann natürlich frei, die Sprache später in seinem Profil wieder zu verändern.)

Die Einstellungen sind unter *Benutzer/Benutzer* durch Anklicken des betreffenden Benutzernamens im Bereich *Basis Einstellungen* zu finden.

Die Sprache für den Benutzer wird festgelegt.

Die gleichen Einstellungen finden Sie übrigens auch beim Anlegen eines neuen Benutzers.

2.9 Den E-Mail-Versand konfigurieren

Joomla! ermöglicht den Versand von E-Mails. Interessant ist das zum Beispiel bei Benutzeranmeldungen. Registriert sich ein Benutzer, kann ihm von Joomla! automatisch eine E-Mail zugeschickt werden.

Ebenso bekommt man eine E-Mail, wenn man von einem Benutzer als neuer Backend-User angelegt wird. Das sieht dann in aller Regel folgendermaßen aus:

- ▪ Hallo xxx,
- ▪ Sie wurden als Benutzer auf XXX von einem Administrator hinzugefügt.
- ▪ Diese E-Mail beinhaltet Ihren Benutzernamen und Passwort um sich anzumelden http://joomla.xxx.de/
- ▪ Benutzername - xxx
- ▪ Passwort - xxx
- ▪ Bitte nicht auf diese Nachricht antworten, da sie automatisch generiert wurde und nur Ihrer Information dient.

Zwar kann man Joomla! auch ohne E-Mail-Konfiguration betreiben, allerdings muss man dann auf die entsprechenden E-Mails verzichten. Daher bietet es sich an, die E-Mail-Funktion zu aktivieren.

E-Mails auf einer lokalen Umgebung

Die E-Mail-Funktion ist ausschließlich auf Servern im Internet sinnvoll. Bei lokalen Entwicklungsumgebungen benötigt man diese hingegen nicht.

Zu finden sind die notwendigen Optionen unter *Site/Konfiguration/Server* im Bereich *Mailing*.

Die E-Mail-Einstellungen werden konfiguriert.

Joomla! ermöglicht den E-Mail-Versand auf drei verschiedene Arten:

➢ PHP-Mail

➢ Sendmail

➢ SMTP

Welche Sie letztendlich wählen, hängt zunächst einmal vom Server und den darauf installierten Softwarekomponenten ab.

In den meisten Fällen liegen Sie mit *PHP-Mail* richtig, denn PHP verfügt über eine eigene E-Mail-Funktion. Diese setzt ein externes Tool wie Sendmail voraus, für dessen Konfiguration allerdings der jeweilige Provider zuständig ist. Fragen Sie bei Ihrem Provider nach, ob PHP-Mail unterstützt wird.

Wenn Sie auf einem Linux-Server arbeiten, können Sie Sendmail verwenden.

➢ *Sendmail-Pfad* – Wenn Sie *Sendmail* unter *Mailer* eingestellt haben, tragen Sie an dieser Stelle den Pfad zu Sendmail ein.

Wird unter *Mailer* der Wert *SMTP* eingestellt, müssen die folgenden Angaben gemacht werden:

➢ *SMTP-Authentifizierung* – Stellen Sie über diese Option ein, ob am Server eine Authentifizierung mittels Benutzername und Passwort nötig ist.

➢ *Benutzer* – Hier wird der Benutzername für das E-Mail-Konto erwartet.

➢ *Passwort* – Das Passwort für das E-Mail-Konto wird hier eingetragen.

➢ *Server* – Geben Sie an dieser Stelle den Server des E-Mail-Kontos an.

Um Sendmail zu verwenden, stellen Sie im Feld *Mailer* die Option *Sendmail* ein. Normalerweise sollte der im Feld *Sendmailverzeichnis* angegebene Pfad stimmen.

/usr/sbin/sendmail

Bei XAMPP ist mit Mercury zwar ebenfalls ein Mailserver mit an Bord, den sollten Sie aber normalerweise nicht verwenden. Denn wird der nicht abgesichert, mutiert er binnen weniger Minuten zur Spam-Schleuder.

2.10 Systeminformationen ermitteln und ändern

Über den Menüpunkt *Site/Systeminformationen* können Sie sich relevante Informationen über das System verschaffen, auf dem Joomla! installiert ist. Das aufgerufene Dialogfenster ist in verschiedene Bereiche unterteilt.

Da wäre zunächst das Register *Systeminformationen*.

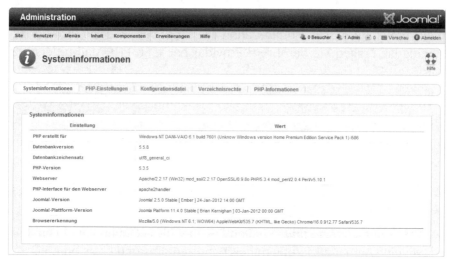

Das sind die allgemeinen Systemeinstellungen.

In diesem Register sind allgemeine Systeminformationen enthalten. Dort sehen Sie unter anderem die installierten Datenbank- und PHP-Versionen, den Webserver und den Browser, mit dem momentan auf das Backend zugegriffen wird. Das ist vor allem interessant, um zu überprüfen, ob das System, auf dem Joomla! installiert wurde, tatsächlich die notwendigen Systemvoraussetzungen erfüllt.

Das nächste Register zeigt Informationen über die aktuellen PHP-Einstellungen an. Wenn im Joomla!-Betrieb später zum Beispiel der Bilder-Upload oder Ähnliches nicht funktioniert, sollten Sie zunächst immer unter diesem Punkt nachsehen, ob die notwendigen Einstellungen gemacht wurden.

Dort können Sie zum Beispiel sehen, wie der Safe-Mode eingestellt und ob die Zlib-Bibliothek aktiviert ist. Diese Einstellungen werden bereits während der Installation überprüft.

Das sind die PHP-Einstellungen.

Dies sind die Empfehlungen für den Livebetrieb der Seite (auf Entwicklungsumgebungen können sie durchaus abweichen, beispielsweise lässt man sich dort die Fehler anzeigen):

Option	Empfehlung
Safe-Mode	Aus
Open-Basedir	Keine
Fehler anzeigen	Aus (Auf Entwicklungsumgebungen sollte hier *An* eingestellt werden. So sieht man mögliche PHP-Fehler.)
Kurze Open-Tags	Aus
Datei-Uploads	An
Magic-Quotes	Aus
Register-Globals	An
Ausgabe zwischenspeichern	Aus
Sitzungsspeicherpfad	anbieterabhängig
Sitzungsautostart	0
XML aktiviert	Ja

133

Option	Empfehlung
Zlib aktiviert	Ja
Deaktivierte Funktionen	Keine
Mbstring aktiviert	Ja
Iconv verfügbar	Ja

Im Register *Konfigurationsdatei* sind die in der PHP-Konfigurationsdatei *php.ini* definierten Einstellungen zu sehen. Man legt in dieser Datei fest, wie PHP arbeiten soll. So kann man über die *php.ini* beispielsweise bestimmen, wie lange ein Skript maximal ausgeführt und ob der Safe-Mode aktiviert werden soll.

Wenn Sie ein Shared-Hosting-Paket bei einem Provider gemietet haben, können Sie übrigens nicht auf die *php.ini* zugreifen, um Änderungen an der PHP-Konfiguration vorzunehmen. Betreiben Sie hingegen einen eigenen Webserver, stehen Ihnen dahin gehend alle Möglichkeiten offen.

Weiterführende Informationen zum Anpassen der *php.ini* finden Sie ab Seite 937.

Im Register *Verzeichnisrechte* werden die aktuell gesetzten Schreibrechte für die relevanten Verzeichnisse angezeigt.

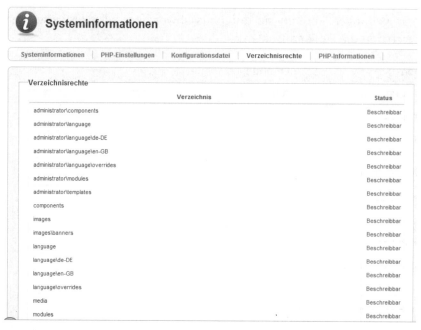

So sieht man die gesetzten Verzeichnisrechte.

Alle dort aufgeführten Verzeichnisse sollten unbedingt den Status *Beschreibbar* haben. Nur dann wird Joomla! tatsächlich fehlerfrei laufen. Wie Sie Verzeichnisrechte setzen, erfahren Sie ab Seite 86.

Allerdings müssen nicht unbedingt alle dort aufgeführten Verzeichnisse beschreibbar sein. Oftmals ist es aus Sicherheitsgründen sogar sinnvoll, die Schreibrechte auf bestimmte Verzeichnisse zu entziehen. Ein typisches Beispiel dafür ist das Verzeichnis *administrator/components*. Setzt man dieses auf nur lesbar, kann dort niemand mehr Komponenten installieren. Das gilt dann natürlich auch für potenziell gefährliche oder schädliche Komponenten.

Zu guter Letzt gibt es noch das Register *PHP-Informationen.*

Die aktuellen PHP-Informationen sind hier zu finden.

In diesem Register erhalten Sie sämtliche Informationen zur auf dem System laufenden PHP-Umgebung. Die Seite listet dabei die Informationen auf, die über die PHP-Funktion *phpinfo()* gesammelt werden.

3. Die Struktur der Webseite planen und anlegen

Immer wieder scheitern Joomla!-Projekte an fehlender Planung im Vorfeld. Damit Ihnen das nicht passiert, wird in diesem Kapitel gezeigt, wie Sie dafür sorgen können, dass Ihre Webseite eine Struktur bekommt, die auch noch in mehreren Monaten oder sogar Jahren den wachsenden Inhalten standhält.

3.1 Planung ist alles: die CMS-Struktur vorbereiten

Gerade bei Content-Management-Systemen muss man im Vorfeld ganz genau planen, wie die Inhalte aufgeteilt werden. Denn nur eine wohldurchdachte inhaltliche Organisation der Seite wird dafür sorgen, dass die Seite lange benutzbar, erweiterbar und für die Besucher gut navigierbar ist.

Hauptziel der Vorüberlegungen zur inhaltlichen Strukturierung sollte es sein, den Besuchern eine einfache und gut verständliche Navigation durch die Webseite zu ermöglichen.

Wer bereits früher mit Joomla! gearbeitet hat, kennt die Aufteilung der Inhalte in Bereiche und Kategorien. Diese Einteilung gibt es in Joomla! 2.5 nicht mehr. Stattdessen können Sie jetzt beliebig viele Kategorien anlegen, diese ineinander verschachteln und dort die Inhalte einordnen. Dieses System ist deutlich flexibler als das alte. (Und leichter verständlich ist es auch noch.)

Prinzipiell unterscheidet Joomla! zwischen drei Arten von Inhalten:

➢ *Beiträge* – Das sind die ganz normalen Beiträge bzw. Artikel.

➢ *Hauptbeiträge* – Diese Artikel werden auf der Startseite angezeigt. In diesem Zusammenhang ist bereits angeklungen, dass für diese Art Inhalt im Laufe der Joomla!-Geschichte immer wieder unterschiedliche Begriffe verwendet wurden. Sie reichen von „Vorstellen" über „Frontpage" bis hin zu „Hauptbeiträge".

➢ *Kategorien* – Über Kategorien legt man die Grundstruktur der Seite fest. Dazu lassen sich die Kategorien jetzt beliebig verschachteln.

Kategorien bilden in Joomla! die Basis, um die Inhalte zu organisieren. Die gesamten Inhalte werden in Joomla! nämlich über Kategorien geordnet. Dabei kommt den Kategorien aber noch eine andere Bedeutung zu, neben der Organisation sind sie auch für das Aussehen der Seite verantwortlich, da jeder Kategorie eine eigene Art der Darstellung und des Layouts für die darin enthaltenen Artikel zugewiesen werden kann.

In anderen Content-Management-Systemen gibt es für die Strukturierung von Inhalten neben Kategorien noch Elemente wie Rubriken, Sektionen etc. Bei Joomla! können Sie sich hier ganz auf die Kategorien konzentrieren.

Im Zusammenhang mit Kategorien spielen auch die Menüs eine entscheidende Rolle. Denn erst durch die einzelnen Menüeinträge können die Kategorien im Frontend überhaupt aufgerufen werden. Daher wird es im weiteren Verlauf dieses Kapitels dann auch detailliert um das Anlegen von Menüs gehen.

Bevor Sie die eigentlichen Artikel anlegen, sollten Sie sich überlegen, wie die Seitenstruktur aussehen soll. Das macht man am besten nicht direkt in Joomla!, sondern beispielsweise auf einem Blatt Papier. Schreiben Sie dort die Kategorien auf, die die Inhalte, die Sie in Ihre Webseite aufnehmen wollen, am besten widerspiegeln. Gerade diese Aufteilung der geplanten Inhalte in Kategorien ist kompliziert, wer hier jedoch gewissenhaft plant, wird beim weiteren Aufbau seiner Seite deutlich mehr Freude haben als diejenigen, die Inhalte unkoordiniert anlegen.

Software verwenden

Wer nicht zu Papier und Bleistift greifen möchte, kann auch entsprechende Software nutzen. Interessant ist beispielsweise XMind, eine klassische Mind-Mapping-Software, mit der sich unter anderem Seitenstrukturen in Mind-Map-Form abbilden lassen. Ausführliche Informationen zu XMind finden Sie auf der Seite *http://www.xmind.net/*.

Zunächst sehen Sie ein Beispiel dafür, wie man die Struktur einer Firmenwebsite planen kann. Im ersten Schritt muss man sich Gedanken um die Hauptkategorien machen:

> *Über uns*
> *Produkte*
> *Service*
> *Presse*

Das könnten die Hauptkategorien sein. Diesen Kategorien können nun jeweils Unterkategorien zugeordnet werden. Im Fall von *Über uns* könnte das folgendermaßen aussehen:

➤ *Das Unternehmen*

➤ *Zahlen und Fakten*

➤ *Historie*

➤ *Standorte*

➤ *Partner*

➤ *Veranstaltungen*

➤ *Karriere*

In Joomla! sähe das dann hierarchisch so aus:

Über uns

–Das Unternehmen

–Zahlen und Fakten

–Historie

–Standorte

–Partner

–Veranstaltungen

–Karriere

Den einzelnen Unterkategorien können nun bei Bedarf wiederum weitere Unterkategorien zugewiesen werden. Nehmen wir einfach einmal das Beispiel *Das Unternehmen*. Dieser Kategorie könnte man folgende Unterkategorien hinzufügen:

–Das Unternehmen

––Firmengeschichte

––Standorte

––Soziales Engagement

Daraus ergäbe sich dann die folgende Struktur für den Bereich *Über uns* insgesamt:

Über uns

–Das Unternehmen

––Firmengeschichte

––Standorte

––Soziales Engagement

–Zahlen und Fakten

–Partner

~Veranstaltungen

~Karriere

Auf diese Weise könnte man nun Schritt für Schritt die notwendigen Kategorien anlegen.

Ein weiteres Beispiel soll die Aufteilung in Kategorien und Unterkategorien noch stärker verdeutlichen. Das Ziel ist eine Tutorial-Seite. Solche Seiten begegnen Ihnen im Internet immer mal wieder. In diesem Workshop wird eine Tutorial-Webseite aufgebaut, bei der sich alles um die verschiedensten IT-Bereiche dreht.

Die Seite soll zunächst einmal die folgenden Themen abdecken:

> *Windows*
> *Linux*
> *Joomla!*
> *Photoshop*
> *Office*

Diese Themen sind dann gleichbedeutend mit den Hauptkategorien.

Im nächsten Schritt müssen den einzelnen Themenbereichen die passenden Kategorien zugeordnet werden. Im Fall des Windows-Bereichs sind das die jeweiligen Windows-Versionen:

Windows

~Windows 7

~Windows Vista

~Windows XP

~Windows 98

Für Linux & Co. könnte man eine vergleichbare Aufteilung vornehmen. Nun ist die gezeigte Variante natürlich längst nicht die einzige Möglichkeit, denn die Themen liegen bislang auf der obersten Kategorienebene. Folgendes wäre aber natürlich ebenfalls denkbar:

Tutorials

~Windows

~~Windows 7

~~Windows Vista

~~Windows XP

~~Windows 98

~Linux

139

~Joomla!
~Photoshop
~Office
Forum
Über uns
Shop

3.2 Kategorien anlegen und verwalten

Um eine neue Kategorie anzulegen, rufen Sie *Inhalt/Kategorien/Neue Kategorie* auf. Alternativ dazu können Sie auch *Inhalt/Kategorien* aufrufen und dann in der Werkzeugleiste auf *Neu* klicken.

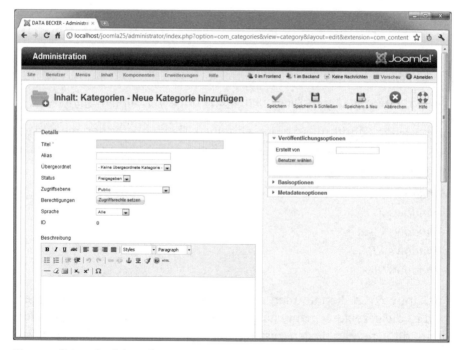

Eine neue Kategorie wird angelegt.

Die folgenden Optionen sind relevant:

> *Titel* – Angezeigt wird der Titel im Menü. Von Bedeutung ist der Titel allerdings nur, wenn Inhalte der Kategorien direkt angezeigt werden, was in der Praxis allerdings selten vorkommt.

> *Alias* – Geben Sie über dieses Feld einen sogenannten Aliasnamen an. Dieser Name wird von Joomla! ausschließlich intern verwendet, sollte

aber der Übersichtlichkeit halber beschreibend und logisch gewählt werden. Zudem kann der Alias auch hinsichtlich der Suchmaschinenoptimierung interessant sein. Wenn Sie keinen Alias angeben, wird dieser beim Speichern der Kategorie von Joomla! automatisch vergeben. (Normalerweise kann man sich auf Joomla! verlassen und muss keinen eigenen Alias angeben.)

➢ *Übergeordnet* – Hierüber legt man die übergeordnete Kategorie fest. Handelt es sich bei der aktuellen Kategorie allerdings um eine Kategorie der obersten Ebene, lässt man den Wert *Keine übergeordnete Kategorie* stehen.

➢ *Status* – Über diese Option wird bestimmt, ob die Kategorie veröffentlicht werden soll oder nicht. Zusätzlich können Sie die Kategorie hier archivieren und löschen.

➢ *Zugriffsebene* – Darüber legen Sie fest, wer auf den Bereich zugreifen darf. Mögliche Werte sind *Public (Öffentlich)* (jeder darf zugreifen), *Registered (Registriert)* (registrierte User), *Special (Spezial)* und *Benutzerdefinierte Benutzerrechte*. Ausführliche Informationen dazu, wie Sie Kategorien nur bestimmten Benutzern zugänglich machen können, finden Sie in Kapitel 6.

➢ *Berechtigungen* – Über diesen Bereich kann man bestimmen, was die einzelnen Benutzergruppen dürfen. Legen Sie also beispielsweise fest, ob Autoren die Kategorie löschen können.

➢ *Sprache* – Hierüber kann man die Kategorie einer bestimmten Sprache zuordnen. Soll sie für alle Sprachen gelten, wählt man den Eintrag *alle*.

➢ *ID* – Diese wird von Joomla! automatisch beim Speichern vergeben.

➢ *Beschreibung* – Hier geben Sie eine Beschreibung zur Kategorie ein. Zum Einsatz kommt diese, wenn die Kategorie beispielsweise in einer Listenansicht angezeigt wird. Aber Achtung: Die Beschreibung wird nur zu sehen sein, wenn die entsprechenden globalen Optionen angepasst werden. Wie und wo diese zu finden sind, wird auf den folgenden Seiten beschrieben. Beim Listenlayout wird die angegebene Beschreibung standardmäßig oberhalb der Tabelle angezeigt, in der die zur Kategorie gehörenden Artikel enthalten sind.

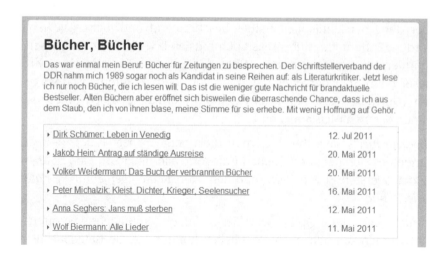

Im rechten Fensterbereich können allgemeine Angaben zur Kategorie gemacht werden.

Weitere Optionen sind verfügbar.

Unter *Veröffentlichungsoptionen* können Sie über *Benutzer wählen* den Benutzer angeben, der die Kategorie erstellt hat. Klicken Sie dazu auf die Schaltfläche *Benutzer wählen* und stellen Sie den Benutzer ein. Angezeigt wird dort außerdem das Veröffentlichungsdatum der Kategorie.

Über den Bereich *Basisoptionen* können Sie Folgendes festlegen:

➢ *Alternatives Layout* – Hier kann das Layout für die Kategorie eingestellt werden. Welche Optionen tatsächlich angeboten werden, hängt von der Komponente ab. Bei Kategorien haben Sie die Wahl zwischen Blog- und Listenlayout. Mehr zu den Unterschieden, die es zwischen diesen beiden Varianten gibt, erfahren Sie im weiteren Verlauf dieses Kapitels.

➢ *Bild* – Darüber kann man ein Bild auswählen, das später bei der Kategorie angezeigt wird. Damit das dann aber tatsächlich geschieht, muss beim Anlegen des Menüeintrags, der auf diese Kategorie zeigt, unter *Kategorie Optionen* bei *Kategorie Bild* der Wert *Anzeigen* eingestellt werden.

> ➤ *Notiz* – Hier können Sie einen kurzen Hinweistext zu internen Zwecken
> angeben. Diese Notiz ist nicht im Frontend zu sehen.

Im Bereich *Metadatenoptionen* können speziell auf die aktuelle Kategorie
abzielende Metaangaben definiert werden.

*Die Metadaten
werden definiert.*

Die hier eingetragenen Werte werden dann auf der Kategorienseite verwendet. Sie überschreiben dabei die allgemeinen Metadatendefinitionen.
Lesen Sie in diesem Zusammenhang auch die Hinweise in Kapitel 11.

Sie können sich die Auswirkungen der hier eingetragenen Werte im Quellcode der Frontend-Ausgabe ansehen. Dort werden automatisch die folgenden Metadefinitionen angepasst:

- ▪ `<meta name="robots" content="index, follow" />`
- ▪ `<meta name="keywords" content="Joomla!, Komponenten" />`
- ▪ `<meta name="author" content="Michael" />`
- ▪ `<meta name="description" content="Alle neuen Komponenten werden aufgeführt." />`

Unterkategorien anlegen

Die Vorteile einer logisch durchdachten Strukturierung der Inhalte wurden eingangs dieses Kapitels beschrieben. Das Mittel für eine solche Strukturierung stellen in Joomla! Kategorien und Unterkategorien dar. Innerhalb einer Hauptkategorie können dann beliebig viele Unterkategorien angelegt werden. Dabei ist die Anzahl der Unterkategorien in Joomla! nicht begrenzt.

Jede Kategorie kann also beliebig viele Unterkategorien enthalten. Und in jeder dieser Unterkategorien können dann wieder beliebig viele Unterkategorien eingefügt werden.

Um eine Unterkategorie anzulegen, gehen Sie zunächst einmal genau so vor, als wollten Sie eine „normale" Kategorie anlegen (wobei eine Unterkategorie natürlich auch eine normale Kategorie ist). Rufen Sie also *Inhalt/Kategorien/ Neue Kategorie* auf. In dem sich öffnenden Fenster geben Sie alle notwendigen Informationen für

Die Verschachtelungstiefe der Kategorien ist nicht limitiert.

die Kategorie an. Entscheidende Bedeutung kommt nun dem Feld *Übergeordnet* zu. Dort muss die übergeordnete Kategorie eingestellt werden.

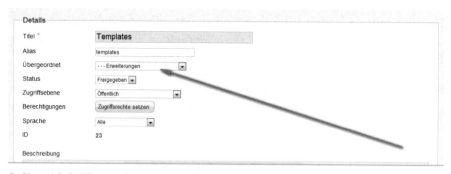

So lässt sich die übergeordnete Kategorie festlegen.

Ein Beispiel: Wenn Sie die Beispielinhalte von Joomla! installieren, gibt es dort unter anderem die Kategorie *Templates*. Diese Kategorie enthält standardmäßig bereits einige Unterkategorien.

> ➢ *Beez 2.0*
> ➢ *Beez 5*
> ➢ *Atomic*

Sehr schön zu sehen ist das auch, wenn Sie sich über *Inhalt/Kategorien* alle Kategorien anzeigen lassen.

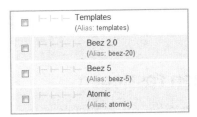

Auch optisch heben sich die Unterkategorien ab.

Dort sehen Sie, dass die drei Unterkategorien eingerückt angezeigt werden. (Wobei die Kategorie *Templates* auch nur eine Unterkategorie von *Erweiterungen* ist. *Erweiterungen* ist wiederum eine Unterkategorie von *Joomla!*. Und bei *Joomla!* handelt es sich ebenfalls um eine Unterkategorie, nämlich von *Beispielbeiträge*.)

Um nun also *Templates* eine weitere Unterkategorie zuzuweisen, wählen Sie im Dialogfenster *Inhalt: Kategorien – Neue Kategorie hinzufügen* aus dem Feld *Übergeordnet* den Eintrag *Templates* aus.

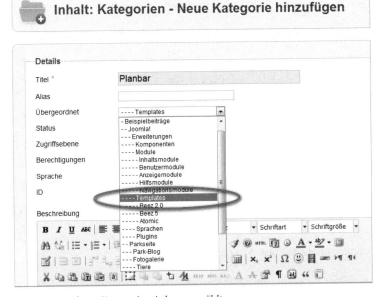

Die übergeordnete Kategorie wird ausgewählt.

Die Änderungen werden mit *Speichern & Schließen* übernommen. Ein anschließender Blick auf die Übersichtsseite der Kategorien zeigt nun die eben angelegte Kategorie als Unterkategorie von *Templates* an.

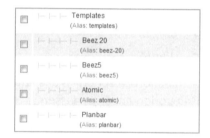

Die Unterkategorie wurde angelegt.

Allgemeine Kategorieoptionen festlegen

Einige Optionen, die beim Anlegen von Kategorien zur Verfügung stehen, haben scheinbar keine direkten Auswirkungen. Das stimmt so allerdings nicht. Denn die Optionen bewirken schon etwas, müssen aber erst noch freigeschaltet werden.

Die notwendigen Einstellungen finden Sie unter *Inhalt/Kategorien*. Klicken Sie dort in der Werkzeugleiste auf *Optionen*. Daraufhin öffnet sich ein Fenster, in dem zahlreiche Beitragsoptionen aufgeführt sind. Was es mit diesen auf sich hat, wird im nächsten Kapitel detailliert beschrieben. An dieser Stelle stehen zunächst die beiden Register *Kategorie* und *Kategorien* im Vordergrund.

Zunächst zu den Optionen im Register *Kategorie*.

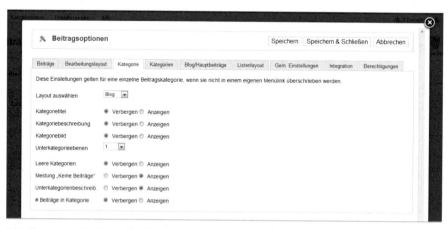

Die allgemeinen Optionen für die Kategorien werden festgelegt.

Über das Auswahlfeld *Layout auswählen* legen Sie fest, welches Layout standardmäßig für die Anzeige der Kategorien verwendet werden soll.

Prinzipiell gibt es immer zwei Varianten (wobei es weitere Varianten geben kann – das hängt dann aber letztendlich von der eingesetzten Komponente ab). Ab Seite 151 werden beide Layoutvarianten detailliert vorgestellt. Standardmäßig werden Ihnen an dieser Stelle jedenfalls die beiden Optionen *Blog* und *Liste* begegnen.

Mit *Kategorietitel* und *Kategoriebeschreibung* können Sie bestimmen, ob Titel und Beschreibung im Frontend angezeigt werden sollen. Damit die Beschreibung tatsächlich zu sehen ist, muss bei den betreffenden Kategorien dann auch etwas im *Beschreibung*-Feld stehen.

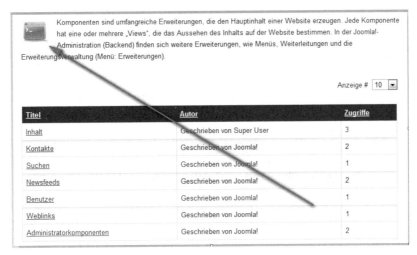

Hier ist der Beschreibungstext sichtbar.

Die Option *Kategoriebild* legt fest, ob zur Kategorie ein Bild angezeigt werden soll.

Damit bei aktivierter Kategoriebildoption im Frontend tatsächlich ein Bild zu sehen ist, muss der Kategorie ein Bild explizit zugewiesen werden. Rufen Sie dazu über *Inhalt/Kategorien* die betreffende Kategorie durch Anklicken des Kategorienamens auf. Interessant ist dort das Feld *Bild* im Bereich *Basisoptionen*.

Ein Bild wurde ausgewählt.

Über die Schaltfläche *Auswählen* kann das gewünschte Bild eingestellt und anschließend mit *Einfügen* der Kategorie hinzugefügt werden. Sollte sich das Bild noch nicht in der Medienverwaltung von Joomla! befinden, muss es zunächst über den Bereich *Dateien hochladen* ausgewählt und dann mit *Hochladen starten* auf den Server geladen werden.

So kann ein neues Bild auf den Server geladen werden.

Weiter geht es mit der Option *Unterkategorieebenen* im *Kategorie*-Register. Über dieses Auswahlfeld wird bestimmt, bis zu welcher Ebene Unterkategorien angezeigt werden sollen. Im selben Zusammenhang ist auch die Option *Unterkategorienbeschreib.* zu sehen. Aktiviert man diese, werden die Beschreibungstexte für die Unterkategorien angezeigt (wenn denn welche vergeben wurden).

Über die Option *Leere Kategorien* kann man bestimmen, dass auch solche Kategorien angezeigt werden, die weder Beitrage noch Unterkategorien enthalten.

Wird *Meldung „Keine Beiträge"* auf *Anzeigen* gestellt, wird der Text *Es gibt keine Beiträge in dieser Kategorie! Wenn Unterkategorien angezeigt werden, so können diese aber Beiträge enthalten.* angezeigt, wenn in einer Kategorie keine Inhalte stehen.

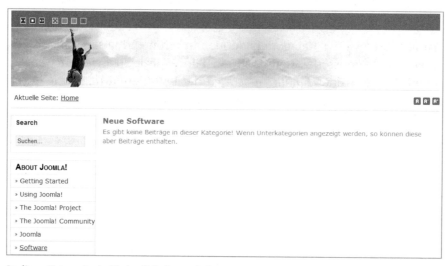

In dieser Kategorie sind keine Beiträge enthalten.

Belässt man den Wert von *Meldung „Keine Beiträge"* auf *Verbergen*, wird der Text nicht angezeigt. Den Besuchern wird dann lediglich die Kategorieüberschrift angezeigt.

Stellen Sie den Wert von *# Beiträge in Kategorie* auf *Anzeigen*, um sich die Anzahl der in der jeweiligen Kategorie enthaltenen Beiträge anzeigen zu lassen.

Das waren die verfügbaren Einstellungen im Register *Kategorie*. Weiter geht es mit den Optionen im Register *Kategorien*.

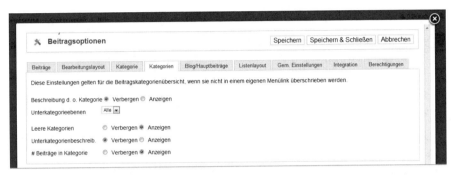

Diese Optionen gibt es für Kategorien.

Diese Optionen betreffen die Beitragskategorienübersicht. Sie greifen also beispielsweise, wenn als Menütyp *Alle Kategorien auflisten* gewählt wird.

In solchen Fällen greifen die Optionen.

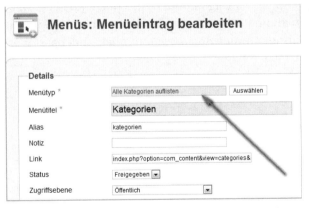

Über *Beschreibung d. o. Kategorie* wird bestimmt, ob bei der obersten Kategorie ein Beschreibungstext angezeigt werden soll. Dieser Text kann über das *Beschreibung*-Feld jeder Kategorie individuell zugewiesen werden. werden. Klicken Sie dort den Kategorienamen an, tragen Sie die Beschreibung in das Feld *Beschreibung* ein und übernehmen Sie die Einstellungen mit *Speichern*.

Kategorie bearbeiten

Details

Titel *	Erweiterungen
Alias	erweiterungen
Übergeordnet	- - Joomla!
Status	Freigegeben
Zugriffsebene	Öffentlich
Berechtigungen	Zugriffsrechte setzen
Sprache	Alle
ID	20

Beschreibung

Die Basisinstallation von Joomla! 1.6 stellt alle notwendigen Werkzeuge (Erweiterungen) zur Erstellung einer einfachen Website zur Verfügung. Es stehen im Netz tausende von Erweiterungen zur Verfügung, die es ermöglichen, Webseiten jedes beliebigen Typs zu erstellen. Es gibt 5 verschiedene Erweiterungstypen: Komponenten, Module, Templates, Sprachen und Plugins. Das umfangreichste Angebot an Erweiterungen jeden Typs findet man im Joomla! Extensions Directory (engl.).

Pfad: p   Wörter: 61

So lässt sich die Beschreibung der Kategorie definieren.

Die weiteren Optionen im *Kategorien*-Register entsprechen denen, die bereits im Zusammenhang mit dem *Kategorie*-Register vorgestellt wurden.

Die vorgenommen Einstellungen lassen sich jeweils in den einzelnen Menüpunkten überschreiben. Dazu ruft man über das *Menüs*-Menü das Menü auf, in dem sich der betreffende Eintrag befindet. Anschließend klickt man auf den zu bearbeitenden Menüeintrag. Im rechten Fensterbereich können die gewünschten Einstellungen unter *Kategorienoptionen* angepasst werden.

▸ Erforderliche Einstellungen

▾ Kategorieoptionen

Beschreibung d. o. Kategorie	Globale Einstellung
Beschreibung der Oberkategorie	
Unterkategorieebenen	Globale Einstellung
Leere Kategorien	Globale Einstellung
Unterkategorienbeschreib.	Anzeigen
# Beiträge in Kategorie	Globale Einstellung

▸ Kategorieoptionen

So lassen sich die Einstellungen überschreiben.

Die Blog- und Listenansichten

Das Listenlayout sieht folgendermaßen aus:

Titel	Autor	Zugriffe
Fachleute	Geschrieben von Joomla!	11
Einsteiger	Geschrieben von Joomla!	2
Erste Hilfe	Geschrieben von Joomla!	17
Erste Schritte	Geschrieben von Joomla!	1
Joomla!	Geschrieben von Joomla!	0
Parameter	Geschrieben von Joomla!	3
Beispielseiten	Geschrieben von Joomla!	7
Die Joomla!-Community	Geschrieben von Joomla!	0
Das Joomla!-Projekt	Geschrieben von Super User	3
Upgrader	Geschrieben von Super User	3

Anzeige # 10

Seite 1 von 2

Start Zurück 1 2 Weiter Ende

Das ist das Listenlayout.

Hier werden alle zu einer Kategorie gehörenden Inhalte innerhalb einer Tabelle angezeigt. Das Aussehen und die Funktionalität dieses Listenlayouts lassen sich innerhalb der Kategorieoptionen im Register *Listenlayout* anpassen.

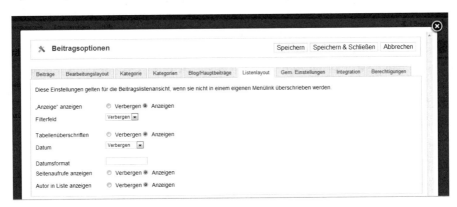

Diese Optionen sind verfügbar.

Über die Option *„Anzeige" anzeigen* können Sie das oberhalb der Liste zu sehende *Anzeige*-Feld ein- und ausblenden. Über dieses Feld können die Besucher die Anzahl der in der Tabelle enthaltenen Inhalte beschränken.

151

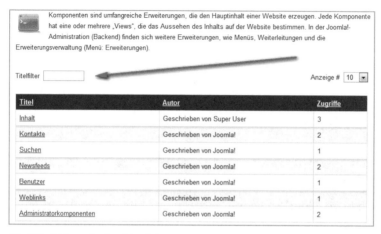

So kann die Menge der angezeigten Beiträge festgelegt werden.

Über die *Filterfeld*-Option können Sie festlegen, ob und wenn welches Filterfeld angezeigt wird.

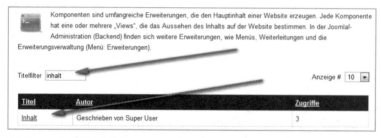

Ein Filterfeld wurde eingeblendet.

Über diese Felder können die Besucher die Liste durchsuchen. Wenn Sie also beispielsweise das Filterfeld *Titel* einblenden, ermöglicht das den Besuchern, die Titel nach einem bestimmten Wort zu selektieren. Dazu muss nur der gewünschte Suchbegriff in das Feld eingetragen und dann die Enter-Taste gedrückt werden. Joomla! zeigt daraufhin in der Liste nur noch die Einträge an, die den Suchbegriff enthalten. Das Einblenden der Filterfelder bietet sich immer dann an, wenn sehr viele Beiträge in einer Kategorie enthalten sind.

Die Einträge wurden gefiltert.

Neben den bislang aufgeführten stehen auch noch die folgenden Optionen zur Verfügung:

> *Tabellenüberschriften* – Legt fest, ob die Tabellenüberschriften angezeigt werden sollen.

> *Datum* – Hierüber können Sie zum Beispiel das Erstelldatum anzeigen lassen. Zu sehen sind die Daten dann in einer zusätzlichen Tabellenspalte.

> *Datumsformat* – Standardmäßig wird das Datum nach dem Schema *02 Januar 2012* angezeigt. Sie können dieses Schema verändern. Dazu tragen Sie beispielsweise *d-m-y* in das Feld ein. Daraus ergibt sich dann *02-01-12*.

> *Seitenaufrufe anzeigen* – Hierüber können Sie die Spalte *Zugriffe* einblenden.

> *Autor in Liste anzeigen* – Ermöglicht das Ein- und Ausblenden der *Autor*-Spalte.

Mit *Speichern* müssen die Einstellungen abschließend übernommen werden.

Die vorgenommenen Einstellungen gelten später standardmäßig für alle neuen Menüpunkte, die auf eine Listenansicht zeigen. Allerdings können Sie dann für jeden einzelnen Menüpunkt auch individuelle Einstellungen vornehmen. Sie finden die entsprechenden Optionen, wenn Sie einen Menüeintrag zum Bearbeiten öffnen. Rufen Sie dazu das betreffende Menü über *Menüs* auf und klicken Sie dort den Namen des betreffenden Menüeintrags an. Die Optionen sind im Bereich *Listenlayout* zu sehen. Beachten Sie, dass die Optionen dort tatsächlich nur zu sehen sind, wenn als Menüeintragstyp *Alle Kategorien auflisten* oder *Kategorieliste* gewählt wurde. Mehr zu den Eintragstypen erfahren Sie dann im weiteren Verlauf dieses Kapitels.

Die hier vorgenommenen Einstellungen überschreiben für den aktuell aufgerufenen Menüpunkt die global festgelegten Optionen.

Im Register *Gem. Einstellungen* sind Optionen aufgeführt, die sowohl für Listen als auch für Blogs gelten.

> *Kategoriesortierung* – Legen Sie hierüber das Sortierkriterium fest. Sollen die Kategorien in exakt der Reihenfolge angezeigt werden, in der sie unter *Inhalt/Kategorien* stehen, stellen Sie *Kategorie Manager Order* ein.

> ➢ *Beitragssortierung* – Hierüber wird bestimmt, nach welchem Kriterium die Beiträge sortiert werden sollen.

> ➢ *Sortierdatum* – Wurde im Feld *Beitragssortierung* entweder *Neueste zuerst* oder *Älteste zuerst* eingestellt, kann über dieses Feld festgelegt werden, welches Datum die Basis bildet.

> ➢ *Seitenzahlen* – Legt fest, ob eine Pagination im unteren Seitenbereich angezeigt werden soll.

> ➢ *Gesamtseitenzahlen* – Hierüber kann man im unteren Seitenbereich *Seite x von x* einblenden.

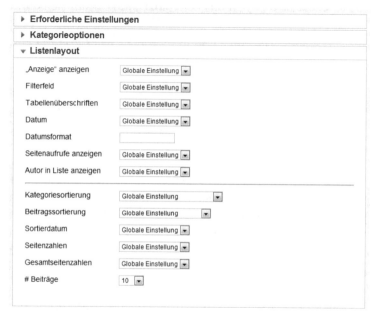

Auch hier sind die Optionen verfügbar.

Die in diesem Register gemachten Einstellungen gelten auch für die Blog-Ansicht, um die es auf den folgenden Seiten geht.

Die Blog-Ansicht

Neben dem Listenlayout gibt es auch noch das Layout *Blog/Hauptbeiträge*. Dabei werden die Inhalte in Artikelform angezeigt.

Hier werden verschiedene Inhalte neben- und untereinander angezeigt. Wie sich diese Ansicht letztendlich darstellt, können Sie über das Register *Blog/Bevorzugte Layouts* bestimmen.

Komponenten sind umfangreiche Erweiterungen, die den Hauptinhalt einer Website erzeugen. Jede Komponente hat eine oder mehrere „Views", die das Aussehen des Inhalts auf der Website bestimmen. In der Joomla!-Administration (Backend) finden sich weitere Erweiterungen, wie Menüs, Weiterleitungen und die Erweiterungsverwaltung (Menü: Erweiterungen).

Inhalt

Die Inhaltskomponente („com_content") verwendet man zur Beitragserstellung. Sie ist überaus flexibel und hat die größte Anzahl eingebauter „**Views**". Beiträge können im Frontend erstellt und bearbeitet werden, die einfachste Art Inhalte für die eigene Website zur Verfügung zu stellen. Hilfe (engl.)

Kontakte

Die Komponente „Kontakte" („com_contact") ist eine Art Adressbuch zur Anzeige und Pflege der darin üblichen Daten. Mit Hilfe dieser Komponente kann man seinen Besuchern Informationen und auch ein Kontaktformular (zum Versand einer E-Mail) auf der eigenen Website anbieten oder aber ein komplexes Verzeichnis erstellen, das für viele verschiedene Zwecke verwendet werden kann. Hilfe (engl.)

Newsfeeds

Die Komponente „Newsfeeds" („com_newsfeeds") bietet eine Möglichkeit Newsfeeds zu organisieren und auf der eigenen Website anzubieten. Sie sind ein Weg Informationen von anderen Webseiten auf der eigenen anzubieten. Zum Beispiel, die Website joomla.org verfügt über zahlreiche Feeds die man in die eigene Website integrieren könnte. Man kann darüber hinaus Menüs für einzelne Feeds, eine Liste von Feeds aus einer Kategorie oder eine Liste aller Feed-Kategorien anwenden. Hilfe (engl.)

So sieht die Blog-Ansicht aus.

Die folgenden Optionen stehen zur Verfügung:

➢ *Führende* – Hierüber legen Sie die Anzahl der Artikel fest, die über die gesamte Seitenbreite am Seitenanfang angezeigt werden sollen.

➢ *Einleitung* – Legt die Anzahl der Artikel fest, die hinter den *Leading Articles* angezeigt werden sollen.

Das sind die Standardeinstellungen.

➢ *Spalten* – Bestimmt die Anzahl der Spalten. Normalerweise sollten die Artikel auf nicht mehr als zwei Spalten aufgeteilt werden.

➢ *Links* – Legt die Anzahl der unterhalb der *Einleitung* erscheinenden verlinkten Artikel fest.

➢ *Mehrspaltige Sortierung* – Hierüber bestimmen Sie die Sortierung bei mehrspaltiger Anordnung.

Abwärts			Seitlich	
Beitrag 1	Fortsetzung Beitrag 1		Beitrag 1	Fortsetzung Beitrag 1
Beitrag 2	Beitrag 4		Beitrag 2	Beitrag 3
Beitrag 3	Beitrag 5		Beitrag 4	Beitrag 5

➢ *Unterkategorien einbinden* – Stellen Sie hier *Keine* ein, wenn ausschließlich Artikel der aktuellen Kategorie angezeigt werden sollen. Alternativ dazu können Sie die Anzahl der Unterkategorien angeben, die bei der Anzeige ebenfalls berücksichtigt werden sollen.

Die Optionen für die Blog-Ansicht sind auch noch an anderer Stelle verfügbar. Wird nämlich ein Menüeintrag vom Typ *Kategorieblog* angelegt, finden Sie diese im rechten Fensterbereich unter *Blog-Layout-Optionen*.

Die hier vorgenommenen Einstellungen überschreiben dann die, die in den allgemeinen Optionen gemacht wurden. Sie gelten dann aber auch nur für den jeweiligen Menüeintrag.

Auch hier sind die Optionen verfügbar.

Kategorien verwalten

Um die Kategorien zu verwalten, rufen Sie *Inhalt/Kategorien* auf.

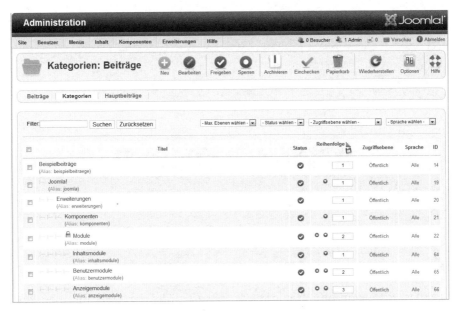

Auf dieser Seite sind alle Kategorien zu sehen.

In dem sich öffnenden Dialogfenster werden alle angelegten Kategorien angezeigt. Hier lassen sich Kategorien veröffentlichen, ins Archiv verschieben, löschen, bearbeiten und auch neu anlegen. Wie sich Kategorien neu anlegen lassen, wurde bereits beschrieben.

Zum Bearbeiten einer vorhandenen Kategorie gibt es zwei Möglichkeiten:

> Man klickt auf den Kategorienamen.
> Man aktiviert das Kontrollkästchen, das vor der zu bearbeitenden Kategorie angezeigt wird, und klickt in der Werkzeugleiste auf *Bearbeiten*.

Beides führt zum Dialogfenster *Kategorie bearbeiten*, in dem die gewünschten Änderungen vorgenommen werden können. (Wobei die erste Variante zweifelsfrei die schnellere ist.)

Kategorien sperren und freigeben

Über die beiden Schaltflächen *Freigeben* und *Sperren*, die in der Werkzeugleiste angezeigt werden, lassen sich Kategorien sperren und freigeben. Bei diesen Schaltflächen ist große Vorsicht geboten. Denn sperrt man beispielsweise eine Kategorie, kommt es im Frontend möglicherweise zu einer Fehlermeldung. (Zu sehen sind diese beiden Schaltflächen allerdings nur, wenn man *Inhalt/Kategorien* aufruft. Sobald man eine Kategorie zum Bearbeiten anklickt, sind diese Funktionen über das Auswahlfeld *Status* erreichbar.)

Hier gibt es einen Fehler.

Das passiert, wenn eine Kategorie gesperrt wurde, der Link auf eben jene Kategorie aber noch in einem der im Frontend sichtbaren Menüs verfügbar ist.

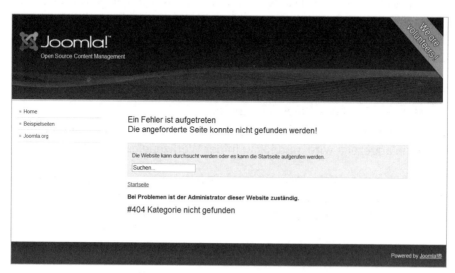

Die Kategorie wurde nicht gefunden.

Wenn Sie eine Kategorie sperren, sollten Sie also unbedingt die Menüeinträge, die auf diese Kategorie zeigen, entfernen oder deaktivieren.

Beim Sperren und Freigeben von Kategorien gibt es außerdem noch einige Besonderheiten zu beachten, denn nicht jede Kategorie kann so einfach gesperrt und freigegeben werden. Das gilt zumindest für solche Kategorien, die untergeordnete Kategorien enthalten oder selbst untergeordnet sind.

Handelt es sich bei einer Kategorie um eine untergeordnete, kann diese nur freigegeben werden, wenn die übergeordnete Kategorie ebenfalls freigegeben ist.

Sperrt man eine übergeordnete Kategorie, werden automatisch alle untergeordneten Kategorien ebenfalls gesperrt.

Ob eine Kategorie gesperrt oder freigegeben ist, erkennen Sie an dem Symbol innerhalb der *Status*-Spalte.

Ist das Symbol grün, ist die Kategorie freigegeben. Gesperrte Kategorien erkennen Sie an einem roten Symbol.

Durch Anklicken der Symbole wird der aktuelle Status umgekehrt. Aus einer aktuell freigegebenen wird somit also eine gesperrte Kategorie.

Hier sieht man, welche Kategorien freigegeben und welche gesperrt sind.

Kategorien archivieren

In der Werkzeugleiste fällt die Schaltfläche *Archivieren* auf. Sie ermöglicht die Archivierung der Kategorien. Vorteil dieser Variante: Anders als beim Sperren werden die archivierten Kategorien zunächst einmal aus der Kategorienliste entfernt. Das sorgt für mehr Übersichtlichkeit.

Um eine oder mehrere Kategorien zu archivieren, aktivieren Sie die vorangestellten Kontrollkästchen und klicken in der Werkzeugleiste auf *Archivieren*.

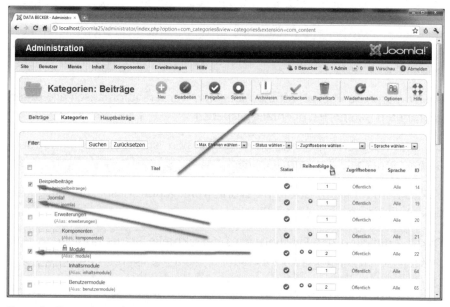

So werden Kategorien archiviert.

Zur Bestätigung, dass die Kategorien tatsächlich archiviert wurden, zeigt Joomla! einen Hinweis im oberen Fensterbereich an.

2 Kategorien wurden erfolgreich archiviert!

Die auf diese Weise ausgewählten Kategorien werden ins Archiv verschoben. Auf der normalen Kategorienseite sind diese Kategorien zunächst nicht mehr zu sehen. Um sich einen Überblick über alle ins Archiv verschobenen Kategorien zu verschaffen, wählt man aus dem Feld *Status auswählen* den Eintrag *Archiviert* aus.

Daraufhin werden ausschließlich die archivierten Kategorien angezeigt. Wollen Sie später wieder alle Kategorien sehen, stellen Sie am besten den Wert *Alle* im *Status*-Feld ein.

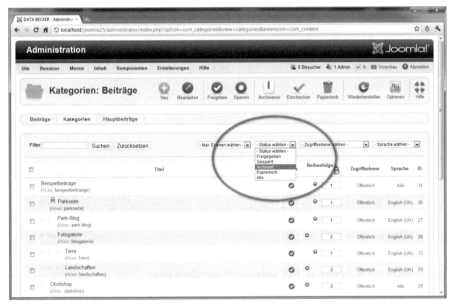

Jetzt sind alle archivierten Kategorien zu sehen.

Eine wichtige Besonderheit gilt es beim Archivieren unbedingt zu berücksichtigen. Archiviert man eine Kategorie, werden deren Unterkategorien automatisch mit ins Archiv verschoben. So sollte im folgenden Beispiel die Kategorie *Module* archiviert werden.

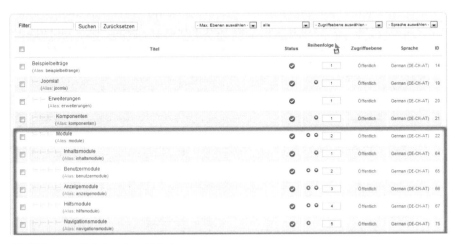

Die Kategorie Module soll archiviert werden.

Module enthält fünf Unterkategorien, die folglich ebenfalls archiviert werden.

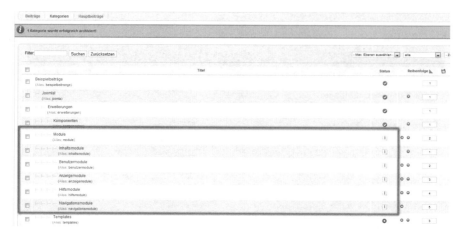

Die Unterkategorien wurden ebenfalls gesperrt.

Archivierte Kategorien wiederherstellen

Um archivierte Kategorien wiederherzustellen, gibt es zwei Möglichkeiten. Bei beiden müssen allerdings die vor den wiederherzustellenden Kategorien stehenden Kontrollkästchen aktiviert werden. (Aber Achtung: Setzen Sie dafür das Filterfeld *Status auswählen* auf *Archiviert*.)

Zunächst wäre da die Schaltfläche *Freigeben*, die in der Werkzeugleiste zu sehen ist. Klickt man diese an, werden die ausgewählten Kategorien automatisch auf den Status *Freigegeben* gesetzt, sie sind also dann auch wieder auf der Webseite zu sehen. Die den Kategorien zugewiesenen Einstellungen wie ID etc. bleiben dabei übrigens erhalten. Denselben Effekt erzielen Sie auch, wenn Sie in der *Status*-Spalte auf das *Archivieren*-Symbol klicken.

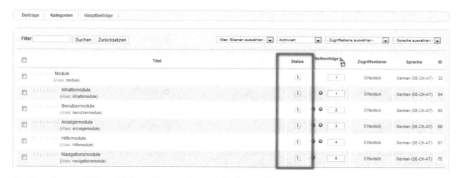

Auch so lassen sich archivierte Kategorien wiederherstellen.

Die andere Möglichkeit besteht darin, die archivierten Kategorien in der Übersicht über die vorangestellten Kontrollkästchen zu markieren und in der Werkzeugleiste auf *Sperren* zu klicken. Dadurch werden die Kategorien ebenfalls aus dem Archiv entfernt. In der Kategorienübersicht erkennt man die gesperrten Kategorien an einem roten Symbol in der *Freigegeben*-Spalte. (Damit tatsächlich wieder alle Einträge sichtbar sind, muss im *Status*-Feld der Wert *Status auswählen* eingestellt werden.)

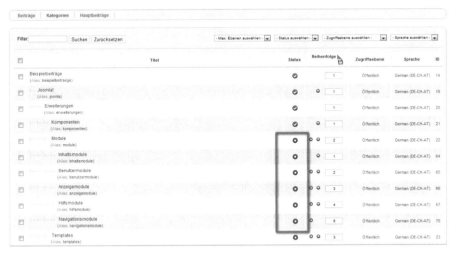

Die aus dem Archiv wiederhergestellten Kategorien sind gesperrt.

Gesperrte Kategorien sind im Frontend nicht zu sehen. Erst wenn der Status der Kategorie auf *Freigegeben* gesetzt wird, ist die Kategorie wieder sichtbar.

Um sich einen Überblick über alle gesperrten Kategorien zu verschaffen, stellen Sie das *Status*-Filterfeld auf *Gesperrt*.

Kategorien löschen und wiederherstellen

Kategorien, die nicht mehr benötigt werden, sollte man löschen. Das hilft, den Überblick zu behalten. Um eine Kategorie zu löschen, aktivieren Sie deren vorangestelltes Kontrollkästchen und klicken in der Werkzeugleiste auf *Papierkorb*. Die betreffende Kategorie (oder eben auch mehrere) werden daraufhin in den Papierkorb verschoben, also nicht direkt gelöscht. Joomla! zeigt, wenn eine Kategorie in den Papierkorb verschoben wurde, eine entsprechende Meldung an.

1 Kategorie wurde erfolgreich in den Papierkorb verschoben!

Um sich den Inhalt des Papierkorbs anzeigen zu lassen, wählen Sie aus dem *Status*-Feld *Papierkorb* aus.

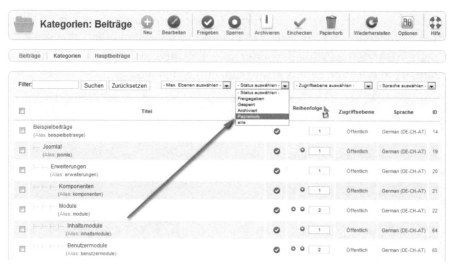

So sieht man die in den Papierkorb verschobenen Kategorien.

Joomla! löscht die Kategorien also nicht sofort, sondern verschiebt sie zunächst in den Papierkorb. Um die Kategorien endgültig zu löschen, müssen Sie sie im Papierkorb erneut markieren und in der Werkzeugleiste auf *Papierkorb leeren* klicken.

Gelöscht ist gelöscht

Wenn Sie Kategorien aus dem Papierkorb löschen, sind diese tatsächlich gelöscht, wiederherstellen lassen sie sich nicht mehr.

Das Löschen einer Kategorie ist allerdings nur dann erlaubt, wenn dieser Kategorie keine Beiträge zugeordnet sind. Enthält die Kategorie Beiträge, wird eine Fehlermeldung angezeigt, die dann in etwa folgendermaßen aussieht:

- Löschen nicht erlaubt für Kategorie Content Modules. 7 Einträge ist dieser Kategorie zugeordnet.

Ob und, wenn ja, welche Beiträge in einer Kategorie enthalten sind, können Sie über *Inhalt/Beiträge* ermitteln. Interessant ist dort das Auswahlfeld *Kategorie auswählen*.

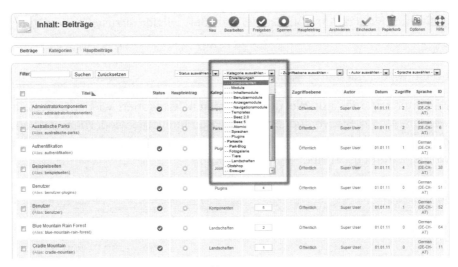

So kann man die Beiträge nach Kategorien filtern.

Stellen Sie darüber die fragliche Kategorie ein. Daraufhin werden alle Beiträge aufgelistet, die dieser Kategorie zugeordnet wurden. Diese können Sie jetzt zum Beispiel löschen oder einer anderen Kategorie zuweisen. Ausführliche Informationen zum Umgang mit Beiträgen finden Sie ab Seite 225.

Um gelöschte Kategorien wiederherzustellen, stellen Sie in der Kategorienübersicht im Feld *Status auswählen* den Wert *Papierkorb* ein.

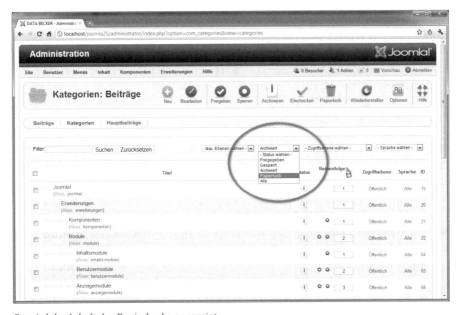

So wird der Inhalt des Papierkorbs angezeigt.

Aktivieren Sie das Kontrollkästchen vor den wiederherzustellenden Kategorien und klicken Sie in der Werkzeugleiste auf *Freigeben* oder *Sperren*. Achten Sie darauf, dass Sie anschließend den Wert des *Status*-Felds am besten wieder auf *Status wählen* setzen.

Es können immer nur die übergeordneten Kategorien wiederhergestellt werden. Wenn Sie versuchen, eine Unterkategorie wiederherzustellen, deren übergeordnete Kategorie ebenfalls in den Papierkorb verschoben wurde, kommt es zu einer Fehlermeldung.

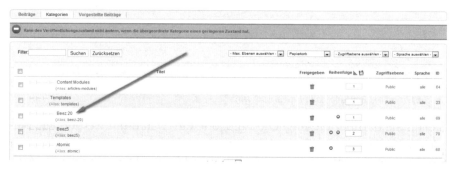

Die Kategorie konnte nicht wiederhergestellt werden.

So wurde im vorherigen Beispiel versucht, die Kategorie *Beez 20* zu löschen. Da *Beez 20* jedoch eine Unterkategorie von der im Papierkorb liegenden Kategorie *Templates* ist, kommt es zu einer Fehlermeldung.

Einchecken nicht vergessen

Beim Bearbeiten von Inhalten (und somit auch von Kategorien) wird Ihnen immer wieder das Thema Einchecken begegnen. Im Fall der Kategorien finden Sie die gleichnamige Schaltfläche in der Werkzeugleiste.

Gerade im Zusammenhang mit dieser Schaltfläche kommt es immer wieder zu Missverständnissen. Denn bei Joomla! handelt es sich bei dem Begriff Einchecken um ein Sicherheitsfeature, das vor allem dann sinnvoll ist, wenn mehrere Benutzer am System arbeiten.

Wenn man Inhalte bearbeitet, werden diese von Joomla! automatisch für alle anderen Benutzer gesperrt. Das ist praktisch, schließlich überschreiben sich die Benutzer dadurch nicht gegenseitig ihre an einem Beitrag gemachten Änderungen.

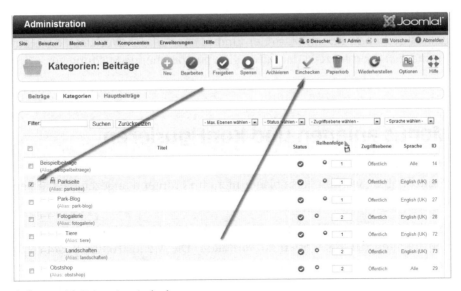

So lassen sich Kategorien einchecken.

Problematisch wird dieses Verhalten allerdings, wenn ein Bearbeiter aus Versehen das Browserfenster schließt oder die aktuelle Session nach längerer Inaktivität beendet wird. Denn in diesen Fällen bleiben die Inhalte gesperrt, und niemand kann sie mehr bearbeiten. Genau für solche Fälle ist das Einchecken da. Denn Sie als Administrator bzw. der Benutzer mit den passenden Berechtigungen können den gesperrten Beitrag wieder einchecken und somit erneut zum Bearbeiten freigeben.

Zu erkennen sind gesperrte Beiträge und Kategorien an einem vorangestellten Schloss.

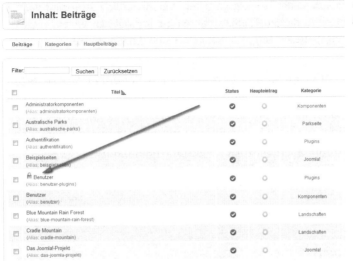

Dieser Beitrag ist gesperrt.

Um einen solchen Beitrag wieder freizugeben, aktivieren Sie das vor dem Beitrag stehende Kontrollkästchen und klicken in der Werkzeugleiste auf *Einchecken*. Joomla! zeigt daraufhin eine entsprechende Meldung an:

1 Beiträge erfolgreich eingecheckt

3.3 Menüs anlegen und konfigurieren

Auch wenn Sie nun Kategorien angelegt und deren Status auf *Freigegeben* gesetzt haben, werden diese bisher nicht im Frontend angezeigt. Es fehlen nämlich noch die Verlinkungen im Menü.

Es gilt also zunächst, ein entsprechendes Menü aufzubauen und dieses mit den Inhalten der Kategorien zu verlinken. Die Menüstruktur bildet letztendlich die Basis dafür, wie gut sich die Besucher auf Ihrer Seite zurechtfinden und durch die Inhalte navigieren können. In Joomla! sind Menüs allerdings keine reinen Linkauflistungen. Vielmehr stellen Menüs in Joomla! eigene Module dar, die frei definiert und gestaltet werden können. Dabei legt man das Menü an und kann es dann an einer beliebigen Stelle im Template platzieren.

Die Links, die man in die Menüs einfügt, können auf unterschiedliche Elemente verweisen. Das können zunächst einmal Kategorien sein, ebenso kann man aber auch auf Unterkategorien und sogar auf einzelne Beiträge verweisen.

> **Optische Anpassungen**
>
> Die Menüs lassen sich später beliebig gestalten. Verantwortlich dafür sind dann die Templates. Mehr zu diesem Thema erfahren Sie im weiteren Verlauf dieses Kapitels und in den speziellen Template-Kapiteln 7 und 8 dieses Buchs.

Gerade das Anlegen von Menüs bereitet vielen Seitenbetreibern erfahrungsgemäß einige Probleme. Denn oft werden schlechte Menübezeichnungen gewählt, oder es werden zu wenige bzw. zu viele Menüpunkte angelegt. Häufig findet man auch das Phänomen einer zu tiefen Verschachtelung. Das sieht dann beispielsweise folgendermaßen aus:

Urlaub
—Urlaubsfotos
——Jahre
———2012
————Fuerteventura

Bis die Benutzer in einer solchen Struktur zu den gewünschten Bildern vorgedrungen sind, dürften viele schon den Mut verloren und Reißaus genommen haben. Dabei ließe sich die gezeigte Menüstruktur problemlos vereinfachen:

Urlaubsfotos

—2012

——Fuerteventura

In diesem Beispiel wurden aus fünf ganz einfach drei Menüeinträge gemacht. Es ist also wichtig, sich im Vorfeld Gedanken über die letztendliche Menüstruktur zu machen.

Menüs verwalten

Verwaltet werden die Joomla!-Menüs über *Menüs/Menüs*. Das sich dahinter verbergende Dialogfenster ist in zwei Registerkarten unterteilt. Im Register *Menüs* sind ausschließlich die angelegten Menüs zu sehen.

Diese Menüs wurden bereits angelegt.

Im Register *Menüeinträge* werden hingegen die zu den jeweiligen Menüs gehörenden Einträge angezeigt. Dabei werden jeweils nur die Einträge eines Menüs aufgelistet. Um welches Menü es sich dabei handelt, kann man über das betreffende Filterfeld einstellen.

Je nachdem, welche der beiden Registerkarten *Menüs/Menüeinträge* aufgerufen wurde, können nun neue Menüs oder neue Menüeinträge angelegt werden. Beide Varianten werden auf den folgenden Seiten vorgestellt.

Da die Unterteilung in Menüs und Menüeinträge erfahrungsgemäß oftmals zu Missverständnissen führt, haben sich mittlerweile eher die Begriffe Menüeinträge und Menügruppen durchgesetzt. Dabei besteht eine Menügruppe aus mehreren Menüeinträgen. Auf diese Weise lassen sich diese beiden Bezeichnungen besser unterscheiden. In den Menügruppen sieht man ganz einfach, welche Menüeinträge darin jeweils enthalten sind.

So kann man die Einträge filtern.

Neue Menüs anlegen

Um ein neues Menü zu erzeugen, rufen Sie *Menüs/Menüs/Neues Menü* auf. (Alternativ dazu können Sie auch die *Neu*-Schaltfläche in der Werkzeugleiste unter *Menüs/Menüs* anklicken.)

Ein neues Menü wird erzeugt.

Drei Angaben müssen an dieser Stelle gemacht werden.

> *Titel* – Der Name des Menüs. Dieser Titel kann später im Frontend eingeblendet werden.

> *Menüart* – Tragen Sie hier den Namen des verwendeten Moduls ein. Sie können entweder ein bereits existierendes angeben oder ein neues bestimmen. Der Name sollte klein und ohne Leerzeichen geschrieben werden. Die Menüart wird von Joomla! ausschließlich intern verwendet.

> *Beschreibung* – Geben Sie an dieser Stelle an, welchen Zweck das Menü erfüllen soll. Auch diese Angabe wird von Joomla! ausschließlich intern verwendet.

Über *Speichern & Schließen* wird das neue Menü gespeichert.

Damit ist das Menü nun zwar vorhanden, es ist momentan allerdings noch leer, da die Menüeinträge fehlen.

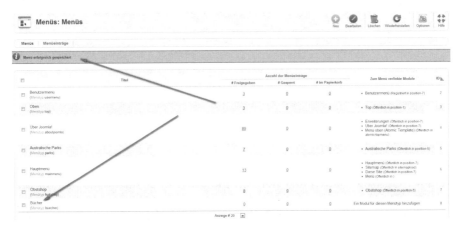

Das Menü wurde gespeichert.

Vorhandene Menüs anpassen

Wenn Sie die Beispieldateien von Joomla! installieren haben, müssen Sie übrigens nicht unbedingt neue Menüs anlegen. Viele Anwender tun sich leichter, wenn sie die vorhandenen Menüs einfach ihren eigenen Anforderungen anpassen. Auch das wird auf den folgenden Seiten beschrieben.

Menüeinträge erzeugen

Durch das Abspeichern des neuen Menüs werden Sie auf die Übersichtsseite umgeleitet, in der die vorhandenen Menüs angezeigt werden. Diese Übersicht können Sie jederzeit erneut über *Menüs/Menüs* aufrufen.

Momentan hat das zuvor angelegte Menü einen entscheidenden Nachteil: Es ist noch leer. Es müssen nun also Menüeinträge angelegt werden. Denn erst dadurch lassen sich die Inhalte letztendlich im Frontend über die Einträge aufrufen.

Um einen neuen Menüeintrag anzulegen, klicken Sie auf den Namen des Menüs, in das der neue Eintrag eingefügt werden soll

Wenn Sie diesen Menüpunkt aufrufen, landen Sie in der Übersichtsmaske, in der sämtliche Menüeinträge des ausgewählten Menüs angezeigt werden. (Im aktuellen Beispiel ist natürlich kein Eintrag zu sehen, da noch keiner angelegt wurde.)

Momentan ist das Menü leer.

Um einen neuen Menüeintrag anzulegen, klicken Sie in der Werkzeugleiste auf *Neu*. (Alternativ dazu können Sie auch über das *Menüs*-Menü das betreffende Menü aufrufen und dort auf *Neuer Menüeintrag* klicken.) Zunächst legen Sie die Art des Menüeintrags fest. Welche Optionen dabei möglich sind, wird im weiteren Verlauf dieses Kapitels noch detailliert beschrieben.

Um das Anlegen eines neuen Eintrags zu testen, rufen Sie *Auswählen* auf und klicken bei *Systemlinks* auf *Externe URL*.

Daraufhin werden im Hauptfenster einige wichtige Optionen angezeigt, die eine genauere Betrachtung verdienen.

➢ *Menütyp* – Das ist die Schaltfläche, auf die Sie zuvor geklickt haben, über die der Eintragstyp ausgewählt wird.

➢ *Menütitel* – Geben Sie hier einen frei wählbaren Titel an. Dieser Name kann später im Frontend eingeblendet werden.

➢ *Link* – Hier geben Sie den Link an. Beachten Sie, dass Sie an dieser Stelle meistens keine Einstellungen vornehmen können, da die Links automatisch generiert werden. Das Feld ist dann nicht beschreibbar.

➢ *Notiz* – Der hier eingetragene Text wird nur intern verwendet.

➢ *Status* – Bestimmen Sie, ob der Beitrag gesperrt oder freigegeben sein soll. Gesperrte Einträge sind im Frontend nicht sichtbar.

➢ *Zugriffsebene* – Legen Sie fest, bei welchen Berechtigungen der Punkt sichtbar sein soll. Sollen ihn alle sehen können, stellen Sie *Public* ein.

Der Eintragstyp wird eingestellt.

> *Menüzuordnung* – Hier stellen Sie das Menü ein, in das der Menüpunkt eingefügt werden soll.

> *Übergeordneter Eintrag* – Geben Sie an dieser Stelle bei Bedarf den übergeordneten Eintrag an. Sinnvoll ist das nur, wenn Sie verschachtelte Menüs erzeugen wollen. Mehr zu diesem Thema erfahren Sie im nächsten Abschnitt.

> *Reihenfolge* – Legen Sie hierüber die Reihenfolge der Menüeinträge fest. Beachten Sie, dass diese Option erst verfügbar ist, nachdem der Eintrag gespeichert wurde.

> *Zielfenster* – Hierüber wird festgelegt, wo der Link geöffnet werden soll. Üblicherweise lassen Sie dort den Wert *Im gleichen Fenster* eingestellt. Nur wenn das Verweisziel in einem neuen Browserfenster geöffnet werden soll, wählen Sie einen anderen Eintrag.

> *Sprache* – Wenn Sie eine mehrsprachige Seite aufsetzen, stellen Sie die Sprache für diesen Menüpunkt ein. Andernfalls belassen Sie den Eintrag *alle*.

> *Templatestil* – Sie können hierüber dem Menüpunkt einen Template-Stil zuweisen. Dieser Stil wird dann auf der Zielseite des Hyperlinks angezeigt.

> *ID* – Jedem Eintrag wird intern automatisch eine ID, also ein eindeutiger Zahlenwert, zugewiesen.

Die im rechten Fensterbereich verfügbaren Optionen variieren abhängig davon, welcher Menütyp eingestellt wurde. Mehr dazu im nächsten Abschnitt.

Mit *Speichern & Schließen* werden die Einstellungen übernommen.

Der Menüeintrag wurde gespeichert.

Auf die gezeigte Weise können Sie nun nach und nach weitere Menüpunkte anlegen.

Weitere Optionen für die Einträge

Während im linken Fensterbereich immer dieselben Optionen zur Verfügung stehen, variieren sie im rechten Bereich. Welche Optionen dort tatsächlich zu sehen sind, hängt vom gewählten Menütyp ab.

Bei den meisten Eintragstypen gibt es das Register *Erforderliche Einstellungen*. (Im Fall von *Externe URL* übrigens nicht. Sie können sich diesen Bereich aber anzeigen lassen, indem Sie zwischenzeitlich den Menütyp in *Suche ändern*.)

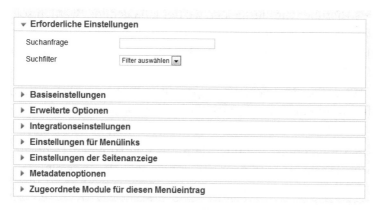

Die erforderlichen Einstellungen werden vorgenommen.

Bei diesen Optionen handelt es sich um solche, über die das grundlegende Verhalten des gewählten Eintragstyps gesteuert wird. Welche Optionen tatsächlich angezeigt werden, hängt vom Eintragstyp ab.

Die Optionen im Bereich *Erforderliche Einstellungen* müssen meistens vollständig eingestellt werden, da ansonsten der Eintrag nicht funktioniert. Menüpunkte, bei denen die Einstellungen in diesem Bereich nicht gemacht werden, lassen sich nicht abspeichern (ganz anders übrigens als bei den Optionen in den anderen Bereichen, die man auch auf den Standardeinstellungen belassen kann).

Ein typisches Beispiel für *Benötigte Einstellungen* findet sich beim Menütyp *Einzelner Beitrag*. Bei diesem Menütyp muss unter *Erforderliche Einstellungen* der Beitrag ausgewählt werden, auf den der Eintrag zeigen soll.

Der Beitrag muss ausgewählt werden.

Unter den *Einstellungen für Menülinks* sind Optionen zusammengefasst, über die sich der betreffende Hyperlink gestalten lässt.

So lassen sich die Hyperlinks anpassen.

Da wären zunächst einmal die *Title-Attribute für Menülinks*. Über diese kann dem *a*-Element des Menüeintrags ein *title*-Attribut zugewiesen werden.

Standardmäßig stattet Joomla! die Hyperlinks von Menüeinträgen nicht mit einem *title*-Attribut aus.

```
<a href="/joomla25/index.php/neues-buch" >
Neues Buch</a>
```

175

Durch Hinzufügen des *title*-Attributs kann man zusätzliche Informationen zum Verweisziel angeben. Interessant ist das beispielsweise auch für das Ranking der Seite in den Suchmaschinen. Denn hier kann man zusätzliche Schlüsselwörter vergeben. Trägt man nun in das Feld *Title-Attribute für Menülinks* zum Beispiel *Hier finden Sie wichtige Informationen zu unseren neuen Büchern* ein, macht Joomla! im Frontent-Quellcode Folgendes:

- ```
  <a href="/joomla25/index.php/neues-buch" title="Hier finden Sie
  wichtige Informationen zu unseren neuen Büchern" >Neues Buch</a>
  ```

Sichtbar ist der eingetragene Wert für Benutzer übrigens auch. Dazu müssen diese nur mit dem Mauszeiger auf den Hyperlink zeigen und dort kurz verweilen.

Der Wert des title-Attributs wird angezeigt.

Die nächste Option im Bereich *Einstellungen für Menülinks* ist *CSS-Style für Links*. Darüber kann dem Menüeintrag eine eigene CSS-Klasse zugewiesen werden. Über diese Klassen lässt sich der Menüpunkt dann ganz individuell gestalten. Angenommen, in das Feld *Link CSS Stil* wird *blau* eingetragen. Der im Frontend generierte Quellcode sieht dann folgendermaßen aus:

- ```
  <a class="blau" href="/joomla25/index.php/neues-buch" >Neues
  Buch</a>
  ```

Mittels CSS kann nun dieser spezielle Menüeintrag anhand des Klassennamens formatiert werden. Mehr zum Formatieren über CSS-Klassen erfahren Sie im weiteren Verlauf dieses Buchs.

Joomla! bietet die Möglichkeit, anstelle von normalen Textlinks auch Bilder als Menüeinträge anzugeben. Dazu wählen Sie innerhalb der *Linktypoptionen* über *Bild zum Link* das gewünschte Bild aus. Der im Frontend generierte Quellcode sieht jetzt so aus:

- ```
  <a class="blau" href="/joomla25/index.php/neues-buch"><img
  src="/joomla25/images/joomla_black.gif" alt="Neues Buch" /><span
  class="image-title">Neues Buch</span> </a>
  ```

Interessant ist in diesem Zusammenhang auch die Option *Menütitel hinzufügen*. Stellt man sie auf *Ja*, wird der Linktext dem *alt*-Attribut des *img*-Elements hinzugefügt.
  ```

Weitere Optionen stehen im Bereich *Einstellungen der Seitenanzeige* zur Verfügung.

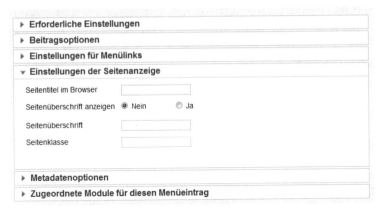

Hier können noch mehr Angaben gemacht werden.

In das Feld *Seitentitel im Browser* können Sie einen Wert eintragen, den Joomla! für das *title*-Element, also den Seitentitel, verwenden soll. Dieser Wert wird dann auf der Zielseite des Menüeintrags als Seitentitel verwendet.

Den Seitentitel können Sie zusätzlich innerhalb der eigentlichen Seite als Überschrift anzeigen lassen.

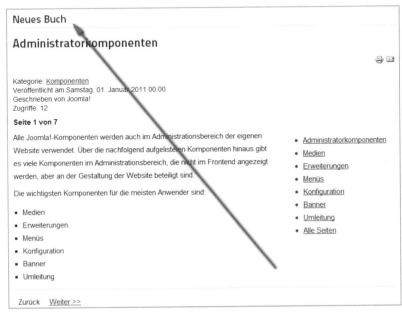

Der Seitentitel wird innerhalb der Seite angezeigt.

Dazu stellen Sie die Option *Seitenüberschrift anzeigen* auf *Ja*.

Ganz ähnlich verhält es sich auch mit dem Feld *Seitenüberschrift*. Darüber können Sie ebenfalls eine Überschrift für die Seite definieren, die dann oberhalb des eigentlichen Beitrags angezeigt wird. Allerdings hat diese Überschrift dann nichts mit dem *title*-Element zu tun, sondern wird als normale (sichtbare) *h1*-Überschrift in die Seite eingefügt. Praktisch ist das aber allemal, das zeigt auch das folgende Beispiel.

Angenommen, Sie binden einen Link ein, über den sich Besucher das vergessene Passwort zuschicken lassen können, mit dem sie sich an der Seite anmelden können.

Das ist die normale Seite.

Standardmäßig wird auf dieser Seite keine Überschrift angezeigt. Besser ist es aber meistens, wenn tatsächlich eine Überschrift vorhanden ist. So sieht man gleich auf den ersten Blick, um was es sich bei der aufgerufenen Seite handelt.

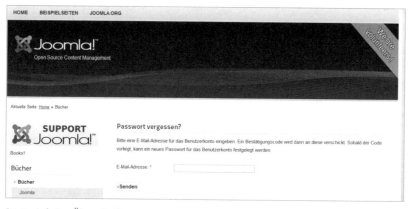

Jetzt wird eine Überschrift angezeigt.

Für eine individuelle Formatierung der Seite trägt man in das Feld *Seiten-klasse* einen Wert ein. Standardmäßig werden die Inhaltsseiten innerhalb des folgenden Containers angezeigt:

- `<div class="item-page>`
- `...`
- `</div>`

Um die Inhaltsseiten zu formatieren, greift man also auf die Klasse *item-page* zurück. Für eine individuelle Formatierung tragen Sie in das Feld *Seitenklasse* einen Wert ein. Angenommen, Sie haben dort *_buecher* eingetragen. Im Frontend sieht der Quellcode dann folgendermaßen aus:

- `<div class="item-page_buecher">`
- `...`
- `</div>`

Nun kann die Seite über die Klasse *item-page_buecher* formatiert werden. Beachten Sie, dass auf anderen Seiten wie beispielsweise der *Anmeldung* andere Klassen als *item-page* standardmäßig verwendet werden.

- `<div class="login">`

Das Prinzip ist jedoch immer dasselbe. Trägt man dort ins Feld *Seitenanzeige* z. B. *_anmeldung* ein, ergibt sich folgendes Bild:

- `<div class="login_anmeldung">`

Untermenüeinträge anlegen

Was wären Menüs ohne Untereinträge? Dank solcher Untereinträge kann dem Besucher der Seite nämlich sofort gezeigt werden, was ihn dort so alles erwartet.

Menüs mit Untereinträgen lassen sich in Joomla! recht einfach anlegen. Die entsprechende Funktion wird allerdings oft nicht genutzt. (Warum das so ist, darüber kann freilich nur spekuliert werden. Es dürfte aber auch daran liegen, dass diese Funktion nicht ganz leicht zu finden ist.)

Um einen Menüeintrag zu einem Untereintrag zu machen, rufen Sie das betreffende Menü über *Menüs* auf und klicken dort auf den gewünschten Eintrag. Ebenso können Sie natürlich über *Menüs* auch einen neuen Menüeintrag anlegen und diesen dann gleich als Untereintrag definieren. Das funktioniert genauso.

Interessant ist in diesem Zusammenhang der Bereich *Übergeordneter Eintrag*.

*Der übergeordnete
Eintrag wird festgelegt.*

Angenommen, der aktuell gewählte Eintrag soll ein Untereintrag von *Bücher* sein. Dann müssen Sie innerhalb des Bereichs *Übergeordneter Eintrag* den Wert *Bücher* einstellen. Sobald Sie die Einstellungen übernehmen, schaltet Joomla! auf die Menüübersichtsseite um. (Alternativ dazu rufen Sie das Menü über *Menüs* auf.) Dort ist nun auch optisch zu erkennen, dass der eben bearbeitete Menüpunkt ein Untereintrag ist, da Joomla! dort die Untereinträge eingerückt darstellt.

*Der übergeordnete Eintrag
wurde angegeben.*

Damit der untergeordnete Eintrag im Frontend sichtbar ist, müssen die Moduleinstellungen für das Menü angepasst werden. (Lesen Sie in diesem Zusammenhang auch die Hinweise ab Seite 205. Dort wird beschrieben, wie Menüs im Frontend angezeigt werden können.)

Ob Untereinträge tatsächlich direkt angezeigt werden sollen, können Sie übrigens selbst festlegen. Rufen Sie dazu über *Erweiterungen/ Module* das betreffende Menümodul auf. (Tatsächlich muss für das Menü ein Modul angelegt worden sein. Mehr dazu ab Seite 205.) Interessant ist dort der Bereich *Basisoptionen*.

Der Untereintrag wird angezeigt.

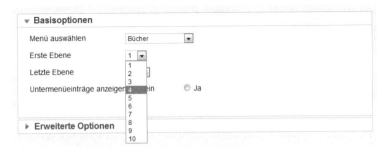

Hier können Sie einstellen, was angezeigt werden soll.

Innerhalb der *Basisoptionen* können Sie über *Erste Ebene* und *Letzte Ebene* festlegen, welche Menüebenen angezeigt werden sollen. Wollen Sie im zuvor gezeigten Menü beispielsweise den Untereintrag nicht präsentieren, stellen Sie bei *Letzte Ebene* den Wert *1* ein.

Jetzt wird nur noch die erste Ebene angezeigt.

Durch diese Einstellung wird ausschließlich die erste Menüebene angezeigt, Untereinträge werden ausgeblendet.

Sinnvollerweise verwendet man Untermenüeinträge allerdings in Kombination mit CSS. Wie das funktioniert, wird auf den folgenden Seiten gezeigt.

Horizontale Menüs mit CSS

Das direkte Anzeigen von Untermenüeinträgen ist natürlich nicht immer sinnvoll. Dass Untereinträge aber dennoch praktisch sein können, wird spätestens dann deutlich, wenn CSS ins Spiel kommt. Denn dank CSS lassen sich Untereinträge dynamisch einblenden. Sehen Sie sich dafür zunächst die folgende Abbildung an.

Zwei Einträge sind zu sehen.

Dieses Menü besteht zunächst einmal aus zwei Einträgen, die nebeneinander angezeigt werden. Fährt man nun mit dem Mauszeiger über den Punkt *Windows*, werden dynamisch weitere Einträge eingeblendet.

Jetzt sind weitere Einträge zu sehen.

Für dieses dynamische Einblenden wird – anders als man es vielleicht erwartet – nicht auf JavaScript gesetzt. Vielmehr wird eine solche Anwendung durch die Kombination aus CSS und Untereinträgen realisiert.

Zunächst müssen die Menüeinträge angelegt werden. Eine entsprechende Struktur könnte folgendermaßen aussehen:

Die Untereinträge sind angelegt.

In diesem Fall sind *Windows* und *Linux* also Untereinträge von *Bücher*. Das ist die Grundstruktur des Menüs. Im nächsten Schritt müssen die Einstellungen des Menümoduls angepasst werden. Rufen Sie das betreffende Modul über *Erweiterungen/Module* auf. Interessant ist dort mal wieder der Bereich *Basisoptionen*.

Die Optionen werden angepasst.

Achten Sie nun darauf, dass bei *Letzte Ebene* der Wert *2* eingestellt ist. Nur so werden die Untereinträge auch tatsächlich sichtbar. Außerdem muss bei *Untermenüeinträge anzeigen* das Optionsfeld *Ja* aktiviert werden.

Für die Formatierung des Menüs wird jetzt innerhalb von *Erweiterte Optionen* in das Feld *Menü-Tag-ID* der Wert *nav* eingetragen.

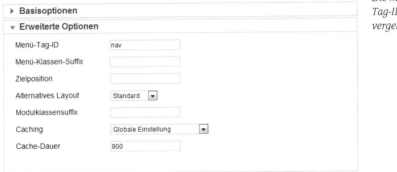

Die Menü-Tag-ID wird vergeben.

Was jetzt noch fehlt, ist die eigentliche CSS-Syntax. Diese variiert natürlich im Detail von Webseite zu Webseite, das Grundgerüst ist aber prinzipiell überall gleich. So blendet man üblicherweise über *list-style: none* die Listenpunkte aus. Anschließend sorgt man über *display: block* dafür, dass die Einträge als Blockelemente angezeigt werden.

Das folgende Beispiel zeigt, wie sich aus den zuvor beschriebenen Einstellungen ein horizontales Menüs definieren lässt, in dem die Untermenüeinträge erst dann angezeigt werden, wenn der Anwender mit dem Mauszeiger über den übergeordneten Eintrag fährt.

```
#nav, #nav ul {
    padding: 0;
    margin: 0;
    list-style: none;
```

183

```
 5    line-height: 1;
      word-spacing: 50px;
    }
    #nav a {
      display: block;
10    text-transform:uppercase;
      font-family:Verdana, Arial, Helvetica, sans-serif;
      font-weight:normal;
      font-size:16px;
      color:#fff;
15    text-decoration: none;
      height:20px;
      margin-bottom:3px;
      padding-right:10px;
    }
20  #nav a:hover {
      color:#f34301;
    }
    #nav ul {
      margin-left:-10px;
25    padding-top:7px;
      font-size:14px;
    }
    #nav li {
      margin-left:10px;
30    font-size:14px;
      word-spacing: 2px;
      display:block;
      float: left;
    }
35  #nav li ul {
      position: absolute;
      text-align:left;
      left: -999em;
      font-weight:normal;
40  }
    #nav li ul li {
      clear:left;
    }
    #nav li ul a {
```

```
45    font-weight:normal;
      font-size:13px;
      }
      #nav li:hover ul {
      left: auto;
50    }
```

Diese Syntax können Sie als Basis für Ihre eigenen Menüs verwenden. Achten Sie vor allem darauf, gegebenenfalls die Hintergrundfarben anzupassen, da in Ihrem Template ansonsten möglicherweise die Menüpunkte nicht zu sehen sind.

Diese Menüeintragstypen gibt es

Wie Menüeinträge angelegt werden, wurde bereits gezeigt. Dabei wurde beispielhaft auf den Eintragstyp *Externe URL* zurückgegriffen. Nun stehen in Joomla! aber noch deutlich mehr Eintragstypen zur Verfügung. Auf den folgenden Seiten erfahren Sie, welche Arten von Menüs bzw. Menüpunkten es in Joomla! eigentlich gibt. Denn nur wenn Sie die verschiedenen Varianten kennen, können Sie später problemlos eigene Menüs anlegen und die gewünschten Inhalte verlinken.

Noch mehr Varianten

In diesem Abschnitt werden ausschließlich die Eintragstypen gezeigt, die Joomla! von Hause aus mitbringt. Wenn Sie weitere Extensions installieren, legen diese möglicherweise noch andere Eintragstypen an. Ein typisches Beispiel dafür ist die Video-Extension hwdVideoShare, die eine Vielzahl zusätzlicher Eintragstypen erzeugt.

Wenn Sie einen neuen Menüpunkt anlegen, müssen Sie auch die gewünschte Menüart angeben. Das geschieht über die Schaltfläche *wählen* im Bereich *Menütyp*. (Wobei die Bezeichnung der Schaltfläche irreführend ist. Denn in der Tat wählt man hierüber ja nicht den Menütyp, sondern den Menüeintragstyp.)

Die bloße Anzahl der möglichen Menütypen wirkt an dieser Stelle vielleicht erdrückend, sollte Sie aber nicht weiter beunruhigen. In der Praxis werden Sie es nur mit einigen wenigen der angebotenen Optionen zu tun bekommen. Auf den folgenden Seiten werden die einzelnen Varianten vorgestellt. Neben den standardmäßig angezeigten können bei Ihnen übrigens noch weitere vorhanden sein. Das hängt, wie bereits gesagt, letztendlich von den installierten Erweiterungen ab, denn einige bringen eigene Eintragstypen mit.

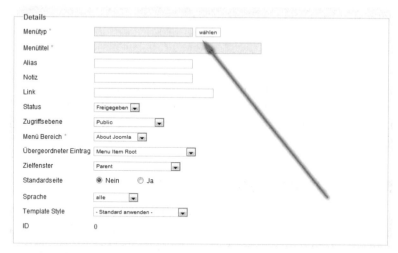

So wird der Eintragstyp festgelegt.

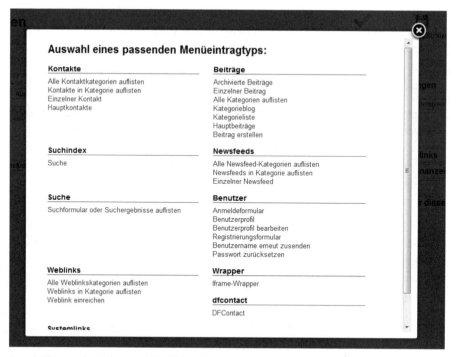

Joomla! bietet sehr viele unterschiedliche Eintragstypen.

Zahlreiche Parameter

Bei jedem Eintragstyp werden im rechten Fensterbereich zahlreiche Parameter angeboten. Über diese lassen sich dann Bilder einblenden und ausrichten oder Icons anzeigen. Alle Parameter in diesem Buch aufzulisten, würde nicht nur zu weit führen, sondern auch wenig sinnvoll sein. Denn tatsächlich sind die meisten der verfügbaren Parameter selbsterklärend. Auf den folgenden Seiten werden Parameter daher nur dort beschrieben, wo es nötig ist.

Kontakte

Im *Kontakte*-Bereich stehen vier verschiedene Eintragstypen zur Auswahl. Die hier zur Verfügung stehenden Kontakte beziehen sich auf die in Joomla! standardmäßig vorhandene Kontakte-Komponente, die über das *Komponenten*-Menü zu finden ist. Ausführliche Informationen zu dieser Komponente finden Sie in Kapitel 9.

Alle Kontaktkategorien auflisten

Hierüber kann man sich eine Liste aller Kontaktkategorien anzeigen lassen. Im Bereich *Benötigte Einstellungen* lässt sich die gewünschte Kategorie einstellen, die als oberste Kategorie gelten soll.

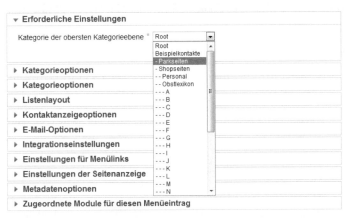

Hier legen Sie die oberste Kategorie fest.

Die Kontakte dieser und aller untergeordneten Kategorien werden im Frontend angezeigt. Stellt man den Wert auf *Root*, werden sämtliche Kategorien berücksichtigt. Wenn Sie eine andere Kategorie einstellen, wird ausschließlich diese inklusive der ihr untergeordneten Kategorien angezeigt.

187

Kontakte in Kategorie auflisten

Hierüber kann man sich eine Liste aller Kontakte anzeigen lassen, die zu einer bestimmten Kategorie gehören. Die gewünschte Kategorie muss unter *Erforderliche Einstellungen* ausgewählt werden.

Einzelner Kontakt

Um direkt auf einen Kontakt zu verlinken, wird dieser Eintragstyp verwendet. Der gewünschte Kontakt muss dabei im Bereich *Erforderliche Einstellungen* über die Schaltfläche *Kontakt wechseln* ausgewählt werden. Zu dem gewählten Kontakt werden im Frontend einige Informationen angezeigt.

Michael Mueller

Diese Daten sind vorhanden.

Welche Daten hier letztendlich vorhanden sind, legen Sie über *Komponente/Kontakte* und Anklicken des Benutzernamens fest. Mehr zu diesem Thema finden Sie dann in Kapitel 9. Über den Bereich *Anzeigeoptionen* innerhalb der Kontakteinstellungen lässt sich außerdem festlegen, welche Felder bei der Anzeige berücksichtigt werden sollen.

Zur Kontaktaufnahme wird im Frontend auf Wunsch jeweils ein Formular angeboten.

Ein Kontaktformular wird angezeigt.

Hauptkontakte

Hierüber kann man sich alle Kontakte anzeigen lassen, deren Kontaktstatus auf *Haupteintrag* gesetzt ist. In früheren Versionen liefen diese Kontakte unter dem Namen *Vorgestellt*.

Newsfeeds

Die in diesem Bereich verfügbaren Optionen beziehen sich auf die Newsfeed-Komponente, die über das *Komponenten*-Menü erreichbar ist. Ausführliche Informationen zu diesem Thema finden Sie in Kapitel 9.

Alle Newsfeed-Kategorien auflisten

Hierüber können Sie sich eine Liste aller verfügbaren Kategorien anzeigen lassen. Unter *Erforderliche Einstellungen* kann festgelegt werden, welche Kategorien berücksichtigt werden sollen.

Eine Kategorie wird ausgewählt.

Stellt man dort *Root* ein, werden tatsächlich alle Kategorien aufgelistet. Alternativ dazu kann man auch nur eine bestimmte Kategorie auswählen. Diese wird dann inklusive ihrer Unterkategorien angezeigt. Will man die Anzeige der Unterkategorien verhindern, muss man im Bereich *Kategorieoptionen* aus dem Feld *Unterkategorieebenen* den Wert *Keine* einstellen.

Newsfeeds in Kategorie auflisten

Bei diesem Eintragstyp wählen Sie im Bereich *Benötigte Einstellungen* die Kategorie aus, die angezeigt werden soll. Die gewählte Kategorie ist dann inklusive ihrer Unterkategorien zu sehen. Will man die Anzeige der Unterkategorien verhindern, muss im Bereich *Kategorieoptionen* im Feld *Unterkategorieebenen* wieder der Wert *Keine* eingestellt werden.

Einzelner Newsfeed

Dieser Punkt ermöglicht das Verlinken eines ganz bestimmten Newsfeeds. Welcher das ist, wird im Bereich *Erforderliche Einstellungen* über die Schaltfläche *Newsfeed wählen* bestimmt. In dem sich öffnenden Fenster muss der Name des gewünschten Feeds angeklickt werden, um ihn auszuwählen.

So wird ein Newsfeed ausgewählt.

Weblinks

Beachten Sie, dass die Links, die über diesen Bereich verwaltet werden, aus der Komponente Weblinks stammen, die über das *Komponenten*-Menü aufgerufen wird.

Alle Weblinkkategorien auflisten

Hierüber wird ein Link gesetzt, der eine Liste aller Weblinkkategorien anzeigt.

Es werden alle Weblinkkategorien eingeblendet.

Wählen Sie *Root*, werden tatsächlich alle Kategorien aufgelistet. Stellen Sie hingegen eine bestimmte Kategorie ein, wird diese inklusive der ihr zugewiesenen Unterkategorien angezeigt. Wollen Sie die Anzeige der Unterkategorien verhindern, müssen Sie im Bereich *Kategorieoptionen* im Feld *Unterkategorieebenen* den Wert *Keine* einstellen.

Weblinks in Kategorien auflisten

Diese Variante zeigt eine Weblinkliste von Webseiten, die einer bestimmten Kategorie zugeordnet sind. Um welche Kategorie es sich dabei handelt, legt man über das entsprechende Auswahlfeld im Bereich *Benötigte Einstellungen* fest. Beachten Sie, dass bei der gewählten Kategorie auch die Unterkategorien berücksichtigt werden. Will man die Anzeige der Unterkategorien verhindern, muss man im Bereich *Kategorieoptionen* das Feld *Unterkategorieebenen* auf den Wert *Keine* einstellen.

Weblink einreichen

Wird dieser Eintragstyp gewählt, können die Besucher selbst Weblinks angeben. Dazu wird ein Formular eingeblendet, in das Titel, Kategorie, URL und Beschreibung eingetragen werden.

So können Weblinks eingereicht werden.

Aber Achtung: Damit das tatsächlich funktioniert, muss man dafür sorgen, dass die Webseitenbesucher auch tatsächlich auf das Formular zugreifen können. Dazu müssen die Zugriffsrechte angepasst werden. Rufen Sie *Komponenten/Weblinks* auf und klicken Sie in der Werkzeugleiste auf *Optionen*. Überprüfen Sie im Register *Berechtigungen*, ob bei *Registriert* im *Erstellen*-Feld der Wert *Erlaubt* eingestellt ist.

Somit können registrierte und eingeloggte Seitenbesucher ihre Links eintragen. Die Links werden übrigens nicht automatisch freigeschaltet. Das muss man explizit unter *Komponenten/Weblinks* erledigen.

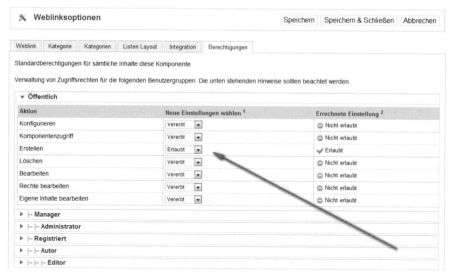

Registrierte und angemeldete Benutzer dürfen Links einsenden.

Als weitere Alternative zur beschriebenen Variante könnten Sie natürlich den Menüeintrag ausschließlich für registrierte Benutzer oder Administratoren sichtbar machen.

Ausführliche Informationen zur Weblink-Komponente finden Sie in Kapitel 9.

Beiträge

Hier werden Links auf einzelne Beiträge, Kategorien oder Bereiche definiert.

Archivierte Beiträge

Über diese Option wird eine Liste aller archivierten Beiträge angezeigt. Diese lässt sich sogar filtern und auf einen bestimmten Monat oder ein spezielles Jahr begrenzen. So hat der Besucher beispielsweise die Möglichkeit, sich veraltete Artikel anzeigen zu lassen.

Es werden alle archivierten Beiträge angezeigt.

Im Bereich *Archivoptionen* wird das Aussehen des Archivs gesteuert. Legen Sie zunächst fest, wie sortiert werden soll.

Interessant ist auch das Feld *Filterfeld*, denn darüber können Sie bestimmen, ob und, wenn ja, welches Filterfeld angezeigt werden soll. Wenn Sie beispielsweise *Titel* einstellen, können die Besucher über das angezeigte Feld nach dem gewünschten Titel suchen.

Über das Feld *Max. Länge des Einleitungstextes* wird die Anzahl der Zeichen angegeben, die der Introtext lang sein darf, der in der Vorschau angezeigt wird.

Einzelner Beitrag

Hierüber kann ein Link direkt auf einen bestimmten Beitrag gesetzt werden. Um den gewünschten Beitrag auszuwählen, klicken Sie im Bereich *Beitrag auswählen* auf *Auswählen/Wechseln*.

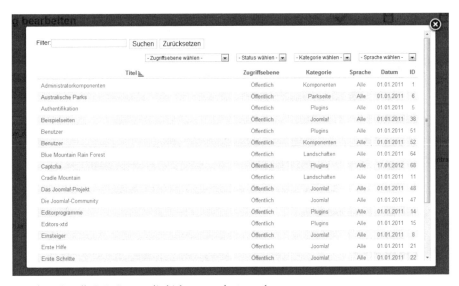

Joomla! zeigt alle Beiträge an, die bislang angelegt wurden.

In dem sich öffnenden Fenster muss dann auf den Titel des Beitrags geklickt werden. Der Titel ist anschließend im Feld *Beitrag wählen* zu sehen.

Alle Kategorien auflisten

Hierüber kann man sich eine Liste aller Kategorien anzeigen lassen.

Bei den Kategorien wird jeweils die Anzahl der darin enthaltenen Beiträge eingeblendet.

Im Bereich *Erforderliche Einstellungen* kann die Kategorie ausgewählt werden, ab der die Kategorien angezeigt werden sollen. Dabei stellt *Root* die oberste Kategorienebene dar.

Über die *Kategorieoptionen* kann man dann zum Beispiel noch festlegen, ob die Unterkategorien angezeigt werden sollen.

- Beispielbeiträge

  Beitragsanzahl:

  1

  - Joomla!

    Beitragsanzahl:

    11

    - Erweiterungen

      Die Basisinstallation von Joomla! 1.6 stellt alle notwendigen Werkzeuge (Erweiterungen) zur Erstellung einer einfachen Website zur Verfügung. Es stehen im Netz tausende von Erweiterungen zur Verfügung, die es ermöglichen, Webseiten jedes beliebigen Typs zu erstellen. Es gibt 5 verschiedene Erweiterungstypen: Komponenten, Module, Templates, Sprachen und Plugins. Das umfangreichste Angebot an Erweiterungen jeden Typs findet man im Joomla! Extensions Directory (engl.)

      Beitragsanzahl:

      0

      - Komponenten

         Komponenten sind umfangreiche Erweiterungen, die den Hauptinhalt einer Website erzeugen. Jede Komponente hat eine oder mehrere „Views", die das Aussehen des Inhalts auf der Website bestimmen. In der Joomla!-Administration (Backend) finden sich weitere Erweiterungen, wie Menüs, Weiterleitungen und die Erweiterungsverwaltung (Menü: Erweiterungen).

        Beitragsanzahl:

        7

      - Module

         Module sind kleinere Inhaltselemente, die an den verschiedenen Positionen einer Website angezeigt werden können. Zum Beispiel die Menüs dieser Seite werden in Modulen angezeigt. Der Core von Joomla! beinhaltet 17 verschiedene Module, beginnend mit einem Anmeldemodul über eine Suchfunktion bis hin zur Anzeige von

Die Kategorien werden aufgelistet.

Kategorie-Blog

Die Artikel aus der gewählten Kategorie werden in einem Blog-Layout angezeigt.

Die gewünschte Kategorie stellen Sie über das Feld im Bereich *Erforderliche Einstellungen* ein.

Über die *Blog-Layout-Optionen* lässt sich das Aussehen der Blog-Seite näher bestimmen:

➢ *Führende* – Das sind Beiträge, die im oberen Fensterbereich über die volle Breite angezeigt werden.

➢ *Einleitung* – Gibt an, wie viele Beiträge mit einem Introtext angezeigt werden sollen.

➢ *Spalten* – Wird hier beispielsweise 3 eingestellt, erscheinen jeweils drei Beiträge nebeneinander.

➢ *Links* – Das ist die Anzahl der Beiträge, die als Links angezeigt werden sollen.

Die Kategorie-Blog-Ansicht.

Über die übrigen Optionen können weitere kosmetische Anpassungen wie Sortierung, Anzeige der Seitenzahlen etc. definiert werden. So können Sie beispielsweise festlegen, wie sortiert werden soll.

Kategorieliste

Hierüber können Sie sich eine Liste der Kategorien anzeigen lassen.

Die entsprechende Kategorie wählt man dabei im Bereich *Erforderliche Einstellungen* aus. Über *Listenlayout* lässt sich das Aussehen der Liste bestimmen.

So sieht die Listenansicht aus.

Hauptbeiträge

Darüber können Sie eine Seite anlegen, die, was das Layout betrifft, wie die Startseite aussieht. Dort sind alle Beiträge zu sehen, die auch auf der normalen Startseite angezeigt werden. Über *Einstellungen des Layouts* lässt sich das Aussehen dieser Seite noch detaillierter bestimmen. Dort kann zunächst die Kategorie eingestellt werden, aus der die Hauptbeiträge stammen sollen.

Die Kategorie wird eingestellt.

Eine Mehrfachauswahl ist dabei durch Halten der Strg-Taste möglich. Angeboten werden außerdem die folgenden Optionen:

> ➢ *Führende* – Das sind Beiträge, die im oberen Fensterbereich über die volle Breite angezeigt werden.

> ➢ *Einleitung* – Gibt an, wie viele Beiträge mit einem Introtext angezeigt werden sollen.

> ➢ *Spalten* – Wird hier beispielsweise 3 eingestellt, erscheinen jeweils drei Beiträge nebeneinander.

> ➢ *Links* – Das ist die Anzahl der Beiträge, die als Links angezeigt werden sollen.

Über die übrigen Optionen können weitere kosmetische Anpassungen wie Sortierung, Anzeige der Seitenzahlen etc. definiert werden.

Bei den Beitragsoptionen kann man allgemeine Angaben zur Beitragsdarstellung machen. Lesen Sie in diesem Zusammenhang auch das Kapitel 4. Dort werden die möglichen Beitragsoptionen detailliert vorgestellt.

Beitrag erstellen

Hierüber können Benutzer einen Beitrag schreiben und einreichen.

Nur für registrierte Benutzer

Achtung: Die gewünschte Seite wird standardmäßig nur dann angezeigt, wenn der Benutzer eingeloggt ist! Sie sollten den betreffenden Menüpunkt daher auch nur registrierten Benutzern anzeigen. Die entsprechenden Einstellungen werden im Dialogfenster *Menüeintrag bearbeiten* im Bereich *Details* vorgenommen. Dort stellen Sie die gewünschte Zugriffsebene ein.

Bei diesem Eintragstyp müssen keine weiteren Optionen angepasst werden. Das Formular wird sofort im Frontend angezeigt.

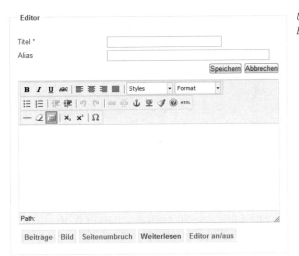

Über das Frontend kann ein Beitrag geschrieben werden.

Aber Achtung: Wenn die Zugriffsebene nicht stimmt, erscheint eine Fehlermeldung.

Die Zugriffsrechte stimmen nicht.

Korrigieren Sie diese also entsprechend. Alternativ dazu könnten Sie das Rechtesystem auch so anpassen, dass nicht registrierte Besucher ebenfalls Beiträge einreichen dürfen. Davon ist allerdings abzuraten.

Interessant ist die Option *Standardkategorie* im Bereich *Basiseinstellungen*.

Die Standardkategorie kann festgelegt werden.

Über diese Option kann man festlegen, ob die Benutzer selbst entscheiden können, in welche Kategorie ihr Beitrag eingeordnet werden soll. Stellt man die Option *Nein* ein, wird im Frontend ein Auswahlfeld angezeigt.

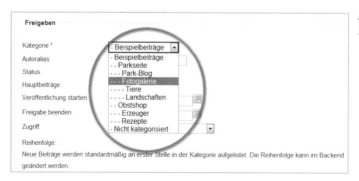

So stellt man die Kategorie ein.

Die Benutzer können über dieses Feld die Kategorie einstellen, in die der Eintrag eingeordnet werden soll. Nun kann es aber natürlich sein, dass sämtliche Artikel, die von Benutzern eingereicht werden, in dieselbe Kategorie gehören sollen. In diesem Feld stelle man im Backend bei *Standardkategorie* die Option *Ja* ein. Zusätzlich wählt man die Kategorie, in die alle Artikel gehören sollen.

Die Kategorie Tiere wurde eingestellt.

Wenn jetzt jemand einen Artikel einreichen will, gibt es im Frontend kein Auswahlfeld für die Kategorie mehr. Stattdessen wird die Kategorie, in die der Beitrag eingeordnet wird, als statischer Text angezeigt.

Die Kategorie lässt sich nicht mehr verändern.

Suchformular oder Suchergebnisse auflisten

Mithilfe dieses Punkts können Sie den Besuchern einen Link auf die bekannte Suchmaske von Joomla! anbieten. Dazu kann im Bereich *Optionaler Suchbegriff* der Suchbegriff eingetragen werden, nach dem gesucht werden soll.

Suchwörter:	Joomla	›Suchen

Insgesamt 26 Ergebnisse gefunden!

Suche nach:

⦿ Alle Wörter   ⦾ Irgendein Wort   ⦾ Exakter Ausdruck   Reihenfolge: Neueste zuerst ▾

Nur Suchen:

☐ Kategorien   ☐ Kontakte   ☐ Beiträge   ☐ Newsfeeds   ☐ Weblinks

Anzeige # 20 ▾

Seite 1 von 2

1. Templates
(Kategorie)

Templates geben der Seite Charakter und Aussehen. Sie bestimmen das Layout, die Farben, Schriftbild, Grafiken und andere Designaspekte die eine Website einzigartig machen. Die **Joomla** !-Basisinstallation ...

Erstellt am

Die Suchmaske wird aufgerufen.

In der Ergebnisliste werden alle Suchergebnisse angezeigt, die auf den vordefinierten Suchbegriff passen.

Trägt man keinen Suchbegriff ein, wird die leere Suchmaske angezeigt.

Im Bereich *Basiseinstellungen* lässt sich festlegen, ob Suchbereiche angezeigt werden sollen. Diese Suchbereiche sind für die Benutzer sehr praktisch, schließlich können sie darüber die zu durchsuchenden Seitenbereiche eingrenzen. Die Seitenbereiche können von den Anwendern mittels Kontrollkästchen ausgewählt werden.

Über die Option *Erstellungsdatum* legen Sie fest, ob in den Suchergebnissen angezeigt werden soll, wann ein in den Suchtreffern stehender Beitrag erstellt wurde.

Hier lassen sich die Suchbereiche eingrenzen.

Suchindex

Will man die einfache Suche einbinden, greift man auf diesen Menüeintragstyp zurück. Dadurch wird im Frontend ein einfaches Suchfeld angezeigt.

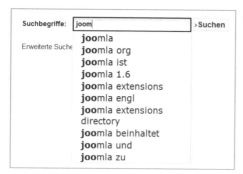

Joomla! liefert jetzt auch Suchvorschläge.

Dabei wird dann z. B. auch eine Liste von möglichen Suchbegriffen angezeigt, wie man das beispielsweise auch von Google her kennt.

Benutzer

In diesem Bereich lassen sich Links auf all das setzen, was mit der Registrierung und/oder ganz allgemein den Benutzern zu tun hat. Ausführliche Informationen zur Benutzerverwaltung finden Sie in Kapitel 6

Anmeldeformular

Sie können über diesen Bereich Ihren Besuchern die Möglichkeit geben, sich einzuloggen. Nachdem der Besucher die Seite aufgerufen hat, wird ihm folgendes Dialogfenster angezeigt.

Der Benutzer loggt sich ein.

In diesem Fenster kann er sich einloggen. Damit man sich dort einloggen kann, muss man sich aber zuvor registrieren. Dazu bietet Joomla! ein spezielles Registrierungsformular, das etwas weiter unten vorgestellt wird.

Über die Basiseinstellungen können explizit die Seiten angegeben werden, auf die die Benutzer nach einer An- oder Abmeldung umgeleitet werden sollen.

Benutzerprofil

Hierüber können sich eingeloggte Benutzer ihr Benutzerprofil anzeigen lassen. Damit ihr Profil zu sehen ist, müssen sie sich zunächst allerdings ins Frontend einloggen. Daher wird, wenn der Besucher noch nicht angemeldet ist, zunächst das Log-in-Formular angezeigt. Erst nach erfolgreicher Anmeldung erscheint das Profil.

Diese Informationen sind bislang hinterlegt.

Über den Link *Profil bearbeiten* können die Daten angepasst werden. Zu den anpassbaren Daten gehören neben Benutzername und Passwort auch der Editor, die Zeitzone sowie die Sprache für Backend und Frontend.

Benutzerprofil bearbeiten

Das führt direkt auf die Seite, auf der ein angemeldeter Benutzer sein Profil bearbeiten kann. Man spart sich damit also den „Umweg", erst das Profil anzuzeigen, um es anschließend zu bearbeiten. Man muss allerdings an der Seite angemeldet sein, um das Profil direkt bearbeiten zu können. Ist man nicht eingeloggt, wird auch hier zunächst das Profil angezeigt, das dann über den Link *Profil bearbeiten* verändert werden kann.

Registrierungsformular

Es wird ein Formular angezeigt, über das sich die Besucher der Seite registrieren können. Es handelt sich dabei um das gleiche Formular, das beim Anklicken des bekannten *Registrieren*-Links erscheint.

So kann man sich registrieren.

Hat man sich bereits erfolgreich eingeloggt und ruft dann das Formular auf, wird anstelle des Formulars das eigene Benutzerprofil angezeigt.

Benutzername erneut zusenden

Diese Seite hilft all den Benutzern weiter, die ihren Benutzernamen vergessen haben.

> Bitte die für das Benutzerkonto hinterlegte E-Mail-Adresse eingeben. Der Benutzername wird dann an diese E-Mail-Adresse geschickt.
>
> E-Mail-Adresse: *
>
> Senden

Vergesslichen Benutzern wird ihr Benutzername per E-Mail zugesandt.

Nachdem der Besucher seine E-Mail-Adresse eingetragen und sie per *Senden* abgeschickt hat, wird ihm der Benutzername per E-Mail zugeschickt.

Passwort zurücksetzen

Es handelt sich hierbei eigentlich um die gleiche Funktion wie zuvor beschrieben, nur wird hier dem Benutzer das vergessene Passwort per E-Mail zugesendet.

Bitte eine E-Mail-Adresse für das Benutzerkonto eingeben. Ein Bestätigungscode wird dann an diese verschickt. Sobald der Code vorliegt, kann ein neues Passwort für das Benutzerkonto festgelegt werden.

E-Mail-Adresse: *

›**Senden**

So kann man sich das vergessene Passwort zuschicken lassen.

Iframe Wrapper

Wenn Sie sich mit HTML auskennen, werden Sie sich, wenn Sie einen Wrapper angelegt haben, über diesen Namen wundern. Denn in der Tat handelt es sich bei einem Wrapper um nichts anderes als ein IFrame. Ein solcher IFrame ist ein Bereich innerhalb einer Webseite, in dem andere Webseiten angezeigt werden können. So lassen sich beispielsweise externe Webseiten ganz einfach in die eigene Seite integrieren.

In das Feld *Webadresse* im Bereich *Basiseinstellungen* muss die Adresse der Seite eingetragen werden, die angezeigt werden soll.

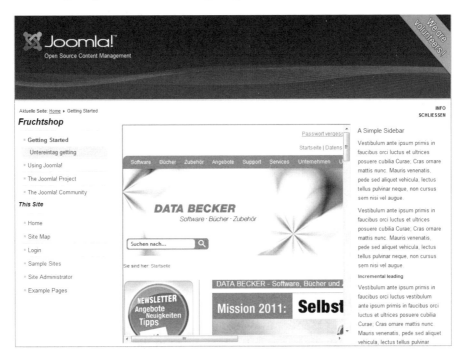

Die Seite von DATA BECKER wurde „entführt".

Im Bereich *Bildlaufleistenparameter* legen Sie fest, ob um den Wrapper herum Bildlaufleisten eingeblendet werden sollen. Normalerweise setzt man den Wert auf *Automatisch*. Dadurch werden Bildlaufleisten nur dann angezeigt, wenn sie benötigt werden.

Die Werte für die Wrapper-Größe sind mit 100 % und 500 Pixel gut gewählt und können normalerweise übernommen werden. Überprüfen Sie aber unbedingt im Frontend, ob die gewählte Größe tatsächlich zum Layout Ihrer Seite passt.

Systemlinks

Hierunter ist all das zusammengefasst, was sich in keine andere Kategorie einordnen lässt.

Externe URL

Erstellen Sie darüber einen Menüeintrag, der mit einer anderen Webseite verlinkt ist. Die gewünschte Adresse (zum Beispiel *http://www.databecker. de/*) tragen Sie dabei in das Feld *Link* ein.

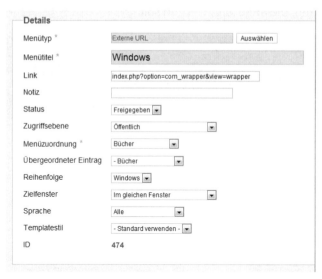

Ein externer Link wird gesetzt.

Menüeintrag-Alias

Darüber lässt sich ein Menüeintrag erzeugen, der einen Link auf einen bereits bestehenden Menüeintrag enthält. Es werden die Parameter des Zielmenüs übernommen.

Interessant ist ein solcher Menüalias, wenn man mehr als einen Link auf ein bestimmtes Inhaltselement setzen will. Zwar könnte man einfach zwei herkömmliche Menüeinträge anlegen, die auf denselben Inhalt zeigen, dadurch werden dann aber zwei verschiedene URLs generiert. Und das wiederum kann zu einem schlechteren Ranking in den Suchmaschinen führen. Genau hier kommen die Aliase ins Spiel, denn mit ihnen legen Sie zwei verschiedene Menüeinträge für denselben Inhalt an, die aber dennoch dieselbe URL haben. Dadurch entstehen keine negativen Auswirkungen auf das Ranking in den Suchmaschinen.

Wählen Sie im rechten Fensterbereich unter *Erforderliche Einstellungen* den gewünschten Menüeintrag aus.

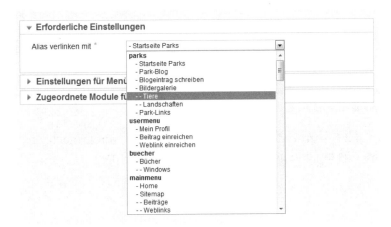

Der Menüalias wird festgelegt.

Trennzeichen

Über diesen Menüeintrag lassen sich Platzhalter bzw. Separatoren im Menü anlegen. Interessant ist diese Funktion hauptsächlich, um lange Menüs optisch aufzulockern.

Menüs im Frontend anzeigen

Mit dem Anlegen von Menüs und deren Einträgen ist es freilich nicht getan. Denn bislang sind die Menüs ja lediglich im Backend der Seite zu sehen. Wie sich Menüs auch im Frontend einblenden lassen, wird in diesem Abschnitt beschrieben.

Aus Sicht von Joomla! handelt es sich bei Menüs um ganz normale Module. Diese Module müssen Sie zunächst anlegen. (Ausführliche Informationen zum Arbeiten mit Modulen finden Sie in Kapitel 9.3 ab Seite 649.) Rufen

Sie dazu *Erweiterungen/Module* auf und klicken Sie in der Werkzeugleiste auf *Neu*. In dem sich öffnenden Fenster folgen Sie dem Link *Menü*.

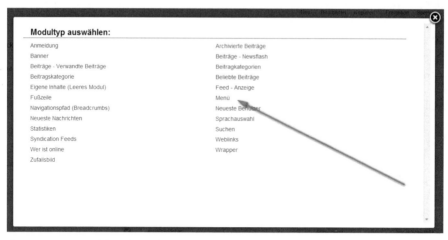

Ein neues Menümodul wird angelegt.

Neu mit Joomla! 2.5 wurde die Möglichkeit eingeführt, direkt nach dem Anlegen des Menüs ein entsprechendes Modul anzulegen.

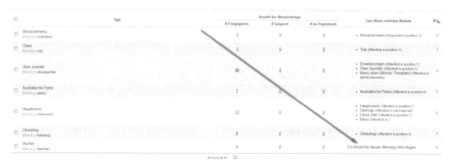

Auch so kann ein Modul angelegt werden.

Klicken Sie dazu direkt, nachdem Sie das Menü angelegt haben, in der Spalte *Zum Menü verlinkte Module* auf *Ein Modul für diesen Menütyp hinzufügen*. Daraufhin wird das Dialogfenster *Modul Menü* geöffnet, in dem die relevanten Moduleinstellungen vorgenommen werden können.

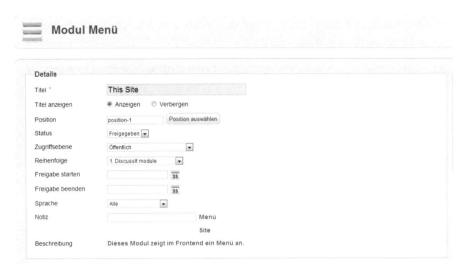

Das Modul wird konfiguriert.

Weisen Sie dem Modul einen Titel zu. Diesen Titel können Sie über die beiden Optionen bei *Titel anzeigen* ein- oder ausblenden. Wenn der Titel im Frontend sichtbar ist, wird er oberhalb der Menüeinträge angezeigt.

Dort wird der Titel eingeblendet.

Weiter geht es mit der Frage, wo das Menü eigentlich angezeigt werden soll. Klicken Sie dazu auf die Schaltfläche *Position wählen*. In dem sich öffnenden Fenster werden standardmäßig alle Positionen aufgeführt. Der Übersichtlichkeit halber sollten Sie die Positionsangaben einschränken. Stellen Sie dazu den Wert von *Art wählen* auf *Template*. Im Feld *Template auswählen* stellen Sie dann das Template ein, in dem das Menü angezeigt werden soll.

Klicken Sie nun auf den Namen der Position, an der das Menü bzw. Modul angezeigt werden soll. Wobei sich hier natürlich die Frage stellt, woher man denn eigentlich weiß, an welcher Position man das Modul anzeigen lassen will. Auch wenn es darum in diesem Buch noch an der einen und anderen Stelle gehen wird: Um sich die Modulpositionen der Templates anzusehen, ruft man *Erweiterungen/Templates* auf und klickt in der Werkzeugleiste auf *Optionen*. Dort muss der Wert von *Vorschau Modulpositionen* auf *Freigegeben* gestellt werden.

Jetzt werden nur noch die relevanten Positionen angezeigt.

Nachdem die Änderungen gespeichert wurden, wechselt man unter *Erweiterungen/Templates* ins Register *Templates*. Über den *Vorschau*-Link des betreffenden Templates lassen sich die Modulpositionen anzeigen.

So sieht man die Modulpositionen.

Zurück zu den Moduleinstellungen. Über das Auswahlfeld *Status* legen Sie fest, ob das Modul im Frontend verfügbar sein soll. Wollen Sie es nicht im Frontend anzeigen lassen, setzen Sie den Wert auf *Gesperrt*. Soll es im Frontend sichtbar sein, muss *Freigegeben* eingestellt werden.

Ob das Menü allen Anwendern angezeigt werden soll, bestimmen Sie über das Feld *Zugriffsebene*. Soll das Feld für alle Anwender sichtbar sein, setzen Sie den Wert auf *Öffentlich*. Wenn Sie den Wert des Felds beispielsweise auf *Registriert* setzen, sehen das Menü nur registrierte und angemeldete Anwender. Mehr zum Thema, wie sich solche „geschützten" Webseitenbereiche einrichten lassen, finden Sie in Kapitel 6.

Wie Menüs und andere Module angeordnet werden sollen, bestimmen Sie über das Feld *Reihenfolge*. Ausführliche Informationen dazu gibt es in Kapitel 9.

Über die beiden Felder *Freigabe starten* und *Freigabe beenden* können Sie das Modul zeitgesteuert freigeben und wieder verstecken.

Das Feld *Sprache* spielt ausschließlich im Zusammenhang mit mehrsprachigen Webseiten eine Rolle. Wie sich solche Bereiche einrichten lassen, wird in Kapitel 5 erläutert.

In das *Notiz*-Feld kann ein Hinweis zum Modul eingetragen werden. Das ist praktisch, wenn man sich an irgendeinen Aspekt im Zusammenhang mit diesem Modul erinnern lassen will. Angezeigt wird die Notiz ausschließlich im Backend.

Weiter geht es mit dem Bereich *Basisoptionen*.

Hier werden die Menüeinstellungen vorgenommen.

Das wichtigste Feld ist sicherlich *Menü wählen*. Denn hierüber legen Sie das Menü fest, das durch das gerade definierte Modul angezeigt werden soll. In diesem Feld sind alle angelegten Menüs enthalten.

Über die drei weiteren Optionen, die im Bereich *Basisoptionen* angezeigt werden, können Sie bestimmen, ob und, wenn ja, welche Unterebenen der

Menüs angezeigt werden sollen. Lesen Sie in diesem Zusammenhang auch den Abschnitt ab Seite 179. Dort geht es darum, wie sich Untermenüs mittels CSS dynamisch ein- und ausblenden lassen.

Der Bereich *Erweiterte Optionen* wird interessant, wenn Sie Menüs mittels CSS gestalten wollen. Auch hierzu gibt es natürlich noch detaillierte Informationen im weiteren Verlauf dieses Kapitels und auch im restlichen Buch.

Auf welchen Seiten das Menü angezeigt werden soll, bestimmt man im Bereich *Menüzuweisung*. Diese Option ist sehr praktisch, schließlich müssen nicht alle Menüs auf allen Seiten zu sehen sein. Über *Menüzuweisung* können Sie also ganz gezielt festlegen, wo das Menü zu sehen sein soll.

Soll das Menü überall erscheinen, wählen Sie im Feld *Modulzuweisung* die Option *Auf allen Seiten*. Wollen Sie das Modul hingegen nur auf einer Seite anzeigen lassen, stellen Sie *Nur auf der gewählten Seite* ein.

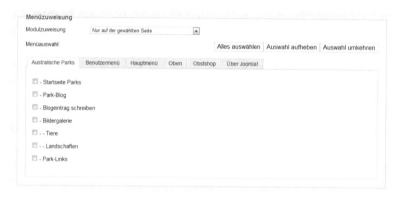

Das Menü soll nicht überall angezeigt werden.

Über die Registerkarten können Sie nun für jedes Menü und jeden darin enthaltenen Eintrag explizit festlegen, ob das Menü angezeigt werden soll, wenn der betreffende Menüeintrag angeklickt wird. Aktivieren Sie die Kontrollkästchen der Einträge, auf deren Zielseiten Sie das Menü einblenden wollen. Über *Auswahl umkehren* kann die Auswahl der markierten und nicht markierten Einträge umgekehrt werden.

Bestehende Menüs anpassen

Man muss Menüs nicht immer neu anlegen. Wenn Sie die Beispieldatensätze von Joomla! installiert haben, kann es sogar sinnvoller sein, diese einfach anzupassen. So können Sie direkt auf vordefinierte Menüs zurückgreifen und müssen beispielsweise keine Menümodule oder Ähnliches anlegen.

Prinzipiell funktioniert das genau so, wie das zuvor mit dem Anlegen neuer Menüs und Menüeinträge gezeigt wurde. Über das *Menüs*-Menü wird das Menü aufgerufen, das angepasst werden soll.

Daraufhin werden die zum gewählten Menü gehörenden Einträge angezeigt. Um einen dieser Einträge anzupassen, klicken Sie dessen Titel an. In dem sich öffnenden Dialogfenster können alle Angaben angepasst werden, die auf den vorherigen Seiten bereits angesprochen wurden.

Ob das Anpassen bestehender Menüs schneller geht als das Anlegen neuer eigener Menüs, hängt letztendlich davon ab, wie die Seitenstruktur aussehen soll. Sind die strukturellen Unterschiede nicht so groß, können Sie auf alle Fälle vorhandene Menüs anpassen. Das geht dann in aller Regel deutlich schneller.

Anhand eines Beispiels erfahren Sie nun, wie Sie im einfachsten Fall ein bereits existierendes Menü Ihren Wünschen entsprechend anpassen. Auf den folgenden Seiten geht es darum, wie Sie das Hauptmenü modifizieren können, das standardmäßig angezeigt wird. Dabei wird davon ausgegangen, dass das Beez-2.0-Template als Standard eingestellt ist.

Werfen Sie zunächst noch einmal einen Blick auf das Ihnen sicherlich bereits vertraute Hauptmenü:

Dieses Menü soll angepasst werden.

Oberhalb des Menüs wird eine Überschrift angezeigt. Innerhalb des Menüs befinden sich einige Einträge. Um dieses Menü anzupassen, rufen Sie *Menüs/Hauptmenü* auf.

In diesem Dialogfenster sind zunächst einmal die in Joomla! üblicherweise verfügbaren Optionen zu sehen. Sie können also Menüpunkte freigeben und die Sortierung bestimmen. Mehr zu den einzelnen Optionen erfahren Sie dann auf den nächsten Seiten.

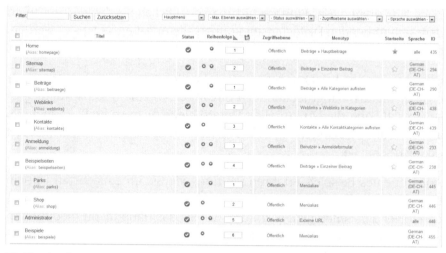

Die Einträge des Hauptmenüs.

> ### Regelmäßig den Cache leeren
>
> Vor allem bei der Arbeit mit Menüs muss der Cache regelmäßig geleert werden, denn sonst passiert es sehr oft, dass vorgenommene Änderungen im Frontend nicht sichtbar sind. Zum Löschen des Caches rufen Sie *Site/Wartung/Cache leeren* auf und entfernen dort die entsprechende Cache-Gruppe. Um den gesamten Cache zu leeren, aktivieren Sie das oberste der angezeigten Kontrollkästchen und klicken in der Werkzeugleiste auf *Löschen*.

Den Standardeintrag (die Startseite) bestimmen

Sie können explizit einen Standardeintrag für das Menü angeben. Dieser Menüeintrag wird als Startseite angezeigt, wenn jemand Ihre Webseite aufruft. Wurde also beispielsweise der Eintrag *Sample Sites* als Standard definiert, wird beim Aufrufen der Startseite der mit Neuigkeiten verknüpfte Inhalt angezeigt.

Wenn Sie bereits eine „normale" Webseite betrieben haben, werden Sie die Vorzüge zu schätzen wissen, die die Möglichkeit der Standarddefinition mit sich bringt. Denn will man bei einem statischen Projekt die Startseite ändern, muss man normalerweise eine neue *index.html* anlegen und die

Links der Webseite anpassen. Bei Joomla! legt man hingegen einfach eine neue Standardseite fest. Also wieder ein Punkt für Joomla!.

Sie können jeden Eintrag zur Startseite machen. Dazu rufen Sie über *Menüs* das betreffende Menü auf, markieren das Kontrollkästchen vor dem gewünschten Eintrag und bestätigen die Auswahl in der Werkzeugleiste mit *Startseite*. Alternativ dazu können Sie den betreffenden Eintrag auch in der Spalte *Startseite* anklicken.

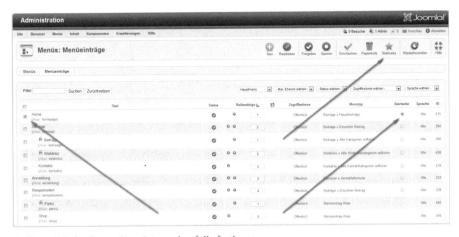

So lässt sich der Startseiteneintrag ebenfalls festlegen.

Das auf diese Weise zum Standard erhobene Element wird in der *Start-seite* mit einem Stern versehen.

Menüpunkte löschen und wiederherstellen

Überflüssige Menüpunkte können Sie entweder deaktivieren oder – und das ist manchmal übersichtlicher – löschen.

Deaktivieren statt löschen

Um einen Menüeintrag lediglich zu deaktivieren, rufen Sie das Menü über *Menüs* auf, aktivieren das Kontrollkästchen vor dem zu deaktivierenden Menüpunkt und klicken in der Werkzeugleiste auf *Sperren*. Alternativ dazu können Sie bei dem Eintrag auch innerhalb der *Status*-Spalte auf den grünen Haken klicken.

Um einen solchen Menüpunkt später wiederherzustellen, verwenden Sie die Option *Freigeben* bzw. klicken das rote Symbol innerhalb der *Status*-Spalte an.

Wollen Sie einen Menüpunkt löschen, rufen Sie das betreffende Menü über *Menüs* auf. In dem sich öffnenden Dialogfenster *Menüeinträge* aktivieren Sie den nicht mehr benötigten Menüpunkt und klicken in der Werkzeugleiste auf *Papierkorb*. (Achtung: Ein Warnhinweis in der Form *Wollen Sie diesen Menüeintrag wirklich löschen?* gibt es an dieser Stelle nicht.) Die so entfernten Menüeinträge sind übrigens nicht aus Joomla! verschwunden, vielmehr werden sie in den Papierkorb verschoben. Den Inhalt des Papierkorbs können Sie sich anzeigen lassen, indem Sie im Feld *Status auswählen* den Wert *Papierkorb* einstellen.

Menüeinträge werden nicht sofort gelöscht, sondern in den Papierkorb verschoben.

Hier sehen Sie alle Menüeinträge, die bislang gelöscht wurden. Der Vorteil dieses Papierkorbs: Versehentlich gelöschte bzw. plötzlich doch wieder benötigte Menüeinträge lassen sich per Mausklick wiederherstellen.

Um den Menüpunkt tatsächlich wieder zurückzuholen, aktivieren Sie das vorangestellte Kontrollkästchen und klicken in der Werkzeugleiste auf *Freigeben* oder *Sperren*. Der Eintrag wird dann automatisch wieder in das Menü aufgenommen, aus dem er zuvor entfernt wurde.

Wird ein Menüpunkt mit Sicherheit auch zukünftig nicht mehr gebraucht, kann er ganz gelöscht werden. Dazu aktivieren Sie das Kontrollkästchen, das vor dem Menüeintrag im Papierkorb angezeigt wird. Mit *Papierkorb leeren* wird der Menüeintrag endgültig aus der Datenbank gelöscht. Wiederhergestellt werden kann er dann nicht mehr. Hier ist also Vorsicht geboten, denn eine Kontrollabfrage entfällt. Da der Eintrag damit auch aus der Datenbank gelöscht wird, lässt er sich tatsächlich nicht wiederherstellen. (Lediglich wenn ein Backup der Datenbank existierte, wäre das möglich. Das ist aber ein anderes Thema.)

3.4 Menüs gestalten

Um ein Verständnis dafür entwickeln zu können, wie das Joomla!-CSS-Konzept funktioniert, muss man sich zunächst in Erinnerung rufen, wie das Ganze bei statischen Webseiten funktioniert. Dort sind die Inhalte in die HTML-Struktur der jeweiligen Seite integriert. Anders sieht es bei dynamischen Seiten aus. Hier liegen die Inhalte in der Datenbank. Sobald der Client die entsprechende Seite anfordert, werden die Inhalte aus der Datenbank ausgelesen. Erst dann wird die Seite im Frontend zusammengesetzt. Dabei werden ebenfalls die vom System automatisch generierten reservierten CSS-Klassen zugewiesen. Das bedeutet natürlich auch, dass Sie das Aussehen von dynamisch generierten Elementen nur über die vorgegebenen CSS-Klassen ändern können.

CSS arbeitet mit Klassen und IDs. Joomla! bringt von Hause aus schon eine ganze Menge davon mit. Zusätzlich kann man den Menüs Suffixe zuweisen, um so einzelne Menüs gesondert zu formatieren.

CSS im praktischen Einsatz

Nun stellt sich natürlich die Frage, wie man herausfindet, wie die CSS-Klasse für ein bestimmtes Element heißt. Das ist denkbar einfach, wenn auch nicht besonders elegant. Sie rufen die Seite einfach im Frontend auf und lassen sich den Quelltext anzeigen. Dort suchen Sie nach dem gewünschten Element, und schon kennen Sie die betreffende Klasse.

Da der Quelltext oftmals recht umfangreich ist, findet man nicht immer sofort die richtige Stelle. Am einfachsten ist es daher, wenn Sie die Suchfunktion verwenden. Haben Sie beispielsweise den Internet Explorer im Einsatz, klicken Sie im Frontend die Seite mit der rechten Maustaste an und wählen *Quelltext anzeigen*. Über *Bearbeiten/Suchen* wird die Suchfunktion des Editors geöffnet. Jetzt kann nach der gewünschten Stelle gesucht werden.

Praktischer Helfer: Wer Firefox verwendet, sollte ruhig einmal einen Blick auf die Firebug-Erweiterung (*https://addons.mozilla.org/de/firefox/addon/1843*) werfen. Nach der Installation braucht man dann nämlich nur das betreffende Element mit der rechten Maustaste anzuklicken und *Element untersuchen* zu wählen. Daraufhin wird unter anderem auch die entsprechende Element-ID bzw. -Klasse angezeigt. Ähnlich arbeitet übrigens die Web Developer Toolbar (*http://chrispederick.com/work/web-developer/*). Diejenigen, die Google Chrome verwenden, finden im Werkzeugmenü unter *Tools* die *Entwicklertools*. Lesen Sie in diesem Zusammenhang auch die Beschreibungen in den Kapiteln 7 und 8 dieses Buchs.

Bei der Umgestaltung von Standardelementen werden Sie nicht um den Einsatz von CSS-Suffixen herumkommen. Ihnen sind diese bzw. das Feld, über das sich Suffixe einstellen lassen, mit Sicherheit schon im Joomla!-Backend begegnet.

Rufen Sie – wenn Sie die deutschsprachigen Beispieldatensätze installiert haben – *Erweiterungen/Module* auf und klicken Sie dort *Diese Seite* an. Die relevanten Einstellungen sind im Bereich *Erweiterte Optionen* zu finden.

Hier lassen sich Suffixe definieren.

Wollen Sie Menüs, Artikel oder Module unterschiedlich darstellen, müssen Sie zu diesem Mittel greifen. So sehen zum Beispiel die Modulüberschriften in den Templates immer gleich aus. Will man nun eine bestimmte Überschrift anders gestalten, weist man diesem Modul im Backend ein entsprechendes Suffix zu. Anschließend kann in der CSS-Datei eine neue CSS-Klasse auf Basis dieses Suffixes angelegt werden.

Wie sich Erweiterungen anpassen lassen, lässt sich sehr schön anhand von Menüs zeigen. Denn diese werden in Joomla! bekanntermaßen als Module eingebunden. Wenn Sie das Joomla!-Standard-Template Beez aktivieren, werden die Menüs im Frontend wie abgebildet dargestellt.

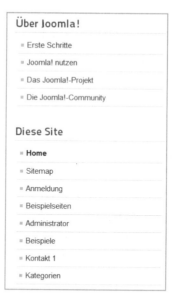

So sehen die Menüs standardmäßig aus.

Um die Ausgabe zu beeinflussen, muss man jetzt zunächst einmal herausfinden, wie die entsprechende CSS-Klasse heißt. Hier hilft ein Blick in den im Frontend generierten Quellcode.

```
   <div class="moduletable_menu">
     <h3><span
     class="backh"><span class="backh2"><span class="backh3">Über
     Joomla!</span></span></span></h3>
     <ul class="menu">
5      <li class="item-437"><a href="/joomla25/index.php/erste-
       schritte" >Erste Schritte</a></li>
       <li class="item-280 parent"><a href="/joomla25/index.php/
       joomla-nutzen" >Joomla! nutzen</a></li>
       <li class="item-278"><a href="/joomla25/index.php/das-
       joomla-projekt" >Das Joomla!-Projekt</a></li>
       <li class="item-279"><a href="/joomla25/index.php/die-
       joomla-community" >Die Joomla!-Community</a></li>
     </ul>
10 </div>
   <div class="moduletable_menu">
     <h3><span
     class="backh"><span class="backh2"><span class="backh3">Diese
     Site</span></span></span></h3>
     <ul class="menu">
15     <li class="item-435 current active"><a href="/joomla25/" >
       Home</a></li>
       <li class="item-294 parent"><a href="/joomla25/index.php/
       sitemap" >Sitemap</a></li>
       <li class="item-233"><a href="/joomla25/index.php/
       anmeldung" >Anmeldung</a></li>
       <li class="item-238 parent"><a href="/joomla25/index.php/
       beispielseiten" >Beispielseiten</a></li>
       <li class="item-448"><a href="/joomla25/administrator"
       target="_blank" >Administrator</a></li>
20     <li class="item-455"><a href="/joomla25/index.php/joomla-
       nutzen/erweiterungen-anwenden/komponenten" >Beispiele
       </a></li>
       <li class="item-470"><a href="/joomla25/index.php/
       kontakt-1" >Kontakt 1</a></li>
       <li class="item-471"><a href="/joomla25/index.php/
       kategorien" >Kategorien</a></li>
     </ul>
   </div>
25 ...
```

Entscheidend sind die den Menüs zugewiesenen CSS-Klassen. Diese kann man innerhalb der betreffenden CSS-Datei anpassen. Die vom Template verwendeten CSS-Dateien können Sie sich im Backend anzeigen lassen. Rufen Sie dazu *Erweiterungen/Templates* auf und wechseln Sie in das Register *Templates*. Dort klicken Sie den Namen des Templates an, das verwendet wird, im aktuellen Fall ist das *Beez_20 Details und Dateien*. Im Bereich *Stylesheets* sind die zum Template gehörenden CSS-Dateien aufgeführt.

Die CSS-Dateien von Beez_20.

Welche CSS-Datei für die aktuelle Ausgabe verantwortlich ist, zeigt zudem ein Blick in den im Frontend generierten Quellcode. Dort ist im Kopfbereich folgende Passage zu finden:

```
<link rel="stylesheet" href="/joomla25/templates/system/css/
system.css" type="text/css" />
<link rel="stylesheet" href="/joomla25/templates/beez_20/css/
position.css" type="text/css" media="screen,projection" />
<link rel="stylesheet" href="/joomla25/templates/beez_20/css/
layout.css" type="text/css" media="screen,projection" />
<link rel="stylesheet" href="/joomla25/templates/beez_20/css/
print.css" type="text/css" media="print" />
5 <link rel="stylesheet" href="/joomla25/templates/beez_20/css/
general.css" type="text/css" />
<link rel="stylesheet" href="/joomla25/templates/beez_20/css/
personal.css" type="text/css" />
<!--[if lte IE 6]>
<link href="/joomla25/templates/beez_20/css/ieonly.css"
rel="stylesheet" type="text/css" />
```

```
 ...
10 <![endif]-->
 <!--[if IE 7]>
 <link href="/joomla25/templates/beez_20/css/ie7only.css"
 rel="stylesheet" type="text/css" />
```

Hier werden verschiedene CSS-Dateien eingesetzt. Im konkreten Fall kann man die gewünschten Änderungen beispielsweise in der *layout.css* vornehmen. (Es kann sein, dass die entsprechenden Definitionen in mehreren Dateien vorkommen. Dann müssen Sie die CSS-Dateien daraufhin durchsuchen. Das macht man dann am besten mithilfe eines Editors.)

Im ersten Schritt soll die Überschrift der Menüs angepasst werden. Öffnen Sie dazu die *layout.css*, die im Verzeichnis *templates/beez_20/css* liegt.

Noch einmal die betreffende Codepassage, die im Quelltext im Frontend zu sehen ist.

```
<div class="moduletable_menu">
  <h3><span class="backh">
  <span class="backh2">
  <span class="backh3">Diese Seite</span>
  </span>
  </span>
</h3>
```

Mit diesem Wissen ausgestattet, lässt sich die Ausgabe anpassen. Klicken Sie dafür im Bereich *Stylesheets* auf *css/layout.css*.

Datei „css/layout.css" im Template „beez_20" bearbeiten.

Quellcode

```
/**
 * @author    ( Angie Radtke  )
 * @package Joomla
 * @subpackage Accessible-Template-Beez
 * @copyright Copyright (C) 2005 - 2009 Open Source Matters. All rights reserved.
 * @license GNU/GPL, see LICENSE.php
 * Joomla! is free software. This version may have been modified pursuant to the
 * GNU General Public License, and as distributed it includes or is derivative
 * of works licensed under the GNU General Public License or other free or open
 * source software licenses. See COPYRIGHT.php for copyright notices and
 * details.
 */

/* not ready */
```

Die Datei wurde zum Bearbeiten geöffnet.

Für die Formatierung der Überschrift greift man auf die Klasse *back3* zurück. Fügen Sie den folgenden Code ans Ende der *layout.css* ein.

```
.backh3 {
  font-family: Helvetica, Arial, sans-serif;
  font-size: 14px;
  font-weight: bold;
  font-style:italic;
  color: #000;
  margin: -23px -4px 5px -5px;
  padding-left: 10px;
  padding-bottom: 2px;
}
```

Ein erneuter Blick in das Frontend liefert das nebenstehende Ergebnis.

Die Überschriften sehen jetzt anders aus. Auf diese Weise lassen sich die Module individualisieren. Ein Problem gibt es nun aber: Wie das Beispiel zeigt, wurden gleich beide Menüs angepasst.

Was aber, wenn man nur ein Menü verändern will? Hier kommt das Feld *Modulklassensuffix* ins Spiel. Dieses Feld wird angezeigt, wenn Sie auf den Modulnamen des betreffenden Menüs unter *Erweiterungen/Module* klicken. Im aktuellen Fall ist das also *Diese Site*. Dort öffnen Sie im rechten Fensterbereich *Erweiterte Optionen*.

Die Überschriften wurden angepasst.

Das Modulklassensuffix wurde eingetragen.

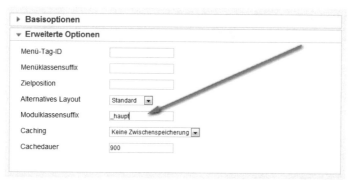

Darüber lässt sich dem äußeren *ul*-Element, das das Menü umfließt, eine ID zuweisen. Im aktuellen Beispiel wurde *_haupt* eingetragen. Im Frontend sieht der Quellcode dann folgendermaßen aus:

```
<div class="moduletable_haupt">
    <h3><span class="backh"><span class="backh2"><span
    class="backh3">Diese Site</span></span></span></h3>
    <ul class="menu">
        <li class="item-435 current active"><a href="/joomla25/" >
        Home</a></li>
5       <li class="item-294 parent"><a href="/joomla25/index.php/
        sitemap" >Sitemap</a></li>
        <li class="item-233"><a href="/joomla25/index.php/
        anmeldung" >Anmeldung</a></li>
        <li class="item-238 parent"><a href="/joomla25/index.php/
        beispielseiten" >Beispielseiten</a></li>
        <li class="item-448"><a href="/joomla25/administrator"
        target="_blank" >Administrator</a></li>
        <li class="item-455"><a href="/joomla25/index.php/joomla-
        nutzen/erweiterungen-anwenden/komponenten" >Beispiele
        </a></li>
10      <li class="item-470"><a href="/joomla25/index.php/
        kontakt-1" >Kontakt 1</a></li>
        <li class="item-471"><a href="/joomla25/index.php/
        kategorien" >Kategorien</a></li>
    </ul>
</div>
```

Dank der Klasse *moduletable_haupt* lässt sich das Menü individuell gestalten. Angenommen, die Überschrift des *Diese-Site*-Menüs soll größer angezeigt werden, dann sieht die CSS-Definition so aus:

```
.backh3 {
    font-family: Helvetica, Arial, sans-serif;
    font-size: 14px;
    font-weight: bold;
5   font-style:italic;
    color: #000;
    margin: -23px -4px 5px -5px;
    padding-left: 10px;
    padding-bottom: 2px;
10 }
```

221

```
.moduletable_haupt .backh3{
    font-size:20px;
}
```

Und nachfolgend der Beweis, dass das tatsächlich funktioniert.

Die Überschrift wurde angepasst.

Sie sehen also, dass Joomla! Ihnen bei der Gestaltung der Erweiterungen freie Hand lässt.

3.5 Split-Menüs anlegen

Eine Frage, die im Zusammenhang mit Joomla! immer wieder auftaucht, ist die nach den sogenannten Split-Menüs. Ein solches Split-Menü zeigt ein einziges Joomla!-Menü inhaltsabhängig auf unterschiedlichen Menüpositionen an. Dadurch lassen sich einzelnen Menüpunkten Unterpunkte zuordnen, die dann aber auf anderen Modulpositionen angezeigt werden. Zu sehen sind diese allerdings nur, wenn der übergeordnete Menüeintrag aktiv ist.

Das ist die Standardansicht.

Wenn Sie die Beispieldatensätze installiert haben, gibt es dort das Menü *About Joomla!*. Dieses Menü besitzt unter anderem den Punkt *Joomla! nut-*

zen. Klickt man diesen an, werden innerhalb des Menüs drei Unterpunkte angezeigt.

Das ist oft praktisch, allerdings nicht immer. Manchmal möchte man die Unterpunkte nämlich einfach in einem eigenen Menü anzeigen.

Genau bei einer solchen Aufteilung spricht man von Split-Menüs. Umsetzen lassen sie sich in Joomla! sehr einfach. Gezeigt wird das hier anhand des Menüs *Über Joomla!*. Die beschriebenen Schritte lassen sich dann aber natürlich auf alle anderen Menüs ebenfalls anwenden.

Die Unterpunkte füllen ein eigenes Menü.

Verschaffen Sie sich zunächst über *Menüs/ Über Joomla!* einen Überblick darüber, welche Einträge in dem Menü vorhanden sind. Hilfreich ist dort übrigens auch das Feld *Max Ebenen auswählen*, denn darüber können Sie sich gleich die Ebenen anzeigen lassen, die später in das andere Menü ausgelagert werden sollen. Im aktuellen Beispiel wurde dazu der Wert dieses Felds auf *2* gestellt.

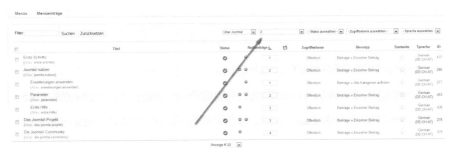

Die Ebenen wurden eingestellt.

Es sind nun deutlich die drei Untereinträge von *Joomla! nutzen* zu erkennen.

Im ersten Schritt muss nun dafür gesorgt werden, dass im Frontend beim Anklicken von *Joomla! nutzen* nicht die Untereinträge im selben Menü angezeigt werden. Rufen Sie dazu *Erweiterungen/Module* auf und klicken Sie auf *Über Joomla!*.

Interessant ist in dem sich öffnenden Dialogfenster der Bereich *Basisoptionen*. Stellen Sie dort bei *Erste Ebene* und bei *Letzte Ebene* jeweils den Wert *1* ein. Außerdem muss bei *Untermenüeinträge anzeigen* die Option *Nein* aktiviert sein.

So wird nur die erste Ebene angezeigt.

Nachdem die Änderungen gespeichert wurden, legen Sie über *Erweiterungen/Module/Neu* ein neues Modul vom Typ *Menü* an. Weisen Sie dem neuen Modul einen Namen zu. Um die Übersicht zu bewahren, sollten Sie am besten einen Namen verwenden, der sich am übergeordneten Menüpunkt orientiert. Im aktuellen Fall bietet sich *Nutzen* an. Die übrigen Einstellungen im Bereich *Details* wurden im Laufe dieses Kapitels bereits vorgestellt. Wichtig ist es in jedem Fall noch, die Position, an der das Menü angezeigt werden soll, anzugeben.

Entscheidende Bedeutung kommt dem Bereich *Basisoptionen* zu. Stellen Sie dort zunächst einmal das Menü ein, das angezeigt werden soll. Im aktuellen Beispiel ist das *Über Joomla!*. Bei *Erste Ebene* und *Letzte Ebene* geben Sie jetzt jeweils den Wert *2* an. Außerdem wird bei *Untermenüeinträge anzeigen* erneut *Nein* aktiviert.

▼ **Basisoptionen**

Menü wählen	Über Joomla! ▾
Erste Ebene	2 ▾
Letzte Ebene	2 ▾
Untermenüeinträge anzeigen	⦿ Nein ○ Ja

▶ **Erweiterte Optionen**

Weitere Einstellungen sind nicht nötig.

Achten Sie gegebenenfalls noch auf den Bereich *Menüzuweisung*. Denn dort können Sie explizit festlegen, auf welchen Seiten das Modul angezeigt werden soll.

Sobald die Einstellungen gespeichert sind, arbeitet das Menü wie gewünscht.

4. Content in das CMS einpflegen

Nachdem die Struktur der Seite steht, sind die Vorarbeiten zunächst einmal abgeschlossen. Getan ist die Arbeit damit allerdings längst noch nicht. Denn jetzt geht es ans Füllen der Seite mit Inhalten. Es gilt nun also im wahrsten Sinne des Wortes, Ihrer Webseite Leben einzuhauchen.

4.1 Inhalte gekonnt einpflegen

Dank Joomla! können Beiträge bzw. Artikel im Handumdrehen angelegt und veröffentlicht werden. Einen Überblick über alle schon vorhandenen Beiträge können Sie sich über *Inhalt/Beiträge* verschaffen.

Alle Artikel in der Übersicht.

Diese Übersicht ist in drei Registerkarten unterteilt:

> ➢ *Beiträge* – Darin sind sämtliche Artikel aufgeführt. Über die Filteroptionen im oberen Fensterbereich lässt sich die Auswahl auf bestimmte Kriterien beschränken. Zusätzlich lassen sich in der Registerkarte neue Beiträge anlegen sowie veraltete löschen oder ins Archiv verschieben.

> ➢ *Kategorien* – Hier finden Sie die verfügbaren Kategorien. Über die Werkzeugleiste können Sie weitere Kategorien anlegen, löschen etc.

> ➢ *Hauptbeiträge* – Diese Artikel liefen in früheren Joomla!-Versionen unter dem Namen *Frontpage*. (In der ersten Version von Joomla! 1.6 hießen sie *Vorgestellte Beiträge*.) Die so gekennzeichneten Artikel werden auf der Startseite angezeigt.

Beiträge lassen sich über das Backend und über das Frontend anlegen. Gerade das Anlegen und Anpassen von Beiträgen im Frontend macht die Arbeit mit CM-Systemen so interessant. Denn kleinere Änderungen können so auch ohne Backend-Anmeldung gemacht werden.

Bevor diese Varianten vorgestellt werden, zunächst ein Blick auf Nachteile der Frontend-Bearbeitung:

> Über das Frontend können keine neuen Kategorien angelegt werden.

> Bilder lassen sich im Frontend nicht über den Media Manager verwalten.

> Im Frontend stehen die zahlreichen Beitragsparameter nicht zur Verfügung.

Diese Auflistung zeigt, dass Beiträge im Normalfall über das Backend angelegt werden sollten. Für kleine Änderungen oder wenn man keinen Zugriff auf das Backend hat, ist die Möglichkeit über das Frontend aber durchaus hilfreich.

Zunächst zur Frontend-Variante: Um dort Inhalte bearbeiten zu können, müssen Sie sich auf der zu bearbeitenden Frontend-Seite mit Ihren Zugangsdaten einloggen. Dafür steht ein entsprechendes Formular bereit.

Am besten verwenden Sie für einen ersten Test Ihre Admin-Zugangsdaten, mit denen Sie sich auch am Backend anmelden.

Darüber kann man sich einloggen.

Wer Inhalte bearbeiten darf

Joomla! hat ein ausgefeiltes Benutzerkonzept. Um Inhalte im Frontend bearbeiten zu können, muss der Benutzer zu einer der Gruppen *Autor*, *Editor* oder *Publisher* gehören. Aber auch dann dürfen – von Benutzern mit Administratorrechten einmal abgesehen – nur die eigenen Artikel bearbeitet werden. Wer einen Artikel erstellt, darf ihn also auch bearbeiten.

Beiträge über das Frontend bearbeiten

Abhängig vom verwendeten Template und den Benutzerrechten steht es Usern frei, Beiträge über das Frontend zu erstellen und anzupassen. Entscheidend ist zunächst einmal, dass man sich als Benutzer im Frontend einloggen kann. Dazu muss unter *Erweiterungen/Module* das Modul *Anmeldung* aktiviert werden. Sollte es nicht vorhanden sein, legen Sie es über die *Neu*-Schaltfläche zunächst an. Ausführliche Informationen zum Anlegen und Freischalten von Erweiterungen finden Sie in Kapitel 9.

Dieses Modul sorgt dafür, dass im Frontend ein Log-in-Formular angezeigt wird.

Damit Benutzer über das Frontend Artikel anlegen und bearbeiten können, müssen sie über die notwendigen Berechtigungen verfügen. Wie Berechtigungen genau gesetzt werden, wird in Kapitel 6 beschrieben. So viel aber bereits an dieser Stelle: Damit ein Benutzer über das Frontend Texte bearbeiten kann, muss er mindestens *Editor*-Rechte besitzen.

> **Das dürfen Autoren**
>
> Mitglieder der Gruppe *Autor* dürfen übrigens auch Inhalte bearbeiten, allerdings ausschließlich ihre eigenen. Zudem werden die Inhalte nicht sofort freigeschaltet. Vielmehr müssen sie von einem Administrator zunächst geprüft und können dann erst veröffentlicht werden.

Ob ein Benutzer die notwendigen Rechte besitzt, können Sie im Backend unter *Benutzer/Benutzer* überprüfen. Klicken Sie dort auf den Namen des betreffenden Benutzers. Interessant ist der Bereich *Zugewiesene Gruppen*.

Hier sollte also mindestens die Gruppe *Editor* eingestellt sein. Mit mindestens ist hier übrigens gemeint, dass ein Benutzer auch dann Inhalte über das Frontend bearbeiten kann, wenn er einer höheren Gruppe wie beispielsweise *Super Benutzer* zugewiesen ist.

Die Benutzerrechte werden eingestellt.

Besitzt ein Benutzer diese Rechte und hat sich im Frontend eingeloggt, werden bei den Beiträgen Bearbeitungssymbole angezeigt.

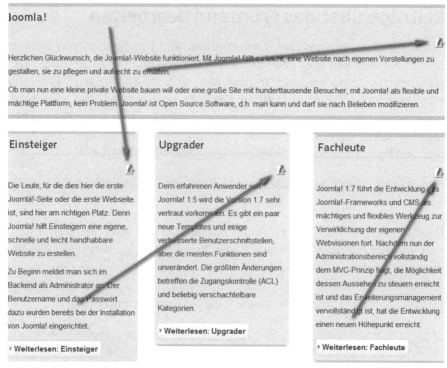

Der Inhalt kann bearbeitet werden.

Klickt man auf eines dieser Symbole, öffnet das den betreffenden Beitrag in der Bearbeitungsansicht.

In der Frontend-Ansicht wird derselbe Editor verwendet, der für den jeweiligen Benutzer im Backend eingestellt wurde.

Wie sich der Editor bedienen lässt, wird im weiteren Verlauf dieses Kapitels erläutert. Unterhalb des Beitrags finden Sie zusätzliche Optionen. Darüber können Sie den Beitrag beispielsweise einer anderen Kategorie oder einem anderem Zugriffslevel zuweisen.

Im Bereich *Freigeben*, der unterhalb des Editorfensters angezeigt wird, können zusätzliche Einstellungen vorgenommen werden. Dort können Sie die Artikel beispielsweise in eine andere Kategorie einordnen oder den *Status* auf *Gesperrt* setzen.

Der Frontend-Editor wird angezeigt.

Insgesamt sind dort all die Einstellungen möglich, die auch beim Anlegen von Inhalten zur Verfügung stehen.

Es kann passieren, dass beim Anlegen eines Artikels das Abspeichern nicht klappt. Schuld daran ist eine leere Kategorienliste.

Die Kategorie ist nicht auswählbar.

Da es sich bei dem Feld *Kategorie* jedoch um ein Pflichtfeld handelt, kann der bearbeitete Artikel nicht gespeichert werden. Das passiert beispielsweise, wenn ein Mitglied der Gruppe *Editor* versucht, Beiträge über das Frontend zu speichern. Beheben lässt sich dieses Problem, indem man im Backend *Inhalt/Kategorien* aufruft und auf *Optionen* klickt. Die notwendigen Einstellungen sind im Register *Berechtigungen* zu finden. Stellen Sie dort für die Gruppe *Editor* den Wert des Feldes *Status bearbeiten* auf *Erlaubt*.

229

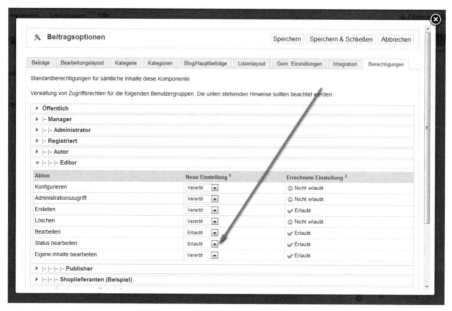

Die Berechtigungen wurden angepasst.

Nachdem die Änderungen gespeichert wurden, können auch Editoren die Kategorien auswählen.Mit *Speichern* werden die Änderungen im Frontend abschließend übernommen.

Die Änderungen wurden gespeichert.

Besitzt man die notwendigen Benutzerrechte, werden die Änderungen sofort wirksam, andernfalls müssen sie zunächst von einem Benutzer mit Administratorrechten über das Backend freigeschaltet werden.

Neue Inhalte über das Frontend hinzufügen

Man kann im Frontend nicht nur Inhalte bearbeiten, auch neue Beiträge lassen sich hinzufügen. Dazu muss man ebenfalls im Frontend eingeloggt sein und natürlich auch die notwendigen Berechtigungen besitzen. Interessant ist im Benutzermenü der Link *Beitrag einreichen*.

Wenn Sie die Beispieldatensätze nicht installiert haben, müssen Sie den Link selbst in das gewünschte Menü einfügen. Der Menütyp heißt in diesem Fall *Beitrag erstellen*. Lesen Sie in diesem Zusammenhang auch noch einmal die Informationen im 3. Kapitel dieses Buches. Dort wird detailliert beschrieben, wie sich Menüs und Menüeinträge anlegen lassen.

So lassen sich Beiträge über das Frontend einreichen.

Klicken Sie auf diesen Link, wird ein Editorfenster geöffnet, über das sich der neue Beitrag anlegen lässt. Mit *Speichern* wird der Beitrag letztendlich angelegt.

Verfügt der Benutzer über die notwendigen Rechte, wird der Beitrag sofort freigeschaltet, andernfalls muss er erst im Backend freigegeben werden.

Einen neuen Beitrag im Backend anlegen

Damit Sie ein besseres Gefühl dafür bekommen, wie sich Inhalte in Joomla! anlegen lassen, zunächst ein einführendes Beispiel dazu. Anhand der folgenden Schritte wird ein Beitrag angelegt und auf der Startseite veröffentlicht. Ausführliche Informationen zu den verfügbaren Optionen etc. folgen dann natürlich noch im weiteren Verlauf dieses Kapitels.

Um einen neuen Artikel anzulegen, rufen Sie *Inhalt/Beiträge* auf und klicken in der Werkzeugleiste auf *Neu*.

Ein neuer Beitrag wird angelegt.

Tragen Sie zunächst in das gleichnamige Feld einen Titel ein. Dieser Titel wird im Frontend als Überschrift des Artikels angezeigt. Außerdem erscheint er in der Browsertitelleiste, da Joomla! den Beitragstitel automatisch dem *title*-Element der Webseite zuweist.

Einen Alias können Sie vergeben, müssen es aber nicht, da Joomla! automatisch einen Alias beim Abspeichern des Beitrags generiert.

Was es mit dem Alias auf sich hat

Der Begriff Alias wird Ihnen im Zusammenhang mit Joomla! immer wieder begegnen. Der Alias wird von Joomla! zum Generieren von URLs verwendet. Wichtig ist das im Zusammenhang mit dem Thema Suchmaschinenoptimierung. Denn anstelle einer kryptischen Adresse, die oftmals bei CM-Systemen generiert werden, bekommt man dank Alias lesbare Adressen.

Weiter geht es mit dem Feld *Kategorie*. Wählen Sie darüber die Kategorie aus, in die der Beitrag eingeordnet werden soll. Dabei muss jeder Artikel unbedingt in eine Kategorie eingeordnet werden. Soll ein Artikel explizit keiner Kategorie angehören, wählen Sie *Nicht kategorisiert*. Stellen Sie im aktuellen Beispiel exakt dieses *Nicht kategorisiert* ein.

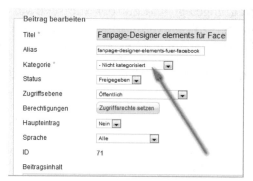

Die Kategorie wird eingestellt.

Die weiteren Optionen können unverändert übernommen werden.

Tragen Sie jetzt in das Textfeld den eigentlichen Inhalt ein. Dabei können Sie neben Text auch Bilder etc. angeben.

Außerdem können Sie festlegen, ob zunächst nur ein kurzer Introtext oder gleich der gesamte Artikel angezeigt werden soll. In früheren Joomla!-Versionen gab es hierfür zwei Eingabefelder. Das ist jetzt nicht mehr der Fall. Jetzt trägt man einfach den Text ein und positioniert den Cursor dort, wo der Introtext zu Ende ist und der eigentliche Artikel beginnt. Klicken Sie nun auf die Schaltfläche *Weiterlesen*, um den Introtext vom restlichen Text abzutrennen.

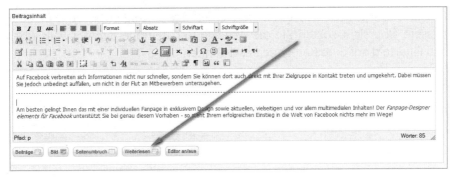

So wird der Introtext abgetrennt.

Damit der Beitrag auf der Startseite angezeigt wird, muss im Feld *Haupteintrag* der Wert *Ja* eingestellt werden. Die übrigen Einstellungen können unverändert mit *Speichern & Schließen* übernommen werden. Wenn Sie jetzt das Frontend aufrufen, ist der Beitrag bereits zu sehen.

Der Beitrag wird im Frontend angezeigt.

Über den *Weiterlesen*-Link kann der gesamte Beitrag aufgerufen werden. Im weiteren Verlauf dieses Kapitels geht es übrigens noch einmal ausführlich um die Introtexte und wie man sie konfigurieren kann.

Unterhalb des Beitrags gibt es eine *Weiter*-Schaltfläche.

So wird der nächste Beitrag aufgerufen.

Klickt man diese Schaltfläche an, wird der nächste Beitrag aufgerufen. Dabei orientiert sich Joomla! an den Beitrags-IDs, wobei als Nächstes immer der Beitrag mit der nächsthöheren ID angezeigt wird.

Die IDs können Sie sich unter *Inhalt/Beiträge* anzeigen lassen. Für eine bessere Übersicht sollten Sie die Anzeige der Beiträge dabei jeweils über das Filterfeld auf eine Kategorie beschränken.

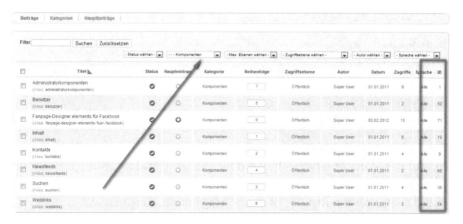

4.2 So lässt man sich die IDs anzeigen

Dreh- und Angelpunkt für das Bearbeiten und Anlegen von Beiträgen ist der standardmäßig in Joomla! verwendete Editor TinyMCE. Sobald Sie einen Beitrag zum Bearbeiten öffnen oder einen neuen Beitrag anlegen, werden Sie durch diesen WYSIWYG-Editor begrüßt.

Der WYSIWYG-Editor von Joomla!.

Andere Editoren verwenden

In diesem Abschnitt wird zunächst der standardmäßig in Joomla! eingestellte Editor TinyMCE vorgestellt. Wie Sie einen anderen Editor nutzen können, wird ab Seite 255 gezeigt.

Texte einfügen und formatieren

Die Arbeit mit dem Editor TinyMCE orientiert sich an bekannten Textverarbeitungsprogrammen wie Word.

Die Formatierung von Texten funktioniert denkbar einfach: Sie schreiben einen Text, markieren ihn und formatieren ihn anschließend über die entsprechenden Symbole in der Symbolleiste des Editors.

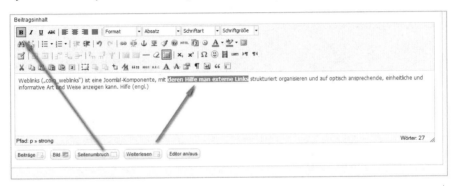

Texte werden eingepflegt.

Die Formatierungssymbole sind weitestgehend selbsterklärend, müssen an dieser Stelle also nicht einzeln erörtert werden. (Auf den folgenden Seiten finden Sie allerdings Hinweise zu Spezialfunktionen des Editors. Dazu gehört unter anderem das Einfügen von Hyperlinks und Grafiken.)

Sollte Ihnen dennoch einmal die Bedeutung einer Schaltfläche nicht klar sein, hilft der Editor mit Tooltipps weiter. Fahren Sie dazu einfach mit dem Mauszeiger über das fragliche Symbol.

In einem kleinen Fenster erscheint daraufhin eine kurze Erklärung dazu, was diese Schaltfläche bewirkt.

Sollten Sie selbst Hand an den HTML-Code des Beitrags legen wollen, klicken Sie die *HTML*-Schaltfläche an.

Daraufhin wird ein spezielles Fenster geöffnet, in dem der HTML-Code zu sehen ist, der dort auch direkt bearbeitet werden kann. Mit *Aktualisieren* werden die Änderungen am HTML-Code in den Beitrag übernommen.

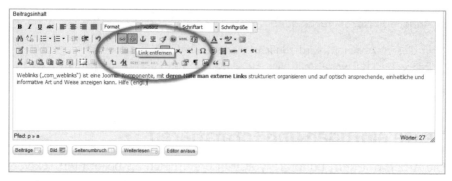

So sieht man, welche Funktion sich hinter der Schaltfläche verbirgt.

So lässt sich der HTML-Code direkt bearbeiten.

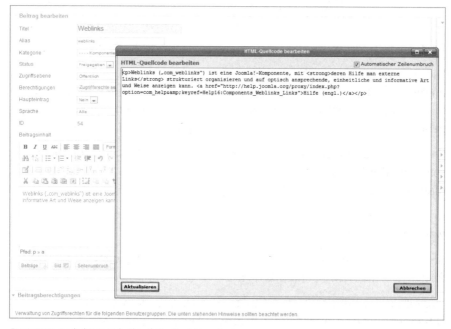

Der HTML-Code lässt sich ebenfalls direkt bearbeiten.

Alternativ dazu können Sie den Editor über die Schaltfläche *Editor ein/aus* an- und abschalten. Die Ansicht wechselt dann ebenfalls in den HTML-Code.

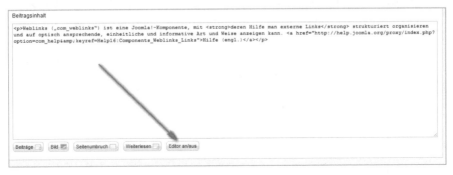

Der WYSIWYG-Editor wurde deaktiviert.

Mit *Speichern* werden die Änderungen am Beitrag übernommen. Alternativ dazu können Sie auch eine Kopie des Artikels abspeichern. Das bietet sich beispielsweise immer dann an, wenn ein ähnlicher Artikel angelegt werden soll, der sich nur unwesentlich vom aktuellen Beitrag unterscheidet. Überprüfen Sie ggf. den Wert des Feldes *Alias*, da Joomla! beim Abspeichern einer Kopie standardmäßig einfach eine fortlaufende Nummer an den aktuellen Alias anhängt, was so natürlich nicht immer gewünscht ist.

Hyperlinks richtig setzen

Was wären Webseiten ohne Hyperlinks? Früher oder später muss man in seine Beiträge Hyperlinks einfügen. Damit das reibungslos funktioniert – denn ganz so einfach ist diese Angelegenheit in Joomla! nicht –, folgt an dieser Stelle eine kurze, knackige Anleitung dazu.

1 Öffnen Sie über *Inhalt/Beiträge* den Beitrag, in den der Hyperlink eingefügt werden soll.

2 Innerhalb des Editorfensters markieren Sie den Text, den Sie als Hyperlink verwenden wollen, und klicken in der Editor-Werkzeugleiste auf das Symbol *Link einfügen/bearbeiten* (das Kettensymbol).

3 Die Angaben zum Hyperlink werden in dem sich öffnenden Fenster gemacht. In das *Adresse*-Feld wird die Zieladresse eingefügt. Bei einem externen Link könnte das *http://www.databecker.de/* sein. Über *Fenster* bestimmen Sie, wie das Verweisziel geöffnet werden soll. Bei internen Verweisen braucht man dort nichts einzustellen. Wenn Sie auf externe Webseiten wie *databecker.de* verweisen wollen, sollten Sie *In neuem Fenster öffnen (_blank)* einstellen.

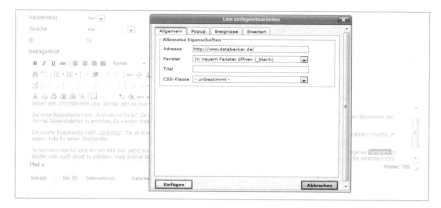

4 Bestätigt werden die Angaben abschließend mit *Einfügen*.

Pop-up-Fenster definieren

Im vorherigen Abschnitt haben Sie gesehen, wie sich Hyperlinkziele in neuen Fenstern öffnen lassen. Joomla! bietet auf diesem Gebiet allerdings noch eine weitere Option. Die Verweisziele können nämlich in einem Pop-up-Fenster angezeigt werden.

Die Zielseite ist in einem Pop-up-Fenster zu sehen.

Diese Pop-ups können in Joomla! auf Basis von JavaScript erstellt werden. Hat ein Anwender JavaScript in seinem Browser deaktiviert, bekommt er das Verweisziel dennoch angezeigt, nur eben nicht in einem Pop-up, sondern im normalen Browserfenster.

Um ein Pop-up-Fenster anzulegen, markieren Sie das gewünschte Wort im Beitrag, klicken im Editor auf die Schaltfläche *Link einfügen/verändern* und wechseln in das Register *Popup*.

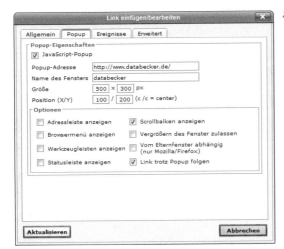

So lassen sich Pop-ups definieren.

Dort aktivieren Sie zunächst das Kontrollkästchen *JavaScript-Popup*. Achten Sie außerdem darauf, dass das Kontrollkästchen bei *Link trotz Popup folgen* aktiviert ist. In das Feld *Popup-Adresse* trägt man das Verweisziel ein. Geben Sie außerdem mindestens die Breite und die Höhe des Pop-ups an.

Ob Sie die anderen Optionen (Bildlaufleisten usw.) setzen, hängt letztendlich von der Art des Verweisziels ab.

Mit *Aktualisieren* werden die Änderungen übernommen.

Links auf interne Beiträge setzen

Früher oder später werden Sie innerhalb von Beiträgen Links auf andere Beiträge setzen wollen. Was sich in früheren Joomla!-Versionen etwas schwierig gestaltete, ist jetzt ganz einfach. Setzen Sie dazu den Cursor innerhalb des Editors an die Stelle, an der der Hyperlink eingefügt werden soll. Unterhalb des Editors finden Sie die Schaltfläche *Beiträge*.

Wenn Sie diese *Beiträge*-Schaltfläche anklicken, werden alle verfügbaren Beiträge aufgelistet.

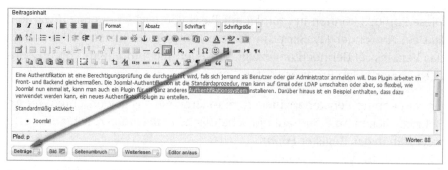

So lassen sich Links auf Beiträge setzen.

Um einen Link auf einen Beitrag zu setzen, brauchen Sie in diesem Fenster nur auf den Titel des gewünschten Beitrags zu klicken.

Titel	Zugriffsebene	Kategorie	Sprache	Datum	ID
Administratorkomponenten	Öffentlich	Komponenten	Alle	01.01.2011	1
Australische Parks	Öffentlich	Parkseite	Alle	01.01.2011	6
Authentifikation	Öffentlich	Plugins	Alle	01.01.2011	5
Beispielseiten	Öffentlich	Joomla!	Alle	01.01.2011	38
Benutzer	Öffentlich	Plugins	Alle	01.01.2011	51
Benutzer	Öffentlich	Komponenten	Alle	01.01.2011	52
Blue Mountain Rain Forest	Öffentlich	Landschaften	Alle	01.01.2011	64
Captcha	Öffentlich	Plugins	Alle	17.01.2012	68
Cradle Mountain	Öffentlich	Landschaften	Alle	01.01.2011	11
Das Joomla!-Projekt	Öffentlich	Joomla!	Alle	01.01.2011	48
Die Joomla!-Community	Öffentlich	Joomla!	Alle	01.01.2011	47
Editorprogramme	Öffentlich	Plugins	Alle	01.01.2011	14

Der Beitrag kann ausgewählt werden.

Der Beitragstitel wird automatisch als Hyperlink in den Beitrag eingefügt. Gleichzeitig wird das Beitragsübersichtsfenster geschlossen. Den Hyperlinktext können Sie dann natürlich im Editor anpassen.

Manchmal gestaltet sich das Anpassen des Texts etwas schwierig. Das gilt vor allem, wenn der gesamte Text angepasst werden soll. Klicken Sie in einem solchen Fall einfach auf die *HTML*-Schaltfläche des Editors und passen Sie den Text direkt im HTML-Code an. Den relevanten Teil finden Sie innerhalb des *a*-Elements.

- ```
  <a href="index.php?option=com_content&amp;
  view=category&amp;layout=blog&amp;id=30&amp;
  Itemid=431&amp;lang=de">support forums</a>
  ```
  ```

Tauschen Sie in einem solchen Fall einfach die fett gekennzeichnete Passage gegen den gewünschten Text aus. Nachdem die Änderungen mit *Aktualisieren* übernommen wurden, ist der neue Hyperlinktext im Text zu sehen.

Bilder in den Text einfügen

So richtig ansprechend wirken Beiträge erst, wenn Bilder eingefügt werden. Damit das allerdings klappt, müssen die Bilder zunächst einmal auf den Server geladen werden. Am einfachsten geht das über den den Medienbereich, der über *Inhalt/Medien* aufgerufen wird.

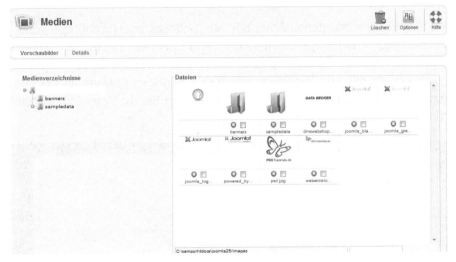

Hierüber werden alle vorhandenen Medien verwaltet.

Wenn Sie bislang noch nicht mit diesem Tool gearbeitet haben, finden Sie im Verlauf dieses Kapitels weitere Informationen dazu.

Sobald die Bilder auf dem Server liegen, können sie in den Beitrag eingefügt werden. Positionieren Sie dazu innerhalb des Editors den Cursor an der Stelle im Text, an der das Bild eingefügt werden soll. Im unteren Fensterbereich klicken Sie nun auf *Bild*.

Es wird ein Dialogfenster geöffnet, das den Inhalt des Medienbereichs anzeigt.

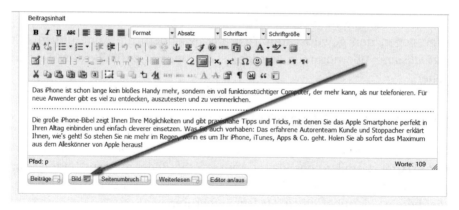

So werden Bilder eingefügt.

Wählen Sie dort das gewünschte Bild aus. Sollte es noch nicht im Medienbereich liegen, laden Sie es zunächst auf den Server. (Mehr zum Thema Bilder auf den Server laden gibt es im weiteren Verlauf dieses Kapitels.) Nachdem Sie das Bild angeklickt sowie eine Bildbeschreibung und bei Bedarf einen Bildtitel hinzufügt haben, bestätigen Sie die Auswahl mit *Einfügen*.

So lässt sich das Bild einfügen.

Die *Einfügen*-Schaltfläche finden Sie im oberen Fensterbereich.

Das Bild wird nun in Originalgröße mit seinen sonstigen Einstellungen eingefügt. Es besteht allerdings die Möglichkeit, die Bildeigenschaften nachträglich anzupassen. Dazu markieren Sie die eingebundene Grafik und klicken in der Editor-Werkzeugleiste auf das Symbol *Bild einfügen/bearbeiten* (das ist das Baumsymbol).

So lässt sich die Grafik auch nachträglich anpassen.

Hier können Sie über die einzelnen Register unter anderem eine *Beschreibung* (für das *alt*-Attribut) und einen Titel (für das *title*-Attribut) vergeben. Außerdem sind Angaben zu Größe, Rahmen, Abständen und Ausrichtung möglich.

Wie Sie Bilder in die Beiträge einfügen können, haben Sie gesehen. Allerdings will man natürlich nicht immer für ein Bild einen eigenen Absatz erzeugen, sondern zum Beispiel den Text um die Grafik herumfließen lassen.

Hier umfließt der Text die Grafik.

You'll also want to sign up for the Joomla Security Mailing list and the Announcements mailing list. For inspiration visit the Joomla Site Showcase to see an amazing array of ways people use Joomla to tell their stories on the web.

The basic Joomla! installation will let you get a great site up and running, but when you are ready for more features the power of Joomla! is in the creative ways that developers have extended it to do all kinds of things. Visit the Joomla! Extensions Directory to see thousands of extensions that can do almost anything you could want on a website. Can't find what you need? You may want to find a Joomla professional on the Joomla! Resources Directory.

Want to learn more? Consider attending a Joomla! Day or other event or joining a local Joomla! Users Group. Can't find one near you? Start one yourself.

In diesem Beispiel wurde die Grafik rechtsbündig ausgerichtet, sodass der Text links um die Grafik laufen kann. Solch eine Anwendung lässt sich ganz einfach in Joomla! realisieren. Dazu markieren Sie die eingefügte Grafik, rufen über die Editor-Werkzeugleiste *Bild einfügen/bearbeiten* auf und wechseln in das Register *Aussehen*.

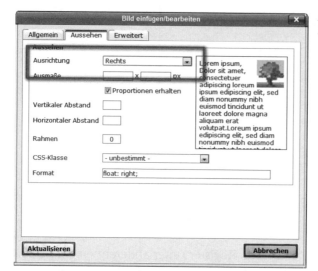

Die Ausrichtung wird bestimmt.

Über das *Ausrichtung*-Feld kann die gewünschte Ausrichtung festgelegt werden.

Im Zusammenhang mit der Ausrichtung von Bildern spielen die beiden Felder *Vertikaler Abstand* und *Horizontaler Abstand* eine wichtige Rolle. Denn über diese Felder wird festgelegt, wie groß die Abstände zwischen dem Bild und den umfließenden Texten sein sollen.

Die Möglichkeiten, die im Register *Aussehen* hinsichtlich der Positionierung von Grafiken zur Verfügung stehen, sind beschränkt. Mehr Optionen stehen Ihnen zur Verfügung, wenn Sie CSS einsetzen. Ausführliche Informationen dazu, wie Sie dem Editor CSS beibringen, finden Sie im nächsten Abschnitt.

Das Layout CSS-basiert steuern

Moderne Webseiten sollten auf CSS setzen. Das gilt nicht nur für das Grundlayout, sondern auch für die einzelnen Beiträge. Wirft man allerdings einen Blick in das Feld *Styles* des Editors, in dem die verfügbaren CSS-Stile aufgelistet sind, macht sich zunächst einmal Ernüchterung breit.

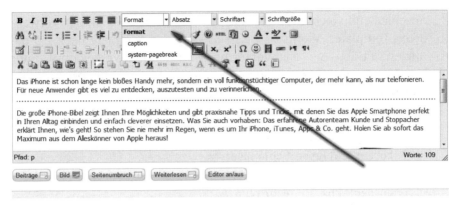

Die Auswahl an CSS-Stilen ist noch äußerst bescheiden.

Denn standardmäßig werden dort nicht allzu viele CSS-Stile angeboten. Das führt natürlich unweigerlich zu der Frage, wie man zusätzliche CSS-Stile einfügen kann. Im Idealfall würde man dazu natürlich auf die gleichen CSS-Anweisungen zurückgreifen, die bereits in der CSS-Datei des Templates definiert wurden. Genau von diesem Fall wird hier ausgegangen.

1 Rufen Sie zunächst *Erweiterungen/Plugins* auf und klicken Sie dort auf *Editor - TinyMCE*. Im Bereich *Basisoptionen* sollte *Template-CSS-Klassen* auf *Ja* gesetzt sein.

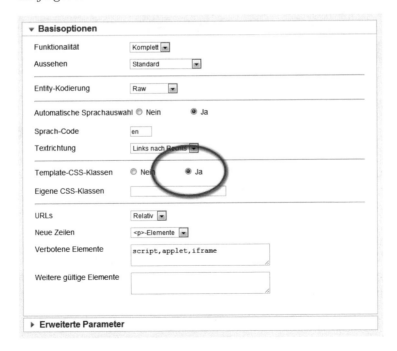

2 Anschließend wechseln Sie in das *css*-Verzeichnis des aktuell verwendeten Templates. Wenn Sie beispielsweise das Template Beez_2.0 benutzen, finden Sie das Verzeichnis im Joomla!-Verzeichnis unter *templates/beez_20*. Legen Sie im *css*-Verzeichnis die Datei *editor.css* an. Fügen Sie in diese Datei Folgendes ein:

```
    .tabellegrau {
       background-color: #eee;
       border-collapse: collapse;
       border-spacing: 0px;
5      border: 2px solid gray;
       width: 100%;
    }

    .grossblau {
10     text-transform: uppercase;
       color: navy;
    }
```

3 In diesem Beispiel wurden die beiden CSS-Klassen *.tabellegrau* und *.grossblau* definiert. Ein erneuter Blick in den Editor und das Feld *Format* liefert nun das gewünschte Ergebnis.

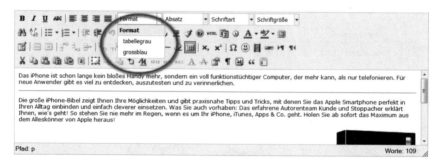

4 Sie können jetzt damit beginnen, die *editor.css* um die gewünschten CSS-Klassen und -IDs zu erweitern. Sollten die Stile nicht zu sehen sein, leeren Sie zunächst den Browsercache und melden sich vom Backend ab. Nach erneuter Anmeldung sind die Styles dann zu sehen.

Die zur Verfügung gestellten CSS-Stile können nun verwendet werden. Dazu markieren Sie den entsprechenden Text oder die Grafik und wählen die gewünschte CSS-Klasse aus.

Nur im aktuellen Template

Die vorgenommenen Einstellungen gelten jeweils ausschließlich für das Template, in dessen *css*-Verzeichnis die *editor.css* eingefügt wurde.

Man muss übrigens nicht zwangsweise auf die *editor.css* zurückgreifen. Ebenso kann man auch eine andere CSS-Datei verwenden. Das muss man Joomla! allerdings explizit mitteilen. Die notwendigen Einstellungen dazu sind unter *Erweiterungen/Plugins/Editor – TinyMCE* vorzunehmen. Tragen Sie in das Feld *Eigene CSS-Klassen* den Pfad und den Dateinamen der CSS-Datei ein.

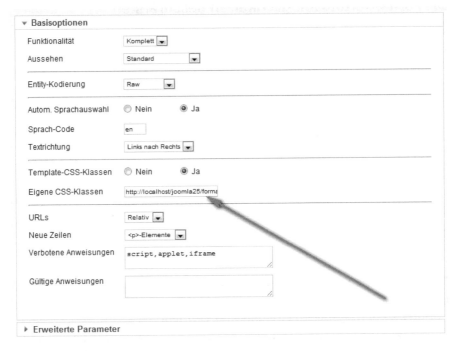

Dort wird der Pfad eingetragen.

Liegt die Datei beispielsweise im Wurzelverzeichnis der Joomla!-Installation, muss der Pfad folgendermaßen aussehen:

http://localhost/joomla25/format.css

Sollte Joomla! die angegebene Datei jedoch nicht finden können, gibt es eine Fehlermeldung, wenn ein Artikel zum Bearbeiten aufgerufen wird.

Die angegebene CSS-Datei konnte nicht gefunden werden.

Die Formatierungsmöglichkeiten beschränken

Sie können den Funktionsumfang des TinyMCE explizit festlegen. Dadurch lassen sich die verfügbaren Optionen verringern oder vergrößern. Um den Funktionsumfang anzupassen, rufen Sie *Erweiterungen/Plugins* auf und klicken auf den Namen *Editor - TinyMCE*. Im Bereich *Basisoptionen* gibt es das Feld *Funktionalität*.

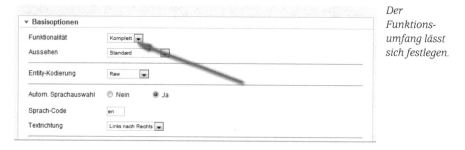

Der Funktions-umfang lässt sich festlegen.

Darüber können Sie den Funktionsumfang bestimmen. Die meisten Optionen werden bei *Komplett* angezeigt. Meistens genügt aber *Erweitert*. Dadurch stehen genügend Optionen zur Verfügung.

Jetzt sind alle Optionen verfügbar.

Sehr wenige Optionen gibt es, wenn *Einfach* eingestellt wird.

Hier stehen kaum Schaltflächen für die Formatierung zur Verfügung.

Wenn Sie die volle Kontrolle über den Funktionsumgang des Editors haben wollen, ist das ebenfalls möglich. Rufen Sie dazu *Erweiterungen/Plugins/ Editor - TinyMCE* auf und öffnen Sie den Bereich *Erweiterte Parameter*.

▶ Basisoptionen		
▼ Erweiterte Parameter		
Werkzeugleiste	Oben ▾	
Toolbar-Ausrichtung	Links ▾	
HTML-Höhe	550	
HTML-Breite	750	
Verkleinern	○ Aus	◉ An
Horizontale Verkleinerung	◉ Aus	○ An
Elementpfad	○ Aus	◉ An
Komplett-Modus-Optionen Diese Optionen funktionieren nur im „Komplett-Modus"!		
Schriftarten	○ Verbergen	◉ Anzeigen
Einfügen	○ Verbergen	◉ Anzeigen

So kann man alle Optionen aktivieren und deaktivieren.

Hier können Sie explizit jedes Element des Editors an- und ausschalten.

Sie können auch für einzelne Benutzer die Formatierungsmöglichkeiten beschränken.

Dann müsste der Redakteur schon HTML-Kenntnisse besitzen, um formatieren zu können. Um den Editor umzustellen, rufen Sie im Backend *Benutzer/Benutzer* und dann den entsprechenden Benutzer/Redakteur auf. Im Bereich *Basis Einstellungen* muss jetzt nur noch im *Editor*-Feld *Editor - Keine* eingestellt werden. Übernommen werden die Einstellungen mit *Speichern*. Mehr zu den verschiedenen Editoren erfahren Sie im weiteren Verlauf dieses Kapitels.

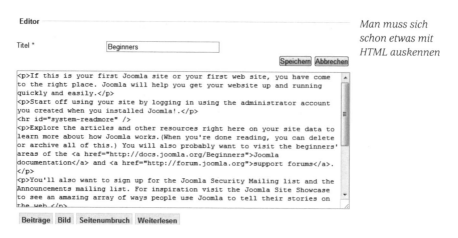

Man muss sich
schon etwas mit
HTML auskennen

Beachten Sie, dass die Änderungen erst übernommen werden, wenn sich der betreffende Benutzer im Frontend ausgeloggt und dann wieder angemeldet hat.

Mit Seitenumbrüchen arbeiten

Im unteren Bereich des Editors finden Sie die Schaltfläche *Seitenumbruch.*

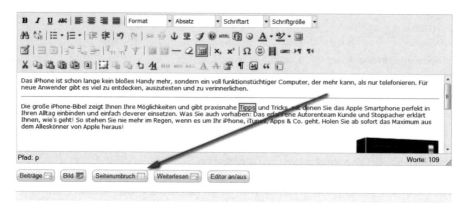

Darüber lassen sich Seitenumbrüche einfügen.

Diese Funktion ist besonders dann interessant, wenn der Beitrag sehr umfangreich ist, denn so können Sie ihn auf mehrere Seiten aufteilen. Um einen Seitenumbruch einzufügen, setzen Sie den Cursor an die gewünschte Position innerhalb des Editorfensters und klicken auf die genannte Schaltfläche.

Der Seitenumbruch wird angelegt.

Tragen Sie dort den Seitentitel für die nächste Seite ein. Dieser Wert wird dann auf der nächsten Seite zusätzlich zur Artikelüberschrift angezeigt. Lautet der Titel der aktuellen Seite also *Fanpage-Designer elements für Facebook* und man trägt in das Feld *Seitentitel* den Wert *Funktionen* ein, ergäbe sich auf der zweiten Seite Folgendes:

Fanpage-Designer elements für Facebook - Funktionen

Zusätzlich können Sie über das *Inhaltsverzeichnis*-Feld einen Text für das von Joomla! automatisch generierte Inhaltsverzeichnis angeben. Mit *Seitenumbruch einfügen* wird der Umbruch generiert. Zu erkennen ist dieser Umbruch im Editor an einer grauen Linie. Eindrucksvoller sieht das Ganze aber natürlich im Frontend aus.

Über dem Beitragstext wird *Seite x von y* angezeigt. Im rechten Bereich des Beitrags ist zusätzlich ein Inhaltsverzeichnis zu sehen, in dem die zuvor eingegebenen Informationen stehen. Außerdem gibt es auch noch *Zurück*- und *Weiter*-Links, über die ebenfalls innerhalb der verschiedenen Beitragsseiten navigiert werden kann.

Ein Seitenumbruch wurde eingefügt.

Mit Introtexten arbeiten

Ganz ähnlich wie Seitenumbrüche funktionieren die sogenannten Introtexte. Bei Introtexten handelt es sich um kurze Einführungstexte. Unterhalb dieser Texte ist jeweils eine *Weiterlesen*-Schaltfläche oder ein entsprechender Link zu sehen. Beachten Sie, dass ein solcher *Weiterlesen*-Link nicht angezeigt wird, wenn der Beitrag beispielsweise in einer Einzelansicht zu sehen ist, weil man ihn direkt über ein Menü aufruft. In solch einem Fall ist der Beitrag bereits vollständig zu sehen, Joomla! zeigt dann also keinen *Weiterlesen*-Link.

Zunächst wird nicht der gesamte Text angezeigt.

Folgt man diesem, wird der gesamte Beitragstext eingefügt.

Einen solchen Introtext können Sie für jeden Beitrag anlegen. Dazu setzen Sie innerhalb des Editors den Cursor an die Stelle, an der der *Weiterlesen*-Hinweis angezeigt werden soll. Anschließend klicken Sie auf die *Weiterlesen*-Schaltfläche im unteren Fensterbereich des Editors. Daraufhin wird eine Linie in den Beitrag eingefügt.

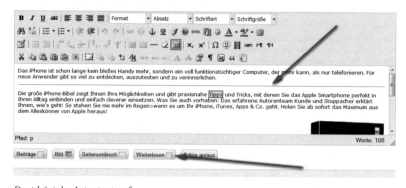

Dort hört der Introtext auf.

Diese Linie kennzeichnet die Stelle, an der später der Introtext endet.

Erfahrungsgemäß funktioniert diese *Weiterlesen*-Funktion nicht immer auf Anhieb. Das kann verschiedene Ursachen haben.

➢ Beachten Sie zunächst einmal, dass pro Beitrag nur ein *Weiterlesen*-Link erlaubt ist.

➢ Überprüfen Sie, ob unter *Erweiterungen/Plugins* das Plug-in *Schaltfläche - Weiterlesen* aktiviert ist.

➢ Unter *Inhalt/Beiträge/Optionen* muss im Register *Beiträge* der Wert von *Weiterlesen* auf *Anzeigen* steht. Aktiviert man die darunterliegende Funktion, wird der *Weiterlesen*-Button um den Beitragstitel erweitert. Das sieht dann also folgendermaßen aus:

Übrigens können Sie für jeden Beitrag einen anderen Text für *Weiterlesen* angeben. Rufen Sie dazu den betreffenden Beitrag auf und öffnen Sie die Beitragsoptionen. Tragen Sie dort in das Feld *Anderer Weiterlesen Text* den gewünschten Text ein. Achten Sie darauf, hinter dem Text ein Leerzeichen einzufügen, wenn direkt danach der Beitragstitel (siehe oben) angezeigt werden soll.

Ein neuer Weiterlesen-Linktext wird angegeben. Der eingetragene Text wird im Frontend dann tatsächlich verwendet, allerdings nur für den jeweils gewählten Beitrag.

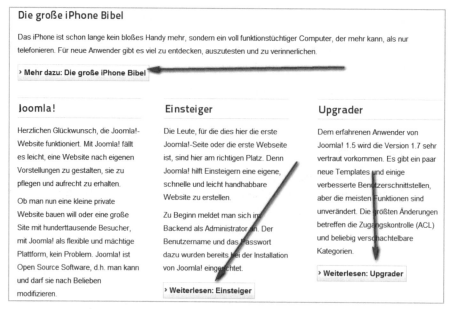

Der Link wurde individualisiert.

Introbilder einfügen

In Joomla! 2.5 können nun endlich eigene Bilder für Introtexte angelegt werden. Praktisch ist das bei einer Blogansicht oder bei Hauptbeiträgen. Wird ein Beitrag dort angezeigt, könnte man ein Vorschaubild extra für diese Ansicht definieren.

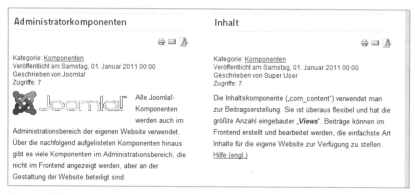

Ein Introbild wird angezeigt.

Sobald derselbe Beitrag jedoch in der Einzelansicht erscheint, besitzt er ein anderes oder vielleicht auch gar kein Bild. So etwas lässt sich in Joomla! ganz einfach umsetzen. Rufen Sie dazu die Bearbeitungsansicht des betreffenden Beitrags auf. Interessant ist dort der Bereich *Bilder und Links*.

▸ Veröffentlichungsoptionen		
▸ Beitragsoptionen		
▸ Konfigurieren des Editorfensters		
▾ Bilder und Links		

Einleitungsbild	images/joomla_black.	Auswählen	Leeren
Textumfließung des Bildes	Globale Einstellung ▾		
Alternativer Text			
Bildunterschrift			
Komplettes Beitragsbild	images/powered_by.p	Auswählen	Leeren
Textumfließung des Bildes	Globale Einstellung ▾		
Alternativer Text			
Bildunterschrift			

Intro- und Komplettbild wurden angelegt.

Über die *Auswählen*-Schaltflächen können die Bilder für den Introtext und für den gesamten Beitrag ausgewählt werden. Das bei *Einleitungsbild* angegebene Bild wird tatsächlich nur im Introtext zu sehen sein. Bleibt das Feld leer, wird kein Bild angezeigt. Gleiches gilt natürlich auch für das eigentliche Beitragsbild, das über *Komplettes Beitragsbild* angegeben wird.

Bei Bedarf können den Bildern jeweils noch Alternativtexte und Unterschriften zugewiesen werden.

Zusätzliche Editoren einbinden

Standardmäßig ist bei Joomla! als Editor zwar TinyMCE eingestellt, man kann allerdings auch andere Editoren nutzen. Dabei gibt es zwei verschiedene Möglichkeiten:

➢ Es wird der gleiche Editor für alle Benutzer eingestellt.

➢ Unterschiedlichen Benutzern können verschiedene Editoren zugewiesen werden.

Welcher Editor standardmäßig von allen Benutzern verwendet wird, können Sie unter *Site/Konfiguration* im Bereich *Website* festlegen. Dort wird der Editor über das Feld *Editor* eingestellt.

Dieser Editor wird nun für alle Benutzer bereitgestellt, bei denen keine gegenteilige Angabe gemacht wurde.

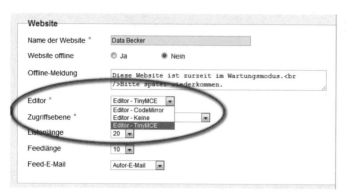

Der Standardeditor wird festgelegt.

Es ist bereits angeklungen, dass Sie für jeden Benutzer eigene Editoreinstellungen vornehmen können. Dazu rufen Sie *Benutzer/Benutzer* auf und klicken den Namen des betreffenden Benutzers an. Interessant ist in dem sich öffnenden Dialogfenster der Bereich *Basis Einstellungen*:

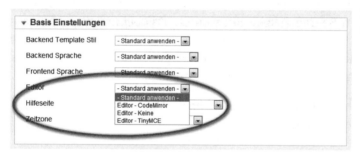

Der Editor wird eingestellt.

Hier können Sie über das *Editor*-Feld den Editor auswählen, der für diesen Benutzer zur Verfügung gestellt werden soll.

Wie üblich muss die Einstellung auch gespeichert werden.

Diese Voreinstellungen können von den Benutzern jeweils in ihren Profilen verändert werden. Die Profileinstellungen erreichen die einzelnen Benutzer jeweils über *Site/Mein Profil*. Dort kann man dann im Parameterbereich den bevorzugten Editor einstellen. Die hier gemachten Einstellungen haben mehr Gewicht als die global gemachten.

Die alternativen Editoren JCE und JCK

Einer der interessantesten alternativen Editoren ist JCE, der deutlich komfortabler als TinyMCE ist. Hier einige Vorteile von JCE gegenüber TinyMCE:

➢ Der Editor ist sehr flexibel konfigurierbar.
➢ Es lassen sich Benutzerprofile anlegen.

> Man kann den Editor in den Vollbildmodus schalten.
> Die Arbeit im Quelltext ist sehr komfortabel.
> Word-Texte lassen sich bereinigen.

Die offizielle Projektwebseite dieses Editors finden Sie unter *http://www. joomlacontenteditor.net/*.

Der Editor wird heruntergeladen.

An dieser Stelle wird ausschließlich die Installation des Editors beschrieben, um die Konfiguration geht es hingegen nicht. Diese ist zum einen selbsterklärend, das Thema würde aber andererseits auch schlichtweg den Rahmen dieses Buchs sprengen.

Für die Installation laden Sie sich den Editor von der genannten Seite herunter. Das heruntergeladene Zip-Archiv darf nicht entpackt werden. Rufen Sie stattdessen *Erweiterungen/Erweiterungen* auf und wählen Sie über die Schaltfläche *Datei auswählen* das heruntergeladene Zip-Archiv aus. Mit *Hochladen und Installieren* wird der Editor installiert. Die Installation dauert übrigens einen Moment.

Die Installation war erfolgreich.

Der Editor präsentiert sich standardmäßig in einer englischsprachigen Benutzeroberfläche. Das lässt sich ändern. Laden Sie sich dazu das deutsche Sprachpaket von der Seite *http://www.hst-pc.de/joomla-jce-editor.html* herunter. Auch hier gilt wieder, dass das Zip-Archiv nicht entpackt werden darf. Wenn Sie ausschließlich den Editor übersetzen wollen, genügt das Zip-Archiv im Bereich *Version 2.0.19 für Joomla! 1.5, 1.6 und 1.7 (nur Editor)*.

Wenn Sie den Editor um zusätzliche Plug-ins erweitern wollen, können Sie auch zu einem der umfangreicheren Pakete greifen. Bei Drucklegung dieses Buchs war Joomla! 2.5 noch nicht explizit aufgeführt. Die Installation des Sprachpakets funktioniert aber dennoch.

Das Sprachpaket wird direkt über den Editor installiert. Dazu rufen Sie *Komponenten/JCE Administration/Install Add-ons* auf. Klicken Sie im Bereich *Install* auf die *Browse*-Schaltfläche und wählen Sie das heruntergeladene Zip-Archiv aus.

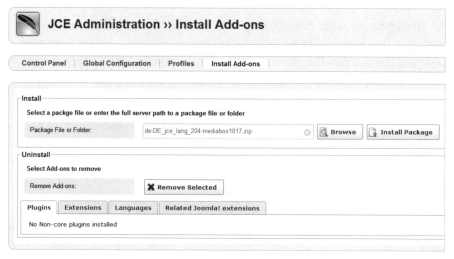

Das Paket kann installiert werden.

Mit *Install Package* wird das Paket installiert. Der Editor besitzt nun eine deutschsprachige Benutzeroberfläche. Sehen werden Sie das aber erst, wenn Sie die Seite im Browser aktualisieren.

Soll der Editor allen Benutzern zur Verfügung stehen, muss er unter *Site/ Konfiguration* als Standardeditor eingestellt werden.

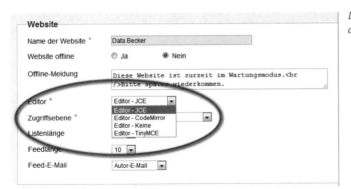

Der Editor wird aktiviert.

Wenn Sie nun einen Beitrag bearbeiten, ist dafür dieser Editor ab sofort verfügbar.

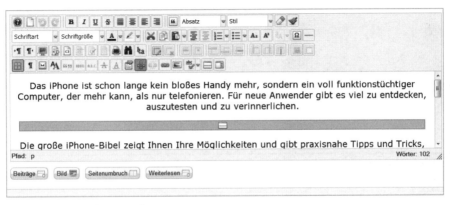

Der neue Editor steht zur Verfügung.

Wenn Sie bereits mit dem normalen Joomla!-WYSIWYG-Editor gearbeitet haben, werden Sie sich im JCE sofort zurechtfinden. Einige der Vorteile des JCE wurden bereits genannt. Seine größte Stärke spielt der Editor aber wahrscheinlich beim Einfügen von Bildern aus. Denn das gestaltet sich durch den integrierten Bilder-Manager sehr angenehm. (Auch wenn auf diesem Gebiet der Standard-Editor von Joomla! aufgeholt hat.)

Im Bilder-Manager hat man alle wichtigen Funktionen direkt parat und greift direkt auf den Medien-Bereich von Joomla! zu.

Neben dem Bild- gibt es auch noch einen Link-Manager. Dieser erlaubt das Setzen von Hyperlinks auf alle möglichen Joomla!-Inhalte. Dazu gehören neben den Beiträgen auch Kontakte und Weblinks. Zudem kann man Verweisziele auch direkt über die Menüeinträge suchen.

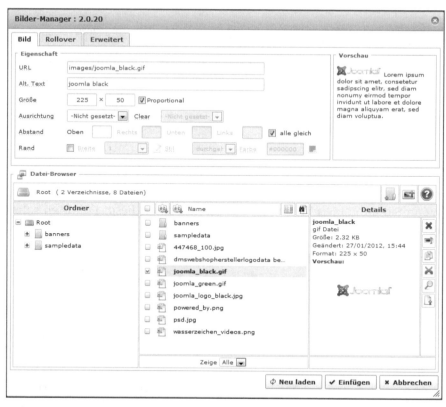

So lassen sich Bilder äußerst komfortabel einbinden.

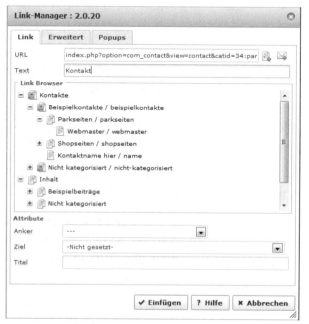

Links lassen sich sehr komfortabel anlegen.

Wenn Sie mit Joomla! arbeiten, werden Sie über kurz oder lang auch mit JCE in Verbindung kommen. Ein Test lohnt in jedem Fall.

Der JCK Editor

Ein weiteres interessantes Tool neben JCE ist der JCK Editor. Dieses Tool ist jedoch lediglich für nicht kommerzielle Projekte kostenlos. Wer den Editor auch kommerziell nutzen will, muss Mitglied auf der Seite *http://www.joomlackeditor.com/subscription* werden. Am besten testen Sie den Editor, bevor Sie ihn kaufen. Dazu ist allerdings eine Registrierung auf der Seite *http://www.joomlackeditor.com/register* nötig.

Ein Editor ganz ohne Formatierung

Wenn Sie auf den grafischen WYSIWYG-Editor verzichten wollen, können Sie auch die puristische Variante wählen.

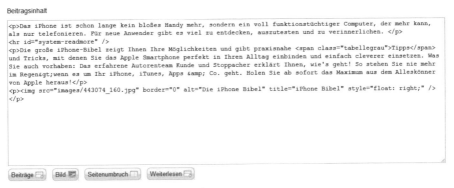

So kann man den HTML-Code direkt eingeben.

Hier muss der Text von Hand eingegeben werden. Interessant ist diese Variante für alle diejenigen, die die volle Kontrolle über den HTML-Code haben wollen, mit dem im Frontend letztendlich die Beiträge formatiert werden. Wollen Sie die Beiträge also von Hand formatieren, können Sie den Editor ausschalten. Rufen Sie dazu beispielsweise *Site/Mein Profil* auf. Im Parameterbereich muss dann der Wert von *Editor* auf *Editor - Keine* gestellt werden. Sobald die Einstellungen übernommen sind, steht als Editor ein ganz normales Texteingabefeld für den aktuell angemeldeten Benutzer zur Verfügung.

Alternativ dazu können Sie die Einstellungen auch global für alle Benutzer vornehmen. Dazu öffnen Sie *Site/Konfiguration*. Im Bereich *Website* muss dann im Feld *Editor* der Wert *Editor - Keine* ausgewählt werden.

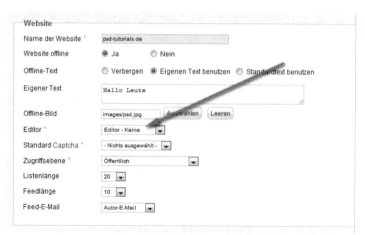

*Der Editor wurde
deaktiviert.*

Syntaxhervorhebung einstellen

Wer seinen HTML-Code direkt eingibt, kann auf die sogenannte Syntax-hervorhebung zurückgreifen. Dabei werden sämtliche HTML-Elemente im Editorfenster optisch hervorgehoben.

So sieht man die HTML-Elemente viel besser. Zudem wird man auf mögliche Syntaxfehler aufmerksam gemacht. (Aus Sicht des Editors fehlerhafte bzw. falsch geschlossene Elemente werden rot hervorgehoben.)

Das ist hilfreich bei der Programmierung.

Um die Syntaxhervorhebung zu aktivieren, rufen Sie zum Beispiel *Site/ Mein Profil* auf und stellen im Parameterbereich über das Feld *Editor* den Wert *Editor - CodeMirror* ein. Die Einstellungen müssen wie üblich über-nommen werden und gelten dann ausschließlich für den aktuellen Benut-zer. Alternativ dazu können Sie CodeMirror auch global einstellen. Das ge-schieht dann über *Site/Konfiguration* innerhalb des *Website*-Bereichs im Feld *Editor*. Zusätzlich können Sie dafür sorgen, dass im Editorfenster Zeilennummern angezeigt werden. So sehen Sie immer sofort, in welcher Zeile Sie sich innerhalb des Codes bewegen.

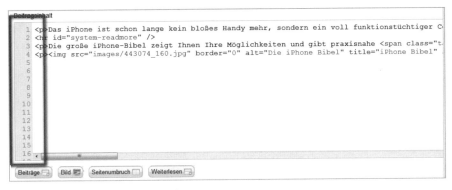

Hier werden Zeilennummern angezeigt.

Die entsprechende Option finden Sie unter *Erweiterungen/Plugins/Editor - CodeMirror*.

Die Zeilennummerierung wird aktiviert.

Stellen Sie dort das Optionsfeld bei *Zeilennummerierung* auf *An*. Sobald diese Einstellung übernommen wird, werden die Zeilennummern angezeigt.

4.3 Beiträge verwalten, löschen und wiederherstellen

Einen Überblick über alle vorhandenen Beiträge können Sie sich über *Inhalt/Beiträge* verschaffen. Werfen Sie erst mal einen Blick auf die Werkzeugleiste.

Über diese Werkzeugleiste können Sie sämtliche wichtige Aktionen auf einen oder parallel auf mehrere Beiträge anwenden. So lassen sich hierüber beispielsweise neue Beiträge anlegen, nicht mehr benötigte Artikel sperren oder ins Archiv verschieben. Auf den folgenden Seiten werden Sie diese und weitere Optionen kennenlernen.

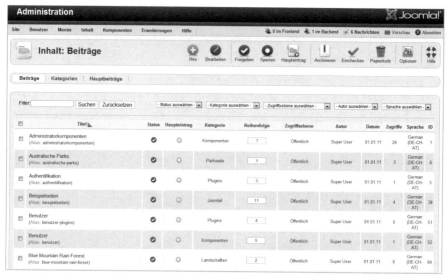

Die Werkzeugleiste der Artikelverwaltung.

Beiträge veröffentlichen

Um einen Beitrag zu veröffentlichen, rufen Sie *Inhalt/Beiträge* auf. Markieren Sie das davor befindliche Kontrollkästchen und klicken Sie in der Werkzeugleiste auf *Freigeben*. (Alternativ dazu können Sie auch in der *Freigegeben*-Spalte auf das bei nicht freigegebenen Beiträgen angezeigte rote Symbol klicken. Dieses verwandelt sich dann automatisch in ein grünes Symbol. Der Beitrag ist somit freigegeben.) Zusätzlich zum grünen Symbol wird oberhalb der Beitragsliste *1 Beitrag veröffentlicht* angezeigt.

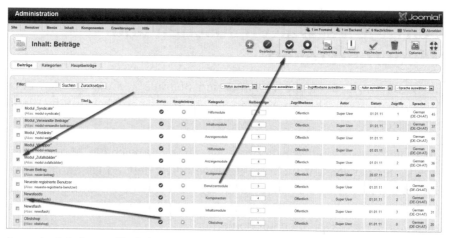

So werden Beiträge veröffentlicht.

Ganz ähnlich funktioniert es übrigens auch, wenn nicht veröffentlicht werden soll. Nur muss man dann auf *Sperren* klicken. Die so behandelten Beiträge sind nicht mehr im Frontend zu sehen.

Sehr interessant ist auch die *Archivieren*-Funktion. Denn dadurch können momentan nicht benötigte Beiträge archiviert werden, ohne dass sie gelöscht werden müssen. Im Gegensatz zu gesperrten Beiträgen sind diese aber zunächst einmal in der Beitragsliste nicht mehr zu sehen, was die Übersicht in dieser Liste erhöht. Auch werden archivierte Beiträge nicht vom Textfilter berücksichtigt.

Wollen Sie einen Beitrag ins Archiv verschieben, aktivieren Sie das vor dem Beitrag stehende Kontrollkästchen und klicken in der Werkzeugleiste auf *Archivieren*.

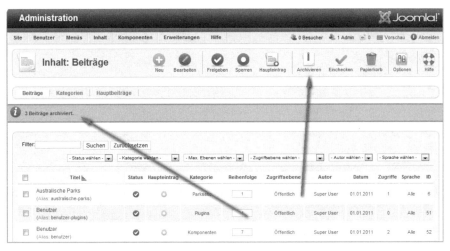

Hier wurden drei Beiträge archiviert.

Tatsächlich sind archivierte Beiträge weiterhin in der Beitragsliste enthalten. Um sich diese anzeigen zu lassen, setzt man den *Archiviert*-Filter ein.

Wenn Sie diesen Filter auf *Archiviert* gesetzt haben, werden nur noch die archivierten Beiträge gezeigt.

Um einen archivierten Beitrag wiederherzustellen, klicken Sie auf das Symbol in der *Status*-Spalte.

Dadurch wird der Beitrag aus dem Archiv entfernt, und ihm wird der Status *Gesperrt* zugewiesen. Wollen Sie einen archivierten Beitrag aus dem Archiv entfernen und ihn sofort im Frontend anzeigen, aktivieren Sie das Kontrollkästchen, das vor diesem Beitrag angezeigt wird. Anschließend klicken Sie in der Werkzeugleiste auf *Freigeben*.

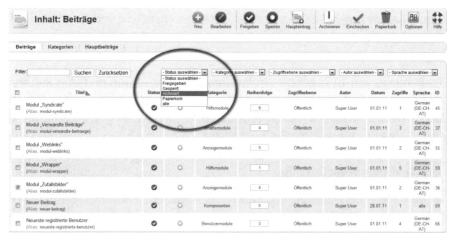

Hierüber werden ausschließlich archivierte Beiträge angezeigt.

Darüber lassen sich die Beiträge aus dem Archiv holen.

Beiträge sortieren

Über die *Filter*-Felder unterhalb der Werkzeugleiste lassen sich die Beiträge noch detaillierter sortieren. Interessant wird das natürlich in erster Linie, wenn sehr viele Beiträge vorhanden sind. So können Sie sich beispielsweise über den Filter *Kategorie auswählen* ausschließlich die Beiträge anzeigen lassen, die einer bestimmten Kategorie zugewiesen wurden.

Wenn Sie direkt nach dem Titel eines Beitrags suchen wollen, können Sie das *Filter*-Feld nutzen.

Tragen Sie dort den gewünschten Titel ein. Dabei genügt es übrigens auch, wenn Sie nur einen Teil des gesuchten Titels eintragen. Über *Suchen* wird die Suche gestartet. Um die Auswahl wieder aufzuheben, klicken Sie auf *Zurücksetzen*.

So kann nach Beiträgen gesucht werden.

Keine Volltextsuche

Beachten Sie, dass sich die Suche hier ausschließlich auf die Beitragstitel beschränkt. Die eigentlichen Beitragstexte werden nicht durchsucht.

Beiträge löschen und wiederherstellen

Artikel, die tatsächlich nicht mehr benötigt werden, können Sie löschen. Dazu markieren Sie den betreffenden Beitrag und klicken in der Werkzeugleiste auf *Papierkorb*.

Auf diese Weise behandelte Beiträge sind aus der Beitragsübersicht verschwunden. Zu erkennen ist das an der eingeblendeten Meldung *1 Beitrag weggeworfen*.

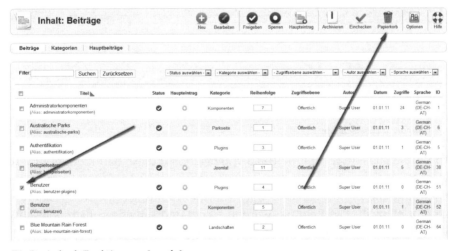

Die Papierkorb-Funktion von Joomla!.

Der Beitrag ist allerdings noch nicht gelöscht, sondern wird lediglich in den Papierkorb verschoben. (Auch wenn die Meldung *2 Beiträge weggeworfen* etwas anderes suggerieren mag.) Diese Funktionsweise kennen Sie bereits von Windows oder Linux. Denn auch dort landen Dateien, wenn man sie löscht, zunächst im Papierkorb. Erst wenn man sie auch dort löscht, sind sie tatsächlich von der Festplatte verschwunden. (Genau genommen sind sie auch dann nicht von der Festplatte verschwunden. Das ist aber ein anderes Thema.)

Um sich die in den Papierkorb verschobenen Beiträge anzusehen, rufen Sie aus dem *Status wählen*-Filter den Eintrag *Papierkorb* auf.

Alle gelöschten Beiträge werden angezeigt.

Ein Blick auf die Werkzeugleiste zeigt, dass sich diese leicht verändert hat, denn aus der bekannten *Papierkorb*-Schaltfläche ist nun *Papierkorb leeren* geworden.

Die veränderte Werkzeugleiste.

Um Artikel aus dem Papierkorb zu entfernen und diese damit endgültig zu löschen, aktivieren Sie die vor den Beiträgen vorhandenen Kontrollkästchen und klicken auf *Papierkorb leeren*. Aber Achtung: Eine Kontrollabfrage gibt es nicht. Die Beiträge werden sofort und unwiderruflich gelöscht. Dann können sie tatsächlich nicht wiederhergestellt werden.

Um einen versehentlich in den Papierkorb verschobenen Beitrag wiederherzustellen, markieren Sie zunächst dessen vorangestelltes Kontrollkästchen. Anschließend klicken Sie in der Werkzeugleiste entweder auf *Freigeben* oder auf *Sperren*. Der betreffende Beitrag wird daraufhin aus dem Papierkorb entfernt. Denken Sie vor der Verwendung von *Freigeben* aber daran, dass der Beitrag dann sofort im Frontend sichtbar ist.

Alternativ dazu können Sie auch auf das Papierkorbsymbol in der *Status*-Zeile klicken. Dadurch wird der Beitrag ebenfalls aus dem Papierkorb verschoben und auch sofort freigegeben.

Beiträge sortieren

Über die Spaltenköpfe der Beitragsübersicht stehen zahlreiche Sortiermöglichkeiten zur Verfügung.

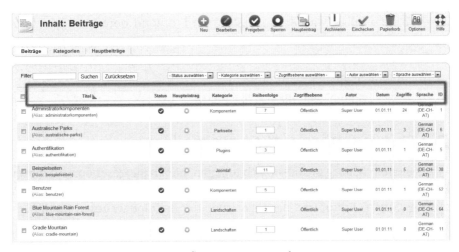

So kann auf die Beitragssortierung Einfluss genommen werden.

Klickt man beispielsweise auf den Spaltenkopf *Status*, werden zunächst alle Beiträge angezeigt, die veröffentlicht sind, anschließend folgen die nicht veröffentlichten. Ein erneutes Anklicken des Spaltenkopfs dreht die Sortierung um. Genauso funktioniert das auch bei den anderen Spalten. Hier eine vollständige Übersicht der verfügbaren Spalten (beachten Sie, dass die meisten Spalten eher informativen Charakter haben):

➢ *Titel* – Das ist der Beitragstitel, der im Frontend als Überschrift angezeigt wird. Unterhalb des Titels sehen Sie den Alias. Dieser ist im Zusammenhang mit den suchmaschinenfreundlichen URLs interessant. Ausführliche Informationen zu diesem Thema finden Sie in Kapitel 11.

- ➤ *Status* – Zeigt, ob ein Beitrag veröffentlicht ist.
- ➤ *Haupteintrag* – Das sind solche Beiträge, die auf der Startseite angezeigt werden. Sämtliche vorgestellten Beiträge können Sie übrigens direkt über *Inhalt/Haupteinträge* verwalten. So haben Sie noch mehr Überblick darüber, was eigentlich alles auf der Startseite angezeigt wird.
- ➤ *Kategorie* – In dieser Spalte steht die Kategorie, in die der Beitrag eingefügt wurde.
- ➤ *Reihenfolge* – Hier sehen Sie die Reihenfolge der Beiträge.
- ➤ *Zugriffsebene* – Zeigt das Zugriffslevel, ab dem auf die Beiträge zugegriffen werden kann.
- ➤ *Autor* – In dieser Spalte können Sie auf einen Blick sehen, wer welche Beiträge geschrieben hat.
- ➤ *Datum* – Diese Spalte enthält Datum und Uhrzeit, an dem die Beiträge angelegt wurden.
- ➤ *Zugriffe* – Zeigt, wie oft ein Beitrag im Frontend bereits aufgerufen/ angesehen wurde
- ➤ *Sprache* – Hier ist die Sprache enthalten. Diese Spalte ist lediglich bei mehrsprachigen Seiten interessant.
- ➤ *ID* – Diese Spalte zeigt die IDs der Beiträge.

Die Beitragsparameter einstellen

Wie Sie einen Beitrag grundsätzlich anlegen, haben Sie gesehen. (An dieser Stelle übrigens gleich noch der Hinweis, dass ausführliche Informationen zum WYSIWYG-Editor und der Gestaltung der Beiträge weiter unten in diesem Kapitel noch folgen.)

Joomla! stellt eine Vielzahl an Möglichkeiten bereit, mit denen man die Anzeige der Beiträge noch detaillierter steuern kann. Es bietet zwei Möglichkeiten zur Konfiguration über Parameter:

- ➤ **Global** – Diese Einstellungen gelten für alle Beiträge.
- ➤ **Beitragsintern** – Diese Einstellungen betreffen den jeweiligen Beitrag.

Die beitragsinternen Parameter überschreiben dabei immer die globalen. Das ist praktisch, da Sie so einzelne Beiträge anders als die anderen konfigurieren können. Ein Beispiel: Angenommen, Sie legen innerhalb der globalen Einstellungen fest, dass Beitragstitel grundsätzlich nicht verlinkt werden sollen. Das ist so auch bei 100 Beiträgen gewünscht. Beim 101. soll der Titel aber verlinkt sein. In diesem Fall passen Sie die entsprechende Option des 101. Beitrags an.

Die globalen Parameter

Bei den globalen Parametern stehen übrigens mehr Optionen zur Verfügung. Sie sollten also in jedem Fall zunächst dort Ihre Einstellungen vornehmen.

Um die globalen Einstellungen festzulegen, rufen Sie *Inhalt/Beiträge* auf und klicken in der Werkzeugleiste auf *Optionen*.

Das sich öffnende Dialogfenster ist in verschiedene Registerkarten aufgeteilt. Die Optionen werden an dieser Stelle – da es doch sehr viele sind – nicht alle aufgeführt. (Was nicht weiter schlimm ist, da viele dieser Optionen ohnehin selbsterklärend sind.)

Das sind die globalen Optionen.

An dieser Stelle geht es zunächst ausschließlich um die Optionen im Register *Beiträge*. Hier die wichtigsten Einstellungsmöglichkeiten:

> *Layout auswählen* – Erlaubt das Auswählen des zu verwendenden Layouts.

> *Titel* – Mit *Anzeigen* kann festgelegt werden, ob der Titel des Inhaltselements als Seitentitel verwendet werden soll. In diesem Fall erscheint der Titel im *title*-Element der Seite und wird somit in der Titelzeile des Browsers angezeigt. Das funktioniert allerdings nur, wenn der Inhalt nicht in einer Liste oder Ähnlichem erscheint.

> *Titel verlinken* – Hierüber kann der Titel des Inhalts mit dem vollständigen Text verlinkt werden.

> *Einleitungstext* – Diese Einstellung legt fest, ob ein Introtext angezeigt werden soll. Interessant ist das allerdings nur, wenn tatsächlich ein Introtext definiert wurde. Ausführliche Informationen dazu finden Sie ab Seite 252.

> *Kategorie* – Wird dieser Wert auf *Anzeigen* gesetzt, wird die Kategorie angezeigt, zu der der Beitrag gehört.

> *Kategorie verlinken* – Hier legt man fest, ob der Kategoriename verlinkt werden soll. Ein Klick auf den Kategorienamen führt zur Kategorieübersicht. Diese Option ist nur sinnvoll, wenn der Kategoriename angezeigt wird (siehe vorherige Option). In diesem Fall ist sie dann allerdings auch sehr praktisch.

> *Übergeordnete Kategorie* – Setzt man diese Option auf *Anzeigen*, wird auch die übergeordnete Kategorie angezeigt, in die der Beitrag eingeordnet ist.

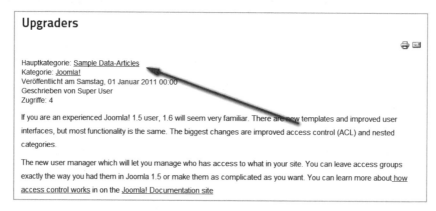

➢ *Übergeordnet verlinken* – Wird diese Option auf *Ja* gesetzt, wird der Titel der übergeordneten Kategorie des Beitrags als Link angezeigt. Folgt man einem Link zur Oberkategorie, erhält man eine Übersichtsseite, auf der die Unterkategorien angezeigt werden.

➢ *Autor* – Hierüber kann der Name des Autors ein- oder ausgeblendet werden. Der Link führt auf die Profilseite des Autors.

➢ *Autor verlinken* – Der Name des Autors wird verlinkt. Folgt man dem Link, werden die Beiträge des Autors angezeigt.

➢ *Erstellungsdatum* – Bestimmt, ob das Erstellungsdatum des Artikels angezeigt werden soll.

➢ *Bearbeitungsdatum* – Legt fest, ob das Änderungsdatum des Artikels eingeblendet werden soll.

➢ *Veröffentlichungsdatum* – Hierüber kann das Datum ausgegeben werden, an dem der Beitrag veröffentlicht wurde.

Das Speichern nicht vergessen

Nachdem die Einstellungen auf dieser Seite gemacht wurden, darf man das Speichern nicht vergessen. Die entsprechende Schaltfläche finden Sie – etwas versteckt – im oberen Fensterbereich.

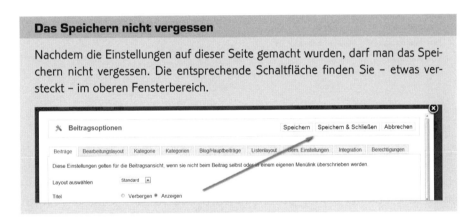

Parameter für einzelne Beiträge

Im vorherigen Abschnitt wurde gezeigt, wie die globalen Einstellungen vorgenommen werden. Allerdings können zu jedem Beitrag auch eigene Optionen angegeben werden. Diese Einstellungen überschreiben dann die globalen.

Um die Optionen für einen Beitrag anzupassen, öffnen Sie diesen in der Bearbeitungsansicht, klicken also unter *Inhalt/Beiträge* auf dessen Namen. Der rechte Fensterbereich des Beitragsfensters ist in drei aufklappbare Registerkarten aufgeteilt, die auf den folgenden Seiten einer genaueren Betrachtung unterzogen werden.

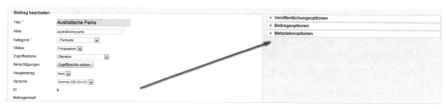

Dort verbergen sich die Beitragsoptionen.

Innerhalb der Registerkarte *Veröffentlichungsoptionen* werden zunächst einmal wichtige Informationen über den aktuell geöffneten Beitrag angezeigt.

So erfährt man schon mal eine ganze Menge über den Beitrag.

Hier sehen Sie das Bearbeitungsdatum, die Anzahl der Zugriffe im Frontend und wie oft der Beitrag bearbeitet wurde. Interessant ist dieser Bereich zum Beispiel, wenn Sie nicht mehr genau wissen, wann Sie zuletzt Änderungen an einem Artikel vorgenommen haben.

Zusätzlich können Sie im Bereich *Bearbeitet von* ablesen, wer den Beitrag zuletzt bearbeitet hat.

Über die angebotenen Optionen in den *Veröffentlichungsoptionen* können Sie die grundlegenden Einstellungen vornehmen.

➢ *Erstellt von* – Der Verfasser des Artikels.

➢ *Erstellt von Alias* – Hiermit gibt man einen Aliasnamen für den Autor des Artikels an. Dieser Name wird dann anstelle des Benutzernamens auf der Webseite angezeigt.

➢ *Erstellungsdatum* – Standardmäßig wird das aktuelle Datum als Erstellungsdatum eines Artikels verwendet. Um das zu ändern, kann man hier ein anderes Datum angegeben, das dann angezeigt wird. Dabei kann das Datum manuell eingetragen oder über die Schaltfläche aus einem Kalender ausgewählt werden.

➢ *Freigabe starten* – Damit können Sie den Zeitpunkt bestimmen, an dem der Inhalt veröffentlicht wird. So kann man beispielsweise einen Artikel verfassen, den Veröffentlichungstermin aber so legen, dass der Artikel erst in zwei Wochen erscheint.

➢ *Freigabe beenden* – Diese Einstellung stellt eine gute Möglichkeit dar, um veraltete Inhalte automatisch entfernen zu lassen. Legen Sie hier den Zeitpunkt fest, an dem ein veröffentlichter Artikel wieder ausgeblendet werden soll. Beachten Sie, dass ausgeblendete Inhalte im Backend nach wie vor auf *Veröffentlicht* stehen und auch nicht automatisch archiviert werden. Das muss manuell gemacht werden.

Weitere Optionen werden sichtbar, wenn Sie auf *Beitragsoptionen* klicken.

▶ Veröffentlichungsoptionen	
▾ Beitragsoptionen	
Titel	Globale Einstellung
Titel verlinken	Globale Einstellung
Einleitungstext	Globale Einstellung
Kategorie	Globale Einstellung
Kategorie verlinken	Globale Einstellung
Übergeordnete Kategorie	Globale Einstellung
Übergeordnet verlinken	Globale Einstellung
Autor	Globale Einstellung
Autor verlinken	Globale Einstellung
Erstellungsdatum	Globale Einstellung
Bearbeitungsdatum	Globale Einstellung
Veröffentlichungsdatum	Globale Einstellung
Seitennavigation	Globale Einstellung
Symbole/Text	Globale Einstellung
Drucksymbol	Globale Einstellung
E-Mail-Symbol	Globale Einstellung
Beitragsbewertung	Globale Einstellung
Seitenaufrufe	Globale Einstellung
Nicht zugängliche Links	Globale Einstellung
Linkpositionierung	Globale Einstellung
Anderer „Weiterlesen"-Text	
Alternatives Layout	Globale Einstellung

Die Beitragsoptionen werden bestimmt.

Sie können über die gezeigten Auswahlfelder für den aktuell geöffneten Beitrag eigene Einstellungen vornehmen. Im Normalfall werden Sie allerdings für alle Artikel die gleichen Einstellungen übernehmen wollen. Dazu lassen Sie einfach *Globale Einstellungen* stehen. Woher Joomla! diese globalen Einstellungen nimmt bzw. wo Sie sie anpassen können, wurde im vorherigen Abschnitt gezeigt.

Bevor die Optionen vorgestellt werden, noch einmal der Hinweis, dass die Einstellungen für einen einzelnen Beitrag immer die globalen Optionen überlagern. Haben Sie also bei den globalen Parametern festgelegt, dass die Titel nicht verlinkt werden sollen, stellen bei den Parametern für einen Beitrag aber ein, dass der Titel verlinkt ist, wird bei diesem Beitrag der Titel tatsächlich als Hyperlink angezeigt.

Zudem werden auf den folgenden Seiten nur die Parameter behandelt, die nicht bereits im Zusammenhang mit den globalen Einstellungen vorgenommen wurden.

> *Autor* – Zeigt den Namen des Autors an oder eben nicht.

> *Autor verlinken* – Wenn der Name des Autors sichtbar ist, kann man diesen mit einem Link ausstatten. Dieser Link führt dann auf die Kontaktseite des jeweiligen Benutzers. Damit das funktioniert, muss für diesen Benutzer allerdings über *Komponenten/Kontakte* tatsächlich eine Kontaktseite angelegt worden sein.

> *Seitennavigation* – Hierüber können Sie festlegen, ob unterhalb des Beitrags *Zurück*- und *Weiter*-Schaltflächen angezeigt werden sollen, über die zum vorherigen bzw. zum nächsten Beitrag navigiert werden kann.

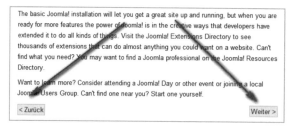

> *Symbole/Text* – Diese Option ist nur dann wichtig, wenn tatsächlich bei *Drucksymbol* und/oder *E-Mail-Symbol* der Wert auf *Anzeigen* steht. Wenn Sie *Symbole/Text* auf *Verbergen* stellen, wird anstelle der Symbole Text angezeigt.

> *Drucksymbol* – Zeigt den *Drucken*-Link oder das Drucken-Symbol an, wenn der Wert auf *Anzeigen* gestellt wird.

> *E-Mail-Symbol* – Zeigt den E-Mail-Link oder das E-Mail-Symbol an, wenn der Wert auf *Anzeigen* gestellt wird.

> *Beitragsbewertung* – Erlaubt das Bewerten von Beiträgen. Sollte das Bewertungssystem nicht angezeigt werden, überprüfen Sie, ob unter *Inhalt/Kategorien/Optionen* die Option *Beitragsbewertung* auf *Anzeigen* gestellt ist. Stellen Sie anschließend auch noch sicher, dass unter *Erweiterungen/Plugins* das Plug-in *Inhalt - Bewertung* aktiviert ist. Dennoch kann es passieren, dass die Beitragsbewertung nicht angezeigt wird. In solchen Fällen hilft dann zumeist nur das Aktivieren der globalen *Beitragswerbung*-Option.

> *Seitenaufrufe* – Zeigt an, wie oft der Beitrag bereits aufgerufen wurde.

> *Nicht zugängliche Links* – Hierüber kann man solche Links anzeigen oder verstecken, die ausschließlich registrierten Benutzern zur Verfügung stehen sollen. Werden diese Links angezeigt, können ihnen zwar auch Benutzer folgen, die sich nicht registriert haben, um auf den Inhalt, der sich hinter dem Link verbirgt, aber tatsächlich zugreifen zu können, müssen sie sich registrieren und anmelden.

> *Linkpositionierung* – Die nicht zugänglichen Links lassen sich über oder unter den Beiträgen einblenden. Wo sie letztendlich angezeigt werden sollen, legt man über diese Option fest.

Über den Bereich *Metadatenoptionen* lassen sich Angaben für Suchmaschinen für jeden einzelnen Beitrag festlegen. Was es damit auf sich hat, wird detailliert in Kapitel 11 gezeigt.

4.4 Links auf Beiträge setzen

Mit dem Anlegen des Beitrags allein ist es nun allerdings noch nicht getan. Richtig interessant wird es erst, wenn die Besucher auf den Beitrag zugreifen können. Im vorherigen Kapitel wurde gezeigt, wie man Kategorien anlegt. Mit diesem Vorwissen ausgestattet, können Sie nun Ihre Beiträge auf unterschiedlichste Art und Weise anzeigen.

Im Normalfall werden Sie Ihre Beiträge sicherlich in eine bestimmte Kategorie einordnen. (Wobei Beiträge immer in Kategorien eingeordnet werden müssen. Selbst die, die explizit nicht zu einer Kategorie gehören sollen, müssen in die Kategorie *Nicht kategorisiert* eingeordnet werden.) Wenn Sie nun den passenden Menütyp wählen, können Sie alle zu einer Kategorie gehörenden Beiträge anzeigen lassen. Wie sich ein solcher Link anlegen lässt, wird hier beschrieben. Lesen Sie in diesem Zusammenhang auch noch einmal die Informationen, die im vorherigen Kapitel ab Seite 168 im Zusammenhang mit Menüs und Menütypen zu finden sind.

1   Öffnen Sie über *Inhalt/Beiträge* den betreffenden Beitrag. Im oberen Fensterbereich *Beitrag bearbeiten* finden Sie das Feld *Kategorie*.

2   Wählen Sie aus dem Feld *Kategorie* die gewünschte Kategorie aus und speichern Sie diese Einstellungen.

Der Beitrag befindet sich nun in einer Kategorie. Durch den richtigen Menütyp können Sie im Frontend alle Beiträge anzeigen lassen, die zu einer bestimmten Kategorie gehören. Dazu rufen Sie über *Menüs* das gewünschte Menü auf. Über *Neu* wird ein neuer Menüpunkt angelegt.

Menüs: Neuer Menüeintrag

Details

Menütyp *	Auswählen
Menütitel *	Fanpage-Designer elements für Facebook
Alias	
Notiz	
Link	
Status	Freigegeben ▾

So wird der Menütyp festgelegt.

Im Feld *Menütyp* wird durch Anklicken der *Auswählen*-Schaltfläche der Menütyp bestimmt. Im Fall der Kategorien sind drei Einträge interessant.

➢ *Alle Kategorien auflisten*
➢ *Kategorie-Blog*
➢ *Kategorieliste*

Was es mit diesen Eintragstypen auf sich hat, wurde ausführlich in Kapitel 3 gezeigt. Nachdem Sie sich für einen der Menütypen entschieden haben, können Sie die bekannten Parameter einstellen. Durch Abspeichern wird der neue Menüpunkt abschließend angelegt.

Klicken Sie nun im Frontend einen so erstellten Hyperlink an, werden alle zu einer Kategorie gehörenden Beiträge aufgelistet. Ausnahme bildet hier lediglich der Eintragstyp *Alle Kategorien auflisten*. Dieser zeigt eine Liste aller Beitragskategorien einer bestimmten Kategorie.

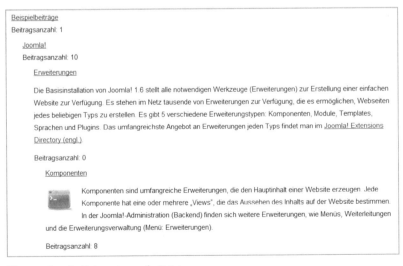

Hier werden die Kategorien aufgelistet.

Links direkt im Menü platzieren

Wie sich Beiträge in Kategorien einordnen und somit verlinken lassen, haben Sie im vorherigen Abschnitt gesehen. Nun kann es aber durchaus sein, dass Sie in einem Menü einen direkten Link auf einen Beitrag setzen wollen. Das ist problemlos machbar.

1 Rufen Sie dazu über *Menüs* das gewünschte Menü auf und klicken Sie in der Werkzeugleiste auf *Neu*.

2 Als Menütyp wird unter *Beiträge* der Wert *Einzelner Beitrag* gewählt.

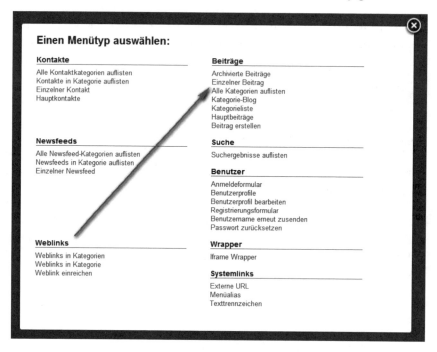

3 Im Dialogfenster *Neuer Menüeintrag* müssen nun detaillierte Informationen zum anzulegenden Hyperlink gegeben werden. Am wichtigsten ist natürlich erst einmal, dass

der Link auf den richtigen Beitrag zeigt. Klicken Sie dazu im rechten Fensterbereich bei *Beitrag wählen* auf *Auswählen/Wechseln*.

4 In dem sich daraufhin öffnenden Fenster werden alle Beiträge angezeigt. Durch Anklicken des Beitragstitels wird der gewünschte Beitrag
eingestellt.

5 Die übrigen Angaben sind dann wieder selbsterklärend. Geben Sie zumindest einen verständlichen Namen für den Menüeintrag an.

6 Ist der neue Menüeintrag gespeichert, zeigt ein Blick ins Frontend das
gewünschte Ergebnis.

4.5 Bilder, Videos und Dokumente managen

Den Dreh- und Angelpunkt für die Verwaltung von Medien aller Art finden
Sie unter *Inhalt/Medien*.

Alle Medien werden zentral verwaltet.

Über diesen Bereich können Sie Bilder, PDFs oder beispielsweise auch
Word-Dateien auf den Server laden und verwalten. Ebenso lassen sich
problemlos zusätzliche Verzeichnisse anlegen und Dateien löschen.

Bevor gezeigt wird, wie die Medienverwaltung funktioniert, erhalten Sie
zunächst ein paar allgemeine Hinweise hierzu. Denn in der Tat geht mit
der Medienverwaltung ein gewisses Risiko einher. Das gilt in erster Linie
dann, wenn sehr viele Benutzer im Backend arbeiten und Dateien hochladen können. Zwei Punkte spielen eine entscheidende Rolle:

➢ die Dateitypen und

➢ die Größe der Dateien.

Joomla! bietet die Möglichkeit, explizit festzulegen, welche Dateitypen auf den Server geladen werden können und wie groß diese jeweils sein dürfen. Ausführliche Informationen dazu finden Sie im weiteren Verlauf dieses Kapitels.

Über *Inhalt/Medien* können Sie sich einen Überblick über die Medieninhalte verschaffen, die auf dem Server innerhalb des Joomla!-Stammverzeichnisses im *images*-Verzeichnis liegen.

Das Medienverzeichnis ändern

Soll standardmäßig auf ein anderes Verzeichnis als *images* zugegriffen werden, können Sie das über die *Optionen*-Schaltfläche in der Werkzeugleiste festlegen. Weiterführende Informationen dazu finden Sie ab Seite 290.

Unterhalb der Werkzeugleiste sehen Sie die beiden Register *Vorschaubilder* und *Details*.

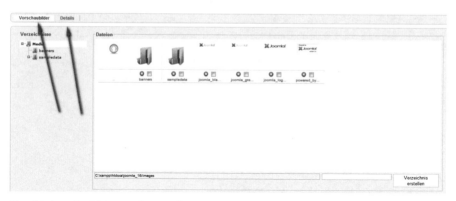

Verschiedene Ansichten werden angeboten.

Im Register *Vorschaubilder* bekommt man kleine Vorschaubilder der Grafiken angezeigt. Will man sich zusätzliche Informationen zu den einzelnen Bildern anzeigen lassen, wechselt man in die *Details*.

Dort sind neben kleinen Vorschaubildern auch die Abmessungen und die Dateigrößen der Grafiken zu sehen.

Um sich eines der Bilder in voller Größe anzeigen zu lassen, klickt man es an. Am besten klicken Sie dabei übrigens auf das kleine Symbol in der Spalte *Vorschau*. Dadurch werden die Bilder in einer Layer-Ansicht geöffnet, die man sehr einfach wieder schließen kann. Klickt man hingegen auf den Dateinamen, wird das Bild direkt angezeigt. Um dann wieder auf die Übersichtsseite der Bilder zu gelangen, muss man die *Zurück*-Schaltfläche des Browsers benutzen.

Hier erhalten Sie Details zu den Grafiken.

Für das Löschen der Bilder stehen zwei verschiedene Varianten bereit. Einzelne Bilder löscht man direkt über das kleine *x*.

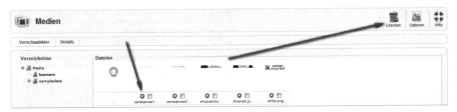

So lassen sich Medien löschen.

Aber Achtung, eine Kontrollabfrage gibt es nicht. Löscht man ein Bild, ist es tatsächlich weg. Um mehrere Bilder gleichzeitig zu löschen, aktivieren Sie die vorangestellten Kontrollkästchen und klicken in der Werkzeugleiste auf *Löschen*.

Verzeichnisse lassen sich nicht so einfach löschen. Denn um ein Verzeichnis löschen zu können, muss es leer sein. Ist es das nicht, wird eine Fehlermeldung angezeigt.

Das Verzeichnis kann nicht gelöscht werden.

Medien einbinden und Ordnung halten

Bilder können auf verschiedene Arten auf den Server geladen werden:

> ➤ per FTP
> ➤ über den WYSIWYG-Editor
> ➤ über den Media Manager

Die FTP-Variante bietet sich vor allem dann an, wenn mehrere Bilder auf einmal hochgeladen werden sollen. Dazu stellen Sie mittels FTP-Programm eine Verbindung zum Server her, auf dem Joomla! installiert ist. Dort wechseln Sie in das Verzeichnis *images*.

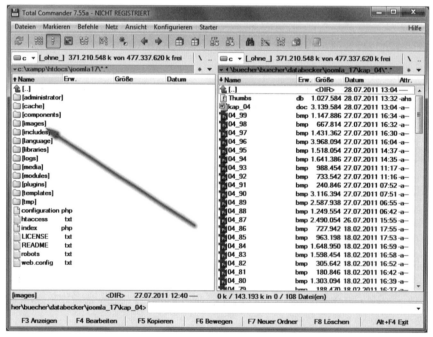

So sieht die Verzeichnisstruktur aus.

Nun können die gewünschten Bilder mittels FTP auf den Server übertragen werden. Vorteil hiervon: Es lassen sich mehrere Bilder parallel binnen kürzester Zeit hochladen.

Die ab Seite 241 gezeigte Variante über den WYSIWYG-Editor bietet sich immer dann an, wenn man gerade an einem Text arbeitet und in diesen eine Grafik einfügen will, die aktuell noch nicht auf dem Server liegt.

Eine weitere Möglichkeit zum Upload von Bildern bietet *Inhalt/Medien*. Im unteren Fensterbereich gibt es den Bereich *Dateien hochladen*.

Darüber können Bilder auf den Server geladen werden.

In welches Verzeichnis die Datei kopiert werden soll, können Sie über den *Verzeichnis*-Bereich einstellen. Öffnen Sie dort einfach das Verzeichnis, in das Sie die Grafik kopieren wollen.

Über *Datei auswählen* wird der bekannte *Öffnen*-Dialog aufgerufen, über den die Datei ausgewählt werden kann. Mit *Hochladen starten* wird die gewünschte Datei auf den Server geladen.

Bei der gezeigten Variante konnte man lediglich eine Datei auf den Server laden. Der Upload mehrerer Dateien parallel funktioniert dort nicht. Mit dem Flash-Uploader lässt sich ein solcher Mehrfach-Upload jedoch realisieren.

Um diesen zu aktivieren, rufen Sie *Inhalt/Medien* in der Werkzeugleiste *Optionen* auf. Setzen Sie dort die Option *Flash-Uploader aktivieren* auf *Ja* und speichern Sie die Einstellungen ab.

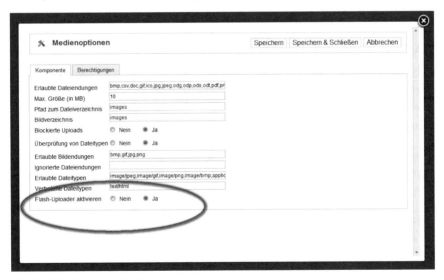

Der Flash-Uploader wird aktiviert.

Die Einstellungen übernehmen

Es kann passieren, dass auch nach dem Speichern der Einstellungen die Flash-Version des Uploaders nicht sofort verfügbar ist. In diesem Fall melden Sie sich am besten kurz am System ab und loggen sich anschließend wieder ein.

Über die Schaltfläche *Dateien suchen* wird ein Dateiauswahlfenster angezeigt. Das Besondere daran ist, dass dort eine Mehrfachauswahl möglich ist. Dazu müssen Sie die Grafiken nacheinander bei gleichzeitig gedrückter Strg-Taste anklicken.

Mit *Öffnen* wird die Auswahl übernommen. Die so ausgewählten Dateien sind anschließend im unteren Fensterbereich zu sehen. Sie können weitere Dateien hinzufügen oder vorhandene löschen. Über *Hochladen starten* werden die Dateien auf den Server geladen.

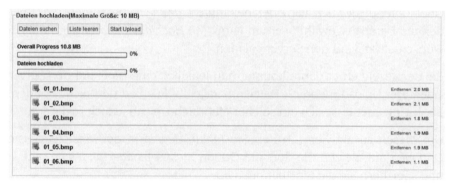

Die Dateien werden hochgeladen.

Welche Dateien hochgeladen werden dürfen

Aus Sicherheitsgründen werden standardmäßig einige Dateitypen nicht unterstützt. Welche Dateitypen von Joomla! akzeptiert werden, können Sie unter *Inhalt/Medien* über die Schaltfläche *Optionen* in der Werkzeugleiste ermitteln und auch festlegen.

Interessant ist dort zunächst das Feld *Erlaubte Dateiendungen*. Darin ist eine Liste der erlaubten Dateitypen enthalten (wobei die einzelnen Dateitypen jeweils durch Kommata getrennt notiert werden müssen).

- `bmp,csv,doc,gif,ico,jpg,jpeg,odg,odp,ods,odt,pdf,png,ppt,`
  `swf,txt,xcf,xls,BMP,CSV,DOC,GIF,ICO,JPG,JPEG,ODG,ODP,ODS,ODT,`
  `PDF,PNG,PPT,SWF,TXT,XCF,XLS`

Diese Einstellung gilt sowohl für das Back- wie für das Frontend. Die hier definierten Einstellungen greifen bereits dann, wenn man versucht, eine Datei auf den Server zu laden, denn die angegebenen Dateiendungen sind in der Liste der Dateitypen des Auswahlfensters enthalten. Somit ist auf diesem Weg der Upload unliebsamer Dateitypen nicht ohne Weiteres möglich.

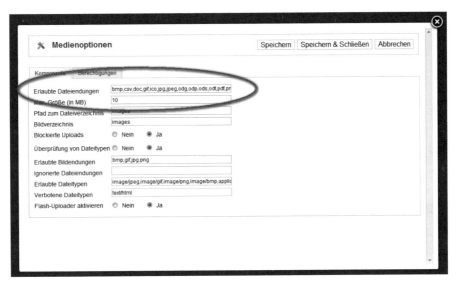

Diese Dateitypen werden unterstützt.

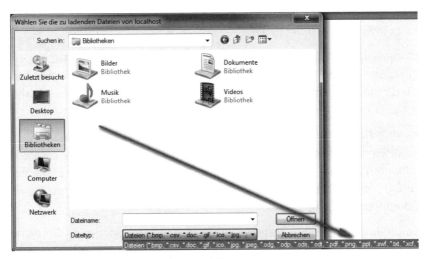

Verbotene Dateitypen sind hier nicht auswählbar.

Gilt nicht beim FTP-Upload

Beachten Sie, dass diese Liste nicht für den FTP-Upload gilt. Via FTP können Sie beliebige Dateitypen auf den Server laden.

In diesem Zusammenhang sind noch weitere Felder innerhalb dieses Dialogfensters interessant.

> ➤ *Uploads blockieren* – Diese Option sollte normalerweise auf *Ja* gesetzt werden. So wird erreicht, dass Benutzer, die weniger Rechte als ein Manager haben, Bilder ausschließlich in das Hauptverzeichnis des Media Manager laden.

> ➤ *Dateitypen überprüfen* – Dabei handelt es sich um eine wichtige Sicherheitsfunktion, die unbedingt aktiviert werden sollte. Denn hiermit werden die MIME-Typen der hochgeladenen Dateien überprüft. Dadurch kann das Hochladen potenziell gefährlicher Dateitypen verhindert werden.

Eine Übersicht der MIME-Typen

Auf der Seite *http://de.selfhtml.org/diverses/mimetypen.htm* finden Sie die wichtigsten MIME-Typen.

> ➤ *Erlaubte Bildendungen* – Dieses Feld enthält eine Liste der erlaubten Dateitypen für Bilder. Standardmäßig sind *bmp, gif, jpg* und *png* enthalten. Bei Bedarf können Sie weitere Dateiendungen hinzufügen.

> ➤ *Ignorierte Dateiendungen* – In dieses Feld können Sie all die Dateitypen eintragen, die bei der MIME-Überprüfung nicht kontrolliert werden sollen. Standardmäßig ist dieses Feld leer, sodass tatsächlich alle Dateien überprüft werden.

> ➤ *Erlaubte Dateitypen* – Darin ist eine Liste der erlaubten MIME-Typen enthalten. Standardmäßig handelt es sich dabei um *image/jpeg,image/gif,image/png,image/bmp,application/x-shockwave-flash,application/ms word,application/excel,application/pdf,application/powerpoint,text/plain* und *application/x-zip*.

> ➤ *Verbotene Dateitypen* – Tragen Sie hier die MIME-Typen ein, die nicht auf den Server geladen werden dürfen.

Vergessen Sie nicht, die Einstellungen abschließend zu speichern.

Die Größe der Dateien festlegen, die hochgeladen werden dürfen

Standardmäßig dürfen Dateien, die man über *Inhalt/Medien* auf den Server lädt, nicht mehr als 10 MByte groß sein.

*Dort können Sie ablesen, wie groß
die Dateien sein dürfen.*

Diesen Wert können Sie herunter- und hochsetzen. Rufen Sie dazu unter *Inhalt/Medien* über die Werkzeugleiste die *Optionen* auf. Interessant ist dort das Feld *Max. Größe (in MB)*.

Die Uploadgröße wurde verändert.

Ändern Sie diesen Wert nach Ihren Wünschen (z. B. *5* für 5 MByte) ab und speichern Sie die Einstellungen.

Der neue Wert wird dann automatisch angezeigt.

Die maximale Uploadgröße ist allerdings von den PHP-Einstellungen abhängig. Viele Provider haben an dieser Stelle eine Begrenzung von 16 MByte festgelegt. Wenn Sie

Der neue Wert ist jetzt zu sehen.

Zugriff auf die PHP-Konfigurationsdatei *php.ini* besitzen, können Sie diesen Wert bei Bedarf hochsetzen. Andernfalls können Sie größere Dateien ausschließlich manuell per FTP auf den Server laden. Denn bei einem FTP-Upload gelten die Größenbeschränkungen von PHP nicht.

Bei XAMPP finden Sie die *php.ini* im *php*-Verzeichnis.

Innerhalb der *php.ini* gibt es vier Optionen, die hinsichtlich der Upload-größe angepasst werden können:

> *file_uploads* – Legt fest, ob überhaupt HTTP-Uploads erlaubt sind. Der Wert muss hier *On* sein, damit Uploads möglich sind. Steht der Wert auf *Off*, spielen alle anderen Einstellungen also keine Rolle.

> *upload_max_filesize* – Legt die maximal erlaubte Dateigröße fest. Die Dateigröße wird dabei in MByte angegeben.

> *post_max_size* – Damit die Dateien auch per POST-Methode verschickt werden können, muss dieser Wert ebenfalls angepasst werden. In aller Regel handelt es sich bei Uploads um POST-Daten.

> *memory_limit* – *memory_limit* legt den Maximalwert des Speichers fest, den ein Skript belegen darf. Der Wert wird normalerweise in MByte angegeben. Auf der Seite *http://www.drweb.de/magazin/speicherbe darf-bei-gdlib-warum-dateigrose-nicht-gleich-datenmenge-ist/* finden Sie einen sehr interessanten Artikel zur Berechnung des möglichen Spei-cherbedarfs.

Erkundigen Sie sich zunächst bei Ihrem Provider, ob Sie überhaupt Zugriff auf die *php.ini* haben.

Ein neues Verzeichnis für den Upload festlegen

Je länger Sie mit Joomla! arbeiten und je mehr Dateien Sie über den Medienbereich hochladen, desto unübersichtlicher wird es. Um Chaos zu vermeiden, sollten Sie verschiedene Verzeichnisse anlegen, die dann die entsprechenden Dateien aufnehmen. Eine Sortierung könnte dabei bei-spielsweise nach Dateitypen oder Themen erfolgen. Wie Sie ein neues Ver-zeichnis anlegen und dieses dann auch gleich noch als Standardverzeich-nis für den Upload festlegen, wird in diesem Abschnitt gezeigt.

1 Rufen Sie *Inhalt/Medien* auf.

2 Tragen Sie in das rechte Feld den gewünschten Verzeichnisnamen (z. B. *pdf*) ein.

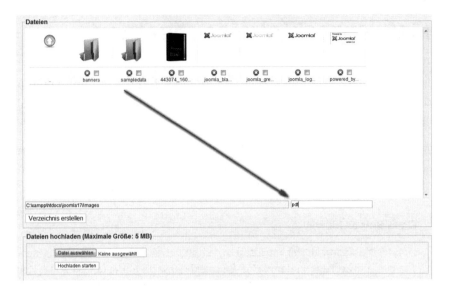

3 Mit *Verzeichnis erstellen* wird das neue Verzeichnis angelegt. In der Ordnerliste, die im linken Fensterbereich angezeigt wird, ist nun das neue *pdf*-Verzeichnis zu sehen.

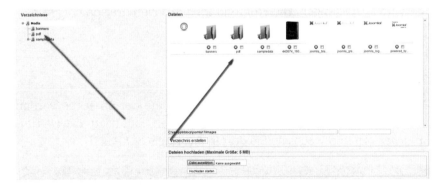

Auf diese Weise können Sie nun zum Beispiel auch gleich noch Verzeichnisse für Videos oder MP3s anlegen.

5. Mehrsprachigkeit umsetzen

In Joomla! 2.5 ist zumindest eine grundlegende Funktion enthalten, über die sich eine gewisse Mehrsprachigkeit umsetzen lässt. Perfekt ist die Mehrsprachigkeit zwar immer noch nicht, sie lässt sich aber durchaus nutzen.

An dieser Stelle werden zunächst die technischen Voraussetzungen geschaffen. Im nächsten Abschnitt wird dann Schritt für Schritt eine mehrsprachige Webseite aufgebaut.

Ohne Beispieldaten

Um die Mehrsprachigkeit umzusetzen, empfiehlt es sich, ein vollständig neues Joomla! aufzusetzen, in dem keine Beispieldatensätze enthalten sind. Die Mehrsprachigkeit ist in Joomla! nämlich sehr unübersichtlich, sodass Sie sich dabei nicht auch noch von nicht benötigten Daten im Backend ablenken lassen sollten.

In der folgenden Anleitung wird von einem deutschsprachigen Joomla!-Backend ausgegangen. Die Frontend-Inhalte sollen dreisprachig sein.

➢ Deutsch
➢ Englisch
➢ Französisch

Zunächst müssen Sie überprüfen, ob die Pakete der Sprachen vorhanden sind, die Sie berücksichtigen wollen. Rufen Sie dazu *Erweiterungen/ Sprachen* auf und wechseln Sie dort in das Register *Inhalt*.

Hier ist momentan nur das englische Paket vorhanden.

Überprüfen Sie, ob dort für alle zu berücksichtigenden Sprachen Pakete hinterlegt sind. Sollte eine Sprache fehlen, muss diese zunächst angelegt werden. Wenn Sie das deutsche Sprachpaket von der Seite *http://www. jgerman.de/* installiert haben, sind dort standardmäßig zwei Sprachen enthalten.

➢ Englisch
➢ Deutsch

Da die Webseite dreisprachig erstellt werden soll, muss die fehlende französische Sprache angelegt werden. Das geschieht über die *Neu*-Schaltfläche in der Werkzeugleiste.

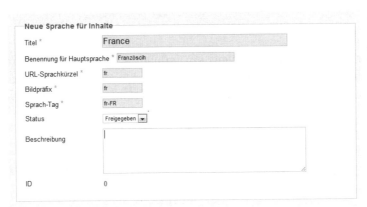

Diese Einstellungen gelten für das deutsche Sprachpaket.

Geben Sie hier die notwendigen Werte ein. Wichtig sind *Titel* (*France*), *URL Sprach Code* (*fr*) und *Sprach Tag* (*fr-FR*). Wenn Sie eine andere Sprache verwenden wollen, müssen die Sprachkürzel natürlich angepasst werden. Für Englisch sähe das dann folgendermaßen aus:

➢ *Titel = English (UK)*
➢ *Benennung für Hauptsprache = English (UK)*
➢ *URL-Sprachkürzel = en*
➢ *Bildpräfix = en*
➢ *Sprach-Tag = en-GB*

Die italienische Variante erwartet hingegen folgende Angaben:

➢ *Titel = Italy*
➢ *Benennung für Hauptsprache = Italienisch*
➢ *URL-Sprachkürzel = it*
➢ *Bildpräfix = it*
➢ *Sprach-Tag = it-IT*

Achten Sie außerdem darauf, dass der Wert des *Freigegeben*-Felds auf *Freigegeben* steht. Nur dann ist die Sprache tatsächlich verfügbar.

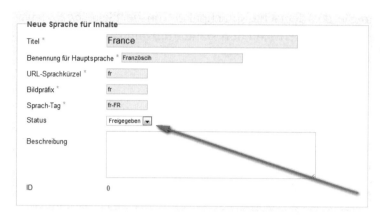

Die Sprache wurde frei- gegeben.

Im rechten Fensterbereich kann jeweils ein individueller Seitenname an- gegeben werden. Dieser Name wird dann standardmäßig für diese Sprache angezeigt. Er überschreibt also den in der globalen Konfiguration angege- benen Seitennamen.

Der Seiten- name wird festgelegt.

Nach dem Speichern der Sprachen sollten im Register *Inhalt* sämtliche Sprachen enthalten sein, die in der mehrsprachigen Webseite vorkom- men.

Die drei Sprachen sind vorhanden.

Nachdem die Sprachen angelegt sind, muss Joomla! auf die Mehrsprachig- keit weiter vorbereitet werden.

Überprüfen Sie zunächst, ob das notwendige Plug-in aktiviert ist. Rufen Sie dazu *Erweiterungen/Plugins* auf. Suchen Sie dort nach dem Plug-in *System - Sprachenfilter*.

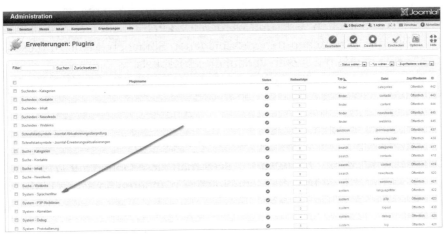

Das Plug-in ist momentan noch deaktiviert.

Sollte das Plug-in noch nicht aktiviert sein, holen Sie das nach, indem Sie auf das rote Symbol in der *Aktiviert*-Spalte klicken.

Für die Konfiguration des Plug-ins und somit auch der Mehrsprachigkeit klicken Sie den Plug-in-Namen an. Interessant ist in dem sich öffnenden Dialogfenster der Bereich *Basisoptionen*.

Hier wird die Mehrsprachigkeit konfiguriert.

Diese Optionen bestimmen grundsätzlich, wie die Sprachen ausgewählt und gewechselt werden.

> *Sprachauswahl für neue Besucher* – Hierüber legt man fest, welche Sprache beim Aufrufen der Seite angezeigt werden soll. Wenn Sie *Browsereinstellungen* wählen, wird versucht, die im Browser des Anwenders eingestellte Sprache zu ermitteln. Klappt das nicht, wird die Standardsprache der Seite verwendet.

> *Automatischer Sprachwechsel* – Aktiviert man diese Option, wird automatisch auf die eingestellte Sprache eines registrierten und eingeloggten Benutzers umgeschaltet.

> *Assoziierte Menüpunkte* – Menüpunkte können direkt mit den Inhalten anderer Sprachen verknüpft werden. Dadurch schaltet die Sprachauswahl direkt zwischen den verschiedenen Sprachen. Mehr zu diesem Thema dann im weiteren Verlauf dieses Kapitels.

> *URL-Sprachkürzel entfernen* – Joomla! fügt den URLs automatisch die angegebenen Sprachkürzel hinzu. Wenn Sie das nicht wollen, stellen Sie diese Option auf *Ja.* (Zu sehen sind die Sprachkürzel allerdings nur bei aktivierten suchmaschinenfreundlichen URLs.)

> *Andere Meta-Tags hinzufügen* – Setzt man diese Option auf *Ja,* werden Meta-Tags für verknüpfte Menüeinträge in anderen Sprachen hinzugefügt.

Nun muss das *Sprachauswahl*-Modul aktiviert werden. Rufen Sie *Erweiterungen/Module* auf. Sollte das Modul *Sprachauswahl* noch nicht vorhanden sein, klicken Sie in der Werkzeugleiste auf *Neu* und wählen *Sprachauswahl.*

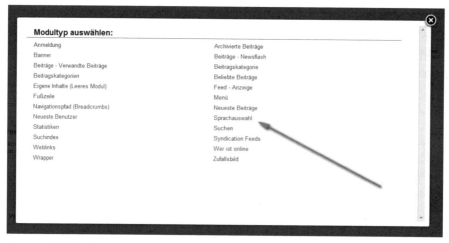

Das neue Modul wird angelegt.

Dem Modul können nun die notwendigen Veröffentlichungseinstellungen (*Position, Freigegeben* etc.) zugewiesen werden.

Das Modul wird veröffentlicht.

Zahlreiche Optionen stehen im rechten Fensterbereich zur Verfügung.

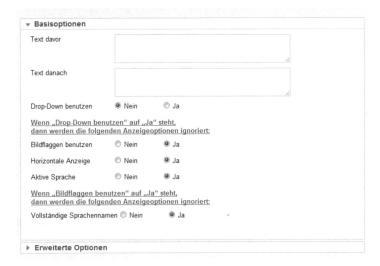

Hierüber lässt sich das Aussehen der Sprachauswahl bestimmen. Über die beiden Felder *Text davor* und *Text danach* lässt sich das Modul im Frontend bei Bedarf beschreiben.

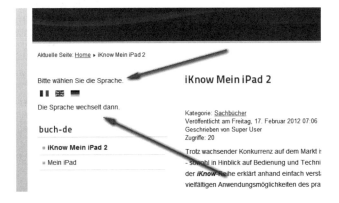

Text wird vor und hinter dem Sprach-
wechsler angezeigt. Wird die Option *Bildflaggen benutzen* auf *Ja* gestellt, werden
zur Sprachauswahl Landesflaggen angezeigt.

Nun sind solche Flaggenauswahlvarian-
ten immer etwas problematisch. Ein
Amerikaner fühlt sich nicht unbedingt
durch die britische Flagge repräsentiert.
Ebenso wenig sind Österreicher begeis-

*Darüber lässt sich die Sprache
auswählen.*

tert, wenn ihnen für die Sprachauswahl eine deutsche Fahne angeboten
wird. Alternativ zu den Flaggen können Sie daher auch Texte einblenden.

Interessant ist auch die Option *Aktive Sprache*. Denn dadurch lässt sich die
aktive Sprache beispielsweise anders formatieren.

5.1 Die Startseite festlegen

Auf den folgenden Seiten wird Schritt für Schritt gezeigt, wie Sie eine
mehrsprachige Webseite aufbauen können. Dabei wird von einer leeren
Joomla!-Installation, also einer ohne Beispieldateien, ausgegangen. Das
macht die Beschreibung übersichtlicher.

Mit dem Einblenden des Sprachmoduls ist es natürlich noch nicht getan.
Denn nun müssen auch die eigentlichen Inhalte übersetzt werden.

Um eine mehrsprachige Webseite aufbauen zu können, muss eine Standard-Startseite angelegt werden. Auf dieser Seite können die Besucher die
Sprache auswählen.

Die Standard-Startseite muss im Hauptmenü definiert werden. Bei einer
klassischen Joomla!-Installation hat dieses Menü den Namen *Main Menu*.
Für eine mehrsprachige Webseite empfiehlt es sich jedoch, diesen Namen
beispielsweise in *Main Menu–Alle Sprachen* zu ändern. Das macht die
Arbeit später einfacher und übersichtlicher.

Um den Namen des Menüs anzupassen, rufen Sie *Menüs/Menüs* auf, aktivieren das vorangestellte Kontrollkästchen und klicken in der Werkzeugleiste auf *Bearbeiten*.

Der Menüname wird angepasst.

Im nächsten Schritt muss der Standard-Startseite die Sprachauswahl *Alle* zugewiesen werden. Rufen Sie dazu *Menüs/Main Menu-Alle Sprachen* auf. Dort sind alle bislang angelegten Menüeinträge zu sehen. Wenn Sie ohne die Beispielsdatensätze arbeiten, wird nur ein einziger Eintrag vorhanden sein.

Momentan gibt es nur einen Menüpunkt.

Klicken Sie den *Home*-Eintrag an. Innerhalb des sich öffnenden Dialogfensters ist die Option *Sprache* entscheidend.

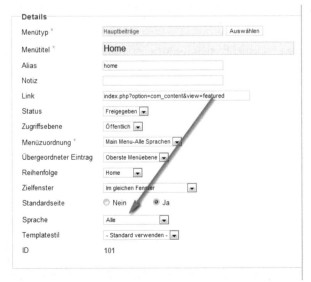

Hier wird Alle eingestellt.

Diese Option muss auf *Alle* gestellt werden. Nachdem die Änderungen gespeichert wurden, geht es mit den Einstellungen des Moduls weiter, das für die Anzeige des Menüs verantwortlich ist. Rufen Sie dazu *Erweiterungen/Module* auf und klicken Sie auf *Main Menu*. Der Übersichtlichkeit halber sollte dieses Modul in *Main Menu-Alle Sprachen* umbenannt werden. Das Modul wird gesperrt. Außerdem muss der Wert von *Sprache* auf *Alle* stehen.

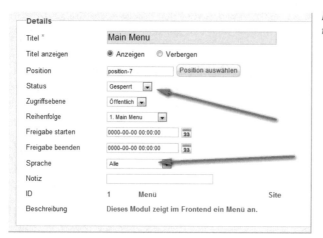

Diese Einstellungen müssen gemacht werden.

5.2 Inhalte anlegen

Die Vorarbeiten sind weitestgehend abgeschlossen. Nun kann mit den eigentlichen Inhalten begonnen werden. Dabei sind Aspekte im Vorfeld zu berücksichtigen, damit es später nicht permanent zu den gefürchteten 404-Fehlern durch fehlerhafte Seitenaufrufe kommt.

Für jede Sprache muss jeweils eine Basiskategorie erstellt werden. Das gilt nicht nur für die Beiträge. Wenn Sie beispielsweise Kontakte mehrsprachig anlegen, muss es dann dort auch jeweils eine Basiskategorie für jede Sprache geben. Entscheidend ist hier, dass bei den Kategorien dann auch tatsächlich die richtigen Sprachen eingestellt sind.

Es muss eine Basiskategorie für die Sprache *Alle* erstellt werden.

Alle
Deutsch
--Bücher
---Romane
---Literatur
---Sachbücher

Englisch
~Books
—Romane
— Literature
—Non-Fiction
Französisch
~Livres
—Romane
—Littérature
—La Non-Fiction

Wie sich die Kategorien für die einzelnen Sprachen anlegen lassen, wird hier anhand der deutschsprachigen Kategorien gezeigt. Bei den anderen Sprachen funktioniert das dann genauso.

Rufen Sie *Inhalt/Kategorien/Neue Kategorie* auf. Entscheidend ist hier, dass unter *Sprache* der Wert *German* eingestellt wird.

Die Basiskategorie wird angelegt.

Um nun die erste Unterkategorie von Deutsch anzulegen, rufen Sie *Inhalt/ Kategorien/Neue Kategorie* auf. In dem sich öffnenden Dialogfenster muss bei *Übergeordnet* der Wert *Deutsch* eingestellt werden.

Eine Unterkategorie wird angelegt.

Und auch hier muss man unter *Sprache* wieder *German* angeben. Auf diese Weise können nun alle Kategorien angelegt werden.

Die Kategorien sollten in jeder Sprache dieselbe Struktur aufweisen. Überprüfen lässt sich das übrigens sehr schön anhand der bekannten Filterfelder innerhalb der Kategorienübersicht. So kann man sich beispielsweise über das Feld *Sprache wählen* die Kategorien nur einer Sprache anzeigen lassen. Damit lässt sich sehr gut überprüfen, ob überall die richtige Sprache eingestellt wurde.

So werden nur deutschsprachige Kategorien angezeigt.

Insgesamt sollte im aktuellen Beispiel die Kategorienübersicht folgendermaßen aussehen:

Die Kategorien wurden angelegt.

Nachdem die Kategorien angelegt wurden, können die Beiträge erstellt werden. Auch dabei ist wieder die Auswahl der richtigen Sprache entscheidend. Rufen Sie *Inhalt/Beiträge/Neuer Beitrag* auf. Unbedingt angegeben werden müssen die richtige *Kategorie* und *Sprache*.

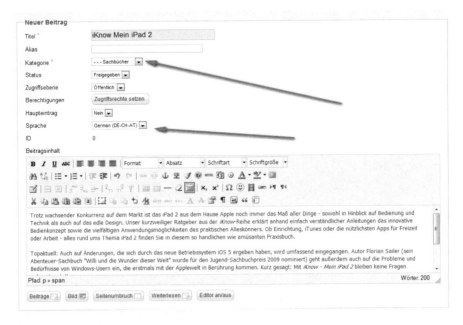

Der erste Artikel wird angelegt.

Im aktuellen Beispiel wurde ein deutschsprachiger Artikel angelegt. Nun soll es dazu natürlich auch eine englischsprachige Übersetzung geben. Dazu legt man wie gewohnt einen neuen Artikel an.

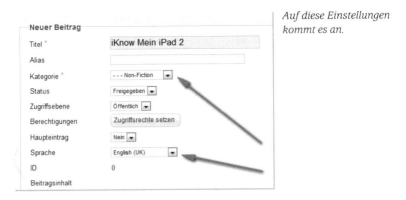

Auf diese Einstellungen kommt es an.

Entscheidend sind die beiden Felder *Kategorie* und *Sprache*. Bei *Kategorie* muss jetzt die passende englische Kategorie eingestellt werden. Unter Sprache wählt man *English*.

Auf diese Weise können nun sämtliche Artikel angelegt werden. In der Artikelübersicht kann man dann noch einmal überprüfen, ob für alle Artikel entsprechende Übersetzungen vorliegen.

Diese Artikel gibt es.

5.3 Menüs anlegen

Um die Inhalte aufrufen zu können, werden Menüs benötigt. Auch die Menüs müssen dann natürlich wieder für die einzelnen Sprachen separat vorliegen. Im aktuellen Beispiel soll es jeweils ein Bücher-Menü für die einzelnen Sprachen geben. Um das deutschsprachige Menü anzulegen, rufen Sie *Menüs/Menüs/Neues Menü hinzufügen* auf.

Das Menü wird angelegt.

Für das deutschsprachige Menü könnten die Einstellungen jetzt folgendermaßen heißen:

➢ *Titel – Bücher-DE*
➢ *Menütyp – buecher-de*

Auf diese Weise können Sie das Bücher-Menü dann auch für die anderen Sprachen anlegen. Die englische Variante sähe folgendermaßen aus:

➢ *Titel – Bücher-EN*

➢ *Menütyp – buecher-en*

Für das französische Menü nimmt man hingegen die folgenden Einstellungen vor:

➢ *Titel – Bücher-FR*

➢ *Menütyp – buecher-fr*

Insgesamt könnte die Menüübersicht dann folgendermaßen aussehen:

Die Menüs wurden angelegt.

Zu den Menüs müssen nun noch die passenden Module angelegt werden. Das geht am schnellsten, indem man in der Menüübersicht neben den betreffenden Menüs auf *Ein Modul für diesen Menütyp hinzufügen* klickt.

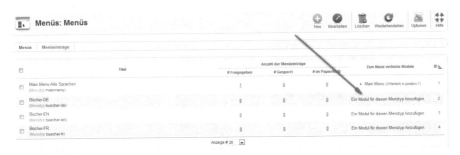

So lassen sich Module noch schneller anlegen.

Zwei Dinge sind entscheidend: Geben Sie bei *Sprache* wieder die richtige Sprache an. Überprüfen Sie außerdem, dass unter *Basisoptionen* das passende Menü ausgewählt wurde. Je nach Template muss dann auch die gewünschte Position ausgewählt werden.

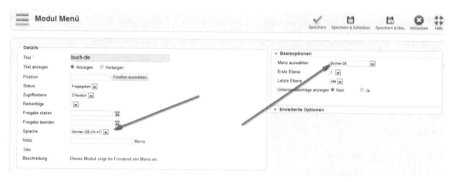

Das Modul wird angelegt.

Abschließend sollte die Modulübersicht folgendermaßen aussehen:

Die notwendigen Module sind jetzt vorhanden.

In die einzelnen Menüs werden nun Menüpunkte eingefügt. Dabei sollte in jedem Sprachmenü ein Menüpunkt als Startseite für die betreffende Seite festgelegt werden. (Im aktuellen Beispiel wird dafür einfach ein Buchlink genommen. Sie werden später sicherlich mehrere Menüs anlegen. Dort gibt es dann beispielsweise den Menüpunkt *Startseite*.)

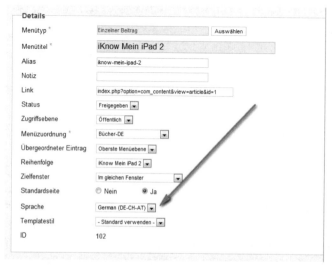

Achten Sie auf die Sprache.

Wiederholen Sie diese Schritte für alle Menüeintrage aller Sprachmenüs. Anschließend muss *Menüs/Main Menu-Alle Sprachen* aufgerufen werden. Dort stellt man den standardmäßig vorhandenen *Home*-Link als Startseite ein. Dieser Menüpunkt muss als Sprache *Alle* stehen haben.

Die allgemeine Startseite wird bestimmt.

Rufen Sie nun *Menüs/Bücher-DE* auf. In der Spalte *Startseite* klicken Sie die gewünschte Startseite an.

Die Startseite wurde festgelegt.

Anstelle des gewohnten Sterns werden Sie ein Flaggensymbol sehen. Diese Flagge signalisiert, dass die Startseite für eine bestimmte Sprache festgelegt wurde. Wiederholen Sie diese Schritte auch für die anderen Menüs. Wenn Sie die Menüeinträge einfach menüübergreifen kopieren wollen, geht das in Joomla! 2.5 übrigens äußerst komfortabel.

Dazu aktivieren Sie die Kontrollkästchen, die vor den zu kopierenden Menüeinträgen angezeigt werden. Im unteren Seitenbereich stellen Sie bei *Sprache setzen* die gewünschte Sprache ein. Und dann gibt man noch das Zielmenü an. Achten Sie darauf, dass *Kopieren* aktiviert ist.

Mit *Ausführen* werden die Menüpunkte kopiert. Sie sollten das Zielmenü über *Menüs* aufrufen und die Titel der Menüeinträge anpassen, da Joomla! denen automatisch eine Ziffer anhängt. Aus

iKnow Mein iPad

wird im Zielmenü Folgendes:

iKnow Mein iPad (2)

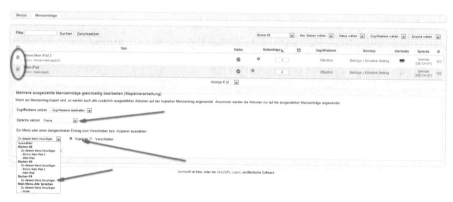

So einfach lassen sich Menüpunkte kopieren.

Achten Sie ggf. darauf, die Ziele der Menüpunkte anzupassen.

Wenn Sie nun einen Blick ins Frontend der Seite werfen, wird das bei Ihnen wahrscheinlich folgendermaßen aussehen:

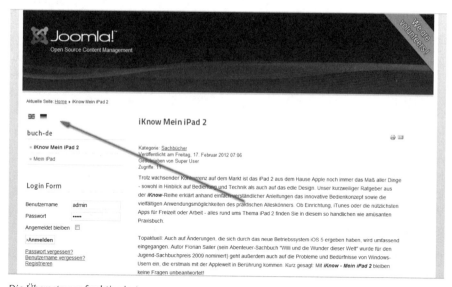

Die Übersetzung funktioniert.

Die Webseite ist jetzt tatsächlich mehrsprachig. Und auch der Sprachwechsel funktioniert. Momentan werden allerdings lediglich zwei Sprachen berücksichtig, nämlich Englisch und Deutsch. Angelegt wurden allerdings auch französische Inhalte.

Welche Sprachen letztendlich berücksichtigt werden, hängt von den installierten Sprachpaketen ab. Welche Pakete installiert wurden, können Sie unter *Erweiterungen/Sprachen* überprüfen.

Zwei Sprachen wurden installiert.

Installieren Sie sich zusätzlich die Inhaltssprachen, die Sie verwenden wollen. Wo Sie die deutschen Sprachdateien (*http://www.jgerman.de/*) erhalten, wurde in diesem Buch bereits gezeigt. Englisch ist üblicherweise ohnehin mit dabei. Das französische und das italienische Paket gibt es auf der Seite *http://www.joomla.ch/download/category/joomla-sprachdateien*. Die Installation der Pakete erfolgt in Form von Zip-Archiven über *Erweiterungen/Erweiterungen*.

Nachdem im aktuellen Fall das französische Sprachpaket installiert wurde, ist diese Sprache auch im Frontend verfügbar.

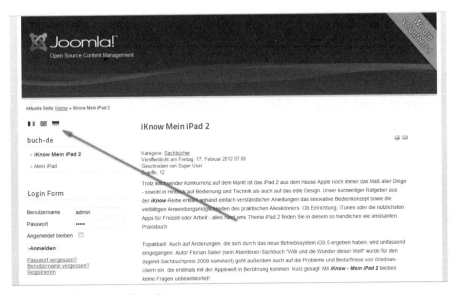

Jetzt sind die Sprachen vollständig.

5.4 Sprach-Overrides

Mit den Sprach-Overrides bringt Joomla! eine weitere Möglichkeit zur Übersetzung von Inhalten mit. Damit wird es möglich, Inhalte bequem über das Backend zu übersetzen, ohne in Sprachdateien manuell eingreifen zu müssen. Der Vorteil dieser Variante: Die selbst übersetzten Inhalte stehen auch nach einem Update zur Verfügung.

Als Voraussetzung für solche Overrides müssen die Inhalte aber tatsächlich mit Konstanten aufbereitet sein. Das wird mittlerweile recht oft, längst aber noch nicht überall gemacht.

Die Sprachdateien von Joomla! liegen an verschiedenen Orten:

➢ Backend – *administrator/languages/*
➢ Frontend – *languages/*

Joomla! legt in diesen Verzeichnissen automatisch die Override-Dateien an, sobald man selbst ein Override definiert hat.

Wie die Overrides funktionieren, lässt sich wieder am besten anhand eines Beispiels zeigen. Wenn Sie das Beez-Template installiert haben, gibt es dort im oberen Fensterbereich den *Reset*-Link.

Um diesen Link geht es.

Durch diesen Link werden die eingestellten Schriftgrößen der Seite wieder auf ihre Standardwerte zurückgestellt. Im aktuellen Beispiel soll der Link nun nicht mehr *Reset*, sondern *Zurücksetzen* heißen.

In früheren Joomla!-Versionen musste man – wenn man so etwas umsetzen wollte – manuell die richtige Datei suchen und dort den Text ändern. Bei einem Update des Templates wurden diese Änderungen dann wieder überschrieben. In Joomla! 2.5 geht das deutlich einfacher.

Rufen Sie dazu *Erweiterungen/Sprachen* auf und wechseln Sie in das Register *Overrides*.

Noch sind keine Overrides vorhanden.

In diesem Register sind alle angelegten Overrides zu sehen. Anfangs wird dieses Register bei Ihnen noch leer sein.

Um einen neuen Override anzulegen, klicken Sie in der Werkzeugleiste auf *Neu*. Interessant ist im rechten Fensterbereich das *Suchen*-Feld.

Der Text wird gesucht.

In dieses Feld trägt man den Text ein, den man übersetzen will. Im aktuellen Fall ist das *reset*. (Es wird nicht zwischen Groß- und Kleinschreibung unterschieden.) Unterhalb des Suchfelds gibt es zwei Optionen:

> ➢ *Konstante*
> ➢ *Inhalt*

Um zu verstehen, welche dieser beiden Optionen man einstellt, hilft ein Blick auf den Aufbau eines Overrides. Ein Override besitzt immer eine Konstante:

TPL_BEEZ2_RESET

Zugewiesen wird dieser Kontanten dann immer der eigentliche Inhalt:

Reset

Joomla! erlaubt Ihnen also, die Konstanten oder direkt den Inhalt zu suchen. Meistens werden Sie nach dem Inhalt suchen. Im aktuellen Beispiel lautet dieser Inhalt *Reset*.

Einen neuen Override erstellen	
Sprachkonstante *	TPL_BEEZ2_RESET
Text	Reset
Sprache	German (DE-CH-AT) [de-DE]
Region	Site
Datei	C:\xampp\htdocs\joomla_mehrsprachig\language\overrides\de-DE.override.ini

Der gesuchte Inhalt wurde angegeben.

Tragen Sie den gesuchten Begriff ein. Bei der Suche wird nicht zwischen Groß- und Kleinschreibung unterschieden. Mit *Suchen* wird die Suche eingeleitet. Wenn Übereinstimmungen gefunden werden, sind diese im Bereich *Suchergebnisse* zu finden. Klicken Sie dort den gewünschten Treffer an.

Das ist der richtige Eintrag.

Leider ist es nicht immer klar, welches der Ergebnisse das richtige ist, da ein besuchter Begriff oftmals an mehreren Stellen vorkommt. In solchen Fällen hilft nur das Ausschlussverfahren. Im aktuellen Beispiel soll der Begriff *Reset* im Template Beez 20 übersetzt werden. Deswegen verbirgt sich der gesuchte Begriff hinter der Konstante *TPL_BEEZ2_RESET*.

Klicken Sie diesen Suchtreffer an. Joomla! zeigt daraufhin im linken Fensterbereich die Konstante und deren Inhalt an.

Einen neuen Override erstellen

Sprachkonstante *	TPL_BEEZ2_RESET
Text	Zurücksetzen
Sprache	German (DE-CH-AT) [de-DE]
Region	Site
Datei	C:\xampp\htdocs\joomla_mehrsprachig\language\overrides\de-DE.override.ini

Der Suchtreffer wurde angeklickt.

Im aktuellen Beispiel verändern Sie den Inhalt des Felds *Text* von *Reset* in *Zurücksetzen*.

Unterhalb des Textfelds werden zusätzliche Informationen angezeigt. Dort sind die Sprache, die Region und die Datei der zu übersetzenden Zeichenkette zu sehen.

Nachdem die Einstellungen übernommen wurden, wird im Frontend die angepasste Zeichenkette angezeigt.

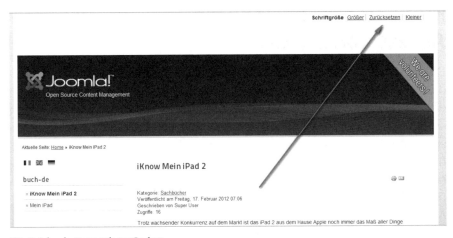

Die Zeichenkette wurde verändert.

Dieses Beispiel hat gezeigt, wie sich die Overrides nutzen lassen. Man bekommt damit einen Mechanismus an die Hand, mit dem sich Inhalte verändern lassen, ohne dass man manuell Sprachdateien anpassen müsste.

6. Gemeinsam mehr erreichen – die Benutzerverwaltung

Joomla! ist für eine Teamarbeit geradezu prädestiniert. Fast nach Belieben kann man Benutzer einrichten, die dann jeweils ganz bestimmte Rechte besitzen. Vielleicht soll ein User zwar Texte schreiben, diese aber nicht selbst veröffentlichen können. Ein weiterer darf sich wiederum nur im Frontend einloggen, während andere Benutzer ihre Texte direkt im Backend eintragen.

Das alles ist mit der Benutzerverwaltung von Joomla! möglich. Damit aber nicht genug. Genauso einfach kann man auch sogenannte geschützte Bereiche aufbauen. Sie möchten Seitenbereiche speziell für registrierte Kunden reservieren? Mit Joomla! geht das im Handumdrehen. Das nötige Rüstzeug für die Nutzerverwaltung liefert dieses Kapitel.

Übrigens: Die neue Benutzerverwaltung hat nichts mehr gemein mit der aus Joomla! 1.0 und 1.5. Endlich nämlich verdient die Benutzerverwaltung in Joomla! auch diese Bezeichnung.

6.1 Kurze Übersicht über die Access Control List

Die altbekannte Rechteverwaltung hat endlich ausgedient – ein entscheidender Punkt, auf den Joomla!-Anwender lange warten mussten. Denn das, was in den Vorgängerversionen unter dem Begriff Rechteverwaltung angeboten wurde, entsprach nicht im Entferntesten professionellen Ansprüchen. Größtes Manko der alten Version: Die ohnehin nur spärlich vorhandenen vordefinierten Benutzergruppen ließen sich nicht anpassen. Gerade auf diesem Gebiet hat Joomla! in den Version 1.6, 1.7 und 2.5 die meisten Fortschritte gemacht. Die Benutzerverwaltung wird durch eine Access Control List (ACL) ersetzt. Dadurch können eigene Benutzergruppen definiert und Benutzerkonten beliebigen Gruppen zugewiesen werden. Für sämtliche dieser Benutzergruppen lassen sich eigene Zugriffsstufen bzw. Access Level definieren. Neben den standardmäßig vorhandenen Gruppen kann man auch eigene anlegen. Ebenso besteht die Möglichkeit – zusätzlich zu den Standardzugriffsstufen Autor, Manager etc. –, weitere Access Level zu definieren.

Die folgende Tabelle zeigt, worin die Unterschiede hinsichtlich der Benutzerverwaltung in den Joomla!-Versionen 1.5 und 2.5 bestehen.

	Joomla! 1.5	Joomla! 2.5
Gruppen	Acht vordefinierte Gruppen: *Öffentlich, Registriert, Autor, Editor, Publisher, Manager, Administrator* und *Super-Administrator.*	Es können beliebig viele eigene Gruppen angelegt werden. Außerdem lassen sich die Gruppen bei Bedarf anpassen.
Benutzer und Gruppen	Jeder Benutzer kann jeweils nur einer Gruppe zugeordnet werden.	Jeder Benutzer kann verschiedenen Gruppen zugeordnet werden.
Zugriffsebenen	Es gibt drei vordefinierte Zugriffsebenen: *Öffentlich, Registriert, Spezial.* Außerdem sind die Zugriffsebenen in Joomla! 1.5 bestimmten Gruppen vorbehalten: *Öffentlich* für Seitenbesucher, *Registriert* für angemeldete Benutzer und *Spezial* für *Autoren* und Benutzer mit höheren Rechten.	Es können beliebige Zugriffslevel angelegt werden.
Zugriffslevel und Gruppen	Die Verbindungen zwischen Gruppen und Zugriffslevel waren fest vorgegeben.	Jede Gruppe kann jedem Zugriffslevel zugeordnet werden.

Diese Übersicht zeigt, dass die neue Benutzerverwaltung tatsächlich deutlich besser geworden ist als die in Joomla! 1.5. Endlich kann man Benutzergruppen und Zugriffslevel so festlegen, wie man sie tatsächlich braucht.

Hinsichtlich der Benutzerverwaltung und der Benutzerrechte hat Joomla! 2.5 also tatsächlich große Fortschritte gemacht. Denn in den Vorgängerversionen waren die Aktionen, die Benutzer auf bestimmten Objekten ausführen durften, fest vordefiniert. In Joomla! 2.5 lassen sie sich hingegen benutzerdefiniert vergeben.

Für Sie als Administrator bedeutet dies, dass Sie eigene Benutzergruppen anlegen und ihnen ganz gezielt Rechte zuweisen können.

6.2 Benutzergruppen anlegen und verwalten

Einen Überblick über die auf Ihrem System vorhandenen Benutzergruppen können Sie sich unter *Benutzer/Gruppen* verschaffen.

Die standardmäßig vorhandenen Gruppen sind mit denen aus Joomla! 1.5 identisch. (Zusätzlich wurden mit *Shoplieferanten* und *Kundengruppe* zwei Beispielgruppen angelegt, die beim Verstehen der neuen Benutzerverwaltung helfen sollen.) Wenn Ihnen diese Gruppen in der Vergangenheit genügt haben, können Sie selbstverständlich mit dieser Aufteilung weiterarbeiten. Neue Gruppen und Berechtigungen müssen Sie dann nicht anlegen.

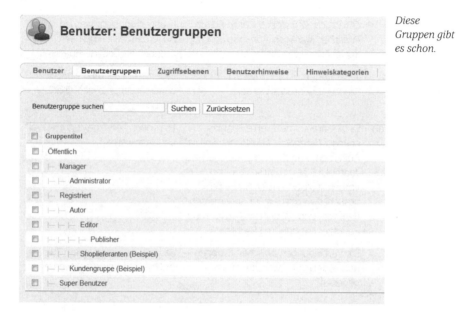

Diese Gruppen gibt es schon.

Bevor jetzt gezeigt wird, wie Sie eigene Benutzergruppen anlegen können, werfen Sie erst mal einen Blick darauf, was die Standardgruppen können bzw. dürfen.

Joomla! unterscheidet zwischen sogenannten Public-Frontend- und Public-Backend-Benutzern. Public-Frontend-Benutzer sind die, die aufs Frontend der Webseite zugreifen. All die Benutzer, die sich in das Backend einloggen können, gehören zu den Public-Backend-Benutzern.

Noch einige Hinweise zu den Schreibweisen auf den folgenden Seiten. In den letzten Joomla!-Versionen ist leider die Übersetzung der Namen der Benutzergruppen nicht immer konsequent durchgeführt worden. Mal wurden die Gruppen deutsch, mal englisch geschrieben. In diesem Kapitel wird mit den deutschen Benutzergruppennamen gearbeitet. Sollten bei Ihnen englische Namen angezeigt werden, ist das aber kein Problem, denn es gibt nur vier Gruppen, bei denen sich die englische und die deutsche Schreibweise unterscheiden:

➢ Public = Öffentlich

➢ Registered = Registriert

➢ Author = Autor

➢ Super User = Super Benutzer

Die einzelnen Gruppen bauen hierarchisch aufeinander auf. Außerdem werden die Eigenschaften teilweise vererbt. Mehr zu diesem Vererbungsprinzip erfahren Sie im weiteren Verlauf dieses Kapitels.

Einen Überblick über die Berechtigungen der einzelnen Gruppen können Sie sich unter *Site/Konfiguration/Berechtigungen* verschaffen.

Die Gruppe *Öffentlich* besitzt kein Elternelement. Vielmehr bildet es das oberste Element und ist somit auch das Elternelement aller anderen Gruppen. Standardmäßig sind sämtliche Berechtigungen auf *Nicht gesetzt* eingestellt.

Berechtigungseinstellungen	
Verwaltung von Zugriffsrechten für die folgenden Benutzergruppen. Die unten stehenden Hinweise sollten beachtet werden.	
▼ Öffentlich	
Aktion	**Neue Einstellung** [1]
Seitenanmeldung	Nicht gesetzt ▾
Adminanmeldung	Nicht gesetzt ▾
Offlinezugang	Nicht gesetzt ▾
Superadmin	Nicht gesetzt ▾
Administrationszugriff	Nicht gesetzt ▾
Erstellen	Nicht gesetzt ▾
Löschen	Nicht gesetzt ▾
Bearbeiten	Nicht gesetzt ▾
Status bearbeiten	Nicht gesetzt ▾
Eigene Inhalte bearbeiten	Nicht gesetzt ▾

Die Berechtigungen sind nicht gesetzt.

Die Aktionen von *Öffentlich* besitzen also jeweils den Status *Nicht gesetzt*. Dieser Status wird an die darauffolgenden Kindelemente vererbt. Die untergeordnete Gruppe besitzt dadurch automatisch den Wert *Nicht erlaubt*. Im Kindelement kann das über den Status *Erlaubt* verändert werden.

Berechtigungseinstellungen		
Verwaltung von Zugriffsrechten für die folgenden Benutzergruppen. Die unten stehenden Hinweise sollten beachtet werden.		
▸ Öffentlich		
▼ |– Manager		
Aktion	**Neue Einstellung** [1]	**Errechnete Einstellung** [2]
Seitenanmeldung	Erlaubt ▾	✔ Erlaubt
Adminanmeldung	Erlaubt ▾	✔ Erlaubt
Offlinezugang	Vererbt ▾	⊘ Nicht erlaubt
Superadmin	Vererbt ▾	⊘ Nicht erlaubt
Administrationszugriff	Vererbt ▾	⊘ Nicht erlaubt
Erstellen	Erlaubt ▾	✔ Erlaubt
Löschen	Erlaubt ▾	✔ Erlaubt
Bearbeiten	Erlaubt ▾	✔ Erlaubt
Status bearbeiten	Erlaubt ▾	✔ Erlaubt
Eigene Inhalte bearbeiten	Erlaubt ▾	✔ Erlaubt

Das sind die Berechtigungen der Gruppe Manager.

Auf den folgenden Seiten werden zunächst die Benutzergruppen vorgestellt, die es standardmäßig gibt. Anschließend geht es noch einmal detailliert um die Berechtigungen, Zugriffsrechte und um das Thema Vererbung.

Public Frontend – Benutzer für das Frontend

Alle Public-Frontend-Benutzer können ausschließlich Elemente im Frontend bearbeiten. Versuchen sie dennoch, sich ins Backend einzuloggen, bekommen sie eine Fehlermeldung angezeigt. Die besagt, dass der Zugang zum Administrationsbereich verweigert wird.

Das Einloggen ins Backend hat nicht geklappt.

Registriert

Hierbei handelt es sich um die Standardgruppe. Alle Benutzer, die sich über das Frontend registrieren, werden standardmäßig in diese Gruppe aufgenommen. Diese registrierten Benutzer dürfen keine Inhalte ändern. Dafür dürfen sie aber nach dem Einloggen beispielsweise das Forum benutzen und Seiten betrachten, die *Registriert*-Rechte verlangen. Damit das Einloggen ins Frontend überhaupt funktioniert, muss das Log-in-Formular eingeblendet werden.

So kann man sich am Frontend anmelden.

In das Backend können sich diese Benutzer nicht einloggen. Es werden sämtliche Einstellungen des Elternelements *Öffentlich* vererbt. Allerdings dürfen sich Mitglieder dieser Gruppe am Frontend anmelden.

Autor

Mitglieder dieser Gruppe können neue Inhalte erstellen und bearbeiten. Selbst veröffentlichen dürfen sie Inhalte aber nicht. Sobald sich ein Autor im Frontend eingeloggt hat, wird – wenn die Beispieldatensätze installiert wurden – das Benutzermenü angezeigt.

Hierüber können Beiträge eingereicht werden.

Über den Link *Beitrag einreichen* kann ein neuer Artikel angelegt werden. Wie sich Beiträge über das Frontend letztendlich anlegen lassen, wurde im Kapitel 4 beschrieben.

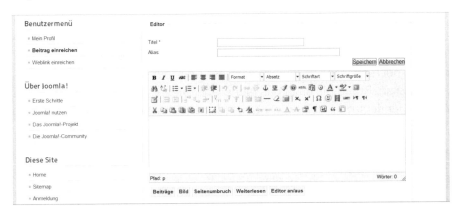

So lassen sich Beiträge über das Frontend anlegen.

Wenn das Benutzermenü bzw. der Link *Beitrag einreichen* nicht angezeigt wird, müssen Sie einige Einstellungen vornehmen. Üblicherweise legt man für registrierte Benutzer ein spezielles Menü an, das nur angezeigt wird, wenn sich ein Benutzer erfolgreich im Frontend eingeloggt hat.

Legen Sie dazu ein neues Menümodul an. (Lesen Sie in diesem Zusammenhang auch die Beschreibungen in Kapitel 3, bei denen es um das Anlegen neuer Menüs geht.)

Entscheidend ist beim Anlegen des Menümoduls das Feld *Zugriffsebene*. Stellen Sie dort *Registriert* ein.

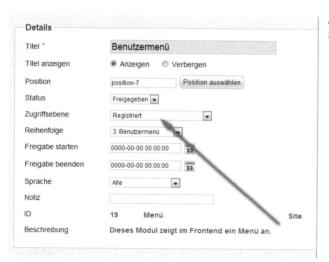

So sehen das Menü nur registrierte Benutzer.

Durch die eingestellte Zugriffsebene wird das Menü nur solchen Benutzern angezeigt, die sich am Frontend registriert und angemeldet haben. Das gilt im aktuellen Fall übrigens nicht nur für Mitglieder der Benutzergruppe *Autor*, sondern auch für registrierte Benutzer. In das Menü muss nun mindestens noch ein Link eingefügt werden, über den sich neue Beiträge anlegen lassen. Rufen Sie dazu das Menü über *Menüs* auf und klicken Sie auf *Neuer Menüeintrag*. Über die *Auswählen*-Schaltfläche wird der Menütyp bestimmt. Klicken Sie dazu unter *Beiträge* auf *Beitrag erstellen*.

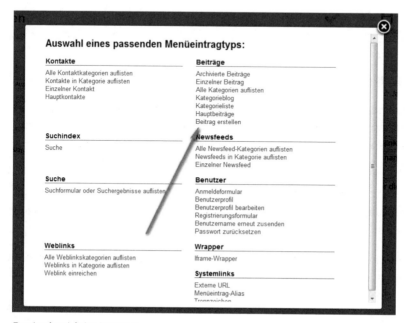

Das ist der richtige Menütyp.

Dieser Menüpunkt soll nun aber ausschließlich für Autoren (und höher) sichtbar sein. Dazu wird der Wert von *Zugriffsebene* auf *Spezial* gesetzt.

Die weiteren Einstellungen kennen Sie bereits aus Kapitel 3.

Registrierte Benutzer bekommen nach wie vor das Benutzermenü angezeigt. Der Link *Beitrag einreichen* wird jedoch nur den Benutzern angezeigt, die mindestens zur Gruppe *Autor* gehören.

Sobald ein Autor einen neuen Inhalt erstellt hat, bekommt der Super Benutzer eine Nachricht und kann dann die Inhalte freigeben. Zu sehen ist die neue Nachricht, wenn man oberhalb der Werkzeugleiste auf das Nachrichtensymbol klickt. Alternativ dazu können Sie auch *Komponenten/ Nachrichten* aufrufen.

Ein Beitrag wurde eingereicht.

In der Nachricht selbst ist dann unter anderem zu erkennen, wann und von wem der Beitrag eingereicht wurde.

- Von   Michael
- Gesendet Freitag, 11. März 2012
- Betreff: Neuer Beitrag
- Nachricht:
- Ein neuer Beitrag mit dem Namen "Facebook-Designer" wurde von "Michael" eingereicht.

Um den Beitrag freizugeben, wird über das Kontrollzentrum der Punkt *Beiträge* aufgerufen, und der entsprechende Eintrag wird geöffnet.

In dem sich öffnenden Fenster kann der Artikel überprüft und gegebenenfalls bearbeitet werden. Ist alles in Ordnung, wird der Artikel gespeichert.

Anschließend klicken Sie in der Beitragsübersicht innerhalb der *Freigegeben*-Spalte auf das rote Kreuz. Damit ist der Artikel veröffentlicht.

Das Elternelement von *Autor* ist *Registriert*. Sämtliche Berechtigungen von *Registriert* werden auf *Autor* vererbt, alle *Nicht-erlaubt-* und *Erlaubt*-Einträge werden also übernommen. Autoren dürfen allerdings zusätzlich Objekte erstellen und eigene Objekte bearbeiten.

Editor

Der Editor besitzt die gleichen Rechte wie der Autor. Allerdings darf er sämtliche Inhalte bearbeiten. Zusätzlich dazu werden ihm in entsprechenden Listen auch Elemente zum Bearbeiten angezeigt, die nicht veröffentlicht wurden.

Veröffentlichen kann der Editor seine Artikel allerdings auch nicht direkt. Wie beim Autor erhält der Super Benutzer eine Nachricht und gibt dann (wenn er will) den Artikel frei.

Das Elternelement von *Editor* ist *Autor*. Sämtliche Berechtigungen des Elternelements werden vererbt. Dadurch werden alle *Nicht-erlaubt-* und *Erlaubt*-Einträge übernommen. Allerdings darf der Editor auch fremde Objekte bearbeiten.

Publisher

Das ist die Gruppe, die im Frontend die meisten Rechte besitzt. Mitglieder dieser Gruppe können Inhalte einsenden, bearbeiten und veröffentlichen. Der Administrator muss die Artikel des Publishers aber explizit freigeben.

Das Elternelement von *Publisher* ist *Autor*. Zusätzlich zu den Möglichkeiten des Autors dürfen Publisher Objekte sperren, freigeben, archivieren und in den Papierkorb verschieben.

Public Backend – Benutzer für das Backend

Ausschließlich Benutzer, die unter *Public Backend* zusammengefasst sind, dürfen sich in das Backend einloggen.

Manager

Der Manager besitzt die gleichen Rechte wie der Publisher, kann sich aber zusätzlich im Backend einloggen. Im Gegensatz zu dem des Super Benutzers stellt sich dessen Kontrollzentrum allerdings etwas spartanisch dar.

Der Manager hat deutlich weniger Optionen zur Auswahl.

So fehlt hier beispielsweise der Bereich *Benutzer*. Der Manager kann keine Menüs bearbeiten, dafür aber neue Inhalte anlegen. Typischerweise wird diese Gruppe verwendet, wenn das Bearbeiten der Inhalte nicht über das Frontend, sondern ausschließlich über das Backend erfolgen soll. Da Manager nicht in die Konfiguration eingreifen dürfen, ist das System weitestgehend vor ungewollten Veränderungen geschützt.

Der eigene Manager

Auch wenn Sie der einzige Benutzer sind, kann es übrigens sinnvoll sein, sich einen Manager anzulegen, um sich unter dessen Benutzernamen am Backend anzumelden. Dadurch werden nämlich versehentlich vorgenommene Veränderungen am System ausgeschlossen.

Das Elternelement von *Manager* ist *Öffentlich*. Von dort erbt der Manager

Administrator

Die Gruppe der Administratoren darf fast alles im Backend. Allerdings unterliegt der Administrator immer noch einigen Einschränkungen. So darf er sich beispielsweise nicht an der globalen Konfiguration zu schaffen machen.

Inhalte können allerdings bearbeitet, neu erstellt und veröffentlicht werden.

Das Elternelement von *Administrator* ist *Manager*. Administratoren haben aber zusätzlich Komponentenzugriff.

Super Benutzer

Während der Installation und dem Einrichten von Joomla! arbeitet man als Super Benutzer. Dieser unterliegt keinerlei Einschränkungen, er kann alle Einstellungen am System vornehmen. Achten Sie also unbedingt darauf, möglichst nur wenigen, am besten sogar nur einem Benutzer diese Rechte zu gewähren.

Die Benutzerrechte im Überblick

Welche Rechte die jeweiligen Mitglieder der verschiedenen Public-Frontend-Benutzergruppen besitzen, wird in der folgenden Tabelle gezeigt:

Berechtigung	Registriert	Autor	Editor	Publisher
Grundkonfiguration ändern	N	N	N	N
Neue Super Administratoren anlegen	N	N	N	N
Templates verwalten	N	N	N	N
Benutzerverwaltung	N	N	N	N
Global-Check-in-Dateien	N	N	N	N
Zugriff auf Moduleinstellungen	N	N	N	N
Installer können verwendet werden	N	N	N	N
Zugriff auf Menüeinstellungen	N	N	N	N
Sprachen können eingestellt werden	N	N	N	N
E-Mail an alle Benutzer schicken	N	N	N	N
Zugriff auf Medien-Manager	N	N	N	N
Inhalte können bearbeitet und verwaltet werden	N	N	N	N
Frontend Editing	J	J	J	J
Neuen Weblink übermitteln	J	J	J	J
Inhalte anlegen	N	J	J	J
Inhalte veröffentlichen	N	N	N	J
Inhalte bearbeiten	N	N	J	J

Die nächste Tabelle stellt die Rechte der jeweiligen Public-Backend-Benutzergruppen gegenüber.

Berechtigung	Manager	Administrator	Super Benutzer
Grundkonfiguration ändern	N	N	J
Neue Super Administratoren anlegen	N	N	J
Templates verwalten	N	J	J
Benutzerverwaltung	N	J	J
Global-Check-in-Dateien	N	J	J
Zugriff auf Moduleinstellungen	N	J	J
Installer können verwendet werden	N	J	J
Zugriff auf Menüeinstellungen	N	J	J
Sprachen können eingestellt werden	N	J	J
E-Mail an alle Benutzer schicken	N	J	J
Zugriff auf Medien-Manager	J	J	J
Inhalte können bearbeitet und verwaltet werden	J	J	J
Frontend Editing	J	J	J
Neuen Weblink übermitteln	J	J	J
Inhalte anlegen	J	J	J
Inhalte veröffentlichen	J	J	J
Inhalte bearbeiten	J	J	J

6.3 Eigene Benutzergruppen anlegen

Neben den standardmäßig vorhandenen Benutzergruppen können Sie auch eigene anlegen. Um eine neue Benutzergruppe anzulegen, rufen Sie *Benutzer/Gruppen/Neue Gruppe* auf.

Eine neue Benutzergruppe wird angelegt.

Geben Sie den Namen der Gruppe und die übergeordnete Benutzergruppe an. Die übergeordnete Gruppe ist wichtig, da Sie hierüber festlegen, welche Berechtigungen die Benutzergruppe erben soll. Mehr zu diesem Thema erfahren Sie dann im nächsten Abschnitt.

Mit *Speichern & Schließen* wird die neue Gruppe letztendlich angelegt.

Auf diese Weise können Sie beliebig viele Benutzergruppen anlegen.

Beachten Sie, dass jede neue Benutzergruppe standardmäßig das Kindelement von *Öffentlich* ist.

Was die Benutzergruppen dürfen: Berechtigungen

Mit dem Anlegen der Benutzergruppen ist es nun freilich noch nicht getan. Denn Sie als Administrator können nun explizit festlegen, welche Rechte bzw. Berechtigungen jede Gruppe besitzt.

Wichtig ist es, in diesem Zusammenhang zu verstehen, dass es insgesamt vier Hierarchieebenen für die Berechtigungen gibt:

➢ globale Konfiguration
➢ Komponentenkonfiguration
➢ Kategorienkonfiguration
➢ Beitragskonfiguration

Da wären zunächst die globalen Einstellungen. Diese legen die Standardberechtigungen für alle Aktionen und Gruppen fest. Zu finden sind sie unter *Site/Konfiguration/Berechtigungen*.

Die Berechtigungen werden gesetzt. Die globalen Berechtigungen bilden die oberste Hierarchieebene. In diesem Zusammenhang spielt das Vererbungsprinzip eine wichtige Rolle. Gefolgt werden die globalen Berechtigungen von denen für Komponenten. Daran schließen sich die Berechtigungen für Kategorien an. An letzter Stelle stehen die Berechtigungen für die einzelnen Beiträge. Dabei werden die Einstellungen der höheren auf die unteren Hierarchien vererbt.

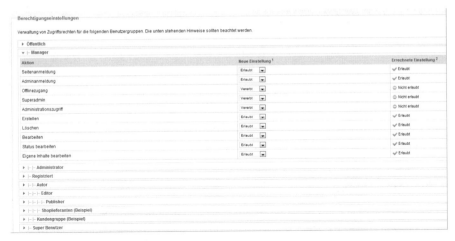

Das sind die Berechtigungen für Manager.

Die folgende Übersicht zeigt die vordefinierten Benutzergruppen und Berechtigungen, die es in Joomla! gibt. Sollten später die einzelnen Berechtigungen doch einmal durcheinandergekommen sein, können Sie sie ganz einfach wieder auf den ursprünglichen Stand bringen.

Zunächst die erste Hälfte der Berechtigungen:

Gruppe/Aktion	Seiten Anmeldung	Admin Anmeldung	Offline Zugang	Superadmin	Komponentenzugriff
Öffentlich	Nicht gesetzt	Nicht gesetzt	Nicht gesetzt	Nicht gesetzt	Nicht gesetzt
Manager	Erlaubt	Erlaubt	Nicht erlaubt	Nicht erlaubt	Nicht erlaubt
Administrator	Erlaubt	Erlaubt	Nicht erlaubt	Nicht erlaubt	Erlaubt
Registriert	Erlaubt	Nicht erlaubt	Nicht erlaubt	Nicht erlaubt	Nicht erlaubt
Autor	Erlaubt	Nicht erlaubt	Nicht erlaubt	Nicht erlaubt	Nicht erlaubt
Editor	Erlaubt	Nicht erlaubt	Nicht erlaubt	Nicht erlaubt	Nicht erlaubt
Publisher	Erlaubt	Nicht erlaubt	Nicht erlaubt	Nicht erlaubt	Nicht erlaubt
Super Benutzer	Erlaubt	Erlaubt	Erlaubt	Erlaubt	Erlaubt

Und hier die nächsten Berechtigungen:

Gruppe/Aktion	Erstellen	Löschen	Bearbeiten	Rechte bearbeiten	Eigene Inhalte bearbeiten
Öffentlich	Nicht erlaubt	Nicht erlaubt	Nicht erlaubt	Nicht erlaubt	Nicht erlaubt
Manager	Erlaubt	Erlaubt	Erlaubt	Erlaubt	Erlaubt
Administrator	Erlaubt	Erlaubt	Erlaubt	Erlaubt	Erlaubt
Registriert	Nicht erlaubt	Nicht erlaubt	Nicht erlaubt	Nicht erlaubt	Nicht erlaubt
Autor	Erlaubt	Nicht erlaubt	Nicht erlaubt	Nicht erlaubt	Erlaubt

Gruppe/Aktion	Erstellen	Löschen	Bearbeiten	Rechte bearbeiten	Eigene Inhalte bearbeiten
Editor	Erlaubt	Nicht erlaubt	Erlaubt	Nicht erlaubt	Erlaubt
Publisher	Erlaubt	Nicht erlaubt	Erlaubt	Erlaubt	Erlaubt
Super Benutzer	Erlaubt	Erlaubt	Erlaubt	Erlaubt	Erlaubt

Auf der nächsten Ebene unterhalb der globalen Berechtigungen lassen sich die Berechtigungen für alle Komponenten festlegen.

Begriffswirrwarr

Im Zusammenhang mit den Berechtigungen wird Ihnen der Begriff Erweiterungen begegnen. Dieser ist leider etwas unglücklich gewählt, da mit Erweiterungen in Joomla! eigentlich Dinge wie Module und Plug-ins gemeint sind. Weil der Begriff Erweiterungen aber in der offiziellen Joomla!-Dokumentation auch im Zusammenhang mit Berechtigungen verwendet wird, wird das in diesem Buch ebenfalls so gehandhabt.

Wenn Sie beispielsweise *Menüs/Menüs* aufrufen, gibt es in der Werkzeugleiste die *Optionen*-Schaltfläche. Hierüber können Sie dann die Standardeinstellungen für genau diese Komponente überschreiben. Rufen Sie dazu das Register *Berechtigungen* auf.

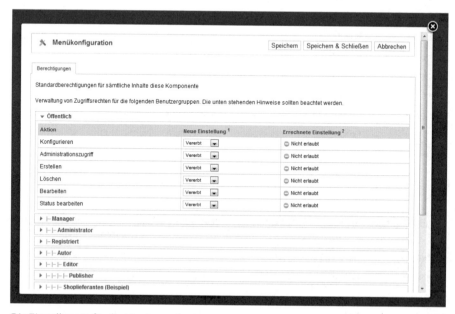

Die Einstellungen für die Menüs werden angepasst.

Innerhalb dieses Dialogfensters kann explizit festgelegt werden, wer was innerhalb der Komponente erledigen darf. Die festgelegten Berechtigungen gelten in diesen Fällen immer für die Gesamtheit. Man kann also beispielsweise einem einzelnen Menü keine eigenen Berechtigungsstufen zuweisen.

Die folgenden Berechtigungen gibt es für Komponenten:

➢ *Konfigurieren* – Es ist der Zugriff auf die Konfiguration des Objekts möglich.

➢ *Administrationszugriff* – Es darf auf die Komponente zugegriffen werden.

➢ *Erstellen* – Innerhalb des Objekts darf ein neues Element erstellt werden.

➢ *Löschen* – Es dürfen innerhalb des Objekts Elemente gelöscht werden.

➢ *Bearbeiten* – Das Element kann man innerhalb des Objekts bearbeiten.

➢ *Status bearbeiten* – Mitglieder dieser Gruppe können den Status von *Inhalt dieser Erweiterung* verändern.

Die nächste Ebene sind die Kategorien. Hierüber lassen sich die Berechtigungen einer oder mehrerer Kategorien überschreiben. Die entsprechenden Einstellungen finden Sie unter *Inhalt/Kategorien*. Dort klicken Sie in der Werkzeugleiste auf *Optionen*. Die relevanten Einstellungen sind im Register *Berechtigungen* zu finden.

So lassen sich die Berechtigungen auch anpassen.

Die übergeordneten Berechtigungen sind die globalen und die für Komponenten. Die zur Verfügung stehenden Aktionen (*Bearbeiten*, *Löschen* etc.) entsprechen denen der übergeordneten Berechtigungen.

Das Besondere an den Berechtigungen ist die Möglichkeit, diese nach Belieben zu verschachteln. So können Elternkategorien unendlich viele Kindkategorien zugewiesen werden. In diesem Zusammenhang muss man dann allerdings unbedingt das Vererbungsprinzip im Auge behalten, durch das Eigenschaften von den Eltern- auf die Kindelemente übertragen werden. Ein Beispiel: Angenommen, es gibt die Kategorie *Auto*. Eine Unterkategorie davon ist *BMW*. Und von *BMW* gibt es wiederum die Unterkategorie *118i*.

> *Auto* ist die Elternkategorie der obersten Ebene.
> *BMW* ist ein Kindelement von *Auto*, erbt somit dessen Eigenschaften.
> *BMW* ist Elternelement von *118i*, vererbt also seine Eigenschaften an *118i* weiter.
> *118i* ist das Kindelement von *BMW*, erbt also dessen Eigenschaften.

Als letzte Berechtigungsstufe gibt es dann noch die für die Artikel. Um die Einstellungen vorzunehmen, rufen Sie *Inhalt/Beiträge* auf und klicken den gewünschten Beitragstitel an. (Achtung, es geht hier nicht um *Inhalt/Beiträge/Optionen*. Darüber lassen sich zwar ebenfalls Berechtigungen festlegen, das sind aber die Berechtigungen für Komponenten.) Im unteren Fensterbereich gibt es die Berechtigungen für die jeweiligen Beiträge.

Die Berechtigungen werden festgelegt.

Über diesen Bereich lassen sich dann für jeden einzelnen Beitrag die Berechtigungen festlegen. Diese Berechtigungen befinden sich hierarchisch auf der untersten Ebene.

Das Vererbungsprinzip

Das Zuweisen der Berechtigungen zu den einzelnen Benutzergruppen funktioniert immer auf die gleiche Weise. In der rechten Spalte sind jeweils die aktuell der Gruppe zugewiesenen Berechtigungen zu sehen. Wenn Sie Änderungen an einer Berechtigung vornehmen und die Seite speichern, sehen Sie dort direkt die Auswirkungen. Interessant ist das im Zusammenhang mit Konflikten, die bei der Vergabe von Rechten auftreten. Wurde also zum Beispiel in einer Gruppe festgelegt, dass diese eine bestimmte Aktion ausführen darf, an einer anderen Stelle ist aber etwas Gegenteiliges angegeben, ist in dieser Spalte zu erkennen, welche Einstellungen tatsächlich greifen werden.

Anpassen lassen sich die Einstellungen über die Auswahlfelder in der Spalte *Neue Einstellung*.

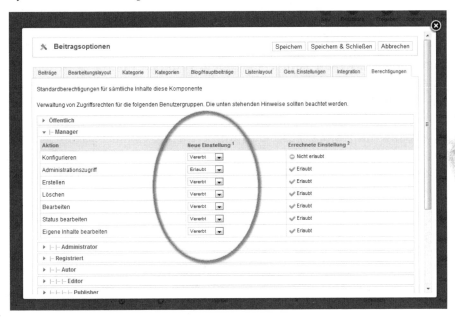

Hierüber lassen sich die Einstellungen anpassen.

Dort stehen insgesamt vier Optionen zur Verfügung (wobei es *Nicht gesetzt* ausschließlich in der Gruppe *Öffentlich* gibt, in den anderen Gruppen gibt es daher nur drei Optionen).

> *Nicht gesetzt* – Diese Einstellung gibt es nur für die Gruppe *Öffentlich* in der globalen Konfiguration. Nicht gesetzt bedeutet, dass Berechtigungen weder gesetzt noch verboten wurden. Das Prinzip dahinter ist auf den ersten Blick schwer zu durchschauen, folgt dabei aber einem einfachen Schema: Es wurde nicht explizit erlaubt, demnach ist es also auch nicht erlaubt. Es wurde allerdings auch nicht explizit verboten, demnach ist es also auch nicht verboten. Die Einstellung kann dadurch von Kindelementen überschrieben werden.

> *Vererbt* – Es werden die Einstellungen der übergeordneten Gruppe übernommen. Elternelemente vererben ihre Eigenschaften an Kindelemente. Das geschieht übrigens auch dann, wenn nicht explizit *Vererbt* eingestellt wurde. Wurde also beispielsweise in einem hierarchisch höheren Element *Verweigert* eingestellt, lässt sich das in den tiefer liegenden Elementen nicht verändern. Sehen Sie sich dazu auch die nachfolgenden Ausführungen an.

> *Verweigert* – Mitglieder dieser Gruppe dürfen die Aktion nicht ausführen. Dabei spielt es auch keine Rolle, was in der übergeordneten Gruppe festgelegt ist.

> *Erlaubt* – Mitglieder dieser Gruppe dürfen die Aktion ausführen.

Bei der Gruppe *Öffentlich* handelt es sich um die Elterngruppe. Ihre Einstellungen werden an sämtliche anderen Gruppen vererbt. Setzt man in einer anderen Gruppe einen Wert, überschreibt der für diese Gruppe den bei *Öffentlich* gesetzten. Dieses Vererbungsprinzip setzt sich bei allen anderen Gruppen fort. Es ist wichtig, dieses Prinzip zu verinnerlichen, da nur so effektiv mit Joomla! gearbeitet werden kann. Erfahrungsgemäß lässt sich das Vererbungsprinzip am besten anhand eines Beispiels zeigen. Sehen Sie sich dazu unter *Site/Konfiguration/Berechtigungen* die Berechtigungen der Gruppe *Manager* an.

Die Berechtigungen der Manager.

Unter anderem ist dort zu erkennen, dass in der Spalte *Neue Einstellung* bei *Offlinezugang* der Wert *Vererbt* eingestellt ist. Unter *Errechnete Einstellung* ist *Nicht erlaubt* zu sehen. Anders sieht das bei der Gruppe *Administrator* aus. Dort ist bei *Offlinezugang* der Wert *Erlaubt* eingestellt. Dadurch können Administratoren den Offlinezugang nutzen.

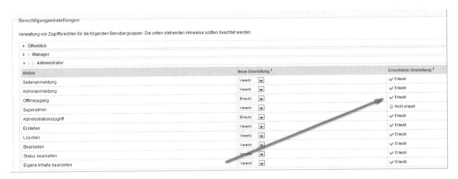

Noch stimmt alles.

Wenn man nun aber bei der Gruppe *Manager* den Wert von *Offlinezugang* explizit auf *Verweigert* stellt und die Änderungen abspeichert, führt das bei den Administratoren zu einem Konflikt.

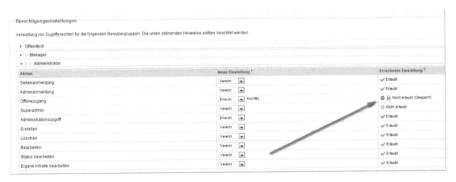

Ein Konflikt ist eingetreten.

In diesem Fall widersprechen sich die Einstellungen und müssen angepasst werden. Um den Administratoren den Zugriff zu gewähren, müsste der Wert bei *Manager* wieder auf *Vererbt* gesetzt werden.

Damit die Einstellungen tatsächlich richtig übernommen werden, muss man die Konfiguration, nachdem man sie geändert hat, speichern.

Zugriffsebenen anlegen und verwalten

Benutzergruppen lassen sich in Zugriffsebenen einordnen. Daraus ergibt sich für die Benutzer- und Gruppenverwaltung in Joomla! 2.5 insgesamt folgendes Bild:

> Es gibt Benutzergruppen.

> Es gibt Benutzer.

> Benutzer lassen sich in Benutzergruppen zusammenfassen.

> Es gibt Zugriffsebenen.

> Gruppen lassen sich bestimmten Zugriffsebenen zuordnen.

In früheren Joomla!-Versionen gab es drei vorgegebene Zugriffsebenen. Diese sind auch jetzt noch standardmäßig vorhanden.

> *Öffentlich* – Das Modul ist für alle Besucher der Webseite sichtbar.

> *Registriert* – Ausschließlich registrierte Benutzer bekommen das Modul zu Gesicht.

> *Spezial* – Alle registrierten Benutzer, die mindestens der Benutzergruppe *Autor* zugeordnet sind, können das Modul sehen.

Anders als in den vorherigen Versionen von Joomla! lassen sich jetzt aber beliebig viele weitere Zugriffsebenen definieren.

Man muss sich unbedingt den Unterschied zwischen Berechtigungen und Zugriffsebenen vor Augen führen. Berechtigungen sind für alle erdenklichen Aktionen mit Objekten verantwortlich. Solche Objekte sind Beiträge, Komponenten, Menüs etc. Die Zugriffsebene beschreibt hingegen die Sichtbarkeitseinstellungen. In den Standardeinstellungen von Joomla! ist das beispielsweise so geregelt, dass normale Besucher der Seite keine Bereiche einsehen können, die den registrierten Besuchern (Zugriffsebene *Registriert*) vorbehalten sind.

Diese Zugriffsebenen gibt es bislang.

Um eine neue Zugriffsebene anzulegen, rufen Sie *Benutzer/Zugriffsebenen* auf. In der sich öffnenden Übersicht sind alle bislang definierten Zugriffsebenen zu sehen.

Um die Eigenschaften dieser Ebenen anzupassen, klicken Sie deren Namen an. Soll hingegen eine weitere Zugriffsebene hinzukommen, klicken Sie in der Werkzeugleiste auf *Neu*.

Über das Feld *Ebenentitel* weisen Sie der Zugriffsebene einen Namen zu.

Im unteren Seitenbereich aktivieren Sie die Kontrollkästchen der Benutzergruppen, die auf diese Ebene zugreifen dürfen.

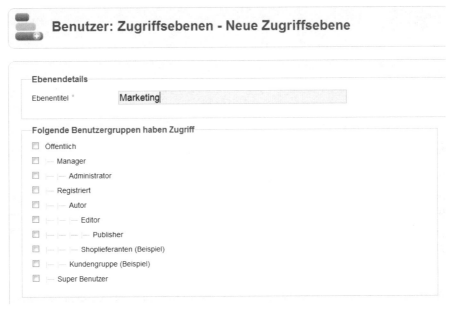

Die Zugriffsebene wird angelegt.

Damit ist die Zugriffsebene definiert und kann ab sofort wie jede andere Ebene verwendet werden. Wenn Sie jetzt also beispielsweise über *Menüs* ein beliebiges Menü aufrufen und dort auf einen Menüeintrag klicken, sehen Sie im Bereich *Details* das Feld *Zugriffsebene*.

In diesem Feld sind alle Zugriffsebenen – so natürlich auch die, die Sie selbst anlegen – enthalten.

Die Zugriffsebene wurde eingefügt.

Ein Beispiel für die Zugriffsebenen

Zugegeben, die Notwendigkeit für das Anlegen verschiedener Benutzergruppen und Zugriffsebenen erschließt sich nicht immer auf den ersten Blick. Daher folgt an dieser Stelle ein Beispiel, das zeigt, wie effektiv sich auf Basis der ACL in Joomla! Benutzer mit ganz bestimmten Rechten und Zugriffsebenen anlegen lassen.

> **Ein noch detaillierteres Beispiel**
>
> Ab Seite 354 wird ein deutlich aufwendigeres Beispiel gezeigt. Dort geht es dann um das Einrichten von Kundenbereichen im Frontend.

Mithilfe der folgenden Schritte wird die Benutzergruppe *Artikel-Manager* angelegt. Mitglieder dieser Benutzergruppe sollen im Backend Artikel bearbeiten können, sonstige Backend-Funktionalitäten sollten ihnen allerdings verwehrt bleiben. Die Gruppenmitglieder sollen alle Funktionen der Artikel-Manager nutzen können, inklusive des Setzens von Artikelberechtigungen.

Um die Gruppe anzulegen, rufen Sie *Benutzer/Gruppen/Neue Gruppe* auf. Als Name wird der Gruppe *Artikel-Manager* zugewiesen. Die übergeordnete Gruppe ist *Öffentlich*.

Eine neue Benutzergruppe wird angelegt.

Die Gruppe kann anschließend gespeichert werden und erscheint daraufhin automatisch in der Gruppenübersicht.

Die neue Gruppe ist vorhanden.

Im nächsten Schritt geht es um die Zugriffsebene. Standardmäßig werden die Menüpunkte im Backend und die Module auf die Zugriffsebene *Spezial* gesetzt. Daher muss die neu angelegte Gruppe in diese Ebene aufgenommen werden. Ansonsten würden Sie keine Module oder Menüpunkte sehen, wenn Sie sich als Benutzer der neuen Gruppe anmelden.

Rufen Sie daher über *Benutzer/Zugriffsebenen* die Ebene *Spezial* auf. Dort aktivieren Sie zusätzlich das Kontrollkästchen vor der Benutzergruppe *Artikel-Manager*.

Die neue Gruppe wurde auf-genommen.

Im nächsten Schritt müssen die Berechtigungen für die neue Benutzer-gruppe angegeben werden. Rufen Sie dazu *Site/Konfiguration/Berechti-gungen* auf.

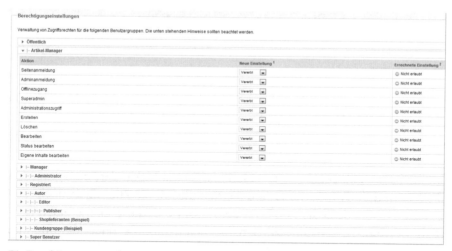

Die Berechtigungen werden angepasst.

Nehmen Sie dort für die Gruppe *Artikel-Manager* die folgenden Einstellun-gen vor:

➢ *Seitenanmeldung = Vererbt*

➢ *Adminanmeldung = Erlaubt*

➢ *Offlinezugang = Vererbt*

➢ *Superadmin = Vererbt*

- ➢ *Administrationszugriff = Vererbt*
- ➢ *Erstellen = Erlaubt*
- ➢ *Löschen = Erlaubt*
- ➢ *Bearbeiten = Erlaubt*
- ➢ *Status bearbeiten = Erlaubt*
- ➢ *Besitzer bearbeiten = Erlaubt*

Nach dem Speichern sollte die Spalte *Errechnete Einstellungen* folgendermaßen aussehen:

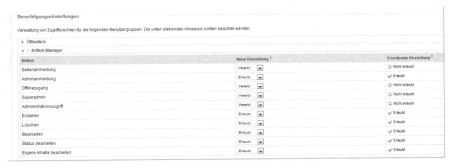

Die Einstellungen wurden angepasst.

Nun müssen noch die Einstellungen für die Beitragskomponente angepasst werden. Rufen Sie dazu *Inhalt/Beiträge* auf und klicken Sie in der Werkzeugleiste auf *Optionen*. Dort wechseln Sie in das Register *Berechtigungen* und öffnen die Einstellungen für die Gruppe *Artikel-Manager*.

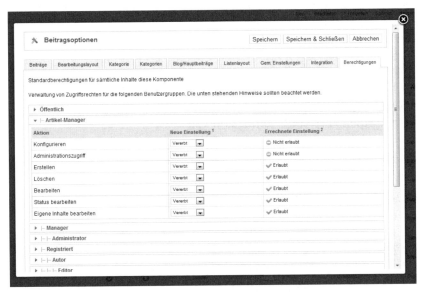

Das sind die aktuellen Einstellungen.

339

Hier muss jetzt der Zugriff auf die Komponente explizit erlaubt werden. Stellen Sie dazu bei *Administrationszugriff* den Wert *Erlaubt* ein.

Nach dem Speichern der Einstellungen sollte die Seite folgendermaßen aussehen:

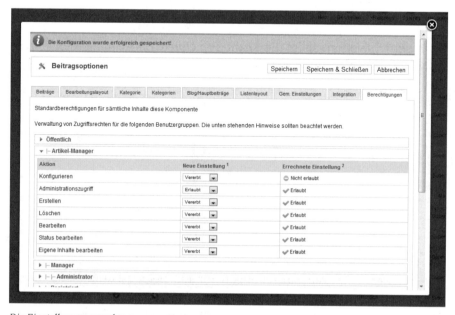

Die Einstellungen wurden angepasst.

Die Vorarbeiten sind damit abgeschlossen. Um nun einen Benutzer in die zuvor angelegte Gruppe *Artikel-Manager* einzuordnen, rufen Sie *Benutzer/ Benutzer* auf. Dort klicken Sie auf den Namen des Benutzers.

Aktivieren Sie im Bereich *Zugewiesene Grup-pen* das Kontrollkästchen, das vor der Grup-pe *Artikel-Manager* steht. Sobald die Einstel-lungen abgespeichert sind, kann sich der Benutzer ins Backend einloggen. Meldet er sich im Backend an, werden ausschließlich die relevanten Beitragsoptionen angezeigt. Alle anderen Optionen sind verschwunden.

Das abgespeckte Backend.

Mitglieder der Gruppe *Artikel-Manager* können sich somit voll und ganz auf die Inhalte konzentrieren. Änderungen an den Joomla!-Einstellungen können sie hingegen nicht vornehmen.

6.4 Benutzer anlegen und verwalten

Den ersten Benutzer haben Sie im letzten Schritt der Joomla!-Installation bereits angelegt. Wie viele zusätzliche Besucher Sie letztendlich noch anlegen, bleibt Ihnen überlassen.

Neue Benutzer anlegen

Nach der Joomla!-Installation ist lediglich ein Benutzer vorhanden. Dabei handelt es sich um den Benutzer, der mit den Rechten eines Super Benutzers ausgestattet ist und während der Joomla!-Installation angelegt wurde. Dieser Super Benutzer hat auf alle Bereiche Zugriff und darf alles ohne jede Einschränkung. In einer Joomla!-Installation legt man daher (üblicherweise) auch lediglich einen Super Benutzer an.

> **Zwei Arten der Benutzeranmeldung**
>
> In Joomla! können Benutzer sowohl im Backend wie auch im Frontend angelegt werden. Zunächst wird die Backend-Variante gezeigt, anschließend folgt die Frontend-Version. Und ganz am Schluss erhalten Sie dann noch ein paar Hinweise dazu, welche der beiden Varianten besser geeignet ist.

Zwei Aufgaben erfüllt die Benutzerverwaltung:

> ➢ Es werden unterschiedliche Rechte beim Zugriff auf die Administrationsoberfläche des Backends gewährt. So kann beispielsweise ein Mitglied der Gruppe *Manager* zwar auf die im Backend hinterlegten Medien zugreifen, Massenmails darf er aber nicht verschicken.

> ➤ Im Frontend können Mitglieder einer Gruppe auf bestimmte Bereiche zugreifen, die anderen verwehrt bleiben. Realisiert wird das üblicherweise über ein Registrierungsformular.

Die Benutzerverwaltung erreichen Sie im Backend über *Benutzer/ Benutzer*.

Noch ist die Anzahl der Benutzer recht übersichtlich.

Hier sehen Sie eine Übersicht aller Benutzer der aktuellen Joomla!-Installation.

> ➤ *Name* – Das ist der „echte" Name des Benutzers. Angezeigt wird er unter anderem als Begrüßung nach dem Einloggen.

> ➤ *Benutzername* – Unter diesem Namen kann sich der Benutzer am System anmelden.

> ➤ *Freigegeben* – Wird hier ein rotes Symbol angezeigt, ist der betreffende Benutzer momentan am System gesperrt. Versucht ein gesperrter Benutzer, sich am Backend anzumelden, wird die Meldung *Zugriff verweigert! Entweder ist das Benutzerkonto noch nicht aktiviert oder er wurde gesperrt!* angezeigt. Ein Zugriff auf das Backend ist also nicht möglich.

> ➤ *Aktiviert* – Durch einen Klick auf das rote Symbol wird der Account des Benutzers aktiviert. Ob das tatsächlich nötig ist, hängt davon ab, wie die Benutzerregistrierung konfiguriert ist. Die entsprechenden Einstellungen finden Sie unter *Benutzer/Benutzer* per Anklicken der *Optionen*-Schaltfläche in der Werkzeugleiste. Dort können Sie über das Feld *Aktivierung neuer Konten durch* festlegen, wer Benutzerkonten aktivieren kann. Üblicherweise stellt man dort *Administrator* ein. Dadurch können Sie als Administrator Konten explizit freigeben. Ab Seite 347 geht es noch einmal ganz detailliert um die Benutzerkonten im Zusammenhang mit der Registrierung.

> *Benutzergruppe* – Zeigt die Benutzergruppe an, in die der Benutzer eingeordnet ist. (Ausführliche Informationen zu den Joomla!-Benutzergruppen gibt es im weiteren Verlauf dieses Kapitels.)

> *E-Mail-Adresse* – Die E-Mail-Adresse des Benutzers.

> *Letzter Besuch* – Zeigt, wann sich der Benutzer das letzte Mal am System angemeldet hat.

> *Registrierungsdatum* – Zeitpunkt, zu dem sich der Benutzer registriert hat.

> *ID* – Die intern vergebene ID, über die der Benutzer eindeutig identifiziert werden kann.

Über das Symbol in der *Freigegeben*-Spalte können Sie einen aktuell am System angemeldeten Benutzer abmelden. Aber Achtung: Dem betreffenden Benutzer wird kein Warnhinweis angezeigt. Bearbeitet er beispielsweise gerade einen Beitrag und will ihn – nachdem Sie ihn ausgeloggt haben – abspeichern, wird er automatisch auf die Log-in-Seite geleitet. (Das geschieht allerdings erst, wenn er die Seite aktualisiert.) Die Änderungen werden nicht übernommen. Der ausgeloggte Benutzer ist anschließend für das Backend gesperrt.

Nach dem ersten Log-in wird standardmäßig nur der Benutzer *Super User* angezeigt. Dieser mit den Rechten des Super Benutzers ausgestattete Benutzer ist sozusagen der Herr über die Joomla!-Installation. Gelöscht werden kann ein solcher Super Benutzer übrigens nicht (ohne Weiteres).

So werden Sie einen unliebsamen Super Benutzer los

Sie haben versehentlich einen Benutzer als Super Benutzer eingerichtet, wollen ihn aber wieder löschen? Wie bereits gesagt, können solche Benutzer nicht gelöscht werden. Über einen kleinen Umweg klappt es aber dennoch. Sie müssen den Benutzer lediglich einer anderen Gruppe als der Gruppe der *Super Benutzer*, beispielsweise *Autor*, zuweisen. Anschließend kann er gelöscht werden. Ausführliche Informationen zum Zuweisen von Benutzergruppen finden Sie auf den folgenden Seiten.

Übrigens kann der Standardadministrator ein Sicherheitsrisiko sein. Ausführliche Informationen dazu finden Sie in Kapitel 11.

Als Administrator haben Sie das Recht, andere Benutzer anzulegen, deren Daten zu bearbeiten und sie zu löschen. Um einen neuen Benutzer aus dem Backend heraus anzulegen, rufen Sie *Benutzer/Benutzer/Neuer Benutzer* auf.

Ein neuer Benutzer wird angelegt.

Kontodetails

Name *   Mayer

Benutzername *   mayer

Passwort   •••••

Passwort wiederholen   •••••

E-Mail-Adresse *   dk@medienwerke.de

Registrierungsdatum

Letzter Besuch

System-E-Mails erhalten ⦿ Nein   ○ Ja

Diesen Benutzer sperren ⦿ Nein   ○ Ja

ID   0

In das erscheinende Formular können die Benutzerdaten eingetragen werden. Sie müssen in jedem Fall die Felder im Bereich *Kontodetails* ausfüllen.

Durch *Ja* bei *System-E-Mails erhalten* wird der Benutzer beispielsweise informiert, wenn sich neue Benutzer registrieren.

Wird bei *Diesen Benutzer sperren* der Wert *Ja* eingestellt, kann sich der Benutzer – selbst wenn er die notwendigen Rechte besitzt – nicht einloggen.

Im Bereich *Zugewiesene Gruppen* weisen Sie dem Benutzer eine oder mehrere Gruppen zu. Neue Benutzer werden standardmäßig automatisch in die Gruppe *Registriert* aufgenommen.

Im Bereich *Basis Einstellungen* können zusätzliche Angaben zur Administratorsprache, dem verwendeten WYSIWYG-Editor etc. gemacht werden. Nötig ist das in aller Regel aber nicht, da – wenn hier nichts angeben wird – automatisch die Einstellungen übernommen werden, die unter *Site/Konfiguration* stehen. Sinnvoll ist der Bereich *Basis Einstellungen* aber beispielsweise, wenn verschiedensprachige Benutzer mit Joomla! arbeiten sollen. Dann können Sie für jeden die eigene Muttersprache einstellen.

Die Benutzergruppe wurde angegeben.

Nachdem der Benutzer gespeichert wurde, wird ihm – wenn die Funktion konfiguriert wurde – eine E-Mail zugesendet.

Hallo Michael Mayer,

Sie wurden als Benutzer auf XXX von einem Administrator hinzugefügt.

Diese E-Mail beinhaltet Ihren Benutzernamen und Passwort, um sich anzumelden http://xxxxxx.de/

Benutzername - xxx

Passwort - xxx

Bitte nicht auf diese Nachricht antworten, da sie automatisch generiert wurde und nur Ihrer Information dient.

Profildaten einbinden

Standardmäßig sind auf der Seite keine weiteren Einstellungen möglich. Wer möchte, kann aber zusätzliche Profilbilder einbinden. Das kann durchaus praktisch sein. So lassen sich zu einem Benutzer dann beispielsweise auch die Adresse, das Geburtsdatum oder ein kleiner Über-mich-Bereich eintragen. In früheren Joomla!-Versionen ließen sich solche Zusatzinformationen mit Bordmitteln nicht integrieren. Das hat sich nun geändert. Damit zusätzliche Felder angeboten werden, muss man allerdings ein bestimmtes Plug-in aktivieren. Rufen Sie dazu *Erweiterungen/Plugins* auf. Dort aktivieren Sie das Plug-in *Benutzer - Profile*.

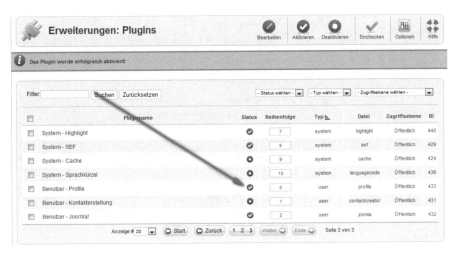

Das Plug-in wurde aktiviert.

Wenn Sie nun *Benutzer/Benutzer* aufrufen und auf einen beliebigen Benutzernamen klicken, werden Sie im rechten Fensterbereich direkt unterhalb von *Basis Einstellungen* den Punkt *Benutzerprofile* finden.

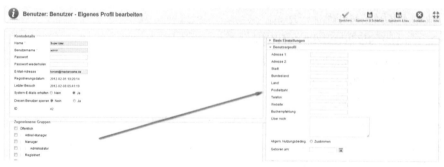

Neue Felder sind verfügbar.

Diese Felder werden übrigens nicht nur innerhalb der Benutzerprofile im Backend angezeigt, auch im Frontend sind sie während der Registrierung zu sehen.

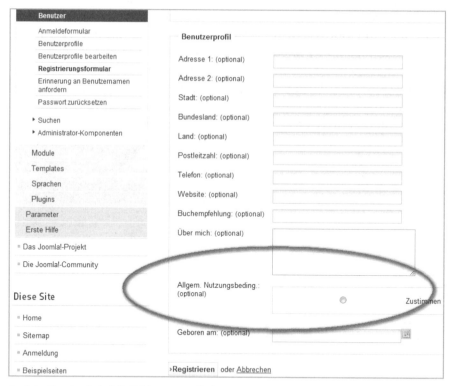

Auch im Frontend sind die Felder nun verfügbar.

Interessant ist dort das Feld *Allgem. Nutzungsbeding.* Benutzer müssen dann während der Registrierung dieses Feld anklicken, um die allgemeinen Geschäftsbedingungen zu akzeptieren.

6.5 Neue Benutzer über das Frontend

Benutzer können nicht nur über das Backend angelegt werden, auch eine Registrierung über das Frontend ist möglich.

Es stellt sich natürlich für jeden Seitenbetreiber die Frage, ob die Frontend-Registrierung aktiviert werden sollte. In der Tat spricht einiges dafür:

> **Schnellere Registrierung** – Gerade im Internet ist Geschwindigkeit gefragt. Würden Sie sich auf einer Seite anmelden wollen, bei der die Anmeldung von einem Administrator „irgendwann im Laufe der nächsten Stunden/Tage" durchgeführt wird? Der Benutzer sollte, wenn er sich registrieren will, die Möglichkeit haben, das sofort zu tun.

> **Passwort** – Die Benutzer legen selbst ihr Passwort fest. Anders bei der Backend-Registrierung. Dort müssen Sie als Administrator das Passwort bestimmen. Das ist natürlich „unschön", schließlich sollte ausschließlich der Benutzer sein Passwort wissen.

> **Arbeitsaufwand** – Für Sie als Administrator ist es von Vorteil, wenn sich die Benutzer über das Frontend registrieren. In dem Fall müssen Sie sich nicht um jede Registrierung einzeln kümmern.

Die Frontend-Registrierung ist nicht das Allheilmittel

Die genannten Punkte gelten aber nur, wenn Sie eine breite Beteiligung der Öffentlichkeit an Ihrer Seite wünschen. Geht es hingegen um sensible Daten und Bereiche, ist die Frontend-Registrierung das falsche Mittel. In solchen Fällen setzen Sie am besten auf das Backend.

Für die Frontend-Registrierung müssen lediglich zwei Voraussetzungen erfüllt sein.

Das Formular für die Registrierung muss eingeblendet werden. Das betreffende Modul heißt *Anmeldung* und lässt sich unter *Erweiterungen/Module* aktivieren. Wenn Sie die Beispieldatensätze installieren, ist es in jedem Fall bereits mit an Bord.

Sollte es nicht vorhanden sein, legen Sie es über die *Neu*-Schaltfläche in der Werkzeugleiste unter *Erweiterungen/Module* an. Ausführliche Informationen dazu, wie Sie neue Module anlegen können, finden Sie in Kapitel 9. Um das Modul anzulegen, klicken Sie unter *Modultyp auswählen* auf *Anmeldung*.

Dieses Modul muss aktiviert sein.

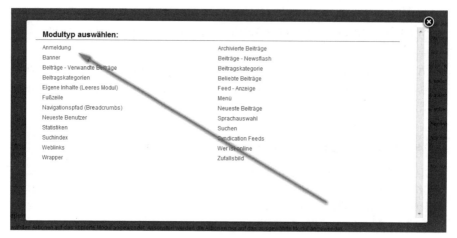

Das Log-in-Formular wird angelegt.

Unter *Details* geben Sie zunächst allgemeine Informationen über das Anmeldeformular an. Dort gibt man den Namen an, legt fest, wo das Modul zu sehen sein soll und kann außerdem die Reihenfolge der innerhalb der gewählten Position angezeigten Module bestimmen.

Deutlich interessanter ist der Bereich *Basisoptionen*. Denn darüber lässt sich das Log-in-Formular konfigurieren. So können Sie dort zum Beispiel festlegen, wohin die Benutzer nach erfolgreicher Anmeldung umgeleitet werden sollen. Was die einzelnen Optionen bedeuten, wird auch noch einmal ausführlich in Kapitel 9 gezeigt.

Alternativ zum gezeigten Formular können Sie die Registrierung natürlich auch über einen Link aufrufen lassen, der beispielsweise in einem Menü angezeigt wird. Beim Anlegen des entsprechenden Menüpunkts wählen Sie als Eintragstyp *Registrierungsformular* im Bereich *Benutzer* aus.

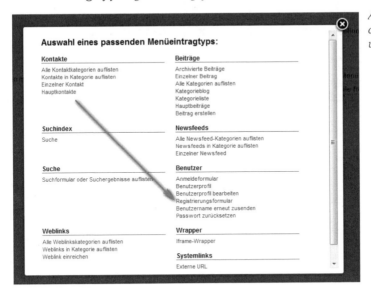

Auch so lässt sich die Registrierung umsetzen.

Wenn Sie darüber einen Menüeintrag anlegen, kann das Formular direkt über das gewählte Menü aufgerufen werden.

Eine der beiden gezeigten Varianten ist also nötig, damit sich die Benutzer überhaupt registrieren können. Im Backend müssen jedoch weitere Vorkehrungen getroffen werden, damit eine Registrierung möglich ist.

Unter *Benutzer/Benutzer* klicken Sie in der Werkzeugleiste auf *Optionen*. Im Register *Komponente* muss der Wert von *Benutzerregistrierung erlauben* auf *Ja* gesetzt werden. Dadurch wird unterhalb des Log-in-Formulars der Link *Registrieren* angezeigt.

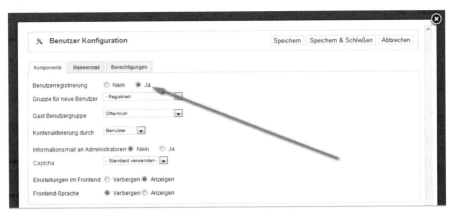

Die Einstellungen für die Benutzerregistrierung werden festgelegt.

Je nachdem, ob diese Option auf *Ja* oder *Nein* gesetzt wird, ist im Anmelde-formular ein *Registrieren*-Link zu sehen.

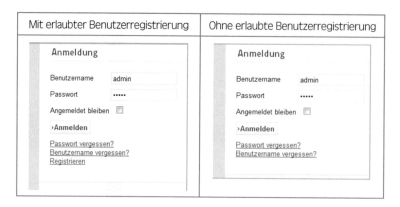

Klickt ein Besucher auf den *Registrieren*-Link, erscheint ein entsprechen-des Formular.

Über dieses Formular können sich Benutzer registrieren.

Hier kann der Benutzer die Daten für die Registrierung eingeben. Was ge-nau nach dem Absenden des Formulars passiert, bestimmen Sie im Back-end unter *Benutzer/Benutzer*, wenn Sie auf *Optionen* klicken und das Register *Komponente* öffnen.

Die Option *Benutzerregistrierung erlauben* ist also, wie bereits erwähnt, da-für da, dass unterhalb des Log-in-Formulars der Link *Registrieren* angezeigt wird.

Über *Gruppe für neue Benutzer* legen Sie fest, in welche Gruppe solche Be-nutzer standardmäßig eingeordnet werden, die sich über das Frontend re-gistrieren. Hier sollten Sie in jedem Fall *Registriert* wählen. Denn Benutzer aus dieser Gruppe besitzen sehr eingeschränkte Rechte und dürfen bei-spielsweise keine Inhalte ändern.

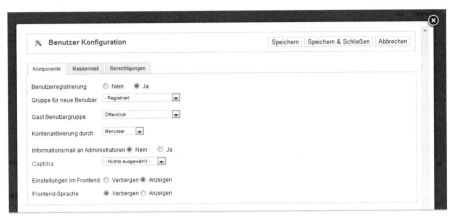

Hier wird festgelegt, wie die Registrierung erfolgt.

Gruppenzugehörigkeiten nachträglich ändern

Selbstverständlich können Sie einen Benutzer, der sich über das Frontend registriert hat, später jederzeit in eine andere Gruppe einordnen. Dazu rufen Sie *Benutzer/Benutzer* auf, klicken auf den betreffenden Namen und stellen die Benutzergruppe ein.

Unter *Gast Benutzergruppe* sollte in jedem Fall *Öffentlich* eingestellt werden.

Im Bereich *Kontoaktivierung durch* können Sie festlegen, ob der Benutzer, bevor sein Account freigeschaltet wird, eine E-Mail nach dem folgenden Schema erhält.

- Vielen Dank für die Registrierung auf xxxx;. Ihr Benutzerkonto wurde angelegt und muss aktiviert werden, bevor Sie es nutzen können. Um Ihr Benutzerkonto zu aktivieren, klicken Sie bitte auf folgenden Link oder kopieren ihn per Kopieren-Einfügen in Ihren Browser. Nach der Aktivierung können Sie sich auf xxx mit folgenden Benutzerdaten anmelden:
- Benutzername — xxxx Passwort — xxxx

Erst wenn der Benutzer auf den angegebenen Link klickt, kommt es zur Freischaltung des Accounts.

Über die Option *Informationsmail an Administratoren* kann man festlegen, ob man sich über eine Benutzerregistrierung per E-Mail informieren lassen möchte.

351

Die Registrierung per Captcha absichern

Das Registrierungsformular ist leider oftmals Ziel von Spambots. Verhindern lassen sich die durch diese Bots verursachten Spam-Attacken beispielsweise durch Captchas. In Kapitel 9 geht es noch einmal detailliert um diese Möglichkeit.

Um das Registrierungsformular in Joomla! absichern zu können, muss zunächst das Plug-in *Captcha – ReCaptcha* unter *Erweiterungen/Plugins* aktiviert werden.

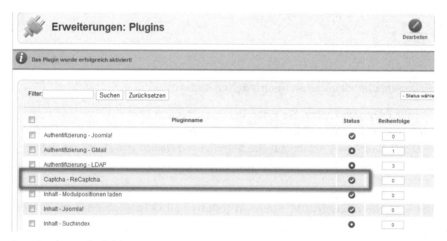

Das Plug-in wurde aktiviert.

Klicken Sie zur Konfiguration auf den Namen des Plug-ins. Entscheidende Bedeutung kommt dabei dem Bereich *Basisoptionen* zu.

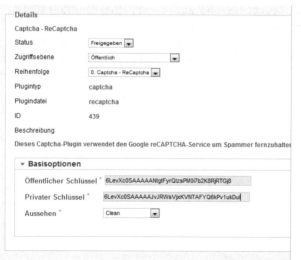

Die Schlüssel wurden angegeben.

Dort müssen der öffentliche und der private Schlüssel eingetragen werden. Besorgen kann man sich diese Schlüssel kostenlos unter *https://www. google.com/recaptcha/admin/create*.

Nachdem die Einstellungen gespeichert wurden, rufen Sie *Benutzer/ Benutzer* auf und klicken in der Werkzeugleiste auf *Optionen*. Dort muss im Register *Komponente* bei *Captcha* der Wert *Captcha – ReCaptcha* eingestellt werden.

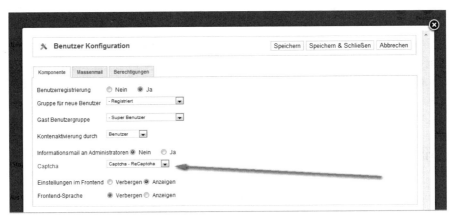

Die Captcha-Funktion wird aktiviert.

Ab sofort wird, wenn das Registrierungsformular aufgerufen wird, ein Captcha-Bereich angezeigt.

Benutzerregistrierung

* Benötigtes Feld

Name: *

Benutzername: *

Passwort: *

Passwort bestätigen: *

E-Mail-Adresse: *

E-Mail-Adresse bestätigen: *

Captcha *

PSALM *albürd*

stop spam.
read books.

›Registrieren oder Abbrechen

Das Formular wurde abgesichert.

6.6 Geschützte Seitenbereiche einrichten

Vielleicht wollen Sie auf Ihrer Seite einen geschützten Bereich einrichten, auf den nur registrierte Kunden zugreifen können. Dort, wo man sich sonst erst lange mit Sicherheitsfunktionen und Datenbanken beschäftigen muss, liefert Joomla! eine Lösung, die binnen weniger Minuten einsatzbereit ist.

Menüs nur für registrierte Benutzer anzeigen

Wie bekommt man Kunden dazu, sich an der Webseite zu registrieren? Das geht normalerweise nur, wenn diese etwas von einer Registrierung haben. Ein probates Mittel ist es, registrierten Kunden zusätzliche Informationen anzubieten. Sichtbar sind diese jedoch nur, wenn sich Kunden registriert und dann auch eingeloggt haben.

Einzelne Menüpunkte für Benutzer freigeben

Man kann Menüeinträge so anlegen, dass diese beispielsweise nur angemeldeten Benutzern oder Benutzern mit Admin-Rechten angezeigt werden. Wenn Sie die Beispieldatensätze installiert haben, gibt es ein Menü *Über Joomla!*.

Das ist das vollständige Menü.

Dieses Menü wird standardmäßig vollständig allen Besuchern der Seite angezeigt. Im ersten Schritt soll nun der Punkt *Das Joomla!-Projekt* jedoch nur noch registrierten Benutzern angezeigt werden.

Rufen Sie dazu *Menüs/Über Joomla!* auf. Da das Menü sehr viele Einträge hat, stellt man das Filterfeld *Max Ebene wählen* am besten auf *1*. So werden nur die vier Einträge der obersten Ebene angezeigt.

Das reduziert die Anzahl der Einträge deutlich.

Klicken Sie nun den Menüeintrag *Das Joomla!-Projekt* an. Entscheidend ist das Feld *Zugriffsebene*. Dessen Wert stellt man auf *Registriert*. Dadurch sehen diesen Menüeintrag ausschließlich registrierte Benutzer, die sich eingeloggt haben.

So wird die Zugriffsebene bestimmt.

Ein anschließender Blick ins Frontend liefert das gewünschte Ergebnis.

Der Menüeintrag ist nicht mehr zu sehen.

Ganze Menüs freigeben

Nun kann man nicht nur einzelne Menüeinträge ausschließlich registrierten Benutzern anzeigen, das funktioniert so auch bei Menüs. (Auch wenn das Ganze hier am Beispiel eines Menüs gezeigt wird, so lässt sich das tatsächlich auf alle Module in Joomla! anwenden, da Menüs bekanntlich nichts anderes als Module sind.)

Rufen Sie *Erweiterungen/Module* auf. Dort klicken Sie auf den Modulnamen. Im aktuellen Fall ist das *Über Joomla!*. Entscheidend ist das Feld *Zugriffsebene*.

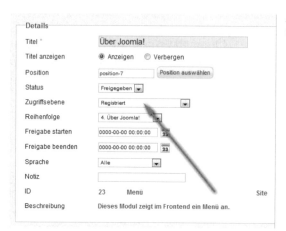

Das Modul ist nur noch für registrierte Benutzer sichtbar.

Ab sofort ist das *Menü/Modul* nur noch zu sehen, wenn man sich im Frontend eingeloggt hat.

Menüpunkte und Menüs nur für Gäste

Im vorherigen Abschnitt wurde gezeigt, wie sich Menüeinträge und ganze Menüs so konfigurieren lassen, dass darauf ausschließlich registrierte Benutzer zugreifen dürfen. Es gibt aber auch den umgekehrten Weg, bei dem Inhalte ausschließlich für nicht registrierte Benutzer angezeigt werden.

Ein typisches Beispiel dafür ist ein Registrierungsformular. Die Möglichkeit, sich am Frontend zu registrieren, sollte nämlich tatsächlich nur Gästen angeboten werden. Diejenigen, die sich bereits registriert haben, sollen den Link auf das Registrierungsformular normalerweise nicht sehen.

So etwas lässt sich in Joomla! umsetzen, man muss allerdings ein wenig tricksen. Zunächst muss eine neue Benutzergruppe angelegt werden. Rufen Sie dazu *Benutzer/Gruppen/Neue Gruppe* auf.

Die neue Gruppe wird angelegt.

Als *Gruppentitel* gibt man *Gäste* an, unter *Übergeordnete Gruppe* wird *Öffentlich* eingestellt.

Mit *Speichern und schließen* werden die Einstellungen übernommen. Weiter geht es mit der Definition einer neuen *Zugriffsebene*. Das geschieht über *Benutzer/Zugriffsebenen/Neue Zugriffsebene*.

Als *Ebenentitel* tragen Sie *Gäste* ein. Im unteren Seitenbereich wird ausschließlich *Gäste* aktiviert.

Die neue Ebene wird angelegt.

Nachdem auch diese Einstellung mit *Speichern & schließen* übernommen wurde, werden Sie automatisch auf die Übersicht der Zugriffsebenen umgeleitet.

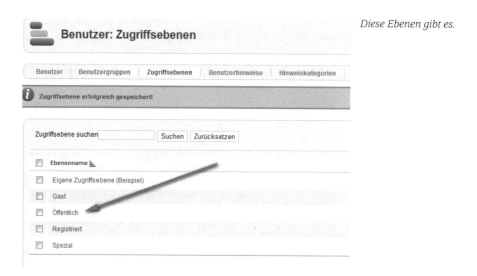

Diese Ebenen gibt es.

Innerhalb dieser Übersicht klicken Sie auf *Öffentlich*.

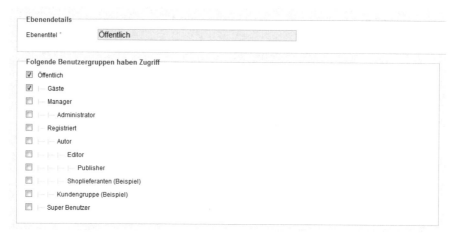

Eine zusätzliche Gruppe hat Zugriff.

Innerhalb der Einstellungen für die Gruppe *Öffentlich* muss zusätzlich zu *Öffentlich* auch die Gruppe *Gäste* aktiviert werden. Auch diese Einstellungen müssen gespeichert werden.

Weiter geht es mit *Benutzer/Benutzer/Optionen*. Im Register *Komponente* wird im Feld *Gast Benutzergruppe* der Wert *Gäste* eingestellt.

Die Gast-Benutzergruppe wird festgelegt.

Auch diese Einstellungen werden gespeichert. Damit sind die Vorarbeiten abgeschlossen. Jetzt wird davon ausgegangen, dass ins Hauptmenü der Seite ein Registrieren-Link aufgenommen werden soll. Dieser Link darf jedoch nur für Gäste sichtbar sein. Sobald man sich im Frontend eingeloggt hat, ist der Link nicht mehr zu sehen.

Rufen Sie *Menüs/Hauptmenü/Neuer Menüeintrag* auf. Klicken Sie anschließend bei *Menütyp* auf *Auswählen* und stellen Sie *Registrierungsformular* ein.

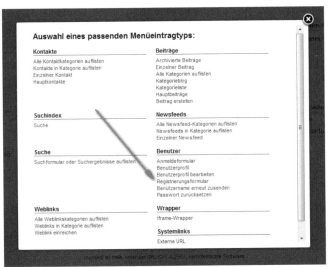

Der Eintragstyp wird gewählt.

Im Dialogfenster *Neuer Menüeintrag* füllen Sie die noch ausstehenden Angaben aus. Entscheidend ist, dass als *Zugriffsebene* der Wert *Gast* eingestellt wird.

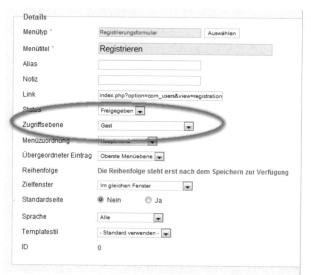

Auf die richtige Zugriffsebene kommt es an.

Nachdem die Änderungen gespeichert sind, wird der Link tatsächlich nur Gästen angezeigt. Sobald man sich einloggt, ist er verschwunden.

Einen Log-in-Bereich für Kunden anlegen

Angenommen, auf Ihrer Webseite soll ein Log-in-Formular bereitstehen. Nachdem sich ein Besucher dort angemeldet hat, wird er auf eine Seite geleitet, auf die er sonst nicht zugreifen könnte und von deren Existenz er ohne eine Registrierung auch nichts wüsste. Oft werden solche Bereiche für Kunden-Log-ins oder Ähnliches verwendet.

Das folgende Beispiel zeigt, wie sich solche geschützten Bereiche auf Basis der neuen ACL in Joomla! umsetzen lassen. Ausgegangen wird von einem Architekturbüro. Dieses Architekturbüro möchte für vier seiner Kunden (Ullrich, Mayer, Schmidt und Stocker) einen Log-in-Bereich einrichten. Dabei soll jeder der Kunden allerdings seinen ganz persönlichen Bereich bekommen. Loggen sich die Kunden ein, bekommen sie jeweils ein individuelles Menü angezeigt.

Sarah Ullrich hat sich eingeloggt.	Michael Mayer hat sich eingeloggt.
Kundenmenü ▪ Kundenbereich: Sarah Ullrich	**Kundenmenü** ▪ Kundenbereich: Michael Mayer

Um eine solche Anwendung umsetzen, sind die folgenden Schritte nötig:

➢ Die Benutzergruppen müssen erstellt werden.

➢ Die Benutzer werden angelegt und den Gruppen zugewiesen.

➢ Zugriffsebenen werden definiert.

➢ Die Inhalte müssen angelegt und den Zugriffsebenen zugewiesen werden.

Diese Schritte werden auf den folgenden Seiten erläutert.

Zunächst soll eine allgemeine Benutzergruppe angelegt werden. In diese Gruppe werden später alle Kunden des Architekturbüros eingeordnet. Um eine neue Gruppe anzulegen, rufen Sie *Benutzer/Gruppen/Neue Gruppen* auf. Als Name geben Sie *Kunden* an. Die übergeordnete Gruppe ist *Registriert*.

Die neue Gruppe wird angelegt.

Sobald diese Gruppe angelegt ist, muss für jeden Kunden eine eigene Gruppe definiert werden. Im Einzelnen sind dies:

➢ *Ullrich*

➢ *Mayer*

➢ *Schmidt*

➢ *Stocker*

361

Als übergeordnete Gruppe wird ihnen jeweils *Kunden* zugewiesen. Die Gruppenübersicht sollte jetzt wie abgebildet aussehen.

Die Benutzergruppen wurden angelegt.

Nun müssen die einzelnen Kunden in Form von Benutzern angelegt werden. Zentrale Anlaufstelle dafür ist *Benutzer/Benutzer/Neuer Benutzer*. Zunächst tragen Sie Name, Benutzername etc. ein.

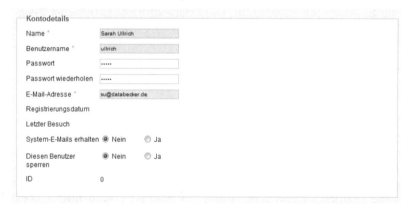

Das sind die allgemeinen Daten.

Hinsichtlich der Benutzerverwaltung ist aber natürlich der Bereich *Zugewiesene Gruppen* interessanter. Dort stellen Sie für jeden Kunden die gewünschte Gruppe in. Im Fall von Sarah Ullrich ist das demnach die Gruppe *Ullrich*.

```
Zugewiesene Gruppen
☐  Öffentlich
☐  ├─ Artikel-Manager
☐  ├─ Manager
☐  ├─ ├─ Administrator
☑  ├─ Registriert
☐  ├─ ├─ Autor
☐  ├─ ├─ ├─ Editor
☐  ├─ ├─ ├─ ├─ Publisher
☐  ├─ ├─ Shoplieferanten (Beispiel)
☐  ├─ ├─ Kunden
☐  ├─ ├─ Mayer
☐  ├─ ├─ Schmidt
☐  ├─ ├─ Stocker
☑  ├─ ├─ Ullrich
☐  ├─ ├─ Kundengruppe (Beispiel)
☐  ├─ Super Benutzer
```

Die Benutzergruppe wird angegeben.

Aktiviert bleibt außerdem die Gruppe *Registriert*.

Wiederholen Sie diese Einstellungen für die anderen drei Benutzer. Achten Sie aber darauf, ihnen jeweils die eigene Benutzergruppe zuzuweisen.

☐	Name ≜	Benutzername	Angemeldet	Aktiviert	Benutzergruppe
☐	Hans Stocker	stocker	✔	✔	Stocker
☐	Johann Schmidd	schmidd	✔	✔	Schmidt
☐	Michael Mayer	mayer	✔	✔	Mayer
☐	Sarah Ullrich	ullrich	✔	✔	Ullrich
☐	Super User	admin	✔	✔	Super Users

Die einzelnen Benutzer werden angelegt.

Nachdem die Benutzergruppen und die Benutzer angelegt sind, geht es nun mit der Definition der Zugriffsebenen weiter. Rufen Sie dazu *Benutzer/Zugriffsebene/Neue Zugriffsebene* auf. Legen Sie die neue Zugriffsebene *Kunden* an. Auf diese Zugriffsebene sollen ausschließlich Mitglieder der Benutzergruppe *Kunden* Zugriff haben. Aktivieren Sie also das betreffende Kontrollkästchen im Bereich *Folgende Benutzergruppen haben Zugriff*.

Ebenendetails

Ebenentitel *   Kunden

Folgende Benutzergruppen haben Zugriff

☐ Öffentlich
☐ |— Artikel-Manager
☐ |— Manager
☐ |— |— Administrator
☐ |— Registriert
☐ |— |— Autor
☐ |— |— |— Editor
☐ |— |— |— |— Publisher
☐ |— |— |— Shoplieferanten (Beispiel)
☑ |— |— Kunden
☐ |— |— |— Mayer
☐ |— |— |— Schmidt
☐ |— |— |— Stocker
☐ |— |— |— Ullrich
☐ |— |— Kundengruppe (Beispiel)
☐ |— Super Benutzer

Die Zugriffsebene wird definiert.

Ist diese Zugriffsebene angelegt, definieren Sie für alle Kunden eigene Zugriffsebenen. Im Fall von *Sarah Ullrich* sieht das folgendermaßen aus:

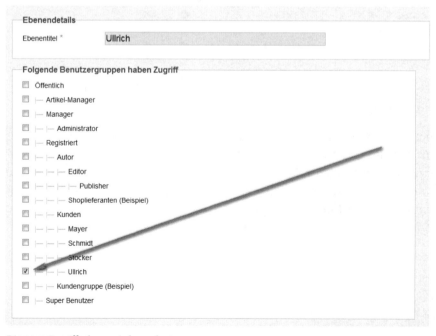

Ebenendetails

Ebenentitel *   Ullrich

Folgende Benutzergruppen haben Zugriff

☐ Öffentlich
☐ |— Artikel-Manager
☐ |— Manager
☐ |— |— Administrator
☐ |— Registriert
☐ |— |— Autor
☐ |— |— |— Editor
☐ |— |— |— |— Publisher
☐ |— |— |— Shoplieferanten (Beispiel)
☐ |— |— Kunden
☐ |— |— |— Mayer
☐ |— |— |— Schmidt
☐ |— |— |— Stocker
☑ |— |— |— Ullrich
☐ |— |— Kundengruppe (Beispiel)
☐ |— Super Benutzer

Die neue Zugriffsebene wird angelegt.

Wiederholen Sie diese Schritte für alle anderen Kunden. Achten Sie dabei unbedingt auf die richtige Zuordnung der Benutzergruppen. Insgesamt sollte sich in der Übersicht der Zugriffsebenen folgendes Bild ergeben:

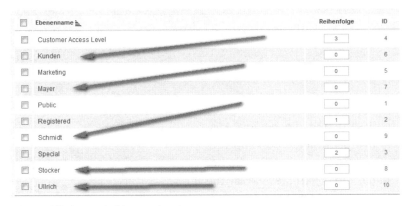

Die Zugriffsebenen sind jetzt vorhanden.

Damit sind die Vorarbeiten abgeschlossen. Jetzt geht es ans Erstellen der eigentlichen Inhalte. Es empfiehlt sich, mit speziellen Kundenkategorien zu arbeiten. Das macht die spätere Arbeit mit dem Benutzersystem deutlich einfacher.

Legen Sie also über *Inhalt/Kategorien/Neue Kategorie* eine neue Kategorie an. Dieser Kategorie weisen Sie den Namen *Kunden* zu. Entscheidend ist zudem, dass bei *Zugriffsebene* der Wert *Kunden* eingestellt wird.

Achten Sie auf die Zugriffsebene.

Weiter geht es mit dem Anlegen der Kategorien für die einzelnen Kunden. Für Sarah Ullrich könnte das folgendermaßen aussehen:

Die Zugriffsebene ist eingestellt.

Entscheidend sind hier die beiden Aus-wahlfelder *übergeordnet* und *Zugriffs-ebene*. Bei *übergeordnet* stellen Sie die Ka-tegorie *Kunden* ein. *Zugriffsebene* ist die jeweilige Ebene der einzelnen Kunden. Legen Sie für alle Kunden eine solche Ka-tegorie an.

So sollte die Struktur anschließend aussehen.

Damit sind auch die Kategorien angelegt. Nun soll es ein Menü *Kunden* geben, in dem für jeden Kunden die für ihn be-stimmten Informationen zu sehen sind. Das Menü wird über *Menüs/Menüs/Neues Menü* angelegt.

Das sind die Einstellungen für das Menü.

Veröffentlichen Sie dieses Menü im Frontend der Seite. Wie das funktio-niert, wird ausführlich in Kapitel 3 beschrieben. Legen Sie über *Erweite-rungen/Module/Neu* ein neues Menümodul an.

Entscheidend sind zwei Dinge innerhalb der Moduleinstellungen des Menüs. Geben Sie bei Zugriffsebene *Kunden* an.

Auch hier ist die Zugriffsebene wichtig.

Es ist entscheidend, dass an dieser Stelle *Kunden* und nicht etwa *Registriert* angegeben wird, denn das Menü sollen ja ausschließlich die Kunden sehen. Normal registrierte Benutzer dürfen auf das Menü hingegen nicht zugreifen.

Jetzt müssen innerhalb des Menüs für jeden Kunden eigene Einträge angelegt werden. Rufen Sie dazu über *Menüs* das *Kundenmenü* und *Neuer Menüeintrag* auf. Bei *Zugriffsebene* muss im Fall von Sarah Ullrich der Wert *Ullrich* eingestellt werden.

Details	
Menütyp	Einzelner Beitrag · wählen
Menütitel	Kundenbereich: Sarah Ullrich
Alias	kundenbereich-sarah-ullrich
Notiz	
Link	index.php?option=com_content&view=article&i
Status	Freigegeben
Zugriffsebene	Ullrich
Menü Bereich	Kundenmenü
Übergeordneter Eintrag	Menu Item Root
Zielfenster	Parent
Standardseite	⦿ Nein ○ Ja
Sprache	alle
Template Style	- Standard anwenden -
ID	496

Achten Sie auch hier auf die Zugriffsebene.

Legen Sie für jeden Kunden nun mindestens einen Menüeintrag an. Achten Sie dabei unbedingt darauf, jeweils die richtige Zugriffsebene auswählen.

	Titel	Freigegeben	Reihenfolge	📅	Zugriffsebene
	Kundenbereich: Sarah Ullrich (Alias: kundenbereich-sarah-ullrich)	✓	○	1	Ullrich
	Kundenbereich: Michael Mayer (Alias: kundenbereich-michael-mayer)	✓	○ ○	2	Mayer
	Kundenbereich: Hans Stocker (Alias: kundenbereich-hans-stocker)	✓	○ ○	3	Stocker
	Kundenbereich: Johann Schmidt (Alias: kundenbereich-johann-schmidt)	✓	○	4	Schmidt

Die Menüeinträge wurden angelegt.

Das Kundenmenü ist für alle nicht registrierten Besucher der Webseite nicht zu sehen. Gleiches gilt für die Besucher, die sich auf klassischem Weg registriert haben, also *Registriert* angehören.

Ein ganz anderes Bild ergibt sich, wenn sich Kunden einloggen. Diese bekommen jeweils das Kundenmenü zu sehen. Innerhalb des Menüs ist allerdings ausschließlich ihr jeweiliger Kundenbereich aufrufbar.

Sarah Ullrich hat sich eingeloggt.	Michael Mayer hat sich eingeloggt.
Kundenmenü ▪ Kundenbereich: Sarah Ullrich	**Kundenmenü** ▪ Kundenbereich: Michael Mayer

Selbstverständlich können Sie das Menü noch ausbauen und den Kunden weitere Menüpunkte anbieten. Entscheidend ist jedoch, zu verstehen, wie leistungsfähig Joomla! jetzt ist, wenn es um Benutzerverwaltung und Zugriffsebenen geht.

6.7 Perfekte Kommunikation untereinander

Wenn Sie mit mehreren Benutzern an einem Joomla!-System arbeiten, möchten Sie denen vielleicht hin und wieder eine Nachricht zukommen lassen. Dazu muss man nicht auf klassische E-Mails zurückgreifen. Vielmehr bietet Joomla! die Möglichkeit, dass sich Backend-Benutzer untereinander Nachrichten zuschicken können.

Um eine Nachricht an einen anderen Backend-Benutzer zu senden, klicken Sie im oberen Fensterbereich des Joomla!-Backends auf das Nachrichtensymbol .

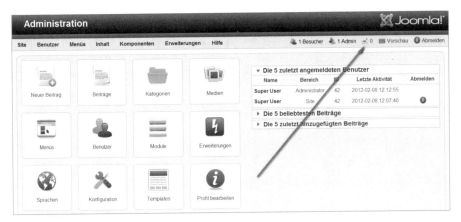

So lässt sich die Nachrichtenverwaltung aufrufen.

Zunächst können Sie allgemeine Einstellungen vornehmen. Klicken Sie dazu in der Werkzeugleiste auf *Meine Einstellungen*.

Die Grundkonfiguration wird festgelegt.

Über die Option *Posteingang sperren* können Sie festlegen, ob Ihnen überhaupt Nachrichten zugeschickt werden dürfen. Wer diese Option auf *Ja* stellt, bekommt keine Nachrichten zugesendet.

Die Option *Neue Nachrichten* ist eigentlich nur dann sinnvoll, wenn Sie das Backend nur selten aufrufen. Denn wird diese Option auf *Ja* gestellt, bekommen Sie automatisch eine E-Mail, wenn eine neue Nachricht eintrifft. Verschickt wird diese an die unter *Site/Mein Profil* hinterlegte E-Mail-Adresse.

Über *Nachrichten automatisch leeren nach (Tage)* legt man fest, wie viele Tage Joomla! die Nachrichten aufheben soll. Nach Ablauf der eingestellten Frist werden die Nachrichten automatisch gelöst.

Nachrichten verschicken

Um eine neue Nachricht zu verschicken, rufen Sie die Nachrichtenübersicht auf und klicken in der Werkzeugleiste auf *Neu*.

Eine neue Nachricht wird angelegt.

Über *Benutzer wählen* stellen Sie den Empfänger ein. Klicken Sie dazu in dem sich öffnenden Fenster auf den Namen des gewünschten Backend-Benutzers. Sollten sehr viele Benutzer existieren, können Sie das Suchfeld oder die Filteroptionen im oberen Fensterbereich nutzen.

Beachten Sie, dass ausschließlich Backend-Benutzer in dieser Übersicht aufgeführt werden. Es werden also nur Benutzer berücksichtigt, die einer der Gruppen *Manager*, *Administrator* oder *Super Benutzer* angehören. An Frontend-Benutzer lassen sich hierüber keine Nachrichten senden.

Der Empfänger wird ausgewählt.

Durch Anklicken des Benutzernamens wird der Empfänger ausgewählt.

Nachdem *Betreff* und *Nachricht* ausgefüllt sind, kann die Nachricht über *Senden* verschickt werden.

Wenn Sie sich ins Backend einloggen, sehen Sie im oberen Fensterbereich, wie viele Nachrichten vorhanden sind.

Eine neue Nachricht ist da.

Um Nachrichten zu lesen und zu verwalten, klicken Sie entweder den *Nachrichten*-Link an, der im oberen Fensterbereich zu sehen ist, oder Sie rufen *Komponenten/Nachrichten/Nachrichten lesen* auf.

So sieht man die vorhandenen Nachrichten.

In dieser Übersicht finden Sie alle vorhandenen Nachrichten. Um eine zu lesen, klicken Sie auf deren Betreff.

- Von Super User
- Gesendet   Mittwoch, 08 Februar 2012
- Betreff: Artikel ändern
- Nachricht:
- Bitte geben Sie den Artikel wie besprochen frei.

Neben der eigentlichen Nachricht können Sie hier noch einmal sehen, wer Ihnen die Nachricht wann zugeschickt hat.

Über die *Antworten*-Schaltfläche innerhalb der Werkzeugleiste kann auf die Nachricht geantwortet werden. Dabei werden der richtige Empfänger sowie der Betreff übernommen.

Auf die Nachricht wird geantwortet.

Auf der Nachrichtenübersichtsseite stehen in der Werkzeugleiste einige Funktionen zur Verfügung, die Sie so auch von Ihrem E-Mail-Programm kennen. So können Sie beispielsweise markierte Nachrichten löschen oder sie als gelesen bzw. ungelesen markieren.

Über den Papierkorb lassen sich Nachrichten löschen. Aber Achtung: Die Nachrichten werden ohne Nachfrage gelöscht.

Massenmails verschicken

Joomla! ermöglicht den Versand sogenannter Massenmails. Was auf den ersten Blick an Spam erinnern mag, ist eine durchaus sinnvolle Funktion. Denn hierüber können Sie beispielsweise allen registrierten Benutzern E-Mails zuschicken. Die Massenmailfunktion versendet E-Mails an eine oder mehrere Benutzergruppen.

Damit der E-Mail-Versand klappt, müssen einige Voraussetzungen erfüllt sein:

➢ Die Empfänger müssen eine gültige E-Mail-Adresse angegeben haben.

➢ Die E-Mail-Einstellungen unter *Site/Konfiguration/Server* müssen stimmen.

Nur dann lässt sich die Massenmailfunktion wirklich nutzen. Aufgerufen wird die Funktion über *Benutzer/Massenmail*. Die Möglichkeit zum Versand von Massenmails steht allerdings nur Benutzern der Gruppen *Administrator* und *Super Benutzer* zur Verfügung.

Zunächst einmal sollten über die *Optionen*-Schaltfläche allgemeine Einstellungen vorgenommen werden.

Die allgemeinen Einstellungen werden vorgenommen.

Im Register *Komponente* legen Sie fest, ob überhaupt eine Benutzerregistrierung möglich ist. Zudem können Sie dort einstellen, in welche Benutzergruppen die Benutzer eingeordnet werden sollen. Interessant sind diese Optionen, da man bei den Massenmails explizit die Benutzergruppen angeben kann, an die die E-Mails geschickt werden sollen.

Im Register *Massenmail* gibt es zwei ebenfalls interessante Optionen:

➢ *Betreff vorangestellt* – Der hier eingetragene Text wird immer den Betreffzeilen vorangestellt. Das hat den Vorteil, dass die E-Mails von den Empfängern später besser sortiert, zugeordnet und gefiltert werden können. Würden Sie hier beispielsweise *DATA BECKER:* eintragen und in der Betreffzeile der E-Mail stünde *Neueste Bücher*, sähe die Betreffzeile folgendermaßen aus: *DATA BECKER: Neueste Bücher*.

➢ *Mailanhang* – Dieser Text wird immer am Ende der verschickten E-Mails angezeigt. Das könnte also zum Beispiel der Hinweis sein: *Herzlichen Dank für Ihre Aufmerksamkeit*.

Um eine Massenmail zu verschicken, rufen Sie *Benutzer/Massenmail* auf.

Eine neue Massenmail wird angelegt.

Im Bereich *Details* wird zunächst einmal die Benutzergruppe eingestellt, an die die Massenmail geschickt werden soll. Um die Nachricht tatsächlich an alle registrierten Benutzer zu senden, markieren Sie *Alle Gruppen anzeigen*. Ansonsten wählt man die gewünschte Benutzergruppe explizit aus. Sollen die Nachricht auch diejenigen bekommen, die Mitglied einer untergeordneten Benutzergruppe der markierten Benutzergruppe sind, aktivieren Sie das Kontrollkästchen *E-Mail an Untergruppen*.

Wird die Option *Als HTML versenden* aktiviert, können Sie die E-Mail durch HTML-Elemente optisch aufwerten. Beachten Sie jedoch, dass HTML-E-Mails von Empfängern durchaus gefiltert werden können, die Empfänger die Nachrichten dann also nicht bekommen.

Durch Aktivieren von *Empfänger als BCC. Schickt eine Kopie zur Administrator E-Mail-Adresse* werden alle Empfänger auf BBC (**B**lind **C**arbon **C**opy) gesetzt. Dadurch bekommen die einzelnen Empfänger die E-Mail-Adressen der anderen Empfänger nicht zu sehen. Diese Option sollte daher unbedingt aktiviert werden.

Nachdem ein Betreff und die eigentliche Nachricht angegeben wurden, kann die Massenmail über *Senden* verschickt werden. Aber Achtung: Eine Vorschau gibt es nicht, gesendet ist also gesendet.

6.8 Benutzerhinweise

Interessant sind die Benutzerhinweise vor allem dann, wenn sehr viele Benutzer am System arbeiten oder sich registriert haben. Denn über jeden Benutzer lassen sich Hinweise hinterlegen. Damit es an dieser Stelle nicht zu Missverständnissen kommt: Es handelt sich hier nicht um Nachrichten, die an die Benutzer geschickt werden. Das sind interne Notizen, auf die Sie zugreifen können, um sich beispielsweise an etwas erinnern zu lassen, was einen bestimmten Benutzer betrifft. Die Notizen können alle Backend-Benutzer sehen, die auf die Benutzerverwaltung Zugriff haben.

Denkbar ist diese Funktion beispielsweise für Lehrer, die hierüber die Aufgaben ihrer Schüler koordinieren wollen.

Wie in Joomla! üblich, können die Benutzerhinweise kategorisiert werden. Um eine neue Kategorie anzulegen, rufen Sie *Benutzer/Hinweiskategorien/ Neue Kategorie* auf.

Kategorien: Neue Hinweise Kategorie hinzufügen

Details

Titel *	Zu erledigen
Alias	
Übergeordnet	- Keine übergeordnete Kategorie -
Status	Freigegeben
Zugriffsebene	Öffentlich
Berechtigungen	Zugriffsrechte setzen
Sprache	Alle
ID	0

Eine neue Kategorie wird angelegt.

Geben Sie einen Kategorienamen an und stellen Sie ggf. eine übergeordnete Kategorie ein. Die Einstellungen können anschließend gespeichert werden.

Nachdem die Kategorien angelegt wurden, kann man nun Hinweise notieren. Das geschieht über *Benutzer/Benutzerhinweise/Neuer Hinweis*.

Neuer Hinweis

Betreff	Nachfragen
ID *	Michael
Kategorie	Uncategorised
Status	Freigegeben
Prüfungszeit	0000-00-00
Hinweis	

Michael fragen, ob er bereits angerufen hat.

Pfad: p | Wörter: 0

Ein neuer Benutzerhinweis wird angelegt.

Geben Sie in jedem Fall einen Betreff an. Den Benutzer, über den die Notiz angelegt wird, stellt man über *Benutzer auswählen* ein.

Über das *Kategorie*-Feld kann die gewünschte Kategorie eingestellt werden. Über das *Prüfungszeit*-Feld kann man das Datum bestimmen, zu dem der gemachte Hinweis überprüft werden soll.

In das *Hinweis*-Feld trägt man dann den eigentlichen Benutzerhinweis ein. Gestaltet werden kann der wie ein normaler Joomla!-Beitrag. Speichern Sie die Einstellungen abschließend ab.

Wenn Sie sich die Benutzerübersicht anzeigen lassen, sehen Sie bei jedem Benutzer verschiedene Symbole.

Es sind Hinweise vorhanden.

Über das umgedrehte Dreieck werden Sie auf die Seite *Benutzer/Benutzerhinweise* umgeleitet.

Das mittlere Symbol zeigt die Nachrichten in einem Layerfenster.

Diesen Hinweis gibt es.

Und über das letzte Symbol kann direkt ein neuer Hinweis für den Benutzer angelegt werden.

7. Templates: finden, einsetzen, anpassen

Die Funktionsweise von Joomla! basiert auf Templates. Bevor gezeigt wird, woher Sie Templates bekommen und wie Sie sie anpassen können, zunächst ein kurzer Blick darauf, wie Templates eigentlich funktionieren. Am besten stellen Sie sich ein Template wie eine Schablone vor. Diese Schablone dient als Vorlage, in die dann die relevanten Inhalte geladen werden. Das Template definiert das HTML-Layout der Webseite. An den Stellen, an denen die Joomla!-Funktionalitäten hinzukommen sollen, stehen Platzhalter. Diese Platzhalter werden, wenn die Webseite im Frontend generiert wird, durch echte Inhalte ausgetauscht.

Ein solches Template-System hat für Sie als Seitenbetreiber enorme Vorteile. Denn schließlich können Sie ein und dieselbe Seite per Mausklick in völlig verschiedenen Designs anbieten.

7.1 Fertige Templates oder Eigenkreation?

In diesem Buch werden zwei Wege vorgestellt, anhand deren Sie das Design Ihrer Webseite anpassen können:

> ➢ Vorgefertigte Templates werden angepasst.
> ➢ Eigene Templates werden erstellt.

Auf welche dieser beiden Varianten Sie setzen, hängt von verschiedenen Faktoren ab. Werfen Sie zunächst einen Blick auf die Vorteile des Anpassens eines bestehenden Templates:

> ➢ Es werden lediglich Grundkenntnisse in HTML und CSS benötigt. Mit der speziellen Joomla!-Template-Syntax müssen Sie sich nicht auseinandersetzen.
> ➢ Da die Templates von vielen Leuten genutzt werden, bekommen Sie in Foren etc. normalerweise rasch Hilfe, wenn es zu Problemen mit dem Template kommt.

Das Anpassen bestehender Templates hat aber auch durchaus Nachteile:

> ➢ Die Templates haben meistens eine vorgegebene Struktur. Will/muss man von dieser abweichen, ist das sehr aufwendig.

➢ Gerade kostenlose Templates (aber nicht nur die) halten sich oftmals nicht an Webstandards und sind unsauber programmiert. Auch das ist erneut ein Punkt, durch den der Aufwand des Anpassens in keinem Verhältnis zu dem zu erwartenden Ergebnis steht.

➢ Sie müssen sich darüber im Klaren sein, dass das Template, das Sie einsetzen, so auch auf Hunderten anderen Seiten anzutreffen ist.

Deutlich flexibler ist man, wenn man ein eigenes Template entwickelt. (Ausführliche Informationen dazu finden Sie übrigens im nächsten Kapitel.) Allerdings muss man auch hier die Vor- und Nachteile abwägen. Zunächst die Vorteile, die sich ergeben, wenn man ein Template selbst anlegt:

➢ Sie sind in der Gestaltung Ihres Templates absolut frei.

➢ Das Design Ihrer Seite ist individuell.

➢ Da Sie den Code selbst erstellt haben, können Sie kontrollieren, wie sauber er ist, und ihn auch nachträglich anpassen.

Aber auch das Anlegen eigener Templates hat durchaus Nachteile:

➢ Es werden (mindestens) Grundkenntnisse in HTML, CSS, XML und PHP benötigt.

➢ Sollte es mit dem Template Probleme geben, wird es deutlich schwieriger, dafür Support in einem Forum oder Ähnlichem zu bekommen.

Diese Übersicht hat gezeigt, dass es nicht einfach ist, sich für eine der genannten Varianten zu entscheiden. In diesem Buch werden beide vorgestellt. Den Anfang macht das Anpassen vorgefertigter Templates. Im nächsten Kapitel wird dann gezeigt, wie Sie Ihr ganz persönliches Template erstellen können.

Hier finden Sie kostenlose Templates

Zunächst stellt sich die Frage, woher man Templates eigentlich bekommt. In diesem Abschnitt geht es um Quellen, die kostenlos Joomla!-Templates anbieten. Anschließend erfahren Sie alles Wichtige zum Thema Template-Clubs.

Es folgt erst mal eine kurze, knackige Auswahl an Webseiten, die Templates kostenlos anbieten (dazu aber auch gleich der Hinweis, dass es noch Hunderte anderer solcher Seiten gibt):

➢ *http://www.joomla24.com/* – Auf dieser Seite werden zahlreiche Templates zum kostenlosen Download angeboten. Mittlerweile gibt es auch bereits einige für Joomla! 2.5.

- ➢ *http://www.joomla-templates.com/* – Auf dieser Seite finden Sie kommerzielle Templates.
- ➢ *http://www.joomla-templates.com/* – Eine große Ansammlung professioneller Templates.
- ➢ *http://www.templates4all.de/* –- Auch hier werden einige Joomla!-Templates angeboten, darunter befinden sich auch kostenlose.
- ➢ *http://www.joomlaos.de/* – Zahlreiche kostenlose Templates gibt es hier. Für Joomla! 2.5 sind dort ebenfalls einige zu finden.

Templates von Joomla! 1.5 in Joomla! 2.5 verwenden

Für Umsteiger von Joomla! 1.5 auf die 2.5er-Version stellt sich natürlich die Frage, ob sich die alten Templates auch in Joomla! 2.5 verwenden lassen. Zur Beruhigung vorweg: Das ist möglich, es sind jedoch einige Anpassungen nötig. Welche das im Detail sind, wird noch ausführlich gezeigt. So viel aber bereits an dieser Stelle: Mit Joomla! 2.5 wurden einige Template-Features eingeführt, mit denen Sie als Seitenbetreiber noch flexibler sind. Als Beispiel hierfür seien die Template-Stile angeführt, durch die Sie mit ein und demselben Template für einzelne Seiten völlig unterschiedliche Layouts erstellen können.

Templates, die in Joomla! 1.6/1.7 funktionieren, können Sie aber problemlos in Joomla! 2.5 verwenden. Hier gibt es tatsächlich keine Probleme.

Achten Sie vor dem Download in jedem Fall darauf, dass die Templates auch tatsächlich für Ihre Joomla!-Version geeignet sind. Denn von Joomla! 1.0 zu 2.5 hat sich die Template-Struktur grundlegend geändert. So muss beispielsweise in Templates, die in Joomla! 1.5 und 1.6/1.7 und 2.5 eingesetzt werden sollen, eine XML-Setup-Datei enthalten sein. In dieser Datei befinden sich unter anderem die zum Template gehörenden Dateien sowie allgemeine Informationen über das Template.

Bei dem Versuch, ein altes 1.0er-Template in Joomla! 2.5 zu installieren, kommt es dann zu einer Fehlermeldung (s. Abbildung nächste Seite).

Wenn diese Fehlermeldung auftaucht, wurde das Template nicht installiert und kann folglich auch nicht verwendet werden.

Die Installation hat nicht geklappt.

Nicht ganz so offensichtlich sind die Fehler, wenn man in Joomla! 2.5 ein Template für Joomla! 1.5 installiert. Denn hier gibt es zunächst einmal keine Fehlermeldung während der Installation, der grundlegende Aufbau der Templates ist durchaus ähnlich.

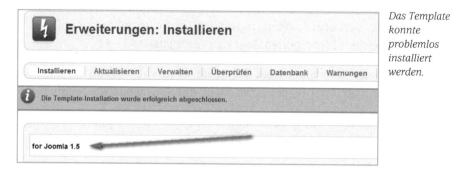

Das Template konnte problemlos installiert werden.

Sichtbar werden die Probleme erst bei genauerem Hinsehen.

Fehler fallen einem hier oftmals auf, wenn man einen Blick ins Frontend wirft. Schuld sind veraltete Funktionsaufrufe, die so in Joomla! 1.7 nicht mehr erlaubt sind.

Im Frontend werden Fehler angezeigt.

Aufgrund der veränderten Syntax innerhalb der Template-Datei *template Details.xml* sind bei den alten Templates aber beispielsweise auch keine Parameter mehr nutzbar.

Vor- und Nachteile kostenloser Templates

Es stellt sich natürlich die Frage, wie gut die kostenlosen und vorgefertigten Templates tatsächlich sind. Wie so oft lässt sich eine pauschale Aussage darüber nicht treffen. In diesem Abschnitt werden daher einmal ganz detailliert die Vor- und Nachteile vorgefertigter, und vor allem kostenloser Templates untersucht.

Die kostenlosen Templates genießen unter vielen Joomla!-Benutzern nicht gerade den besten Ruf. Zu einfaches Design, schlechte handwerkliche Umsetzung und fehlende Individualität sind da noch die harmlosesten Attribute. Nur ist das wirklich so? Werfen Sie beispielsweise einmal einen Blick auf die Joomla!-Seite *http://www.umatterucangethelp.com/* (Abbildung nächste Seite).

Diese Seite ist – auch wenn Geschmäcker sicherlich verschieden sind – recht gefällig. Nun stellen Sie sich vor, wie teuer diese Seite wäre, wenn Sie sie von einer Agentur oder einem professionellen Webdesigner entwickeln lassen würden. Genau an diesem Punkt kommen die Templates ins Spiel. Denn im Handumdrehen lassen sich darauf ansprechende Joomla!-Seiten machen. Werfen Sie in diesem Zusammenhang unbedingt auch mal einen

Blick in den Joomla! Community Showcase unter *http://community.joomla. org/showcase/sites.html*.

Na, diese Seite sieht doch schon recht ansprechend aus.

Hier findet man zahlreiche Joomla!-Seiten.

In diesem Showcase werden sehr viele Joomla!-Seiten aufgelistet. Und diese Seiten besitzen natürlich alle individuelle Templates. Somit kann man sich einen guten Eindruck davon verschaffen, was mit Joomla! alles möglich ist.

Preislich sind kostenlose Templates ihren kommerziellen Pendants gegenüber also schon einmal klar im Vorteil. Die Preisfrage ist jedoch natürlich nicht alles. Gratis-Templates haben noch weitere Vorzüge:

➢ **Preis** – Es bleibt dabei: Kostenlose Templates sind preislich unschlagbar.

➢ **Zeitaufwand** – Während man für ein personalisiertes Template eine längere Entwicklungszeit einplanen muss, sind kostenlose Templates sofort verfüg- und einsetzbar.

➢ **Vorkenntnisse** – Um Templates erstellen zu können, benötigt man mindestens Grundkenntnisse in HTML, CSS und XML (wobei ein bisschen PHP auch nicht schadet). Die fertigen Templates können direkt und ohne Vorkenntnisse installiert werden.

➢ **Vielfalt** – In der Tat ist es so, dass man auf den verschiedenen Seiten, die kostenlose Templates anbieten, zwischen mehreren Tausend Vorlagen wählen kann.

Es spricht also einiges für den Einsatz von Gratis-Templates. Bekanntermaßen gibt es dort, wo Licht ist, aber auch Schatten. Und so haben kostenlose Templates eben auch Nachteile:

➢ **3rd-Party-Komponenten** – Man erhält normalerweise keine Garantie, dass die Templates auch mit 3rd-Party-Komponenten, also solchen von Drittanbietern, laufen.

➢ **Individualität** – Die Templates sind kostenlos verfügbar und werden deswegen natürlich auch auf vielen Webseiten eingesetzt. Wenn Sie sich also für ein besonders beliebtes Design entscheiden, kann es Ihnen durchaus passieren, dass es Ihnen gleich auf mehreren Seiten begegnen wird. Von einer gewissen Individualität kann in dem Fall keine Rede sein.

➢ **Qualität** – Oftmals sind die kostenlos angebotenen Templates qualitativ schlechter als die kommerziellen. Viele Anbieter picken sich einfache Templates heraus und stellen diese kostenlos zur Verfügung, um so beispielsweise in Linklisten für kostenlose Templates aufzutauchen. Häufig genügen die Templates dann nicht einmal grafischen Mindestanforderungen, und/oder im Quelltext wird mit Tabellenmonstern (also Layouttabellen) gearbeitet.

> ➤ **Copyright-Hinweise** – Diejenigen, die Templates zur Verfügung stellen, fügen sehr oft einen sichtbaren Copyright-Hinweis ein. Somit weiß jeder, der Ihre Seite besucht, dass Sie sie nicht selbst entworfen haben (wobei sich die Frage stellt, ob es Ihnen wichtig ist, was Seitenbesucher über Sie denken).

> ➤ **Linkzwang** – In vielen Templates besteht ein sogenannter Linkzwang. Das bedeutet, dass ein Link auf die Webseite des Template-Entwicklers sichtbar untergebracht werden muss.

Das Für und Wider kostenloser Templates haben Sie kennengelernt. Bleibt abschließend noch zu klären, ob Sie solche Templates einsetzen sollten oder nicht. Wenn Sie

> ➤ schnell zu einem Ergebnis kommen wollen,
> ➤ nicht im Webdesignbereich tätig sind oder
> ➤ nicht viel Wert auf ein individuelles Design legen,

sind Gratis-Templates sicherlich eine gute Alternative. Schlussendlich hängt die Entscheidung aber auch vom Inhalt der Webseite ab. Wer beispielsweise „nur" eine private Seite betreibt, auf der er Urlaubsfotos oder Ähnliches veröffentlicht, kann bedenkenlos auf kostenlose Angebote zurückgreifen.

Individuell und doch preiswert: Template-Clubs

Im vorherigen Abschnitt wurden die Vor- und Nachteile kostenlos verfügbarer Templates genannt. Dabei wurde deutlich, dass diese für den privaten Bereich allemal ausreichend sind, professionelle Anwender allerdings auf den Einsatz von Gratis-Templates verzichten sollten. Dass man keine Gratis-Templates einsetzt, heißt jedoch noch lange nicht, dass man unbedingt eine Agentur mit dem Designentwurf beauftragen muss.

Eine elegante Lösung bieten sogenannte Template-Clubs. Die dort angebotenen Templates bekommt man zu vernünftigen Preisen, wobei sich die Designs gleichzeitig vom Einheitsbrei kostenloser Templates abheben. Bei einem solchen Template-Club schließt man einen Vertrag für einen bestimmten Zeitraum ab (meistens drei Monate bis ein Jahr) und zahlt dafür einen Clubbeitrag. Die Beiträge beginnen für eine dreimonatige Mitgliedschaft bei etwa 40 US-Dollar. Der Clou dabei: Man hat Zugriff auf alle bereits veröffentlichten Templates dieses Clubs einschließlich derjenigen, die während der Dauer der Mitgliedschaft veröffentlicht werden.

Die genauen Nutzungsbedingungen variieren zwar zwischen den einzelnen Clubs, allgemein lässt sich aber Folgendes festhalten:

> ➤ Während der Dauer der Mitgliedschaft hat man Zugriff auf alle Club-Templates.

> ➤ Die Anzahl der maximal nutzbaren Templates ist pro Kunde begrenzt.

> ➤ Die eingesetzten Templates dürfen für die Dauer der Mitgliedschaft genutzt werden. Auch danach ist eine Weiterverwendung erlaubt, allerdings darf die maximal erlaubte Template-Anzahl nicht überschritten werden.

Einer der bekanntesten Template-Clubs: RocketTheme.

Bevor Sie sich für einen Anbieter entscheiden, sollten Sie unbedingt einen Blick ins Kleingedruckte werfen. Denn dort steht beispielsweise, auf wie vielen Domains die Templates eingesetzt werden dürfen.

Die Template-Clubs arbeiten eigentlich alle nach demselben Prinzip. Durch den Kauf einer Mitgliedschaft erwirbt man das Recht, auf die Templates und mögliche Extensions des Clubs zuzugreifen. Unterschiede gibt es bei den Mitgliedszeiten und dem Umfang der Nutzungsbedingungen.

Was manchmal negativ auffällt, ist die schlechte Performance einiger Templates. Denn natürlich wollen die Template-Clubs ihren Mitgliedern immer neue und aufwendige Templates bieten. Leider werden Templates dann aber mit Funktionen überladen, durch die die gesamte Seite ausgebremst wird.

Die Templates, die in Template-Clubs angeboten werden, sind übrigens keine reinen Designspielereien. Zusätzlich sind sie oft noch mit zahlreichen

Zusatzfunktionen ausgestattet. So enthalten die Templates häufig sinnvolle Extensions, verschiedene Menüsysteme oder Galerieerweiterungen.

Oft werden auch interessante Zusatzfunktionen angeboten.

Preismodelle für professionelle Anwender

Für professionelle Anwender, die ihr Geld damit verdienen, Club-Templates für die Seiten ihrer Kunden einzusetzen, gibt es oft Profimodelle. Dort zahlt man zwar mehr, die Zahl der zu verwendenden Templates ist aber in aller Regel nicht limitiert.

Die Zahl der Template-Clubs ist in den letzten Jahren sprunghaft angestiegen. Demzufolge kann und will die folgende Auflistung auch „nur" die wichtigsten Anbieter vorstellen:

Club	Beschreibung
RocketTheme (*http://www.rockettheme.com/*)	Sicherlich der bekannte Template-Club. Für Clubmitglieder gibt es einige Zusatzmodule. Als Menüsysteme werden unter anderem Split-Menü und Suckerfish angeboten.
YooTheme (*http://www.yootheme.com/*)	Wer auf etwas grafiklastigere Templates steht, die sehr viel mit JavaScript arbeiten, wird hier fündig. Die Templates setzen das YooTheme-eigene JavaScript-Menüsystem YooMenu ein.
Joomla!-Junkie (*http://www.joomlajunkie.com/*)	Die Templates sind ansprechend gestaltet. Insgesamt kann man zwischen fünf verschiedenen Arten der Mitgliedschaft wählen.
JoomlArt (*http://www.joomlart.com/*)	Sehr anspruchsvolle Templates, die sich vor allem an professionelle Anwender richten. Für Mitglieder werden einige Zusatzmodule angeboten.

Club	Beschreibung
TemplatePlazza (*http://www.templateplazza.com/*)	Hier gibt es sehr schlanke Templates. Oft werden die Templates auch um eine bestimmte Joomla!-Funktionalität herumgebaut. So bekommt man zum Beispiel eine komplett fertige Community-Seite, die auf dem Community-Builder basiert.
JoomlaBamboo (*http://www.joomlabamboo.com/*)	Hier wird vor allem derjenige fündig, der das Außergewöhnliche sucht.

Wie bereits geschrieben, handelt es sich lediglich um eine Auswahl der möglichen Anbieter. Noch ein Hinweis, der Ihnen vielleicht dabei helfen soll, den für Sie richtigen Club zu finden. Vor allem jetzt, da Joomla! 2.5 gerade erst das Licht der Welt erblickt hat, sollten Sie unbedingt darauf achten, dass in den Template-Clubs bereits Templates für diese Joomla!-Version verfügbar sind. Denn was bringen Ihnen 50 Templates, wenn sie nicht unter Joomla! 2.5 laufen?

Und dann noch ein Hinweis: In den meisten Template-Clubs kann man sich die dort bislang verfügbaren Templates in einer Demoversion anschauen. Oft findet man dafür auf den Webseiten der Anbieter eine entsprechende Auswahlliste.

Dort können Sie dann ganz in Ruhe die einzelnen Templates anschauen und sich so einen Eindruck von der Qualität der Templates verschaffen.

Über das Auswahlmenü können die Templates ausgewählt werden.

7.2 Templates installieren und anwenden

In diesem Abschnitt geht es darum, wie Sie ein neues Template installieren und anwenden können. Verschaffen Sie sich zunächst unter *Erweiterungen/Templates* im Register *Templates* einen Überblick über die auf Ihrem System installierten Templates.

Die zentrale Anlaufstelle für Templates.

Die Template-Übersicht ist in die beiden Register *Stile* und *Templates* unterteilt. Bei einem Stil handelt es sich um einen Satz von Parametern für ein Joomla!-Template. Dadurch können Sie einzelnen Seiten Ihrer Webseite ein anderes Layout zuweisen, obwohl dort tatsächlich dasselbe Template verwendet wird. So zeigen die beiden folgenden Abbildungen zwei Seiten, die auf Basis desselben Templates angezeigt werden.

Ein Stil wurde zugewiesen.

Einziger Unterschied: Es wurden andere Stile zugewiesen.

Hier wurde ein anderer Stil verwendet.

Das ist ein riesiger Vorteil gegenüber der alten Template-Handhabung vorheriger Joomla!-Versionen. Dort musste man, um unterschiedliche Layouts umzusetzen, tatsächlich verschiedene Templates anlegen. Das ist jetzt deutlich einfacher geworden.

Auf der *Stile*-Übersichtsseite sehen Sie alle bislang vorhandenen Stile. Jedes installierte Template taucht in der *Stil*-Spalte mindestens einmal auf, versehen mit dem Suffix *Default* bzw. *Standard*.

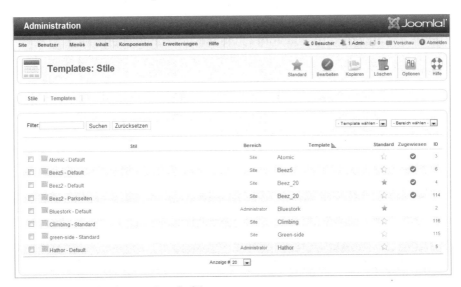

Hier sind die verschiedenen Stile aufgeführt.

Anhand der *Bereich*-Spalte können Sie sehen, ob es sich um Seiten- oder um Administrations-Templates handelt.

Verschiedene Template-Arten

Unterschieden wird zwischen *Site-* und *Administrator*-Templates. Während *Site-*Templates über das Aussehen des Frontends entscheiden, sind *Administrator*-Templates für die Darstellung der Administrationsoberfläche zuständig. Der Einfachheit halber ist in diesem Kapitel immer von *Site*-Templates die Rede, wenn von Templates gesprochen wird.

In der Spalte *Template* ist zu sehen, zu welchem Template der jeweilige Stil gehört, also von welchem Template der Stil stammt.

Über die *Standard*-Spalte wird der jeweilige Standardstil festgelegt. Denn in der Tat lassen sich für die Seite unterschiedliche Templates definieren. Mehr zu diesem Thema erfahren Sie im weiteren Verlauf dieses Kapitels. Es gibt immer zwei Standardstile, einen für die Site und einen für den Admin-Bereich.

Die *Zugewiesen*-Spalte zeigt, welche Templates zugeordnet, also im Frontend tatsächlich verwendet werden. Gerade dieser Aspekt ist übrigens durchaus interessant. Denn Joomla! erlaubt es, auf Unterseiten verschiedene Templates anzupassen. So könnte man jedes Verweisziel eines Menülinks mit einem anderen Template ausstatten. Um zu überprüfen, auf welchen Seiten das Template angewendet wird, klicken Sie den Stilnamen an. Im Bereich Menüzugehörigkeit sind die aktivierten Seiten zu sehen. Dieses Theme wird noch einmal ausführlich in diesem Kapitel behandelt.

Das Template wird nun auf bestimmten Seiten angewendet.

Über die Werkzeugleiste im oberen Fensterbereich lassen sich Stile kopieren, bearbeiten und löschen. Ausführliche Informationen dazu gibt es ebenfalls später.

Wenn Sie in das Register *Templates* wechseln, finden Sie dort die installierten Templates.

Eine kleine Auswahl der installierten Templates.

Zu jedem Template finden Sie ein Vorschaubild in Form eines Screenshots. Die anderen Spalten dieser Übersicht haben lediglich informativen Charakter und zeigen Name, Version und Autor des Templates. In der Spalte *Bereich* ist außerdem zu erkennen, ob das Template für die Site oder für den Admin-Bereich ist.

Grundlegende Informationen über das Template werden angezeigt.

Um sich einen Eindruck von den einzelnen Templates zu verschaffen, gibt es zwei Möglichkeiten. Zunächst einmal können Sie den Screenshot anklicken. Dadurch öffnet sich ein weiteres Fenster.

Es handelt sich hierbei allerdings ebenfalls nur um einen Screenshot. Die Aussagekraft eines solchen Screenshots ist jedoch begrenzt, da es sich eben nur um ein Bild handelt.

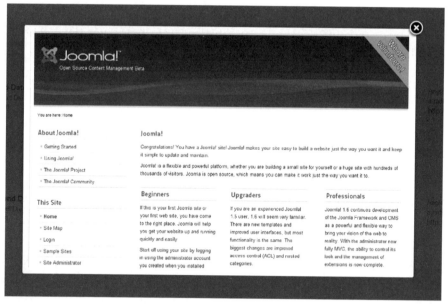

So ist schon etwas mehr zu erkennen.

Für eine echte Vorschau der Seite, bei der dann auch die Inhalte Ihrer Webseite eingebunden werden, klicken Sie auf den *Vorschau*-Link.

So kann man sich eine Vorschau der Seite anzeigen lassen.

Dies öffnet ein neues Browserfenster, in dem dann die Seite mit den aktuellen Template-Einstellungen zu sehen ist.

Durch Anklicken des Template-Namens innerhalb der *Template*-Spalte gelangen Sie zur Bearbeitungsansicht des jeweiligen Templates.

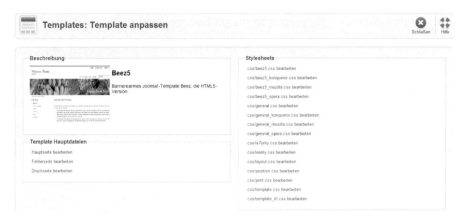

Das Template kann jetzt bearbeitet werden.

Auf dieser Seite sehen Sie im linken Fensterbereich die sogenannten Template-Hauptdateien. Das sind in aller Regel drei Stück.

➢ Die Hauptseite

➢ Eine Fehlerseite

➢ Eine druckoptimierte Seite

Der rechte Fensterbereich enthält die zum Template gehörenden CSS-Dateien. Wie viele Dateien letztendlich angezeigt werden, hängt vom jeweiligen Template ab. Im Fall des Beez-Templates sind das die Folgenden:

➢ *beez5.css*

➢ *beez5_konqueror.css*

➢ *beez5_mozilla.css*

➢ *beez5_opera.css*

➢ *general.css*

➢ *general_konqueror.css*

➢ *general_mozilla.css*

➢ *general_opera.css*

➢ *ie7only.css*

➢ *ieonly.css*

➢ *layout.css*

➢ *position.css*

➢ *print.css*

➢ *template.css*

➢ *template_rtl.css*

Mit deutlich weniger Dateien kommt da beispielsweise das Atomic-Template zurecht.

➢   *template.css*
➢   *template_ie.css*
➢   *template_rtl.css*

Sämtliche Template-Dateien lassen sich direkt über den integrierten Editor bearbeiten. Dazu klicken Sie einfach auf den Namen der zu bearbeitenden Datei.

Die CSS-Datei kann bearbeitet werden.

Bei dem integrierten Editor handelt es sich allerdings lediglich um ein einfaches Textfeld. Echte Editorfunktionen wie das Rückgängigmachen etc. fehlen. (Wobei das Rückgängigmachen durchaus funktioniert, allerdings nur für den letzten Schritt. Drücken Sie dazu die Tastenkombination Strg+Z) Daher greift man auf diesen Editor in aller Regel nur im Ausnahmefall zurück. Besser ist es, wenn man die entsprechenden Dateien in einem externen Editor bearbeitet. Weiterführende Informationen zum Bearbeiten von Template-Dateien finden Sie im weiteren Verlauf dieses und des nächsten Kapitels.

Die verwendeten Modulpositionen anzeigen

Wenn Sie ein Modul im Frontend platzieren wollen, müssen Sie die entsprechende Position angeben, an der es angezeigt werden soll. Das geschieht innerhalb der Moduleigenschaften unter *Erweiterungen/Module* und durch Anklicken des Modulnamens über das *Position*-Feld.

So wird die Modulposition bestimmt.

Klickt man dort auf *Position wählen*, wird ein Dialogfenster angezeigt, über das man sich die in einem Template verfügbaren Modulpositionen anzeigen lassen kann. Interessant ist dort das Auswahlfeld *Template wählen*. Denn darüber kann man das Template einstellen, für das die Positionen angezeigt werden. Das ist praktisch, da man so viel schneller die richtige Position findet.

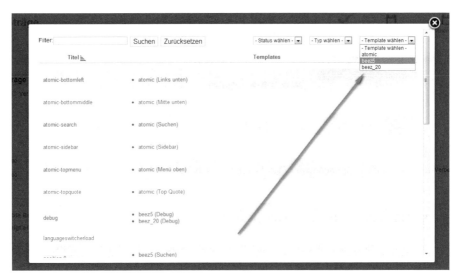

So lässt sich die Positionsanzeige eingrenzen.

Nun ist aufgrund der Positionsnamen allerdings nicht immer klar, wo sich eine Position innerhalb des Templates befindet. Daher bietet Joomla! die Möglichkeit, die Modulpositionen im Template sichtbar zu machen.

Um die Positionen anzuzeigen, rufen Sie *Erweiterungen/Templates* auf und klicken auf *Optionen*. Im Register *Templates* muss die Option *Vorschau Modulpositionen* auf *Freigegeben* gestellt werden.

So sieht man die verfügbaren Modulpositionen noch besser.

Dazu müssen Sie *Erweiterungen/Templates* aufrufen, ins Register *Templates* wechseln und dort auf einen der *Vorschau*-Links klicken, die in der *Template*-Spalte stehen.

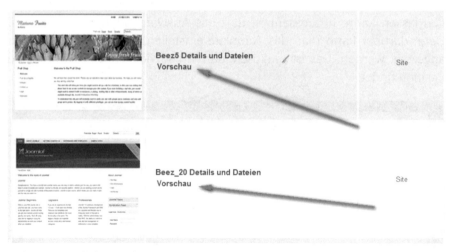

So kann man sich die Vorschau der Positionen anzeigen lassen.

Daraufhin wird eine Ansicht geöffnet, in der die Positionen des Templates gut sichtbar sind (Abbildung nächste Seite).

Sie können sich die Modulpositionen aber auch direkt im Frontend anzeigen lassen. Dazu muss einfach die Adresse etwas manipuliert werden. Angenommen, das Frontend wird über die folgende Adresse aufgerufen: *http://localhost/joomla25/index.php*. Um sich die Modulpositionen anzeigen zu lassen, muss *?tp=1* angehängt werden, also *http://localhost/joomla25/index.php?tp=1*.

Jetzt kann man die Positionen sehen.

Diese Syntax funktioniert jedoch nur, wenn *tp=1* der erste Parameter ist. Wurde beispielsweise eine mehrsprachige Seite angelegt, gibt es bereits einen ersten Parameter: *http://localhost/joomla25/index.php?tp=1*.

In diesem Fall muss *&tp=1* angehängt werden, also *http://localhost/joomla25/index.php?lang=de&tp=1*.

Ist *tp=1* der erste Parameter, notiert man davor das Fragezeichen, andernfalls das kaufmännische Und.

Aktivierung ist Voraussetzung

Aber Achtung: Die gezeigte Variante funktioniert ausschließlich, wenn unter *Erweiterungen/Templates/Optionen* der Wert von *Vorschau Modulpositionen* tatsächlich auf *Freigegeben* gestellt wird.

Wenn Sie die Anzeige der Modulpositionen aktivieren, können sich auch andere Besucher diese anzeigen lassen, indem sie *tp=1* an die Adresse Ihrer Webseite anhängen.

Da man – um Angriffsflächen so klein wie möglich zu halten – solche Informationen nicht preisgibt, sollten die Modulpositionen normalerweise nur während der Entwicklungsphase des Templates aktiviert werden. Im Livebetrieb der Seite blendet man sie wieder aus.

Zusätzliche Templates installieren

Joomla! bringt bereits einige Templates mit. Sie können allerdings beliebig viele zusätzliche Templates installieren.

Bevor gezeigt wird, wie sich Templates installieren lassen, noch ein allgemeiner Hinweis: Achten Sie darauf, dass Sie tatsächlich solche Templates verwenden, die für Joomla! 1.6, 1,7 oder Joomla! 2.5 entwickelt wurden. Denn nur diese lassen sich tatsächlich installieren. Ältere Templates verursachen eine Fehlermeldung, können also nicht mehr genutzt werden.

Wenn Sie Templates installieren, die ursprünglich für Joomla! 1.5 entwickelt wurden, gibt es keine Fehlermeldung, die Templates funktionieren aber möglicherweise nicht richtig.

Ein veralteter Funktionsaufruf führt zu einem Fehler.

Auf den meisten Downloadseiten, die Templates anbieten, sind Hinweise zur zugrunde liegenden Joomla!-Version zu finden.

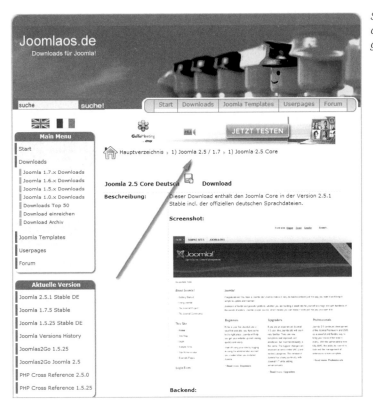

So erkennt man die Versionen gleich.

Um ein Template zu installieren, gehen Sie folgendermaßen vor:

1 Laden Sie sich ein beliebiges Template herunter. Im aktuellen Beispiel wird das Template *AFW 002* verwendet, das Sie auf der Seite *http://www.joomlaos.de/option,com_remository/Itemid,41/func,fileinfo/id,7108.html* finden. Selbstverständlich können Sie auch jedes andere Template verwenden. Die Template-Installation verläuft immer nach demselben Prinzip.

2 Das Template liegt nach dem Download als Zip-Archiv vor. Lassen Sie es gepackt und rufen Sie im Joomla!-Backend *Erweiterungen/Erweiterungen* auf. Hier unterscheiden sich übrigens einige Templates. Bei manchen muss man tatsächlich erst ein Zip-Archiv entpacken. Innerhalb dieses entpackten Archivs liegt dann das eigentliche Template-Zip-Archiv, das dann wiederum nicht manuell entpackt werden darf. Zu erkennen sind solche Templates an ihrem Dateinamen, der meistens *UNZIP_FIRST* oder ähnlich heißt.

3 Über die *Durchsuchen-* bzw. *Datei auswählen*-Schaltfläche im Bereich *Paketdatei hochladen* wählen Sie die heruntergeladene Zip-Datei aus und starten die Installation mit *Hochladen & Installieren*. Im oberen Fensterbereich wird daraufhin eine Erfolgsmeldung angezeigt.

4 Das Template ist somit installiert und kann nun auf die Webseite angewendet werden.

Ob das Template tatsächlich vorhanden ist, können Sie über *Erweiterungen/Templates* überprüfen.

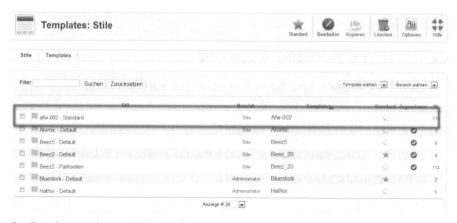

Das Template wurde tatsächlich installiert.

Den Standard-Template-Stil festlegen

In Joomla! gibt es das Prinzip des Standard-Templates bzw. Standard-Stils. Dieser Template-Stil wird standardmäßig auf alle Seiten innerhalb der Joomla!-Installation angewendet. (Ab Seite 404 können Sie nachlesen, wie sich für Unterseiten alternative Template-Stile festlegen lassen.)

Um einen Standard-Template-Stil festzulegen, rufen Sie *Erweiterungen/ Templates* auf. Interessant ist dort zunächst die *Standard*-Spalte.

Die Standard-Templates wurden festgelegt.

Um einen Template-Stil zum Standard zu erheben, klicken Sie in dessen Zeile innerhalb der *Standard*-Spalte auf das Sternsymbol. Der so ausgewählte Stil wird nun standardmäßig auf alle Seiten angewendet. Dort, wo ein anderer Stil angezeigt werden soll, muss das explizit angegeben werden. Ob mehrere Stile verwendet werden, ist übrigens sehr schön an der Spalte *Zugewiesen* zu erkennen. Taucht dort bei mehreren Stilen in der *Zugewiesen*-Spalte ein grüner Haken auf, werden mehrere Stile eingesetzt.

Es werden mehrere Stile verwendet.

Mehr zu diesem Thema gibt es im weiteren Verlauf dieses Kapitels.

Warum es vermeintlich zwei Standard-Templates gibt

Auf der Seite sehen Sie, dass es immer zwei Standard-Templates gibt. Zu erkennen sind diese an den orangefarbenen Sternen innerhalb der *Standard*-Spalte. Eines der Templates ist dabei das Standard-Template für das Backend, das andere das Standard-Template für das Frontend.

Templates deinstallieren

Vorhandene Templates lassen sich jederzeit wieder deinstallieren. Rufen Sie dazu *Erweiterungen/Erweiterungen* auf. (Tatsächlich handelt es sich bei einem Template um eine Erweiterung.) Im Register *Verwalten* sehen Sie alle installierten Erweiterungen. Um sich ausschließlich die vorhandenen Templates anzeigen zu lassen, wird im *Filter*-Feld *Typ auswählen* der Wert *Template* eingestellt.

So lässt sich die Auswahl einschränken.

Gerade dann, wenn sehr viele Erweiterungen installiert sind, kann das Laden der *Verwalten*-Seite sehr lange dauern. Zudem ist sie dann sehr unübersichtlich. Beide Probleme lassen sich durch den Einsatz des Filterfelds umgehen.

Möchten Sie ein Template entfernen, markieren Sie das vorangestellte Kontrollkästchen und klicken in der Werkzeugleiste auf *Deinstallieren*.

Die ausgewählten Templates werden daraufhin gelöscht. Eine Warnung wird vor dem Löschen übrigens nicht angezeigt. Joomla! zeigt lediglich nach der Deinstallation eine Erfolgsmeldung an.

Gelöscht ist tatsächlich gelöscht. Hat man das Template versehentlich gelöscht, muss man es erneut auf die beschriebene Weise installieren.

So werden Templates deinstalliert.

Nicht löschen lässt sich hingegen das Template, dessen Stil zum Standard erklärt wurde. Beim Versuch, dieses zu löschen, wird eine Fehlermeldung ausgegeben.

Das Template konnte nicht deinstalliert werden.

Ebenso einfach wie ganze Templates lassen sich übrigens auch einzelne Stile löschen. Dazu rufen Sie *Erweiterungen/Templates* auf. Aktivieren Sie dort das Kontrollkästchen vor dem zu löschenden Stil und klicken Sie in der Werkzeugleiste auf *Löschen*.

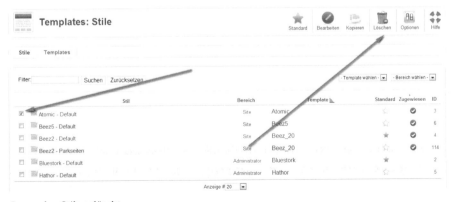

So werden Stile gelöscht.

Nicht gelöscht werden können jeweils der Standard-Stil und der letzte Stil eines Templates. In beiden Fällen zeigt Joomla! eine Fehlermeldung an.

Mehrere Templates für eine Webseite

Im Normalfall werden Sie für Ihr Webprojekt sicherlich durchgehend dasselbe Template oder den gleichen Template-Stil verwenden. Es besteht aber auch die Möglichkeit, das Aussehen der Website von Seite zu Seite zu ändern. Angenommen, Sie haben einen Standard-Stil definiert, der auf alle Seiten angewendet werden soll. Jetzt möchten Sie aber, dass drei Seiten, die über das Hauptmenü aufgerufen werden, in einem anderen Design erscheinen. So etwas lässt sich ganz bequem mit Joomla!-Bordmitteln realisieren.

1 Rufen Sie dazu *Erweiterungen/Templates* auf. Dort ist der Standard-Stil bereits eingestellt (zu erkennen an dem orangefarbenen Stern in der *Standard*-Spalte). Diese Einstellung bleibt unverändert. Stattdessen klicken Sie auf den Stilnamen des Templates, das nur auf bestimmten Seiten angezeigt werden soll. (Ab Seite 406 wird gezeigt, wie Sie Template-Stile anlegen können.)

2 Im Bereich *Menüzugehörigkeit* aktivieren Sie die Kontrollkästchen der Seiten, auf die das gewählte Template angewendet werden soll.

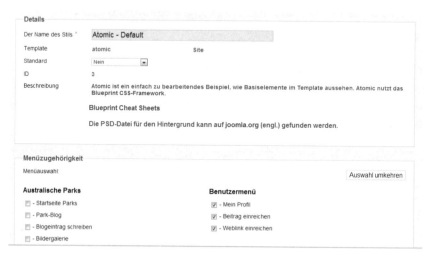

3 Mit *Speichern & Schließen* werden die Einstellungen übernommen. In der sich daraufhin öffnenden Übersichtsseite wird in der *Zugewiesen*-Spalte bei dem betreffenden Template ein grüner Pfeil angezeigt. Außerdem gibt es im oberen Fensterbereich noch einmal eine Zusammenfassung der vorgenommen Einstellungen.

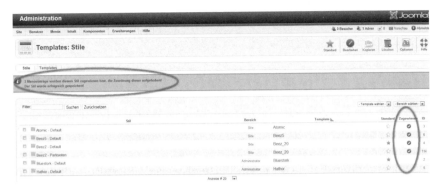

4   Sie können nun weitere Anpassungen vornehmen und so tatsächlich
    für jede Seite ein eigenes Template vergeben. Interessant ist das natür-
    lich auch und gerade, wenn Templates themenbezogen eingesetzt
    werden sollen.

7.3 Installierte Templates individuell anpassen

Hat man sich ein Template installiert, möchte man das Design normalerweise nicht unverändert übernehmen. Jetzt stehen Ihnen verschiedene
Möglichkeiten offen:

➢ Sie verändern das Design durch (möglicherweise vorhandene) Parame-
    ter.

➢ Sie passen das Design manuell – also über den Quelltext – an das De-
    sign Ihrer Seite an.

Die erste der beiden Varianten ist dabei zweifellos einfacher umzusetzen.
(Wenngleich natürlich beide Arten der Anpassung auf den folgenden Seiten vorgestellt werden.)

Normalerweise bringen Joomla!-Templates Parameter mit, über die sich
einige Designaspekte über das Backend anpassen lassen. Ob das bei den
auf Ihrem System installierten Templates der Fall ist, können Sie ganz einfach überprüfen. Rufen Sie dazu *Erweiterungen/Templates* auf und klicken
Sie anschließend auf den Namen des gewünschten Template-Stils. (Im weiteren Verlauf dieses Kapitels wird die Arbeit mit den Template-Stilen noch
detaillierter beschrieben.)

Wenn sich ein Template über Parameter anpassen lässt, sind diese im
rechten Fensterbereich zu finden.

Dieses Template lässt sich über Parameter anpassen.

Im vorliegenden Fall lassen sich beispielsweise Hintergrundbilder einbinden, der Seitentitel anpassen und die Schriftart bestimmen.

Die Anzahl der verfügbaren Parameter ist dabei übrigens sehr unterschiedlich. Wenn man beispielsweise ein Template von einem der Template-Clubs installiert, das auf dem Gantry-Framework basiert, ist fast das gesamte Layout über Parameter steuerbar.

Hier stehen sehr viele Optionen über das Backend zur Verfügung.

Joomla! und die Template-Stile

Bereits mit Joomla! 1.6 wurde das Konzept der Template-Stile neu eingeführt. Durch die Stile können aus einem Template verschiedene Designs gemacht werden. Das ist ein riesiger Vorteil im Vergleich zu Joomla! 1.5. Dort gab es bekanntermaßen Template-Parameter, über die sich das Design der Templates anpassen ließ. Dieses Prinzip wird in Joomla! 2.5 konsequent weitergeführt. Allerdings kann man jetzt Stile definieren. Bei einem solchen Stil handelt es sich um einen Satz von gespeicherten Template-Parameterwerten. Wie praktisch das ist, zeigt ein einfaches Beispiel.

Angenommen, Sie haben ein Template vorliegen, das den Parameter *Hintergrundfarbe* mitbringt, über den sich die Hintergrundfarbe des Templates steuern lässt. Hier die möglichen Werte dieses Parameters:

> Blau
> Grün
> Rot

Sie können nun für jede dieser Hintergrundfarben einen Stil anlegen. Dadurch lassen sich die einzelnen Designs viel einfacher anwenden, als das in Joomla! 1.5 der Fall gewesen war.

Joomla! 2.5 ermöglicht das Kopieren vorhandener Stile. Auf diese Weise können Sie einen Stil kopieren und ihn verändern – im Handumdrehen haben Sie ein neues Design erstellt.

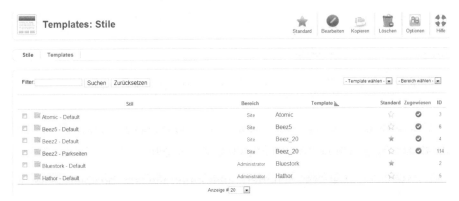

Verschiedene Stile stehen zur Auswahl.

Um einen Stil zu kopieren, aktivieren Sie innerhalb der Template-Übersicht das vorangestellte Kontrollkästchen und klicken in der Werkzeugleiste auf *Kopieren*.

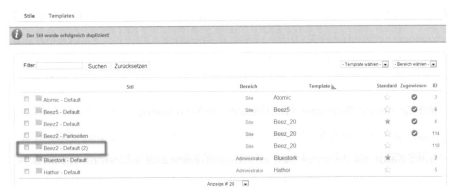

Der Stil wurde kopiert.

Um den der Kopie standardmäßig zugewiesenen Namen anzupassen, klicken Sie den Stilnamen an. (Den kopierten Stil erkennen Sie an der angefügten *2* im Stilnamen.)

Im *Details*-Bereich kann der Name dann entsprechend verändert werden.

Templates: Stil bearbeiten

So lassen sich die Namen anpassen.

Mit *Speichern* & *Schließen* werden die Änderungen übernommen.

Der so angelegte Stil ist nun in der Stilübersicht verfügbar. Um den Stil anzupassen, klicken Sie den Stilnamen an. Jetzt können Sie beispielsweise die für diesen Stil gewünschte Hintergrundfarbe angeben.

Den anschließend abgespeicherten Stil können Sie jetzt beispielsweise als Standard-Stil definieren oder über den Bereich *Menüzugehörigkeit* einzelnen Seiten zuweisen.

Die Template-Parameter effektiv nutzen

Die einzelnen Templates, die es auf dem Markt gibt, bringen meistens Parameter mit. In diesem Abschnitt wird gezeigt, wie Sie anhand dieser Parameter das Aussehen Ihrer Webseite anpassen können. Selbstverständlich haben die Templates jeweils unterschiedliche Parameter, diese funktionieren aber immer auf die gleiche Art und Weise. Auf den folgenden Seiten wird anhand eines Beispiels gezeigt, wie Sie Template-Parameter (und die neuen Template-Stile) effektiv nutzen können.

Ausgangspunkt der folgenden Anleitung ist das Beez-2.0-Template. Der Grund dafür ist denkbar einfach: Dieses Template ist standardmäßig bei jeder Joomla!-Installation mit an Bord. Eine Webseite, auf die das Standard-Beez-2.0-Template angewendet wird, sieht so aus:

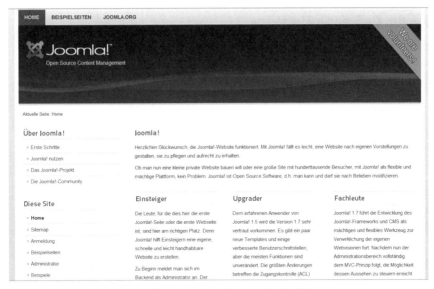

So präsentiert sich Joomla! mit dem Beez-Template standardmäßig.

Dieses Design soll nun mittels der verfügbaren Parameter angepasst werden. Dafür sollten Sie zunächst immer eine Kopie des vorhandenen Stils erstellen. Rufen Sie dazu *Erweiterungen/Templates* auf. Markieren Sie dort das Kontrollkästchen vor dem Eintrag *Beez2 - Default* und klicken Sie in der Werkzeugleiste auf *Kopieren*. Joomla! legt daraufhin eine Kopie an, der standardmäßig der Name *Beez2 - Default (2)* zugewiesen wird.

Der neue Stil wurde angelegt.

Öffnen Sie den neu angelegten Stil durch Anklicken des Stilnamens. Dem Stil sollte zunächst ein logischer Name zugewiesen werden. Im aktuellen Beispiel könnte das *Beez2 - Data Becker (schwarz)* sein. Welchen Namen Sie auch immer wählen, er sollte den Stil gut beschreiben.

Den Stil als Standard festlegen

Damit die Änderungen im Frontend sofort sichtbar werden, müssen Sie den Stil als Standard festlegen. Dazu klicken Sie in der Stilübersicht den Stern des Stils in der *Standard*-Spalte an.

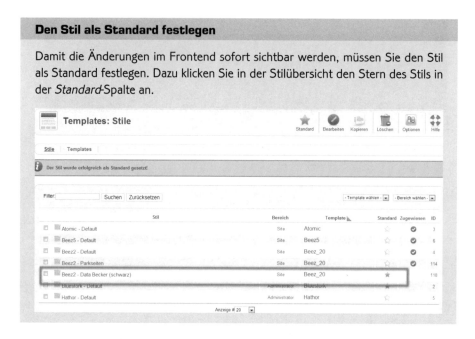

Das Beez-Template bietet zahlreiche Optionen, die im Bereich *Erweiterte Optionen* zu finden sind. (Klicken Sie dazu den Namen des Stils *Beez2 - Data Becker (schwarz)* unter *Erweiterungen/Templates* im Register *Stile* an.)

Beez bietet vergleichsweise viele Parameter.

Bevor gezeigt wird, wie sich diese anpassen lassen, noch ein allgemeiner Hinweis: Bei „guten" Templates werden zu den einzelnen Optionen Hilfe-fenster angeboten. Zu sehen sind diese, wenn Sie mit dem Mauszeiger über den Text fahren, der vor den jeweiligen Optionsfeldern angezeigt wird.

Das Beez-Template zeigt Hilfetexte an.

Viele Templates bieten Farbparameter, durch die sich beispielsweise die Hintergrundfarbe der Seite ändern lässt. Im Beez-Template gibt es den Parameter *Templatefarbe*. Dieser passt allerdings nicht den Seitenhintergrund im Allgemeinen an, vielmehr geht es dabei um die Farbe des Templates. Das betrifft Teile der Schrift und des Logohintergrunds. Stellen Sie zunächst *Natur* ein, speichern Sie die Änderungen und sehen Sie sich das Ergebnis im Frontend an.

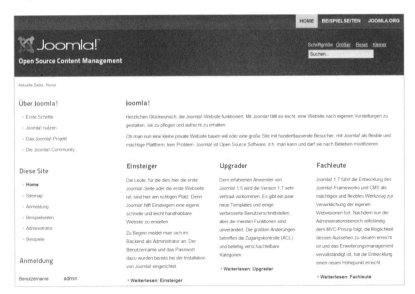

Erste Veränderungen sind sichtbar.

Neben der Farbe hat sich unter anderem auch die Position der Top-Navigation verändert.

Manche Templates bieten die Möglichkeit, über einen entsprechenden Parameter das Logo auszutauschen. So können Sie also Ihr ganz persönliches Logo in die Seite einbinden. Wenn Sie kein Logo besitzen, können Sie wenigstens das Joomla!-Logo ausblenden. Klicken Sie dazu innerhalb der erweiterten Optionen beim Feld *Logo* auf die *Leeren*-Schaltfläche und speichern Sie die Änderungen ab. Ein erneuter Blick ins Frontend liefert nun schon ein anderes Bild.

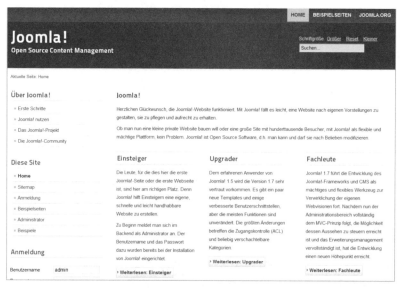

Das Logo wurde ausgeblendet.

Anstelle des Logos wird normaler Text angezeigt. Diesen Text können Sie verändern. Dazu wechseln Sie wieder ins Backend. Interessant sind im Bereich *Erweiterte Optionen* die beiden Felder *Seitentitel* und *Seitenbeschreibung*.

Seitentitel und -beschreibung wurden angepasst.

Diese sorgen für die Anzeige des (vermeintlichen) Logotexts im Frontend. Tragen Sie in die Felder die gewünschten Texte ein, speichern Sie die Änderungen ab und werfen Sie anschließend einen Blick ins Frontend. Im aktuellen Beispiel wurde im Feld *Seitentitel* der Text *DATA BECKER* eingetragen. Dem Feld *Seitenbeschreibung* wurde der Text *Software - Bücher - Zubehör* zugewiesen.

Wie Sie sehen, wurde das Logo gegen einen Text ausgetauscht.

Neben diesem Text können Sie natürlich auch Ihr ganz persönliches Logo einbinden. In den meisten Fällen sollte das Logo dann allerdings einen transparenten Hintergrund haben. Alternativ dazu können Sie auch auf die vom Template verwendete Farbe für die Hintergrundfarbe Ihres Templates zurückgreifen, üblicherweise verwendet man allerdings ein transparentes Logo.

Um ein Bild bzw. Bildbereiche transparent zu machen, greifen Sie am besten auf die „üblichen" Grafikprogramme zurück. Sehr gut geeignet ist beispielsweise das Open-Source-Programm The GIMP. Dort lässt sich die Transparenz bereits vor dem Anlegen des Bilds einstellen.

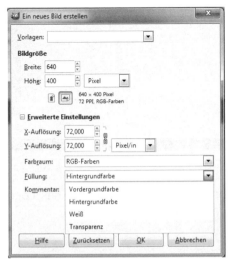

Der Hintergrund wird auf Transparenz gestellt.

Eine deutschsprachige Anleitung über die Möglichkeiten hinsichtlich der Transparenz innerhalb von The GIMP finden Sie unter *http://manual. gimp.org/de/*.

Bei der Logogröße müssen Sie aufpassen, dass sich diese am restlichen Template-Design orientiert. Das Logo sollte beim Beez-Template also beispielsweise nicht höher als der dafür vorgesehene „Balken" im oberen Fensterbereich sein. Die Größe wird im Template üblicherweise eins zu eins übernommen. Für Sie bedeutet das, dass Sie das Logo vor dem Hochladen auf den Server in die richtigen Abmessungen bringen müssen. Auch für diese Aufgabe ist The GIMP wieder eine gute Wahl.

Liegt das Logo vor, können Sie es über den Parameter einbinden. Zuvor muss es allerdings noch auf den Server geladen werden. Beim Beez-Template klicken Sie dazu innerhalb von *Erweiterte Optionen* im Bereich *Logo* auf *Auswählen*. Über den Bereich *Dateien hochladen* können Sie das Logo auswählen.

Darüber können Grafiken auf den Server geladen werden.

Klicken Sie dazu auf die *Datei suchen*-Schaltfläche, suchen Sie das Logo und bestätigen Sie die Auswahl mit *Öffnen* und *Hochladen starten*.

Das Logo wurde erfolgreich hochgeladen.

Klicken Sie das hochgeladene Bild an. Bildname und Pfade werden daraufhin in dem Feld *Bild Webadresse* angezeigt.

Anschließend kann das hochgeladene Logo markiert und mit *Einfügen* übernommen werden. Speichern Sie die Einstellungen ab.

Ein anschließender Blick ins Frontend liefert das gewünschte Ergebnis.

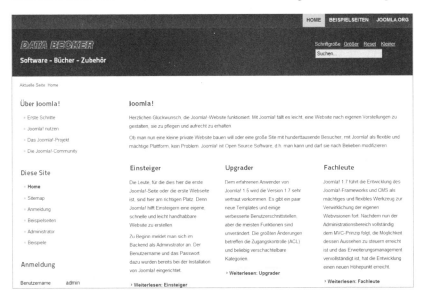

Das Logo wurde eingefügt.

Auf diese Weise können Sie also jedes beliebige Foto an der dafür im Template vorgesehenen Stelle einbinden. Soll unterhalb des Logos kein Text angezeigt werden, löschen Sie diesen innerhalb der Template-Parameter aus dem Feld *Seitenbeschreibung*.

Der Beschreibungstext wurde gelöscht.

Das Beez-Template hat noch weitere Parameter zu bieten. Da wäre zunächst einmal *Position der Navigation*. Der Wert dieses Parameters ist standardmäßig auf *vor dem Inhalt* gesetzt. Das bedeutet, dass die Navigation links vom normalen Seiteninhalt angezeigt wird.

Die Menüs stehen links.

Ebenso können Sie die Navigation aber auch nach rechts verschieben. Dazu setzen Sie den Parameterwert auf *nach dem Inhalt*.

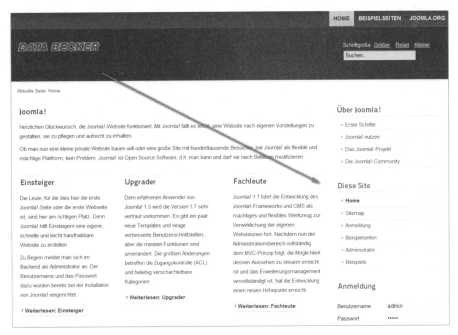

Die Navigation ist nach rechts gewandert.

Viele Templates bieten die Möglichkeit, die Seitenbreite festzulegen. Das ist auch beim Beez-Template der Fall. Dort kann man über die Parameter *Wrapper Schmal* und *Wrapper Breit* festlegen, wie breit die Seite angezeigt werden soll.

Auch die Breite lässt sich per Parameter steuern.

Sie haben gesehen, wie stark sich Templates allein durch den Einsatz verschiedener Parameter anpassen lassen. Dennoch stößt man mit dieser Technik früher oder später an die Grenzen des Machbaren. In solchen Fällen muss man dann in den Quelltext des Templates gehen. Wie sich so etwas umsetzen lässt, wird auf den folgenden Seiten gezeigt.

Das Aussehen ändern – Farbschema, eingesetzte Grafiken & Co.

Nun kann es natürlich sein, dass Sie mit den angebotenen Farbvariationen nicht zufrieden sind, oder aber es existiert für Ihr favorisiertes Template schlichtweg kein Parameterbereich. In einem solchen Fall haben Sie drei Möglichkeiten:

➢ Sie sehen sich nach einem neuen Template um.

➢ Sie geben sich zähneknirschend mit dem Standarddesign des Templates zufrieden.

➢ Sie passen das Template mit wenigen Handgriffen an.

Genau um den letzten Punkt geht es in diesem Abschnitt. Und keine Bange: Sie müssen sich dazu weder in HTML noch in CSS auskennen. Alles Wissenswerte und Nötige erfahren Sie hier.

„Schnelleinstieg" CSS

Die **C**ascading **S**tyle **S**heets sind eine Art Dokumentvorlage für Webseiten. Sie ermöglichen es, an zentraler Stelle das Aussehen von Seitenelementen zu definieren. Das soll es an dieser Stelle bereits zum CSS-Hintergrundwissen gewesen sein. Auf den folgenden Seiten geht es ausschließlich um den Praxiseinsatz von CSS in Joomla!.

Wollen Sie tiefer in die CSS-Materie einsteigen, ist die Seite *http://www. css4you.de/* eine perfekte Anlaufstelle. Dort finden Sie die wichtigsten CSS-Eigenschaften sehr übersichtlich dargestellt.

Um die Stylesheets anzupassen, rufen Sie *Erweiterungen/Templates* auf und wechseln in das Register *Templates*. (Nach dem Aufrufen des Template-Managers wird standardmäßig der Inhalt des *Stil*-Registers angezeigt.)

Dort sind die zum Template gehörenden Dateien aufgeführt.

Suchen Sie hier nach dem Template, das angepasst werden soll, und klicken Sie in der Spalte *Template* auf den betreffenden Template-Namen.

Bei einem Blick in den Stylesheets-Bereich stellt sich zunächst die Frage, welche CSS-Datei relevant ist, wenn es um die Anpassung geht. Hier eine Auflistung der Dateien, die das Template beez_20 Details standardmäßig mitbringt:

> *css/black.css*
> *css/general.css*
> *css/general_konqueror.css*
> *css/general_mozilla.css*
> *css/general_opera.css*
> *css/ie7only.css*
> *css/ieonly.css*
> *css/layout.css*
> *css/nature.css*
> *css/nature_rtl.css*
> *css/personal.css*
> *css/personal_rtl.css*
> *css/position.css*
> *css/print.css*
> *css/template.css*
> *css/template_rtl.css*

Beim Template jm-0013 sind es hingegen diese:

> *css/defaultwidth.css*
> *css/editor.css*
> *css/ie.css*
> *css/ie7_rtl.css*
> *css/layout.css*
> *css/menu-default.css*
> *css/menus.css*
> *css/modules.css*
> *css/narrow.css*
> *css/normal.css*
> *css/print.css*
> *css/print_rtl.css*
> *css/reset.css*
> *css/style1.css*

> *css/style2.css*
> *css/style3.css*
> *css/style4.css*
> *css/template.css*
> *css/template_ltr.css*
> *css/template_rtl.css*
> *css/wide.css*

Wie Sie sehen, wird man von Template zu Template mit teilweise ganz unterschiedlichen CSS-Dateien konfrontiert.

Es gibt allerdings auch einige CSS-Dateien, die Sie in jedem Template finden werden bzw. finden sollten:

> *template.css* – Das ist die allgemeine Template-Datei. Üblicherweise sind darin die wichtigsten CSS-Eigenschaften definiert.

> *template_rtl.css* – Das ist die CSS-Datei, die den Fall einer umgekehrten Schriftrichtung abdeckt. Interessant ist das beispielsweise für arabischsprachige Seiten, auf denen die Schrift von rechts nach links läuft.

Auf den folgenden Seiten wird das Anpassen des Layouts anhand des kostenlosen Templates *jm-0013* gezeigt.

Die Template-Dateien können nun bearbeitet werden.

Laden Sie sich dieses Template von der Seite *http://www.vorlagenstudio. de/joomla-templates/gratis/jm-0013-joomla-1-7* herunter, installieren Sie es und stellen Sie es als Standard ein. Auch wenn der Dateiname vielleicht etwas anderes suggerieren mag, das Template wurde auch für Joomla! 2.5 entwickelt.

Entpacken Sie dafür zunächst das Archiv *JM-0013-forJoomla17-UNPACK FIRST.zip*. Nach dem Entpacken liegen im Verzeichnis *JM-0013-forJoomla17-UNPACKFIRST* zwei Zip-Archive. Diese entpacken Sie wiederum nicht, sondern installieren *jm-0013.zip* über das Backend.

Anschließend rufen Sie *Erweiterungen/Templates* auf und wechseln in das Register *Templates*. Dort klicken Sie auf den Namen des Templates.

So werden die Template-Einstellungen aufgerufen.

Damit öffnet sich eine Übersichtsseite, auf der die relevanten Template-Dateien zu finden sind.

Hierüber lassen sich die Dateien aufrufen und bearbeiten.

Im Bereich *Template Hauptdateien* gibt es beim aktuellen Template zwei Dateien:

> *Hauptseite bearbeiten* – Das ist die Seite, die für die Anzeige im Front-end verantwortlich ist.

> *Druckseite bearbeiten* – Diese Datei wird verwendet, wenn die Seite über die Druckfunktion des Browsers ausgedruckt werden soll.

Normalerweise werden Sie zunächst ausschließlich – wenn überhaupt – die Datei *Hauptseite bearbeiten* anpassen. Aber Achtung: In dieser Datei wird mit PHP-Code und Platzhaltern gearbeitet. Ausführliche Informationen dazu finden Sie in Kapitel 8. Bei vielen Templates gibt es hier noch die dritte Option *Template Fehlerseite bearbeiten*. Kommt es also im Frontend zu einem Fehler, wird diese Seite angezeigt.

Backup machen

Bevor Sie Anpassungen an den Template-Dateien vornehmen, sollten Sie diese auf alle Fälle sichern. Am einfachsten geht das, indem Sie via FTP eine Verbindung zum Server herstellen, auf dem Joomla! installiert ist. Dort wechseln Sie in das *templates*-Verzeichnis und laden das Template herunter, das Sie anpassen wollen. Im aktuellen Beispiel sichern Sie also das Verzeichnis *jm-0013*.

Optische Anpassungen werden in den zum Template gehörenden CSS-Dateien vorgenommen, die im Bereich *Stylesheets* aufgeführt sind.

Bei einem Blick in den *Stylesheets*-Bereich stellt sich zunächst die Frage, welche CSS-Datei relevant ist, wenn es um die Anpassung geht. Hier eine Auflistung der Dateien, die das Template *beez_20 Details* standardmäßig mitbringt:

➢ *css/defaultwidth.css*
➢ *css/editor.css*
➢ *css/ie7_rtl.css*
➢ *css/ieonly.css*
➢ *css/layout.css*
➢ *css/menu-default.css*
➢ *css/menus.css*
➢ *css/modules.css*
➢ *css/narrow.css*
➢ *css/normal.css*
➢ *css/print.css*
➢ *css/print_rtl.css*
➢ *css/reset.css*
➢ *css/style1.css*
➢ *css/style2.css*
➢ *css/style3.css*
➢ *css/style4.css*
➢ *css/template.css*

> *css/template_ltr.css*
> *css/template_rtl.css*
> *css/wide.css*

Beim Template *jm-0013* sind es hingegen diese:

> *css/defaultwidth.css*
> *css/editor.css*
> *css/ieonly.css*
> *css/layout.css*
> *css/menu-default.css*
> *css/menus.css*
> *css/modules.css*
> *css/narrow.css*
> *css/normal.css*
> *css/reset.css*
> *css/style1.css*
> *css/style2.css*
> *css/style3.css*
> *css/style4.css*
> *css/template.css*
> *css/template_ltr.css*
> *css/template_rtl.css*
> *css/wide.css*

Wie Sie sehen, wird man von Template zu Template mit teilweise ganz unterschiedlichen CSS-Dateien konfrontiert.

Es gibt allerdings auch einige CSS-Dateien, die Sie in jedem Template finden werden bzw. sollten.

> *template.css* – Das ist die allgemeine Template-Datei. Üblicherweise sind darin die wichtigsten CSS-Eigenschaften definiert.

> *template_rtl.css* – Das ist die CSS-Datei, die den Fall einer umgekehrten Schriftrichtung abdeckt. Interessant ist das beispielsweise für arabischsprachige Seiten, auf denen die Schrift von rechts nach links läuft.

Viele der anderen CSS-Dateien hängen üblicherweise mit den Template-Parametern zusammen. Werfen Sie hierfür einen Blick in die *Basis Optionen* des Templates *jm-0013*, indem Sie unter *Erweiterungen/Templates* im Register *Stile* auf den Stilnamen dieses Templates klicken. Dort gibt es unter anderem den Parameter *Template color*.

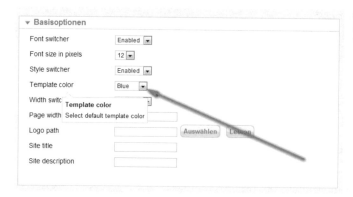

Es stehen einige Parameter zur Verfügung.

Über das Auswahlfeld lässt sich die gewünschte Farbvariante auswählen, zur Auswahl stehen folgende:

➢ *Blue*

➢ *Green*

➢ *Orange*

➢ *Red*

Sieht man sich nun wieder die vorhandenen CSS-Dateien an, fallen vier Dateinamen auf.

➢ *style1.css*

➢ *style2.css*

➢ *style3.css*

➢ *style4.css*

Die *style4.css* greift immer dann, wenn bei *Template color* der Wert *Red* eingestellt wird. *style1.css* dagegen wird verwendet, wenn bei *Template color* der Wert *Blue* steht.

Wurde die Template-Farbe also auf *Blue* gestellt, sieht der im Frontend generierte Quelltext folgendermaßen aus:

```
<link href="/joomla25/templates/jm-0013/css/editor.css"
rel="stylesheet" type="text/css" />
<link href="/joomla25/templates/jm-0013/css/layout.css"
rel="stylesheet" type="text/css" />
<link href="/joomla25/templates/jm-0013/css/reset.css"
rel="stylesheet" type="text/css" />
<link href="/joomla25/templates/jm-0013/css/modules.css"
rel="stylesheet" type="text/css" />
5 <link href="/joomla25/templates/jm-0013/css/template.css"
rel="stylesheet" type="text/css" />
```

- ```
  <link href="/joomla25/templates/jm-0013/css/normal.css"
  rel="stylesheet" type="text/css" />
  ```
- ```
  <link href="/joomla25/templates/jm-0013/css/menus.css"
  rel="stylesheet" type="text/css" />
  ```
- ```
  <link href="/joomla25/templates/jm-0013/css/menu-default.css"
  rel="stylesheet" type="text/css" />
  ```
- ```
  <link href="/joomla25/templates/jm-0013/css/style1.css"
  rel="stylesheet" media="all" type="text/css" />
  ```
- 10 ```
  <link rel="stylesheet" type="text/css"
  href="/joomla17/templates/jm-0013/css/defaultwidth.css" />
  ```
- ```
  <link rel="alternate stylesheet" type="text/css" media="screen"
  title="narrow" href="/joomla25/templates/jm-0013/css/narrow.css"
  />
  ```
- ```
  <link rel="alternate stylesheet" type="text/css" media="screen"
  title="wide" href="/joomla25/templates/jm-0013/css/wide.css" />
  ```
- ```
  <link rel="stylesheet" href="/joomla17/templates/jm-
  0013/css/template_ltr.css" type="text/css" />
  ```

Es werden diverse CSS-Dateien geladen. Interessant ist im aktuellen Beispiel vor allem die Datei *style1.css*. Diese wird nämlich tatsächlich nur dann geladen, wenn im Backend *Blue* eingestellt wurde. Innerhalb der *style1.css* sind unter anderem die blauen Farbdefinitionen enthalten. Wenn Sie nun im Backend bei *Template color* stattdessen den Wert *Green* einstellen, wird anstelle der *style1.css* die *style2.css* geladen, diese Datei enthält die grünen Farbdefinitionen.

Die Seiteneigenschaften anpassen

Auf den folgenden Seiten wird gezeigt, wie Sie die Seiteneigenschaften des Templates anpassen können. Beschrieben wird das anhand des Beispiel-Templates *jm-0013*. Die Funktionsweise können Sie so aber natürlich auch auf alle anderen Templates anwenden.

Wenn Sie die CSS-Formatierungen des Templates anpassen wollen, gibt es prinzipiell zwei Möglichkeiten:

➢ Sie bearbeiten die CSS-Dateien direkt.
➢ Sie fügen eine zusätzliche CSS-Datei ein.

Die erste Variante hat sicherlich den Nachteil, dass sich Änderungen am Template nur schwer wieder rückgängig machen lassen. Zudem sind die Änderungen dann meistens über mehrere CSS-Dateien verstreut. Wenn Sie sich für diesen Weg entscheiden, sollten Sie in jedem Fall im Vorfeld ein Backup der Template-Dateien machen. So können Sie den ursprünglichen Zustand des Templates bei Bedarf wiederherstellen.

Der unkonventionellere Weg ist sicherlich der, eine zusätzliche CSS-Datei anzulegen und sie als letzte CSS-Datei einzubinden. Die innerhalb dieser zuletzt eingebundenen Datei definierten CSS-Eigenschaften überlagern dabei automatisch die anderen CSS-Definitionen. Möglich wird das aufgrund des Kaskadenprinzips von CSS. Dieses Prinzip besagt, dass immer die zuletzt festgelegte Eigenschaft gilt.

Auf den folgenden Seiten wird eben jener Weg über die zusätzliche CSS-Datei gegangen.

Diese Datei muss natürlich zunächst eingebunden werden. Das geschieht normalerweise innerhalb der *index.php*, die im *templates*-Verzeichnis von Joomla! im Verzeichnis *jm-0013* liegt. Wenn Sie ein anderes Template bearbeiten wollen, müssen Sie das entsprechende Template-Verzeichnis öffnen.

Diese Datei öffnen Sie am besten in einem Editor wie Ultra Edit oder Dreamweaver. Alternativ dazu können Sie sie aber auch direkt in Joomla! bearbeiten. Rufen Sie *Erweiterungen/Templates* auf und klicken Sie innerhalb des *Templates*-Registers auf den Template-Namen, in diesem Fall also auf *jm-0013 Details*. Dabei handelt es sich genau genommen um keinen Editor, sondern eigentlich nur um ein Textfeld. Funktionen wie das Rückgängigmachen etc. sind daher nicht verfügbar.

Wenn Sie jetzt im unteren Fensterbereich dem Link *Hauptseite bearbeiten* folgen, wird die Datei zum Bearbeiten geöffnet.

Hier wird die Datei geöffnet, damit sie bearbeitet werden kann.

Aber wie bereits beschrieben, ist das nicht ideal, da man beispielsweise Änderungen nicht rückgängig machen kann bzw. jeweils nur einen Schritt.

Öffnen Sie also die *index.php*, die im Verzeichnis *templates/jm-0013* liegt, in einem Editor. Innerhalb dieser Datei ist die Template-Logik definiert. (Ausführliche Informationen zum grundlegenden Aufbau von Templates erhalten Sie im nächsten Kapitel.)

Interessant ist zunächst einmal der *head*-Bereich. Dort sind üblicherweise die verschiedenen *link*-Elemente definiert, über die die CSS-Dateien eingebunden werden. Ein typischer *head*-Bereich könnte folgendermaßen aussehen:

- `<link href="<?php echo $dj_path;?>css/layout.css" rel="stylesheet" type="text/css" />`
- `<link href="<?php echo $dj_path;?>css/reset.css" rel="stylesheet" type="text/css" />`
- `<link href="<?php echo $dj_path;?>css/modules.css" rel="stylesheet" type="text/css" />`
- `<link href="<?php echo $dj_path;?>css/template.css" rel="stylesheet" type="text/css" />`

Beim aktuellen Template ist das jedoch nicht der Fall. Anstelle der üblichen *link*-Elemente ist dort Folgendes zu sehen:

- `<?php`
- `// including template header files`
- `include_once (JPATH_ROOT."/templates/".$this->template.'/lib/ php/dj_head.php');`
- `?>`

Hier wird über die PHP-Funktion *include_once()* die Datei *dj_head.php* eingebunden, die im Verzeichnis *lib/php* des Templates liegt. Wenn Sie diese PHP-Datei öffnen, sehen Sie, dass die *link*-Aufrufe darin enthalten sind. Die Programmierer des Templates haben diese der Übersichtlichkeit halber also einfach ausgelagert.

Suchen Sie innerhalb der *dj_head.php* nach den folgenden Zeilen.

- `<!--[if IE 7]>`
- `    <?php if($direction == 'rtl'): ?>`
- `    <link href="<?php echo $dj_path;?>css/ ie7_rtl.css" rel="stylesheet" type="text/css" />`
- `    <?php endif; ?>`
- `<![endif]-->`

Fügen Sie direkt darunter Folgendes hinzu:

```
<link href="<?php echo $dj_path;?>css/personal.css"
rel="stylesheet" type="text/css" />
```

Hierüber wird festgelegt, dass die *personal.css* als letzte CSS-Datei eingebunden wird. Diese Datei müssen Sie im Verzeichnis *template.css* noch
anlegen. Damit sind die Vorarbeiten abgeschlossen, und das Layout kann
angepasst werden. Diese *personal.css* ist zunächst einmal leer und wird
jetzt Schritt für Schritt mit Inhalten gefüllt.

Eigenschaften bearbeiten

Um die CSS-Eigenschaften anpassen zu können, müssen Sie zunächst ermitteln, welchen Elementen welche Klassen zugewiesen wurden. Dafür
gibt es wieder verschiedene Möglichkeiten, die jedoch immer über den im
Frontend generierten Quellcode führen. Daher sollten Sie das Template,
das angepasst werden soll, als Standard einstellen und dann die Seite im
Browser aufrufen.

Um die Eigenschaften anpassen zu können, müssen Sie den Unterschied
zwischen CSS-Klassen und CSS-IDs kennen. Über das HTML-Attribut *id*
können Elemente eindeutig gekennzeichnet werden. Ein mit einer ID aus-
gestattetes Element darf innerhalb eines Dokuments nur einmal vorkommen.

- `<p id="einfuehrung">`
- `Inhalt`
- `</p>`

Um ein solches Element mittels CSS zu formatieren, wird innerhalb der
CSS-Definition vor dem ID-Namen ein Rautezeichen gesetzt:

- `#einfuehrung { color: green; }`

Klassen werden hingegen immer dann verwendet, wenn ein Element einer
Gruppe zugeordnet werden soll. Im HTML-Code erkennen Sie Klassen-
zuweisungen am *class*-Attribut:

- `<p class="blau">`
- `Inhalt`
- `</p>`

Um Klassen zu formatieren, wird vor dem Klassennamen ein Punkt angegeben:

- `.blau { color: green; }`

Klassen und IDs werden den einzelnen Elementen in Joomla! automatisch zugewiesen. Das zeigt ein Blick in den Quellcode einer beliebigen Joomla!-Webseite:

- `<div id="content" class="second">`
- `<div id="maincontent">`
- `<div id="system-message-container">`
- `</div>`
- `<div class="blog-featured">`

Joomla! arbeitet mit sehr vielen Klassen und IDs. Im Anhang dieses Buchs finden Sie einen Überblick über die wichtigsten dieser Klassen und IDs.

Am besten verwenden Sie entsprechende Hilfsmittel, um CSS-Klassen und -IDs zu ermitteln. Eines davon sind die Entwicklertools, die in Google Chrome über das Werkzeugsymbol und *Tools/Entwicklertools* erreichbar sind. Interessant im Zusammenhang mit Joomla! und dem generierten Quellcode ist in erster Linie der Bereich *Elements*, denn darüber kann man exakt die relevanten Elemente auswählen.

So findet man die Klassen leichter.

Im rechten Fensterbereich werden die zu den ausgewählten Elementen gehörenden Klassen, IDs und Eigenschaften inklusive der Dateien, in denen sie definiert sind, angezeigt.

Klicken Sie sich im *Elements*-Bereich bis zum gewünschten Element durch.

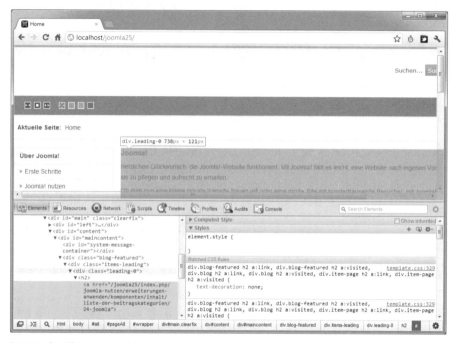

Jetzt ist das Element gut sichtbar.

Wenn Sie das betreffende Element gefunden und angeklickt haben, werden alle relevanten Informationen im rechten Fensterbereich angezeigt.

Sogar die dazugehörigen Dateien werden angezeigt.

Noch besser sichtbar wird das Ganze übrigens, wenn Sie im *Elements*-Bereich mit dem Mauszeiger über das entsprechende Element fahren. Daraufhin werden im oberen Fensterbereich die verwendeten Klassen und IDs angezeigt.

Die so ermittelten Informationen lassen sich nun anpassen oder eben in der neu angelegten *personal.css* überschreiben.

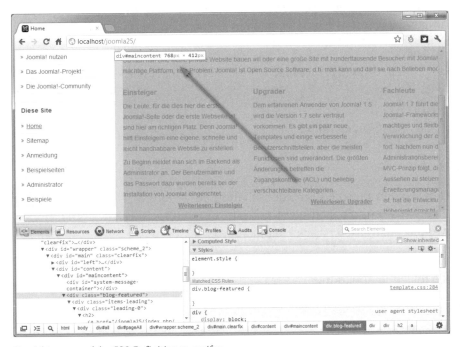

So sieht man, welche CSS-Definitionen greifen.

Noch schneller geht die Suche übrigens, wenn Sie im Browser das gewünschte Element mit der rechten Maustaste anklicken und *Element untersuchen* wählen.

Zunächst sollen die allgemeinen Seiteneigenschaften angepasst werden.

Im aktuellen Fall sind die allgemeinen Seiteneigenschaften innerhalb der *body*- und der *all*-Definition der *layout.css* zusammengefasst. Die relevanten Bereiche sehen dort folgendermaßen aus:

```
body {
    margin: 0px;
    padding: 0px;
    font-family: Arial, Helvetica, sans-serif;
}
```

431

```
#all {
    font-size: 12px;
    line-height: 20px;
    text-align: left;
}
```

Hier können Sie unter anderem Schriftart und Schriftfamilie (*font-familiy*), die Schriftfarbe (*color*) sowie die Schriftgröße festlegen. Genau das soll jetzt umgesetzt werden. Fügen Sie dazu in die *personal.css* Folgendes ein:

```
body {
    font-family:Verdana, Arial, Helvetica, sans-serif;
}
#all {
    font-size: 14px;
    color: #999;
}
```

Hier werden nur die CSS-Eigenschaften aufgenommen, die neu sind. Die Eigenschaften, die sich nicht ändern, müssen nicht noch einmal notiert werden, sie werden nämlich einfach vererbt.

Was in diesem Bereich mit einigen wenigen Anpassungen möglich ist, zeigt die folgende Abbildung:

Das Design wurde angepasst.

Sie sehen deutliche Unterschiede zum normalen Design des Templates.

Die nächsten interessanten CSS-Angaben sind die zu den normalen, den besuchten sowie zu den sogenannten Hover-Links.

Zunächst noch einmal ein Blick darauf, wie die Links normalerweise aussehen:

So sehen die Links standardmäßig aus.

Die Links werden üblicherweise als unterstrichene Texte angezeigt. Fährt man mit dem Mauszeiger über einen Hyperlink, verschwindet für diesen Zeitraum der Unterstrich. Interessant könnte es nun sein, diese Linkdefinition folgendermaßen anzupassen:

> ➢ Die Links erscheinen in Blau.
> ➢ Links, über die gerade mit dem Mauszeiger gefahren wird, erhalten eine Hintergrundfarbe.
> ➢ Beim Überfahren werden die Links in weißer Schriftfarbe angezeigt.

Dafür sind einige Anpassungen in der CSS-Datei nötig. Zunächst einmal müssen *link-* (normale Links) und *visited*-Definition (besuchte Links) getrennt werden.

```
a:link,
a:visited
{
  color:#095197;
```

```
 5   }

     a:hover,
     a:active,
     a:focus
10   {
         background:#095197;
         color:#FFF;
     }
```

Ein anschließender Blick in das Frontend zeigt, dass die gewünschten Änderungen übernommen wurden.

Jetzt sehen die Links völlig anders aus.

Kopf- und Fußbereich der Templates gestalten

Das Template besitzt standardmäßig einen Kopf- und einen Fußbereich. Werfen Sie erst mal einen Blick auf den Header, also den Seitenkopf.

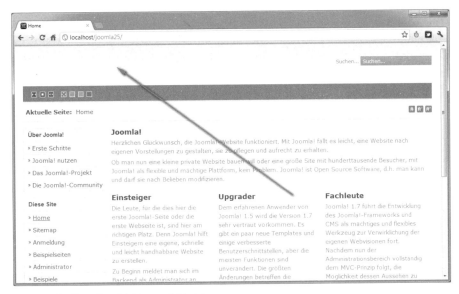

Das Standardlogo ist nicht immer hilfreich.

Zunächst einmal fällt auf, dass im oberen Fensterbereich offensichtlich Platz für ein Logo ist.

Logo über Parameter ändern

An dieser Stelle sei noch einmal der Hinweis gegeben, dass sich bei einigen Templates das Logo über einen Parameter austauschen lässt. Bei dem hier verwendeten Template ist das ebenfalls möglich.

Klicken Sie dazu den Stilnamen unter *Erweiterungen/Templates* an. Im Bereich *Basis Optionen* kann über das Feld *Logo path* das Logo (oder eine andere Grafik) ausgewählt werden.

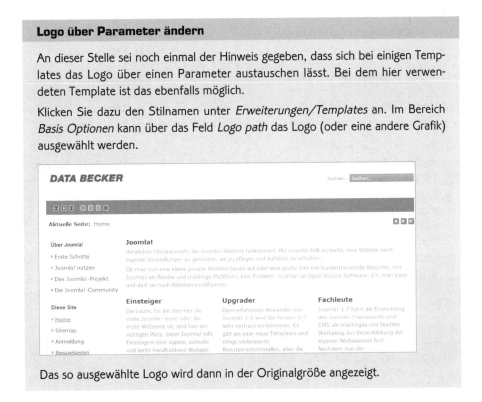

Das so ausgewählte Logo wird dann in der Originalgröße angezeigt.

Nun bietet allerdings nicht jedes Template einen Parameter an, um das Logo auszutauschen. Oftmals sind sie fest in der *index.php* oder einer CSS-Datei definiert. Im aktuellen Beispiel sieht der relevante Bereich in der *index.php* folgendermaßen aus:

```
<h1 id="logo">
<a href="<?php echo $this->baseurl; ?>" onFocus="blur()" ><?php
if ($logo != null ): ?><img src="<?php echo $this->baseurl
?>/<?php echo htmlspecialchars($logo); ?>" alt="<?php echo
htmlspecialchars($templateparams->get('sitetitle'));?>"
border="0"/><?php else: ?><?php echo
htmlspecialchars($templateparams->get('sitetitle'));?><?php
endif; ?></a>
</h1>
```

Hier wird das Logo automatisch mittels PHP-Anweisung eingefügt. Dazu wird auf den im Backend eingestellten Parameterwert zurückgegriffen. Ist dieser nicht gesetzt bzw. ist das Feld *Logo path* leer, wird kein Bild angezeigt.

Alternativ dazu können Sie den Dateinamen und den Dateipfad aber auch direkt eintragen. Dabei wird dann also nicht der Parameterwert ausgelesen.

Zwei Anweisungen helfen dabei:

> *<?php echo $this->baseurl ?>* – Ermittelt die Basis-URL.

> *<?php echo $this->template ?>* – Ermittelt den Template-Namen.

Mit diesen beiden Informationen ausgestattet, lässt sich der zuvor gezeigte Aufruf nun anpassen. Insgesamt könnte der Bereich dann so aussehen:

```
<h1 id="logo">
<a href="<?php echo $this->baseurl; ?>" onFocus="blur()" ><?php
if ($logo != null ): ?><img src="<?php echo $this->baseurl
?>/templates/<?php echo $this->template ?>/images/logo.png"
alt="<?php echo htmlspecialchars($templateparams-
>get('sitetitle'));?>" border="0"/><?php else: ?><?php echo
htmlspecialchars($templateparams->get('sitetitle'));?><?php
endif; ?></a>
</h1>
```

Im Frontend-Quellcode wird daraus Folgendes:

```
<a href="/joomla25" onFocus="blur()" ><img
src="/joomla25/templates/jm-0013/images/logo.png" alt=""
border="0"/></a>
```

Wie Sie sehen, ermittelt Joomla! jetzt automatisch den Basispfad und den Template-Namen. Lediglich das Bilderverzeichnis *images* und der Bildname *logo.png* wurden fest codiert. Achten Sie aber unbedingt darauf, dass es im images-Verzeichnis des verwendeten Templates dann auch tatsächlich das angegebene Logo gibt.

Das Logo wird angezeigt.

Im Fußbereich der Joomla!-Seite finden Sie standardmäßig den Hinweise dazu, dass die Seite *Powered by Joomla!* ist. Zusätzlich sind Hinweise zum Template-Entwickler und zur Validierung enthalten.

Diese Hinweise mögen interessant sein, aber auch hier gilt, dass sie eben nicht zu jeder Seite passen. Sie können jedoch den Fußbereich ebenfalls nach Belieben anpassen. Dazu gibt es prinzipiell zwei verschiedene Möglichkeiten:

> Sie setzen an den entsprechenden Stellen andere Module ein. Wie Sie Module positionieren, wird im weiteren Verlauf dieses Buchs noch detailliert gezeigt.

> Ebenso können Sie aber auch direkt in den HTML-Code der Seite eingreifen.

Genau um Letzteres geht es in diesem Abschnitt. Dabei klingt „Anpassen des HTML-Codes" aufwendiger und komplizierter, als es tatsächlich ist.

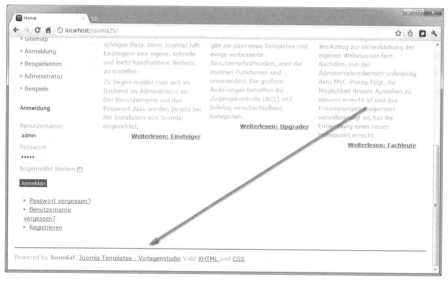

Der Standardfußbereich einer Joomla!-Webseite.

Wirft man einen Blick in den Code des Fußbereichs, wird deutlich, dass es sich hierbei eigentlich um zwei getrennte Elemente handelt.

- ```
  <div id="footer" class="clearfix">
  ```
- ```
  <div id="xhtmlCss">Powered by <b>Joomla!</b>. <a
  href="http://www.vorlagenstudio.de" target="_blank"
  title="Joomla templates">Joomla Templates - Vorlagenstudio</a>
  Valid <a target="_blank" href="http://validator.w3.org/
  check?uri=referer">XHTML
  ```
- ```
  </a> and <a target="_blank" href="http://jigsaw.w3.org/css-
  validator/check/referer">CSS</a>
  ```
- ```
  </div>
  ```
- ```
  <div id="rss"><jdoc:include type="modules" name="syndicateload"
  style="raw" />
  ```
- ```
  </div>
  ```
- ```
  </div>
  ```
- ```
  </div>
  ```

Im Bereich *rss* wird das Modul *Syndicate* aufgerufen. Dieses Modul stellt die Feed-Funktionalität der Webseite zur Verfügung. Diese ist durchaus sinnvoll, allerdings nur, wenn Sie tatsächlich einen Newsfeed betreiben wollen. Wenn nicht, ist das Ganze überflüssig und sollte ausgeblendet oder gegen andere Inhalte ausgetauscht werden. (Beachten Sie, dass das Feed-Logo nicht auf allen Seiten angezeigt wird.)

Erreicht wird diese Ansicht mit wenigen Handgriffen:

1 Rufen Sie *Erweiterungen/Module* auf und suchen Sie nach dem Modul mit dem Namen *Syndicate Feeds*.

2 Durch einen Klick auf das grüne Pfeilsymbol in der Spalte *Aktiviert* wird das Modul deaktiviert, es erscheint somit nicht mehr im Frontend.

Auf diese Weise sind Sie schon mal das Feedlogo los. Das ist aber nur eine Möglichkeit. Ebenso können Sie dieses Logo beispielsweise durch andere HTML-Inhalte ersetzen. Das funktioniert auf gleiche Weise wie im Kopfbereich.

Angenommen, Sie wollen im Fußbereich Ihrer Seite das aktuelle Datum und die Uhrzeit anzeigen. Dann ersetzen Sie einfach

```
<div id="rss"><jdoc:include type="modules" name="syndicateload"
style="raw" />
</div>
```

durch den folgenden Code:

```
<div id="rss"><?php
    $timestamp = time();
    $datum = date("d.m.Y - H:i", $timestamp);
    echo $datum;
?>
</div>
```

Gelöst wurde dieser „Datums-/Uhrzeitwunsch" mittels weniger Zeilen PHP. Das macht deutlich, dass Sie sich in Templates also nicht auf CSS und HTML beschränken müssen, sondern durchaus auch Sprachen wie PHP, JavaScript etc. einsetzen können.

Ein anschließender Blick in das Frontend zeigt das Ergebnis. Der rechte Fußbereich ist somit also schon einmal angepasst. Beim Blick auf die linke Fensterseite fällt jedoch auf, dass dort nach wie vor *Powered by* sowie der *Valid-* und der Entwicklerhinweis zu sehen sind. Das kann man auf seiner Seite stehen haben, man muss es aber nicht.

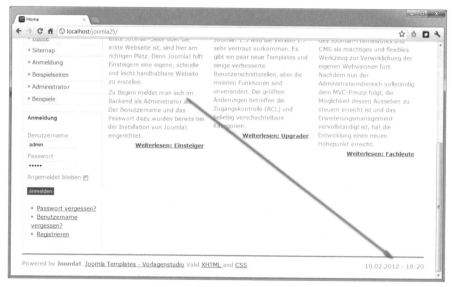

Das aktuelle Datum wird angezeigt.

Vorsicht beim Löschen von Copyright-Hinweisen

Beachten Sie, dass bei vielen Templates das Löschen von Hinweisen darauf, wer das Template entwickelt hat, nicht erlaubt ist.

Wenn es Sie stört, entfernen Sie die Einträge einfach. Der angepasste Quellcode sieht dann so aus:

```
<div id="footer" class="clearfix">
    <div id="xhtmlCss">
    </div>
    <div id="rss"><?php
    $timestamp = time();
    $datum = date("d.m.Y - H:i", $timestamp);
    echo $datum;
    ?>
</div>
</div>
```

Hier wurde einfach alles Überflüssige entfernt. Der Fußbereich sieht nun folgendermaßen aus:

Lediglich das Datum befindet sich noch im Fußbereich.

Wollen Sie anstelle des großen „Nichts" im linken Fußbereich Inhalt anzeigen, gehen Sie genauso vor wie beim Anpassen des Kopf- bzw. rechten Fußbereichs der Seite. So könnten Sie den linken Fußbereich beispielsweise auch zur Anzeige der Millisekunden nutzen, in der die Seite generiert wurde.

So lange hat die Seite zum Laden gebraucht.

Eine solche Anwendung lässt sich mit PHP sehr einfach umsetzen. Der angepasste Fußbereich sähe dann folgendermaßen aus:

- ```
  <div id="footer" class="clearfix">
  ```
- ```
  <div id="xhtmlCss">
  ```
- ```
  <?php
  ```
- ```
  function startTime(){
  ```

```
 5    $timeExplode = explode(" ", microtime());
      $time = $timeExplode[1] + $timeExplode[0];
      return $time;
    }

10 function endTime($timer){
      $timeExplode = explode(" ", microtime());
      $time = $timeExplode[1] + $timeExplode[0];
      $finish = $time - $timer;
      $endTime = sprintf("%4.3f", $finish);
15    return $endTime;
    }
    $timer = startTime();

    for($x=0;$x<10000000;$x++){
20  }
    $endTime = endTime($timer);

    echo 'Die Seite wurde in ' . $endTime . ' Sekunden generiert'; ?>
        </div>
25      <div id="rss">
          <?php
    $timestamp = time();
    $datum = date("d.m.Y - H:i", $timestamp);
    echo $datum;
30  ?>
        </div>
      </div>
    </div>
```

So können Sie permanent die Geschwindigkeit der Seite kontrollieren und ermitteln, ob mögliche Maßnahmen zur Performancesteigerung tatsächlich fruchten.

Die Ausgabe der Module anpassen

Im Laufe der Zeit werden Sie die Ausgabe der Erweiterungen im Frontend anpassen wollen. Denn natürlich muss man sich beispielsweise nicht damit zufriedengeben, dass um ein Menü (das ja im Endeffekt auch nur eine Erweiterung ist) ein blauer Rahmen angezeigt wird. In Joomla! haben Sie die Möglichkeit, die gesamte Ausgabe nach Ihren Wünschen zu gestalten. Wichtig ist aber natürlich zu wissen, wie man dabei vorgeht.

Um die Ausgabe anzupassen, ist es nötig, dass man die CSS-Dateien, die das betreffende Template mitbringt, ändert. Keine Sorge, dafür müssen Sie kein CSS-Experte sein, Sie sollten aber ungefähr wissen, wie die Syntax aussieht.

An dieser Stelle geht es ohnehin nicht darum, die Anpassung bis ins kleinste Detail zu erläutern. Vielmehr sollen Sie ein Gefühl dafür bekommen, dass Anpassungen möglich sind und an welchen Stellen man diese im Template vornehmen muss.

Mit Suffixen und Klassen arbeiten

Um ein Verständnis dafür zu entwickeln, wie das Joomla!-CSS-Konzept funktioniert, muss man sich zunächst in Erinnerung rufen, wie das Ganze bei statischen Webseiten funktioniert. Dort sind die Inhalte in die HTML-Struktur der jeweiligen Seite integriert. Anders sieht es bei dynamischen Seiten aus, hier liegen die Inhalte in der Datenbank. Sobald der Client die entsprechende Seite anfordert, werden die Inhalte aus der Datenbank ausgelesen. Erst dann wird die Seite im Frontend zusammengesetzt. Dabei werden auch die vom System automatisch generierten reservierten CSS-Klassen zugewiesen. Das bedeutet natürlich, dass Sie das Aussehen von dynamisch generierten Elementen nur über die vorgegebenen CSS-Klassen ändern können. Will man das Aussehen des betreffenden Elements anpassen, muss man die betreffende Klasse ändern.

Es ist wichtig, den Zusammenhang zwischen dynamischen Seiten und reservierten CSS-Klassen zu verstehen.

Bei allen Modulen finden Sie den Bereich *Erweiterte Optionen*.

Interessant ist für die Umgestaltung der Module das Feld *Modulklassensuffix*. Das hier angegebene Suffix wird automatisch an die Klassen der vordefinierten HTML-Elemente angehängt.

▶ Basisoptionen		
▼ Erweiterte Optionen		
Menü-Tag-ID		
Menüklassensuffix		
Zielposition		
Alternatives Layout	Standard	▼
Modulklassensuffix	_menu	
Caching	Globale Einstellung	▼
Cachedauer	900	

Das sind die erweiterten Optionen.

Welchen Elementen diese Suffixe tatsächlich angehängt werden, ist von zwei Faktoren abhängig:

➢ Vom verwendeten Modul.

➢ Vom Stil, über den es in die Seite eingebunden wird. Tatsächlich kann man im Template nämlich explizit den Stil bestimmen, über den das Modul integriert wird. Mehr zu diesem Thema gibt es dann in Kapitel 8.

Wird ein Modul beispielsweise mit dem Stil *xhtml* eingebunden, sieht der generierte Quellcode folgendermaßen aus:

- `<div class="djmodule" id="Mod16">`
- `<div class="moduleIn">`
- `<h3 class="title">Anmeldung</h3>`
- `...`
- `</div>`

Gibt man innerhalb der Moduleinstellungen als *Modulklassensuffix* nun *_neu* an, sieht das so aus:

- `<div class="djmodule_neu" id="Mod16">`
- `<div class="moduleIn">`
- `<h3 class="title">Anmeldung</h3>`
- `...`
- `</div>`

Dem Standardklassennamen wird der Wert, den man im Feld *Modulklassensuffix* eingetragen hat, angehängt.

Dadurch lassen sich Module ganz individuell gestalten.

Alternativ dazu kann man einem Modul auch unterschiedliche Klassen zuweisen. So kann man über eine Klasse allgemeine Eigenschaften definieren, während die andere für spezielle Elementdefinitionen zuständig ist.

- `<div class="moduletable blau">`
- `<h3>Anmeldung</h3>`
- `...`
- `</div>`

In diesem Beispiel besitzt das *div*-Element die beiden Klassen *moduletable* und *blau*. Getrennt sind diese beiden Klassen durch ein Leerzeichen. Dazu setzt man in das Suffixfeld des Moduls ein Leerzeichen vor das Suffix.

CSS im praktischen Einsatz

Nun stellt sich natürlich die Frage, wie man herausfindet, wie die CSS-Klasse für ein bestimmtes Element heißt. Dazu gibt es verschiedene Möglichkeiten. Zunächst einmal können Sie die Seite einfach im Frontend aufrufen und sich den Quelltext anzeigen lassen. Dort suchen Sie nach dem gewünschten Element, und schon kennen Sie die betreffende Klasse. Da der Quelltext oftmals recht umfangreich ist, findet man nicht immer sofort die richtige Stelle. Am einfachsten ist es daher, wenn Sie die Suchfunktion verwenden. Haben Sie beispielsweise den Internet Explorer im Einsatz, klicken Sie im Frontend die Seite mit der rechten Maustaste an und wählen *Quelltext anzeigen*. Über *Bearbeiten/Suchen* wird die Suchfunktion des Editors geöffnet. Jetzt kann nach der gewünschten Stelle gesucht werden.

Eleganter ist es allerdings, wenn man sich helfender Tools bedient.

Wer Firefox nutzt, sollte ruhig einmal einen Blick auf die Firebug-Erweiterung (*https://addons.mozilla.org/de/firefox/addon/1843*) werfen. Nach der Installation braucht man dann nämlich nur das betreffende Element mit der rechten Maustaste anzuklicken und *Element untersuchen* zu wählen. Daraufhin wird unter anderem auch die entsprechende Element-ID bzw. -Klasse angezeigt. Ähnlich arbeitet übrigens die Web Developer Toolbar (*http://chrispederick.com/work/web-developer/*).

Wer den Internet Explorer ab Version 8/9 verwendet, findet im *Extras*-Menü Entwicklertools, die ebenfalls sehr nützlich sind.

Und die Entwicklertools für Google Chrome wurden in diesem Kapitel ja bereits vorgestellt.

Bei der Umgestaltung von Standardelementen werden Sie nicht um den Einsatz von CSS-Suffixen herumkommen. Wie sich diese praktisch nutzen lassen, wird hier anhand eines Beispiels gezeigt, in dem das Menü *About Joomla!* anders als die anderen Menüs gestaltet werden soll.

Zur individuellen Formatierung von Menüs oder anderer Elemente wird in Joomla! auf Suffixe zurückgegriffen, die den Modulen zugewiesen werden. Ihnen sind die Felder bzw. das Feld, über das sich Suffixe einstellen lassen, mit Sicherheit schon im Joomla!-Backend begegnet. Wählen Sie *Erweiterungen/Module* und klicken Sie auf den Namen des anzupassenden Moduls. Im aktuellen Beispiel ist das *Über Joomla!*. Interessant ist jetzt der Bereich *Erweiterte Optionen*.

Wollen Sie Menüs oder andere Module unterschiedlich gestalten, müssen Sie auf die *Menu-Tag-ID* oder die Suffixfelder zugreifen. So sehen zum Beispiel die Modulüberschriften in den Templates immer gleich aus. Will man eine Überschrift anders gestalten, weist man diesem Modul im Backend ein entsprechendes Suffix zu. Anschließend kann in der CSS-Datei eine neue CSS-Klasse auf Basis dieses Suffixes angelegt werden.

Hier kann das Suffix einge- stellt werden.

Werfen wir zunächst einen Blick darauf, was die einzelnen Felder bedeuten.

- ```
  <div class="djmodule modulklassensuffix" id="Mod23"><div
  class="moduleIn"><h3 class="title">Über Joomla!</h3><div
  class="module-content clearfix">
  <ul class="menu" id="menu-tag-id">
  ```
- ...

Sie können nun über die Klassen und IDs die eingebundenen Elemente ganz gezielt formatieren.

Wie sich Erweiterungen anpassen lassen, lässt sich sehr schön anhand von Menüs zeigen. Denn diese werden in Joomla! bekanntermaßen als Module eingebunden. Zunächst geht es um die Überschrift, die innerhalb des Menüs angezeigt wird.

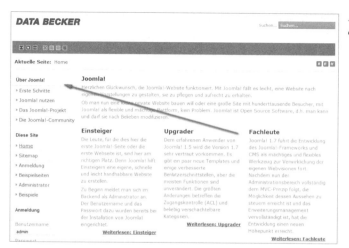

Diese Überschrift soll angepasst werden.
  ```

Um die Ausgabe zu beeinflussen, müssen Sie zunächst herausfinden, wie die entsprechende CSS-Klasse heißt. Hier hilft ein Blick in den im Frontend generierten Quellcode:

```
     <div class="djmodule" id="Mod23">
       <div class="moduleIn">
         <h3 class="title">Über Joomla!</h3>
         <div class="module-content clearfix">
5          <ul class="menu">
             <li class="item-437"><a href="/joomla25/index.php/erste-
             schritte" >Erste Schritte</a></li>
             <li class="item-280 parent"><a href="/joomla25/
             index.php/joomla-nutzen" >Joomla! nutzen</a></li>
             <li class="item-278"><a href="/joomla25/index.php/das-
             joomla-projekt" >Das Joomla!-Projekt</a></li>
             <li class="item-279"><a href="/joomla25/index.php/die-
             joomla-community" >Die Joomla!-Community</a></li>
10         </ul>
         </div>
       </div>
     </div>
```

Beachten Sie, dass der generierte Quellcode letztendlich auch vom eingestellten Template und den Moduleinstellungen abhängt. So wurde im gezeigten Beispiel das Template *jm-0013* verwendet.

Würde stattdessen ein anderes Template eingestellt werden, sähe der Quellcode tatsächlich anders aus, im Fall des Beez-Templates dann beispielsweise so:

```
     <div class="left1 leftbigger" id="nav">
     <div class="moduletable">
       <h3><span
         class="backh"><span class="backh2"><span class="backh3">Über
         Joomla!</span></span></span></h3>
5      <ul class="menu">
         <li class="item-437"><a href="/joomla25/index.php/erste-
         schritte" >Erste Schritte</a></li>
         <li class="item-280 parent"><a href="/joomla25/
         index.php/joomla-nutzen" >Joomla! nutzen</a></li>
         <li class="item-278"><a href="/joomla25/index.php/das-
         joomla-projekt" >Das Joomla!-Projekt</a></li>
```

```
■    <li class="item-279"><a href="/joomla25/index.php/die-
     joomla-community" >Die Joomla!-Community</a></li>
10   </ul>
■    </div>
```

Man muss sich also tatsächlich immer den im Frontend generierten Quell-code ansehen, um Anpassungen vornehmen zu können.

Außerdem wurde im aktuellen Fall unter *Erweiterungen/Erweiterungen/ Über Joomla!* im Bereich *Erweiterte Optionen* dem Modul das Modulklassen-suffix *_menu* zugewiesen, wodurch sich im Frontend der Klassenname *djmodule_menu* ergibt.

Im ersten Schritt soll die Überschrift der Menüs angepasst werden. Noch einmal die betreffende Codepassage:

```
■  <div class="djmodule_menu" id="Mod23">
■    <div class="moduleIn">
■      <h3 class="title">Über Joomla!</h3>
```

Mit diesem Wissen ausgestattet, lässt sich die Ausgabe anpassen: Fügen Sie dazu in die CSS-Datei des Templates – lesen Sie in diesem Zusammenhang auch noch einmal die Hinweise ab Seite 405 – Folgendes ein:

```
■  div.djmodule_menu h3 {
■      color: #000;
■      font-size:18px;
■      font-variant:small-caps;
■  }
```

Ein erneuter Blick in das Frontend liefert Folgendes:

Die Menüüberschriften wurden angepasst.

Im Fall des verwendeten Beispiel-Templates kann es übrigens passieren, dass die gezeigte Klassendefinition nicht sofort greift. Schuld daran ist ein Leerzeichen, das sich in den Quelltext eingeschlichen hat.

```
<div class="djmodule _menu" id="Mod23">
```

Hinter dem Klassennamen und vor dem Suffix wird ein Leerzeichen eingefügt. Möglich, dass dieses zwischenzeitlich wieder korrigiert wurde. Sollte das nicht der Fall sein, müssen Sie die CSS-Syntax folgendermaßen anpassen.

```
div.djmodule._menu h3 {
    color: #000;
    font-size:18px;
    font-variant:small-caps;
}
```

Die Überschrift ist jetzt größer geworden. Auf diese Weise lassen sich die Module individualisieren. Ein Problem gibt es nun aber. Wie das Beispiel zeigt, wurden gleich alle Überschriften angepasst. Was aber, wenn man nur ein Menü verändern will? Hier kommen die IDs ins Spiel, die von Joomla! automatisch vergeben werden.

Werfen Sie dazu noch einmal einen Blick in den Quellcode.

```
  <div class="djmodule " id="Mod23">
  <div class="moduleIn">
  <h3 class="title">Über Joomla!</h3>
   <div class="module-content clearfix">
5      <ul class="menu">
      <li class="item-437"><a  href="/joomla25/index.php/erste-
      schritte" >Erste Schritte</a></li>
      <li class="item-280 parent"><a href="/joomla25/
      index.php/joomla-nutzen" >Joomla! nutzen</a></li>
      <li class="item-278"><a href="/joomla25/index.php/das-
      joomla-projekt" >Das Joomla!-Projekt</a></li>
      <li class="item-279"><a href="/joomla25/index.php/die-
      joomla-community" >Die Joomla!-Community</a></li>
10      </ul>
      </div>
    </div>
  </div>
  <div class="djmodule _menu" id="Mod26">
15 <div class="moduleIn">
```

```
     <h3 class="title">Diese Site</h3>
     <div class="module-content clearfix">
       <ul class="menu">
         <li class="item-435 current active"><a href="/joomla25/
         " >Home</a></li>
20       <li class="item-294 parent"><a href="/joomla25/
         index.php/sitemap" >Sitemap</a></li>
         <li class="item-233"><a href="/joomla25/index.php/
         anmeldung" >Anmeldung</a></li>
         <li class="item-238 parent"><a href="/joomla25/index.php/
         beispielseiten" >Beispielseiten</a></li>
         <li class="item-448"><a href="/joomla25/administrator"
         target="_blank" >Administrator</a></li>
         <li class="item-455"><a href="/joomla25/index.php/joomla-
         nutzen/erweiterungen-anwenden/komponenten" >Beispiele
         </a></li>
25     </ul>
     </div>
   </div>
```

Den beiden Menüs wurden von Joomla! automatisch zwei verschiedene IDs zugewiesen. Achtung: Der Wert des Felds *Menü-Tag-ID* wird dem *ul*-Element zugewiesen. Dadurch ist es nicht möglich, die Überschrift anzupassen, da die Überschriftendefinition außerhalb dieses *ul*-Elements liegt.

```
<div class="djmodule _menu" id="Mod23">
<div class="moduleIn">
<h3 class="title">Über Joomla!</h3>
<div class="module-content clearfix">
<ul class="menu" id="Menü-Tag-ID">
```

Dank der automatisch vergebenen IDs lassen sich die Menüs individuell gestalten. Um nun die Überschrift des Moduls mit der ID *Mod23* anzupassen, sähe die Syntax folgendermaßen aus:

```
div#Mod23.djmodule_menu h3 {
    color: #000;
    font-size:18px;
    font-variant:small-caps;
}
```

Lässt man sich das Template nun im Frontend anzeigen, werden tatsächlich die Menüüberschriften unterschiedlich dargestellt.

450

Die Überschriften unterscheiden sich.

Sie sehen also, dass Joomla! Ihnen bei der Gestaltung der Erweiterungen freie Hand lässt.

7.4 Anpassungen über das Gantry-Framework

Prinzipiell gibt es bei der Installation eines Templates, das von einem Template-Club stammt, keine Unterschiede zu einer herkömmlichen Template-Installation. Allerdings weisen viele Templates dieser Clubs spezielle Funktionalitäten auf. Ein typisches Beispiel dafür ist der Einsatz des Gantry-Frameworks. Dank dieses Frameworks sind Templates fast vollständig über das Backend konfigurierbar.

Entwickelt wurde und wird das Framework von RocketTheme, dem bereits vorgestellten Template-Club. Mit diesem Framework kann man seine eigenen Templates äußerst flexibel gestalten. Mittlerweile basieren recht viele Templates auf Gantry. Wenn Sie ein Template installieren, das auf diesem Framework basiert, wird Ihnen möglicherweise eine Fehlermeldung angezeigt.

Do NOT use this package if the Gantry library has already been installed, either through a bundle package, or through a standalone Gantry install.

In diesem Fall muss das Framework bereits installiert sein. (Bei den meisten Templates hat man übrigens die Wahl, ob man ein sogenanntes Bundle oder nur das Template herunterlädt. Im Bundle sind dann Framework und Template enthalten.) Dort gibt es verschiedene Versionen. Am besten laden Sie das *Gantry Template Bundle for Joomla 2.5* herunter. Darin sind dann neben Gantry einige Plug-ins und ein Basis-Template enthalten. Dieses Template können Sie verwenden, um Ihr eigenes Template auf Basis von Gantry zu erstellen.

Der Name des heruntergeladenen Archivs lautet in etwa *rt_gantry-3.2.16-bundle.zip*. (Wobei der Name natürlich von Version zu Version variiert.) Dieses Archiv darf nicht entpackt werden. Rufen Sie stattdessen *Erweiterungen/Erweiterungen* auf, wählen Sie *Datei auswählen* aus und installieren Sie es mit *Hochladen & Installieren*.

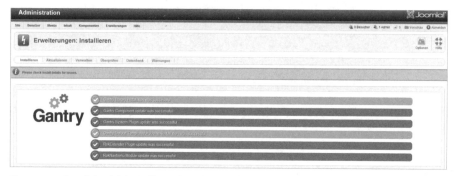

Gantry wurde erfolgreich installiert.

Um das Framework kennenzulernen, rufen Sie *Erweiterungen/Templates* auf und stellen den Stil *rt_gantry - Default* als Standard ein.

Der Stil wird eingestellt.

Ein anschließender Blick ins Frontend der Seite zeigt dann das Design des Standard-Templates (siehe Abbildung nächste Seite).

Das Template macht optisch sicherlich nicht allzu viel her, es eignet sich aber hervorragend, um die Funktionsweise des Frameworks kennenzulernen. Für die Konfiguration des Frameworks rufen Sie *Erweiterungen/Templates* auf und klicken auf den Stilnamen *rt_gantry - Default*.

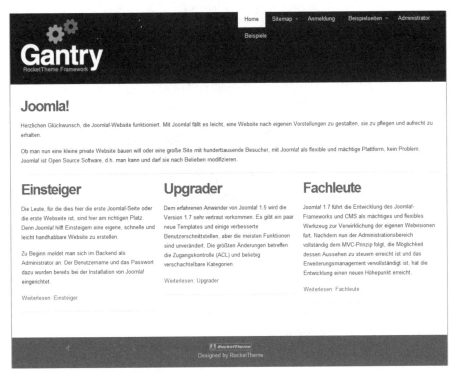

So sieht das Standard-Template aus.

Hierüber lässt sich das Framework konfigurieren.

Auf dieser Seite gib es zahlreiche Konfigurationsmöglichkeiten, die über die einzelnen Register aufrufbar sind. So kann man im Register *Style* beispielsweise Dinge wie Schriftfarbe, die Farbe des Fußbereichs usw. festlegen.

Das Design lässt sich festlegen.

Das eigentlich Besondere an diesem Framework verbirgt sich allerdings im Register *Layouts*. Denn in diesem Register kann man explizit Modulpositionen aktivieren und deaktivieren.

Hier hat man volle Kontrolle über die Positionen.

Die Funktionsweise lässt sich am besten anhand eines Beispiels zeigen. Wenn Sie einen Artikel im Frontend aufrufen, wird dieser standardmäßig in einem einspaltigen Layout angezeigt.

Hier gibt es keine Seitenspalten.

Das Besondere an Gantry ist nun, dass hier per Mausklick ganz einfach Spalten hinzugefügt und auch wieder entfernt werden können. Rufen Sie dazu das *Layouts*-Register auf. Dort gibt es verschiedene vordefinierte Positionen wie *Top*, *Header*, *Showcase* usw. (Informationen zu den einzelnen Positionen gibt es übrigens im rechten Fensterbereich.)

Für den Hauptbereich ist *MainBody Positions* verantwortlich.

So wird der Hauptbereich konfiguriert.

Durch Anklicken der Ziffern *1*, *2*, *3* und *4* kann die Anzahl der Spalten dieses Bereichs bestimmt werden. Wollen Sie also zwei Spalten, klicken Sie die *2* an.

Die Spaltenanzahl wurde neu festgelegt.

Über den Schieberegler im unteren Fensterbereich können die Spaltenbreite und die Reihenfolge der Spalten bestimmt werden. Wenn Sie den Schieberegler also beispielsweise ganz nach links bewegen, wird die Position *mb* links angezeigt.

*Die Positionen
wurden verschoben.*

Das Einstellen der Positionen ist nur der erste Schritt. Damit darin nämlich auch tatsächlich Inhalte angezeigt werden, müssen diese auch noch mit den passenden Modulen bestückt werden. Rufen Sie dazu über *Erweiterungen/Module* das gewünschte Modul auf. Um die Position zuzuweisen, wird auf *Position auswählen* geklickt. Um sich nur die Gantry-Positionen anzeigen zu lassen, stellt man im Filterfeld *Template wählen rt_gantry* ein.

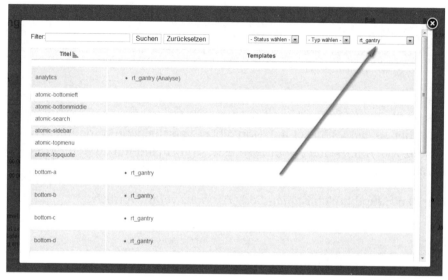

Das erhöht die Übersicht.

Die Positionsnamen sind logisch gewählt. So gibt es beispielsweise für die Positionen im Header die Namen *header-a* bis *header-e*. Rufen Sie sich noch einmal den Anblick bei der Zuweisung der Positionen ins Gedächtnis. Dort gab es neben *mb* die Bezeichnung *sa*. Innerhalb der Positionen gibt es dafür die Position *sidebar-a*. Wenn Sie diese anklicken und die Moduleinstellungen speichern, wird im Frontend das gewünschte Ergebnis angezeigt.

Auf diese Weise lassen sich sämtliche Positionen definieren und mit Inhalten füllen.

Dieses Beispiel hat gezeigt, wie einfach sich Gantry verwenden lässt. Weiterführende Informationen zu diesem Framework finden Sie unter *http://www.gantry-framework.org/*.

8. Eigene Templates entwickeln

Das Modifizieren bestehender Templates ist für viele Anwender nur der erste Schritt. Irgendwann stößt man mit diesen Anpassungen nämlich an seine Grenzen. Sollen eigene Ideen und Layouts umgesetzt werden, kommt man um das Anlegen eigener Templates nicht herum. Wenn Sie sich dem Thema der individuellen Template-Entwicklung widmen, ahnen Sie es wahrscheinlich schon: Es wird einiges an Grundwissen in Sachen Webentwicklung vorausgesetzt. Um wirklich brauchbare Templates zu erstellen, sollten Sie Grundkenntnisse auf den folgenden vier Gebieten besitzen:

- ➢ HTML
- ➢ CSS
- ➢ XML
- ➢ PHP

Gerade in PHP und XML genügen tatsächlich Grundkenntnisse, da jeweils nur sehr wenig Code in diesen Sprachen geschrieben werden muss.

In den nächsten Abschnitten erfahren Sie, wie Sie Ihr ganz persönliches Joomla!-Template entwerfen können. Bevor damit begonnen werden kann, müssen zwei Aspekte geklärt werden:

- ➢ **Grundlegender Aufbau** – Überlegen Sie sich zunächst, ob die Seite modern und CSS-basiert sein oder auf ein Tabellenlayout aufsetzen soll. Hier der ganz klare und eindeutige Tipp: unbedingt CSS-basierte Layouts verwenden! Das hält den Code schlank, ist modern und ermöglicht den Aufbau barrierefreier Templates.

- ➢ **Design** – Im nächsten Schritt wird das Design entworfen. Am besten verwenden Sie dafür ein Grafikprogramm wie Photoshop. Dort können Sie das Design entwickeln, ohne die Seite tatsächlich „programmieren" zu müssen.

Sie sehen also, dass einiges an Vorarbeit zu erledigen ist. In diesem Kapitel werden Ihnen diese Überlegungen abgenommen. Wenn Sie die folgenden Schritte mitgehen, erhalten Sie

- ➢ ein CSS-basiertes Template
- ➢ mit einem vorgegebenen Design.

Dieses Template können Sie als Ausgangspunkt für Ihren ganz persönlichen Template-Entwurf nehmen. So ganz ohne entsprechendes Know-how geht es natürlich nicht, denn Grundregeln der Webseitenentwicklung sollten eingehalten werden. Und dazu zählen Dinge wie Barrierefreiheit und CSS. Um diese Themen dreht sich der nächste Abschnitt.

8.1 Barrierefreiheit und CSS

Moderne Webseiten bzw. deren Layout basieren auf einer Kombination aus CSS und HTML. Und das ist auch bei Joomla! so. Wie sich die Zeiten im Webdesign gewandelt haben, macht ein kurzer Blick in die gar nicht allzu ferne Vergangenheit deutlich. Noch bis vor wenigen Jahren bestanden Webseiten hauptsächlich aus Layouttabellen. Über solche Tabellen wurde das gesamte Aussehen der Webseite gesteuert. Lässt man einmal die vierte Browsergeneration außen vor, bieten solche Tabellen durchaus passable Formatierungsmöglichkeiten mittels CSS.

Während einige Eigenschaften unerwünschte Nachteile bringen, kann man andere als echte Features der Layouttabellen bezeichnen. Hier die wichtigsten Aspekte, die für einen Einsatz von Layouttabellen sprechen (könnten):

➢ Wurde keine Spaltenbreite angegeben, teilen sich die Spaltenbreiten gemäß der Breite der jeweiligen Inhalte automatisch auf.

➢ Bei einem schmalen Viewport (das ist der Fensterbereich, der dem Dokument zur Verfügung steht), passt sich das Layout nicht dem engsten Raum an. Somit sind vor allem Fließtexte besser, da flüssiger, lesbar.

➢ Spaltenbreiten können nach Belieben in Pixel, Prozent der Viewport-Breite oder in *em* angegeben werden.

➢ Alle Spalten sind gleich hoch.

➢ Der Zelleninhalt kann in Bezug auf die Gesamthöhe vertikal ausgerichtet werden.

➢ Die Reihenfolge der Spalten ist im Quelltext festgelegt.

Achtung: Layouttabellen

Auch wenn Layouttabellen so manchen Vorteil bieten, sollten Sie sie nicht einsetzen. Moderne Webseiten basieren nun mal auf einer CSS-HTML-Kombination. Im weiteren Verlauf dieses Kapitels bleiben Layouttabellen also unberücksichtigt.

Für den Einsatz CSS-basierter Layouts spricht neben vielen anderen Punkten einer ganz besonders: die Barrierefreiheit.

Der Begriff Barrierefreiheit ist dabei nicht neu. Er wird bereits seit vielen Jahren im Zusammenhang mit der uneingeschränkten Nutzung von Objekten und Gebäuden für alle Menschen über den gleichen Weg verwendet. So müssen beispielsweise auch behinderte Menschen Rathäuser betreten oder ins Wahllokal gelangen können.

Umgemünzt auf die Nutzung des Internets, bedeutet der Begriff Barrierefreiheit, dass Internetangebote so aufgebaut sein sollten, dass Menschen unabhängig von ihren körperlichen Voraussetzungen alle bereitgestellten Informationen nutzen können.

Offizielles zur Barrierefreiheit

Die „Gebote" für barrierefreie Webseiten sind in der **Barrierefreie Informations-technik-Verordnung (BITV)** geregelt. Bei der BITV handelt es sich um eine Ergänzung des Behindertengleichstellungsgesetzes, in der die Zugangsrichtlinien für Webinhalte definiert sind. Bindend ist die BITV für alle Internetauftritte sowie alle öffentlich zugänglichen Intranetangebote von Behörden der Bundesverwaltung. Aber natürlich können auch Sie Ihre Webseiten auf Basis dieser Kriterien anlegen. Den exakten BITV-Wortlaut finden Sie unter *http://bundesrecht.juris.de/bitv/index.html*.

Hier die wichtigsten Aspekte, die es für Ihr Template zu beachten gilt:

Tabellen	• Größenangaben in relativen statt absoluten Maßangaben. • Strukturierende Elemente wie *th*, *summary* und *caption* verwenden.
Formulare	• Formularfelder eindeutig über das *label*-Tag benennen. • Formularfelder dort, wo es möglich/sinnvoll ist, mit Werten (*value*-Attributen) vorbelegen. • Elemente mit *fieldset* und *legend* gruppieren. • Formularelemente mit *accesskey*- und *tabindex*-Attributen ausstatten.
Schrift	• Nur relative Schriftgrößen verwenden (% oder *em*). • Keine Serifen. • Browserunabhängige Schriftfamilien. • *blink* und *marquee* nicht verwenden. • Standardabstand zwischen Buchstaben nicht über CSS verringern. • Kein *font*-Element, sondern CSS-Formatierungen.
Links und Navigation	• Die Seitenelemente sollen in logischer Reihenfolge über die Tastatur (Tab-Taste, Pfeiltasten und Enter-Taste) erreichbar sein. • Navigationselemente eindeutig benennen. • Navigationselemente logisch gruppieren. • Textlinks sind auch ohne zusätzlichen Kontext verständlich. • Nebeneinanderstehende Links durch mindestens ein nicht verlinktes Zeichen (zum Beispiel > oder |) trennen. • Linkunterstreichung nicht unterdrücken. • Bilderlinks mit alternativen Texten versehen.

Die WAI-ARIA im Detail

Das Kernstück der Bemühungen seitens des W3C hinsichtlich der Barrierefreiheit stellt die **W**eb **A**ccessibility **I**nitiative (WAI-ARIA) dar. WAI-ARIA wurde als Arbeitsentwurf unter *http://www.w3.org/TR/wai-aria/* veröffentlicht.

Bei WAI-ARIA handelt es sich um eine semantische Erweiterung von HTML, mit der nicht das Layout von Webseiten verändert werden soll. Vielmehr dient die WAI-ARIA dazu, Webanwendungen für Menschen mit Behinderungen (insbesondere Blinden) zugänglich machen zu können. Denn Blinde verwenden, um sich Informationen im Internet zu beschaffen, normalerweise Screenreader, sie bekommen die Webseiten also vorgelesen. Und genau da liegt oftmals das Problem. Denn Webseiten sind sehr häufig nicht darauf ausgelegt, vorgelesen zu werden.

Sie können und sollten einen solchen Screenreader übrigens ruhig selbst einmal testen. So lässt sich am besten nachempfinden, wie wichtig es ist, seine Seiten möglichst barrierefrei zu gestalten. Den kostenlosen Screenreader Thunder können Sie sich von der Seite *http://www.screenreader. net/* herunterladen.

Testen Sie damit ruhig auch einmal Ihre eigene Webseite. Nur so kann man erkennen, an welchen Stellen die Seite hinsichtlich der Barrierefreiheit Probleme bereitet.

Best Practices vom W3C

Wer sich für WAI-ARIA interessiert, sollte unbedingt auch einen Blick auf die WAI-ARIA Authoring Practices 1.0 werfen, die unter *http://www.w3.org/WAI/ PF/aria-practices/* verfügbar sind. Dort wird anhand zahlreicher Beispiele gezeigt, wie sich die verschiedenen WAI-ARIA-Techniken am besten einsetzen lassen.

Das spricht für WAI-ARIA

Kommt die Sprache auf die WAI-ARIA, ist oftmals nicht ganz klar, warum es dieses neuen Ansatzes bedarf. Das Problem am klassischen HTML ist, dass sich keine wirklichen Desktopanwendungen erstellen lassen. Will man solche, muss man auf zusätzliche Sprachen wie JavaScript oder Techniken wie Ajax zurückgreifen. Zudem stellt HTML selbst nur sehr wenige Interface-Elemente zur Verfügung, die daher von Webapplikationen mittels Widgets erstellt werden müssen. Ein typisches Beispiel dafür sind Schieberegler. Für solche Anwendungen wird für gewöhnlich auf Grafiken zurückgegriffen, denen mittels JavaScript Leben eingehaucht wird. Solche Anwendungen weisen hinsichtlich der Barrierefreiheit allerdings Probleme auf:

> Sie sind meistens nicht per Tastatur nutzbar.

> Die Aufgabe solcher Widgets ist Nutzern, die einen Screenreader verwenden, nicht klar.

> Der Status und die Eigenschaften der Widgets bleiben Screenreader-Nutzern ebenfalls verborgen.

Lösen lassen sollen sich diese Probleme durch die WAI-ARIA. Welche Möglichkeiten sich Ihnen hier bieten, zeigen die folgenden Seiten.

Navigation über die Tastatur

Als Entwickler sollte man darauf achten, dass ein Bedienungswechsel zwischen Tastatur und Maus jederzeit möglich ist. Genau das ist derzeit bei den meisten Widgets jedoch nicht der Fall. So sind viele Widgets beispielsweise aus mehreren Elementen zusammengesetzt, die in *div*-Elementen liegen, die dann per Tastatur nicht zugänglich sind. HTML4 führte das *tabindex*-Attribut ein, das sich auf die Elemente *a*, *area*, *button*, *input*, *object*, *select* und *textarea* anwenden lässt.

```
     <form action="kontakt.php">
       <p> Name:
         <input type="text" size="40" maxlength="40" tabindex="4" />
         <br />
5    Vorname:
         <input type="text" size="40" maxlength="40" tabindex="1" />
         <br />
       Straße:
         <input type="text" size="40" maxlength="40" tabindex="3" />
10   <br />
       PLZ:
         <input type="text" size="40" maxlength="40" tabindex="2" />
         <br />
       Ort:
15   <input type="text" size="40" maxlength="40" tabindex="5" />
         <br />
         <input type="button" tabindex="2" value="Senden" />
       </p>
     </form>
```

Durch dieses Attribut kann die Tabulatorreihenfolge bestimmt werden. Überflüssig ist das Attribut, wenn sich die Elemente in der Syntax bereits in der richtigen Reihenfolge befinden.

WAI-ARIA erweitert das altbekannte *tabindex*-Attribut. Warum aber ist das *tabindex*-Attribut so wichtig? Damit der Screenreader die Rolle und die Eigenschaften eines Widget-Elements verstehen kann, muss dieses normalerweise fokussiert werden. Dazu wurde *tabindex* in der WAI-ARIA zu einem Universalattribut umdeklariert. Es lässt sich somit auf alle Elemente anwenden. Zudem kann man *tabindex* nun auch negative Werte zuweisen. Die mit negativen Werten ausgestatteten Elemente tauchen dann zwar nicht in der Tabulatorreihenfolge auf, sie lassen sich aber beispielsweise per JavaScript fokussieren. Der tatsächlich verwendete negative Wert spielt dabei übrigens keine Rolle. Daher setzt man üblicherweise *-1* ein.

```
<div id="element" tabindex="-1">
...
</div>
```

Ein auf diese Weise ausgestaltetes Element lässt sich nun per JavaScript ansprechen:

```
var objDiv = document.getElementById('element');
objDiv.focus();
```

Über *getElementById()* wird auf das Element zugegriffen. Den Fokus erhält das Element durch die *focus()*-Methode.

Den Fokus kann man als Entwickler auf zweierlei verschiedene Arten setzen:

> Mit der *focus()*-Methode des jeweiligen Elements (wie zuvor gezeigt).

> Über das Attribut *activedescendant*.

Verwendet man die *focus()*-Methode, sollte diese mit einem Timeout aufgerufen werden. So lassen sich mögliche Browserfehler umgehen.

Ein Beispiel:

```
function setFocus(element) {
    setTimeout(function(){
        element.focus();
    }, 1);
}
```

Eine andere Möglichkeit stellt der Einsatz des Attributs *activedescendant* dar:

- `<span id="kurse">Kurswahl</span>`
- `<input role="combobox" value="Joomla!" aria-labelledby="kurse" aria-activedescendant="joomla" tabindex="0" />`
- `<ul role="listbox" aria-labelledby="kurse">`
- `    <li role="option" id="typo3" tabindex="-1">TYPO3</li>`
- `    <li role="option" id="joomla" tabindex="-1">Joomla!</li>`
- `    <li role="option" id="drupal" tabindex="-1">Drupal</li>`
- `</ul>`

Auch über dieses Attribut kann Elementen also der Fokus zugewiesen werden.

Mit Landmarks arbeiten

Ein probates Mittel zur besseren Strukturierung von Webseiten stellen die ARIA-Landmarks dar. Dabei können Sie sich diese Landmarks wie besonders markante Punkte in einer Stadt vorstellen. In Berlin ist das beispielsweise der Fernsehturm, der Potsdamer Platz oder das Brandenburger Tor. Und solche markanten Punkte können Sie auch auf Ihrer Webseite markieren. Denn die Landmarks helfen Ihnen dabei, die Funktionen bestimmter Elemente besser zu beschreiben.

Anwenden lassen sich Landmarks denkbar einfach. Den betreffenden Elementen muss lediglich das *role*-Attribut zugewiesen werden.

- `<ul id="nav" role="navigation">`
- `...`
- `</ul>`

Hier wird die gewünschte Landmark dem *role*-Attribut zugewiesen. Bislang hat das W3C die folgenden Landmarks vorgesehen, wobei in Zukunft sicherlich noch die eine oder andere Variante hinzukommen dürfte:

➢ *article* – Dabei kann es sich um einen normalen Artikel oder einen Blog-Eintrag handeln.

➢ *banner* – Damit sind das Logo, der Slogan und der Titel einer Webseite gemeint. Diese kann man innerhalb der *banner*-Rolle zusammenfassen.

➢ *contentinfo* – Hier handelt es sich um Zusatzinformationen für den Hauptinhalt der Seite. Dabei sollte der Inhalt von *contentinfo* aber auch für sich selbst stehen können.

> *main* – Das ist der eigentliche Hauptinhalt der Seite.

> *navigation* – Normalerweise zeichnet man damit die Navigationselemente der Seite aus. Ebenso könnte es sich dabei aber auch um eine Linkliste oder um ein Inhaltsverzeichnis handeln.

> *search* – Darüber kennzeichnet man die Suchfelder der Seite.

Sie können die Landmarks übrigens bereits jetzt einsetzen, denn sie schaden auf keinen Fall. Browser, die sie nicht interpretieren, ignorieren Landmarks. Gleiches gilt auch für Screenreader, die Landmarks nicht kennen.

ARIA: Zustände und Eigenschaften

Mittels der ARIA-Zustände und -Eigenschaften (*http://www.w3.org/TR/wai-aria/states_and_properties*) können zusätzliche Informationen über Elemente bekannt gegeben werden. Auf diese Weise können Sie beispielsweise Browsern mitteilen, wie sie mit einem Widget interagieren sollen.

Das W3C hat sehr viele dieser ARIA-Zustände und -Eigenschaften spezifiziert. Diese hier alle aufzuführen, würde zu weit führen. Daher zunächst ein typisches Beispiel.

- `<input type="image"`
- `src="/images/logo.gif"`
- `alt="DATA BECKER"`
- `role="slider"`
- `aria-valuemin="0"`
- `aria-valuemax="100"`
- `aria-valuenow="50"`
- `aria-valuetext="50 percent"`
- `aria-labelledby="leffective" />`

In dieser Syntax wurden verschiedene ARIA-Zustände verwendet. So wird über *aria-valuemin* der niedrigste Wert des Wertebereichs angegeben. Den aktuell verwendeten Wert des Wertebereichs speichert man hingegen bei *aria-valuenow*. Einen Überblick über alle vom W3C angedachten ARIA-Zustände und -Eigenschaften können Sie sich auf der Seite *http://www.w3.org/TR/wai-aria/states_and_properties* verschaffen.

Live-Regionen einsetzen

Ein sehr interessantes Konzept im Zusammenhang mit WAI-ARIA sind die Live-Regionen. Dank der Live-Regionen können Benutzer über das Verändern eines Elements informiert werden-

Live-Regionen können immer dann interessant sein, wenn sich Inhalte dynamisch ändern, denn die Live-Regionen ermöglichen es, den Benutzern Informationen durch einen Screenreader vorlesen zu lassen, ohne den Fokus des Users ändern zu müssen. So könnte der Benutzer beispielsweise während eines Chats über den Eingang einer neuen Nachricht informiert werden, ohne dass er dabei bei der Eingabe seiner eigenen Nachricht gestört wird.

Für die Umsetzung der Live-Regionen bietet die WAI-ARIA einige Eigenschaften an. So kann man über *aria-live* angeben, wie wahrscheinlich Änderungen innerhalb einer Region sind. Werden keine Änderungen erwartet, weist man *aria-live* den Wert *off* zu.

- `<div aria-live="off">`
- `...`
- `</div>`

Über den *polite*-Wert wird festgelegt, dass vom Benutzer keine Antwort erwartet wird, solange seine derzeitige Aktion nicht abgeschlossen ist. Dabei handelt es sich um das Standardverhalten:

- `<div aria-live="polite">`
- `...`
- `</div>`

Und dann gibt es noch den Wert *assertive*:

- `<div aria-live="assertive">`
- `...`
- `</div>`

Über *assertive* wird eine höhere Priorität als normal festgelegt. Der Benutzer wird aber nicht sofort in seiner aktuellen Tätigkeit unterbrochen.

Auf der Seite *http://www.w3.org/TR/wai-aria/states_and_properties* finden Sie alle weiteren verfügbaren Eigenschaften für Live-Regionen.

Das CSS-Boxmodell im Zusammenspiel mit Joomla!

Eines der Kernkonzepte von CSS ist das sogenannte Boxmodell. Der vielleicht etwas seltsam anmutende Name trifft es dabei ziemlich genau. Denn aus Sicht von CSS setzt sich ein (X)HTML-Dokument aus mehreren rechteckigen, normalerweise unsichtbaren Boxen zusammen. Deren Größe und

Verhalten lässt sich mittels CSS ganz gezielt steuern. Dieses CSS-Boxmodell bildet die Grundlage für die Positionierung und Darstellung von Elementen.

Die folgende Abbildung zeigt, aus welchen Elementen sich eine Box in CSS zusammensetzt:

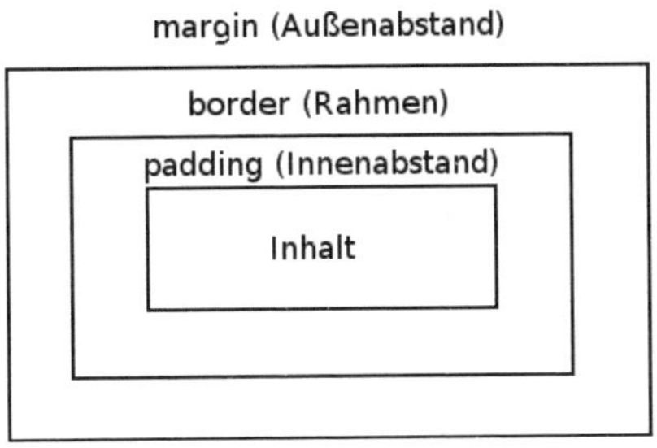

margin (Außenabstand)

So sind Boxen aufgebaut.

border (Rahmen)

padding (Innenabstand)

Inhalt

Insgesamt handelt es sich also um vier Bereiche, die da wären:

> der eigentliche Inhalt,
> der Innenabstand,
> der Rahmen und
> der Außenabstand.

Zu diesen Bereichen gibt es jeweils bestimmte CSS-Eigenschaften, die in den folgenden Absätzen vorgestellt werden. Los geht es mit dem Bereich, der für den eigentlichen Inhalt verantwortlich ist.

Hinweise zur Schreibweise

Noch ein Wort zu den Tabellen in den folgenden Abschnitten. Diese werden Sie jeweils bei den einzelnen CSS-Eigenschaften finden. Sie zeigen, welche Browser die jeweilige Eigenschaft unterstützen. Hier sehen Sie ein Beispiel dazu, wie eine solche Tabelle aussehen kann:

CSS1

	NN4	NN7	Mz 1.7	FF 10	IE5	IE6/7	IE8/9	O11	Sf3	Konq 3.5
PC	f*	j	j	j	j	j	j	j	–	–
Mac/Linux	f*	j	j	j	j	–	–	j	j	j

Anhand dieser Tabellen können Sie sehen, welche Eigenschaften in den entsprechenden Browsern funktionieren. Berücksichtigt wurden dabei folgende Browser:

- ➤ NN4 = Netscape Navigator 4
- ➤ NN7 = Netscape Navigator
- ➤ Mz 1.7 = Mozilla 1.7
- ➤ FF 10 = Firefox 10
- ➤ IE5–IE9 = Internet Explorer 5 bis 9
- ➤ O11 = Opera 11
- ➤ Sf3 = Safari 3
- ➤ Konq 3.5 = Konqueror 3.5

In den Tabellen haben die Buchstaben f, n, t und j sowie der Bindestrich folgende Bedeutungen:

- ➤ f – fehlerhafte Unterstützung
- ➤ n – die Eigenschaft wird nicht unterstützt
- ➤ t – die Eigenschaft wird teilweise unterstützt
- ➤ j – die Eigenschaft wird unterstützt
- ➤ Bindestrich – der Browser existiert für das betreffende Betriebssystem nicht

Den Inhalt festlegen

Der innere Bereich einer Box ist der eigentliche Inhalt, bzw. darin wird der Inhalt platziert. Die Größe der Inhalte kann dabei von ganz unterschiedlichen Faktoren abhängen. Werden keine Angaben zur Größe gemacht, legt der Inhalt die Größe der Box fest.

Mit *width* wird die Breite eines Bereichs oder eines Elements bestimmt.

CSS1

	NN4	NN7	Mz 1.7	FF 10	IE5	IE6/7	IE8/9	O11	Sf3	Konq 3.5
PC	n	j	j	j	j	j	j	j	–	–
Mac/Linux	n	j	j	j	j	–	–	j	j	j

Die folgenden Werte sind dabei erlaubt:

- ➤ *Auto* – Automatische Breite (Standard).
- ➤ Prozentangabe.
- ➤ Längenangabe.
- ➤ *inherit*.

Die Element- oder Bereichshöhe wird mit *height* angegeben.

- `<p style="height:100pt;border: 2px solid #000000;">`
- `[...]`
- `</p>`

CSS1

	NN4	NN7	Mz 1.7	FF 10	IE5	IE6/7	IE8/9	O11	Sf3	Konq 3.5
PC	f*	j	j	j	j	j	j	j	–	–
Mac/Linux	f*	j	j	j	j	–	–	j	j	j

* Bei Prozentangaben kommt es zu Fehlern. Zudem wird *height* im Zusammenhang mit Grafiken (*img*) nicht unterstützt.

Hier sind die gleichen Werte wie bei *width* erlaubt.

Der Innenabstand

Weiter geht es mit dem Innenabstand. Dabei handelt es sich um den Abstand zwischen Inhalt und Rahmen. Der Innenabstand kann auf unterschiedliche Art und Weise definiert werden. Zunächst einmal wäre da *padding*. Das ist die Kurzform der vier Eigenschaften *padding-top*, *padding-right*, *padding-bottom* und *padding-left*.

CSS1

	NN4	NN7	Mz 1.7	FF 10	IE5	IE6/7	IE8/9	O11	Sf3	Konq 3.5
PC	f*,**	j	j	j	t*	j	j	j	–	–
Mac/Linux	f*,**	j	j	j	j	–	–	j	j	j

* Probleme gibt es bei eingebundenen Elementen.

** *padding* wird nicht interpretiert, wenn innerhalb einer Tabelle die Breite angegeben wurde.

Zwischen den folgenden Werten kann man wählen:

➢ Prozentangabe – Bezieht sich auf das Elternelement.

➢ Längenangabe.

➢ *inherit*.

Es können jeweils bis zu vier Werte angegeben werden.

➢ Ein Wert – Innenabstand oben, unten, links und rechts.

➢ Zwei Werte – Erster Wert für den Innenabstand oben und unten, der zweite Wert für den Innenabstand rechts und links.

469

> ➤ Drei Werte – Erster Wert für den Innenabstand oben, der zweite Wert für den Innenabstand links und rechts, der dritte Wert für den Innenabstand unten.

> ➤ Vier Werte – Erster Wert für den Innenabstand oben, der zweite für rechts, der dritte für unten und der vierte für links.

Neben der allgemeinen *padding*-Angabe gibt es noch die vier bereits erwähnten Einzelwerte.

CSS1

	NN4	NN7	Mz 1.7	FF 10	IE5	IE6/7	IE8/9	O11	Sf3	Konq 3.5
PC	f*	j	j	j	t*	j	j	j	–	–
Mac/Linux	f*	j	j	j	j	–	–	j	j	j

* Probleme gibt es bei eingebundenen Elementen.

Die folgenden vier CSS-Eigenschaften stehen für die Definition der Innenabstände zur Verfügung:

> ➤ *padding-top* – Abstand zwischen der oberen Kante des Inhalts und dem oberen Rand.

> ➤ *padding-bottom* – Abstand zwischen der unteren Kante des Inhalts und dem unteren Rand.

> ➤ *padding-left* – Abstand zwischen der linken Kante des Inhalts und dem linken Rand.

> ➤ *padding-right* – Abstand zwischen der rechten Kante des Inhalts und dem rechten Rand.

Bei allen vier Eigenschaften können die folgenden Werte verwendet werden:

> ➤ Prozentangabe – Bezieht sich auf das Elternelement.
> ➤ Längenangabe.
> ➤ *inherit.*

Rahmen

Der Rahmen wird um die äußere Begrenzung des Innenabstands gezeichnet. Auch hier gibt es – ähnlich wie bei der Definition der Innenabstände – wieder zwei Möglichkeiten. Entweder verwenden Sie die allgemeine *border*-Anweisung oder die vier Einzelwerte *border-left*, *border-right*, *border-top* und *border-bottom*.

CSS1

	NN4	NN7	Mz 1.7	FF 10	IE5	IE6/7	IE8/9	O11	Sf3	Konq 3.5
PC	t	j	j	j	j	j	j	j	–	–
Mac/Linux	t	j	j	j	j	–	–	j	j	j

Mittels *border* lässt sich das Aussehen des gesamten Rahmens um einen Bereich bzw. ein Element bestimmen. Bei *border* handelt es sich um eine Zusammenfassung der folgenden Werte:

➢ *border-color* – Rahmenfarbe
➢ *border-style* – Rahmenstil
➢ *border-width* – Rahmenbreite

Die Werte für die einzelnen Eigenschaften werden dabei jeweils durch ein Leerzeichen voneinander getrennt. Die Reihenfolge spielt keine Rolle.

Man kann auch Angaben für jede einzelne Rahmenseite machen.

➢ *border-top* – Rahmen oben
➢ *border-right* – Rahmen rechts
➢ *border-bottom* – Rahmen unten
➢ *border-left* – Rahmen links

Und hier ein typisches Beispiel für den Einsatz von *border*:

```
<p style="border:3pt solid #000000;">
    Herzlich willkommen
</p>
```

Der Außenabstand

Der äußere Bereich ist der Außenabstand. Der gibt den Abstand zu den anderen Elementen auf der Seite bzw. zum Elternelement an. Auch hier gibt es wieder verschiedene Herangehensweisen für die Definition.

Zunächst einmal können Sie die allgemeine *margin*-Eigenschaft verwenden. Dabei handelt es sich um die Kurzform der vier Eigenschaften *margin-top*, *margin-right*, *margin-bottom* und *margin-left*.

CSS1

	NN4	NN7	Mz 1.7	FF 10	IE5	IE6/7	IE8/9	O11	Sf3	Konq 3.5
PC	f*	j	j	j	t**	j	j	j	–	–
Mac/Linux	f*	j	j	j	j	–	–	j	j	j

* Bei Listenelementen kommt es zu Fehlern.

** Bei eingebundenen Elementen kommt es oft zu unerwünschten Darstellungen.

Die folgenden Angaben sind möglich:

➢ *auto* – Der Außenabstand wird automatisch berechnet (Standard).

➢ Prozentangabe – Bezieht sich auf das Element, für das *margin* angegeben wurde.

➢ Längenangabe – Es sind auch negative Werte erlaubt. Dadurch lassen sich Elemente überlappen.

➢ *inherit*.

Erlaubt sind bis zu vier Werte:

➢ Ein Wert – Außenabstand oben, unten, links und rechts.

➢ Zwei Werte – Erster Wert für den Außenabstand oben und unten, der zweite Wert für den Außenabstand rechts und links.

➢ Drei Werte – Erster Wert für den Außenabstand oben, der zweite Wert für den Außenabstand links und rechts, der dritte Wert für den Außenabstand unten.

➢ Vier Werte – Erster Wert für den Außenabstand oben, der zweite für rechts, der dritte für unten und der vierte für links.

Ein Beispiel zeigt die Verwendung von *margin*:

```
.aussenabstand {
    margin: 20px 30px 40px 50px;
}
```

Neben *margin* gibt es auch noch vier Angaben, über die Sie für die einzelnen Seitenränder eines Elements den Abstand nach oben, links, unten oder rechts bestimmen können:

➢ *margin-top* – Außenrand/Abstand oben

➢ *margin-right* – Außenrand/Abstand rechts

➢ *margin-bottom* – Außenrand/Abstand unten

➢ *margin-left* – Außenrand/Abstand links

Bei den Einzelwerten sind die gleichen Maßangaben wie bei *margin* erlaubt.

Die Abmessungen der Box

Interessant – neben den bereits vorgestellten Einzelangaben – ist natürlich auch die Frage, wie sich Breite und Höhe eines Elements bzw. eines Bereichs insgesamt zusammensetzen.

Zunächst die Angaben, die für die Gesamtbreite verantwortlich sind:

> linker Außenabstand
> linke Rahmenbreite
> linker Innenabstand
> Breite des Inhalts
> rechter Innenabstand
> rechte Rahmenbreite
> rechter Außenabstand

Und analog dazu die Werte, die entscheidend sind für die Gesamthöhe:

> oberer Außenabstand
> obere Rahmenbreite
> oberer Innenabstand
> Höhe des Inhalts
> unterer Innenabstand
> untere Rahmenbreite
> unterer Außenabstand

Die entsprechenden Angaben haben Sie bereits kennengelernt.

Die Browser und das Boxmodell

Wie das Boxmodell theoretisch funktionieren soll, wurde auf den vorherigen Seiten gezeigt. Ganz so einfach ist es allerdings nicht. Denn gerade in diesem Bereich unterscheiden sich die Browser doch teilweise erheblich.

Das liegt an der unterschiedlichen Interpretation des Boxmodells durch die Browser. Laut W3C sind Rahmen, Auffüllungen, Ränder sowie die Breiten- und Höhenangaben der Boxen jeweils hinzuzufügen. Ein Beispiel soll diesen Aspekt verdeutlichen.

Angenommen, es existiert eine 800 Pixel breite Box, der ein Rahmen von 10 Pixeln hinzugefügt werden soll. Nach den W3C-Vorgaben hätte die Box anschließend eine Breite von 820 Pixeln und einen verfügbaren Innenraum von 800 Pixeln. Die folgenden Browser halten sich an dieses W3C-Boxmodell:

➢ Opera
➢ Gecko (NN, Mozilla)
➢ Internet Explorer 5 (Mac)
➢ Internet Explorer ab Version 6 (PC)

Probleme gibt es jedoch unter anderem beim Internet Explorer 5 für Windows. Der erzeugt zwar ebenfalls eine Box, die Angaben für die Rahmenbreite werden allerdings nach innen verlegt. Somit hätte die Box in dem beschriebenen Beispiel eine Breite von 800 Pixeln und einen verfügbaren Innenraum von 780 Pixeln.

Lösen lassen sich diese IE-Probleme über sogenannte Browserhacks. Der bekannteste davon ist sicherlich Tanteks Box Model Hack. Hier ein typisches Beispiel dafür, wie er angewendet wird:

```
#content {
    border: 10px solid black;
    width:820px;
    background-color: #ffffff;
    voice-family: "\"}\"";
    voice-family:inherit;
    width: 800px;
}
html>body #content {width: 800px;}
```

In dieser Syntax wird auf CSS2-Selektoren gesetzt. Trifft ein Browser, der mit diesen Selektoren nichts anfangen kann und das Boxmodell fehlerhaft interpretiert, auf diesen Code, werden ausschließlich die Zeilen bis zu *voice-family* eingelesen. Dort wird der Vorgang dann abgebrochen, und der Browser gibt eine 800 Pixel breite Content-Box mit jeweils einem 10 Pixel breiten Rand aus. Der IE5 ist genau ein solcher Browser.

Anders sieht es bei Browsern aus, die zwar das Boxmodell korrekt interpretieren, allerdings nichts mit CSS2-Selektoren anfangen können. Die lesen dann ebenfalls die Zeilen bis zu *voice-family*, jetzt wird der Vorgang allerdings nicht abgebrochen. Vielmehr überschreibt er mit dem letzten *width*-Wert den ersten *width*-Wert.

Und noch etwas anders funktioniert das Ganze bei Browsern, die das Boxmodell korrekt interpretieren und dann auch noch CSS2-Selektoren richtig

umsetzen, deren Parser aber dennoch Bugs enthalten. Für diese Browser
ist die folgende Anweisung gedacht:

- `html>body #content {width: 800px;}`

Somit können Sie sich mit diesem Browserhack also tatsächlich für die
meisten Eventualitäten eindecken.

Neben dem vorgestellten Hack gibt es noch eine Vielzahl weiterer Varianten.

Die auf den folgenden Seiten vorgestellten Hacks basieren auf Fehlern der
Browser. Sie stellen natürlich ein Risiko dar, denn schließlich ist es durchaus möglich, dass in zukünftigen Browserversionen unerwartete Effekte
auftreten. Sie sollten daher immer erst versuchen, korrekten CSS-Code zu
verwenden. Erst wenn sich Browser wirklich querstellen und diesen nicht
richtig interpretieren, greifen Sie zu den Hacks.

Internet Explorer bis Version 6 und Netscape 4 ausschließen

- `p[id]{`
- `    eigenschaft:wert;`
- `}`

Hierbei werden alle *p*-Elemente angesprochen, die ein *id*-Attribut mit
einem beliebigen Wert besitzen.

- `html>body #ID {`
- `    eigenschaft:wert;`
- `}`

Hierdurch wird ein Element mit der ID *ID* selektiert, das sich innerhalb des
body-Elements befindet. Dabei ist *body* ein Kindelement von *html*. Diese
Angabe ist normalerweise überflüssig, schließt aber die genannten Browser
aus.

Alle Browser außer Internet Explorer bis Version 6 ausschließen

- `* html #ID{`
- `    eigenschaft:wert;`
- `}`

Es handelt sich hier zwar um einen validen Selektor, sinnvoll ist er allerdings nicht. Denn bekanntermaßen besitzt *html* kein Elternelement.

Alle Browser außer Internet Explorer 7 ausschließen

```
*:first-child+html #ID{
    eigenschaft:wert;
}
```

Auch dieser Selektor ist unsinnig, wird so aber vom Internet Explorer 7 interpretiert.

Internet Explorer 4 und 5 ausschließen

```
#ID/* */ {
    eigenschaft:wert;
}
```

Wenn Sie einen Kommentar direkt hinter einem Selektor platzieren, ignorieren die übrigen Browser die anschließenden Werte.

Internet Explorer 4 und Netscape 4 ausschließen

```
@media all{
    #ID {
        eigenschaft:wert;
    }
}
```

Der Internet Explorer 4 und Netscape 4 haben Probleme mit dem *media*-Attribut. Netscape 4 kennt nur die Zuweisung *media screen*.

Netscape 4 ausschließen

```
p#ID{
    eigenschaft:wert;
}
```

Mit dieser Syntax kann Netscape 4 nichts anfangen. Im aktuellen Beispiel wird das *p*-Element mit der ID *ID* angesprochen.

Opera ausschließen

```
Head:first-child+body #name {
    eigenschaft:wert;
}
```

Opera interpretiert die Pseudoklasse *:first-child* nicht. Auf diese Weise können Sie beliebige CSS-Angaben für die anderen Browser vor Opera „verstecken".

Das Boxmodell in CSS3

Eine interessante Neuerung von CSS3 ist ein weiteres, neu eingeführtes Boxmodell. Somit gibt es jetzt also zwei CSS-Boxmodelle. Warum aber wurde dieses Modell eigentlich eingeführt?

Bei dem bereits mit CSS1 eingeführten Boxmodell ergibt sich die Gesamtbreite einer Box aus der Addition der folgenden Elemente:

➢ Inhaltsbereich (*width*)
➢ Innenabstände (*padding*)
➢ Außenabstände (*margin*)
➢ Rahmen (*border*)

Die Angabe der Breite im klassischen Boxmodell betrifft den Inhalt des Elements. Das Element selbst kann durch entsprechende Werte bei *padding* und *border* allerdings noch breiter und höher werden.

Ein Beispiel:

```
div#box {
    padding: 20px;
    width: 200px;
    border: 20px;
    height: 100px;
}
```

Die tatsächliche Breite der Box beträgt letztendlich 280 Pixel. Dieser Wert ergibt sich aus der Addition der folgenden Maße:

➢ 20 für *border-left*
➢ 20 für *padding-left*
➢ 200 für *width*
➢ 20 für *padding-right*
➢ 20 für *border-right*

Für die Höhe der Box ergibt sich folgendes Bild:

➢ 20 für *border-top*
➢ 20 für *padding-top*
➢ 100 für *height*
➢ 20 für *padding-bottom*
➢ 20 für *border-bottom*

Das Addieren der einzelnen Werte in den Browsern kann in einigen Fällen problematisch werden, obwohl sich die Browser hier exakt an die Spezifikation halten.

Das alte Boxmodell hat einige Nachteile. So lässt sich die Breite einer Box nur dann im Vorfeld ermitteln, wenn bei *width*, *padding* und *border* die gleichen Maßeinheiten verwendet werden.

Bevor das neue Boxmodell vorgestellt wird, noch ein allgemeiner Hinweis: Beachten Sie, dass das neue nicht das alte Boxmodell ersetzen soll, vielmehr möchte das W3C ein alternatives Boxmodell einführen. In Zukunft werden also aller Voraussicht nach beide Modelle parallel existieren.

Sonderfall Internet Explorer

Der Internet Explorer bis einschließlich Version 5.5 orientiert sich hinsichtlich des Boxmodells nicht an der CSS-Spezifikation. Er addiert die Innenabstände und Rahmenstärken nicht zur Gesamtbreite der Box hinzu. (Bei den Außenabständen verhält er sich jedoch korrekt.) Im vorherigen Beispiel ergibt sich im IE bis Version 5.5 somit eine Gesamtbreite der Box von 200 Pixeln. Für den eigentlichen Boxinhalt stehen dann nur 120 Pixel zur Verfügung, da noch jeweils 20 Pixel für den Innenabstand nach rechts und links abgezogen werden müssen. Gerade bei pixelgenauen Layouts ist das natürlich fatal.

Nun ist dieser IE-Bug mittlerweile gar kein Bug mehr, denn genau dieses Modell ist es, das ab sofort vom W3C verwendet wird. In der Zwischenzeit hat allerdings der IE seit Version 7 das alte W3C-Modell richtig implementiert.

Kernpunkt des neuen Boxmodells ist die Eigenschaft *box-sizing*. Damit sollen die beschriebenen Probleme der Vergangenheit angehören. Allerdings lässt sich die Frage, wie man *box-sizing* nutzt, gar nicht so leicht beantworten. Im CSS3 Basic User Interface Module gibt es für *box-sizing* die folgenden Werte:

> ➢ *content-box* – Das klassische Boxmodell.
> ➢ *border-box* – Das neue Boxmodell.
> ➢ *inherit* – Die Eigenschaften werden vom Elternelement vererbt.

Anders sieht es beim CSS Advanced Layout Module aus. Dort stehen für *box-sizing* die folgenden Werte zur Verfügung:

> ➢ *content-box* – Das klassische Boxmodell.
> ➢ *border-box* – Das neue Boxmodell (die Rahmen verbreitern das Element nicht).

> ➤ *margin-box* – Das neue Boxmodell (die Außenabstände verkleinern das Element).

> ➤ *padding-box* – Das neue Boxmodell (die Innenabstände verbreitern das Element nicht).

Momentan sieht es jedoch danach aus, dass sich die erste der beiden Varianten durchsetzen wird.

Ein Beispiel dazu, wie sich die verschiedenen Boxmodelle aktivieren lassen:

```
   <style type="text/css">
   /* <![CDATA[ */
   /* Das klassische Boxmodell */
   .box-sizing {
5      width: 300px;
       height: 100px;
       border: 1px solid #0080ff;
       margin-bottom: 20px;
       padding: 10px;
10     -moz-box-sizing: content-box;
       -webkit-box-sizing: content-box;
       box-sizing: content-box;
   }
   /* Das neue Boxmodell */
15 .box-sizing-border-box {
       width: 300px;
       height: 100px;
       border: 1px solid #0080ff;
       margin-bottom: 20px;
20     padding: 10px;
       -moz-box-sizing: border-box;
       -webkit-box-sizing: border-box;
       box-sizing: border-box;
   }
25 /* ]]> */
   </style>
   ...
   <div class="box-sizing">
   box-sizing: content-box (Standard)<br>
30 Breite: 300 Pixel + 10 Pixel, padding = 1 Pixel, Rahmen an
   beiden Seiten, Gesamtbreite = 322 Pixel
```

- `</div>`
-
- `<div class="box-sizing-border-box">`
- `box-sizing: border-box<br>`
35 `Breite: 300 Pixel + 10 Pixel, padding = 1 Pixel, Rahmen an beiden Seiten, Gesamtbreite = 300 Pixel`
- `</div>`

Und hier das Ergebnis in Firefox:

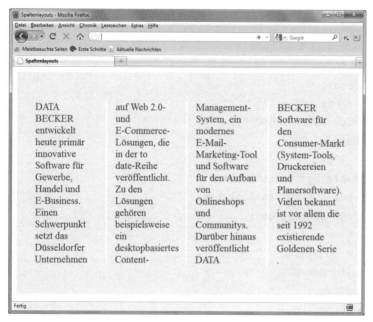

Die unterschiedlichen Modelle in Firefox.

Für die einzelnen Boxen ergeben sich die folgenden Werte:

Die Standardbox mit *content-box*:

➢ Breite: 300 Pixel
➢ 10 Pixel
➢ *padding* = 1 Pixel
➢ Rahmen an beiden Seiten
➢ Gesamtbreite = 322 Pixel

Die Box mit *border-box*:

➢ Breite: 300 Pixel
➢ 10 Pixel
➢ *padding* = 1 Pixel

- ➢ Rahmen an beiden Seiten
- ➢ Gesamtbreite = 300 Pixel

Rechnen mit CSS

CSS ist ursprünglich für die Gestaltung von Inhalten entwickelt worden. Vor diesem Hintergrund mag manchen die neue Rechenfähigkeit von CSS3 überraschen. Zum Einsatz kommen die Rechenkünste im Zusammenhang mit dem Boxmodell. Bislang gab es in CSS exakt zwei Möglichkeiten, Größenangaben zu definieren:

- ➢ relative Werte
- ➢ absolute Werte

So konnte man beispielsweise, um einer Layoutbox eine Breite zuzuweisen, einen der folgenden Aufrufe verwenden:

- ➢ *100%*
- ➢ *40em*
- ➢ *350px*

Genau das ist eine typische Fehlerquelle im klassischen Boxmodell. Denn was passiert, wenn für die Box eine Breite von 100 % festgelegt wird?

- ▪ `width: 100%;`

Addiert man hier die Angaben für die Rahmen sowie die Innen- und Außenabstände hinzu, bekommt man eine Breite von über 100 %. Solche Probleme gehören mit dem alternativen CSS-Boxmodell der Vergangenheit an. Allerdings ist es durchaus wünschenswert, dass man die Maßangaben auch im klassischen Boxmodell mischen kann.

Ein erstes Beispiel für den Einsatz von *calc()*:

```
#links, #rechts {
  float:left;
  border:3px double black;
  width:calc(100%/2 - 2*5px);
}
```

Die Eigenschaft von *width* soll automatisch berechnet werden. Im konkreten Fall bedeutet das Folgendes:

- ➢ Zunächst werden 100 % durch 2 geteilt.
- ➢ Das ergibt den Wert 50 %.
- ➢ Anschließend werden 2 mal 5 Pixel multipliziert.
- ➢ Das ergibt einen Wert von 10 Pixeln.

Daraus ergibt sich eine Innenbreite von 50 %, wobei am linken und rechten Rand jeweils 5 Pixel abgezogen werden.

Durch den Einsatz von *calc()* spielt es eigentlich keine Rolle mehr, ob auf das alte oder das alternative Boxmodell zurückgegriffen wird, denn ab sofort lassen sich die verschiedenen Maßeinheiten miteinander kombinieren.

Ein Beispiel für die Anzeige zweier Boxen nebeneinander:

```
/* Die linke Box */
#links {
    float:left;
    padding: 0 1em;
    border-right: 1px #ccc solid;
    width: calc( 30% - 2*1em - 1px );
}
/* Die rechte Box */
#rechts {
    float:right;
    padding: 0 1em;
    width: calc( 70% - 2*1em );
}
```

Dieses Beispiel zeigt, wie sich die verschiedenen Maßeinheiten miteinander kombinieren lassen.

Das neue Boxmodell und die Browser

Das neue Boxmodell kann bereits in den aktuellen Browsern genutzt werden. Implementiert ist momentan die Variante aus dem CSS3 Basic User Interface Module mit den möglichen Werten *content-box*, *border-box* und *inherit*. In Mozilla-Browsern gibt es zusätzlich den *padding-box*-Modus aus dem Advanced Layout Module.

Das alternative Boxmodell hat tatsächlich einige Vorteile zu bieten. Es stellt sich aber natürlich die Frage, ob sich diese Technik bereits jetzt einsetzen lässt bzw. von den Browsern unterstützt wird. In der Tat kann man das Boxmodell in den modernen Browsern bereits verwenden. Mozilla, Web-Kit-Browser sowie der IE8 ermöglichen den Einsatz des Boxmodells über die jeweiligen Präfixe (*-moz-*, *-webkit-* und *-ms-*).

Ein Beispiel:

- ```
  <div class="box" style="box-sizing:padding-box;
  -moz-box-sizing:padding-box;">
  ```
- ```
  ...
  ```
- ```
  </div>
  ```

Wer das neue Boxmodell auch in alten IE-Versionen nutzen will, kann auf ein Skript zurückgreifen, durch das dieses Boxmodell im IE implementiert wird. Das Skript kann von der Seite *http://webfx.eae.net/dhtml/boxsizing/ boxsizing.html* heruntergeladen werden. Dort wird auch beschrieben, wie es sich nutzen lässt.

8.2 Best Practice: So nutzen Sie CSS am effektivsten

Natürlich ist Dreamweaver auch im Bereich CSS ein äußerst hilfreiches Werkzeug. Dreamweaver allein macht aber noch keinen guten CSS-Code. Und wer sich von diesem Programm eine einfache Strategie zum Anlegen von Stylesheets erhofft, wird ebenfalls enttäuscht. Ohne die entsprechenden Erfahrungen kann man zwar in Dreamweaver die einzelnen CSS-Anweisungen aneinanderreihen, gute Stylesheets bekommt man so aber nicht. Genau an dieser Stelle setzt dieser Abschnitt an. Erfahren Sie, wie Stylesheets am besten aufgebaut werden, wie man CSS-Dateien organisiert und wie die Fehlersuche laufen kann.

CSS-Seiten elegant entwerfen

Im nächsten Abschnitt finden Sie eine CSS-Datei, die beispielhaft zeigt, wie man Stylesheets organisiert. Zunächst aber einige wichtige Hinweise zu dem Entwurfsverfahren für CSS-basierte Webseiten.

1   Überprüfen Sie, welche Bereiche in der Datei vorkommen, und definieren Sie diese als *div*-Container mit aussagekräftigen ID-Namen. Typischerweise könnten sie *id="header"*, *id="navigation"*, *id="content"* und *id="footer"* heißen.

2   Benennen Sie Klassen und IDs nach deren Funktion und nicht nach ihrem Aussehen. Eine kleine, rote Schrift für wichtige Texthinweise nennen Sie besser nicht *.kleinrot*, sondern *.wichtig*. Denn wenn die kleine, rote Schrift später groß und grün werden soll, würde *.kleinrot* nicht mehr passen, *.wichtig* stimmt hingegen immer noch.
  ```

3 Überlegen Sie, in welche Reihenfolge die einzelnen Bereiche im Quellcode der Seite erscheinen sollen. Dabei gilt die Devise, dass im oberen Seitenbereich die wichtigen Elemente zu finden sein sollten.

4 Gestalten Sie CSS-Dateien so effektiv wie möglich. Verwenden Sie dazu so oft wie möglich Gruppierungen und bedienen Sie sich des Prinzips der Vererbung. (Ein Beispiel dazu finden Sie im nächsten Abschnitt.)

Stylesheets organisieren

Vor allem wenn man es mit umfangreichen CSS-Dateien zu tun hat, sollte man diese in eine gewisse Grundordnung bringen. So kann man sie auch später noch problemlos bearbeiten und weiß sofort, wo Änderungen vorzunehmen sind. Noch wichtiger wird eine gute Struktur natürlich, wenn mehrere Personen mit der gleichen CSS-Datei arbeiten.

Das folgende Stylesheet zeigt eine Dateistruktur, die sich so in vielen Projekten bewährt hat. Eingeleitet wird die Datei mit einigen in einen Kommentar eingefügten allgemeinen Informationen:

```
/***************************
Datei: styles.css (standard)
URL: www.databecker.de
****************************
Autor: Webmaster
Erste Version: 05.07.2010
Zuletzt bearbeitet: 04.08.2011
***************************/
```

Geben Sie hier den Dateinamen, die Funktion (Standard oder Druck), den Namen des Autors und das Datum, an dem die Datei erstellt und zuletzt bearbeitet wurde, an. Zusätzlich notiert man das Projekt, für das die Datei entwickelt wurde. So kann man sie gleich beim Öffnen richtig einordnen.

Im nächsten Schritt werden die Innenabstände aller Elemente auf null gesetzt. Das erleichtert die spätere Arbeit und ermöglicht eine bessere Kontrolle über die Innenabstände der einzelnen Elemente. Zusätzlich – natürlich nur, wenn das gewünscht ist – kann man auch gleich noch eine einheitliche Schriftart für die Elemente angeben.

```
html, body, div, p, h1, h2, ul, a, table, td, form, img, li {
    margin: 0;
    padding: 0;
```

```
    font-family: Verdana, Geneva, Arial, sans-serif;
}
```

Weiter geht es mit der Definition der Tags *<html>* und *<body>*. Diesen wird eine Hintergrundfarbe und die gewünschte Schriftgröße zugewiesen. Bei Bedarf gibt man an dieser Stelle auch gleich noch die Hintergrundgrafik an.

```
html, body {
    background: #ffffff;
    font-size: 101%;
}
```

Nun geht es an die Definition allgemeiner Elemente. Alles was in diesem Bereich beschrieben wird, ist keiner speziellen Sektion zugeordnet. Notieren Sie hier zum Beispiel Klassen wie *.center* oder *.top*, die später zum Ausrichten von Elementen benötigt werden. Zudem gehören hier Hyperlink-Definitionen, Bilder und Angaben zu den Überschriften hinein.

```
a:link {
    color: #cccccc;
    text-decoration: underline;
}
5
a:visited {
    color: #333333;
    text-decoration: underline;
}
10
a:hover {
    color: #fff000;
    text-decoration: underline;
}
15
a:active {
    color: #f60000;
    text-decoration: underline;
}
20
.center {
    text-align: center;
}
```

```
25  img {
        border: 0;
    }

    .top {
30      vertical-align: top;
    }

    h1 {
        font-size: 1.0em;
35      color: #cccccc;
        margin: 20px 60px 10px 240px;
        border-bottom: 1px solid #fff;
    }

40  h2 {
        font-size: 0.8em;
        color: #cccccc;
        margin: 15px 60px -5px 240px;
    }
45
    p, ul {
        font-size: 0.8em;
        line-height: 1.5em;
        color: #cccccc;
50  }
```

Normalerweise bestehen Webseiten aus verschiedenen Sektionen. Das sind zum Beispiel *Header*, *Navigation* und *Footer*. Diese Sektionen sollten sich in der CSS-Datei ebenfalls wiederfinden, und zwar in der Reihenfolge, in der sie auch innerhalb der Webseite vorkommen.

```
    /* Header */
    #header {
        border: 1px solid #ffffff;
    }
5
    #header p {
        font-size: 0.8em;
    }
```

```
     /* ENDE Header */
10
     /* Navigation */
     #navi {
        border: 1px solid #ffffff;
     }
15
     #navi a {
        text-decoration: none;
     }
     /* ENDE Navigation */
20   /* Footer */
     #header {
        border: 2px solid #000000;
     }

25 #header p {
        font-size: 0.7em;
     }
     /* ENDE Footer */
```

In diesem Bereich definiert man dann die CSS-Anweisungen, die speziell dafür gedacht sind. Browserhacks und Ähnliches werden hier ebenfalls angegeben. So behält man immer den Überblick. Gibt es dann Probleme im Navigationsbereich der Seiten, weiß man sofort, an welcher Stelle man nachbessern muss.

So spürt man in CSS-Dateien Fehler auf

Auch im Zusammenhang mit CSS kommt es immer mal wieder zu Fehlern. Manchmal hat man sich beim Schreiben einer CSS-Eigenschaft einfach vertippt, manchmal liegen aber auch grundlegende Fehler vor. Mit der richtigen Strategie kommt man CSS-Fehlern aber ganz leicht auf die Spur.

1   Kontrollieren Sie die CSS-Anweisungen zunächst auf Schreibfehler. Oft vergisst man eine Klammer oder fügt einen Bindestrich ein, wo gar keiner benötigt wird.

2   Überprüfen Sie, ob die angegebenen CSS-Eigenschaften überhaupt existieren. Leicht passiert es, dass man CSS- und HTML-Syntax verwechselt. Ein schönes Beispiel dafür ist die Eigenschaft *bgcolor*. Diese sorgt in HTML für die Anzeige einer Hintergrundfarbe. In CSS muss

man, um eine Hintergrundfarbe zu definieren, jedoch *background-color* verwenden. Solche Verwechslungen passieren recht häufig.

3 Kommentieren Sie im Quelltext alle neu hinzugekommenen Anweisungen aus, bis die Seite wieder fehlerfrei läuft. Danach kommentieren Sie nacheinander die einzelnen Anweisungen aus und überprüfen so, welche Anweisung den Fehler verursacht hat.

4 Machen Sie Rahmen sichtbar (z. B. *border-width: 1px*). So sehen Sie, wie weit sich die einzelnen Elemente erstrecken.

5 Sind Sie sich sicher, dass eine CSS-Anweisung korrekt ist, und hat diese dennoch nicht den gewünschten Effekt hat, verwenden Sie *!important*. Diese Anweisung kennzeichnet eine CSS-Eigenschaft als wichtig. So wird erreicht, dass sie nicht von einer anderen CSS-Anweisung überschrieben wird. Wollen Sie zum Beispiel in jedem Fall eine schwarze Hintergrundfarbe, verwenden Sie *color: #000000 !important*.

6 Vermeiden Sie die parallele Angabe von *padding/borders* und einer festen Breite für Elemente. Das führt im Internet Explorer aufgrund eines Bugs zu einer völlig falschen Darstellung. Wenden Sie stattdessen die *padding*-Eigenschaft auf das Eltern- anstelle des Kindelements – das eine feste Breite besitzt – an.

7 Geben Sie Maßeinheiten für Werte an, die nicht null sind. Wenn Sie zum Beispiel *font-size: 12* angeben, muss der Browser raten, ob nun *12px*, *12pt* oder *12em* gemeint ist.

Gute Dienste bei der Fehleranalyse leisten CSS-Validatoren. Um Ihre Seiten „von offizieller Stelle" prüfen zu lassen, empfiehlt es sich, Ihre CSS-Syntax durch den Validator des W3C (*http://jigsaw.w3.org/css-validator/*) laufen zu lassen. Der zeigt sehr übersichtlich die gefundenen Fehler und Warnungen an. Hilfreich ist dabei vor allem die Anzeige der betreffenden Zeilennummern. So weiß man gleich, an welcher Stelle man ansetzen muss.

Auch wenn Ihre Seiten fehlerfrei angezeigt werden, sollten Sie sie dem Validator-Test unterziehen. Denn wenn Ihre Seite validen Code aufweist, können Sie ziemlich sicher sein, dass sie auch auf Browsern korrekt angezeigt wird, auf denen Sie nicht getestet haben.

Alles auf Anfang: mit Reset-Dateien arbeiten

Bestimmte Werte werden immer dann angewendet, wenn in der aufgerufenen CSS-Datei keine entsprechenden Eigenschaften definiert wurden. Die Browser verwenden in solchen Fällen eigene Standardwerte. Daran ist

zunächst einmal nichts auszusetzen. Allerdings variieren diese Standardwerte von Browser zu Browser. Eine Listeneinrückung sieht somit in den
jeweiligen Browsern – wenn man die Art der Einrückung nicht explizit beschrieben hat – unterschiedlich aus. Genau hier kommen die sogenannten
Reset-Dateien ins Spiel. Diese überschreiben die Standardwerte der Browser mit eigenen Standardwerten. Ein typisches Beispiel soll diesen Aspekt
verdeutlichen.

Als Grundlage dient die Definition der Überschriften 1. Ordnung innerhalb
von Mozilla Firefox. Dessen Standard-CSS-Datei finden Sie in Windows-
Systemen unter *C:\Program Files (x86)\Mozilla Firefox\res\html.css*. Dort
ist für *h1*-Überschriften folgende Vordefinition zu finden:

```
h1 {
    display: block;
    font-size: 2em;
    font-weight: bold;
    margin: .67em 0;
}
```

In Ihrem eigenen Stylesheet nehmen Sie nun beispielsweise die folgenden
Einstellungen vor:

```
h1 {
    font-family:  Verdana, sans-serif;
    font-size: 12pt;
    font-weight: bold;
    color: #000;
}
```

Aufgrund der Vererbung ergibt sich aus der Kombination der Voreinstellung des Browsers und Ihrer eigenen Definition nun folgendes Gesamtbild:

```
h1 {
    display: block;
    font-family:  Verdana, sans-serif;
    font-size: 12pt;
    font-weight: bold;
    color: #000;
    margin: 0.67em 0;
}
```

Durch die Voreinstellung des Browsers werden automatisch Randabstände vor und hinter den Überschriften gesetzt. Die dabei verwendeten Werte gelten jedoch ausschließlich im Firefox. Im Internet Explorer sind diese anders. Und genau das führt dann zu unterschiedlichen Darstellungen innerhalb der verschiedenen Browser. Verhindern lassen sich diese durch Reset-Dateien.

Im einfachsten Fall setzt man innerhalb einer Reset-Datei die Außen- und Innenabstände auf null.

```
* {
    margin: 0;
    padding: 0;
}
```

Damit muss man sich allerdings nicht zufrieden geben. Vielmehr kann man sämtliche relevanten Elemente zurücksetzen. Eine entsprechende Reset-Datei müssen Sie dabei übrigens nicht selbst schreiben, sondern können beispielsweise auch auf die Reset-Datei zurückgreifen, die von der Yahoo! Interface Library (YUI) auf der Seite *http://developer.yahoo.com/ yui/reset/* angeboten wird.

Da es im Zusammenhang mit Reset-Dateien immer wieder zu Missverständnissen kommt, zunächst noch ein allgemeiner Hinweis: Die Idee hinter den Reset-Dateien ist nicht die „schön" standardisierte Darstellung der Inhalte. Ganz im Gegenteil: Vielmehr werden die Inhalte so unschön dargestellt, dass diese vom Entwickler später mit den passenden CSS-Eigenschaften ausgestattet werden müssen. Das mag auf den ersten Blick paradox klingen, schließlich ist das doppelte Arbeit. Zunächst setzt man alle Stylesheets zurück, nur um diese anschließend selbst neu schreiben zu müssen. Wenn Sie Reset-Dateien einsetzen, werden Sie aber sehr schnell merken, wie viel weniger Zeit Sie in die Korrektur von Anzeigefehlern stecken müssen, die auf Standardwerte der Browser zurückzuführen sind.

Die wichtigsten Aspekte, die von einer Reset-Datei berücksichtigt werden müssen, sind die folgenden:

➢ Innenabstände und Außenränder zurücksetzen
➢ Tabellenrahmen
➢ Rahmen um Bilder
➢ Schriftstil und Schriftgewicht der Texte
➢ Schriftgröße

Eine Reset-Datei, die diese Punkte abdeckt, könnte folgendermaßen aussehen:

```
body,div,dl,dt,dd,ul,ol,li,h1,h2,h3,h4,h5,h6,pre,form,
fieldset,input,textarea,p,blockquote,th,td {
        margin:0;
        padding:0;
}
table {
        border-collapse:collapse;
        border-spacing:0;
}
fieldset,img {
        border:0;
}
address,caption,cite,code,dfn,em,strong,th,var {
        font-style:normal;
        font-weight:normal;
}
ol,ul {
        list-style:none;
}
caption,th {
        text-align:left;
}
h1,h2,h3,h4,h5,h6 {
        font-size:100%;
        font-weight:normal;
}
q:before,q:after {
    content:'';
}
    abbr,acronym { border:0;
}
```

Diese Datei reicht für die meisten Einsatzgebiete vollkommen aus. Binden Sie diese Reset-Datei immer als Erstes ein. Dadurch überschreiben Sie die Vorgaben der Browser und können dann Ihr Stylesheet von Grund auf aufbauen.

8.3 Spaltenlayouts entwerfen

Damit aus einer HTML-Seite ein echtes Layout wird, müssen die entsprechenden CSS-Angaben verwendet werden. Wo die Vorteile von CSS-basierten Layouts liegen, haben Sie gesehen, nun geht es also in die Praxis.

Ich möchte an dieser Stelle noch einmal ganz deutlich darauf hinweisen, dass es im Zusammenhang mit Spaltenlayouts immer wieder zu Problemen kommt. Das gilt übrigens auch, wenn erfahrene Webentwickler am Werke sind, die sich sehr gut mit CSS auskennen.

Joomla! ist flexibel

Bei einem normalen HTML-Spaltenlayout muss man immer bereits im Vorfeld festlegen, ob es nun aus einer, zwei oder drei Spalten bestehen soll. In Joomla! kann man das flexibler handhaben. Wie, dazu später mehr.

Für CSS-Layouts werden vor allem die folgenden Eigenschaften eingesetzt:

> Über *display* und *position* wird die Art der Anzeige von Elementen geregelt.

> Abstände zu anderen Elementen werden mit *left*, *right*, *bottom* und *left* bestimmt.

> Für das Umfließen von Boxen sind *float* und *clear* zuständig.

> Breite und Höhe werden mit *width* und *height* bestimmt.

> Wenn sich mehrere Ebenen überlappen, wird mit *z-index* die Ebenenreihenfolge bestimmt.

Sie sehen also schon, dass CSS-Layouts einiges an CSS-Know-how voraussetzen. Im Folgenden werden die relevanten Eigenschaften anhand praktischer Beispiele vorgestellt, sodass sie Ihnen schnell in Fleisch und Blut übergehen.

Elemente mit position positionieren

Eine der wichtigsten Angaben betrifft die Positionierungsart (*position*). Sie gibt an, wie ein Element auf einer Seite positioniert wird. Mögliche Positionen sind *static*, *relative*, *absolute* und *fixed*.

	NN4	NN7	Mz 1.7	FF 10	IE5	IE6/7	IE8/9	O11	Sf3	Konq 3.5.
PC	t*	j	j	j	t*	t*	j	j	–	–
Mac/Linux	t*	j	j	j	f**	–	–	j	j	j

* *position:fixed* wird nicht unterstützt.

** Wenn in einem mit *position:fixed* ausgezeichneten Bereich Links enthalten sind, wird der aktive Bereich mitgescrollt, der Linktext bleibt zu sehen, kann allerdings nicht angeklickt werden.

Die einzelnen *position*-Angaben verdienen in jedem Fall eine genauere Betrachtung.

> *static* – Das ist der Normalfall. Hier werden alle Elemente nacheinander, also wie sie im HTML-Code vorkommen, angezeigt. Ein Blockelement beginnt dabei direkt unter dem Ende der vorherigen Box oder in der oberen linken Ecke seines Elternelements. Vertikale Außenabstände von untereinanderliegenden Blockelementen werden zusammengefasst. Wenn Sie diese Positionsvariante verwenden, müssen Sie *static* nicht mit angeben, da es sich dabei um die Standardeinstellung handelt.

> *relative* – Relativ positionierte Elemente werden gegenüber ihrer normalen Position mittels *top*, *bottom*, *right* und *left* verschoben. Da dadurch andere Elemente nicht beeinflusst werden, können relativ positionierte Elemente andere überlagern. Elemente, die später kommen, berücksichtigen die geänderte Positionierung nicht. Sie verhalten sich also so, als würde sich das Element immer noch an der Originalposition, die es ohne Verschiebung einnähme, befinden.

> *absolute* – Auf diese Weise positionierte Elemente werden aus der normalen Reihenfolge eines Dokuments herausgelöst. Die Position wird nicht wie sonst durch zuvor notierte Elemente beeinflusst. Auch haben sie keinerlei Einfluss auf noch folgende Elemente. Ihre Position wird immer von der oberen linken Ecke des nächstgelegenen Elternelements aus gemessen, das *absolute*, *relative* oder *fixed* positioniert wurde. Sollte kein solches Element vorhanden sein, wird der Viewport als Bezugspunkt genommen.

> *fixed* – *fixed* funktioniert ähnlich wie *absolute*. Allerdings wird das betreffende Element bezogen auf das Browserfenster positioniert. Wenn man ein Element mit *fixed* positioniert, bewegt es sich nicht mit, wenn die Webseite gescrollt wird.

Hier ein Beispiel für den Einsatz von *position*:

```
#top {
    position: absolute;
    top: 20px;
    left: 240px;
    width: 120px;
    height: 130px;
    z-index: 1;
    background-color: blue;
}
```

Um gleich mit einem möglichen Missverständnis aufzuräumen: CSS selbst bringt von Hause aus keine Technik mit, mit der sich Spaltenlayouts ganz einfach umsetzen lassen. Es gibt leider keine Eigenschaft, die einem Element das typische Verhalten einer Spalte zuordnet.

Neben dem nun schon bekannten *position* ist *float* die entscheidende CSS-Eigenschaft, mit der sich Mehrspaltigkeit realisieren lässt. Dabei ermöglicht *float* zunächst einmal nichts anderes, als Blockboxen links oder rechts zu positionieren, sodass nachfolgender Inhalt auf der anderen Seite vorbeifließt. So weit, so gut. Das allein reicht aber nicht für eine Mehrspaltigkeit. Zusätzlich muss noch in die Trickkiste gegriffen werden.

In diesem Abschnitt werden einige Standardlayouts vorgestellt, die Sie an Ihre eigenen Bedürfnisse anpassen können. Die Beispiele sind so gehalten, dass sie eine Basis für Eigenentwicklungen bilden. Aber Achtung: Damit das reibungslos funktioniert, müssen Kenntnisse in CSS vorhanden sein. Wem die Umsetzung eines Spaltenlayouts zum jetzigen Zeitpunkt zu aufwendig ist, der kann gern auf das Beispiel-Template zurückgreifen. Die vollständige Syntax des HTML-Grundgerüsts und die der gesamten CSS-Datei finden Sie im weiteren Verlauf.

Zunächst einmal stellt sich die Frage, ob Sie Layouts mit festen (Pixel) oder variablen (Prozent) Abmessungen nutzen wollen. Beides hat seine Vor- und Nachteile.

➢ Feste Größe – Solche Layouts werden meistens verwendet, wenn man Grafiken als layoutbildende Inhalte verwendet.

➢ Variable Größe – Soll die Webseite für verschiedene Bildschirmgrößen und Benutzergruppen gestaltet sein und vielleicht auch noch flexible Schriftgrößen anbieten, ist die variable Variante die richtige Wahl.

Zweispaltige Layouts

Los geht es mit einem zweispaltigen Layout. In der linken Spalte werden meistens Menüs untergebracht, der rechte Fensterbereich bietet Platz für den eigentlichen Inhalt.

```
<!DOCTYPE html PUBLIC "-//W3C//DTD XHTML 1.0 Transitional//EN"
"http://www.w3.org/TR/xhtml1/DTD/xhtml1-transitional.dtd">
<html xmlns="http://www.w3.org/1999/xhtml">
<head>
<meta http-equiv="Content-Type" content="text/html; charset=iso-
8859-1">
<title></title>
<style type="text/css">
body { color:black; background-color:white; }
#links { float:left; width:20em; border:1px solid green;
padding:1em; background-color:#f0f0f0; }
#rechts { border:1px solid blue; padding:1em; margin-left:22em;
}
p { margin:0; }
</style>
</head>
<body>
<div id="links">
<p>Menü</p>
</div>
<div id="rechts">
<p>Inhalt</p>
</div>
</body>
</html>
```

Bei der klassischen Mehrspaltigkeit werden die Spalten in nebeneinander-liegenden, sich nicht überschneidenden Rechtecken angelegt.

Damit das mit *float* klappt, müssen Sie dafür sorgen, dass die Box des zweiten *div*-Elements horizontal erst nach dem Ende der *float*-Box beginnt. Am einfachsten geht das, indem Sie mit *margin-left* für das zweite *div*-Element arbeiten. Hierüber wird der linke Abstand definiert. Um horizontale Bildlaufleisten zu vermeiden, muss der Viewport mindestens so breit sein wie die linke Spalte zuzüglich einer Mindestbreite für die rechte Spalte.

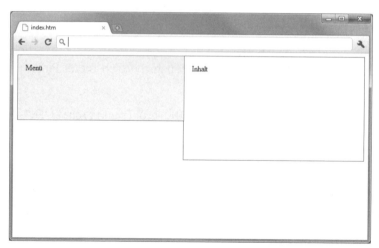

Ein zweispaltiges Layout.

Gleich lange Spalten

Ein Problem gibt es noch: Die bislang definierten Spalten sind nicht gleich lang. Denn standardmäßig umschließen die Boxen lediglich ihren jeweiligen Inhalt. Um also eine gleiche Länge zu erreichen, muss etwas getrickst werden. Wenn die linke Spalte einen andersfarbigen Hintergrund haben soll, packt man die beiden *div*-Elemente einfach in einen weiteren *div*-Container. Diesem weist man die gewünschte Hintergrundfarbe zu. Die linke Spalte bekommt einen transparenten Hintergrund, die rechte Spalte hingegen eine Farbe, die von der des Containers abweicht.

```
<!DOCTYPE html PUBLIC "-//W3C//DTD XHTML 1.0 Transitional//EN"
"http://www.w3.org/TR/xhtml1/DTD/xhtml1-transitional.dtd">
<html xmlns="http://www.w3.org/1999/xhtml">
<head>
<meta http-equiv="Content-Type" content="text/html; charset=iso-8859-1">
<title>Data Becker</title>
<style type="text/css">
body { color:black; background-color:white; }
#container { border:1px solid red; background-color:#f0f0f0; }
#links { float:left; width:20em; border-bottom:1px dotted green;
padding:1em; }
#rechts { padding:1em; margin-left:22em; background-color:white;
border-left:1px solid blue; }
p { margin:0; }
</style>
```

- `</head>`
- `<body>`
15 `<div id="container">`
- `<div id="links">`
- `<p>Menü</p>`
- `</div>`
- `<div id="rechts">`
20 `<p>Inhalt</p>`
- `</div>`
- `</div>`
- `</body>`
- `</html>`

Nun muss man natürlich ehrlicherweise sagen, dass die *float*-Box tatsächlich nur so hoch wie der Inhalt ist. Die Illusion stimmt aber. Im aktuellen Beispiel werden beide Spalten zusätzlich durch eine Trennlinie voneinander abgeschirmt.

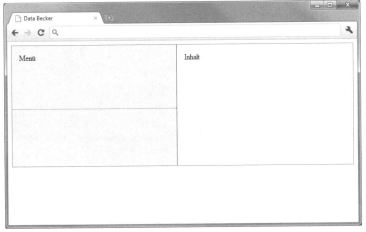

Jetzt sind die Spalten gleich lang.

Es gibt aber noch eine andere Möglichkeit. Dabei wird ein linker Rahmen für die rechte Spalte definiert. Der ist exakt so breit wie die linke Spalte. Um die Trennlinie auszublenden, wird als Rahmenfarbe die Hintergrundfarbe der linken Spalte gewählt.

- `<!DOCTYPE html PUBLIC "-//W3C//DTD XHTML 1.0 Transitional//EN"`
  `"http://www.w3.org/TR/xhtml1/DTD/xhtml1-transitional.dtd">`
- `<html xmlns="http://www.w3.org/1999/xhtml">`
- `<head>`
- `<meta http-equiv="Content-Type" content="text/html; charset=iso-8859-1">`

```
 5  <title>Data Becker</title>
    <style type="text/css">
    body { color:black; background-color:white; }
    #container { border:1px solid red; }
    #links { float:left; width:20em; border-bottom:1px dotted green;
    padding:1em; }
10  #rechts { padding:1em; border-left:22em solid #f0f0f0;
    background-color:white; }
    p { margin:0; }
    </style>
    </head>
    <body>
15  <div id="container">
    <div id="links">
    <p>Menü</p>
    </div>
    <div id="rechts">
20  <p>Inhalt</p>
    </div>
    </div>
    </body>
    </html>
```

Und hier ist das Ergebnis:

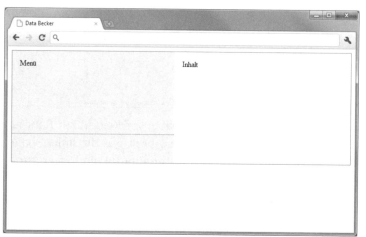

Auch so etwas ist möglich.

Automatische Anpassung der Spaltenhöhe

Bei den gezeigten Beispielen wurde davon ausgegangen, dass die linke Spalte kürzer als die rechte Spalte ist. In der Praxis ist das aber nicht immer so. Bisher ragte die linke Spalte, wenn sie höher als die rechte war, über den Container hinaus.

```
<!DOCTYPE html PUBLIC "-//W3C//DTD XHTML 1.0 Transitional//EN"
"http://www.w3.org/TR/xhtml1/DTD/xhtml1-transitional.dtd">
<html xmlns="http://www.w3.org/1999/xhtml">
<head>
<meta http-equiv="Content-Type" content="text/html; charset=iso-8859-1">
<title>Spaltenlayouts</title>
<style type="text/css">
body { color:black; background-color:white; }
#container { border:1px solid red; }
#links { float:left; width:20em; border:1px dotted green;
padding:1em; background-color:#f0f0f0; }
#rechts { padding:1em; margin-left:22em; }
p { margin:0 0 0.5em 0; }
</style>
</head>
<body>
<div id="container">
<div id="links">
<p>Menü</p>
</div>
<div id="rechts">
<p>Inhalt</p>
</div>
</div>
</body>
</html>
```

Es muss eine Lösung her, bei der sich die Spaltenhöhe je nach Inhalt anpasst.

Um die angesprochene Überlappung zu vermeiden, kann man *overflow* einsetzen. *overflow* legt fest, wie ein Bereich, der innerhalb eines anderen Bereichs oder Elements definiert wurde, angezeigt werden soll, wenn der

Inhalt des inneren Elements zu groß ist. Interessant ist *overflow*, da hier ein eigener sogenannter Block Formatting Context erzeugt wird.

Perfekt ist dieses Ergebnis nicht.

Dadurch werden alle Kindelemente mit *float*-Funktion eingeschlossen. Die Container-Box wird automatisch vergrößert, sodass die rechte Spalte zur kürzeren wird.

```
<!DOCTYPE html PUBLIC "-//W3C//DTD XHTML 1.0 Transitional//EN"
"http://www.w3.org/TR/xhtml1/DTD/xhtml1-transitional.dtd">
<html xmlns="http://www.w3.org/1999/xhtml">
<head>
<meta http-equiv="Content-Type" content="text/html; charset=iso-
8859-1">
<title>Data Becker</title>
<style type="text/css">
body { color:black; background-color:white; }
#container { border:1px solid red; overflow:auto; }
#links { float:left; width:20em; border:1px dotted green;
padding:1em; background-color:#f0f0f0; }
#rechts { padding:1em; margin-left:22em; border-bottom:1px solid
blue; }
p { margin:0 0 0.5em 0; }
</style>
</head>
<body>
<div id="container">
<div id="links">
```

- `<p>Menü</p>`
- `</div>`
- `<div id="rechts">`
20 `<p>Inhalt</p>`
- `</div>`
- `</div>`
- `</body>`
- `</html>`

Dieser Ansatz macht also exakt das Gewünschte.

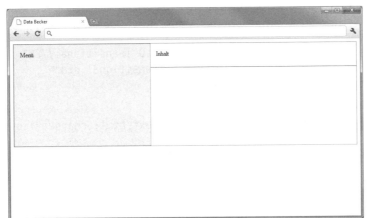

Jetzt klappt es mit den Spalten.

Browser vs. Standard

Die bisher gezeigten Varianten sind standardkonform und funktionieren so zum Beispiel fehlerfrei in Mozilla Firefox ab Version 1.x. Auch andere Browser wie beispielsweise Opera ab Version 8 und Safari 2.0 machen keine Probleme. Schwierig wird die Sache allerdings im Internet Explorer 5 bzw. 6. Der mag diese CSS-Lösungen nicht. Wenn Sie Ihre Webseite auch für diese Browser optimieren wollen, müssen Sie in die Trickkiste greifen.

Problematisch im Internet Explorer 6 sind vor allem die folgenden Punkte:

> *overflow* wird nicht korrekt umgesetzt.

> Das Einschließen von *float*-Boxen mittels *overflow* für den *div*-Container wird nicht verstanden.

> Die *clear*-Eigenschaft greift nicht.

Um die Probleme zu lösen, die der Internet Explorer 6 macht, wird zunächst einmal das spezielle *hasLayout* eingesetzt.

Hintergrundinformationen zu hasLayout

Ausführliche Hinweise zu *hasLayout* mit vielen Beispielen gibt es unter *http:// www.satzansatz.de/cssd/onhavinglayout.html.*

Ein weiteres Kernkonzept für eine IE6-Lösung bilden die Conditional Comments. Dabei handelt es sich um spezielle Kommentare, die ausschließlich vom Internet Explorer interpretiert werden. Die darin enthaltenen CSS-Eigenschaften hat der Internet Explorer somit also exklusiv. Für den Internet Explorer 7 sind solche „Verrenkungen" übrigens nicht nötig. Lediglich das leere *div*-Element mit der *clear*-Eigenschaft muss nach wie vor eingesetzt werden. Insgesamt sieht die Syntax nun folgendermaßen aus:

```
   <!DOCTYPE html PUBLIC "-//W3C//DTD XHTML 1.0 Transitional//EN"
   "http://www.w3.org/TR/xhtml1/DTD/xhtml1-transitional.dtd">
   <html xmlns="http://www.w3.org/1999/xhtml">
   <head>
   <meta http-equiv="Content-Type" content="text/html; charset=iso-
   8859-1">
 5 <title>Data Becker</title>
   <style type="text/css">
   body { color:black; background-color:white; }
   #container { border:1px solid red; background-color:#f0f0f0; }
   #links { float:left; width:15em; padding:1em; border-bottom:1px
   solid green; }
10 #rechts { padding:1em 1em 0 1em; margin-left:17em; border-
   left:1px solid blue; background-color:white; }
   p { margin:0 0 0.5em 0; }
   .clearer { display:none; }
   </style>
   <!--[if lt IE 7]><style type="text/css">
15 #rechts, { position:relative; }
   </style><![endif]-->
   <!--[if lt IE 8]>
   <style type="text/css">
   .clearer { display:block; height:0; clear:both; }
20 </style><![endif]-->
   </head>
   <body>
   <div id="container">
   <div id="links">
```

```
25  <p>Menü</p>
 ▪  </div>
 ▪  <div id="rechts">
 ▪  <p>Inhalt</p>
 ▪  <div class="clearer"></div>
30  </div>
 ▪  </div>
 ▪  </body>
 ▪  </html>
```

Dreispaltige Layouts

Das wohl am häufigsten verwendete Layout hat drei Spalten. Eine Spalte enthält das Navigationsmenü, eine den Inhalt und die dritte weiterführende Informationen, AdSense-Anzeigen oder Ähnliches. Wie dreispaltige Layouts letztendlich umgesetzt werden, hängt von den jeweiligen Ansprüchen und Bedürfnissen ab:

> ➤ Sollen die Spaltenbreiten fest oder flexibel sein?

> ➤ Müssen die Spalten gleich lang sein?

> ➤ Gibt es Kopf- und/oder Fußzeilen?

> ➤ Haben die Spalten Hintergrundfarben, oder müssen Grafiken verwendet werden?

Zunächst das mögliche HTML-Grundgerüst:

```
 ▪  <!DOCTYPE html PUBLIC "-//W3C//DTD XHTML 1.0 Transitional//EN"
    "http://www.w3.org/TR/xhtml1/DTD/xhtml1-transitional.dtd">
 ▪  <html xmlns="http://www.w3.org/1999/xhtml">
 ▪  <head>
 ▪  <title>Test</title>
 5  <meta http-equiv="Content-Type" content="text/html; charset=iso-
    8859-1" />
 ▪  <style type="text/css">
 ▪  </style>
 ▪  <link href="standard.css" rel="stylesheet" type="text/css" />
 ▪  </head>
10  <body>
 ▪  <div id="navigation">
 ▪   Menü
 ▪  </div>
 ▪  <div id="inhalt">
```

503

```
15    Inhalt
   </div>
   <div id="marginalie">
   Rechts
   </div>
20 </body>
   </html>
```

Die einzelnen Elemente sind untereinander in der Reihenfolge Navigation, Inhalt und Marginalie angeordnet. Die dazugehörende CSS-Syntax sieht folgendermaßen aus:

```
   html {
       margin: 0;
       padding: 0;
   }
 5 body {
       margin: 0;
       padding: 0;
       font-size: 77%;
   }
10 #navigation {
       float: left;
       padding: 0;
       margin: 0;
       border: 0;
15     font-weight: bold;
       color: white;
       width: 20%;
       background: #666666;
   }
20 #inhalt {
       float: left;
       padding: 0;
       margin: 0;
       border: 0;
25     background: #ccccee;
       width: 59.9%;
   }
   #marginalie {
       float: right;
```

```
30    padding: 0;
      margin: 0;
      border: 0;
      font-weight: bold;
      color: white;
35    background: #666666;
      width: 20%;
      }
      </style>
```

Auch bei dieser Variante findet sich die *float*-Eigenschaft wieder.

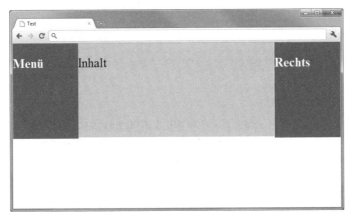

Ein dreispaltiges Layout.

Bei Bedarf lässt sich die Seite übrigens um beliebig viele Spalten erweitern. Dazu muss man lediglich im HTML-Code einen weiteren *div*-Bereich definieren und ihn dann mittels CSS entsprechend positionieren.

Mit Kopf- und Fußzeilen arbeiten

Beliebt und für Joomla! nahezu ideal sind dreispaltige Layouts, die zusätzlich eine Kopf- und eine Fußzeile haben. Sie kennen solche Layouts, wenn Sie eine Joomla!-basierte Webseite aufrufen, die das Standard-Template Beez verwendet.

Entscheidend für die Entwicklung eines solches Layouts ist die Frage, ob die beiden äußeren Spalten mit fester Breite ausgestattet werden sollen oder ob es sich um ein komplett flexibles Layout handeln wird. Im folgenden Beispiel wird davon ausgegangen, dass lediglich der mittlere Bereich flexibel ist. Alle anderen Elemente (linke und rechte Spalte sowie Kopf- und Fußzeile) besitzen dagegen jeweils eine feste Breite bzw. Höhe.

Diese Seite hat drei Spalten.

```
<!DOCTYPE html PUBLIC "-//W3C//DTD XHTML 1.0 Transitional//EN"
"http://www.w3.org/TR/xhtml1/DTD/xhtml1-transitional.dtd">
<html xmlns="http://www.w3.org/1999/xhtml">
<head>
<title>Data Becker</title>
<meta http-equiv="Content-Type" content="text/html; charset=iso-
8859-1" />
<link href="standard.css" rel="stylesheet" type="text/css" />
</head>
<body>
<div id="ueberschrift">
    <h1>Willkommen</h1>
</div>
<div id="haupt">
  <div id="haupt2">
    <div id="links">
        Menü
    </div>
    <div id="rechts">
        Rechts
    </div>
    <div id="mitte">
        Mitte
```

```
     </div>
     <div class="platzhalter"> </div>
   </div>
25 </div>
   <div id="fusszeile">
     Fußzeile
   </div>
   </body>
30 </html>
```

Und natürlich folgt auch hier wieder der entsprechende CSS-Code:

```
   <style type="text/css">
   body {
     margin:0; padding:0;
     font: 77% sans-serif;
5  }
   #ueberschrift {
     margin:0; padding:0.5em 1em;
     background:#ccc;
   }
10 #fusszeile {
     margin:0; padding:0.5em 1em;
     background:#cccccc;
   }
   #haupt {
15   margin:0; padding:0;
     background: #FFCC99 url(../links.gif) repeat-y left top;
   }
   #haupt2 {
     margin:0; padding:0;
20   background: url(../rechts.gif) repeat-y right top;
   }
   #links {
     float:left;
     width:200px;
25   margin:0;
     padding: 10px;
     font-size:0.9em;
   }
   #rechts {
```

```
30      float: right;
        width: 130px;
        margin:0;
        padding: 10px;
        font-size:0.9em;
35 }
   #mitte {
        margin:0 150px;
        padding: 10px;
        background:#ffcc99;
40      font-size:0.9em;
   }
   .platzhalter {
        clear:both;
        height:1px;
45      font-size:1px;
        border:0px none;
        margin:0; padding:0;
        background:transparent;
   }
50 h1,h2 {
        font-size: 1.7em;
        margin: 0;
   }
   p {
55      margin: 0.5em 0
   }
   </style>
```

Der CSS-Code selbst enthält keine größeren Überraschungen. Wichtig ist vor allem die Anweisung *.platzhalter{...}*. Die sorgt für die korrekte Platzierung der Fußzeilen. Mit *clear:both* werden die *floats* aufgehoben, durch die die anderen Spalten angeordnet wurden. Normalerweise würde hier die erste Anweisung gekoppelt an ein *
* genügen, allerdings spielt dann der Internet Explorer nicht mit. Dieser Browser braucht tatsächlich existierende Inhalte. Der benötigte Kasten sollte dafür möglichst klein gehalten werden.

Spaltenlayouts in CSS3

In CSS3 ist nun tatsächlich eine Möglichkeit zur Definition von mehrspaltigen Layouts vorgesehen. Den aktuellen Stand der Arbeiten am Modul CSS Multi-column Layout Module können Sie unter *http://www.w3.org/TR/css3-multicol/* verfolgen.

Dieses Modul sieht endlich einen echten Spaltensatz vor. Kernstück bilden dabei die verschiedenen *column*-Eigenschaften. Das Besondere an diesem Modul besteht darin, dass der Inhalt einer Spalte automatisch in die nächste fließen kann. Hier gibt es also einen deutlichen Unterschied zu einer Lösung, die auf Tabellenspalten basiert. Denn dort bleiben die Texte immer in ihren jeweiligen Spalten verankert. Gleiches gilt übrigens für solche Anwendungen, die auf verschiedenen *div*-Containern basieren. Denn auch hier müssen die Inhalte manuell in die einzelnen Spalten aufgeteilt werden.

Beim CSS Multi-column Layout Module gibt es zwei verschiedene Wege zur Definition von Spaltenlayouts. Beide Varianten lassen sich am besten anhand eines Beispiels verdeutlichen.

Zunächst wird der eigentliche Text angelegt.

```
<div id="content">
    <p>Herzlich willkommen</p>
    <p>Wir freuen uns.</p>
</div>
```

Hier sehen Sie bereits, dass lediglich ein *div*-Element definiert wurde. Innerhalb dieses *div*-Bereichs wurden zwei Textabsätze definiert.

Die gewünschte Spaltenanzahl wird über die *column-count*-Eigenschaft angegeben:

```
#inhalt {
    width: 600px;
    column-count: 2;
    column-gap: 30px;
}
```

column-count weist man über einen Zahlenwert die gewünschte Spaltenanzahl zu. Alternativ dazu ist auch der Wert *auto* erlaubt. Dann wird die Anzahl der Spalten anhand anderer CSS-Eigenschaften wie beispielsweise *column-width* automatisch bestimmt. Dazu folgt im Anschluss ebenfalls ein Beispiel – zunächst werfen wir aber noch einen Blick auf die Eigenschaft *column-gap.* Über diese Eigenschaft wird der Abstand zwischen den einzelnen Spalten bestimmt. Neben einem Zahlenwert wie im vorherigen Beispiel können Sie auch *normal* angeben. Dabei entspricht *normal* einem Abstand von *1em*.

Bei *column-count* wird der Inhalt immer auf die angegebene Spaltenanzahl aufgeteilt.

Neben der Angabe einer konkreten Spaltenanzahl gibt es auch noch eine zweite Möglichkeit zur Definition von Spalten. Dabei kommt die Eigenschaft *column-width* zum Einsatz. Über *column-width* bestimmt man die Breite der Spalten. Aber Achtung: *column-width* legt dabei lediglich die Mindestbreite der Spalten an. Die tatsächliche Spaltenbreite hängt somit also vom anzuzeigenden Inhalt ab. Angenommen, Sie haben einen Textblock mit einer Breite von 600 Pixeln definiert. Bei *column-width* geben Sie nun den Wert *280px* an. Daraus ergibt sich ein Wert von (gerundet) 2,14. Die Browser können den Text nun natürlich nicht auf 2,14 Spalten aufteilen. Stattdessen ignorieren sie einfach die Nachkommastellen. Im vorliegenden Fall würde der Text somit also auf zwei Spalten verteilt. Deren Breite beträgt dann jeweils 300 Pixel.

Ein Beispiel:

```
#inhalt {
    width: 600px;
    column-width: 280px;
    column-gap: 40px;
}
```

Hier wurde eine Mindestbreite von 280 Pixeln definiert. Zusätzlich gibt es die Eigenschaft *column-gap.* Darüber lässt sich der Abstand zwischen den Textspalten festlegen.

Um die Trennung der Textspalten zu visualisieren, können Trennlinien eingefügt werden. Hierfür gibt es verschiedene *column-rule*-Eigenschaften. Diese Eigenschaften sind vergleichbar mit den bekannten *border-* und *padding*-Definitionen. Breite, Stil und Farbe lassen sich wahlweise über Einzeleigenschaften oder eine zusammenfassende Regel bestimmen.

Zunächst die Einzeleigenschaften:

```
#inhalt {
    column-rule-width: 1px;
    column-rule-style: solid;
```

```
    column-rule-color: #000;
}
```

Die möglichen Werte der verwendeten Eigenschaften entsprechen dabei denen, die Sie beispielsweise von der Definition von Rahmen kennen.

Ebenso können Sie aber auch auf die Kurzschreibweise zurückgreifen. Dabei sind die einzelnen Werte lediglich durch Leerzeichen getrennt voneinander zu notieren:

```
#inhalt {
    column-rule: 1px solid #000;
}
```

Die Spaltendefinitionen lassen sich bereits jetzt in Mozilla, Safari und Chrome nutzen. Allerdings ist dafür wieder auf die bekannten herstellerspezifischen Kürzel zurückzugreifen.

Eine entsprechende Definition könnte also folgendermaßen aussehen:

```
#inhalt {
    -moz-column-width: 10em;
    -webkit-column-width: 10em;
    -moz-column-gap: 1em;
    -webkit-column-gap: 1em;
    -moz-column-count:3;
    -webkit-column-count:3;
}
```

Damit zwischen den einzelnen Spalten Trennlinien angezeigt werden, sollte man die bereits vorgestellte *column-rule*-Eigenschaft ebenfalls mit den Browserkürzeln ausstatten.

```
/* Erzeugt eine graue Trennlinie. */
-moz-column-rule: 1px solid #eee;
-webkit-column-rule: 1px solid #eee;
```

So können Sie sicher sein, dass die Definition tatsächlich in den angesprochenen Browsern greift.

Das folgende Beispiel zeigt noch einmal, wie sich die neuen CSS-Eigenschaften zur Definition von Spaltenlayouts einsetzen lassen.

```
/* Die Container-Definition */
div {
    width: 500px;
    background-color: #EEEEEE;
    color: #333333;
    padding: 30px;
}
/* Die Spalten-Definition */
p {
    column-rule: 2px solid white;
    -moz-column-rule: 2px solid white;
    -webkit-column-rule: 2px solid white;
    column-gap: 30px;
    -moz-column-gap: 30px;
    -webkit-column-gap: 30px;
    column-count: 4;
    -moz-column-count: 4;
    -webkit-column-count: 4;
}
```

Der eigentliche Inhaltsbereich der Seite stellt sich folgendermaßen dar:

```
<div>
    <p>
DATA BECKER entwickelt heute primär innovative Software für
Gewerbe, Handel und E-Business. Einen Schwerpunkt setzt das
Düsseldorfer Unternehmen auf Web 2.0- und E-Commerce-Lösungen,
die in der to date-Reihe veröffentlicht werden. Zu den Lösungen
gehören beispielsweise ein desktopbasiertes Content-Management-
System, ein modernes E-Mail-Marketing-Tool und Software für den
Aufbau von Onlineshops und Communitys. Darüber hinaus
veröffentlicht DATA BECKER Software für den Consumer-Markt
(System-Tools, Druckereien und Planersoftware). Vielen bekannt
ist vor allem die seit 1992 existierende Goldenen Serie. </p>
</div>
```

Es handelt sich hierbei um herkömmlichen Fließtext. Durch die verschiedenen *column*-Angaben soll dieser Text nun aber automatisch auf mehrere Spalten verteilt werden.

Im Firefox klappt das bestens.

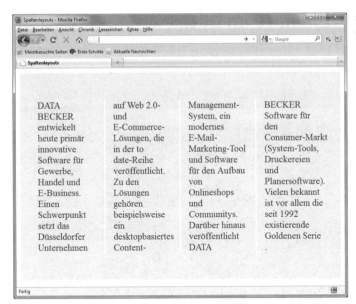

Firefox zeigt die Spalten an.

Anders sieht es beispielsweise im Opera-Browser aus (siehe folgende Abbildung).

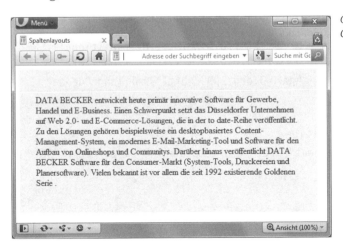

Opera interpretiert die CSS-Angaben nicht.

Dieses Beispiel macht deutlich, dass man sehr gut abwägen sollte, ob man die *column*-Eigenschaften nutzt. Denn die optischen Unterschiede zwischen den Ergebnissen in Browsern, die *column* interpretieren, und solchen, die das nicht können, sind gewaltig. Sie müssen daher genau überlegen, ob Sie tatsächlich bereits jetzt auf die Möglichkeiten setzen wollen, die CSS3 zu bieten hat.

Das Beispiel-Template im Detail

Die folgende Syntax zeigt eine vollständige HTML-CSS-Kombination, die im weiteren Verlauf dieses Kapitels als Grundlage dienen wird.

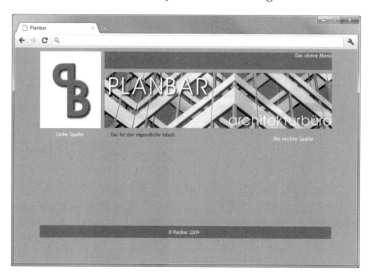

So sieht das Basislayout aus.

Das HTML-Grundgerüst stellt sich in diesem Fall folgendermaßen dar:

```
   <!DOCTYPE html PUBLIC "-//W3C//DTD XHTML 1.0 Transitional//EN"
   "http://www.w3.org/TR/xhtml1/DTD/xhtml1-transitional.dtd">
   <html xmlns="http://www.w3.org/1999/xhtml" xml:lang="de-de"
   lang="de-de" >
   <head>
   <title>Planbar</title>
 5 <link rel="stylesheet" href="css/template.css" type="text/css" />
   </head>
   <body>
   <!-- Das ist der äußere Container. -->
   <div id="wrapper">
10 <!-- Das ist der Kopfbereich. -->
     <div id="topwrapper">
       <div id="corporatelogo"></div>
       <div id="topright">
         <div id="topmen">Das obere Men&uuml;</div>
15       <div id="toplogo"></div>
       </div>
       <div class="clear"></div>
     </div>
```

```
     <!-- Das ist das Ende des Kopfbereichs. -->
20  <!--Das ist der mittlere Hauptbereich. -->
     <div id="mainwrapper_full">
       <div id="leftwrapper">

           Linke Spalte
         </ul>

30     </div>
       <div id="contentwrapper_full">
         <div id="content">Das ist der eigentliche Inhalt</div>
       </div>
       <div id="rightwrapper">
35       Die rechte Spalte
       </div>
       <div class="clear"></div>
     </div>
     <!--Das ist das Ende des mittleren Hauptbereichs. -->
40  <!-- Das ist der Fußbereich. -->
     <div id="footer">&copy; PlanBar 2012</div>
     <!-- Das ist das Ende des Fußbereichs. -->
   </div>
     <!-- Das ist das Ende des äußeren Containers. -->
45 </body>
   </html>
```

Wichtig sind beim Anlegen einer solchen Datei zwei Dinge:

➤ Strukturieren Sie sie.
➤ Kommentieren Sie sie.

Das gilt übrigens sowohl für die HTML- wie auch für die CSS-Datei. Und einen weiteren Punkt gibt es noch. Es ist bereits mehrfach angeklungen, dass tabellenlose Layouts eigentlich die Königsdisziplin in Sachen CSS sind. Da es sich um ein Joomla!-Buch und eben nicht um eines zum Thema CSS handelt, finden Sie nachfolgend eine CSS-Datei, die Sie als Basis für Ihr eigenes Template-Spaltenlayout verwenden können. Das erleichtert erfahrungsgemäß den Einstieg in die Thematik.

Dabei werden im folgenden Listing ausschließlich solche Elemente berücksichtigt, die für das Layout des Templates entscheidend sind. Eine vollständige CSS-Datei, in der dann auch Joomla!-spezifische Elemente enthalten sind, wird im weiteren Verlauf dieses Kapitels aber ebenfalls vorgestellt.

```
/*
####################################################################
### TEMPLATE FÜR JOOMLA 2.5 #####
####################################################################
*/
html, body {
    font: 100.01% trebuchet ms, arial, helvetica, sans-serif;
    line-height:15px;
    background-color:#72bed9;
    color:#272727;
}
/*
####################################################################
### ALLGEMEINE EINSTELLUNGEN #####
####################################################################
*/
* {
    margin:0px;
    padding:0px;
    list-style-image:none;
    list-style-position:outside;
    list-style-type:none;
}
img, table {
    border: none;
}
/*
####################################################################
### CONTAINTER-STRUKTUR #####
####################################################################
*/
#wrapper {
    width:860px;
    margin:auto;
    min-height:350px;
    padding-top:10px;
    padding-bottom:10px;
```

```
        font-size:0.9em;
        line-height:1.1em;
40  }
    #topwrapper {
        width:860px;
        height:220px;
    }
45  #corporatelogo {
        width:180px;
        height:100%;
        background:transparent url('../images/firmenlogo.jpg')
        no-repeat left top;
        float:left;
50  }
    #topright {
        width:670px;
        margin-left:10px;
        height:100%;
55      float:left;
    }
    #topmen {
        width:670px;
        margin-bottom:10px;
60      height:50px;
        background-color:#0081af;
        color:#fff;
        text-align:right;
    }
65  #toplogo {
        width:670px;
        height:160px;
        background:transparent url('../images/toplogo.jpg') no-repeat
        left top;
        color:#fff;
70  }
    #mainwrapper_full {
        margin-top:10px;
        width:860px;
        min-height:260px;
```

```
 75      background:transparent url('../images/bg_02.gif') repeat-y
         left top;
         }
         #leftwrapper {
             width:180px;
             float:left;
 80      }
         #men {
             color:#fff;
             width:100%;
             text-align:center;
 85      }
         #contentwrapper {
             width:630px;
             float:left;
             margin-left:30px;
 90          padding-bottom:10px;
         }
         #contentwrapper_full {
             width:440px;
             float:left;
 95          margin-left:30px;
             padding-bottom:10px;
         }
         #rightwrapper {
             margin-left:40px;
100          width:160px;
             float:left;
             color:#fff;
             padding-top:10px;
         }
105 #footer {
             margin-top:10px;
             background-color:#0081af;
             color:#fff;
             font-size:0.9em;
110          width:100%;
             text-align:center;
             padding-top:10px;
             padding-bottom:10px;
```

```
      }
115   /* Zum Abschließen von Float-Konstrukten */
      .clear {
         clear:both;
         height:0px;
         width:0px;
120      font-size:0.0em;
         visibility:hidden;
      }
      /*
      /* Ende */
```

Erfahrungsgemäß fällt es vielen Webseitengestaltern leichter, wenn sie gleich am Anfang echte Inhalte in ihr Grundlayout integrieren. Das hat den Vorteil, dass man ziemlich schnell beurteilen kann, wie die Seite später unter Realbedingungen aussehen wird.

8.4 Die Template-Dateien und -Verzeichnisse

Prinzipiell lässt sich festhalten, dass die Joomla!-Templates sehr einfach strukturiert sind. Dabei gilt, dass sich alle in diesem Kapitel beschriebenen Techniken sowohl für Frontend- wie auch für Backend-Templates nutzen lassen. Somit spielt es also keine Rolle, ob Sie für einen Kunden ein personalisiertes Backend entwickeln oder das Design der Webseite neu gestalten müssen.

Das System-Template

Joomla! bringt unter anderem ein Standard-Template mit, das bestimmte Aufgaben wie die Ausgabe von Nachrichten übernimmt. Wenn auf den folgenden Seiten vom System-Template gesprochen wird, ist damit genau dieses Template gemeint. Dessen Dateien finden Sie unter *templates/system*.

Die einzelnen Schritte zum Template

Nachdem das Grundlayout Ihres Templates steht, geht es mit der eigentlichen Definition des Templates weiter. Dabei hat sich in der Praxis gezeigt, dass immer eine bestimmte Reihenfolge eingehalten werden sollte.

1 Legen Sie zuerst das Grundlayout innerhalb der PHP-Datei so an, wie Sie es auch bei einer statischen HTML-Seite tun würden.

2 Passen Sie den *head*-Bereich der Seite an.

3 In die CSS-Datei werden die ersten CSS-Klassen aufgenommen, über die das Grundlayout der Seite gesteuert wird.

4 Nun geht es an den Joomla!-Inhalt. Fügen Sie Module etc. ein.

5 Nachdem feststeht, welche Module und Positionen verwendet werden, können Sie die XML-Datei definieren.

6 Jetzt wird die CSS-Datei mit Klassen für Module erweitert.

7 Den krönenden Abschluss bildet das Anlegen der Vorschaugrafik.

Die benötigten Verzeichnisse

Die Templates liegen innerhalb des *templates*-Verzeichnisses der Joomla!-Installation. Dabei besitzt jedes Template unterhalb von *templates* ein eigenes Verzeichnis. Insgesamt stellt sich die Template-Struktur üblicherweise folgendermaßen dar.

➤ *[Joomla!]/templates/[Name des Templates]*
➤ *[Joomla!]/templates/[Name des Templates]/css/*
➤ *[Joomla!]/templates/[Name des Templates]/html/*
➤ *[Joomla!]/templates/[Name des Templates]/javascript/*
➤ *[Joomla!]/templates/[Name des Templates]/language/*
➤ *[Joomla!]/templates/[Name des Templates]/images/*

Dank einer solchen Struktur ist das Template gut für mögliche Erweiterungen gerüstet, die man in Zukunft vielleicht noch einbauen möchte. Zu den genannten Verzeichnissen finden Sie nachfolgend noch ein paar Hinweise:

Verzeichnis	Beschreibung
css	Innerhalb von *css* liegen sämtliche CSS-Dateien des Templates. Die zentrale CSS-Datei nennt man dabei üblicherweise *template.css* (bzw. *template_rtl.css* für Von-rechts-nach-links-Definitionen). Der Name *css* ist dabei für das Verzeichnis zwar nicht vorgeschrieben, hat sich mittlerweile aber als Quasi-Standard etabliert.
html	In diesem Verzeichnis liegen die speziellen Views für die gewünschten Erweiterungen. Anhand dieser Views kann die Standardausgabe überschrieben werden. Die Methode *JView->loadTemplate* lädt dabei gegebenenfalls die Dateien aus diesem Verzeichnis. Alles was im Zusammenhang mit den Overrides geschieht, wird innerhalb dieses Verzeichnisses definiert.

Verzeichnis	Beschreibung
javascript	Wenn Sie JavaScript verwenden, sollten Sie alle Skripten in dieses Verzeichnis auslagern. Zudem sollten Sie die im Standardumfang mitgelieferten Java-Script-Bibliotheken verwenden und nicht unbedingt neue Versionen einsetzen. Das könnte zu Konflikten bei der Ausführung führen. Prinzipiell können Sie Ihre Skripten an jeder beliebigen Stelle abspeichern, es muss im Template nur richtig auf sie verwiesen werden. Übersichtlicher ist es aber, wenn Sie alle Skripten in einem zentralen *javascript*-Verzeichnis speichern.
language	In diesem Verzeichnis liegen die Sprachdateien des Templates. Denn in der Tat lassen sich auch Templates mehrsprachig gestalten.
images	In diesem Verzeichnis werden üblicherweise die Grafiken, die zum Template gehören, gespeichert. Handelt es sich um Templates für den Administrations-bereich, legt man normalerweise auch noch die Unterverzeichnisse *header*, *toolbar* und *menu* an. In diesem Fall ist dann aber unbedingt darauf zu achten, dass die Grafiken per CSS-Syntax referenziert werden. Nur so können die Erweiterungen auf die Bilder zugreifen, ohne dass sie deren exakten Namen wissen. Das Verzeichnis für die Bilder muss nicht unbedingt *images* heißen, dieser Name hat sich mittlerweile aber etabliert.

Neben den genannten Verzeichnissen sind auch einige Dateien vorge-schrieben. Diese befinden sich alle auf der obersten Ebene des Template-Verzeichnisses und werden auf den folgenden Seiten vorgestellt.

Die Template-Dateien von Joomla!

Neben einer festen Verzeichnisstruktur gibt es auch einige Dateien, die vorhanden sein müssen bzw. sollten. Hier folgt erst mal ein kurzer Über-blick, im weiteren Verlauf dieses Kapitels gibt es natürlich noch detaillier-tere Informationen dazu.

➤ *index.php* – Dreh- und Angelpunkt des Templates ist die *index.php*. Das ist die eigentliche Template-Datei, in der neben dem HTML-Grund-gerüst auch die PHP-Befehle definiert sind, die später dynamisch durch die CMS-Inhalte ersetzt werden.

➤ *templateDetails.xml* – In dieser XML-Datei wird der Grundaufbau des Templates beschrieben. Keine Bange: XML-Kenntnisse schaden zwar nicht, sind für das Anlegen dieser Datei aber nicht erforderlich. Wichtig ist die *templateDetails.xml* vor dem Hintergrund, dass der Joomla!-Installer aus dieser Datei die Informationen darüber zieht, welche Ver-zeichnisse für das Template angelegt werden sollen. Darüber hinaus enthält diese Datei auch Informationen über die Position der Module.

➤ *component.php* – Joomla! bietet die Möglichkeit, Inhalte ohne „umge-bende" Elemente wie Navigation oder Kopfzeile auszugeben. Genutzt wird das beispielsweise für die Druck- und die Seite-weiterempfehlen-Funktion. Die *component.php* ist sozusagen eine abgespeckte *index.php*.

> *error.php* – Hierüber können eigene Fehlerseiten definiert werden, die sichtbar sind, wenn im Frontend fehlerhafte Aufrufe erfolgen, also beispielsweise ein Seite-nicht-gefunden-Fehler angezeigt wird.

> *template.css* – Auch wenn das Template mehrere CSS-Dateien besitzen kann: Diese hier ist vorgeschrieben. Innerhalb dieser Datei werden die Formatierungen für Klassen und IDs definiert.

> *offline.php* – Unter *Site/Konfiguration* haben Sie die Möglichkeit, die Website in den Offlinemodus zu schalten. Die Darstellung dieser Offlineseite können Sie selbst bestimmen. Kopieren Sie sich dazu am besten die *offline.php* aus dem System-Template in Ihr eigenes Template-Verzeichnis und passen Sie diese Datei Ihren Wünschen entsprechend an.

> *favicon.ico* – Hierüber wird ein Favicon eingebunden. Bei Favicons handelt es sich um kleine Symbole, die neben der Adresszeile eines Browsers angezeigt werden. Diese 16 x 16 Pixel großen Icons sind ursprünglich eine Microsoft-Erfindung gewesen, sie werden mittlerweile aber von den meisten Browsern unterstützt. Favicons lassen sich beispielsweise auf der Seite *http://www.favicon-generator.de/* erstellen.

> *template_thumbnail.png* – Hierbei handelt es sich um eine Vorschaugrafik des Layouts. Das ist einfach ein Screenshot der Seite. Normalerweise sollte die Grafik eine Größe von 206 x 150 Pixeln haben. Ganz wichtig: Das Grafikformat PNG ist Pflicht, GIF und JPEG funktionieren nicht.

> *template_preview.png* – Hierbei handelt es sich um eine größere Variante der Template-Vorschau. Die Dateiausmaße sollten ca. 800 x 600 Pixel betragen.

Diese Dateien müssen vorhanden sein, damit das Template funktioniert, es kann aber noch weitere Dateien geben. Welche das sind, wird im weiteren Verlauf dieses Kapitels gezeigt.

Sie sollten in jedem der Template-Verzeichnisse eine *index.html* anlegen. Diese Datei verhindert das direkte Aufrufen der Verzeichnisse.

```
<html>
<body bgcolor="#fff">
</body>
</html>
```

Das Wichtigste zu PHP

Auf den folgenden Seiten, und allgemein im Umgang mit Joomla!-Templates, werden Sie es immer wieder mit PHP zu tun haben. Aber keine Bange: Ein PHP-Profi müssen Sie nicht sein, um mit Joomla!-Templates arbeiten zu können. Dennoch ist es hilfreich, wenn man zumindest ein paar grundlegende Begriffe aus dem PHP-Umfeld schon mal gehört hat. Genau darum geht es in diesem Abschnitt.

Es gibt verschiedene Möglichkeiten, PHP in HTML-Dateien einzubinden.

```
    <!DOCTYPE html PUBLIC "-//W3C//DTD XHTML 1.0 Transitional//EN"
    "http://www.w3.org/TR/xhtml1/DTD/xhtml1-transitional.dtd">
    <html xmlns="http://www.w3.org/1999/xhtml">
    <head>
    <meta http-equiv="Content-Type" content="text/html; charset=utf-
    8" />
5   <title>Datum</title>
    </head>
    <body>
    <?php
    // Schreibt das aktuelle Datum ins Dokument
10    echo date("d.m.Y");
    ?>
    </body>
    </html>
```

Der PHP-Code wird mit *<?php* eingeleitet und mit *?>* beendet. Die Datei muss als PHP-Datei, also mit dem Suffix *.php*, abgespeichert werden. Außerdem funktioniert das Skript nur, wenn es auf einem Server ausgeführt wird.

Das aktuelle Datum wird ausgegeben.

Insgesamt gibt es vier Möglichkeiten, den PHP-Codebereich auszuzeichnen.

Die sicherste Variante, die normalerweise immer verwendet werden sollte, sieht folgendermaßen aus:

- ```
  <?php
  ```
- ```
      echo date("d.m.Y");
  ```
- ```
  ?>
  ```

Eine Kurzschreibweise ist theoretisch auch möglich:

- ```
  <?
  ```
- ```
      echo date("d.m.Y");
  ```
- ```
  ?>
  ```

Diese sogenannten Short-Tags sind zwar kürzer, sollten aber dennoch nicht verwendet werden, sie beißen sich unter anderem mit der XML-Deklaration *<?xml version="1.0" ?>*. Wollen Sie die Short-Tags trotzdem verwenden, müssen Sie in der *php.ini* die Direktive *short_open_tag* auf *On* setzen. Bedenken Sie aber Folgendes: Wenn Sie in Ihren Skripten Short-Tags verwenden und diese dann später auf einen Server übertragen, der Short-Tags nicht unterstützt, funktionieren die Skripten nicht mehr.

Eine Variante, die zwar funktioniert, aber länger ist, könnte ebenfalls genutzt werden:

- ```
  <script language="php">
  ```
- ```
      echo date("d.m.Y");
  ```
- ```
  </script>
  ```

Und dann gibt es noch die Möglichkeit, die PHP-Bereiche im ASP-Stil zu kennzeichnen.

- ```
  <%
  ```
- ```
      echo date("d.m.Y");
  ```
- ```
  %>
  ```

Da ASP von den meisten Servern nicht unterstützt wird, sollte man diese Variante nicht einsetzen.

Skripten mit Kommentaren strukturieren

Dies ist von Vorteil, um Ihre Skripten übersichtlicher zu gestalten. Denn mögen beim Schreiben eines Skripts die definierten Anweisungen noch verständlich sein, weiß man schon wenige Monate später nicht mehr genau, warum man ein Problem gerade so angegangen ist. Noch wichtiger sind Kommentare, wenn mehrere Entwickler an einem Projekt arbeiten.

PHP unterstützt verschiedene Kommentarstile.

- // Addiere zwei Zahlen.
- function add($a, $b){
- return $a + $b;
- }

Die Zeichenfolge // kennzeichnet einen an C++ angelehnten Kommentar, der bis zum Zeilenende kommentiert. Genau so funktioniert auch das Rautezeichen:

- # Addiere zwei Zahlen.
- function add($a, $b) {
- return $a + $b;
- }

Mehrzeilige Kommentare sind ebenfalls möglich.

- /*
- Diese Funktion
- addiert zwei Zahlenwerte.
- */
- function add($a, $b) {
- return $a + $b;
- }

Externe Dateien mit include() einbinden

In vielen Template-Dateien werden Ihnen sogenannte Includes begegnen. PHP-Skripten oder -Funktionen lassen sich auslagern und dann dynamisch einbinden. In PHP gibt es dafür zwei Befehle:

➢ *include()*
➢ *require()*

Da stellt sich zunächst natürlich die Frage, warum das Auslagern von Code sinnvoll sein kann. Das Zauberwort lautet Struktur. Denn lagert man bestimmte Funktionen oder Skriptteile aus, lässt sich Code auf mehrere Dateien aufteilen und bei Bedarf ins Skript einbinden.

Diese Strukturierung ist jedoch nicht der einzige Zweck, warum externe Dateien eingebunden werden. Auch wenn auf offene Bibliotheken zurückgegriffen werden soll, muss man die bereitgestellten Funktionen zunächst einbinden.

Oft werden auch sogenannte *config*-Dateien ausgelagert, in denen die Zugangsdaten für Datenbanken hinterlegt sind. Das hat einen ganz einfachen Hintergrund. Stellen Sie sich vor, Sie arbeiten an einem Projekt, bei dem ca. 50 Kerndateien Zugriff auf die Datenbank haben müssten. Diese Zugangsdaten könnte man natürlich in jede dieser 50 Dateien manuell eintragen. Was aber, wenn sich die Zugangsdaten ändern oder man den Provider wechselt? Dann müssten alle 50 Dateien geändert werden. Viel besser ist es da, die Zugangsdaten auszulagern und per *include()* einzubinden. Gibt es dann tatsächlich Änderungen, müssen diese nur in der ausgelagerten *config*-Datei vorgenommen werden.

- `include('dateipfad/dateiname');`

Als Parameter wird der Speicherort der einzubindenden Datei angegeben. Dabei kann es sich um eine lokal gespeicherte Datei handelt, die man absolut oder relativ anspricht. Möglich ist aber auch das Einbinden von Dateien, die auf einem externen Server liegen.

So deklarieren Sie Variablen und verwenden sie

Eines der wichtigsten Programmierkonzepte überhaupt stellen die Variablen dar. Denn mit Variablen lassen sich Daten während der Abarbeitung eines Skripts speichern.

Bei Joomla! werden Ihnen Variablen immer wieder begegnen, beispielsweise auch dann, wenn Sie mit Parametern arbeiten.

Wird eine Variable deklariert und an einen bestimmten Wert gebunden, kann man sich das so vorstellen, dass dem Wert ein Name zugewiesen würde. Wird der Wert im weiteren Verlauf des Skripts benötigt, verwendet man einfach den angegebenen Namen.

Um einen Namen an einen Wert zu binden, wird das einfache Gleichheitszeichen verwendet.

- `$name = wert;`

Gültige Variablennamen verwenden

Variablen erkennen Sie in PHP an dem vorangestellten Dollarzeichen. An das Dollarzeichen muss sich ein Buchstabe oder der Unterstrich anschließen. Hier einige Beispiele für gültige Variablennamen:

> ➢ *$variable*
> ➢ *$_eineVariable*
> ➢ *$eine_Variable*

Nicht gültig wäre hingegen Folgendes:

> ➢ *$45Variable*
> ➢ *$-Variable*

Wird innerhalb eines Skripts ein solcher Variablenname verwendet, gibt es einen Parserfehler.

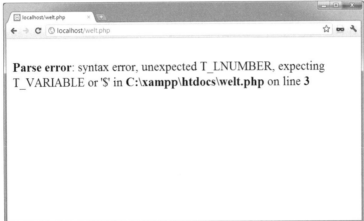

Ein Parserfehler aufgrund eines falschen Variablennamens.

Unterschiede zwischen Groß- und Kleinschreibung

Es wird explizit zwischen Groß- und Kleinschreibung unterschieden. Somit sind die folgenden Variablen also nicht identisch:

```
<?php
    $ziffer = 31;
    $Ziffer = 45; //verändert den Wert von $ziffer nicht
    $ziffer = $Ziffer //das verändert den Wert von $Ziffer
?>
```

Die Variablen *$ziffer* und *$Ziffer* sind also nicht identisch.

Sonderzeichen in Variablen verwenden

Vorsicht ist beim Einsatz von Sonderzeichen geboten. Denn hier kommt es gerade dann, wenn man seine ersten PHP-Skripten schreibt, erfahrungsgemäß immer wieder zu Problemen.

Ein Beispiel:

- ```php
<?php
```
- ```php
    echo "Er sagte "Hallo, Welt!" zu uns";
```
- ```php
?>
```

Ruft man dieses Skript im Browser auf, wird eine Fehlermeldung ausgegeben.

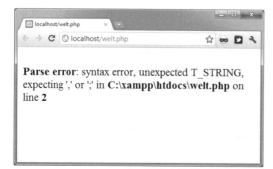

*Das Skript liefert einen Fehler.*

Schuld daran sind die Anführungszeichen. Denn der Interpreter geht davon aus, dass das Ende der Ausgabe mit dem zweiten Vorkommen der doppelten Anführungszeichen erreicht ist. Solche Fehler lassen sich auf zwei verschiedene Arten vermeiden.

Zunächst einmal kann man die gesamte Anweisung in einfache Anführungszeichen einfassen.

- ```php
<?php
```
- ```php
    echo 'Er sagte "Hallo, Welt!" zu uns';
```
- ```php
?>
```

Innerhalb der eigentlichen Zeichenkette können Sie dann doppelte Anführungszeichen verwenden. Ebenso lassen sich die Anführungszeichen speziell kennzeichnen.

- ```php
<?php
```
- ```php
    echo "Er sagte \"Hallo, Welt!\" zu uns";
```
- ```php
?>
```
```

Dazu wird den Anführungszeichen innerhalb der Zeichenkette ein Backslash vorangestellt. Neben den Anführungszeichen müssen auch andere Zeichen speziell ausgezeichnet werden.

> \n – Zeilenumbruch.
> \t – Tabulator.
> \\ – Backslash.
> \0 – ASCII 0 (NULL).
> \r – Zeilenvorschub.
> \$ – Geschütztes Dollarzeichen. (Zur Erklärung: Variablen wird in PHP das Dollarzeichen vorangestellt. Will man das Dollarzeichen nicht in diesem Kontext verwenden, muss man es gesondert auszeichnen.)
> \{Oktalzahl} – Oktalzahlen.
> \{Hexedezimalzahl} – Hexadezimale Zahlen.

Strings innerhalb doppelter Anführungszeichen erlauben allerdings auch, dass man bestimmte Schreibweisen von Variablen und Ausdrücken direkt in ihnen verwendet. So werden beispielsweise die Referenzen auf Variablen automatisch durch Variablenwerte ersetzt. Handelt es sich nicht um Strings, werden sie in die entsprechende Stringdarstellung umgewandelt.

Auf Variablenwerte zugreifen

Nachdem eine Variable deklariert wurde, können Sie diese verwenden. Ein Beispiel dazu:

■ `$satz = "Herzlich Willkommen auf unserer Webseite.";`

In diesem Fall wurde die Variable *$satz* deklariert. Als Wert wird dieser Variablen der Satz *Herzlich Willkommen auf unserer Webseite.* zugewiesen. (Genau genommen müsste man hier statt von einem Satz von einer Zeichenkette sprechen. Mehr dazu aber im weiteren Verlauf dieses Kapitels.)

Auf den Wert der Variablen kann nun ganz einfach über deren Namen zugegriffen werden.

```php
<?php
    $satz = "Herzlich Willkommen auf unserer Webseite.";
    echo $satz;
?>
```

Im Ergebnis wird einfach der Satz *Herzlich Willkommen auf unserer Webseite.* ins Browserfenster geschrieben.

Der Text wird angezeigt.

Konstanten

Neben den Variablen gibt es in PHP auch die Konstanten. Diese können, nachdem sie definiert wurden, jedoch nicht mehr verändert werden. Sinnvoll ist das, wenn feststehende Werte mehrmals innerhalb eines Skripts verwendet werden sollen.

Um eine Konstante anzulegen, wird *define()* verwendet:

- `<?php`
- `define(Konstantenname, Konstantenwert);`
- `?>`

Dabei müssen *define()* zwei Parameter übergeben werden. Der erste Parameter ist der Name der Konstanten, über den zweiten Parameter gibt man deren Wert an:

- `<?php`
- `define ("GRUSS","Herzlich Willkommen auf unserer Seite.");`
- `echo GRUSS;`
- `?>`

Konstantennamen beginnen nicht mit einem Dollarzeichen. Um die Konstanten in Skripten besser sichtbar zu machen, werden sie oft durchgängig in Großbuchstaben geschrieben. Das ist kein Muss, macht die Sache aber übersichtlicher.

Bedingungen, Funktionen & Co. – die wichtigsten Syntaxbesonderheiten

Auf den folgenden Seiten lernen Sie die wichtigsten Syntaxbesonderheiten von PHP kennen. Dabei bilden die beschriebenen Dinge die Grundlage für alle weiteren Arbeiten.

Was zutrifft: Bedingungen definieren

In der Programmierung muss man oft Anweisungen ausführen, die von Bedingungen abhängig sind. Dadurch lässt sich innerhalb eines Skripts auf ganz bestimmte Ereignisse reagieren.

➢ Wenn das eingetragene Passwort richtig ist, öffne die Seite *geheim.php*.

➢ Wurde als Farbe Blau eingestellt, zeige die Grafik *blau.png*.

➢ Wenn die Zahl größer als 10 ist, schreibe „Genug" ins Dokument.

Das sind einige typische Bedingungen. In der Programmierung werden Ihnen diese immer wieder begegnen. PHP stellt verschiedene Syntaxvarianten zur Definition solcher Bedingungen zur Verfügung, die auf den folgenden Seiten vorgestellt werden.

Auf den folgenden Seiten werden die in PHP angebotenen Kontrollstrukturen vorgestellt.

if-Abfragen (Wenn-dann-Bedingungen)

Die *if*-Bedingung wird am häufigsten eingesetzt. (Das gilt übrigens nicht nur für PHP, sondern auch für viele andere Programmiersprachen.) Die allgemeine Syntaxform sieht folgendermaßen aus:

```
<?php
if(Bedingung)
Anweisung
?>
```

Hinter dem Schlüsselwort *if* folgt, in Klammern gesetzt, die Bedingung. Bei dieser Bedingung handelt es sich um einen Ausdruck, der einen booleschen Wert (*true* oder *false*) zurückliefert. Ist die Bedingung nicht erfüllt, ist der Rückgabewert *false*, die Anweisung wird in diesem Fall nicht ausgeführt.

Das folgende Beispiel zeigt, wie sich eine *if*-Bedingung für eine Altersabfrage nutzen lässt.

```
<?php
// Der Besucher hat sein Alter eingetragen.
// Das Alter wird in $alter gespeichert.
// Wenn $alter kleiner als 18 ist, wird ein Hinweis ausgegeben.
if ($alter < 18)
    echo " Sie dürfen diese Seite nicht
    betreten, da Sie nicht volljährig sind.";
```

- ?>

Dabei wird davon ausgegangen, dass zuvor über ein Textfeld das Alter des Besuchers abgefragt wurde. Dieses Alter ist innerhalb der Variablen *$alter* gespeichert. Die *if*-Bedingung überprüft nun, ob die eingetragene Zahl kleiner als *18* ist.

- `$alter < 18`

Wenn die Bedingung erfüllt, der Besucher in diesem Fall also tatsächlich jünger als 18 Jahre ist, wird der Hinweis *Sie dürfen diese Seite nicht betreten, da Sie nicht volljährig sind.* ausgegeben.

Mehrere Anweisungen ausführen

Es kann natürlich sein, dass Sie innerhalb einer *if*-Abfrage mehrere Anweisungen ausführen wollen. Auch das ist möglich, verlangt allerdings eine spezielle Art der Klammern. Hier wieder zunächst ein Blick auf die allgemeine Syntax:

- `<?php`
- `if(Bedingung){`
- `Anweisung 1;`
- `Anweisung 2;`
- `}`
- `?>`

Um mehrere Anweisungen ausführen zu können, kommen die sogenannten Mengenklammern (das sind die geschweiften) Klammern zum Einsatz. Hinter den einzelnen Anweisungen steht jeweils ein Semikolon. Nach der schließenden Mengenklammer wird allerdings kein Semikolon notiert.

Ein Beispiel:

- `<?php`
- `$a = 9;`
- `$b = 3;`
- `if ($a > $b){`
- `echo "a ist größer als b.";`
- `$b = $a;`
- `echo "<br />";`
- `echo $b;`
- `}`

Hier wird überprüft, ob der Wert der Variablen *$a* größer als der von *$b* ist. Ist dies der Fall, geschehen zwei Dinge:

➢ Die Meldung *a ist größer als b.* wird ins Dokument geschrieben.
➢ Der Wert von *$a* wird *$b* zugewiesen.

Die Syntax mit den Mengenklammern ist übrigens nicht auf solche Mehrfachbedingungen begrenzt. Man kann diese tatsächlich auch dann einsetzen, wenn nur eine Anweisung erfolgt.

```php
<?php
// Der Besucher hat sein Alter eingetragen.
// Das Alter wird in $alter gespeichert.
// Wenn $alter kleiner als 18 ist, wird ein Hinweis ausgegeben.
if ($alter < 18){
    echo " Sie dürfen diese Seite nicht
    betreten, da Sie nicht volljährig sind.";
}
?>
```

Welche dieser Syntaxformen Sie verwenden, bleibt dabei letztendlich Ihnen überlassen. Manche Programmierer finden die geschweiften Klammern einfach übersichtlicher. Zudem hat diese Syntax den Vorteil, dass man später einfach weitere Anweisungen hinzufügen kann. Syntaxprobleme entstehen in dem Fall nicht, da ja bereits die Mengenklammern vorhanden sind.

Mehrere if-Bedingungen definieren

Es besteht auch die Möglichkeit, mehrere *if*-Bedingungen zu definieren.

```php
<?php
// In $a ist eine Zahl zwischen 1 und 3 gespeichert.
$a = 3;
// Wenn a gleich 1 ist
if ($a == 1){
    echo "a ist 1";
}
// Wenn a gleich 2 ist
if ($a == 2){
    echo "a ist 2";
}
// Wenn a gleich 3 ist
if ($a == 3){
```

```
       echo "a ist 3";
15  }
    ?>
```

Für solche Zwecke setzt man allerdings üblicherweise auf *else-if*-Konstruktionen, die im weiteren Verlauf dieses Kapitels vorgestellt werden. Das Problem an dieser Kombination mehrerer *if*-Bedingungen ist nämlich, dass bei jedem Seitenaufruf alle *if*-Bedingungen abgearbeitet werden. Das geschieht auch dann, wenn es eigentlich nicht nötig wäre. So werden im vorliegenden Fall alle *if*-Abfragen durchlaufen, wenn *$a* den Wert *1* besitzt. Verhindern lässt sich so etwas durch die *else*-Anweisung.

Der Variablen $a wurde der Wert 3 zugewiesen.

Möglichkeiten zum Vergleichen

In PHP lassen sich Werte ganz einfach miteinander vergleichen.

```
<?php
// Der Besucher hat sein Alter eingetragen.
// Das Alter wird in $alter gespeichert.
// Wenn $alter kleiner als 18 ist, wird ein Hinweis ausgegeben.
if ($alter < 18)
    echo " Sie dürfen diese Seite nicht betreten,
    da Sie nicht volljährig sind.";
?>
```

Darin wird durch die Anweisung *$alter < 18* überprüft, ob der Wert der Variablen *$alter* größer als *18* ist. PHP hält für solche Vergleiche verschiedene Varianten bereit.

Operator	Beschreibung
==	gleich
===	ebenfalls gleich, gilt allerdings auch für den Typ der Variablen (Boolean, String, Integer)
!=	ungleich

Operator	Beschreibung
<>	ebenfalls ungleich, ist lediglich eine andere Syntaxform
<	kleiner als
>	größer als
>=	größer oder gleich
<=	kleiner oder gleich

if-else-Abfragen (wenn, dann)

Durch *if-else*-Abfragen können Konstruktionen nach dem Motto „Wenn die Bedingung zutrifft, tu dieses, wenn nicht, mach jenes" definiert werden. Die allgemeine Syntax dafür sieht folgendermaßen aus:

```php
<?php
if(Bedingung){
    Anweisung
}
else
    Andere Anweisung
?>
```

Ist die Bedingung definiert, wird der *if*-Zweig ausgeführt, die *else*-Anweisung hingegen wird ignoriert. Sollte die *if*-Bedingung allerdings nicht erfüllt sein, greift der *else*-Zweig. So viel zur allgemeinen Syntax. Anschaulicher wird das Ganze, wenn man sich ein konkretes Beispiel ansieht.

Angenommen, es soll ein passwortgeschützter Bereich innerhalb der Webseite eingerichtet werden. Den Ausgangspunkt dafür bildet üblicherweise ein Passwortfeld.

```html
<form action="check.php" method="post">
    <input type="password" name="passwort" />
    <input type="Submit" value="Absenden" />
</form>
```

Der Inhalt des Passwortfelds wird an die Datei *check.php* übergeben. In dieser Datei wird überprüft, ob das übergebene Passwort *geheim* ist.

```php
<?php
// Das übergebene Passwort wird in $passwort gespeichert.
$passwort = $_POST["passwort"];
// Wenn das Passwort geheim ist, wird eine Begrüßung angezeigt.
if($passwort=="geheim"){
```

535

```
    echo "Herzlich Willkommen im internen Bereich.";
}
// Wenn das Passwort nicht geheim, gibt es eine Fehlermeldung.
else{
    echo "Das Passwort ist leider falsch";
}
?>
```

Nur wenn das Passwort tatsächlich *geheim* lautet, wird die Meldung *Herzlich Willkommen im internen Bereich.* ausgegeben. Wurde ein anderer Wert in das Passwortfeld eingetragen, gibt es eine entsprechende Fehlermeldung.

if-Bedingungen verschachteln

Innerhalb von *if*-Bedingungen können weitere *if*-Bedingungen stehen. Dadurch lassen sich Verschachtelungen umsetzen und Abfragen über mehrere Stufen realisieren. Im folgenden Beispiel sieht das folgendermaßen aus:

➤ Es wird der eingegebene Vorname überprüft.

➤ Stimmt dieser Vorname nicht, gibt es eine Fehlermeldung.

➤ Stimmt der Vorname, wird dieser ins Dokument geschrieben.

➤ Außerdem wird, wenn der Vorname stimmt, überprüft, ob der eingegebene Nachname richtig ist.

➤ Stimmt der Nachname, wird dieser ins Dokument geschrieben.

Die Syntax stellt sich folgendermaßen dar:

```
<?php
$vorname = "Michael";
$nachname = "Mayers";
// Überprüft den Vornamen
if($vorname=="Michael"){
    echo "Hallo Michael";
// Überprüft den Nachnamen
    if($nachname=="Mayers"){
        echo "Mayers";
        }
    }
// Der Vorname stimmt nicht.
// Die Fehlermeldung wird auch ausgegeben, wenn der Nachname
    stimmt.
```

```
■   else{
15      echo "Der Name stimmt nicht.";
■       }
■   ?>
```

Dabei muss die Verschachtelung übrigens nicht zwingend im ersten *if*-Zweig erfolgen, sie kann auch im *else*-Zweig stehen.

Vor- und Zuname stimmen.

Auch dazu ein Beispiel, das sich an der zuvor gezeigten Syntax orientiert, sich durch die Verschachtelung allerdings doch anders verhält.

➤ Es wird der übergebene Name überprüft.

➤ Ist dieser Name Michael, wird der Text *Hallo Michael* ins Dokument geschrieben.

➤ Besitzt die Variable *$name* nicht den Wert *Michael*, wird überprüft, ob der Name *Mayers* lautet. In diesem Fall wird *Hallo Herr Mayers* ins Dokument geschrieben.

➤ Sollte der Name allerdings weder *Michael* noch *Mayers* sein, wird *Dieser Name ist uns nicht bekannt.* angezeigt.

Das Skript sieht folgendermaßen aus:

```
■   <?php
■   // Der Wert von $name wird auf Michael gesetzt.
■   $name = "Michael";
■   // Lautet der Vorname Michael, wird der Besucher mit Vornamen
        begrüßt.
5   if($name=="Michael"){
■       echo "Hallo Michael";
■       }
■   // Lautet der Nachname Mayers, wird der Besucher mit Vornamen
        begrüßt.
■   else{
```

```
10    if($name=="Mayers"){
          echo "Hallo Herr Mayers";
      }
   // Ist $name weder Michael noch Mayers, gibt es eine
      Fehlermeldung.
      else{
15        echo "Dieser Name ist uns nicht bekannt.";
      }
   }
   ?>
```

Und auch hier werfen wir wieder einen Blick auf das Ergebnis:

Der Vorname stimmt überein.

elseif (Mehrere Bedingungen definieren)

Mehrere Bedingungen können auch nacheinander mit *elseif* abgefragt werden. Die allgemeine Syntax sieht folgendermaßen aus:

```
<?php
if(Bedingung){
    Anweisung
}
elseif
    Andere Anweisung
elseif
    Andere Anweisung
?>
```

Zunächst ein allgemeiner Hinweis zur Schreibweise: Im gezeigten Beispiel wurde *elseif* verwendet. Alternativ dazu könnte auch *else if* geschrieben werden. Beide Varianten verhalten sich identisch. Das gilt zumindest dann, wenn geschweifte Klammern verwendet werden. Nutzt man hingegen die auf Seite 547 vorgestellte Doppelpunktsyntax, muss *elseif* in einem Wort geschrieben werden. Am besten gewöhnen Sie sich gleich von Beginn an die Ein-Wort-Schreibweise *elseif* an. Dann gibt es später keine Probleme, wenn Sie zwischen der Syntax mit den geschweiften Klammern und der mit Doppelpunkt wechseln.

Auch zu *elseif* natürlich wieder ein Beispiel:

```php
<?php
$a = 10;
$b = 13;
// Wenn $a größer als $b ist.
if ($a > $b)
    echo "a ist größer als b";
// Wenn ba größer als $a ist.
elseif ($b > $a)
    echo "b ist größer als a";
?>
```

Hier wird zuerst mittels *if*-Abfrage überprüft, ob der Wert der Variablen *$a* größer als der von *$b* ist. Ist das der Fall, wird der Satz *a ist größer als b* ins Dokument geschrieben. Ansonsten wird zum *elseif*-Zweig übergegangen. In diesem Zweig wird nun wiederum überprüft, ob *$b* größer als *$a* ist. Im Erfolgsfall ist im Dokument dann der Satz *b ist größer als a* zu lesen.

Der Wert von b ist größer als der von a.

Sollte keine der Bedingungen erfüllt sein, bleibt das Dokument im aktuellen Beispiel leer.

if-elseif-else-Bedingungen

Bei der einfachen *elseif*-Definition geschieht, wenn keine der angegebenen Bedingungen zutrifft, nichts.

```php
<?php
$a = 10;
```

```
$b = 10;
// Wenn $a größer als $b ist.
if ($a > $b)
    echo "a ist größer als b";
elseif ($b > $a)
// Wenn $b größer als $b ist.
    echo "b ist größer als a";
?>
```

Da hier die Werte der Variablen *$a* und *$b* gleich groß sind, bleibt die Ausgabe leer, denn die *if*-Bedingung und der *elseif*-Zweig überprüfen hier lediglich, ob *$a* oder *$b* größer ist. Der Fall *$a=$b* wurde nicht berücksichtigt. Für solche Zwecke gibt es *if-elseif-else*-Konstruktionen.

Die allgemeine Syntax dieser Variante sieht folgendermaßen aus:

```
if (Bedingung) {
    Anweisung
} elseif (Bedingung) {
    Andere Anweisung
} elseif (Bedingung) {
    Andere Anweisung
} else {
    Andere Anweisung
}
```

Dank dieser Syntax lassen sich die Abfragen noch detaillierter definieren. Wie viele *elseif*-Zweige angegeben werden, bliebt dabei Ihnen überlassen. Das Besondere an dieser Definition ist allerdings der abschließende *else*-Zweig, denn ihm ist es zu verdanken, dass nun tatsächlich auf alle Eventualitäten reagiert werden kann.

Ein Beispiel:

```
<?php
// Der Wert von $zahl wird auf 2 gesetzt.
$zahl=2;
// Wenn $zahl gleich 1 ist.
if ($zahl==1) {
  echo "Eine Eins!!!";
// Wenn $zahl gleich 2 ist.
} elseif ($zahl==2) {
  echo "Eine Zwei!!!";
```

```
10  // Wenn $zahl gleich 3 ist.
    } elseif ($zahl==3) {
     echo "Eine Drei!!!";
    // In allen anderen Fällen.
    }else {
15   echo "Eine größere Zahl!!!";
    }
    ?>
```

Zuerst wird die im *if*-Zweig angegebene Bedingung überprüft. Ist diese erfüllt – der Wert von *$zahl* ist tatsächlich *1* –, wird *Eine Eins!!!* ins Dokument geschrieben. Ansonsten geht es mit dem ersten *elseif*-Zweig weiter. Darin wird überprüft, ob der Wert von *$zahl* gleich *2* ist. Stimmt das nicht, wird zum nächsten *elseif*-Zweig gesprungen. Sollte auch die dort definierte Abfrage nicht stimmen, greift der *else*-Zweig. Dieser gibt dann letztendlich den Hinweis *Eine größere Zahl!!!* aus.

Eine 2 wurde übergeben.

Mit einer solchen Konstruktion lässt sich nun auch das Problem mit dem Vergleich von *$a* und *$b* lösen. Denn dank dem abschließenden *else*-Zweig kann nun auch auf den Fall reagiert werden, dass *$a* und *$b* identisch sind.

```
    <?php
    // Die Werte von $a und $b werden gesetzt.
    $a = 10;
    $b = 10;
5   // Wenn $a größer als $b ist.
    if ($a > $b)
     echo "a ist größer als b";
    // Wenn $b größer als $a ist.
    elseif ($b > $a)
10   echo "b ist größer als a";
    // Wenn $a und $b gleich groß sind.
```

```
 else
 echo "a und b sind gleich";
 ?>
```

Switch

In den bisherigen Beispielen wurden Variablen mehrmals auf ihren tatsächlichen Inhalt überprüft. Mit dem *switch*-Konstruktur lassen sich Werte mit einer zuvor definierten Anzahl von Alternativen vergleichen. Der Einsatz von *switch* bietet sich immer dann an, wenn sehr viele Überprüfungen einer Variablen durchgeführt werden sollen.

Strukturell ist *switch* dabei durchaus mit einem verschachtelten *if* mit mehreren *elseif*-Zweigen vergleichbar, bei denen immer derselbe Parameter überprüft werden soll.

Im Gegensatz zu *if* ist *switch* allerdings auf den Vergleich (==) beschränkt. Zudem können nur einfache Typen wie Zahlen und Zeichenketten überprüft werden. Für komplexe Typen wie Arrays und Objekte lässt sich *switch* nicht verwenden.

switch-Konstrukte setzen sich immer aus zwei Teilen zusammen:

➢ Es gibt einen Referenzwert, der mit Alternativen verglichen werden soll. Dieser Wert wird über *switch* angegeben.

➢ Die möglichen Alternativen werden jeweils mit *case* markiert. Innerhalb eines solchen *case*-Blocks können beliebige Anweisungen stehen. Ausgeführt werden diese, wenn die Alternative mit dem Referenzwert übereinstimmt.

Die allgemeine Syntax sieht folgendermaßen aus:

```
 <?php
 switch (Bedingung) {
 case 0:
     Anweisung 1
 case 1:
     Anweisung 1
 case 2:
     Anweisung 1
 }
 ?>
```

Die Syntax der einzelnen *case*-Anweisungen ist immer identisch.

- `case Vergleichswert:`

Hinter *case* steht immer der Vergleichswert, gefolgt von einem Doppelpunkt, damit es an dieser Stelle nicht zu Missverständnissen kommt. Die *case*-Fälle werden nicht etwa durchnummeriert. Ebenso könnte das auch folgendermaßen aussehen:

- `case blau:`
- `    Anweisung 1`
- `case rot:`
- `    Anweisung 1`

Hinter *case* wird also immer der Wert notiert, der mit dem bei *switch* angegebenen Wert verglichen werden soll.

Das folgende Beispiel zeigt, wie sich *switch*-Konstrukte praktisch umsetzen lassen.

```php
<?php
// Setzt den Wert von $zahl auf 2.
$zahl = 2;
switch ($zahl) {
// Wenn $zahl eine 0 ist.
  case 0:
  echo "Eine Null!!!";
  // Wenn $zahl eine 1 ist.
  case 1:
  echo "Eine Eins!!!";
  // Wenn $zahl eine 2 ist.
  case 2:
  echo "Eine Zwei!!!";
  // Wenn $zahl eine 3 ist.
case 3:
  echo "Eine Drei!!!";
  // Wenn $zahl eine 4 ist.
  case 4:
  echo "Eine Vier!!!";
}
?>
```

Die *switch*-Anweisung wertet die Variable *$zahl* aus und vergleicht den Wert mit den *case*-Anweisungen. Dabei geht sie immer von oben nach unten vor. Stimmt der Referenzwert mit einer der Alternativen überein, wer-

543

den die nachfolgenden Anweisungen ausgeführt. Wenn nicht, werden sie übersprungen. Genau aus diesem Grund scheinen die Ergebnisse, die *switch* liefert, auf den ersten Blick ungewöhnlich. So lautet im aktuellen Fall der Referenzwert 2. Demzufolge stimmt *case 2* mit diesem Referenzwert überein.

- ▪ `case 2:`
- ▪ `echo "Eine Zwei!!!";`

Die folgende Abbildung zeigt, wie sich die Ausgabe darstellt.

Ab der 2 wird etwas ausgegeben.

case 1 stimmt nicht mit dem Referenzwert 2 überein und wird deswegen übersprungen. *case 2* entspricht dem Referenzwert und wird damit ausgeführt. Dasselbe gilt dann auch für alle nachfolgenden *case*-Anweisungen. Gewollt ist so etwas natürlich nicht immer. Daher kann man im Zusammenhang mit *switch* eine *break*-Anweisung verwenden. In dem Fall wird *switch* genau an der *case*-Position verlassen, an der *break* steht. So wird ausschließlich die erste Alternative berücksichtigt.

Das folgende Beispiel zeigt den Einsatz von *break*:

- ▪ `<?php`
- ▪ `// Setzt den Wert von $zahl auf 2.`
- ▪ `$zahl=2;`
- ▪ `switch ($zahl) {`
- 5 `// Wenn $zahl eine 0 ist.`
- ▪ `case 0:`
- ▪ `echo "Eine Null!!!";`
- ▪ `break;`
- ▪ `// Wenn $zahl eine 1 ist.`
- 10 `case 1:`
- ▪ `echo "Eine Eins!!!";`
- ▪ `break;`
- ▪ `// Wenn $zahl eine 2 ist.`

```
   case 2:
15 echo "Eine Zwei";
   break;
   // Wenn $zahl eine 3 ist.
   case 3:
   echo "Eine Drei!!!";
20 break;
   // Wenn $zahl eine 4 ist.
   case 4:
   echo "Eine Vier!!!";
   break;
25 }
   ?>
```

Die Syntax ist weitestgehend mit der aus dem ersten *switch*-Beispiel identisch. Lediglich die *break*-Anweisungen sind neu hinzugekommen. Diese genügen allerdings, um ein völlig anderes Ergebnis zu erzielen.

Nach der 2 ist Schluss.

Sobald jetzt nämlich *case 2* eintritt, werden die nachfolgenden Alternativen nicht mehr durchlaufen.

Nun kann es natürlich vorkommen, dass keine Alternative auf den Ausdruck passt. In diesem Fall würde die Ausgabe momentan leer bleiben. Das kann man verhindern, indem man einen Standardwert angibt. Dieser Wert wird immer dann ausgeführt, keine der Alternativen greift.

Zunächst die allgemeine Syntax

```
<?php
switch (Bedingung) {
case 0:
    Anweisung 1
case 1:
```

```
        Anweisung 1
case 2:
        Anweisung 1
default Anweisung
}
?>
```

Die *default*-Anweisung wird immer als letzte Anweisung definiert und weist noch zwei weitere Besonderheiten auf:

➢ Es muss ihr kein *case* zugewiesen werden.

➢ *break* muss man ebenfalls nicht angeben.

Der Vorteil der *default*-Anweisung: Es muss innerhalb von *switch* nicht auf boolesche Werte zurückgegriffen werden, wenn in jedem Fall eine Anweisung ausgeführt werden soll.

Das folgende Beispiel zeigt noch einmal, wie sich *default* verwenden lässt.

```
   <?php
   $zahl=12;
   switch ($zahl) {
    case 0:
5   echo "Eine Null!!!";
    break;
    case 1:
    echo "Eine Eins!!!";
    break;
10  case 2:
    echo "Eine Zwei";
    break;
    case 3:
    echo "Eine Drei!!!";
15  break;
    case 4:
    echo "Eine Vier!!!";
    break;
    default:
20  echo "Nicht angegeben.";
   }
   ?>
```

Das ist ein typisches *default*-Einsatzgebiet. Die angegebene Bedingung wird durch die *case*-Fälle nicht abgedeckt. Daher greift das zum Schluss definierte *default*, das den Text *Nicht angegeben* ins Dokument schreibt.

Keiner der normalen Fälle ist erfüllt, also greift der Standardwert.

Alternative Syntax für Kontrollstrukturen

Für Kontrollstrukturen und Schleifen kann man eine alternative Syntaxform verwenden. Das gilt für Folgendes:

> *if*
> *while*
> *for*
> *foreach*
> *switch*

Dabei wird jeweils mit dem Doppelpunkt gearbeitet. Dieser Doppelpunkt ersetzt die öffnende Klammer. Geschlossen werden die Abfragen bzw. Schleifen dann über spezielle Schlüsselwörter.

Kontrollstruktur/Schleife	Beendet über
if	endif
while	endwhile
for	endfor
foreach	endforeach
switch	endswitch

Das folgende Beispiel zeigt, wie sich *if* auf diese alternative Weise beenden lässt.

```
if ($a == $b) :
    // Tu etwas
endif;
```

Ob Sie diese Syntaxform verwenden, ist mal wieder Ihre Entscheidung. Persönlich finde ich die klassische Klammernsyntax allerdings übersichtlicher.

Mittlerweile wird diese Syntaxform als veraltet angesehen und allgemein von deren Einsatz abgeraten. (Was allerdings nicht heißt, dass dadurch PHP-Warnungen oder -Fehler verursacht würden. Syntaktisch ist das alles in Ordnung.)

Die Sache mit den Fragezeichen

In manchen PHP-Skripten wird Ihnen eine merkwürdig erscheinende Syntaxform begegnen, bei der Sie ein Fragezeichen und einen Doppelpunkt sehen. Dabei handelt es sich um eine alternative Syntaxform für *if*-Abfragen.

- (Bedingung ? Wert für wahr : Wert für falsch)

Jeder logische Ausdruck liefert nach seiner Auswertung einen der beiden booleschen Werte *true* und *false* zurück. Im *true*-Fall wird der Ausdruck vor dem Doppelpunkt ausgewertet. Liefert der Ausdruck hingegen ein *false* zurück, greift der Ausdruck hinter dem Doppelpunkt.

Das folgende Beispiel zeigt eine herkömmliche *if*-Abfrage.

```php
<?php
// Der Wert von $name wird manuell auf Michael gesetzt.
// Üblicherweise geschieht dies per Variablenübergabe.
$name = "Michael";
// Überprüft, ob der Wert von $name Michael ist.
if($name=="Michael"){
    echo "Hallo Michael";
    }
// Wenn $name nicht Michael ist.
else{
    echo "Dieser Name ist uns nicht bekannt.";
    }
?>
```

Eine solche Abfrage lässt sich ganz einfach auf die alternative Syntaxform umstellen:

```php
<?php
$name = "Michael";
```

- ```
  echo ($name=="Michael") ?  "Hallo Michael" :
        "Dieser Name ist uns nicht bekannt.";
  ```
- ```
  ?>
  ```

Auch hier bleibt letztendlich wieder Ihnen überlassen, welche der beiden Syntaxvarianten Sie verwenden. Gerade PHP-Einsteiger dürften aber sicherlich mit der Klammernvariante besser zurechtkommen.

if-Abfragen in Joomla!

Die *if*-Abfragen werden in PHP an vielen Stellen verwendet. Rufen Sie beispielsweise *Menüs/Hauptmenü* auf und klicken Sie auf den *Home*-Link. Stellen Sie dort unter *Einstellungen der Seitenanzeige* die Option *Seitenüberschrift anzeigen* auf *Ja* und tragen Sie in das Feld *Seitenüberschrift* einen beliebigen Text ein.

So wird ein zusätzlicher Titel angezeigt.

Durch diese Einstellungen wird im Frontend oberhalb des eigentlichen Startseitenbeitrags der angegebene Text als Hauptüberschrift angezeigt.

Dort steht der Seitentitel.

549

Intern wird das über eine *if*-Abfrage innerhalb der Content-Komponente gelöst, denn der in das Feld eingetragene Wert wird in einem Parameterobjekt gespeichert:

```
<?php if ( $this->params->get('show_page_heading')!=0) : ?>
    <h1>
    <?php echo $this->escape($this->params->get('page_heading'));
?>
    </h1>
<?php endif; ?>
```

Dieser Code überprüft, ob der Wert des Parameters *show_page_heading* ungleich *0* ist. Das ist der Fall, wenn die Option *Seitenüberschrift anzeigen* auf *Ja* gestellt ist. Und nur dann wird der innerhalb der *if*-Abfrage stehende Code ausgeführt.

Details zur index.php

Die eigentliche Template-Logik ist in der *index.php* hinterlegt. In dieser Datei wird der eigentliche Inhalt ausgegeben, sie steuert die Module, bindet die CSS-Dateien ein, sie ist also tatsächlich das Herzstück eines jeden Templates.

Auf diese Datei sollte von außen niemals direkt zugegriffen werden können. Daher notieren Sie am Anfang der Datei immer Folgendes:

```
<?php
defined('_JEXEC') or die;
?>
```

Es wird überprüft, ob die Joomla!-eigene Konstante *JEXEC* vorhanden ist. Diese Konstante setzt Joomla! automatisch, sobald eine Seite aufgerufen wird. Versucht jemand, eine so ausgestattete Datei direkt aufzurufen, wird eine Fehlermeldung ausgegeben. Diese Abfrage sollte in Joomla! am Anfang jeder PHP-Datei stehen!

Angaben zum Dokument

Zunächst müssen Sie sich für den gewünschten Dokumenttyp entscheiden, der über die sogenannte Dokumenttyp-Deklaration angegeben wird. So ist in der XHTML-Spezifikation und deren DTD (**D**ocument **T**ype **D**efinition – Dokumenttyp-Deklaration) festgelegt, welche Elemente und Attribute innerhalb eines XHTML-Dokuments verwendet werden dürfen. Bei der Validierung eines XHTML-Dokuments wird dann überprüft, ob es den Regeln für einen Dokumenttyp entspricht. Über die Angabe der DTD wird also bestimmt, auf welchen Sprachschatz sich die Datei bezieht.

Wenn Sie die Standardausgabe von Joomla! nicht über Overrides beeinflussen, wählen Sie die *transitional*-Variante.

- ```
  <!DOCTYPE html PUBLIC "-//W3C//DTD XHTML 1.0 Transitional//EN"
  "http://www.w3.org/TR/xhtml1/DTD/xhtml1-transitional.dtd">
  ```

Diese Variante ist die etwas „lockerere" Version des XHTML-Standards.

Das Gegenstück zu *transitional* ist *strict*. Seit Joomla! 1.6 kann auch diese Version angegeben werden.

- ```
  <!DOCTYPE HTML PUBLIC "-//W3C//DTD HTML 4.01//EN"
  "http://www.w3.org/TR/html4/strict.dtd">
  ```

Da die mit Joomla! ausgelieferten Editoren bei der *strict*-Variante jedoch Probleme bereiten, sollte auf *transitional* gesetzt werden.

Im *html*-Element der *index.php* sollte die Dokumentsprache angegeben werden. Das geschieht über die beiden Attribute *lang* und *xml:lang*. (Man sollte stets beide Attribute verwenden, da XHTML-Parser im Zweifelsfall das Attribut *xml:lang* bevorzugen, das von reinen HTML-Parsern nicht interpretiert wird.)

- ```
  <html xmlns="http://www.w3.org/1999/xhtml" lang="de-de"
  xml:lang="de-de">
  ```

Die im Joomla!-Backend eingestellte Sprache lässt sich über *$this->language;* auslesen. Somit können Sie die Dokumentsprache jeweils dynamisch ermitteln und ins *html*-Element übernehmen.

- ```
  <html xmlns="http://www.w3.org/1999/xhtml"
  ```
- ```
      xml:lang="<?php echo $this->language; ?>"
  ```
- ```
      lang="<?php echo $this->language; ?>" >
  ```

Die PHP-Platzhalter werden im Frontend automatisch durch die entsprechenden Sprachkürzel ersetzt. Ist die Sprache Deutsch, sieht der im Frontend generierte Quellcode folgendermaßen aus:

- ```
  <html xmlns="http://www.w3.org/1999/xhtml" lang="de-de"
  xml:lang="de-de">
  ```

Dem *lang*- und dem *xml:lang*-Attribut wurde als Wert *de-de* zugewiesen. Anders sieht das Ganze aus, wenn Englisch eingestellt wird. Dann nämlich ergibt sich folgendes Bild:
  ```

- ```
  <html xmlns="http://www.w3.org/1999/xhtml" lang="en-gb"
  xml:lang="en-gb">
  ```

Neben dem „dynamischen" *lang*-Attribut können auch der Zeichensatz und die Textrichtung auf diese Weise eingebunden werden.

- ```
  <?php echo '<?'; ?>xml version="1.0"
  encoding="<?php echo $this->_charset ?>"?>
  ```
- ```
  <!DOCTYPE html PUBLIC "-//W3C//DTD XHTML 1.0 Strict//EN"
  "http://www.w3.org/TR/xhtml1/DTD/xhtml1-strict.dtd">
  ```
- ```
  <html xmlns="http://www.w3.org/1999/xhtml" xml:lang="<?php echo
  $this->
  ```
- ```
      language; ?>" lang="<?php echo $this->language; ?>"
  ```
- ```
      dir="<?php echo $this->direction; ?>" >
  ```

Der daraus im Frontend generierte Quellcode sieht folgendermaßen aus:

- ```
  <?xml version="1.0" encoding="utf-8"?>
  ```
- ```
  <!DOCTYPE html PUBLIC "-//W3C//DTD XHTML 1.0 Strict//EN"
  "http://www.w3.org/TR/xhtml1/DTD/xhtml1-strict.dtd">
  ```
- ```
  <html xmlns="http://www.w3.org/1999/xhtml" xml:lang="de-de"
  lang="de-de"
  ```
- ```
      dir="ltr" >
  ```

Um die Joomla!-Kopfdateien in die *index.php* aufzunehmen, wird das *jdoc*-Element verwendet. Dieses Element dient seit Joomla! 1.5 dem Einfügen von Modulen und anderen Joomla!-Elementen. Ausführliche Informationen zu *jdoc* gibt es im weiteren Verlauf dieses Kapitels. Zunächst geht es ausschließlich um den Kopfbereich.

- ```
  <head>
  ```
- ```
      <jdoc:include type="head" />
  ```
- ```
  </head>
  ```

Über diesen Aufruf wird der Kopfbereich von Joomla! geladen. Dazu gehören der Seitentitel, der Skript- und der CSS-Bereich sowie die Metadaten. Der im Frontend generierte *head*-Quellcode sieht dann so aus:

- ```
  <head>
  ```
- ```
  <base href="http://localhost/joomla11/" />
  ```
- ```
  <meta http-equiv="content-type" content="text/html;
  charset=utf-8" />
  ```
- ```
  <meta name="robots" content="index, follow" />
  ```
- 5 ```
  <meta name="keywords" content="" />
  ```
- ```
  <meta name="rights" content="" />
  ```
  ```

- `<meta name="language" content="de-DE" />`
- `<meta name="generator" content="Joomla! - Open Source Content Management" />`
- `<title>Weblinks</title>`
10 `<link href="/joomla25/templates/databecker/favicon.ico" rel="shortcut icon" type="image/vnd.microsoft.icon" />`
- `</head>`

Auf einige der automatisch generierten Kopfanweisungen lohnt noch einmal ein genauerer Blick. Da wäre zunächst das *base*-Element. Dieses Element verweist immer auf die Basisadresse des Dokuments:

- `<base href="http://localhost/joomla25/" />`

Intern verwendet Joomla! dieses *base*-Element zur Generierung suchmaschinenfreundlicher URLs.

Ein weiteres Element betrifft den Zeichensatz. Über den Zeichensatz wird den Browsern mitgeteilt, wie die im Dokument verwendeten Zeichen dargestellt werden sollen:

- `<meta http-equiv="content-type" content="text/html; charset=utf-8" />`

Joomla! verwendet den Zeichensatz UTF-8. Dadurch werden spezielle Maskierungen bestimmter Zeichen überflüssig. Eine gute Einführung in diese Thematik finden Sie auf der Seite *http://de.selfhtml.org/html/allgemein/zeichen.htm*.

Joomla! fügt automatisch einige Metaangaben ein, die speziell für Suchmaschinen gedacht sind:

- `<meta name="robots" content="index, follow" />`
- `<meta name="keywords" content="" />`
- `<meta name="rights" content="" />`

Ausführliche Informationen zur Bedeutung dieser Metaangaben finden Sie in Kapitel 11. Sie müssen an dieser Stelle nur wissen, dass diese Metaangaben von Joomla! automatisch in den *head*-Bereich eingefügt werden. Die Werte – also beispielsweise Schlüsselwörter – werden im Backend bestimmt.

Sehr wichtig ist das *title*-Element, das von Joomla! automatisch eingefügt wird, denn die Browser zeigen den Titel in der Browserleiste an. Außerdem besitzt der Titel durchaus eine gewisse Bedeutung für die Suchmaschinen-optimierung.

- `<title>Weblinks</title>`

Joomla! generiert den Titel automatisch. Wem die automatisch generierten Titel nicht gefallen, der kann sie abändern. Dazu rufen Sie im Backend über *Menüs* das Menü auf, in dem sich der Menüeintrag befindet, der auf die Seite zeigt, dessen Titel man anpassen will. Klicken Sie dort den betreffenden Menüeintrag an. Unter *Seiten Anzeige Optionen* kann in das Feld *Browser Seitentitel* ein individueller Titel eingetragen werden.

CSS-Dateien einbinden

CSS ist Trumpf, das gilt auch und gerade für Joomla!-Templates. Normalerweise verwendet man innerhalb eines Templates mehrere CSS-Dateien. Zwingend vorgeschrieben ist die *template.css*. Bei dieser handelt es sich um die zentrale Stylesheet-Datei für Joomla!-Templates.

Eine typische CSS-Definition im Kopfbereich der Seite sieht folgendermaßen aus:

- `<link rel="stylesheet" href="<?php echo $this->baseurl ?>/templates/system/css/system.css" type="text/css" />`
- `<link rel="stylesheet" href="<?php echo $this->baseurl ?>/templates/system/css/general.css" type="text/css" />`
- `<link rel="stylesheet" href="<?php echo $this->baseurl ?>/templates/<?php echo $this->template ?>/css/template.css" type="text/css" />`
- `<link rel="stylesheet" href="<?php echo $this->baseurl ?>/templates/<?php echo $this->template ?>/css/blue.css" type="text/css" />`

Drei der vier hier definierten CSS-Dateien sollten normalerweise angegeben werden:

> *system.css* – Darin sind allgemeine Joomla!-eigene Stylesheets zu finden.

> *general.css* – Darin sind die für die vom System ausgegebenen Meldungen enthalten. Typischerweise handelt es sich um Elemente wie *div.tooltip* oder *.img_caption.left*.

> *template.css* – Bei der *template.css* handelt es sich um die Datei, in der alle Template-spezifischen Formatierungen enthalten sind, die für das Grundlayout benötigt werden.

Die *blue.css* enthält die Farbdefinitionen für das Template. Interessant wird diese Datei, wenn hierüber später noch die parametrisierte Steuerung des Templates realisiert wird.

Auffällig ist die Anweisung *<?php echo $this->baseurl ?>* innerhalb der *link*-Definitionen. Hierüber kann man den absoluten Pfad der Joomla!-Installation automatisch in die Pfadangabe aufnehmen. In dem im Frontend generierten Quellcode sieht das dann also beispielsweise so aus:

- `<link rel="stylesheet" href="dbecker/templates/system/css/ system.css" type="text/css" />`
- `<link rel="stylesheet" href=" dbecker /templates/system/css/ general.css" type="text/css" />`
- `<link rel="stylesheet" href=" dbecker /templates/databecker/css/ template.css" type="text/css" />`

Die Anweisung *<?php echo $this->baseurl ?>* hat somit den Vorteil, dass, wenn Sie das Template später in einer anderen Joomla!-Installation verwenden wollen, die Pfadangaben nicht manuell angepasst werden müssen.

Ähnlich gelagert ist *<?php echo $this->template ?>*. Darüber wird der Name des aktuellen Templates ermittelt. Selbst dann, wenn Sie diese Datei später also in einem anderen Template verwenden, wird im Pfad der richtige Template-Name angezeigt. Das ist natürlich ein riesiger Vorteil gegenüber statisch notierten Pfaden, die man jeweils einzeln manuell verändern müsste.

Sonderfall Internet Explorer

Der Internet Explorer hatte in der Vergangenheit massive Probleme mit CSS. Viele CSS-Eigenschaften wurden schlichtweg falsch interpretiert, sodass alternative Definitionen erforderlich waren. Eine Möglichkeit, diese Probleme zu umgehen, besteht nun darin, für den Internet Explorer eigene CSS-Dateien anzulegen. Für diesen Zweck bietet Microsoft mit den Conditional Comments eine elegante Lösung an. Conditional Comments sind Kommentare, in denen Abfrageverzweigungen enthalten sein können.

- `<!--[if lte IE 6]>`
- `<link href="<?php echo $this->baseurl ?>/templates/databecker/ css/ieonly.css"`
- `rel="stylesheet" type="text/css" />`
- `<![endif]-->`

Durch diese Syntax wird für den IE6 eine spezielle CSS-Datei geladen. Das Ganze lässt sich natürlich noch ausbauen. Im folgenden Beispiel wird nach herkömmlicher Syntax eine CSS-Datei für alle Browser eingebunden. Nur für die verschiedenen Versionen des Internet Explorer werden jeweils spezielle CSS-Dateien geladen.

```
   <link rel="stylesheet" type="text/css" href="standard.css" />
   <!--[if IE]>
     <style type="text/css">@import url(ie.css);</style>
   <![endif]-->
5  <!--[if IE 6]>
     <style type="text/css">@import url(ie6.css);</style>
   <![endif]-->
   <!--[if lt IE 7]>
     <style type="text/css">@import url(ie5-6.css);</style>
10 <![endif]-->
   <!--[if lte IE 5.5999]>
     <style type="text/css">@import url(ie55-.css);</style>
   <![endif]-->
   <!--[if gte IE 5.5]>
15   <style type="text/css">@import url(ie55+.css);</style>
   <![endif]-->
```

Auf diese Weise können Sie tatsächlich für alle Internet-Explorer-Versionen eigene CSS-Dateien anlegen. Andere Browser sehen in den Conditional Comments normale HTML-Kommentare. Es existieren die folgenden Vergleichsoperatoren:

Operator	Beschreibung
!	*NOT*-Operator – Ausdruck trifft zu, wenn die Bedingung nicht zutrifft.
Gt	*Greater than* – Ausdruck trifft zu, wenn der Wert größer als der Vergleichswert ist.
Lt	*Less then* – Ausdruck trifft zu, wenn der Wert kleiner als der Vergleichswert ist.
Gte	*Greater than equal* – Ausdruck trifft zu, wenn der Wert größer als der Vergleichswert oder gleich groß ist.
lte	*Less than equal* – Ausdruck trifft zu, wenn der Wert kleiner als der Vergleichswert oder gleich groß ist.

Hier einige typische Anwendungen für Vergleichsoperatoren:

➤ *[if IE]* – alle Versionen ab 5.0

> ➤ *[if IE 6]* – alle 6er-Versionen
> ➤ *[if lt IE 7]* – alle Versionen vor 7
> ➤ *[if lte IE 5.5999]* – alle Versionen bis 5.5
> ➤ *[if gte IE 5.5]* – alle Versionen ab 5.5

Normalerweise genügt es, wenn eine Unterscheidung zwischen Version 6 und älteren Versionen gemacht wird, denn mit Einführung der 6er-Version hat der Internet Explorer grobe Interpretationsfehler abgelegt und interpretiert auch das Boxmodell des W3C korrekt.

JavaScript und die MooTools einbinden

Ähnlich wie CSS- lassen sich JavaScript-Dateien einbinden. Man arbeitet auch hier mit den bereits vorgestellten Variablen *$this->baseurl* und *$this->template*.

■
```
<script type="text/javascript" src="<?php echo $this->baseurl ?>
/templates/<?php echo $this->template?>/javascript/script.js">
</script>
```

Wenn Sie das JavaScript-Framework MooTools einbinden wollen, geht das ebenfalls über eine Joomla!-Variable:

■
```
<? JHTML::_('behavior.framework', true; ?>
```

Da das Framework sehr ladezeitintensiv ist, sollten Sie diesen Aufruf allerdings nur verwenden, wenn Sie das Framework tatsächlich auch nutzen.

Unterschiedliche Laufrichtungen berücksichtigen

Bekanntermaßen gibt es Schriften mit unterschiedlichen Laufrichtungen. Im europäischen Sprachraum läuft die Schrift von links nach rechts, arabische Schrift „wandert" hingegen von rechts nach links. Verwendet man eine solche Schrift, kann es in Joomla! zu Konflikten kommen. Um diese Konflikte zu vermeiden, können Sie eine spezielle CSS-Datei einbinden.

■
```
<?php if($this->direction == 'rtl') : ?>
```
■
```
<link href="<?php echo $this->baseurl ?>/templates/databecker/
css/template_rtl.css" rel="stylesheet" type="text/css" />
```
■
```
<?php endif; ?>
```

Über *direction* wird die Laufrichtung ermittelt. Ist sie *rtl* (**r**ight **t**o **l**eft), wird die Datei *template_rtl.css* geladen. Innerhalb dieser CSS-Datei werden dann die entsprechenden *rtl*-Angaben berücksichtigt. Wie eine solche Datei aussehen kann, zeigt das folgende Beispiel:

```
■  body{
■      direction: rtl;
■  }
■  p{
5      text-align: right;
■  }
■  #fontsize {
■      right: auto;
■      left: 0;
10     padding: 4px 0;
■  }
■  #fontsize h3 {
■      margin: 0;
■      padding: 0;
15 }
■  #fontsize p {
■      margin: 0 5px 0 0;
■      padding: 0;
■  }
20 #fontsize p a {
■      display: -moz-inline-box;
■      padding: 0 24px 0 0;
■      zoom: 1;
■  }
```

Im Zusammenhang mit unterschiedlichen Laufrichtungen ist vor allem die *direction*-Eigenschaft interessant. Ausführliche Informationen dazu finden Sie unter *http://www.css4you.de/Texteigenschaften/direction.html*.

Natürlich ist es immer sicherer, die unterschiedlichen Laufrichtungen unter Realbedingungen zu testen. In Joomla! gibt es aber einen ganz einfachen Trick. Wenn Sie Deutsch als Sprache installiert und als Standard eingestellt haben, öffnen Sie die Datei *language/de-DE/de-DE.XML*. In dieser Datei gibt es einen *medatada*-Bereich.

```
■  <metadata>
■      <name>German (DE-CH-AT)</name>
■      <tag>de-DE</tag>
■      <rtl>0</rtl>
■      <locale>de_DE.utf8, de_DE.UTF-8, de_DE, deu_DE, de, german,
       german-de, de, deu, germany</locale>
```

- `<firstDay>1</firstDay>`
- `</metadata>`

Interessant ist innerhalb dieses Bereichs das *rtl*-Element:

- `<rtl>0</rtl>`

Ändern Sie den Wert dieses Elements von *0* auf *1*:

- `<rtl>0</rtl>`

Dadurch wird im Frontend die RTL-CSS-Datei geladen.

Die templateDetails.xml

Sie können sich die *templateDetails.xml* als eine Art Anleitung für Joomla! vorstellen. Der Joomla!-Installer liest diese Manifestdatei ein und erkennt anhand der darin notierten Werte, wie das Template aufgebaut ist.

Nachdem Sie jetzt wissen, warum die *templateDetails.xml* so wichtig ist, geht es ins Detail, also an den Aufbau einer solchen Datei.

Eingeleitet wird die Datei mit dem sogenannten XML-Prolog. Dieser enthält die XML-Version und den Zeichensatz.

- `<?xml version="1.0" encoding="utf-8"?>`

Weiter geht es mit dem Dokumenttyp. Dabei wird die DTD von Joomla! angegeben:

- `<!DOCTYPE install PUBLIC "-//Joomla! 1.6//DTD`
- `template 1.0//EN" "http://www.joomla.org/xml/dtd/1.6/template-install.dtd">`

Nun muss die Art der Erweiterung angegeben werden:

- `<extension version="2.5" type="template" client="site">`

Hierbei handelt es sich um eine Erweiterung vom Typ *template* für Joomla! 2.5. Über *client="site"* wird angegeben, dass es ein Frontend-Template ist. Das geöffnete *extension*-Element muss am Ende der *templateDetails.xml* unbedingt geschlossen werden.

Jetzt folgen einige allgemeine Angaben zum Template:

- 5 `<name>Data Becker</name>`
- `<version>1.01</version>`
- `<creationDate>September 2012</creationDate>`

```
    <author>Data Becker</author>
    <authorEmail>info@databecker.de</authorEmail>
10  <authorUrl>http://www.http://wwww.databecker.de/</authorUrl>
    <copyright>Copyright (C) 2011 databecker.de</copyright>
    <license></license>
    <description>
      Ein Template von Data Becker.
15    Die verwendeten Positionen: banner, breadcrumbs,
          bottom, left, right, search, footer, user1, user2, top
    </description>
```

Diese Angaben bedeuten Folgendes:

➢ Template-Name
➢ Version des Templates
➢ Autor/Entwickler
➢ E-Mail-Adresse von Autor/Entwickler
➢ Webadresse von Autor/Entwickler
➢ Copyright-Informationen
➢ Lizenz, unter der das Template veröffentlicht wurde
➢ Beschreibung

Diese allgemeinen Informationen werden im Joomla!-Backend innerhalb der Template-Verwaltung angezeigt.

Die Grundstruktur der *templateDetails.xml* sieht insgesamt also folgendermaßen aus:

```
    <?xml version="1.0" encoding="utf-8"?>
    <!DOCTYPE install PUBLIC "-//Joomla! 1.6//DTD
        template 1.0//EN" "http://www.joomla.org/xml/dtd/1.6/
        template-install.dtd">
    <extension version="2.5" type="template" client="site">
5   <name>Data Becker</name>
    <version>1.01</version>
    <creationDate>April 2012</creationDate>
    <author>Data Becker</author>
    <authorEmail>info@databecker.de</authorEmail>
10  <authorUrl>http://www.http://wwww.databecker.de/</authorUrl>
    <copyright>Copyright (C) 2012 databecker.de</copyright>
    <license></license>
    <description>
```

```
■     Ein Template von Data Becker.
15    Die verwendeten Positionen: banner, breadcrumbs,
■          bottom, left, right, search, footer, user1, user2, top
■  </description>
■    ...
■  </extension>
```

Zusätzlich müssen sämtliche im Template verwendeten Dateien angegeben werden. Die Dateien stehen dabei jeweils in einem *filename*-Element. Alle *filename*- und *folder*-Elemente sind von einem globalen *files*-Element umschlossen.

```
■  <files>
■      <folder>css</folder>
■      <folder>html</folder>
■      <filename>index.php</filename>
■      <filename> template.css</filename>
■  </files>
```

Hier geben Sie die im Template verwendeten Verzeichnisse und Dateien an. Bei den *folder*-Elementen notieren Sie die Verzeichnisse. Die Dateien, die in diesen Verzeichnissen liegen, müssen hingegen nicht explizit angegeben werden. Alle Dateien, die nicht innerhalb der Verzeichnisse, sondern auf der obersten Template-Ebene liegen, müssen jeweils in einem einzelnen *filename*-Element stehen. Das ist übrigens ein großer Unterschied zu früheren Joomla!-Versionen, denn dort mussten tatsächlich alle Dateien explizit angegeben werden. Das galt dann auch für solche, die in Unterverzeichnissen lagen.

In dieser Aufzählung bzw. in diesem *files*-Bereich müssen die folgenden Elemente enthalten sein, es sei denn, sie liegen in einem bei *folder* angegebenen Verzeichnis:

➢ Alle im Template verwendeten PHP-Dateien.

➢ Alle im Template verwendeten HTML-Dateien.

➢ Alle im Template verwendeten CSS-Dateien.

➢ Alle im Template verwendeten Grafiken.

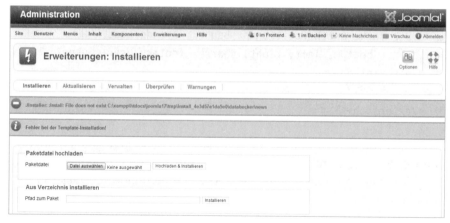

Die Installation ist fehlgeschlagen.

Zwei weitere Bereiche der *templateDetails.xml* betreffen die im Template verwendeten Modulpositionen und gegebenenfalls die Parameter. In Joomla! werden die Module im Template anhand von Modulpositionen platziert. Eingestellt werden die entsprechenden Positionen dabei – wie bereits gezeigt – über das Backend.

Welche Positionen hier zur Verfügung stehen, können Sie für Ihr Template selbst bestimmen. Dafür sind zwei Schritte notwendig:

➢ In der *templateDetails.xml* werden die Positionen definiert.
➢ Die definierten Positionen werden in der *index.php* angegeben.

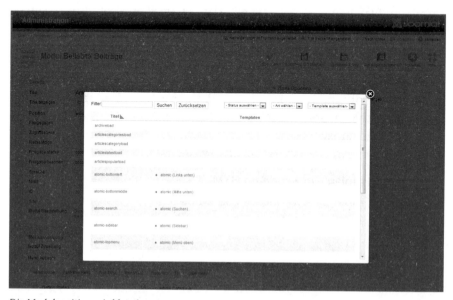

Die Modulposition wird bestimmt.

In der *templateDetails.xml* müssen die Positionen, die im Template verwendet werden sollen, innerhalb des *positions*-Elements jeweils über einzelne *position*-Elemente definiert werden.

- ```
  <positions>
  ```
- ```
      <position>login</position>
  ```
- ```
      <position>topmenu</position>
  ```
- ```
      <position>search</position>
  ```
- ```
      <position>header</position>
  ```
- ```
      <position>logo</position>
  ```
- ```
  </positions>
  ```

Damit stehen die Modulpositionen im Backend zur Verfügung.

In vielen Templates werden mittlerweile fortlaufende Positionsnamen wie *position-1*, *position-2* etc. verwendet. Das kann man machen, obligatorisch ist das aber nicht. Meistens ist es sogar sinnvoller, „sprechende" Modulnamen zu verwenden. Das macht die spätere Zuordnung der Module zu den Positionen einfacher.

Module einbinden und positionieren

Weiter geht es nun mit der *index.php*, denn von dieser wurden in den bisherigen Beispielen lediglich das Grundgerüst und der Kopfbereich angelegt. Jetzt müssen die Inhalte definiert werden.

Im Gegensatz zu einer statischen HTML-Seite werden in Joomla! viele Elemente dynamisch geladen. Das sind

- ➤ der Inhalt,
- ➤ die Module und
- ➤ Systemnachrichten/Fehlermeldungen.

Die Module gehören in Joomla! zu den zentralen Merkmalen. Solche Module werden rings um den eigentlichen Inhalt platziert und erfüllen ganz unterschiedliche Aufgaben. Module sorgen beispielsweise für die Anzeige des Log-in-Formulars oder eines Menüs.

Innerhalb der *index.php* müssen Sie nun Platzhalter für die Modulpositionen definieren. Verwendet wird dafür das *jdoc*-Element. Über dieses Element werden nicht nur Module, sondern auch der Dokumentkopf (*header*), der eigentliche Inhalt und Systemmeldungen eingebunden.
  ```

Das *jdoc*-Element muss die beiden Attribute *type* und *name* besitzen. Der Wert von *type* bestimmt, was letztendlich geladen werden soll. Bei einem Modul lautet er jeweils *modules*. Im Fall des Dokumentkopfs wird hingegen *head* verwendet. Für den eigentlichen Inhalt wird als Typ *component* angegeben. Mehr zu diesem wichtigen Typ erfahren Sie im weiteren Verlauf dieses Kapitels. Zunächst geht es mit den normalen Modulen weiter.

Über *name* wird der Positionsname angegeben.

- `<jdoc:include type="modules" name="position" />`

Der Name ist frei wählbar. Dennoch haben sich für einige Standardmodule bestimmte Namen etabliert. Ein paar dieser Modulnamen werden von Joomla! übrigens standardmäßig angezeigt, wenn man die Position für ein Modul einstellt.

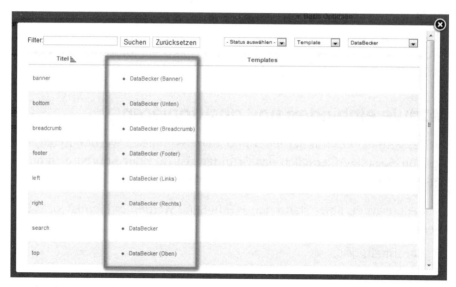

Joomla! übersetzt die Werte.

Die in der linken Spalte angezeigten Werte sind die, die in der *template Details.xml* definiert wurden. Hinter dem Template-Namen stehen dann allerdings noch einmal Positionsnamen in Klammern. Diese werden von Joomla! immer dann automatisch gesetzt, wenn auf Standardnamen zurückgegriffen wird. Gibt man in seiner *templateDetails.xml* also den Positionsnamen *left* an, erkennt das Joomla! und macht daraus in Klammern gesetzt den Wert *Links*. Wird die Backend-Sprache dann auf Englisch umgestellt, wird daraus *Left*. Die Positionsangaben sind also mehrsprachig. Wie Sie die Standardtexte anpassen und fehlende Positionsnamen – wie beispielsweise bei *search* – einfügen können, wird ab Seite 594 gezeigt.

Code	Beschreibung
<jdoc:include type="module" name="search" />	Suchen
<jdoc:include type="module" name="breadcrumbs" />	Breadcrumb-Menü
<jdoc:include type="modules" name="banner" style="" />	Banner
<jdoc:include type="modules" name="left" style="" />	Module links
<jdoc:include type="modules" name="right" style="" />	Module rechts
<jdoc:include type="modules" name="user1" style="" />	Modul User1
<jdoc:include type="modules" name="user2" style="" />	Modul User2
<jdoc:include type="modules" name="top" style="" />	Modul Top
<jdoc:include type="modules" name="bottom" style="" />	Modul Bottom

Da es erfahrungsgemäß an dieser Stelle immer wieder zu Missverständnissen kommt, folgt dazu ein Beispiel. Das Suchen-Modul kann über <jdoc:include type="module" name="search" /> eingebunden werden. Das ist eine Empfehlung, vorgeschrieben ist es jedoch nicht. Ebenso ließe sich auch <jdoc:include type="module" name="meinesuchfunktion" /> verwenden. Durch das *jdoc*-Element wird lediglich ein Platzhalter in der *index.php* definiert. Diesem Platzhalter wird später im Backend das Suchen-Modul zugewiesen. Der Name *search* ist dann nicht entscheidend. Für ihn spricht jedoch, dass Templates dadurch eine gewisse Grundstruktur erhalten. Relevant wird das zum Beispiel, wenn das Template weitergegeben werden soll. Denn durch den Einsatz konsistenter Namen finden sich erfahrungsgemäß auch andere Entwickler schneller im Template zurecht.

Die Standard-Templates von Joomla! verwenden übrigens Namen wie *position-0*, *position-1* etc. Das ist für die Standard-Templates völlig in Ordnung, schließlich wissen die Entwickler dieser Templates nicht, was letztendlich an den definierten Positionen eingefügt wird. Bei Ihren eigenen Templates sollten Sie jedoch Namen vergeben, von denen Sie wissen, was sie bedeuten.

Über das *style*-Attribut lässt sich die Art und Weise, in der die Module ausgegeben werden sollen, bestimmen. Module können beispielsweise in *div*-Containern oder in Tabellen eingebettet werden. Dieses Einbetten läuft in Joomla! unter dem Namen „Styles".

Insgesamt stehen fünf Werte zur Auswahl:

> *xhtml* – Das Modul wird mittels *div*-Elementen ausgegeben. Das erzeugt den saubersten Quellcode. Das Modul wird dabei mit einem *div*-

Element der Klasse *moduletable* umgeben. Die Überschrift – wenn sie denn aktiviert wurde – ist oberhalb des *div*-Elements in einer *h3*-Überschrift zu sehen. Bei Menüs heißt die Klasse *moduletable_menu*. Gibt man kein *style*-Attribut an, wendet Joomla! automatisch *xhtml* an.

➢ *rounded* – Ermöglicht die Definition runder Ecken. Aber Achtung: Durch *rounded* werden lediglich die *div*-Container bereitgestellt, die für die Definition runder Ecken benötigt werden. Die runden Ecken selbst muss man über die CSS-Datei definieren. Im nächsten Abschnitt finden Sie detaillierte Informationen dazu, wie sich abgerundete Ecken definieren lassen.

➢ *table* – Hierdurch wird das Modul in einer Tabelle ausgegeben.

➢ *horz* – Gibt das Modul horizontal aus. Dabei wird jedes Modul in einer Zelle einer umgebenden Tabelle angezeigt.

➢ *none* – Das Modul wird ohne etwaige Formatierungen ausgegeben. Das gilt insbesondere auch für CSS-Klassen und -IDs.

Über sogenannte Module-Chromes lassen sich auch eigene Stile definieren. Ausführliche Informationen zu diesen Chromes gibt es im weiteren Verlauf dieses Kapitels. Dennoch folgt an dieser Stelle ein Beispiel dafür, wie sich eigene Modulstile definieren lassen. Dazu legen Sie innerhalb des *html*-Verzeichnisses des Templates eine *modules.php* an. In dieser Datei lassen sich die gewünschten Stile definieren.

```
function modChrome_mysearch($module, &$params, &$attribs)
{
  if (!empty ($module->content)) : ?>
    <?php if ($module->showtitle) : ?>
      <h4><?php echo $module->title; ?></h4>
    <?php endif; ?>
    <?php echo $module->content; ?>
  <?php endif;
}
```

Ein so definierter Stil lässt sich dann innerhalb der *index.php* beim Aufruf der entsprechenden Module verwenden.

```
<jdoc:include type="modules" name="search" style="mysearch" />
```

Auf diese Weise gibt Joomla! Entwicklern den größtmöglichen Gestaltungsspielraum dahin gehend, wie die Module ausgegeben werden sollen.

Abgerundete Ecken

Abgerundete Ecken werden immer beliebter. Kein Wunder, schließlich lassen sich damit nicht nur einzelne Seitenbereiche optisch aufwerten, auch ganze Seitenlayouts können mit solchen runden Ecken versehen werden.

Opera stellt runde Ecken dar.

Joomla! bietet die Möglichkeit zur Definition runder Ecken. Dazu muss lediglich in der Moduldefinition beim Attribut *style* der Wert *rounded* angegeben werden.

```
<jdoc:include type="modules" name="position-7" style="rounded" />
```

Daraufhin generiert Joomla! eine *div*-Konstruktion, die als Basis für runde Ecken verwendet werden kann.

```
<div class="module">
  <div>
    <div>
      <div>
        <h3>Unser Archiv</h3>
        <ul class="archive-module">
          <li> <a href="/joomla25/index.php?option=com_content
          &amp;view=archive&amp;year=2011&amp;month=1&amp;
          Itemid=256&amp;lang=de"> Januar</a> </li>
```

- `        </ul>`
- `      </div>`
- `    </div>`
- `  </div>`
- `</div>`

Dieses Konstruktion genügt bereits, um runde Ecken per CSS zu definieren.

Die Browserinterpretation

Es ist übrigens nicht wirklich problematisch, wenn ein Browser abgerundete Ecken nicht richtig anzeigt. In solchen Browsern werden dann ganz normale Ecken zu sehen sein. Die Besucher Ihrer Seite bemerken also in aller Regel nicht, dass Ihre Webseite abgerundete Ecken nutzt und diese nicht richtig angezeigt werden.

Mit CSS3 wurde die Eigenschaft *border-radius* eingeführt. Über diese Eigenschaft lassen sich für Boxen runde bzw. elliptische Ecken umsetzen. Weist man *border-radius* einen Wert zu, bezieht sich dieser auf den Radius des Kreises, der die Ecke darstellt.

- `border-radius: 10px;`

Ebenso können auch zwei Werte angegeben werden. In diesem Fall steht der erste Wert für den horizontalen Radius, der zweite Wert für den vertikalen Radius.

Alternativ dazu können Sie auch einzelne Ecken der Box abrufen. Dafür stehen vier weitere Eigenschaften zur Verfügung.

- ➢ *border-top-right-radius*
- ➢ *border-bottom-right-radius*
- ➢ *border-bottom-left-radius*
- ➢ *border-top-left-radius*

Wie üblich, muss man für die Browser die jeweiligen Kürzel verwenden. Um alle Ecken gleich zu gestalten, wird auf folgende Syntax zurückgegriffen:

- `.module {`
- `   border: 1px solid #8b4513;`
- `   -webkit-border-radius: 10px;`
- `   -khtml-border-radius: 10px;`
- `   -moz-border-radius: 10px;`
- `   border-radius: 10px;`

```
■      background: #eee8aa;
■  }
```

Bei der Definition unterschiedlicher Ecken müssen Sie beachten, dass Mozilla hier vom CSS3-Standard abweicht und eigene Eigenschaften vorsieht. Dort muss man *-moz-border-radius-topleft*, *-moz-border-radius-topright*, *-moz-border-radius-bottomright* und *-moz-border-radius-bottomleft* verwenden. Auch hierzu wieder ein Beispiel:

```
■  .module {
■      border: 1px solid #8b4513;
■      -webkit-border-top-left-radius: 10px;
■      -webkit-border-top-right-radius: 10px;
■       -khtml-border-top-left-radius: 10px;
■       -khtml-border-top-right-radius: 10px;
■      -moz-border-radius-topleft: 10px;
■      -moz-border-radius-topright: 10px;
■      border-top-left-radius: 10px;
■      border-top-right-radius: 10px;
■      background: #eee8aa;
■  }
```

Auf diese Weise lassen sich die unterschiedlichen Browser – mit Ausnahme des Internet Explorer – ansprechen.

Sie müssen übrigens nicht unbedingt einen Rahmen definieren, um abgerundete Ecken sichtbar zu machen. Das folgende Beispiel zeigt noch einmal, wie sich an den Ecken jeweils unterschiedliche Bogen definieren lassen.

```
■  .module {
■      border: 1px solid #FF3333;
■      background-color: #3399FF;
■      border-radius: 0px 50px 0px 50px;
■      -moz-border-radius: 0px 50px 0px 50px;
■      -webkit-border-top-right-radius: 50px;
■      -webkit-border-bottom-left-radius: 50px;
■      Padding: 20px;
■  }
```

Das Ergebnis sieht so aus:

Die Ecken wurden unterschiedlich definiert.

Den Hauptinhalt und andere Elemente einbinden

Ähnlich sieht die Syntax aus, wenn man den Seiteninhalt einblenden will:

■ `<jdoc:include type="component" />`

Das *component*-Element sollte nur einmal innerhalb des *body*-Elements vorkommen. Hierüber wird der eigentliche Inhalt der Seite gerendert.

Nun sind Module und der Inhalt natürlich längst nicht die einzigen Elemente, die sich einbinden lassen. Ein weiteres, nämlich *head*, haben Sie bereits kennengelernt.

■ `<jdoc:include type="head" />`

Über *head* wird der Dateikopf, der sogenannte Head-Bereich, eingebunden.

Mit *message* kann man sich System- und Fehlermeldungen anzeigen lassen, die beim Rendern der Seite auftreten.

■ `<jdoc:include type="message" />`

Auch diese Elemente werden höchstens einmal innerhalb des Templates gesetzt. Am besten platzieren Sie das Element innerhalb einer Abfrage. Diese Abfrage sollte überprüfen, ob es zu einer System- bzw. Fehlermeldung gekommen ist.

```
<div class="content">
  <?php if ($this->getBuffer('message')) : ?>
  <div class="error">
    <h2><?php echo JText::_('Message'); ?></h2>
    <jdoc:include type="message" />
  </div>
  <?php endif; ?>
  <jdoc:include type="component" style="xhtml" />
</div>
```

Ebenfalls interessant ist *message* beispielsweise, um den Statustext eines abgesendeten Formulars anzuzeigen. Das Element sollte also unbedingt im Template berücksichtigt werden.

Zu guter Letzt noch *installation* – dieses Element wird ausschließlich vom Joomla!-Installer-Template verwendet und wird daher hier nur der Vollständigkeit halber mit aufgeführt.

```
<jdoc:include type="installation" />
```

installation wird weder für das Backend noch für das Frontend benötigt. Prinzipiell funktioniert dieses Element ähnlich wie *component*. Allerdings wird darüber nicht der Seiteninhalt, sondern es werden die Installationsschritte eingebunden.

Die CSS-Datei ausbauen

Mit dem Einbinden der Inhalte ist es natürlich nicht getan. Was jetzt noch fehlt, ist deren Formatierung.

Achten Sie darauf, dass Ihre CSS-Klassen und -IDs nicht den gleichen Namen besitzen wie die in Joomla! definierten, da Ihre Klassen ansonsten die Eigenschaften der Joomla!-Klassen erben oder ersetzen (oder umgekehrt).

Einfacher lassen sich die Klassen nämlich in der Praxis nutzen. Ein Beispiel: Angenommen, Sie binden ein Modul in den Code ein. Anschließend lassen Sie sich im Frontend den von Joomla! generierten Code anzeigen. Dort steht dann auch die entsprechende ID oder Klasse bei dem Modul. Jetzt brauchen Sie die CSS-Klasse nur noch zu überschreiben.

In Kapitel 7 wurden bereits einige Tools vorgestellt, auf deren Basis man Klassen und IDs ermitteln kann.

Joomla! stattet standardmäßig die meisten Elemente mit vordefinierten Klassen und IDs aus. So wird beispielsweise allen Modulen vom System die Klasse *moduletable* zugewiesen. Es würde an dieser Stelle sicherlich zu weit führen, sämtliche Klassen und IDs aufzulisten. Das ist aber auch gar nicht nötig, da eine entsprechende Übersicht auf der Seite *http://docs. joomla.org/Joomla_1.6_Core_CSS_Classes_and_IDs* zu finden ist. Außerdem gibt es im Anhang dieses Buchs eine Übersicht der wichtigsten CSS-Klassen und -IDs.

An dieser Stelle noch einmal der Hinweis auf Kapitel 7: Dort wird ausführlich gezeigt, wie Sie Klassen bzw. IDs ermitteln und diese in Ihren eigenen CSS-Dateien nutzen und somit überschreiben können.

Zwei Screenshots anlegen

Damit das Template später wirklich vollständig ist, erzeugen Sie einen Screenshot, auf dem es in Aktion zu sehen ist. Speichern Sie den Screenshot unter dem Namen *template_thumbnail.png* im Template-Verzeichnis (z. B. *databecker*) ab. Diese Grafik wird später als Vorschaugrafik in der Template-Übersicht von Joomla! angezeigt. Rufen Sie dazu *Erweiterungen/ Templates* auf und wechseln Sie in das *Templates*-Register.

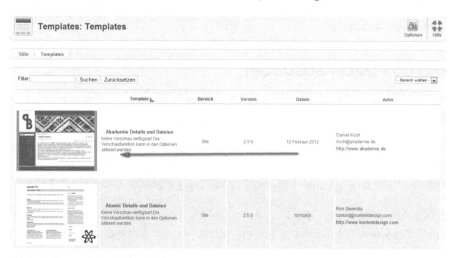

Solch ein Screenshot wird benötigt.

Für die Größe des Screenshots gibt es zwar keine Vorgaben, in aller Regel sollte er aber um die 206 x 150 Pixel groß sein. Der Screenshot muss unter dem Namen *template_thumbnail.png* im Template-Verzeichnis gespeichert werden.

Klickt man innerhalb der Template-Übersicht auf eine Vorschaugrafik, wird noch einmal ein größeres Vorschaubild angezeigt. Um eine solche Vorschau auch für Ihr Template zu bekommen, legen Sie innerhalb des Hauptverzeichnisses Ihres Templates die Datei *template_preview.png* an. Diese Grafik sollte eine Größe von etwa 800 x 600 Pixeln haben (wobei die Größe von Joomla! hier nicht exakt vorgegeben wird).

So sieht man gleich, was einen erwartet.

8.5 Mit Template-Parametern arbeiten

Bereits mit Joomla! 1.5 wurde die Möglichkeit zur Definition von Parametern eingeführt. Diese Parameter erlauben Entwicklern einen deutlich größeren Gestaltungsspielraum. So kann man über Parameter beispielsweise eine variable Template-Breite oder Farbgestaltung festlegen. Die für das Template verfügbaren Parameter werden im Backend angezeigt.

Rufen Sie dazu im Backend *Erweiterungen/Templates* auf und klicken Sie im Register *Stile* auf den gewünschten Stilnamen.

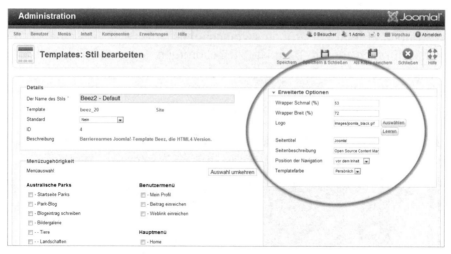

Ein vergleichsweise umfangreicher Parameterbereich.

Wenn Parameter verfügbar sind, finden Sie sie im rechten Fensterbereich. Lesen Sie in diesem Zusammenhang auch noch einmal die entsprechenden Informationen im vorherigen Kapitel.

Umsetzen lässt sich die Parametrisierung vergleichsweise einfach. Zunächst muss die *templateDetails.xml* um einen *config*-Bereich erweitert werden.

- `<config>`
- `...`
- `</config>`

Das *config*-Element enthält wiederum ein *fields*-Element mit dem Attribut *name* und einem Wert *params*.

- `<fields name="params">`
- `...`
- `</fields>`

Weiter geht es mit mindestens einem *fieldset*-Element. Jedes *fieldset*-Element legt dabei einen Zusammenschluss von Optionen fest. (*fieldset* entspricht tatsächlich dem aus HTML bekannten *fieldset*-Element. Genau wie dort werden auch in Joomla! durch *fieldset* Formularelemente logisch gruppiert.)

- `<fieldset name="basic">`
- `..`
- `</fieldset>`
- `<fieldset name=" advanced ">`

- ..
- </fieldset>

Innerhalb von *basic* können die *Basisoptionen* zusammengefasst werden. *advanced* dient hingegen als Container für *Erweiterte Optionen*. Diese Unterteilung kann man vornehmen, muss man aber nicht.

Eine Grundstruktur, in der *basic* und *advanced* verwendet werden, sieht folgendermaßen aus:

```
<config>
<fields name="params">
    <fieldset name="basic">
    <field name="wrapperSmall"
    class="validate-numeric" type="text" default="53"
    label="Breit"
     description="Die breitere Variante"
     filter="int" />
...
    </fieldset>
    <fieldset name="advanced">
    <field name="sitetitle"  type="text" default=""
        label="Seitentitel"
        description="Der Titel der Seite"
        filter="string" />
...
    </fieldset>
</fields>
</config>
```

Der Parameterbereich wurde unterteilt.

Innerhalb von *fieldset* werden die einzelnen Parameter definiert. Für jeden Parameter muss dabei ein eigenes *field*-Element angelegt werden.

- `<field name="breite" type="text" default="90"`
- `label="Breite"`
- `description="Legen Sie die Template-Breite fest"`
- `filter="int" />`

Der (eindeutige) Parametername wird über das *name*-Attribut angegeben. Das *field*-Element kennt verschiedene Attribute. Über das *type*-Attribut legt man den Parametertyp fest. Am gebräuchlichsten dürfte sicherlich der Wert *list* sein, über den eine Auswahlliste definiert wird. Das *default*-Attribut legt den Standardwert des Parameters fest. Durch die beiden Attribute *label* und *description* wird der Parameter beschrieben. Die entsprechenden Werte sind im Backend im Parameterbereich zu sehen.

Neben *list* hält Joomla! noch einige weitere Parametertypen bereit. Diese betreffen meistens spezielle Joomla!-Inhalte. So kann man beispielsweise über den Wert *usergroup* ein Auswahlfeld anlegen, in dem die im Backend vorhandenen Benutzergruppen zu sehen sind.

- `<field name="gruppe" type="usergroup" default=""`
- `label="Benutzergruppe"`
- `description="Legen Sie die Benutzergruppe fest" />`

Das Ergebnis sieht folgendermaßen aus:

Die Benutzer-gruppen werden aufgelistet.

Ebenso einfach lässt sich auch ein Parameter definieren, über den man die gewünschte Zeitzone einstellen kann. Verwendet wird dafür der *type*-Wert *timezone*.

Ebenfalls interessant ist der Wert *text*, über den ein einfaches Textfeld definiert wird. Textfeldern können verschiedene weitere Attribute zugewiesen werden. Das sind beispielsweise *size*, *filter*, *autocomplete* und *required*. Dabei wird mit *size* angegeben, wie viele Zeichen in das Feld eingetragen werden dürfen. Über *autocomplete* kann die Autovervollständigung für das Feld explizit erlaubt oder verboten werden. Das Attribut kennt zwei mögliche Werte:

> ➢ *on* – Autovervollständigung erlauben
> ➢ *off* – Autovervollständigung verbieten

Spannend ist auch das *class*-Attribut.

> ➢ *validate-email* – Überprüft, ob es sich um eine syntaktisch korrekte E-Mail-Adresse handelt.
> ➢ *validate-numeric* – In diesem Feld dürfen ausschließlich numerische Angaben stehen.
> ➢ *validate-password* – Es wird überprüft, ob es sich um ein gültiges Passwort handelt.
> ➢ *validate-username* – Hierüber kann getestet werden, ob es sich um einen gültigen Benutzernamen handelt.

Ein sehr oft verwendeter Parametertyp ist *radio*. Damit lassen sich Optionsfelder, also Radiobuttons, definieren.

Hier wurden Radiobuttons definiert.

Eine einfache *radio*-Anwendung könnte sein, dass im Backend über einen Parameter eingestellt wird, ob im Frontend Copyright-Informationen zu sehen sind.

```
<field name="copyright" type="radio" default=""
    label="Copyright-Informationen"
    description="Zeige/verstecke Copyright-Informationen." >
  <option value="0">Zeige</option>
    <option value="1">Verstecke</option>
</field>
```

Weitere wichtige Feldtypen sind *text* (für Textfelder) und *media* (für Bildauswahlfelder).

```
<field name="logo" type="media" default=""
    label="Logo auswählen"
    description="Wählen Sie ein Bild aus" />
```

Durch *media* wird die bekannte Auswählen-Schaltfläche angezeigt. Klickt man diese an, öffnet das den Medienbereich von Joomla!.

Das Definieren der Parameter in der *templateDetails.xml* ist nur der erste Schritt. Die im Backend eingestellten Parameterwerte müssen im eigentlichen Template bzw. in der *index.php* nutzbar gemacht werden.

Der Parameterwert lässt sich in der *index.php* auslesen. Das geschieht über den Aufruf *$this->params->get('parameterName');*:

- `<?php`
- `echo $this->params->get('breite');`
- `?>`

Auf diese Weise wird auf die in den einzelnen Template-Stilen verfügbaren Parameter zugegriffen. Im aktuellen Beispiel ist der Name des auszulesenden Parameters also *breite*. In der *templateDetails.xml* könnte dessen Definition dann folgendermaßen aussehen:

- `<field name="breite" type="text" default="90" label="Breite"`
  `description="Legen Sie die Template-Breite fest" filter="int" />`

Alternativ dazu gibt es auch noch solche Parameter, die bei allen Stilen eines Templates für gewöhnlich gleich sind. Das könnten typischerweise der Seitentitel oder ein Beschreibungstext sein.

- `<?php`
- `$app = JFactory::getApplication();`
- `$templateparams = $app->getTemplate(true)->params;`
- `echo htmlspecialchars($templateparams->get('sitetitle'));`
- `?>`

Oftmals werden Parameter für die variable Farbgestaltung oder Breitendefinitionen von Templates verwendet. Realisiert wird das über unterschiedliche CSS-Dateien, die je nach gewähltem Parameter im Frontend geladen werden. Im folgenden Beispiel werden zwei Farbversionen des Templates angeboten, die über das Backend eingestellt werden können:

➢ Blau
➢ Grün

Blau ist die Standardfarbe, die in der bereits vorhandenen *blue.css* definiert wurde. Die Grafiken für das blaue Layout liegen unter *images/blue*. Parallel dazu müssen die Grafiken nun auch für das grüne Layout angelegt werden. Diese Grafiken befinden sich unter *images/green*.

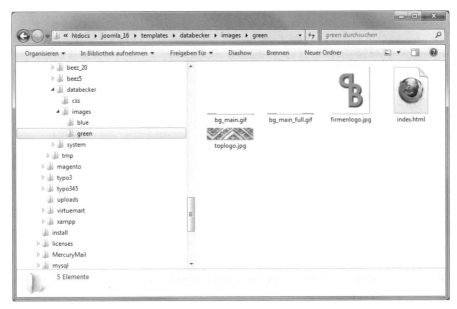

Das ist die aktuelle Verzeichnisstruktur.

Ins CSS-Verzeichnis wird zusätzlich zur *blue.css* die *green.css* geladen. Diese ist fast identisch mit der *blue.css*, allerdings werden dort die Grafiken für das grüne Layout eingebunden.

```
   #corporatelogo {
       background:transparent url('../images/green/firmenlogo.jpg')
       no-repeat left top;
   }

5  #topmen {
       background-color:#00bf7e;
   }

   #toplogo {
10     background:transparent url('../images/green/toplogo.jpg')
       no-repeat left top;
   }

   #mainwrapper {
       background:transparent url('../images/green/bg_main.gif')
       repeat-y left top;
15 }

```

```
#mainwrapper_full {
    background:transparent url('../images/green/
    bg_main_full.gif') repeat-y left top;
}
```

Die Vorarbeiten sind damit abgeschlossen. Jetzt definieren Sie innerhalb der *templateDetails.xml* den gewünschten Parameter:

```
   <config>
      <fields name="params">
         <fieldset name="basic">
         <field name="breite" type="radio" default="blue"
5  label="Farbe"
   description="Welche Farbe soll verwendet werden?" >
            <option value="blue">Blau</option>
            <option value="green">Grün</option>
         </field>
10      </fieldset>
      </fields>
   </config>
```

Hier wurden zwei verschiedene Template-Farben definiert.

Die gewünschte Farbe kann über Optionsfelder ausgewählt werden.

Interessant ist für die Parameterfunktion die Vergabe der Werte über das *value*-Attribut. Im gezeigten Beispiel wurden dafür *green* und *blue* verwendet.

Weiter geht es mit dem Anpassen des *link*-Elements der *index.php*. Das sieht momentan noch folgendermaßen aus:

```
<link rel="stylesheet" href="<?php echo $this->baseurl ?>
/templates/<?php echo $this->template ?>/css/blue.css"
type="text/css" />
```

Hier wird bislang noch die *blue.css* fest eingebunden. Das soll fortan über den Parameter gesteuert werden. Um den Parameter auszulesen und verwenden zu können, definieren Sie am besten eine Variable.

- `<?php`
- `$farbe = $this->params->get('farbe');`
- `?>`

Hierdurch wird der übergebene Parameterwert von *farbe* in der Variablen *$farbe* gespeichert.

- ```
  <link rel="stylesheet" href="<?php echo $this->baseurl ?>
  /templates/<?php echo $this->template ?>/css/<?php echo $farbe;
  ?>.css" type="text/css" />
  ```

Der übergebene Wert wird in die *link*-Definition eingeführt. Legt man im Backend also die Option *Grün* fest, wird intern der Wert *green* übergeben. Das *link*-Element im Backend sieht dann folgendermaßen aus:

- ```
  <link rel="stylesheet" href="/joomla25/templates/databecker/
  css/green.css" type="text/css" />
  ```

Stellt man hingegen *Blau* ein, sieht das *link*-Element so aus:

- ```
  <link rel="stylesheet" href="/joomla25/templates/databecker/
  css/blue.css" type="text/css" />
  ```

Durch *Blau* wird also der interne Wert *blue* übergeben.

8.6 Modulcode verstecken: Spalten dynamisch ein- und ausblenden

In dem diesem Beispiel zugrunde liegenden Template wurde auf ein dreispaltiges Layout gesetzt. Das ist in den meisten Fällen sicherlich sinnvoll und so auch häufig in der Praxis anzutreffen.
  ```

Hier scheint alles in Ordnung zu sein.

Allerdings werden immer drei Spalten angezeigt, egal ob Inhalte enthalten sind oder nicht. Während auf der einen Abbildung ein stimmiges Layout präsentiert wird, fragt man sich bei der nächsten, warum rechts so viel Platz ist.

Die rechte Spalte ist eigentlich überflüssig.

Hier wurde ein Modul über das Backend ausgeblendet. So weit, so gut. Dumm nur, dass die rechte Spalte trotzdem noch für eben dieses (oder ein anderes) Modul reserviert ist. Besser wäre es doch, wenn diese Spalte nur dann angezeigt würde, wenn dort tatsächlich ein Modul eingeblendet wird. Und sobald das nicht der Fall ist, müsste die Seite automatisch von einem drei- zu einem zweispaltigen Layout wechseln.

So wirkt die Seite besser.

Jetzt sieht das schon besser aus. Das Suchen-Modul wurde ebenfalls ausgeblendet. Gleichzeitig ist aber auch die rechte Spalte des Layouts verschwunden (gut zu erkennen an den Rahmen, die um die einzelnen Bereiche herum angezeigt werden). Nun wäre es natürlich fatal und aufwendig, wenn man dazu jedes Mal den HTML- und den CSS-Code anpassen müsste. Besser wäre es, wenn sich die Spalten automatisch an- und abschalteten. Genau das ist auch möglich.

Realisiert wird das Ganze über den Aufruf von *countModules*:

- ```php
  <?php if($this->countModules('condition')) : ?>
  ```
- ```
      tu was
  ```
- ```php
  <?php else : ?>
  ```
- ```
      etwas anderes
  ```
- ```php
  <?php endif; ?>
  ```

Im einfachsten Fall überprüft man, ob innerhalb des Templates an der angegebenen Position ein Modul eingeblendet wurde:
  ```

```php
<?php if ($this->countModules('user1')) : ?>
    <div class="user1">
        <jdoc:include type="modules" name="user1" style="rounded" />
    </div>
<?php endif; ?>
```

In diesem Beispiel wird die Modulposition *user1* auf das Vorhandensein eines Moduls überprüft. Ist dort ein Modul vorhanden, wird der entsprechende *div*-Bereich mit dem darin befindlichen *jdoc*-Element eingefügt.

Nur bei eingeblendeten Modulen

Da es in diesem Zusammenhang immer wieder zu Missverständnissen kommt, hier ein allgemeiner Hinweis: Es werden von *coutModules()* ausschließlich die tatsächlich aktivierten und auf der jeweiligen Seite verfügbaren Module gezählt. *countModules()* überprüft also nicht, ob es ein deaktiviertes Modul für die Position gibt.

Bislang wurde lediglich überprüft, ob sich innerhalb einer angegebenen Position ein Modul befindet. Nun kann es aber ebenso sein, dass man überprüfen muss, ob innerhalb mehrerer Positionen Module eingebunden wurden.

Joomla! stellt dafür eine spezielle Syntax und diverse Operatoren zur Verfügung.

```php
$this->countModules('user1 + user2')==5;
```

Hier wird die Anzahl der innerhalb der beiden Positionen *user1* und *user2* enthaltenen Werte geprüft.

Ebenso einfach können Sie überprüfen, ob an mehreren Positionen Module enthalten sind:

```php
$this->countModules('user1 and user2');
```

Diese Syntax überprüft, ob innerhalb von *user1* und *user2* Module vorkommen. Nur wenn das tatsächlich an beiden Positionen der Fall ist, ist die Bedingung erfüllt.

Beachten Sie, dass es in diesem Zusammenhang immer wieder zu Syntaxproblemen kommt, denn oftmals wird von folgender Syntax ausgegangen.

```php
$this->countModules('user1' and 'user2');
```

Hier wurden also die beiden Positionen jeweils einzeln in Anführungszeichen gesetzt. Das ist so jedoch nicht richtig und führt zu einem Syntaxfehler. Die Syntax muss folgendermaßen aussehen:

```
<?php if ($this->countModules('user1 or user2')) : ?>
  <div class="right">
    <jdoc:include type="modules" name="user1" style="xhtml" />
    <jdoc:include type="modules" name="user2" style="xhtml" />
  </div>
<?php endif; ?>
```

Die Positionen und der Operator müssen also gemeinsam in Anführungszeichen gesetzt werden.

Joomla! stellt eine Vielzahl an Operatoren zur Verfügung. So wird im folgenden Beispiel überprüft, ob innerhalb der Position *top* ein Modul vorhanden ist. Und wenn hier von „ein Modul" die Rede ist, ist damit tatsächlich exakt ein Modul gemeint. Enthält die Position also zwei oder mehr Module, ist die Bedingung nicht erfüllt. Ebenso kann man den Operator *!=* verwenden. Hier wird *true* zurückgeliefert, wenn die Anzahl der innerhalb von *top* angegebenen Module ungleich *1* ist. Die Bedingung ist also immer dann erfüllt, wenn in *top* weniger oder mehr als ein Modul steht.

```
<?php if($this->countModules('top') != 1) : ?>
  <div id="topmen">
  <jdoc:include type="modules" name="top" style="" /></div>
<?php endif; ?>
```

Dasselbe Ergebnis wie mit *!=* erzielen Sie übrigens auch mit dem Operator *<>*.

Die folgende Tabelle zeigt alle in Joomla! verfügbaren Operatoren.

Operator	Beispiel	Beschreibung
+	*if($this->countModules('top + left') == 1) :*	Die Bedingung ist dann erfüllt, wenn die Anzahl der in den Positionen *top* und *left* enthaltenen Module exakt *1* ist.
-	*if($this->countModules('top - left') == 2) :*	Die Bedingung ist dann erfüllt, wenn die Anzahl der in der Position *top* minus der Anzahl in der Position *left* enthaltenen Module exakt *2* ist.

Operator	Beispiel	Beschreibung
*	*if($this->countModules('top * left') == 3)* :	Multipliziert die Anzahl der in den beiden Positionen *top* und *left* enthaltenen Module. Das Ergebnis muss in diesem Beispiel *3* lauten, damit die Bedingung erfüllt ist.
/	*if($this->countModules('top / left') == 1)* :	Dividiert die Anzahl der in den beiden Positionen *top* und *left* enthaltenen Module. Das Ergebnis muss in diesem Beispiel *1* lauten, damit die Bedingung erfüllt ist.
==	*if($this->countModules('top == left'))* :	Liefert *true*, wenn die Anzahl der Module in den Positionen *top* und *left* identisch ist.
!=	*if($this->countModules('top != left'))* :	Liefert *true*, wenn die Anzahl der Module in den Positionen *top* und *left* ungleich ist.
<>	*if($this->countModules('top <> left'))* :	Hat den gleichen Effekt wie *!=*.
<	*if($this->countModules('top < left'))* :	Liefert *true*, wenn innerhalb von *top* weniger Module als in *left* enthalten sind.
>	*if($this->countModules('top > left'))* :	Liefert *true*, wenn innerhalb von *top* mehr Module als in *left* enthalten sind.
<=	*if($this->countModules('top <= left'))* :	Liefert *true*, wenn innerhalb von *top* weniger oder genauso viele Module wie in *left* enthalten sind.
>=	*if($this->countModules('top >= left'))* :	Liefert *true*, wenn innerhalb von *top* mehr oder genauso viele Module wie in *left* enthalten sind.
and	*if($this->countModules('top and left'))* :	Liefert *true*, wenn in *top* und *left* jeweils mindestens ein Modul enthalten ist.
or	*if($this->countModules('top or left'))* :	Liefert *true*, wenn in *top* oder *left* oder in beiden mindestens ein Modul enthalten ist.
xor	*if($this->countModules('top xor left'))* :	Liefert *true*, wenn in *top* oder *left*, nicht aber in beiden, mindestens ein Modul enthalten ist.

Kurzschreibweisen verwenden

In PHP können Sie anstelle aufwendiger *if*-Anweisungen auch die sogenannten Short Conditionals verwenden. Diese sind deutlich kürzer als
klassische *if*-Abfragen. Eine Syntax wie die nachfolgende kennen Sie:

```
if ($variable)
{
    $ergebnis = 1;
}
else
{
    $ergebnis = 0;
}
```

Hier wird überprüft, ob es die Variable *$variable* gibt. Ist das der Fall, wird
der Wert von *$ergebnis* auf *1* gesetzt. Andernfalls greift der *else*-Zweig. Eine
solche Definition lässt sich deutlich kürzer schreiben. Die allgemeine Syntax sieht dann folgendermaßen aus:

```
(Bedingung) ? true : false;
```

Trifft die Bedingung zu, greift der Wert, der nach dem Fragezeichen steht.
Ist die Bedingung nicht erfüllt, wird auf den Wert hinter dem Doppelpunkt
zurückgegriffen.

Die eingangs gezeigte *if-else*-Definition könnte man demnach so abkürzen:

```
$ergebnis = ($variable) ? 1 : 0;
```

Das folgende Beispiel zeigt, wie sich diese Syntax praktisch anwenden lässt:

```
  $has_user1 = ($this->countModules('user1')) ? 1 : 0;
  $has_user2 = ($this->countModules('user2')) ? 1 : 0;
  $has_user3 = ($this->countModules('user3')) ? 1 : 0;

5 if ( ($has_user1 + $has_user2 + $has_user3) == 1 ) {
      $user1 = 'user1gross';
      $user2 = 'user2gross';
      $user3 = 'user3gross';
  } else if ( ($has_user1 + $has_user2 + $has_user3) == 2 ) {
10     $user1 = 'user1mittel';
      $user2 = 'user2mittel';
      $user3 = 'user3mittel';
  } else { // all 3 positions
```

```
■      $user1 = 'user1klein';
15     $user2 = 'user2klein';
■      $user3 = 'user3klein';
■  }
```

Hier werden zunächst einige Variablen deklariert. Innerhalb dieser Variablen wird überprüft, ob die jeweiligen Positionen ein Modul enthalten.

Ein Beispiel:

```
■  $this->countModules('user1')) ? 1 : 0;
```

Diese Abfrage liefert *1*, wenn *user1* ein Modul enthält. Der Wert *0* wird geliefert, wenn kein Modul enthalten ist.

Anschließend können die einzelnen Positionen abgefragt und die zurückgelieferten Werte addiert werden. Abhängig von diesem Ergebnis werden dann die entsprechenden Werte gesetzt.

Spalten ein- und ausblenden

Hier kann überprüft werden, wie viele Module links, rechts oder auf beiden Seiten vorhanden sind. Im aktuellen Beispiel wird eine Abfrage benötigt, die überprüft, ob in der rechten Spalte Inhalte vorhanden sind. Befindet sich dort kein Content, soll die Spalte nicht angezeigt, der Platz aber entsprechend ausgefüllt werden. Dafür gibt es nun verschiedene Herangehensweisen.

Am besten erweitert man jedoch die *index.php* um einige Abfragen. Zunächst ein Beispiel:

```
■  <?php if($this->countModules('left and right')) : ?>
■      <div id="mainwrapper_full">
■  <?php else: ?>
■      <div id="mainwrapper">
■  <?php endif; ?>
```

Hier wird also überprüft, ob in den beiden Positionen links und rechts mindestens ein Modul enthalten ist. Ist das der Fall, wird der *div*-Bereich mit der ID *mainwrapper_full* geladen. Ist kein Modul vorhanden, wird automatisch *mainwrapper* verwendet.

Ähnlich gestaltet sich das für den mittleren Bereich:

```
■  <?php if($this->countModules('left and right')) : ?>
■      <div id="contentwrapper_full">
```

```
<?php else: ?>
        <div id="contentwrapper">
<?php endif; ?>
```

Auch hier wurden zwei Bereiche definiert. Welche der beiden Varianten letztendlich geladen wird, hängt davon ob, ob links und/oder rechts ein Modul vorhanden ist.

Für die rechte Spalte sieht es etwas anders aus. Hier wird ausschließlich überprüft, ob in der rechten Spalte etwas enthalten ist. Nur wenn diese Abfrage erfüllt ist, wird der rechte Bereich eingeblendet.

```
<?php if($this->countModules('right')) : ?>
<div id="rightwrapper">
   <jdoc:include type="modules" name="right" style="xhtml"/>
</div>
<?php endif; ?>
```

Und nun muss noch die CSS-Datei entsprechend erweitert werden – zunächst die relevanten Passagen der *template.css*:

```
    #mainwrapper {
        margin-top:10px;
        width:860px;
        min-height:260px;
 5  }

    #mainwrapper_full {
        margin-top:10px;
        width:860px;
10      min-height:260px;
    }
    #contentwrapper {
        width:630px;
        float:left;
15      margin-left:30px;
        padding-bottom:10px;
    }

    #contentwrapper_full {
20      width:440px;
        float:left;
```

```
margin-left:30px;
padding-bottom:10px;
}
```

Auch die *blue.css* wird angepasst, da die Hintergrundbilder ebenfalls variieren müssen. Hier zunächst das Bild, das angezeigt werden soll, wenn links und rechts Module vorhanden sind.

Diese Grafik wird für drei Spalten verwendet.

Anders stellt es sich dar, wenn rechts kein Modul vorhanden ist.

Jetzt wird nur eine Spalte geladen.

Dementsprechend muss die *blue.css* geladen werden:

```
#mainwrapper {
    background:transparent url('../images/blue/bg_main.gif')
    repeat-y left top;
}
#mainwrapper_full {
    background:transparent
    url('../images/blue/bg_main_full.gif') repeat-y left top;
}
```

Auf diese Weise können Sie ganz gezielt Spalten ein- und ausblenden.

Sprachdateien anlegen

Joomla! können Sie bekanntermaßen mehrsprachig betreiben. Diese Möglichkeit sollten Sie auch für Ihr Template in Betracht ziehen. Das Übersetzungssystem von Joomla! ist dabei sehr einfach und fehlerresistent. Fehlt eine Übersetzungsdatei oder wurde ein einzelnes Wort nicht übersetzt, greift Joomla! auf das Standardwort zurück.

In Joomla! gibt es verschiedene Übersetzungsmöglichkeiten:

➢ Zum einen kann man den Installationsprozess und die Modulpositionen übersetzen.

➢ Übersetzungen sind auch im Frontend durchzuführen.

➢ Übersetzen lassen sich ebenfalls die Parameter und Hilfetexte, die im Backend angezeigt werden.

Lesen Sie im Zusammenhang mit der Mehrsprachigkeit auch unbedingt das Kapitel 5.

Für jede Erweiterung von Joomla! steht eine oder mehrere Sprachdateien zur Verfügung. Zu finden sind diese im *language*-Verzeichnis. Innerhalb dieses Verzeichnisses gibt es Unterverzeichnisse zu den unterschiedlichsten Sprachen. Wenn Sie das deutsche Sprachpaket installiert haben, finden Sie darin standardmäßig zwei Verzeichnisse.

➢ *de-DE*
➢ *en-GB*

Im Gegensatz zu den allgemeinen Sprachdateien sollten die des Templates direkt im jeweiligen Template-Verzeichnis gespeichert werden. (Bis Joomla! 1.5 musste man die Template-Sprachdateien im globalen *language*-Verzeichnis hinterlegen.)

Heißt das Template also *databecker*, liegen die Übersetzungsdateien im folgenden Verzeichnis:

▪ databecker/language/[ln-LN]

wobei hier *databecker* durch den tatsächlichen Template-Namen zu ersetzen ist.

Die Dateien werden kopiert

Beachten Sie, dass die Sprachdateien während der Installation ins *language*-Verzeichnis von Joomla! kopiert werden.

Der tatsächliche Verzeichnisname – hier mit *[ln-LN]* dargestellt – muss sich an den in der Spezifikation RFC 3066 festgelegten Sprachkürzeln orientieren. Für deutsche Sprachdateien muss man demnach das Verzeichnis *de-DE* anlegen. Englische Übersetzungen gehören hingegen in das Verzeichnis *en-GB*.

Auch die Namen der Sprachdateien sind genormt:

▪ [ln-LN].tpl_[template-name].ini

Anstelle von *[template-name]* muss dort der Name des Templates angegeben werden. Im Fall von *databecker* sähe das für eine englische Übersetzungsdatei also folgendermaßen aus:

▪ databecker/language/en-GB.tpl_databecker.ini

Der im Dateinamen verwendete Name muss dabei mit dem Verzeichnis-namen des Templates exakt übereinstimmen. Tut er das nicht, greift die Übersetzung nicht.

Es gibt zwei unterschiedliche Dateitypen für Übersetzungen. Die normalen INI-Dateien enthalten alle Template-internen Sprachübersetzungen. Über die Dateien mit dem Namen *sys.ini* werden hingegen alle Übersetzungen definiert, die das eigentliche Joomla!-System betreffen.

Damit die Übersetzungen tatsächlich funktionieren, müssen die Sprachda-teien der gewünschten Sprachen installiert sein. Lesen Sie in diesem Zu-sammenhang die Hinweise in Kapitel 5.

Die Übersetzungen für die Modulpositionen und den Installationsprozess liegen im selben Verzeichnis wie die bereits vorgestellte INI-Datei. Der eigentliche Dateiname muss wieder dem bereits bekannten Schema ent-sprechen:

- en-GB.tpl_databecker.sys.ini

Im folgenden Beispiel wird davon ausgegangen, dass im Backend Deutsch als Standardsprache festgelegt wurde. Das Template wird zweisprachig ge-staltet, wobei Englisch und Deutsch berücksichtigt werden.

Legen Sie sich dazu unter *templates/databecker* ein *language*-Verzeichnis an. Innerhalb dieses Verzeichnisses müssen zwei Unterverzeichnisse defi-niert werden.

> *templates/databecker/language/de-DE*
> *templates/databecker/language/en-GB*

Darin müssen nun die jeweiligen Sprachdateien (*ini* und *sys.ini*) angelegt werden. Am besten legt man sich die Dateien erst für eine Sprache an, ko-piert sie dann in das Verzeichnis der anderen Sprache und übersetzt dort die Strings.

Sind die Dateien angelegt, muss auch die *templateDetails.xml* angepasst werden:

```
<languages folder="language">
    <language tag="en-GB">
    en-GB/en-GB.tpl_databecker.ini
    </language>
    <language tag="en-GB">
    en-GB/en-GB.tpl_databecker.sys.ini
```

```
■       </language>
■       <language tag="de-DE">
■       de-DE/de-DE.tpl_databecker.ini
10      </language>
■       <language tag="de-DE">
■       de-DE/de-DE.tpl_databecker.sys.ini
■       </language>
■    </languages>
```

Die Übersetzungen innerhalb der Dateien müssen dann ebenfalls einem festen Schema folgen:

```
■  KEY=Value
```

Dabei ist *KEY* die zu übersetzende Zeichenkette (Konstante), *Value* enthält die Übersetzung. Zwei Beispiele für typische Einträge in der *de-DE.tpl_databecker.ini*:

```
■  TPL_DATABECKER_FIELD_SITETITLE_LABEL="Seitentitel"
■  TPL_DATABECKER_FIELD_SITETITLE_TEXT="Geben Sie den Seitentitel
   an. Er wird nur angezeigt, wenn das Logo ausgeblendet ist."
```

Hier wurden zwei Schlüssel-Wert-Paare angelegt. Für die Definition der Übersetzungen gibt es einige Regeln, die es zu beachten gilt:

➤ Die Konstanten müssen in Großbuchstaben geschrieben werden.

➤ Zwischen Konstante und Text muss ein Gleichheitszeichen stehen.

➤ Die Übersetzungstexte stehen in Anführungszeichen.

➤ Es gibt einige reservierte Wörter und Zeichen, die nicht als Konstanten verwendet werden sollten. Das sind *Yes, No, Null, True, False, none, off, on, {}, &, [], (), ^* und das Komma.

Die definierten Konstanten können nun an den verschiedensten Stellen eingesetzt werden. Da wäre zunächst die *templateDetails.xml*. Interessant ist hier in erster Linie die Parametrisierung. So kann man die gesamten Parameterbeschreibungstexte ablegen.

Die zuvor definierten Schlüssel könnten in der *templateDetails.xml* folgendermaßen verwendet werden.

```
■  <field name="sitetitle"  type="text" default=""
■  label="TPL_DATABECKER_FIELD_SITETITLE_LABEL"
■  description="TPL_DATABECKER_FIELD_SITETITLE_DESC"
■  />
```

Ruft man jetzt den Parameterbereich auf, wird deutlich, dass anstelle der Schlüssel tatsächlich die richtigen Texte angezeigt werden.

Der Beschreibungstext wird auf Deutsch angezeigt.

Öffnen Sie nun die *language/en-GB/en-GB.tpl_databecker.ini* und tragen Sie dort die Übersetzung ein:

- `TPL_DATABECKER_FIELD_SITETITLE_LABEL="Pagetitle"`
- `TPL_DATABECKER_FIELD_SITETITLE_LABEL=" Please add your site title here, it's only displayed if you don't use a logo"`

Wenn Sie nun die Backend-Sprache auf Englisch umstellen, werden Sie sehen, dass die Übersetzungen greifen.

Jetzt ist der Text in Englisch.

Auf diese Weise können Sie sämtliche Parameter übersetzen.

Die Positionsangaben übersetzen

Ruft man im Backend *Erweiterungen/Module* auf und klickt auf einen Modulnamen, kann man dort über das Feld *Position wählen* die Position angeben, an der das Modul angezeigt werden soll. Am besten stellen Sie dabei in den beiden Filterfeldern gleich die richtigen Werte für das jeweilige Template ein. Bei *Art wählen* verwenden Sie *Template*. In dem Feld daneben stellen Sie dann den Namen des aktuellen Templates ein. Somit werden ausschließlich die zum aktuellen Template gehörenden Positionen angezeigt.

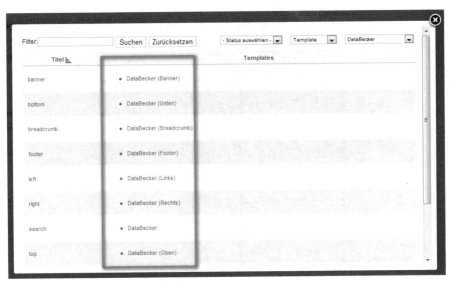

Das ist die deutschsprachige Oberfläche.

In der linken Spalte sind die Positionsnamen enthalten. Woher Joomla! diese Informationen ausliest, wird deutlich, wenn Sie sich den *positions*-Bereich der *templateDetails.xml* ansehen.

```
   <positions>
       <position>banner</position>
       <position>breadcrumb</position>
       <position>bottom</position>
5      <position>footer</position>
       <position>left</position>
       <position>right</position>
       <position>search</position>
       <position>top</position>
10     <position>user1</position>
       <position>user2</position>
   </positions>
```

Joomla! liest die hier angegebenen Positionsnamen aus und sortiert sie alphabetisch.

In der Spalte *Templates* steht nun der Name des jeweiligen Templates. In Klammern folgt der Positionsname, beispielsweise *Links* oder *Rechts*. Was passiert nun aber, wenn man die Backend-Sprache auf Englisch umstellt?

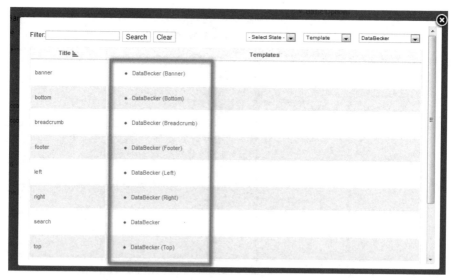

Das ist die englische Version.

Dann werden ebenfalls die verwendeten Positionen angezeigt. Allerdings wurden die in Klammern angezeigten Werte ins Englische übersetzt. Aus *Links* wurde *Left*, aus *Rechts* wurde *Right* etc. Da stellt sich natürlich die Frage, woher Joomla! die in Klammern stehenden Werte eigentlich nimmt! Joomla! greift auf Standardwerte zu. Gibt man in seiner *templateDetails.xml* also den Positionsnamen *left* an, erkennt das Joomla! und macht daraus in Klammern gesetzt den Wert *Links*. Wird die Backend-Sprache dann auf Englisch umgestellt, wird daraus *Left*. Die Positionsangaben sind also mehrsprachig. Diese Standardtexte lassen sich anpassen, und fehlende Positionsnamen – wie beispielsweise bei *search* – können Sie einfügen. Das geschieht in den *sys.ini*-Dateien.

Heißt das Template *Databecker*, könnte die *sys.ini* für die deutsche Benutzeroberfläche folgendermaßen aussehen:

- `TPL_DATABECKER_POSITION_BANNER="Das Werbebanner"`
- `TPL_DATABECKER_POSITION_BREADCRUMB="Oberer Seitenbereich"`
- `TPL_DATABECKER_POSITION_BOTTOM="Brotkrumen-Menü"`
- `TPL_DATABECKER_POSITION_FOOTER="Das ist der Fußbereich"`
5 `TPL_DATABECKER_POSITION_LEFT="Die linke Seite"`
- `TPL_DATABECKER_POSITION_RIGHT="Die rechte Seite"`
- `TPL_DATABECKER_POSITION_SEARCH="Die Suchfunktion"`
- `TPL_DATABECKER_POSITION_TOP="Die obere Position"`
- `TPL_DATABECKER_POSITION_USER1="Benutzerdefinierte Position 1"`
10 `TPL_DATABECKER_POSITION_USER2="Benutzerdefinierte Position 2"`

Geben Sie also immer den Template-Namen gefolgt von *POSITION* und der definierten Position an. Hinter dem Gleichheitszeichen folgen dann die Beschreibungen, die angezeigt werden sollen. Wirft man jetzt erneut einen Blick auf die Positionsangaben im deutschsprachigen Backend, fällt auf, dass die Änderungen übernommen wurden.

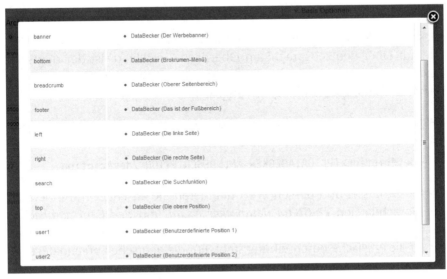

Jetzt werden andere Werte verwendet.

Wiederholen Sie die Einstellungen nun noch für die Datei *en-GB.tpl_databecker.sys.ini*, die im Verzeichnis *language/en-GB* Ihres Templates liegt. Dort müssen Sie dann allerdings die englischen Texte einfügen.

Die Übersetzungsroutine übersetzen

Nach erfolgreicher Template-Installation wird üblicherweise ein kleiner Text angezeigt, in dem Informationen über das Template enthalten sind.

Um diesen Text geht es jetzt.

Definiert wird dieser Text innerhalb der *templateDetails.xml*:

- `<description>`
- `<p>Data Becker: Die verwendeten Positionen:`
- `banner, breadcrumbs,`
- `bottom, left, right, search, footer, user1, user2, top</p>`
- `</description>`

Diesen Text können Sie ebenfalls mehrsprachig gestalten. Wird das Template auf einer deutschsprachigen Oberfläche installiert, ist der deutsche Text zu sehen. Wird hingegen eine englische Oberfläche eingestellt, wird der Beschreibungstext in Englisch angezeigt.

Dazu ersetzen Sie innerhalb der *templateDetails.xml* den fest eingefügten Text durch einen Schlüssel:

- `<description>TPL_DATABECKER_XML_DESCRIPTION</description>`

Diesen Schlüssel und dessen Wert definieren Sie anschließend innerhalb der Sprachdateien *en-GB.tpl_databecker.sys.ini* und *de-DE.tpl_databecker. sys.ini*, wobei Sie darauf achten müssen, dass in der *en-GB.tpl_databecker. sys.ini* die englische Beschreibung steht. Für die deutsche Sprachdatei sähe der Eintrag folgendermaßen aus:

- `TPL_DATABECKER_XML_DESCRIPTION="Data Becker: Die verwendeten Positionen: banner, breadcrumbs, bottom, left, right, search, footer, user1, user2, top"`

Der Text wird dann nach erfolgreicher Template-Installation angezeigt ... und zwar in der im Backend eingestellten Sprache.

Die Frontend-Ausgabe übersetzen

Ähnlich einfach können Sie auch im eigentlichen Template, also in der *index.php*, auf die Werte zugreifen. Verwendet wird hierfür *JText()*.

- `<?php echo JText::_('TPL_DATABECKER_FIELD_SITETITLE_LABEL'); ?>`

JText::_() ermittelt immer automatisch die aktuell eingestellte Sprache und liest die passenden Zeichenketten aus den Sprachdateien aus. Fehlt eine Übersetzung, wird die in Klammern stehende Zeichenkette ausgegeben. Um fehlende Übersetzungen zu ermitteln, aktivieren Sie im Backend unter *Site/Konfiguration/System* die Option *Ja* bei *System debuggen*. Joomla! zeigt daraufhin fehlende Übersetzungen an.

Damit es tatsächlich eine Ausgabe gibt, muss *echo* genutzt werden. Hier wird also auf den in der INI-Sprachdatei definierten Schlüssel *TPL_DATA BECKER_FIELD_SITETITLE_LABEL* zugegriffen, und der dort hinterlegte Seitentitel wird ausgegeben. Der Schlüsselwert wird dann jeweils übersetzt, wenn die Frontend-Sprache gewechselt wird. Auf diese Weise können Sie also in Ihren INI-Dateien Schlüssel-Wert-Paare definieren, um mit deren Hilfe die Ausgabe im Frontend über das Template mehrsprachig zu gestalten.

Ausführliche Informationen zum Thema Mehrsprachigkeit finden Sie auch in Kapitel 5.

Welche Inhalte im Frontend überhaupt übersetzt werden können, kann man sich ganz einfach anzeigen lassen. Rufen Sie dazu *Site/Konfiguration/System* auf und stellen Sie die Option *Sprache debuggen* auf *Ja*. Ein anschließender Blick ins Frontend der Seite zeigt die übersetzbaren Inhalte.

Diese Inhalte lassen sich übersetzen.

Sämtliche Zeichenketten, die in Sterne eingeschlossen sind, lassen sich tatsächlich übersetzen.

Eine personalisierte Fehlerdatei

Gibt es beim Aufruf einer Joomla!-Seite einen Fehler, wird eine entsprechende Meldung angezeigt. Diese sieht standardmäßig folgendermaßen aus:

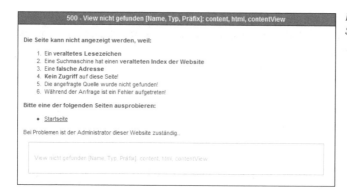

Das ist die
Standardfehlerseite.

Diese Fehlerseite können Sie für Ihr Template ändern. Legen Sie sich dazu innerhalb des Template-Verzeichnisses die Datei *error.php* an. Diese Datei überschreibt automatisch die Ausgabe der Standard-Joomla!-Fehlerseite.

Wie Sie die neue Seite gestalten, bleibt natürlich Ihnen überlassen. Im einfachsten Fall sähe das folgendermaßen aus:

- `<div class="error">`
- `<div id="outline">`
- `<div id="errorboxoutline">`
- `<div id="errorboxheader">Uuups! Ein Fehler ist aufgetreten.</div>`
- `<div id="errorboxbody">`
- `<p>Huch, da ist was schiefgegangen. Sie haben nach etwas gesucht, was nicht hier ist. Vielleicht ist die Seite einfach verschwunden, vielleicht haben wir sie gel&ouml;scht oder vielleicht haben Sie sich vertippt und die Seite war nie da. Fest steht: Hier ist nichts.</p>`
- `</div>`
- `</div>`
- `</div>`
- `</div>`
- `</div>`

Hier wurde einfach eine statische Fehlerseite definiert, in der lediglich ganz normaler Text hinterlegt wurde.

Uuups! Ein Fehler ist aufgetreten.
Huch, da ist was schiefgegangen. Sie haben nach etwas gesucht, was nicht hier ist. Vielleicht ist die Seite einfach verschwunden, vielleicht haben wir sie gelöscht oder vielleicht haben Sie sich vertippt und die Seite war nie da. Fest steht: Hier ist nichts.

Die Fehlermeldung
wurde angepasst.

Zusätzlich wurde auf die von Joomla! bereitgestellten Standardklassen für Fehlermeldungen zurückgegriffen. Diese können Sie bei Bedarf natürlich durch eigene Klassen ersetzen.

Joomla! stellt einige Optionen zur Verfügung, mit denen sich die Fehler detaillierter ausgeben lassen.

- `<?php echo $this->error->getCode(); ?>`

Darüber wird die Fehlernummer ermittelt und angezeigt. Typische Fehlernummern sind beispielsweise *404* oder *500*.

Ebenso können Sie sich auch eine Fehlernachricht anzeigen lassen. Die könnte folgendermaßen aussehen:

- `View nicht gefunden [Name, Typ, Präfix]: content, html, contentView`

Hierüber wird signalisiert, dass die Ansicht (*View*) nicht gefunden werden konnte. Um eine solche Ausgabe zu erreichen, verwenden Sie *getMessage()*:

- `<?php echo $this->error->getMessage(); ?>`

Für noch detaillierte Meldungen können Sie die Debug-Informationen anzeigen lassen.

```
Call stack
#Function                                       Location
1 JSite->dispatch()                             C:\xampp\htdocs\Joomla_1_6_final\index.php:43
2 JComponentHelper::renderComponent()           C:\xampp\htdocs\Joomla_1_6_final\includes\application.php:186
3 require_once()                                 C:\xampp\htdocs\Joomla_1_6_final\libraries\joomla\application\component\helper.php:152
4 JController->execute()                         C:\xampp\htdocs\Joomla_1_6_final\components\com_content\content.php:19
5 ContentController->display()                   C:\xampp\htdocs\Joomla_1_6_final\libraries\joomla\application\component\controller.php:629
6 JController->display()                         C:\xampp\htdocs\Joomla_1_6_final\components\com_content\controller.php:78
7 JController->getView()                         C:\xampp\htdocs\Joomla_1_6_final\libraries\joomla\application\component\controller.php:554
8 JError::raiseError()                           C:\xampp\htdocs\Joomla_1_6_final\libraries\joomla\application\component\controller.php:752
9 JError::raise()                                C:\xampp\htdocs\Joomla_1_6_final\libraries\joomla\error\error.php:179
```

Zusätzlich werden hier Debug-Informationen ausgegeben.

Bevor gezeigt wird, wie das funktioniert, sei dazu folgender Hinweis gegeben: Normalerweise sollten Sie Debug-Informationen ausschließlich während der Entwicklungsphase der Joomla!-Seite verwenden. Das hat verschiedene Gründe. Zunächst einmal sind die Meldungen für „normale" Seitenbesucher viel zu detailliert, als dass sie damit etwas anfangen könnten. Außerdem liefern Sie mit den Debug-Daten möglichen Angreifern Informationen.

Ein Beispiel:

- `**SELECT Tables:**`
-

- **3 × SELECT extension_id AS "id", element AS "option", params, enabled FROM jos_extensions**
- **2 × SELECT 'data' FROM 'jos_session'**
- **1 × SELECT * FROM jos_languages**
- **1 × SELECT m.id, m.menutype, m.title, m.alias, m.path AS route, m.link, m.type, m.level,m.browserNav, m.access, m.params, m.home, m.img, m.template_style_id, m.component_id, m.parent_id,m.language,e.element as component FROM jos_menu AS m LEFT JOIN jos_extensions AS e ON m.component_id = e.extension_id**
- **1 × SELECT id, home, template, params FROM jos_template_styles**
- **1 × SELECT id, rules FROM 'jos_viewlevels'**
- **1 × SELECT 'session_id' FROM 'jos_session'**
- **1 × SELECT folder AS type, element AS name, params FROM jos_extensions**
- **OTHER Tables:**

Die Debug-Informationen zeigen, welche Tabellen ausgelesen wurden. Dabei ist aber auch zu erkennen, welches Präfix innerhalb Ihrer Joomla!-Installation verwendet wird. Diese Informationen sollten Sie allerdings nicht öffentlich machen.

Um die Debug-Informationen anzuzeigen, verwenden Sie die folgende Syntax:

- `<?php echo $this->renderBacktrace(); ?>`

Beachten Sie, dass *renderBacktrace()* eng mit den Debug-Einstellungen im Backend zusammenarbeitet. Zu finden sind diese im Backend unter *Site/ Konfiguration/System* im Bereich *Fehlersuche (Debug)*.

Kommt es zu einem Fehler, werden im Frontend die detaillierten Debug-Daten und die Callstack-Daten angezeigt.

Um diese Callstack-Daten nur dann anzuzeigen, wenn im Backend die Debug-Informationen tatsächlich auf *Ja* gestellt wurden, können Sie eine einfache *if*-Abfrage schreiben.

- `<?php if ($this->debug) :`
- `echo $this->renderBacktrace();`
- `endif; ?>`

Hier werden die Debug-Informationen aktiviert.

Diese sorgt dafür, dass die Callstack-Daten nur noch dann zu sehen sind, wenn *System debuggen* auf *Ja* steht.

8.7 Die Modul- und Komponentenausgabe überschreiben

Ein neues Feature, das erst mit Joomla! 1.5 eingeführt wurde, ist das „Template Overriding". Diese Funktion bietet Template-Entwicklern die Möglichkeit, die Ausgabe von Joomla! direkt zu steuern. Das gilt dann nicht nur für die Codeinhalte, sondern auch für beliebige Erweiterungen. Um es auf den Punkt zu bringen: Das, was Komponenten oder Module im Frontend ausgeben wollen, können Sie überschreiben.

Das Besondere an diesen Overrides wird deutlich, wenn man sich vor Augen hält, aus welchen Gründen Joomla! immer wieder Kritik ausgesetzt ist. Joomla! wurde vorgeworfen, sich nicht an Webstandards zu halten, nicht barrierefrei zu sein und mit Layouttabellen zu arbeiten. Mit der 1.5er-Version legten die Joomla!-Core-Entwickler die Verantwortung für den generierten Code wieder in die Hände der Template-Entwickler. Wollte man „früher" die Ausgabe beeinflussen, musste man sich sogenannter Core-Hacks bedienen. Das Problem dabei: Bei jedem Joomla!-Update wurden die Änderungen überschrieben. In Joomla! ab Version 1.5 werden die Anpassungen nun im Template selbst gemacht. Man kann sie also in seine Webseite integrieren, ohne befürchten zu müssen, dass sie bei einem Update verloren gehen. Zwar wird in Version 1.6 ohne Layouttabellen gearbeitet, dennoch sind Overrides wichtig, schließlich kann man mit ihnen die Ausgabe der Module und Komponenten ganz gezielt steuern.

Mit den Template-Overrides lässt sich die Core-Ausgabe überschreiben. Ermöglicht wird das durch die sogenannten Template-Dateien, die mit den Layoutschichten von Modulen und Komponenten korrespondieren. Joomla! überprüft, ob eine solche Datei im Template-Verzeichnis enthalten ist. Wenn das der Fall ist, benutzt Joomla! diese Datei und überschreibt damit die Standardausgabe.

Zum Überschreiben der Frontend-Ausgabe wird auf das Prinzip des Model-View-Controll gesetzt, wodurch eine strikte Trennung zwischen Darstellung und Inhalt möglich wird. Die Architektur dieses Prinzips setzt sich aus drei Bausteinen zusammen:

➢ Dem Model, in dem die eigentliche Logik und die darzustellenden Daten enthalten sind.

➢ Dem View, das für die eigentliche Darstellung verantwortlich ist.

➢ Dem Controller, der für die Steuerung sorgt.

Aus Template-Sicht sind eigentlich nur die Views interessant, da ausschließlich darüber die Ausgabe der Inhalte gesteuert wird.

Module überschreiben

Das Überschreiben der Module funktioniert ausschließlich im jeweils aktuellen Template. Die zweite Voraussetzung, damit das Overriding klappt: Die Dateien müssen sich innerhalb des *html*-Verzeichnisses der Template-Struktur befinden.

Wichtig zu wissen ist, dass jedes Modul ein *tmpl*-Verzeichnis besitzt, in dem die Templates enthalten sind. In diesem Verzeichnis liegen die PHP-Dateien, über die die Ausgabe gesteuert wird. Welche Dateien das letztendlich sind, hängt vom Modul ab. Das Überschreiben der Ausgabe von Modulen lässt sich am besten anhand eines Beispiels verdeutlichen.

Werfen Sie zunächst einen Blick auf die Abbildung auf der nächsten Seite.

Interessant ist an dieser Stelle das Log-in-Modul, das in der rechten Template-Spalte angezeigt wird. Die Ausgabe dieses Moduls soll nun überschrieben werden.

Dieses Modul soll angepasst werden.

So sieht das Log-in-Modul standardmäßig aus.

Im aktuellen Beispiel soll der Link *Passwort vergessen?* gelöscht werden. Die folgenden Schritte können Sie anschließend auf jedes Joomla!-Modul anwenden, um so die Ausgabe umzuschreiben.

Öffnen Sie das *modules*-Verzeichnis, das auf der obersten Ebene des Joomla!-Verzeichnisses liegt. In diesem Verzeichnis ist für jedes Modul ein eigenes Verzeichnis enthalten. Im Fall des Log-in-Moduls heißt es *mod_login*. Die Verzeichnisnamen sind logisch vergeben, sodass man immer schnell herausfindet, welches das passende Verzeichnis ist.

Darin sind die Moduldateien hinterlegt.

Öffnen Sie nun das *html*-Verzeichnis Ihres Templates. Legen Sie darin ein neues Verzeichnis an, das den Namen des Moduls erhält. Im aktuellen Beispiel muss dieses Verzeichnis also *mod_login* heißen. Achten Sie unbedingt darauf, dass dieses Verzeichnis exakt wie das Modulverzeichnis heißt.

Wechseln Sie nun in das Verzeichnis *modules/mod_login/tmpl* und kopieren Sie die beiden Dateien *index.html* und *default.php* in das *mod_login*-Verzeichnis, das Sie im *html*-Verzeichnis Ihres Templates angelegt haben. Die *index.html* besitzt wieder lediglich die Funktion, zu verhindern, dass direkt auf das Verzeichnis zugegriffen wird. Das Anpassen der Modulausgabe geschieht in der *default.php*.

Öffnen Sie diese Datei und suchen Sie nach der Passage, die geändert werden soll. Im Fall des Links *Passwort vergessen?* beginnt diese in Zeile 59. Löschen Sie die folgenden Zeilen aus der *default.php*:

- `<li>`
- `<a href="<?php echo JRoute::_('index.php?option=com_users&view=reset'); ?>">`
- `<?php echo JText::_('MOD_LOGIN_FORGOT_YOUR_PASSWORD'); ?></a>`
- `</li>`

Wenn nach dem Speichern der Datei das Frontend aufgerufen wird, ist der Link weg.

Das gilt jedoch nur in dem Template, in dem die Änderungen im *html*-Verzeichnis vorgenommen wurden. Bei den anderen Templates wird das Log-in-Modul unverändert angezeigt.

Jetzt ist der Link verschwunden.

Die Komponentenausgabe überschreiben

Auch die Ausgabe der Komponenten lässt sich überschreiben. Das funktioniert ähnlich wie bei den Modulen und soll hier wieder anhand eines Beispiels gezeigt werden.

Wenn man im Backend einen Menüpunkt erstellt, stehen verschiedene Ansichten zur Verfügung. Im Fall der Inhaltskomponente *com_content* sind das die folgenden:

➢ *Hauptbeiträge*
➢ *Kategorie-Blog*

> ➤ *Kategorieliste*
>
> ➤ *Alle Kategorien auflisten*
>
> ➤ *Archivierte Beiträge*
>
> ➤ *Einzelner Beitrag*
>
> ➤ *Beitrag erstellen*

Diese Aufteilung wird auch deutlich, wenn man einen Blick in das Verzeichnis *components/com_content/views* wirft.

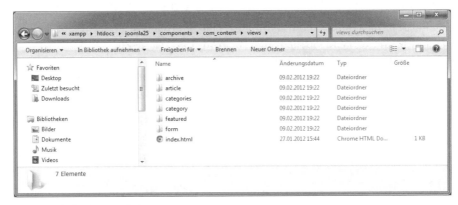

Darin sind alle Views enthalten.

Innerhalb des *views*-Verzeichnisses ist für jede Ansicht ein eigenes Unterverzeichnis enthalten.

Um die Overrides zu verstehen, muss man die Struktur von Komponenten kennen. Das gilt umso mehr, da in einer Komponente viele Teile enthalten sind, die verschiedene Verantwortungen und Rollen haben.

Bei Komponenten ist es in der Tat so, dass diverse Views bzw. Ansichten enthalten sein können. So findet man im *com_content*-Verzeichnis sehr oft mehrere Views. Hier sehen Sie ein Beispiel für die Struktur zweier in einem *com_content*-Verzeichnis definierter Views:

- ▪ /components
- ▪   /com_content
- ▪   /views
- ▪   /article
- ▪   /category
- ▪   ...

Innerhalb von *com_content* sind also offensichtlich unter anderem die beiden Views *article* und *category* enthalten.

Wie die Views letztendlich aussehen, ist jeweils in den *tmpl*-Verzeichnissen festgelegt. Für *article* finden Sie die verantwortliche *default.php* also hier:

- `components/com_content/views/article/tmpl/default.php`

Jetzt stellt sich natürlich die Frage, wie man eigentlich herausfindet, welches View-Verzeichnis für die Anzeige verantwortlich ist, die man ändern will. Deaktivieren Sie dazu am besten unter *Site/Konfiguration* die suchmaschinenfreundlichen URLs. Wenn Sie nun die zu ändernde Seite im Frontend aufrufen, sollte die URL in etwa folgendermaßen aussehen:

- `http://localhost/joomla25/index.php?option=com_content`
  `&view=article&id=50:upgraders&catid=19&Itemid=260`

Innerhalb dieser URL kann man sehr schön erkennen, dass es sich um eine Komponente vom Typ *com_content* handelt. Zusätzlich ist das verwendete View *article* zu sehen.

Wie sich die Komponentenausgabe überschreiben lässt, lässt sich wieder am besten anhand eines praktischen Beispiels verdeutlichen.

Diese Ausgabe soll angepasst werden.

Standardmäßig werden die Artikelüberschriften (hier also *Upgraders*) als Elemente vom Typ *h2* ausgegeben. Der im Frontend generierte Quellcode sieht also folgendermaßen aus:

- `<div id="content"><div class="item-page">`
- `<h2>`
- `<a href="/joomla25/index.php?option=com_content&amp;view=`
  `article&amp;id=50:upgraders&amp;catid=19:joomla&amp;`
  `Itemid=260">`

- Upgraders</a>
- </h2>

Diese Standardausgabe soll verändert werden. Anstelle des *h2-* soll das *h1*-Element für die Überschriftenauszeichnung herhalten.

Öffnen Sie dazu das *html*-Verzeichnis Ihres Templates und legen Sie darin das Verzeichnis *com_content* an. Der Verzeichnisname muss dabei exakt dem Verzeichnisnamen der Komponente entsprechen, deren Inhalt überschrieben werden soll.

Innerhalb des neuen *com_content*-Verzeichnisses legen Sie ein Verzeichnis an, das exakt den Namen des zu ändernden Views trägt, im aktuellen Beispiel also *article*. Öffnen Sie nun das Verzeichnis *components/com_content/views/article/tmpl* und kopieren Sie die beiden Dateien *default.php* und *index.html* in das *article*-Verzeichnis Ihres Templates.

Öffnen Sie die *default.php* in einem Editor und suchen Sie nach der zu ändernden Passage. Im aktuellen Beispiel reicht diese von Zeile 26 bis 33.

- **\<h2\>**
- <?php if ($params->get('link_titles') &&
  !empty($this->item->readmore_link)) : ?>
- <a href="<?php echo $this->item->readmore_link; ?>">
- php echo $this->escape($this->item->title); ?></a>
- <?php else : ?>
- <?php echo $this->escape($this->item->title); ?>
- <?php endif; ?>
- **\</h2\>**

Ändern Sie das öffnende und schließende *h2* jeweils in *h1* um.

- **\<h1\>**
- <?php if ($params->get('link_titles') &&
  !empty($this->item->readmore_link)) : ?>
- <a href="<?php echo $this->item->readmore_link; ?>">
- php echo $this->escape($this->item->title); ?></a>
- <?php else : ?>
- <?php echo $this->escape($this->item->title); ?>
- <?php endif; ?>
- **\</h1\>**

Wenn Sie sich nach dem Speichern der *default.php* den im Frontend generierten Quellcode ansehen, werden Sie feststellen, dass die Artikel jetzt tatsächlich mit einer Überschrift erster Ordnung – also mit dem *h1*-Element – ausgegeben werden.

Eine Ansicht für unterschiedliche Ausgaben

Normalerweise genügt für eine Ansicht ein Override. Allerdings bietet Joomla! auch die Möglichkeit, mehrere Overrides für eine Ansicht zu definieren. So kann man beispielsweise für bestimmte Artikel eigene Views definieren. Das Kernstück bildet dabei das Feld *Alternatives Layout*. Dieses können Sie sich beispielsweise anzeigen lassen, wenn Sie unter *Inhalt/ Beiträge* auf den Namen eines Artikels klicken.

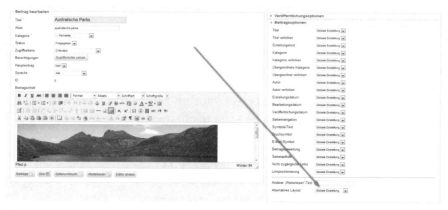

Hier lassen sich alternative Layouts anlegen.

Über dieses Feld können Sie zwischen verschiedenen Darstellungen wählen. Damit das funktioniert, müssen allerdings zunächst unterschiedliche Darstellungen für ein View definiert werden. Wie sich so etwas umsetzen lässt, wird erneut anhand eines Beispiels erläutert.

Angenommen, Sie möchten für die Anzeige der Artikel unterschiedliche Darstellungen definieren. Zentrale Anlaufstelle für die Artikelanzeige ist das Verzeichnis *ihr_template/html/com_content/article*

Darin liegt momentan lediglich die *default.php*. Legen Sie im selben Verzeichnis eine Kopie dieser Datei unter einem anderen Namen an. Haben Sie die Datei beispielsweise *werbung.php* genannt, wird Ihnen diese im Feld *Alternatives Layout* angezeigt.

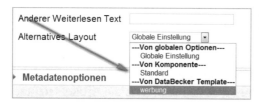

Hierüber lassen sich alternative Layouts einstellen.

Die *werbung.php* können Sie nun ganz nach Ihren Erfordernissen gestalten und bei den gewünschten Artikeln auswählen.

Das gezeigte Prinzip funktioniert übrigens nicht nur bei Artikeln, sondern lässt sich beispielsweise auch auf Kategorien, Komponenten und Module anwenden.

Das System-Template

Joomla! bringt ein spezielles System-Template mit. Dieses Template erfüllt ganz unterschiedliche Aufgaben.

➤ Die Ausgabe von Fehlermeldungen.

➤ Die Anzeige diverser Statusmeldungen.

➤ Die Offlinemeldung.

Das Template greift immer dann, wenn für die entsprechenden Aufgaben im aktuell verwendeten Template keine eigene Ansicht definiert wurde. Auf den folgenden Seiten geht es nun darum, wie Sie die Standardsystem- und -fehlermeldungen, für die eigentlich das System-Template verantwortlich ist, Ihren eigenen Wünschen entsprechend anpassen können.

Systemmeldungen verändern

Systemmeldungen werden beispielsweise angezeigt, wenn die Registrierung im Frontend fehlschlägt.

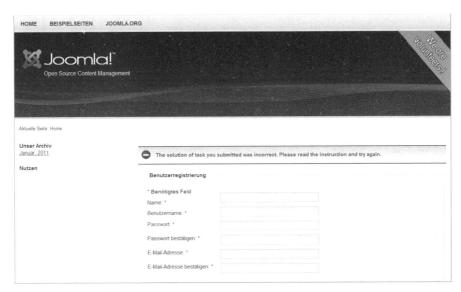

Die Registrierung ist fehlgeschlagen.

Dabei wird zwischen drei verschiedenen Arten von Systemmeldung unterschieden.

➤ *Nachrichten* – wenn beispielsweise eine E-Mail nicht verschickt werden konnte.

➤ *Fehler* – wenn beispielsweise die Registrierung nicht geklappt hat.

➤ *Warnungen* – wenn beispielsweise ein Formular nicht vollständig ausgefüllt wurde.

Die CSS-Datei, über die sich das System-Template formatieren lässt, binden Sie so in Ihre *index.php* ein:

```
<link rel="stylesheet" href="<?php echo $this->baseurl ?>
/templates/system/css/system.css" type="text/css" />
```

Normalerweise ist es nicht sinnvoll, die *system.css* direkt zu verändern. Stattdessen bindet man eine weitere CSS-Datei hinter dieser *system.css* in seine *index.php* ein. Dadurch lassen sich die in der *system.css* stehenden Eigenschaften in der neuen Datei überschreiben.

```
#system-message dt.error
{
  position:absolute;
  top:-2000px;
  left:-3000px;
}
```

Um die verwendeten IDs und Klassen herauszufinden, gehen Sie wieder genau so vor, wie das in diesem Buch bereits im Zusammenhang mit dem Anpassen der Frontend-Ausgabe beschrieben wurde.

Um die Statusmeldungen in der *index.php* anzuzeigen, wird folgendes Element verwendet:

```
<jdoc:include type="message" />
```

An welcher Stelle der *index.php* dieses Element notiert wird, ist nicht festgelegt, oft gibt man es aber direkt oberhalb von *component* an.

```
<jdoc:include type="message" />
<jdoc:include type="component" />
```

Vom System werden für Status- und Fehlermeldungen einige Standardgrafiken verwendet. Diese finden Sie im Verzeichnis *media/system*. Wollen Sie eigene Grafiken anzeigen lassen, legen Sie innerhalb Ihres Template-Verzeichnisses unter *images* ein *system*-Verzeichnis an. Darin platzieren Sie die geänderten Systemgrafiken. Dabei müssen dieselben Namen wie im Original-*system*-Verzeichnis verwendet werden. Joomla! überprüft bei jedem Aufruf, ob für eine Standardgrafik im Template-Verzeichnis eine Alternative vorhanden ist. Ist sie das, wird diese Grafik angezeigt, andernfalls verwendet Joomla! die Standardgrafik.

Eine vollständige CSS-Datei

In diesem Kapitel ist Ihnen an mehreren Stellen das Planbar-Template begegnet. Das folgende CSS-Beispiel zeigt, wie sich dieses Template formatieren lässt. Dabei werden die wichtigsten auf den vorherigen Seiten vorgestellten Template-spezifischen Dinge berücksichtigt.

```
    /*
    ################################################################
    ### CUSTOM TEMPLATE FOR JOOMLA! 2.5              #####
    ################################################################
5   ## COLORS:
    Light Blue: #72bed9
    Dark Blue: #0081af
    */
    html, body {
10      font: 100.01% trebuchet ms, arial, helvetica, sans-serif;
        line-height:15px;
        background-color:#72bed9;
        color:#272727;
    }
15  /*
    ################################################################
    ### ALLGEMEINE EINSTELLUNGEN                     #####
    ################################################################
    */
20  * {
        margin:0px;
        padding:0px;
        list-style-image:none;
        list-style-position:outside;
25      list-style-type:none;
    }
    form {
```

```
     margin: 0;
     padding: 0;
30 }
   img,table {
     border: none;
   }
   #content img {
35   padding:4px;
   }
   table {
     width:100%;
   }
40 fieldset {
     border:0px;
   }
   table td {
     text-align:left;
45 }
   input.button {
     padding:1px;
     margin:0px;
   }
50 /*
   ######################################################################
   ### CONTAINTER-STRUKTUR                                        #####
   ######################################################################
   */
55 #wrapper {
     width:860px;
     margin:auto;
     min-height:350px;
     padding-top:10px;
60   padding-bottom:10px;
     font-size:0.9em;
     line-height:1.1em;
   }
   #topwrapper {
65   width:860px;
     height:220px;
   }
```

```
    #corporatelogo {
        width:180px;
70      height:100%;
        background:transparent url('../images/firmenlogo.jpg')
        no-repeat left top;
        float:left;
    }

75  #topright {
        width:670px;
        margin-left:10px;
        height:100%;
        float:left;
80
    }
    #topmen {
        width:670px;
        margin-bottom:10px;
85      height:50px;
        background-color:#0081af;
        color:#fff;
        text-align:right;
    }
90  #toplogo {
        width:670px;
        height:160px;
        background:transparent url('../images/toplogo.jpg') no-repeat
        left top;
        color:#fff;
95  }
    #mainwrapper {
        margin-top:10px;
        width:860px;
        min-height:260px;
100     background:transparent url('../images/bg_01.gif') repeat-y
        left top;
    }

    #mainwrapper_full {
        margin-top:10px;
```

```
105     width:860px;
        min-height:260px;
        background:transparent url('../images/bg_02.gif') repeat-y
        left top;
        }
        #leftwrapper {
110     width:180px;
        float:left;
        }
        #search {
        text-align:center;
115     padding-top:10px;
        padding-bottom:15px;
        width:100%;
        }
        #men {
120     color:#fff;
        width:100%;
        text-align:center;
        }
        #contentwrapper {
125     width:630px;
        float:left;
        margin-left:30px;
        padding-bottom:10px;
        }
130 #contentwrapper_full {
        width:440px;
        float:left;
        margin-left:30px;
        padding-bottom:10px;
135 }
        #breadcrumbs {
        width:100%;
        padding-top:5px;
        padding-bottom:5px;
140     font-size:0.8em;
        color:#0081af;
        }
        #content {
```

```
         width:100%;
145  }
     #rightwrapper {
         margin-left:40px;
         width:160px;
         float:left;
150      color:#fff;
         padding-top:10px;
     }
     #banner,
     #bottom {
155      text-align:center;
         padding-top:5px;
         padding-bottom:5px;
         width:100%;
     }
160  #footer {
         margin-top:10px;
         background-color:#0081af;
         color:#fff;
         font-size:0.9em;
165      width:100%;
         text-align:center;
         padding-top:10px;
         padding-bottom:10px;
     }
170  /* Zum Abschließen von Float-Konstrukten */
     .clear {
         clear:both;
         height:0px;
         width:0px;
175      font-size:0.0em;
         visibility:hidden;
     }

     /*
180  ############################################################
     ### TOP MENU                                          #####
     ############################################################
     */
```

```
      #topmen ul,
185   #topmen table {
          display:inline-block;
          text-align:right;
          padding-right:30px;
          padding-top:25px;
190   }
      #topmen table {
          display:block;
      }
      #topmen td {
195       width:770px;
          text-align:right;
      }
      #topmen ul li {
          display:inline;
200       padding-left:7px;
          padding-right:7px;
          border-right:1px solid #fff;
      }
      #topmen a {
205       display:inline-block;
          padding-left:3px;
          padding-right:3px;
          padding-bottom:1px;
          color:#fff;
210       text-decoration:none;
          border-bottom:2px solid #0081af;
          text-align:center;
      }
      #topmen a:hover,
215   #topmen li#current a {
          color:#fff;
          border-bottom:2px solid #fff;
          text-decoration:none;
      }
220   /*
      ################################################################
      ### LEFT MENU/RIGHT MENU                            #####
      ################################################################
```

```
    */
225 #men div,
    #rightwrapper div {
        margin-bottom:15px;
    }
    #men div div,
230 #rightwrapper div div {
        margin:0px;
    }
    ul.menu li {
        margin-bottom:2px;
235 }
    ul.menu li li {
        margin-bottom:0px;
        text-align:right;
        padding-top:0px;
240     padding-bottom:0px;
        padding-right:25px;
    }
    ul.menu li li li {
        padding-right:10px;
245     padding-bottom:0px;
    }
    #men h3,
    rightwrapper h3 {
        color:#fff;
250     font-size:17px;
        font-weight:bold;
        margin-bottom:3px;
    }
    #men ul.menu li a {
255     display:block;
    }
    #men ul.menu li li a {
        display:inline-block;
        text-align:right;
260     width:100px;
    }
    #men ul.menu li a {
        color:#fff;
```

```
      text-decoration:none;
265   padding-top:4px;
      padding-bottom:4px;
      width:155px;
      padding-right:25px;
      text-align:right;
270 }
    #men ul.menu li a:hover {
      color:#0081af;
      background:none; /*IE7 FIX */
      background-color:#fff;
275   padding-right:25px;
    }
    #men ul.menu #current a,
    #men ul.menu .active a {
      padding-right:25px;
280   background-color:#fff;
      color:#0081af;
    }
    #men ul.menu .active .active a,
    #men ul.menu #current li a,
285 #men ul.menu .active #current a {
      padding-right:0px;
      background-color:transparent;
    color:#adf;
    }
290 /* Zweite Ebene ++ */
    #men ul.menu li li a:link,
    #men ul.menu li li a:active,
    #men ul.menu li li a:visited,
    #men ul.menu li li a:hover {
295   margin:0px;
      background:none;
      font-size:0.85em;
      text-align:right;
      color:#adf;
300   padding:0px;
      padding-bottom:2px;
      padding-top:2px;
    }
```

```
     #men ul.menu li li a:hover {
305     text-decoration:underline;
     }
     /*
     ###############################################################
     ### BREADCRUMBS/PFAD                              #####
310  ###############################################################
     */
     #breadcrumbs a {
         color:#0081af;
         text-decoration:none;
315  }
     #breadcrumbs a:hover {
         text-decoration:underline;
     }
     /*
320  ###############################################################
     ### FOOTER                                        #####
     ###############################################################
     */
     #footer ul {
325  /*Entfernen, falls Menüs auf einer Zeile erscheinen sollen */
         display:inline;
     }
     #footer ul li {
         display:inline;
330  }
     #footer a {
         display:inline-block;
         color:#fff;
         text-decoration:none;
335     padding-left:7px;
         padding-right:7px;
         text-align:center;
     }
     #footer a:hover,
340  #footer #current a {
         color: #fff;
         text-decoration:underline;
     }
```

```
    /*
345 #####################################################################
    ### STYLING ELEMENTS                                         #####
    #####################################################################
    */
    /* Überschriften-Inhaltsbereich */
350 h1 {
        font: bold 1.3em trebuchet ms, arial, helvetica, sans-serif;
        color:#0081af;
        margin-bottom:5px;
        padding:0px;
355 }
    h2 {
        font: bold 1.2em trebuchet ms, arial, helvetica, sans-serif;
        color:#0081af;
        margin-bottom:5px;
360     padding:0px;
    }
    h3 {
        font: bold 1.0em trebuchet ms, arial, helvetica, sans-serif;
        color:#0081af;
365     margin-bottom:5px;
        padding:0px;
    }
    h4 {
        font: 1.0em trebuchet ms, arial, helvetica, sans-serif;
370     color:#272727;
        margin-bottom:5px;
        padding:0px;
    }
    .article_separator {
375 }
    /* Erstellungs- und Änderungsdatum, small class */
    .small,
    .createdate,
    .modifydate {
380     color:#999;
        font:0.8em trebuchet ms, arial, helvetica, sans-serif;
        text-align:right;
    }
```

```
    .contentheading, .componentheading {
385     font: bold 1.3em trebuchet ms, arial, helvetica, sans-serif;
        color:#0081af;
        margin-bottom:5px;
        padding:0px;
    }
390 /* Links: Content-Bereich*/
    #content a:link,
    #content a:active,
    #content a:visited {
        color:#0081af;
395     text-decoration:none;
    }

    /* Links: Content-Bereich mit Hover-Effekt */
    #content a:hover {
400     text-decoration:underline;
    }
    /* Listeneinzug im Inhaltsbereich */
    #content ul,
    #content ol {
405     margin-left:40px;
    }
    #content ul li {
        list-style-type:disc;
    }
410 /* Sektionen*/
    #content .sectiontableentry1 td,
    #content .sectiontableentry2 td {
        padding-top:2px;
        padding-bottom:2px;
415 }
    #content .sectiontableentry1 {
        background-color:#eee;
    }
    .quote {
420     text-align:center;
        color:#0081af;
    }
```

```
      /* Anmeldeformular*/
425 fieldset.input {
          margin-bottom:10px;
      }
      fieldset.input p {
          padding:2px;
430 }
      form#com-form-login input.button {
          margin-top:10px;
      }
      /* ## Linker Bereich ## */
435 #men .moduletable a:link,
      #men .moduletable a:active,
      #men .moduletable a:visited {
          color:#fff;
          text-align:right;
440 }
      /* Hover-Links */
      #men .moduletable a:hover {
          text-decoration:none;
      }
445 /* Suchbox */
      input#mod_search_searchword {
          width:160px;
          color:#0081af;
          font-weight:bold;
450 }
      /* ## Rechter Bereich ## */
      #rightwrapper a {
          color:#fff;
      }
455 #rightwrapper a:hover {
          color:#72bed9;
      }
      /* Fix IE. Hide from IE Mac \*/
      /* Min-Height Fix für IE6 */
460 * html #content {
          height:200px;
      }
      * html #mainwrapper {
```

```
     margin-top:0px;
465  }

     /* Ende */
```

Das Template packen und installieren

Ist das Template einmal erstellt, kann es installiert werden. Damit ein Template über das Backend installiert werden kann, muss man daraus ein Zip-Archiv machen. Klicken Sie unter Windows das Template-Verzeichnis (z. B. *databecker*) mit der rechten Maustaste an und wählen Sie *Senden an/Zip-komprimierter Ordner*.

Anschließend rufen Sie im Backend *Erweiterungen/Erweiterungen* auf. Jetzt muss nur noch über *Datei auswählen* das Template-Archiv ausgewählt und mit *Hochladen & Installieren* auf den Server geladen werden.

Das Template wurde erfolgreich installiert.

Die Meldung zeigt, dass die Installation erfolgreich war. Wenn Sie *Erweiterungen/Templates* aufrufen und ins Register *Templates* wechseln, ist dort das neue Template zu sehen.

Auch die Vorschaugrafik wird nun angezeigt.

Jetzt sollten Sie, wenn Sie mit dem Template standardmäßig arbeiten wollen, im *Stile*-Register das Kontrollkästchen aktivieren, das vor dem Stilnamen steht, und in der Werkzeugleiste auf *Standard* klicken.

Der Stil wurde als Standard festgelegt.

8.8 Artisteer – Templates per Mausklick

Seit vielen Monaten schon macht die Template-Engine Artisteer von sich reden. Kein Wunder, schließlich lassen sich damit Templates per Mausklick erstellen. In diesem Buch geht es natürlich um die Joomla!-Fähigkeiten von Artisteer. Allerdings lassen sich mit diesem Tool auch Templates für folgende Systeme erstellen:

➢ WordPress

➢ Drupal

➢ DotNetNuke

➢ Blogger

Die offizielle Webseite zu Artisteer finden Sie unter *http://www.artisteer. com/*. Artisteer gibt es in zwei Lizenzvarianten:

➢ Home & Academic Edition – 49,95 Dollar

➢ Standard Edition – 129,95 Dollar

Zu den einzelnen Lizenzen erfahren Sie mehr auf der Seite *http://www. artisteer.com/?p=purchase*. Eine Demoversion gibt es auch. Diese kann von der Seite *http://www.artisteer.com/?p=downloads* heruntergeladen werden.

Im Netz gibt es zahlreiche Foren und Blogs, in denen über das Für und Wider von Artisteer diskutiert wird. Diese Diskussionen sollen an dieser Stelle nicht fortgesetzt werden. Stattdessen zeige ich Ihnen anhand eines Beispiels, wie Sie mit Artisteer in wenigen Minuten ein funktionierendes

Template umsetzen können. So können Sie sich selbst ein Bild davon machen, ob Ihnen Artisteer zusagt.

Auf den folgenden Seiten soll Artisteer nicht im Detail vorgestellt werden. Dazu ist das Programm einerseits zu komplex, andererseits ist es aber relativ einfach zu bedienen.

Nach dem Start von Artisteer müssen Sie zunächst einmal angeben, dass Sie ein Joomla!-Template erstellen wollen.

Ein Joomla!-Template wird erstellt.

Klicken Sie dazu auf das Joomla!-Symbol. Automatisch wird daraufhin ein Template-Design angezeigt.

Dieses Design schlägt Artisteer vor.

627

Sie können sich Artisteer als großen Template-Assistenten vorstellen. Über die Schaltfläche *Design vorschlagen* können Sie nun zunächst einmal das Grundlayout festlegen.

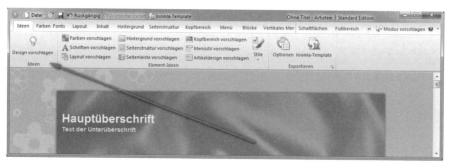

So lässt sich zwischen Designvorschlägen umschalten.

Mit jedem Anklicken dieser Schaltfläche wird ein neues Grunddesign vorgeschlagen. Neben dem Grundlayout können auch noch alle anderen Elemente über Artisteer automatisch angepasst werden. Das kann ebenfalls im Register *Ideen* geschehen. Wollen Sie sich beispielsweise die Möglichkeiten anzeigen lassen, die Artisteer hinsichtlich der Hintergrundgestaltung der Seite zu bieten hat, klicken Sie auf *Hintergrund vorschlagen*.

Der Hintergrund wurde angepasst.

Auch hier zieht wieder jeder Klick die Anzeige eines neuen Hintergrunds nach sich. Auf diese Weise können Sie sämtliche Elemente anpassen. Das gilt auch für die Seitenleiste, die Seitenstruktur und den Kopfbereich.

Innerhalb der einzelnen Seitenelemente sind weitere Anpassungen möglich. Sichtbar werden diese, wenn man mit dem Mauszeiger auf das gewünschte Element zeigt. Daraufhin werden im oberen Bereich des Elements bis zu drei zusätzliche Schaltflächen angezeigt. (Wie viele Schaltflächen tatsächlich zu sehen sind, hängt vom gewählten Element ab. Der Hauptbereich besitzt beispielsweise nur eine Schaltfläche, der Kopfbereich immerhin zwei.)

Über diese kann man sich für das aktuell gewählte Element neue Designs vorschlagen, das Element löschen oder sich erweiterte Optionen anzeigen lassen.

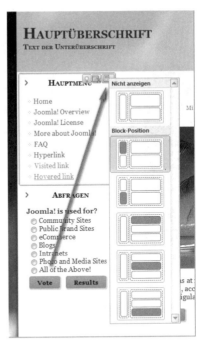

Zusätzliche Optionen werden angezeigt.

Im oberen Fensterbereich von Artisteer gibt es verschiedene Register, über die man noch detaillierte Einstellungen vornehmen kann.

Zunächst sehen Sie dort *Farben Fonts*. Hier können Sie beispielsweise den Schriftstil und die Schriftgröße bestimmen. Ebenso kann man aus einer stattlichen Anzahl vordefinierter Farbdesigns auswählen.

Äußerst interessant ist das Register *Layout*. Denn dort lässt sich das grundlegende Layout des Templates bestimmen. Am wichtigsten dürfte sicherlich das Feld *Design-Layout* sein, denn darüber bestimmen Sie, ob es sich um ein Pixel-, ein Fluid- oder um ein Fixed-Layout handelt.

Im Register *Layout* lassen sich die Spaltenbreiten und die Randabstände festlegen. Interessant ist natürlich ebenfalls die Frage, wo letztendlich die Module angezeigt werden, die man im Joomla!-Backend anlegt. Auch dabei hilft Artisteer. Über *Block-Position* können Sie die gewünschten Elemente auswählen und deren Position bestimmen.

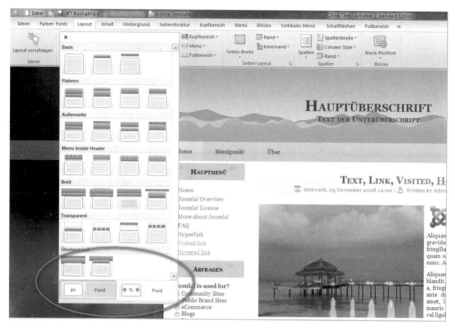

Die Art des Layouts wird bestimmt.

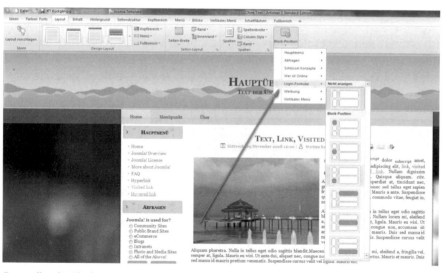

Dort sollen die Blöcke angezeigt werden.

Dabei entsprechen die dunklen Stellen in den Vorschaugrafiken den Zielpositionen.

Im *Inhalt*-Register geht es ausschließlich um die Präsentation der Beiträge. So können Sie beispielsweise festlegen, wie die Überschriften aussehen und welche Randabstände die Bilder einhalten sollen, die später von Joomla! eingebunden werden.

Über das Register *Hintergrund* lässt sich der Seitenhintergrund gestalten. Dabei sind Fotos ebenso möglich wie Farbverläufe oder eine klassische Hintergrundfarbe.

Weiter geht es mit dem Register *Seitenstruktur*. Hier können Sie für die Seite eine Umrandung angeben, die Layoutbreite bestimmen und über das *Transparenz*-Feld bestimmen, ob ein zuvor eingestelltes Hintergrundbild durchscheinen soll.

Alles was den oberen Seitenbereich betrifft, legen Sie im Register *Kopfbereich* fest. Geben Sie beispielsweise ein Hintergrundbild an, stellen Sie eine Füllfarbe ein und binden Sie Titel und Slogan ein.

Ein Foto wurde in den Kopfbereich eingefügt.

Interessantes verbirgt sich auch hinter dem Register *Menü*. Denn dort können Sie das Aussehen horizontaler Menüs bestimmen. Artisteer ermöglicht es, das obere Menü auf vielfältige Weise zu gestalten.

So kann man nicht nur das Aussehen der Menüpunkte bestimmen, auch wie die Unterelemente angezeigt werden sollen, lässt sich explizit festlegen.

Das Register *Blöcke* ist für die Gestaltung der eingebundenen Module da. So können Sie beispielsweise festlegen, ob die Module mit einem Titel angezeigt oder umrahmt werden sollen.

Klappmenüs sind ebenfalls machbar.

Das Aussehen vertikaler Menüs wird im Register *Vertikales Menü* festgelegt. Hier gilt wieder: Man kann nicht nur das Design bestimmen, auch die Funktionalität lässt sich festlegen. Über das *Ebenen*-Feld könnte man bestimmen, dass die Untermenüeinträge erst angezeigt werden, wenn einer der Haupteinträge angeklickt wird.

Die Funktionsweise der Menüs wird festgelegt.

Auf Ihrer Webseite wird es einige Schaltflächen geben – beispielsweise im Log-in-Bereich oder im Kontaktformular. Wie die Schaltflächen aussehen sollen, bestimmen Sie im Register *Schaltflächen*.

Und zu guter Letzt gibt es noch das *Fußbereich*-Register, über den Aussehen und Inhalt des Footers bestimmt wird.

Wenn Sie mit Design und Funktionalität Ihres Templates zufrieden sind, klicken Sie auf *Datei/Exportieren/Joomla!-Template*. In dem sich öffnenden Dialogfenster geben Sie bei *Version* unbedingt *1.7-2.5* an. Nur dann ist das Template unter Joomla! 2.5 lauffähig. Achten Sie außerdem darauf, das

Kontrollkästchen *ZIP Archiv* zu aktivieren. Dann können Sie das Template direkt über das Joomla!-Backend installieren.

So wird das Template exportiert.

Aktivieren Sie das Kontrollkästchen *Das *.ARTX-Projekt einfügen*, legt Artisteer die Projektdatei mit ins Archiv. Diese Datei ist es dann auch, die man wieder in Artisteer öffnen muss, um Änderungen am Template vornehmen zu können. Das Öffnen von HTML- oder PHP-Dateien ist in Artisteer hingegen nicht möglich.

Fazit

Dieser Abschnitt hat einen ersten Eindruck davon vermittelt, was mit Artisteer möglich ist. Einen Test ist das Tool in jedem Fall wert, schließlich lassen sich damit im Handumdrehen gute Ergebnisse erzielen. Interessant ist Artisteer dabei vor allem für all jene, die wenig bis gar keine HTML- und CSS-Kenntnisse haben.

9. Joomla! erweitern

Joomla! bringt bereits von Hause aus eine ganze Menge Funktionalität mit. So gibt es beispielsweise ein Log-in-Formular, eine Blog-Funktion und eine recht ansprechende Suche. Das ist alles sehr interessant und hilfreich. Früher oder später stellt man allerdings fest, dass die vorhandenen Funktionalitäten schlichtweg nicht mehr ausreichen. Genau an dieser Stelle wird Joomla! so richtig interessant. Denn dank des modularen Systemaufbaus lässt sich das CMS erweitern. Und dieses Erweitern ist Gegenstand dieses Kapitels.

9.1 Unterschiede zwischen Plug-ins, Modulen und Komponenten

Viele Joomla!-Anwender kommen mit den Begrifflichkeiten durcheinander, die sich im Umfeld dieses CMS entwickelt haben. Und in der Tat kann man schnell mal den Überblick verlieren, wenn da permanent von Modulen, Plug-ins, Mambots und Komponenten die Rede ist. Da diese Begriffe auch in diesem Buch immer wieder auftauchen werden, hier ein paar kurze und knackige Definitionen:

> **Komponenten** – Hierbei handelt es sich um die komplexesten Anwendungen, die in Joomla! verwendet werden. In aller Regel haben diese im Backend einen eigenen Menüeintrag. Typische Komponenten sind beispielsweise Foren, Gästebücher und Bildergalerien.

> **Module** – Bei einem Modul handelt es sich um einen Bereich im Frontend, in dem normalerweise Daten aus einer Komponente angezeigt werden. Module lassen sich an vordefinierten Stellen im Template ausgeben.

> **Plug-ins** – Über Plug-ins lässt sich die Funktionalität des Joomla!-Frameworks verändern bzw. erweitern.

> **Mambots** – Das ist ein veralteter Begriff, der noch aus Mambo-Zeiten stammt. Abgelöst wurde dieser Begriff in Joomla! 1.5 durch Plug-ins. Er spielt in Joomla! seitdem keine Rolle mehr.

Sie sehen also, die Abgrenzung der einzelnen Begriffe voneinander ist gar nicht so schwer, wie oft suggeriert.

9.2 Erweiterungen installieren und deinstallieren

Sämtliche Erweiterungen bekommt man in Form eines Zip-Archivs. In aller Regel muss man diese Zip-Archive nicht selbst entpacken. Dort wo ein vorheriges Entpacken nötig ist, wird man üblicherweise anhand des Dateinamens (*UNZIP_FIRST* oder ähnlich darauf aufmerksam gemacht.)

Dreh- und Angelpunkt für die Installation von Erweiterungen ist im Backend *Erweiterungen/Erweiterungen*. Dabei spielt es keine Rolle, welche Art von Erweiterung Sie installieren wollen.

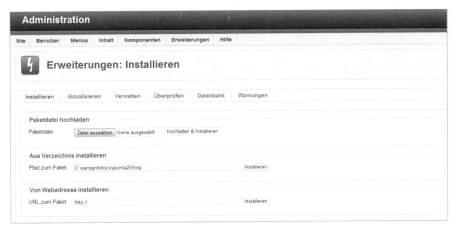

Hier lassen sich die Erweiterungen installieren.

Es gibt verschiedene Möglichkeiten, Erweiterungen zu installieren:

> *Paketdatei hochladen* – Das ist sicherlich die gebräuchlichste Variante. Hier wird die heruntergeladene Archivdatei über die *Durchsuchen*-Schaltfläche ausgewählt und dann mittels *Hochladen & Installieren* installiert.

> *Aus Verzeichnis installieren* – Sollte die zuvor beschriebene Variante nicht funktionieren, können Sie *Aus Verzeichnis installieren* probieren. Dabei richten Sie sich am besten auf dem lokalen Rechner ein temporäres Verzeichnis ein. In dieses Verzeichnis entpacken Sie die Archivdatei der Erweiterung. Mittels FTP kopieren Sie die Dateien dann auf den Server. Das entsprechende Verzeichnis muss als Installationsverzeichnis angegeben werden. Über *Installieren* wird die Installation eingeleitet.

> *Von Webadresse installieren* – Bei dieser Variante entfällt der Zwischen-
schritt des lokalen Entpackens. Hier gibt man direkt die URL der zu installierenden Erweiterung an. Beachten Sie, dass dabei keine lokale
Kopie der Dateien gespeichert wird. Und noch etwas: Ich rate prinzipiell von dieser Variante ab, da sie sehr unsicher ist. Denn letztendlich
weiß man nicht genau, was sich hinter der angegebenen URL tatsächlich verbirgt.

An dieser Stelle gleich der Hinweis, dass es bei der Installation von Erweiterungen immer mal wieder zu Problemen kommen kann. Mehr dazu erfahren Sie im weiteren Verlauf dieses Kapitels.

Über *Erweiterungen/Erweiterungen* lassen sich alle im System befindlichen
Erweiterungen verwalten. Die Verwaltung der Pakete ist sehr einfach und
übersichtlich gestaltet. Rufen Sie dazu das Register *Verwalten* auf.

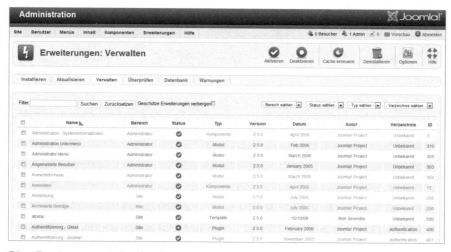

Diese Erweiterungen sind vorhanden.

Hier sind sämtliche installierten Erweiterungen aufgeführt. Dazu gehören
die folgenden Elemente:

> Komponenten
> Dateien
> Sprachen
> Bibliotheken
> Moduldateien
> Pakete
> Plug-ins
> Templates

Beim Aufrufen der Verwaltung kommt es möglicherweise zu einer Fehlermeldung wie dieser:

Maximum execution time of 30 seconds exceeded

Öffnen Sie dann die Konfigurationsdatei von PHP (*php.ini*) und setzen Sie den Wert von *max_execution_time* hoch. (Wenn Sie lokal auf einer XAMPP-Umgebung arbeiten, finden Sie die *php.ini* direkt im *PHP*-Verzeichnis von XAMPP.) Standardmäßig ist dieser Wert auf *30* eingestellt. Normalerweise genügt es, wenn dieser in *60* verändert wird. Nach einem Neustart des Servers sollte sich die Verwaltungsübersicht problemlos aufrufen lassen.

Innerhalb der Verwaltung der Erweiterungen lassen sich diese unter anderem mit wenigen Mausklicks deinstallieren. Das gilt allerdings nur für solche Erweiterungen, die nicht systemrelevant sind. Systemrelevante Erweiterungen können nicht direkt deinstalliert werden, was seinen guten Grund hat. Denn entfernt man eine solche Erweiterung, läuft Joomla! möglicherweise nicht mehr.

Damit derartige Probleme nicht entstehen, können Sie diese Erweiterungen nicht deinstallieren. Versuchen Sie es dennoch, gibt Joomla! eine Fehlermeldung aus.

Dieses Modul kann nicht gelöscht werden.

Um von vornherein zu vermeiden, dass systemrelevante Erweiterungen überhaupt angezeigt werden, können Sie sie ausblenden. Dazu aktivieren Sie im oberen Fensterbereich das Kontrollkästchen *Geschützte Erweiterungen verbergen*. Dadurch werden die entsprechenden Erweiterungen ausgeblendet.

Das Ausblenden der Erweiterungen macht die Seite dann auch gleich deutlich übersichtlicher. Werden die geschützten Erweiterungen nicht ausgeblendet, kann man sie dennoch von normalen Erweiterungen unterscheiden, da Joomla! sie leicht ausgegraut in der Übersicht anzeigt.

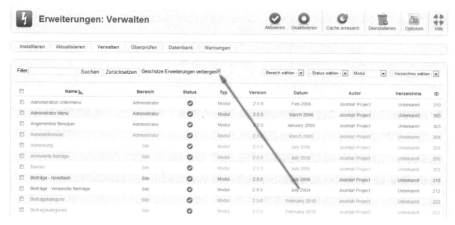

So blendet man die systemrelevanten Erweiterungen aus.

	Name ▲	Bereich	Status	Typ
☐	Administration Untermenü	Administrator	✓	Modul
☐	Administrator Menü	Administrator	✓	Modul
☐	Angemeldete Benutzer	Administrator	✓	Modul
☐	Anmeldeformular	Administrator	✓	Modul
☐	Anmeldung	Site	✓	Modul
☐	Archivierte Beiträge	Site	✓	Modul
☐	Banner	Site	✓	Modul
☐	Beiträge - Newsflash	Site	✓	Modul
☐	Beiträge - Verwandte Beiträge	Site	✓	Modul
☐	Beitragskategorie	Site	✓	Modul

Man erkennt die geschützten Erweiterungen anhand der Farbe der Einträge.

Die geschützten Erweiterungen erscheinen in einer helleren Schrift.

Wenn Sie das *Verwalten*-Register aufrufen, werden Sie merken, dass dieses oftmals sehr lange braucht, bis wirklich alle Erweiterungen angezeigt werden. Eine Lösung bieten hier die im oberen Fensterbereich angebotenen Filterfelder.

Über die Filterfelder lässt sich die Anzeige der Erweiterungen einschränken. Wenn Sie also beispielsweise ein Template deinstallieren wollen, stellen Sie über das Feld *Typ auswählen* einfach den Wert *Templates* ein. Somit werden in der Übersicht ausschließlich Templates angezeigt. Die *Verwalten*-Seite wird in dem Fall deutlich schneller geladen.

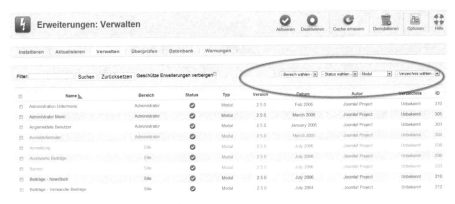

Hier lassen sich die Erweiterungen filtern.

Die folgenden Felder gibt es:

> *Bereich auswählen* – Hierüber können Sie festlegen, ob nur Erweiterungen für das Backend (*Administrator*) oder das Frontend (*Site*) angezeigt werden sollen.

> *Status auswählen* – Lassen Sie sich entweder nur aktivierte oder nur deaktivierte Erweiterungen anzeigen.

> *Typ auswählen* – Über dieses Feld kann man explizit die Art der anzuzeigenden Erweiterungen einstellen. So können Sie beispielsweise ausschließlich Templates oder Sprachpakete anzeigen lassen.

> *Verzeichnis auswählen* – In dieser Liste sind alle unter *plugins* vorhandenen Verzeichnisse aufgeführt.

Sie sollten von den Filterfeldern regen Gebrauch machen, da sich dadurch wirklich sehr viel Zeit sparen lässt.

Zusätzliche Erweiterungen installieren

Joomla! bringt bereits eine ganze Menge an Erweiterungen mit. Dennoch können Sie natürlich bei Bedarf das System um weitere Extensions ergänzen.

Die Suche nach Modulen, Komponenten und Plug-ins startet man üblicherweise unter *http://extensions.joomla.org/*.

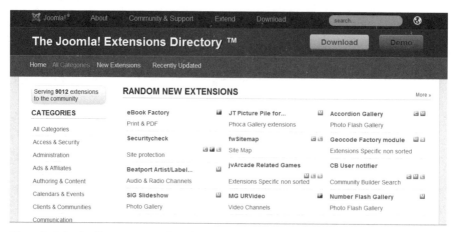

Die erste Anlaufstelle, wenn es um Joomla!-Erweiterungen geht.

Gibt man dort einen Suchbegriff ein, werden die dazu passenden Erweiterungen aufgelistet.

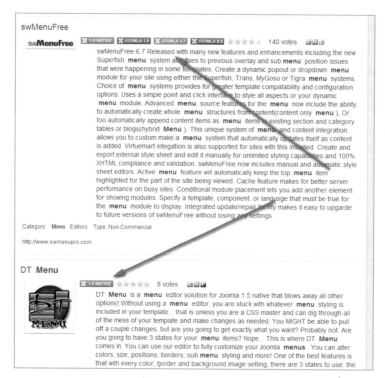

Eine Eingrenzung auf die richtige Joomla!-Version findet nicht statt.

Das Problem dabei: Es wird standardmäßig nicht zwischen Joomla! 1.0, Joomla! 1.5, Joomla! 1.6, Joomla! 1.7 und Joomla! 2.5 unterschieden. Für Sie bedeutet das, dass Sie zwar viele Suchergebnisse erhalten, sich dort aber durch die zahlreichen Erweiterungen hindurchwühlen müssen, die überhaupt nicht für Ihre Joomla!-Version geeignet sind.

Das kann dazu führen, dass sich Erweiterungen nicht installieren lassen. Extensions, die für Joomla! 1.0 entwickelt wurden, können unter Joomla! 2.5 überhaupt nicht installiert werden. Anders sieht es bei solchen Erweiterungen aus, die ursprünglich für Joomla! 1.5 entwickelt wurden, denn diese könnten durchaus unter Joomla! 2.5 laufen. Könnten heißt hier allerdings nicht müssen. Denn es ist und bleibt ein Glücksspiel, ob eine speziell für Joomla! 1.5 entwickelte Extension tatsächlich unter Joomla! 2.5 eingesetzt werden kann. Im Zweifelsfall müssen Sie die Erweiterung einfach probehalber installieren und kontrollieren, ob sie funktioniert.

Anders sieht es hingegen mit Erweiterungen aus, die für Joomla! 1.6 und 1.7 entwickelt wurden. Diese lassen sich meistens unter Joomla! 2.5 einsetzen. Dennoch sollten auch diese Erweiterungen, bevor sie im Live-Betrieb genutzt werden, auf einer Testumgebung auf Herz und Nieren hin untersucht werden. Es gibt nämlich durchaus Erweiterungen, die zwar unter Joomla! 1.6 laufen, in der 2.5er-Version aber zu Fehlern führen.

Die erweiterte Suche (*Advanced Search*) hilft Ihnen dabei, die für Joomla! 2.5 passenden Erweiterungen zu finden. Dort geben Sie zunächst wie üblich einen Suchbegriff ein. Interessant ist dann vor allem das Feld *Search by Compatibility*.

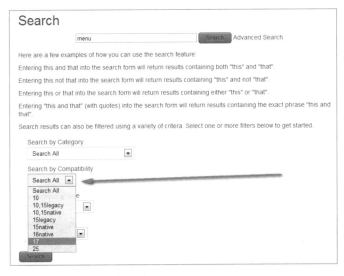

So können Erweiterungen für Joomla! 1.7 gesucht werden.

Wenn Sie dort *Joomla! 2.5* einstellen, werden in der Trefferliste ausschließlich solche Erweiterungen angezeigt, die tatsächlich für Joomla! 2.5 geeignet sind.

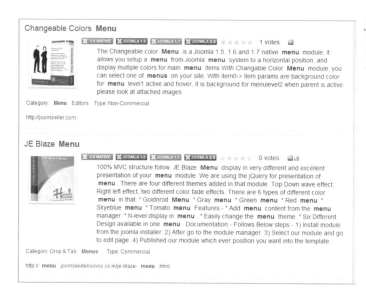

Wie sich Erweiterungen installieren lassen, kann man am besten anhand eines Beispiels zeigen. Dazu wird auf den folgenden Seiten die Erweiterung Akeeba Backup verwendet. Dank dieser Erweiterung kann man schnell und unkompliziert Backups seiner Joomla!-basierten Webseite anlegen. Ausführliche Informationen zu Akeeba Backup finden Sie dann in Kapitel 11.

Laden Sie sich die Erweiterung zunächst von der Seite *http://www.akeebabackup.com/download/akeeba-backup.html* herunter. Achten Sie dabei darauf, dass es sich um eine für Joomla! 2.5 geeignete Version handelt. Bei den meisten Erweiterungen gibt es einen entsprechenden Hinweistext. (Im Fall von Akeeba Backup finden Sie einen solchen Hinweis, wenn Sie eine Versionsnummer anklicken.)

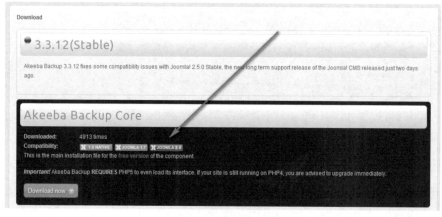

Dort steht, für welche Version Akeeba verfügbar ist.

Laden Sie sich über *Download now* das Zip-Archiv *Akeeba Backup Core* herunter. Bei Joomla!-Erweiterungen handelt es sich eigentlich immer um Zip-Archive, die nicht manuell entpackt werden dürfen. (Wenn ein Archiv vor der Installation doch mal entpackt werden muss, werden Sie normalerweise explizit darauf hingewiesen. Die Zip-Archive hießen dann oftmals *UNZIP_FIRST_EXTENSION.zip*.)

Im Joomla!-Backend rufen Sie anschließend *Erweiterungen/Erweiterungen* auf. Über *Datei auswählen* wählen Sie das heruntergeladene Zip-Archiv *com_akeeba-3.3.12-core.zip* aus.

Die Erweiterung wurde ausgewählt.

Mit *Hochladen & Installieren* wird die Installation eingeleitet. Die Installation kann dabei durchaus eine Weile dauern. Nach erfolgreicher Installation gibt es eine entsprechende Meldung.

Die Installation war erfolgreich.

Die Erweiterung ist damit installiert und kann verwendet werden. Sollten Sie bei der Installation Probleme gehabt haben, erfahren Sie im nächsten Abschnitt, wie sich diese beheben lassen.

Typische Problemfälle bei der Installation

Die Installation von Erweiterungen ist eigentlich sehr einfach. Dennoch kann es passieren, dass sich bestimmte Erweiterungen nicht installieren lassen. Auf den folgenden Seiten werden Problemlösungen gezeigt.

JInstaller: :Install: Cannot find XML setup file

Wenn es zu Fehlermeldungen bei der Installation kommt, liegt das sehr oft an der nicht vorhandenen XML-Setup-Datei.

Diese Erweiterung ließ sich nicht installieren.

Fehlt eine solche Datei, kann man die Erweiterung nicht installieren. Wenn Sie die Fehlermeldung erhalten, können Sie sicher sein, dass sie nicht für Joomla! 2.5 geeignet ist. In diesem Fall müssen Sie sich nach einer Alternative umsehen.

Der Vorgängerversionsmodus

Den Ihnen möglicherweise aus Joomla! 1.5 bekannten Vorgängerversionsmodus (auch Legacy Mode genannt) gibt es in Joomla! 2.5 übrigens nicht mehr. Dieser Modus machte aus einem Joomla! 1.5 ein Joomla! 1.0x. Auf diese Weise konnte man unter Joomla! 1.5 auch alte Erweiterungen verwenden, die eigentlich nur für Joomla! 1.0 gedacht waren. Diese Möglichkeit wurde bereits mit Version 1.6 gestrichen.

Einen FTP-Benutzer einrichten

Bereits mit Joomla! 1.5 wurde die Möglichkeit eingeführt, die FTP-Funktionen von PHP für den Upload und das Handling von Dateien zu benutzen. Diese Funktion verhindert mögliche Probleme mit den Zugriffsrechten und einem eventuell eingeschalteten PHP-Safe-Mode. Im Zusammenhang mit Erweiterungen hat dieser neue Modus den Vorteil, dass sich diese normalerweise ohne Probleme installieren lassen.

Interessant ist der FTP-Modus auch, wenn die – im nächsten Abschnitt genauer beschriebenen – Schreibrechte für die Verzeichnisse nicht gesetzt sind.

Die FTP-Daten können Sie entweder direkt während der Installation eingeben, oder Sie holen das später im Backend über *Site/Konfiguration/Server* nach. Aktivieren Sie, wenn Sie mit FTP arbeiten wollen, im Bereich *FTP* bei *FTP aktivieren* das Optionsfeld *Ja* und geben Sie die FTP-Zugangsdaten ein.

Die FTP-Einstellungen werden hier angegeben.

Beachten Sie, dass dieser Modus auf Windows-Systemen nicht verfügbar ist – wenngleich die FTP-Optionen auch unter Windows sichtbar sind. Zudem benötigt man ihn in aller Regel auch dann nicht, wenn man Joomla! lokal installiert hat.

Das Root-Verzeichnis ist das Verzeichnis, in das Joomla! installiert wurde, und zwar in Relation zum eigenen FTP-Verzeichnis. Oft funktioniert hier die Angabe /. Wenn Sie den Pfad nicht wissen, finden Sie die entsprechenden Informationen auf den Hilfeseiten Ihres Providers.

Die Verzeichnisrechte richtig setzen

Bei der Installation von Erweiterungen spielen die korrekt gesetzten Schreibrechte für die entsprechenden Verzeichnisse eine entscheidende Rolle. (Wenn Sie die FTP-Daten eingeben, gehören Probleme mit den Verzeichnisrechten der Vergangenheit an.)

Bereits während der Joomla!-Installation wird überprüft, ob die Verzeichnisrechte stimmen. Man kann das aber auch jederzeit nachträglich kontrollieren. Rufen Sie dazu *Site/Systeminformationen* auf und wechseln Sie in das Register *Verzeichnisrechte*.

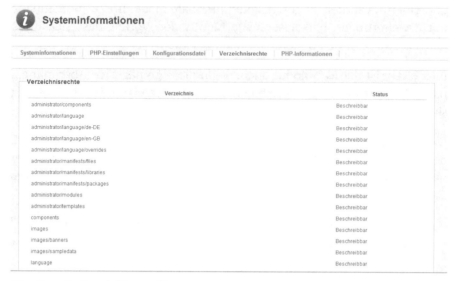

Diese Verzeichnisse sind beschreibbar.

Wenn bei *Status* für die folgenden Verzeichnisse *Beschreibbar* steht, lassen sich die Erweiterungen normalerweise problemlos verwenden.

➤ *administrator\components*

➤ *administrator\language*

➤ *administrator\language\de-DE*

➤ *administrator\language\en-GB*

➤ *... möglicherweise weitere Sprachen ...*

➤ *administrator\language\overrides*

➤ *administrator/manifests/files*

➤ *administrator/manifests/libraries*

➤ *administrator/manifests/packages*

➤ *administrator\modules*

➤ *administrator\templates*

➤ *components*

➤ *images*

➤ *images\banners*

➤ *images/sampledata*

➤ *language*

- *language\de-DE*
- *language\en-GB*
- *language\overrides*
- *libraries*
- *media*
- *modules*
- *plugins*
- *plugins/authentication*
- *plugins/captcha*
- *plugins\content*
- *plugins\editors*
- *plugins\editors-xtd*
- *plugins/extension*
- *plugins/finder*
- *plugins/quickicon*
- *plugins\search*
- *plugins\system*
- *plugins\user*
- *templates*
- *cache* (Cache-Verzeichnis)
- *administrator\cache* (Cache-Verzeichnis)
- *pfad\Joomla25_final\logs* (Protokollverzeichnis)
- *pfad\Joomla25_final\tmp* (Temp-Verzeichnis)

Sollte eines oder mehrere dieser Verzeichnisse nicht beschreibbar sein, müssen die Berechtigungen geändert werden. Zu erkennen sind die fehlenden Berechtigungen übrigens innerhalb der bereits gezeigten Übersicht. Dort steht neben den betreffenden Verzeichnissen der Hinweis *Schreibgeschützt*.

Überprüfen Sie daher unbedingt, ob die richtigen Schreibrechte zugewiesen wurden. Verwenden Sie *755* oder – das ist allerdings die unsicherere Variante – *775*. Die meisten Rechte besitzt man mit *777*. Allerdings sollten diese Rechte auf öffentlichen Servern nicht vergeben werden, da diese Einstellung ein zu großes Sicherheitsrisiko darstellt.

Die Verzeichnisrechte legen Sie mit Ihrem FTP-Programm fest. Wie die entsprechenden Optionen in den einzelnen Programmen heißen, lässt sich pauschal nicht sagen. Im Total Commander findet man die Optionen beispielsweise unter *Dateien/Dateiattribute ändern*.

647

Die Dateiattribute lassen sich anpassen.

Wenn Sie beispielsweise mit FileZilla arbeiten, klicken Sie Dateien oder Verzeichnisse mit der rechten Maustaste an und wählen *Dateiberechtigungen*.

Erweiterungen deinstallieren

Installierte Erweiterungen können auch wieder deinstalliert werden. (Das gilt natürlich nicht für die eingangs dieses Kapitels erwähnten systemrelevanten Erweiterungen. Diese könnte man zwar manuell – also per FTP – löschen, das sollte man allerdings vermeiden. Denn im schlimmsten Fall arbeitet Joomla! danach dann nicht mehr richtig.)

Um Erweiterungen zu deinstallieren, rufen Sie *Erweiterungen/Erweiterungen* auf und wechseln in das Register *Verwalten*. Dort sind alle auf dem System vorhandenen Erweiterungen zu sehen.

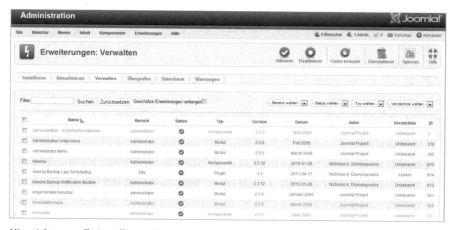

Hier sieht man alle installierten Erweiterungen.

Suchen Sie dort nach der zu deinstallierenden Erweiterung. Verwenden Sie dazu bei Bedarf die Filteroptionen, die im oberen Fensterbereich zu finden sind. Sehen Sie die gewünschte Erweiterung, aktivieren Sie das vor ihr angezeigte Kontrollkästchen und klicken Sie in der Werkzeugleiste auf

Deinstallieren. Aber Achtung: Eine Kontrollabfrage gibt es nicht, Joomla! löscht die gewählte Erweiterung direkt. Konnte die Erweiterung deinstalliert werden, gibt es eine Erfolgsmeldung.

Die Erweiterung wurde entfernt.

Die Erweiterung ist anschließend tatsächlich verschwunden, wird also beispielsweise auch nicht in den Papierkorb verschoben.

9.3 Mit Modulen arbeiten

Was es mit den Joomla!-Modulen auf sich hat, wurde eingangs dieses Kapitels beschrieben. Nun geht es darum, wie Sie sie verwalten können. Die Modulverwaltung erreicht man über *Erweiterungen/Module*.

Über die Filterfelder im oberen Fensterbereich lässt sich die Modulanzeige eingrenzen. So können Sie dort zum Beispiel festlegen, dass nur veröffentlichte Module angezeigt werden können.

Module aktivieren und deaktivieren

In Joomla! ist es ein Klacks, installierte Module an- und abzuschalten. Wie das funktioniert, lässt sich erneut am besten anhand eines Beispiels zeigen. Gezeigt werden die notwendigen Schritte am Beispiel des Moduls *Wer ist online*.

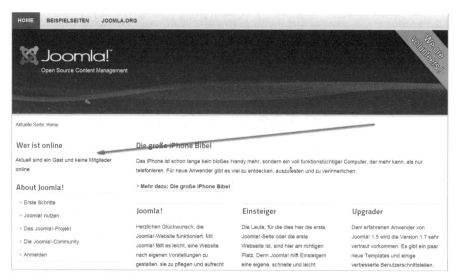

So sieht man, wer online ist.

Dieses Modul zeigt an, wie viele Gäste und Mitglieder sich gerade auf der Seite tummeln. Wenn Sie dieses (oder auch ein anderes) Modul ausblenden wollen, können Sie es direkt deinstallieren oder deaktivieren. Eine Deinstallation ist dabei normalerweise die schlechtere Wahl, da Sie das entfernte Modul, wenn Sie es später doch wieder verwenden wollen, erst erneut installieren bzw. anlegen müssen.

Deaktivieren Sie hingegen das Modul, können Sie es jederzeit auf Knopfdruck wieder zuschalten und auf der Webseite veröffentlichen.

Um Module zu deaktivieren, rufen Sie *Erweiterungen/Module* auf. In der Liste suchen Sie jetzt nach dem betreffenden Eintrag.

Noch ist Wer ist online aktiv.

Wenn sehr viele Module in der Übersicht enthalten sind, greifen Sie am besten wieder auf die im oberen Seitenbereich verfügbaren Filteroptionen zurück. So lassen sich beispielsweise ausschließlich die Module auflisten, die einer bestimmten Position zugeordnet sind.

Entscheidend dafür, ob ein Plug-in bzw. Modul auf der Webseite angezeigt wird, ist das in der *Freigegeben*-Spalte stehende Symbol:

Symbol	Beschreibung
✔	Das Modul ist aktiviert und wird im Frontend angezeigt.
⬤	Das Modul ist deaktiviert und erscheint somit nicht mehr im Frontend.

Um ein Modul zu deaktivieren, klicken Sie in der Spalte *Status* auf den grünen Pfeil. Dieses Icon verwandelt sich daraufhin in ein rotes Kreuz. Das Modul ist somit deaktiviert und wird nicht mehr im Frontend angezeigt. Wollen Sie es wieder aktivieren, klicken Sie einfach auf das Rote-Kreuz-Symbol. Dieses wandelt sich zurück in den grünen Pfeil, und das Modul erscheint erneut im Frontend.

Alternativ dazu können Sie auch den Weg über die Werkzeugleiste gehen. Dazu aktivieren Sie das Kontrollkästchen vor der betreffenden Erweiterung und klicken in der Werkzeugleiste auf *Freigeben* oder *Sperren*.

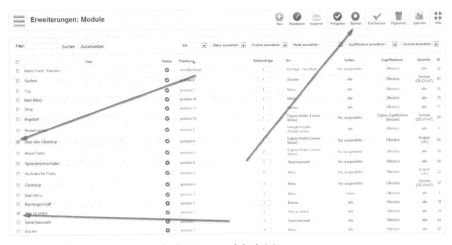

So lassen sich Erweiterungen auch aktivieren und deaktivieren.

Module löschen und wiederherstellen

Module können nicht nur deaktiviert werden, man kann sie auch direkt löschen. Um ein Modul zu entfernen, rufen Sie *Erweiterungen/Module* auf. Suchen Sie in der Liste nach dem betreffenden Modul. Sind sehr viele Module enthalten, sollten Sie sich der Filteroptionen bedienen, die im

oberen Fensterbereich angezeigt werden. Interessant ist dort unter anderem – wenn der Name des Moduls bekannt ist – das *Filter*-Feld.

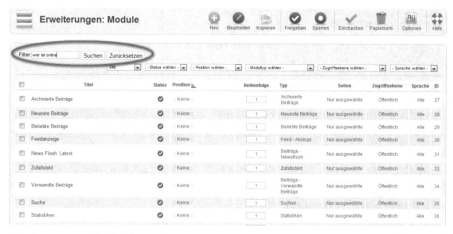

Hier kann man nach Modulen suchen.

Wenn Sie dort den Namen des gesuchten Moduls eintragen und (Enter) drücken, werden ausschließlich die Module aufgeführt, die den Namen bzw.
die Zeichenkette, nach der Sie suchen, enthalten. Dabei müssen Sie übrigens nicht den ganzen Modulnamen eintragen. Es genügt auch bereits ein
Wort oder eine Buchstabenfolge. So wird das Modul *Wer ist online* auch
dann gefunden, wenn nur *wer* in das *Filter*-Feld eingetragen wird. Um in
einer so gefilterten Modulliste wieder alle Module anzuzeigen, klicken Sie
auf die *Zurücksetzen*-Schaltfläche.

Wollen Sie ein Modul in den Papierkorb verschieben, aktivieren Sie das vor
dem Modul angezeigte Kontrollkästchen und klicken in der Werkzeugleiste auf *Papierkorb*.

Das Modul ist dadurch im Papierkorb, gelöscht ist es hingegen noch nicht,
auch wenn die Statusmeldung etwas anderes suggerieren mag:

1 Modul erfolgreich weggeworfen

Um das Modul endgültig zu löschen, stellen Sie den Wert des Felds *Status
auswählen* auf *Papierkorb*.

Jetzt werden sämtliche im Papierkorb vorhandenen Module aufgelistet.
Um ein Modul aus dem Papierkorb zu entfernen und somit endgültig zu
löschen, aktivieren Sie das vorangestellte Kontrollkästchen und klicken in
der Werkzeugleiste auf *Papierkorb leeren*.

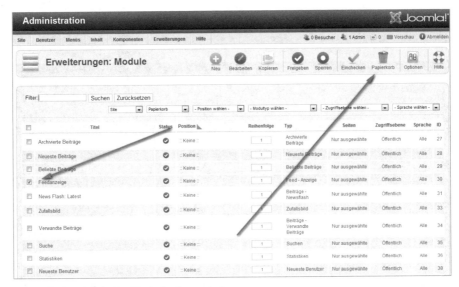

So werden Module in den Papierkorb verschoben.

So kann man sich den Inhalt des Papierkorbs anzeigen lassen.

Auch hier gilt wieder: Eine Kontrollabfrage gibt es nicht, gelöscht ist also gelöscht. Das Modul ist dann tatsächlich gelöscht und lässt sich auch nicht mehr wiederherstellen.

Ein neues Modul anlegen

Joomla! bringt bereits einige Standardmodule mit. Welche das sind, wird im weiteren Verlauf dieses Kapitel noch detailliert beschrieben. Auf Basis dieser Module können Sie zusätzliche Module anlegen. Wie so etwas geht, lässt sich am besten anhand eines Beispiels zeigen. Nach den folgenden Schritten wird im Frontend das Statistiken-Modul in der linken Spalte im Frontend angezeigt werden.

653

Rufen Sie dazu *Erweiterungen/Module* auf und klicken Sie in der Werkzeugleiste auf *Neu*.

Diese Module gibt es.

In dem sich öffnenden Fenster werden sämtliche verfügbaren Modulvarianten aufgelistet. Im aktuellen Beispiel klicken Sie auf den Link *Statistiken*.

In dem neuen Dialogfenster nehmen Sie die relevanten Moduleinstellungen vor. Prinzipiell sind die verfügbaren Optionen für alle Module gleich. Lediglich der Bereich *Basisoptionen* kann hier variieren.

So findet man beim Banner-Modul Optionen, über die sich zum Beispiel die Kategorien auswählen lassen, aus denen die Banner geladen werden. Für das Statistiken-Modul sind diese Optionen allerdings völlig irrelevant. Dort ist vielmehr die Frage interessant, ob ein Zugriffszähler angezeigt werden soll.

Zunächst werden hier die Optionen vorgestellt, die bei allen Modulen identisch sind.

Die wichtigsten Einstellungen nehmen Sie im Bereich *Details* vor.

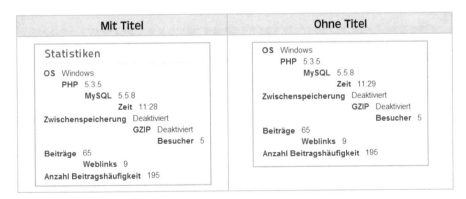

Die ersten Informationen wurden bereits eingetragen.

Unbedingt angegeben werden müssen ein *Titel* und die *Position*. Der Titel sollte eindeutig sein, das ist jedoch nicht zwingend notwendig. So könnten Sie beispielsweise auch mehrere Module anlegen, die den gleichen Titel haben. Joomla! unterscheidet die Module intern nämlich nicht über den Titel, sondern über die automatisch zugewiesene ID.

Über *Titel anzeigen* legen Sie fest, ob der Titel oberhalb des eigentlichen Moduls zu sehen sein soll.

Mit Titel	Ohne Titel
Statistiken **OS** Windows **PHP** 5.3.5 **MySQL** 5.5.8 **Zeit** 11:28 **Zwischenspeicherung** Deaktiviert **GZIP** Deaktiviert **Besucher** 5 **Beiträge** 65 **Weblinks** 9 **Anzahl Beitragshäufigkeit** 195	**OS** Windows **PHP** 5.3.5 **MySQL** 5.5.8 **Zeit** 11:29 **Zwischenspeicherung** Deaktiviert **GZIP** Deaktiviert **Besucher** 5 **Beiträge** 65 **Weblinks** 9 **Anzahl Beitragshäufigkeit** 195

Die Veröffentlichungsoptionen festlegen

Entscheidend ist die Frage, an welcher Stelle des Templates das Modul angelegt werden soll, denn innerhalb der Templates sind verschiedene Positionen definiert. Lesen Sie in diesem Zusammenhang auch die ausführlichen Informationen zum Erstellen von Templates in Kapitel 8.

Um das Modul zu platzieren, klicken Sie auf die Schaltfläche *Position wählen*. In dem sich öffnenden Fenster werden standardmäßig alle verfügbaren Positionen aufgeführt. Das Problem dabei: Es ist nicht ersichtlich, wofür die Positionen eigentlich genau da sind. Besser ist es daher, wenn man sich ausschließlich die Positionen anzeigen lässt, die vom aktuellen Template auch tatsächlich verwendet werden. Stellen Sie dazu im Feld *Art wählen* den Wert *Template* ein. Im Feld daneben wählen Sie dann das Template aus.

So begrenzt man die angezeigten Positionen.

Auf diese Weise werden jetzt tatsächlich nur noch die relevanten Positionen angezeigt. Um das Modul an der gewünschten Position zu platzieren, klicken Sie den Positionsnamen in der Spalte *Titel* an. Die gewählte Position wird dadurch automatisch in das *Position*-Feld übernommen.

Ob das Modul tatsächlich im Frontend zu sehen ist, bestimmt man über das Feld *Status*. Soll das Modul nicht im Frontend sichtbar sein, stellen Sie dort den Wert *Gesperrt* ein.

Über *Zugriffsebene* wird festgelegt, für welche Benutzer das Modul sichtbar sein soll. Stellen Sie über das Auswahlfeld die gewünschte Zugriffsebenengruppe ein. Wenn Sie dort beispielsweise *Registriert* wählen, können das Modul ausschließlich solche Benutzer sehen, die sich registriert haben und eingeloggt sind. Ausführliche Informationen zu dieser Thematik erhalten Sie ab Seite 665.

Innerhalb einer Position können mehrere Module platziert werden. Die Reihenfolge, in der die Module dort zu sehen sein werden, legt man über das *Reihenfolge*-Feld fest.

Die Position wird festgelegt.

Da es sich hierbei erneut um ein vergleichsweise komplexes Thema handelt, wird auch das noch einmal detailliert ab Seite 661 anhand eines Beispiels beschrieben.

Zeitgesteuerte Freigabe

Man kann explizit festlegen, in welchem Zeitraum ein bestimmtes Modul angezeigt werden soll. Das kann durchaus praktisch sein. Stellen Sie sich beispielsweise vor, dass pünktlich am 24. Dezember um 00:01 Uhr ein Weihnachtsbaum auf der Webseite angezeigt werden soll. Wurde dieser in Form eines Moduls definiert, kann man ihn zum Wunschtermin ein- und ausblenden. Übrigens: Ab Seite 679 wird gezeigt, wie Sie Module mit beliebigem HTML-Code füllen können. Dadurch lassen sich dann nicht nur Weihnachtsbäume, sondern auch Twitter-Widgets in die Webseite als Modul einbinden.

Über die beiden Felder *Freigabe starten* und *Freigabe beenden* legen Sie also fest, ob ein Modul zeitversetzt freigegeben und wieder gesperrt werden soll.

Der Veröffentlichungszeitraum wird festgelegt.

Auf welchen Seiten soll das Modul angezeigt werden?

Module müssen nicht auf allen Seiten Ihres Webprojekts angezeigt werden. So ist es durchaus üblich, beispielsweise bestimmte Menüs oder andere Module nur auf ausgewählten Seiten einzublenden. Die entsprechenden Einstellungen dazu werden im Bereich *Menüzuweisung* vorgenommen.

Hier legt man fest, wo das Modul zu sehen sein wird.

Soll das Modul auf allen Seiten zu sehen sein, stellen Sie im Feld *Modulzuweisung* den Eintrag *Auf allen Seiten* ein (im Übrigen auch der Standardwert).

Um das Modul lediglich auf bestimmten Seiten anzuzeigen, stellen Sie über das Auswahlfeld den Wert *Nur auf der gewählten Seite* ein und aktivieren anschließend die Kontrollkästchen vor den Seiten, auf denen das Modul zu sehen sein soll.

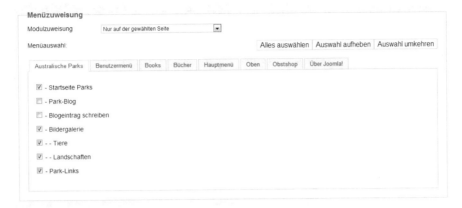

Diese Seiten wurden ausgewählt.

Umkehren lässt sich die Auswahl über die Schaltfläche *Auswahl umkehren*. Aktivierte Kontrollkästchen werden dadurch deaktiviert, während deaktivierte zu aktivierten Feldern werden.

Erfahrungsgemäß wird oftmals übersehen, dass unterhalb von *Menüauswahl* verschiedene Registerkarten angeordnet sind.

Es stehen diverse Registerkarten zur Verfügung.

Dabei steht jedes Register für ein Menü. Sie können also für jedes Menü und jeden Menüeintrag explizit festlegen, ob das Modul dort angezeigt werden soll oder nicht. Der Eintrag *Auf allen Seiten mit Ausnahme der gewählten* im Feld *Modulzuweisung* ist immer dann interessant, wenn das Modul nur auf sehr wenigen Seiten nicht angezeigt werden soll.

Module innerhalb von Beiträgen anzeigen

Module können auch innerhalb von Beiträgen angezeigt werden. Praktisch ist das beispielsweise, wenn man innerhalb eines Beitrags eine externe Seite über einen Wrapper oder ein YouTube-Video anzeigen will.

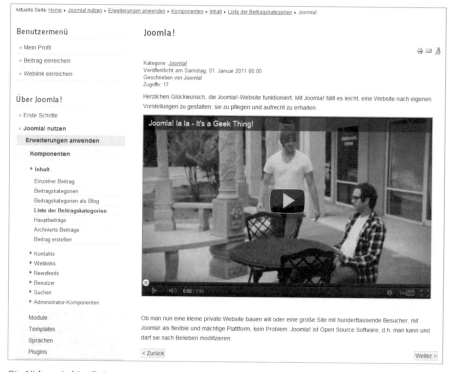

Ein Video wird im Beitrag angezeigt.

Dazu muss in den betreffenden Beitrag eine spezielle Syntax eingefügt werden. Überprüfen Sie zunächst aber, ob unter *Erweiterungen/Plugins* das Plug-in *Inhalt – Modulpositionen laden* aktiviert ist. Nur dann können Module nämlich tatsächlich in Beiträgen angezeigt werden.

Um nun ein Modul in einen Beitrag einzufügen, notieren Sie an der gewünschten Stelle im Beitrag folgende Syntax:

- `{loadposition user9}`

Dadurch wird das Modul geladen, das an der Modulposition *user9* platziert wurde. Anstelle von *user9* können Sie natürlich auch jede andere Position angeben.

Die Modulreihenfolge bestimmen

Es taucht immer wieder die Frage nach dem Sinn und Zweck der *Reihen-folge*-Spalte in der Übersicht *Erweiterungen/Module* auf.

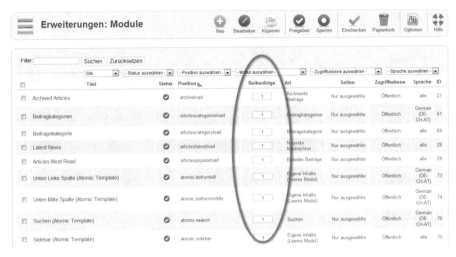

Hier sieht man die Reihenfolge.

Innerhalb der Moduleinstellungen gibt es mit dem *Reihenfolge*-Feld eben-falls eine Option, die oft unklar ist, sich aber auf denselben Aspekt bezieht.

Auch so lässt sich die Reihenfolge bestimmen.

Anhand dieser Spalte bzw. des Felds kann man die Modulreihenfolge er-mitteln. In Joomla! 2.5 hat die Spalte auf den ersten Blick nur noch in-formativen Charakter, denn scheinbar fehlen die aus früheren Joomla!-Versionen bekannten Pfeile. Wie Sie diese anzeigen können, erfahren Sie im weiteren Verlauf dieses Abschnitts.

Die Einstellungen zur Modulreihenfolge können auch direkt in den Modul-
optionen vorgenommen werden. Bevor gezeigt wird, wie das funktioniert,
zunächst einige Hinweise dazu, was es mit der Reihenfolge der Module
eigentlich auf sich hat.

In der linken Spalte gibt es drei Module.

In der linken Spalte sind drei Module vorhanden. Dabei handelt es sich bei
dieser Spalte genau genommen um eine im Template definierte Modulposition. Innerhalb der Template-Datei *index.php* werden Modulpositionen
folgendermaßen definiert.

■ `<jdoc:include type="modules" name="right" />`

Über das Backend geben Sie nun – wenn Sie innerhalb der Moduleinstellungen auf *Position wählen* klicken – die Position an, in der das Modul angezeigt werden soll. Dabei lassen sich innerhalb von Modulpositionen beliebig viele Module platzieren.

In oben gezeigtem Beispiel wird das Log-in-Formular unterhalb des Menüs
This Site angezeigt. Als Letztes ist das Menü *Data Becker* zu sehen. Woher
kommt nun diese Reihenfolge? Alle drei Module sind innerhalb der Modulposition *position-7* angeordnet. Wenn Sie unter *Erweiterung/Module* im

Feld *Position auswählen* den Wert *position-7* einstellen, ergibt sich folgendes Bild:

Hier sieht man die Reihenfolge der Module.

Sie sehen eine Liste aller in *position-7* enthaltenen Module. Im Zusammenhang mit der Anordnung im Frontend ist die Spalte *Reihenfolge* interessant:

> *This Site = 5*
> *Login Form = 6*
> *Data Becker = 8*

Offensichtlich legt Joomla! also die Module in den Positionen so ab, dass immer das Modul mit dem niedrigsten *Reihenfolge*-Wert als Erstes in der Position angezeigt wird.

Um die Modulreihenfolge zu ändern, klicken Sie auf den Spaltenkopf *Reihenfolge*.

Jetzt sind Pfeile da.

Durch das Anklicken des Spaltenkopfs werden in der *Reihenfolge*-Spalte Pfeile angezeigt. Das gilt allerdings nur für Module, die sich eine Modulposition mit anderen Modulen teilen.

Klicken Sie zum Testen der Funktionsweise dieser Pfeile beispielsweise auf den Pfeil nach unten des Moduls *Login Form*. Wenn Sie anschließend einen Blick in die *Reihenfolge*-Spalte der Module werfen, werden Sie feststellen, dass sich die Reihenfolge geändert hat.

➢ *This Site = 5*

➢ *Login Form = 8*

➢ *Data Becker = 6*

Ein anschließender Blick ins Frontend der Seite zeigt ebenfalls, wie sich die Reihenfolge der Module geändert hat.

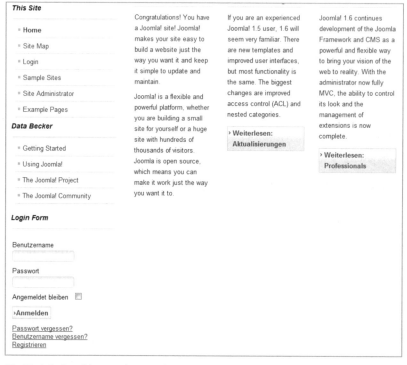

Die Modulreihenfolge wurde verändert.

Sie können also nach Belieben die Reihenfolge der Module innerhalb einer Position über die Pfeile verändern. Wichtig ist nur, dass Sie diese Pfeile durch Anklicken des Spaltenkopfs *Reihenfolge* einblenden.

Eine alternative Möglichkeit zum Anpassen der Reihenfolge steht zur Verfügung, wenn man auf den Modulnamen – im aktuellen Fall also zum Beispiel auf *Login Form* – klickt. In dem sich öffnenden Fenster ist das Feld *Reihenfolge* interessant.

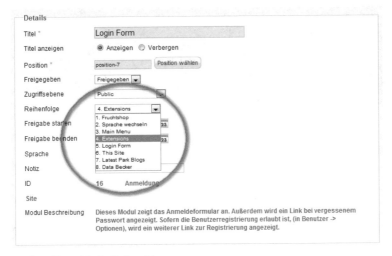

Auch so lässt sich die Reihenfolge anpassen.

Innerhalb des *Reihenfolge*-Felds sind alle Module aufgeführt, die in der aktuellen Position – die man übrigens dem *Position*-Feld entnehmen kann – enthalten sind. Um nun zum Beispiel das Modul *Login Form* über *This Site* zu platzieren, stellen Sie im Auswahlfeld *This Site* ein und speichern die Änderungen ab.

Auch so lässt sich die Reihenfolge verändern.

Wer auf Module zugreifen darf: Zugriffslevel bestimmen

Sie können explizit festlegen, dass Module/Plug-ins nur für bestimmte Benutzer bzw. Benutzergruppen zugänglich sind. Interessant könnte das beispielsweise sein, wenn Sie ein bestimmtes Menü ausschließlich registrierten Benutzern zur Verfügung stellen wollen. Somit können nur solche Besucher auf die Informationen, die über das Menü erreichbar sind, zugreifen, die sich zuvor registriert haben.

An dieser Stelle geht es genau um einen solchen Fall. Hier soll das Menü *Über Joomla!* lediglich solchen Besuchern angezeigt werden, die sich registriert und eingeloggt haben. (Lesen Sie in diesem Zusammenhang auch Kapitel 6 dieses Buchs. Dort wird die Joomla!-Benutzerverwaltung beschrieben.)

Das Menü wird im Moment noch allen Besuchern angezeigt.

Um die Zugriffsrechte für Module zu bestimmen, rufen Sie im Backend *Erweiterungen/Module* auf und suchen dort nach dem gewünschten Modul, im aktuellen Beispiel also *Über Joomla!*.

Interessant ist hier die Spalte *Zugriffsebene*. In dieser Spalte sehen Sie die vergebenen Zugriffsrechte.

Dort sehen Sie die Zugriffsrechte.

Um die Zugriffsrechte für das Modul anzupassen, klicken Sie den Namen des betreffenden Moduls – im aktuellen Beispiel also *Über Joomla!* – an. Die Zugriffsebene lässt sich über das gleichnamige Auswahlfeld einstellen.

Details

Titel *	Über Joomla!
Titel anzeigen	● Anzeigen ○ Verbergen
Position	position-7 [Position auswählen]
Status	Freigegeben ▾
Zugriffsebene	Öffentlich ▾
Reihenfolge	4. Über Joomla! ▾
Freigabe starten	0000-00-00 00:00:00 📅
Freigabe beenden	0000-00-00 00:00:00 📅
Sprache	Alle ▾
Notiz	
ID	23 Menü Site
Beschreibung	Dieses Modul zeigt im Frontend ein Menü an.

Hier kann die Zugriffsebene angepasst werden.

Standardmäßig haben Sie folgende Level zur Auswahl:

- ➢ *Öffentlich* – Das Modul ist für alle Besucher der Webseite sichtbar.
- ➢ *Registriert* – Ausschließlich registrierte Benutzer bekommen das Modul zu Gesicht.
- ➢ *Spezial* – Alle registrierten Benutzer, die mindestens der Benutzergruppe *Autor* zugeordnet sind, können das Modul sehen.

Joomla! greift bei der Anzeige der Zugriffsebenen auf den Bereich *Benutzer/Zugriffsebenen* zu. Alle dort definierten Zugriffsebenen werden also im Feld *Zugriffsebene* der Module angezeigt.

Durch den Einsatz unterschiedlicher Zugriffsebenen für die einzelnen Module können Sie für registrierte Benutzer eine Webseite bereitstellen, die viel mehr Funktionalität zu bieten hat als die Seite, die „normale" Besucher sehen. Auf diese Weise gelingt es erfahrungsgemäß, dass sich mehr Besucher auf der Webseite registrieren.

Da das Menü *Über Joomla!* nur noch von registrierten und eingeloggten Besuchern gesehen werden darf, stellen Sie das Zugriffslevel *Registriert* ein und speichern die Änderungen ab.

In der Modulübersicht sind die Zugriffsebenen der einzelnen Module zu erkennen. Wenn Sie jetzt das Frontend aufrufen, ist das Menü *Über Joomla!* zunächst nicht zu sehen. Angezeigt wird es erst, wenn Sie sich im Frontend der Seite einloggen.

Die Zugriffsebene wurde geändert.

9.4 Diese Module gibt es standardmäßig

Joomla! bringt eine ganze Menge an Modulen mit, mit denen man seine Webseite um zusätzliche Funktionen erweitern kann.

Die auf den folgenden Seiten vorgestellten Module gibt es in Joomla! standardmäßig. Bei Bedarf können Sie sie denkbar einfach in Ihre Webseite einfügen. Dazu rufen Sie *Erweiterungen/Module* auf. Klicken Sie anschließend in der Werkzeugleiste auf *Neu*.

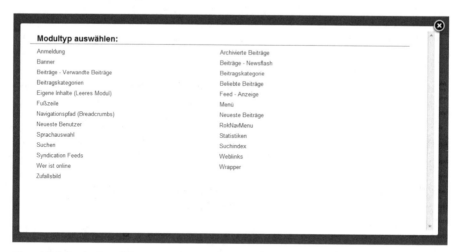

Diese Modulvarianten gibt es.

In dem sich öffnenden Fenster werden alle verfügbaren Module angezeigt. Diese werden Ihnen auf den folgenden Seiten vorgestellt.

Beachten Sie, dass einige der hier erläuterten Module direkt mit den im *Komponenten*-Menü von Joomla! aufgeführten Komponenten zusammenarbeiten. Diese Komponenten werden in diesem Kapitel ebenfalls gesondert vorgestellt. Sollten Module von Komponenten abhängig sein, finden Sie an entsprechender Stelle in diesem Buch Hinweise dazu.

Anmeldung

Es gibt Bereiche auf der Webseite, auf die nicht jeder Benutzer zugreifen können soll. Auf diese „geheimen" Seiten sollen dann nur solche Besucher gehen können, die sich mit einer Kombination aus Benutzername und Passwort anmelden. Mit dem Anmeldung-Modul hat Joomla! eine elegante Lösung für dieses Problem parat.

Über dieses Modul lassen sich passwortgeschützte Bereiche im Handumdrehen aufbauen.

So kann man sich
an der Webseite anmelden.

Über die im Bereich *Basisoptionen* verfügbaren Parameter kann das Formular zur Anmeldung gestaltet werden.

> *Text davor* – Zeigt oberhalb des *Benutzername*-Felds den eingetragenen Text an.

> *Text danach* – Zeigt unterhalb des *Registrieren*-Links den eingetragenen Text an.

> *URL-Weiterleitung beim Anmelden* – Geben Sie hier die Seite an, auf die die Besucher nach erfolgreicher Anmeldung geleitet werden sollen. Die gewünschte Seite kann über das Auswahlfeld eingestellt werden. Durch *Standard* bleibt der Benutzer auf der gleichen Seite, auf der er sich eingeloggt hat.

> *URL-Weiterleitung beim Abmelden* – Geben Sie hier die Seite an, auf die die Besucher nach erfolgreicher Abmeldung geleitet werden sollen. Die gewünschte Seite kann über das Auswahlfeld eingestellt werden. Durch *Standard* bleibt der Benutzer auf der Seite, auf der er sich eingeloggt hat.

➤ *Begrüßung zeigen* – Durch *Ja* wird eine kurze Begrüßung (*Hallo*) angezeigt.

➤ *Name/Benutzername anzeigen* – Legen Sie hier fest, ob eingeloggte Benutzer mit ihrem Namen oder dem Benutzernamen begrüßt werden sollen.

➤ *Anmeldeformular verschlüsseln* – Joomla! ermöglicht das Verschlüsseln der eingetragenen Daten. Dazu muss der Server aber explizit das SSL-Protokoll unterstützen. Aktivieren Sie diese Option nur, wenn auf dem Server tatsächlich SSL zur Verfügung steht.

Ausführliche Informationen zu diesem Modul finden Sie ab Seite 354. Dort wird an einem praktischen Beispiel gezeigt, wie Sie einen Bereich Ihrer Webseite vor allzu neugierigen Blicken schützen können.

Archivierte Beiträge

Durch Aktivieren dieses Moduls kann man sich auf seinen Seiten ein Archiv einrichten. Das Modul zeigt dann eine Liste der Artikel, die archiviert wurden.

Damit das Modul überhaupt funktioniert, müssen zunächst natürlich Inhalte archiviert werden. Dazu rufen Sie *Inhalt/Beiträge* auf. Aktivieren Sie dort die Kontrollkästchen vor den Beiträgen, die archiviert werden sollen. Über die Schaltfläche *Archivieren* werden die Artikel ins Archiv gelegt.

Um sich alle bislang im Archiv liegenden Beiträge im Backend anzeigen zu lassen, ruft man *Inhalt/Beiträge* auf und stellt im Feld *Status auswählen* den Wert *Archiviert* ein.

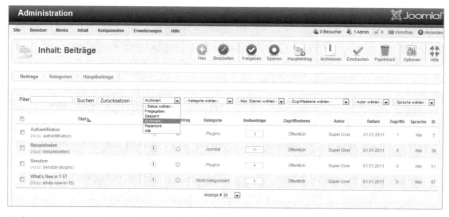

So kann man sich die archivierten Beiträge im Backend anzeigen lassen.

Über den Parameter *Monate* legen Sie die Anzahl der im Archiv zu berücksichtigenden Monate fest. Der Wert *12* würde somit ein Jahr bedeuten. Die Monate werden als Hyperlinks angezeigt, durch deren Anklicken die in den Monaten archivierten Beiträge angezeigt werden.

So sieht das Modul in Aktion aus.

Banner

Über das Banner-Modul lassen sich Werbebanner an der gewünschten Position einbinden. Welche Banner dabei zur Verfügung stehen, wird über die Banner-Komponente geregelt. Ausführliche Informationen zu dieser Komponente finden Sie ab Seite 700. Das Banner-Modul platziert also lediglich die über die Banner-Komponente verwalteten Werbebanner und sorgt für deren Anzeige.

Im Bereich *Basisoptionen* legen Sie fest, welche Banner wie angezeigt werden sollen.

Folgende Optionen stehen zur Auswahl:

> *Ziel* – Hier bestimmen Sie, wie das Verweisziel nach dem Anklicken des Banners geöffnet werden soll.

> *Anzahl* – Legt fest, wie viele Banner angezeigt werden sollen.

> *Kunde* – Stellen Sie dort den Kunden ein, dessen Banner angezeigt werden soll.

> *Kategorie* – Die Kategorie, aus der die Banner ausgewählt werden.

> *Nach Tag suchen* – Wird diese Aktion gewählt, werden die Banner anhand passender Schlüsselwörter im Artikel ausgewählt. Diese Option kann sicherlich sinnvoll sein, führt allerdings nicht immer zum gewünschten Ergebnis.

> *Zufällig* – Durch *Wichtig, Reihenfolge* wird bestimmt, dass die Banner bevorzugt behandelt werden, bei denen im Bereich *Wichtig* der Schalter auf *Ja* gesetzt wurde.

> *Kopfzeile* – Legt den Text fest, der oberhalb des Banners zu sehen sein soll.

> *Fußzeile* – Bestimmt den Text, der unterhalb des Banners angezeigt werden soll.

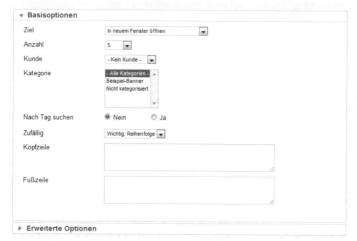

Hierüber lassen sich die Banner konfigurieren.

Beiträge - Newsflash

Hierüber können Sie bestimmte Beiträge gesondert anzeigen, um so beispielsweise mehr Aufmerksamkeit auf diese zu lenken. Genutzt wird das Newsflash-Modul oftmals im Zusammenhang mit dem Kopfbereich von Webseiten, um den Besuchern bereits dort die wichtigsten Beiträge in Kurzform zu präsentieren.

Über die *Basisoptionen* in den Moduleinstellungen lässt sich das Newsflash-Modul konfigurieren.

Folgende Optionen können Sie festlegen:

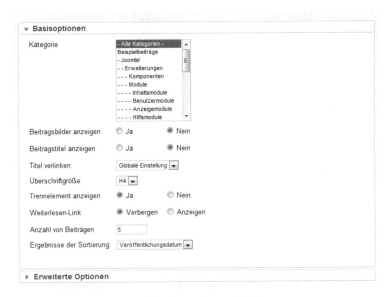

Zahlreiche Einstellungsmöglichkeiten stehen zur Verfügung.

> *Kategorie* – Hierüber stellen Sie die Beitragskategorie ein, aus der die Beiträge eingebunden werden sollen.

> *Beitragsbilder anzeigen* – Legt fest, ob die Bilder, die in den Beiträgen enthalten sind, angezeigt werden sollen. Üblicherweise setzt man diese Option auf *Nein*.

> *Beitragstitel anzeigen* – Hierüber kann man die Beitragsüberschriften einblenden. Diese Option steht zwar standardmäßig auf *Nein*, man sollte die Titel der Übersichtlichkeit halber aber durchaus anzeigen, die Option also auf *Ja* stellen.

> *Titel verlinken* – Setzt man diese Option auf *Ja*, werden die Titel als Hyperlinks angezeigt, durch deren Anklicken man zur Gesamtansicht der jeweiligen Artikel gelangt. Diese Option ist nur sinnvoll, wenn *Beitragstitel anzeigen* auf *Ja* gestellt ist.

> *Überschriftgröße* – Legt fest, mit welchem HTML-Überschriftenelement die Überschriften ausgestattet werden sollen. Standardmäßig wird *h4* verwendet. Wie die Überschriften letztendlich aussehen bzw. wie die *hx*-Elemente formatiert sind, wird in den CSS-Dateien des jeweiligen Templates definiert.

> *Trennelement anzeigen* – Hierüber können Sie nach dem letzten Beitrag ein Trennelement anzeigen.

> ➤ *Weiterlesen-Link* – Hierüber können
> Sie – wenn der Artikel länger als der
> im Newsflash verfügbare Platz ist –
> einen *Weiterlesen*-Link einblenden.
> Wird dieser angeklickt, wird der ge-
> samte Beitrag angezeigt.

> ➤ *Anzahl von Beiträgen* – Legt fest, wie
> viele Beiträge im Newsflash-Modul an-
> gezeigt werden sollen.

Newsflash

Professionals

Joomla! 1.6 continues development of the Joomla
Framework and CMS as a powerful and flexible way
to bring your vision of the web to reality. With the
administrator now fully MVC, the ability to control its
look and the management of extensions is now
complete.

Weiterlesen...

> ➤ *Ergebnisse der Sortierung* – Hierüber bestimmen Sie, wie die Beiträge
> innerhalb des Newsflash-Moduls sortiert werden sollen.

Beiträge - Verwandte Beiträge

Auf vielen „großen" Webseiten findet sich eine Funktion wie die, die in
Joomla! durch das Modul *Verwandte Beiträge* bereitgestellt wird. Ruft man
beispielsweise auf n-tv.de einen Artikel auf, ist dort ein Kasten *Mehr zum
Thema* zu sehen.

*Weiterführende
Artikel werden
angeboten.*

Darin sind die Überschriften solcher Artikel enthalten, die thematisch mit
dem aktuell aufgerufenen verwandt sind. Eine solche Funktion können Sie
in Ihre eigene Webseite integrieren. Damit das klappt, muss allerdings
etwas Vorarbeit geleistet werden. Denn von allein weiß das Modul natürlich nicht, welche Artikel inhaltlich zueinanderpassen. Das Zauberwort
heißt Schlüsselwörter. Wenn Sie einen Beitrag schreiben oder bearbeiten,
finden Sie im rechten Fensterbereich unter *Metadatenoptionen* das Eingabefeld *Meta-Schlüsselworte*.

Dort können Sie für jeden Beitrag beschreibende Schlüsselwörter eingeben. Diese werden von Joomla! in den *head*-Bereich der Seite als Metatags
eingetragen. Das ist aber nicht die einzige Aufgabe dieses Felds, denn das
Modul *Beiträge - Verbundene Beiträge* greift ebenfalls auf diese Schlüssel-

wörter zu. Dieses Modul, wenn es denn aktiviert wurde, zeigt bei einem aufgerufenen Artikel solche Beiträge an, denen die gleichen Schlüsselwörter (oder auch nur ein gleiches Schlüsselwort) zugewiesen wurden.

▸ Veröffentlichungsoptionen	
▸ Beitragsoptionen	
▾ Metadatenoptionen	
Meta-Beschreibung	
Meta-Schlüsselworte	Bilder, Bücher
Robots	Globale Einstellung ▾
Autor	
Inhaltsrechte	
Externe Referenz	

Auf die Schlüsselwörter kommt es an.

Der Aufwand für die eigentliche Konfiguration des Moduls hält sich in Grenzen. Es muss lediglich entschieden werden, ob das Erstelldatum der verwandten Artikel zu sehen sein soll.

Beitragskategorien

Dieses Modul zeigt eine Liste aller in einer Kategorie enthaltenen Unterkategorien an. Über die Parameter im Bereich *Basisoptionen* legen Sie fest, welches die übergeordnete Kategorie ist, deren untergeordnete Kategorien angezeigt werden sollen.

Wird die Option *Unterkategorien anzeigen* deaktiviert, werden von der gewählten Kategorie keine Unterkategorien angezeigt. Wenn Sie sich für die Anzeige von Unterkategorien entscheiden, können Sie explizit die erste Ebene und die maximale Ebenentiefe angeben.

Beitragskategorie

Hierüber können Sie sich eine Liste von Beiträgen aus einer oder mehreren Kategorien anzeigen lassen. Im Bereich *Basisoptionen* legen Sie zunächst fest, ob der normale oder der dynamische Modus verwendet wird. Wird *Normal* eingestellt, gibt Joomla! eine Liste aller Kategorien aus. Um welche Kategorien es sich dabei handelt, können Sie über den Bereich *Filter* festlegen.

Interessanter ist übrigens die Option *Dynamisch*. Denn hierüber werden die Kategorien jeweils dynamisch, also abhängig vom aktuell angezeigten Beitrag, geladen. Das ist praktisch, schließlich sind so immer die relevanten Kategorien zu sehen.

Über die weiteren Register lässt sich das Modul detailliert konfigurieren. So können Sie beispielsweise explizit über den *Filter*-Bereich Beiträge ausschließen. Außerdem lassen sich die Reihenfolge und die Anzeige bestimmen.

Das Modul bietet sehr viele Optionen.

Beliebte Beiträge

Dieses Modul zeigt eine Liste der Beiträge, die die höchste Anzahl an Zugriffen aufweisen. Im Bereich *Basisoptionen* können die relevanten Einstellungen für das Modul vorgenommen werden.

Das sind die verfügbaren Optionen.

Interessant ist hier zunächst einmal die Option *Anzahl*. Darüber legen Sie fest, wie viele der beliebtesten Artikel aufgeführt werden sollen. Über das *Kategorie*-Feld können Sie dann noch die Kategorien auswählen, aus denen die beliebtesten Beiträge angezeigt werden sollen.

Zugriffe zurücksetzen

Es stellt sich natürlich die Frage, wie Joomla! die beliebtesten Beiträge ermittelt. Werfen Sie dazu einen Blick auf die Übersichtsseite *Inhalt/Beiträge*.

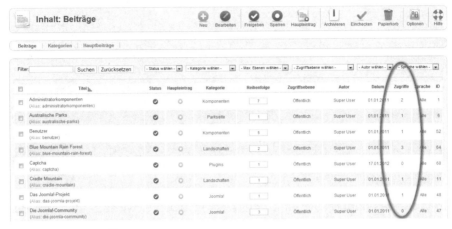

Dort stehen die Zugriffe.

In der Spalte *Zugriffe* sehen Sie, wie oft die jeweiligen Beiträge aufgerufen wurden. Nun sind die Zugriffsangaben nicht wirklich zuverlässig. Denn oftmals werden die Beiträge von denjenigen aufgerufen, die sie im Backend verfassen. Und dieses permanente Aufrufen verfälscht natürlich die Zugriffstatistik.

Um verfälschte Werte in der *Zugriffe*-Spalte zu vermeiden, sollten Sie die Zugriffszahlen zurücksetzen, bevor Sie mit der Seite online gehen.

Joomla! selbst bietet dafür leider keine Option an. Man kann allerdings direkt in die Datenbank eingreifen. Rufen Sie dazu die Joomla!-Datenbank beispielsweise mit phpMyAdmin auf. Innerhalb der Joomla!-Datenbank öffnen Sie die Tabelle *praefix_content*. (Anstelle von *praefix_* suchen Sie nach dem Namen, den Sie während der Installation als Präfix angegeben haben.) In dieser Tabelle gibt es die Spalte *hits*.

Wollen Sie nun die Anzahl der Zugriffe für einen Beitrag zurücksetzen, klicken Sie auf das Stiftsymbol.

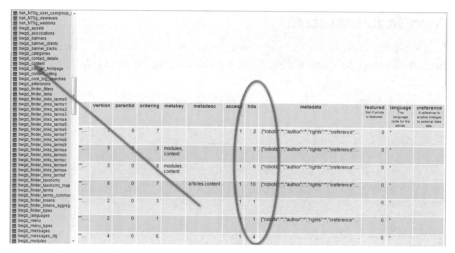

Dort sind die Zugriffe hinterlegt.

Im Feld *hits* ändern Sie jetzt den Wert in beispielsweise *0* ab. Zum Bestätigen klicken Sie im unteren Fensterbereich auf *OK*.

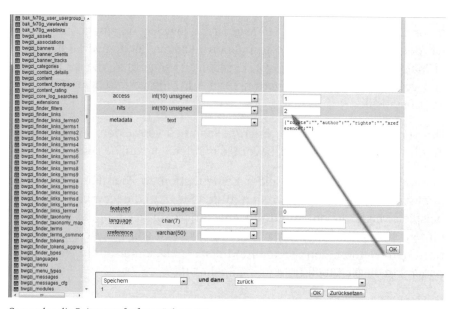

So werden die Beitragsaufrufe zurückgesetzt.

Wenn Sie alle Beiträge auf diese Weise zurücksetzen wollen, wäre das zu umständlich. Mit einer einfachen SQL-Syntax lassen sich die Zugriffsdaten aller Beiträge zurücksetzen. Öffnen Sie dazu das Register *SQL*.

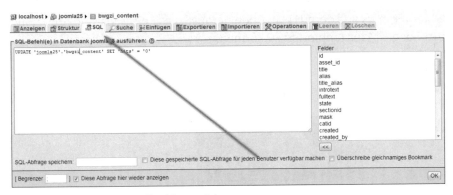

Hierüber lassen sich die Zugriffszahlen zurücksetzen.

In das Textfeld tragen Sie Folgendes ein:

- UPDATE 'datenbank_xy'.'praefix_content' SET 'hits' = '0'

Achten Sie hier darauf, dass *datenbank_xy* durch den tatsächlichen Joomla!-Datenbanknamen ersetzt werden muss. Wenn Sie bei der Installation ein anderes Präfix als *praefix_* angegeben haben, müssen Sie den Tabellennamen *preafix_content* innerhalb der SQL-Syntax ebenfalls anpassen. Mit *OK* werden die Einstellungen übernommen.

Die Abfrage war erfolgreich.

Die Zugriffsdaten sämtlicher Beiträge werden dadurch auf *0* gesetzt.

Eigene Inhalte (leeres Modul)

Bei diesem Modul fragen sich viele Benutzer, was es damit eigentlich genau auf sich hat. Wozu sollte man ein scheinbar leeres Modul einbinden? Genau genommen handelt es sich jedoch nicht um leere Module, vielmehr können Sie hier Ihre eigenen Inhalte anlegen. Und mit eigenen Inhalten ist an dieser Stelle HTML-Code oder einfacher Text gemeint.

Wie effektiv das Modul genutzt werden kann, zeigt das folgende Beispiel. Durch die nachfolgend beschriebenen Schritte wird eine Karte aus Google Maps in die Webseite eingebunden.

Damit das Einbinden von Google Maps funktioniert, sind allerdings einige Vorarbeiten nötig. Denn der in Joomla! eingestellte Standardeditor filtert leider iFrames aus dem HTML-Code heraus. Diese iFrames sind aber nötig, um Google Maps einbinden zu können.

Die Google Maps werden eingebunden. (Quelle: Google Maps)

Rufen Sie zunächst einmal *Site/Konfiguration* auf und stellen Sie im Register *Site* im Bereich *Website* bei *Editor* den Wert *Editor - TinyMCE* ein. (Wenn Sie einen anderen Editor verwenden, müssen Sie überprüfen, ob die folgenden Schritte dort ebenfalls funktionieren.)

Rufen Sie nun *Erweiterungen/Plugins* auf und klicken Sie dort auf den Namen *Editor - TinyMCE*. Interessant ist hier das Feld *Verbotene Anweisungen* im Bereich *Basisoptionen*.

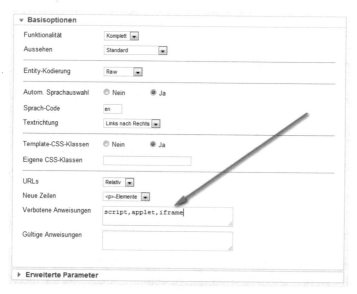

iframe ist standardmäßig verboten.

Löschen Sie das im Feld *Verbotene Anweisungen* standardmäßig enthaltene *iframe*. Speichern Sie diese Einstellung ab.

Öffnen Sie nun *Site/Konfiguration* und wechseln Sie in das Register *Textfilter*. Dort stellen Sie unter *Filterverfahren* das Feld der Benutzergruppe, mit der Sie angemeldet sind – üblicherweise wird das *Super Benutzer* sein –, auf *Keine Filterung*.

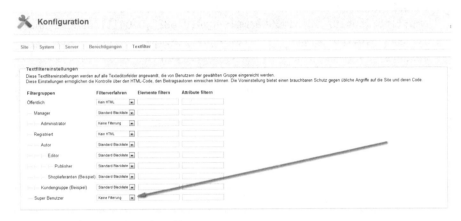

Jetzt werden iframes nicht mehr gefiltert.

Auch diese Einstellung muss wieder gespeichert werden. Jetzt können Sie sich die eigentliche Karte von Google Maps besorgen. Rufen Sie dazu die Seite *http://maps.google.de/* auf und geben Sie die gewünschte Adresse ein. Wenn Google den passenden Kartenausschnitt anzeigt, klicken Sie auf *Link*.

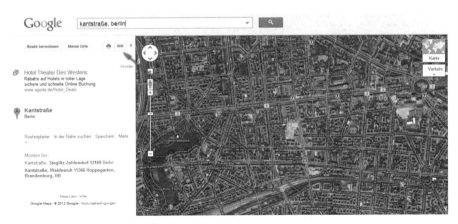

So kommt man zur Karte. (Quelle: Google Maps)

Kopieren Sie sich nun den Inhalt des unteren der beiden Felder (*HTML-Code zum Einbetten in eine Website*) in die Zwischenablage. Der kopierte Code sollte in etwa so aussehen:

```
<iframe width="425" height="350" frameborder="0" scrolling="no"
marginheight="0" marginwidth="0" src="http://maps.google.de/maps
?f=q&amp;source=s_q&amp;hl=de&amp;geocode=&amp;q=kantstra%C3%9Fe
,+berlin&amp;aq=&amp;sll=51.151786,10.415039&amp;sspn=22.142087,
60.952148&amp;ie=UTF8&amp;hq=&amp;hnear=Kantstra%C3%9Fe,+Berlin&
amp;ll=52.506107,13.314399&amp;spn=0.016822,0.041113&amp;t=h&amp
;z=14&amp;output=embed"></iframe><br /><small><a href="http://ma
ps.google.de/maps?f=q&amp;source=embed&amp;hl=de&amp;geocode=&am
p;q=kantstra%C3%9Fe,+berlin&amp;aq=&amp;sll=51.151786,10.415039&
amp;sspn=22.142087,60.952148&amp;ie=UTF8&amp;hq=&amp;hnear=Kants
tra%C3%9Fe,+Berlin&amp;ll=52.506107,13.314399&amp;spn=0.016822,0
.041113&amp;t=h&amp;z=14" style="color:#0000FF;text-align:left">
Größere Kartenansicht</a></small>
```

Legen Sie in Joomla! über *Erweiterungen/Module/Neu* ein neues Modul vom Typ *Eigene Inhalte (Leeres Modul)* an. Interessant ist dort der Bereich *Benutzerdefinierte Ausgabe*.

Klicken Sie innerhalb des Editorfensters auf *HTML*. In das sich öffnende Fenster fügen Sie den zuvor kopierten Code von Google Maps ein.

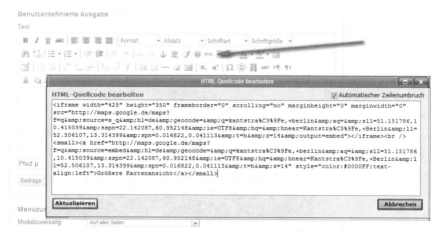

So kommt Google Maps auf die Webseite.

Mit *Aktualisieren* wird der HTML-Code in den Editor übernommen.

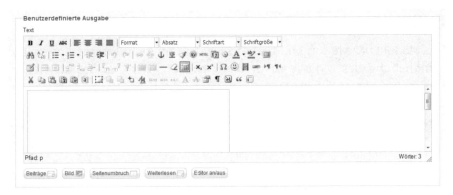

Die Karte wurde übernommen, auch wenn die Karte nicht unmittelbar zu sehen ist.

Die Moduleinstellungen müssen nur noch abgespeichert werden. Das Modul kann nun wie jedes andere Modul an der gewünschten Stelle positioniert werden. Wenn das Frontend aufgerufen wird, ist dort der Kartenausschnitt zu sehen.

Feed - Anzeige

Dieses Modul ermöglicht die Anzeige eines Newsfeeds.

Innerhalb der *Basisoptionen* müssen Sie die URL des Newsfeeds angeben. Sollten die Feedinhalte von rechts nach links laufen – was beispielsweise bei arabischen Sprachen der Fall ist –, setzen Sie die Option *RnL Feed* auf *Ja*. Wenn Sie den Text, der pro Feed angezeigt wird, begrenzen wollen, geben Sie in das gleichnamige Feld die Wortanzahl ein. Durch den Wert *0* wird der gesamte Feedinhalt angezeigt.

Über die anderen Optionen können Sie festlegen, welche Informationen im Feed letztendlich angezeigt werden sollen. Das betrifft die Bilder, den Titel und die Beschreibung.

Feed anzeigen

medienwerke.de - Daniel Koch
CMS-Support, Bücher, Videotrainings ...
Joomla! erweitern bei akademie.de

Am 3.3 beginnt bei akademie.de der Workshop "Joomla! erweitern". Sie haben den Einstieg in Joomla! gemeistert. Nun geht es an die Details: Sie möchten Joomla! erweitern und Ihr Ranking bei Google & Co. mit suchmaschinenfreundlichen URLs und Google-Sitemaps gezielt verbessern, Ihr Joomla! mit Standard-Applikationen erweitern, z.B. mit einer Bildergalerie und einem Diskussionsforum, Ihren Besuchern mehrsprachige [...]

Das Box-Modell in CSS3

Eine interessante Neuerung von CSS3 ist das neu eingeführte Boxmodell. Somit gibt es jetzt also zwei CSS-Boxmodelle. Warum aber wurde eigentlich ein weiteres Modell eingeführt? Bei dem bereits mit CSS1 eingeführten Boxmodell ergibt sich die Gesamtbreite einer Box aus der Addition der folgenden Elemente: Inhaltsbereich (width) Innenabstände (padding) Außenabstände (margin) Rahmen (border) Die Angabe der [...]

Ein Newsfeed wurde eingebunden.

Fußzeile

Das Modul Fußzeile sorgt für die Anzeige der Copyright-Informationen. Die Handhabung des Moduls ist denkbar einfach. Wird es deaktiviert, erscheint im Frontend keine Fußzeile mit den Copyright-Daten

Die Copyright-Informationen werden angezeigt.

Menü

Dieses Modul ist Ihnen bereits ausführlich in Kapitel 3 dieses Buchs begegnet. Mit diesem Modul können Sie jedes unter *Menüs* zu findende Menü in die Seite einbinden. Über die *Basisoptionen* legen Sie zunächst einmal im Feld *Menü wählen* fest, welches Menü überhaupt angezeigt werden soll.

Diese Optionen stehen zur Verfügung.

Enthält das Menü Untereinträge, können Sie explizit festlegen, ob diese angezeigt werden sollen und, wenn ja, ab und bis zu welcher Ebene.

Navigationspfad (Breadcrumbs)

Je umfangreicher eine Webseite wird, umso wichtiger ist es, dass sich die Besucher vernünftig orientieren können. Hier helfen die sogenannten Breadcrumbs weiter. Dabei handelt es sich um eine Orientierungshilfe für den Benutzer, in der der Pfad angezeigt wird, den dieser auf dem Weg zur aktuellen Seite genommen hat.

Im Beispiel der folgenden Abbildung hat sich der Besucher also über *Home, Joomla! nutzen, Erweiterungen anwenden, Komponenten, Inhalt, Liste der Beitragskategorien* auf die aktuelle Seite bewegt.

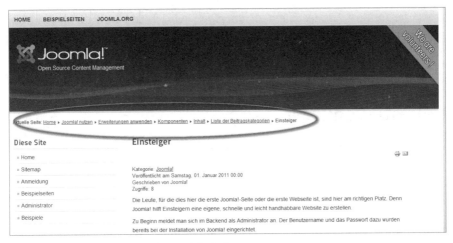

So weiß man immer, wo man sich gerade befindet.

Das für die Anzeige des zurückgelegten Wegs verantwortliche Modul heißt Navigationspfad (Breadcrumbs). Dessen Konfiguration ist denkbar einfach.

Es stehen nur wenige Parameter zur Verfügung.

Bei *Aktuelle Seite anzeigen* wird bestimmt, ob die gerade aufgerufene Seite im Pfad zu sehen sein soll. Entscheiden Sie über *Startseite anzeigen*, ob die Startseite im Pfad mit berücksichtigt werden soll. Interessant ist zudem noch das Feld *Trennzeichen*. Dort geben Sie das oder die Zeichen an, die zwischen den einzelnen Pfadstationen im Frontend angezeigt werden sollen. Standardmäßig sind zwischen den Stationen Pfeile zu sehen. Wenn Sie in das *Trennzeichen*-Feld ein anderes Zeichen eintragen, ist dieses im Frontend zu sehen.

Außerdem kann über das Feld *Text für die Startseite* der Startseitenwert bestimmt werden. Was dort eingetragen ist, wird also im Pfad als Text für die Startseite angezeigt. Üblicherweise trägt man dort *Home*, *Startseite* oder Ähnliches ein.

Über die Option *Letztes Element anzeigen* wird bestimmt, ob die aktuell aufgerufene Seite im Pfad berücksichtigt werden soll. Wird diese Option auf *Ja* gestellt, ist die aktuelle Seite zu sehen, diese ist dann im Pfad allerdings nicht verlinkt.

Neueste Benutzer

Dieses Modul zeigt die Benutzer an, die sich zuletzt registriert haben.

Benutzer

admin
michael

Diese Benutzer haben sich zuletzt registriert.

Über die *Basisoptionen* können Sie festlegen, wie viele Benutzer angezeigt werden sollen. Standardmäßig zeigt das Modul die letzten fünf Benutzer an. Zusätzlich können die Benutzernamen verlinkt werden, um so die Profilseite der Benutzer aufzurufen.

Neueste Nachrichten

Hierüber können Sie die zuletzt veröffentlichten Beiträge in einer Liste anzeigen.

Über die *Basisoptionen* legen Sie dabei die anzuzeigenden Beiträge fest. Sollen nur Beiträge aus einer Kategorie aufgerufen werden, markieren Sie diese im *Kategorie*-Feld. Eine Mehrfachauswahl ist durch Drücken der [Strg]-Taste möglich.

Neueste Nachrichten

▸ Administrator Components
▸ Contacts
▸ Content
▸ Cradle Mountain
▸ Custom HTML Module

Die neusten Nachrichten werden angezeigt.

Außerdem lassen sich über die Optionen die Beiträge sortieren, die Autoren der Beiträge auswählen, und Sie können festlegen, ob Hauptbeiträge angezeigt werden sollen.

Sprachauswahl

In Kapitel 5 wurden die Möglichkeiten vorgestellt, die Joomla! hinsichtlich der Mehrsprachigkeit bietet. Über das Sprachauswahl-Modul können Sie Auswahlfelder zur Verfügung stellen, über die sich die Sprache wechseln lässt.

Standardmäßig werden für die Sprachauswahl Landesflaggen verwendet.

 *Die Sprache kann gewechselt werden.*

Alternativ zu den Flaggen können Sie aber auch Texte einblenden lassen.

Auch hierüber lässt sich die Sprache auswählen.

Um Texte anzuzeigen, aktivieren Sie im Bereich *Basisoptionen* die Option *Nein* bei *Bildflaggen benutzen*. Nach dem Speichern werden im Frontend Texte angezeigt.

Über die Felder *Text davor* und *Text danach* lassen sich Inhalte definieren, die vor bzw. hinter dem Sprachauswahl-Modul angezeigt werden.

Statistiken

Für all diejenigen, die wissen wollen, was auf ihren Seiten eigentlich genau vor sich geht, ist das Statistiken-Modul genau das Richtige. Denn dank dieses Moduls kann man sich Informationen über den Server, die Besucher, die Datenbank etc. anzeigen lassen.

 *Diverse Statistiken sind zu sehen.*

Beispielsweise sieht man, was an Inhalten und Weblinks hinterlegt ist und wie oft die Inhalte bislang aufgerufen wurden. Normalerweise werden Sie dieses Modul nicht permanent einblenden, sondern es in losen Abständen immer mal wieder aktivieren.

Hier wird bestimmt, welche Informationen gesammelt werden.

687

In den *Basisoptionen* legen Sie fest, welche Informationen ausgegeben werden sollen. Setzen Sie ausschließlich die Felder auf *Ja*, deren Informationen tatsächlich benötigt werden.

Über *Details* bestimmen Sie, ob und wo das Modul angezeigt wird. Wichtig ist, wenn Sie das Modul einblenden, dass Sie die Zugriffsebene auf *Registriert* setzen. So kann schon mal nicht jeder Besucher diese Informationen sehen. Außerdem können Sie im Menüzuweisungsbereich bestimmen, dass die Statistik nur auf ganz bestimmten Seiten zu sehen ist. Auch das schützt die angezeigten Daten noch einmal vor allzu neugierigen Blicken.

Suchen

Das Suchen-Modul ist im Standard-Template lediglich ein recht schmuckloses Eingabefeld, dem die Entwickler nicht einmal eine Schaltfläche spendiert haben.

So sieht das Suchen-Feld standardmäßig aus.

Nach Eingabe eines Suchbegriffs und dem Drücken der [Enter]-Taste wird die Suchergebnisseite geöffnet.

Im oberen Fensterbereich erscheinen zusätzliche Suchoptionen. Die eigentlichen Suchergebnisse befinden sich darunter. Interessant dabei: Die eingegebenen Suchbegriffe werden in den Ergebnissen hervorgehoben.

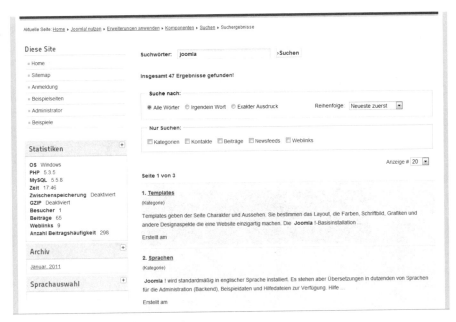

Die Sucherergebnisse werden angezeigt.

Die folgenden Optionen stehen für die Konfiguration des Suchen-Moduls zur Verfügung:

➢ *Boxinhalt* – Der hier angegebene Wert wird im *label*-Element verwendet, das dem Formularfeld zugeordnet ist. Das *label*-Element dient in HTML dazu, Formularfelder logisch zu beschriften. Sichtbare Auswirkungen hat diese Einstellung allerdings nicht.

➢ *Boxbreite* – Legt die Breite des *Suchen*-Felds in Zeichen fest.

➢ *Boxtext* – Dieser Text wird innerhalb des *Suchen*-Felds angezeigt. Sobald der Besucher einen anderen Wert eingibt, wird dieser Text gelöscht.

➢ *Suchen-Schaltfläche* – Durch *Ja* wird ein *Suchen*-Button neben dem Feld angezeigt.

➢ *Schaltflächenposition* – Bestimmen Sie, wo die *Suchen*-Schaltfläche stehen soll. (Sinnvoll ist diese Angabe nur im Zusammenhang mit dem Wert *Ja* bei *Suchen-Schaltfläche*.)

➢ *Suchbutton-Bild* – Sie können auch eine grafische Schaltfläche einbinden. Das entsprechende Bild muss dazu unter dem Namen *search-Button.gif* im Verzeichnis *images* des jeweiligen Templates gespeichert werden.

➢ *Schaltflächentext* – Dieser Text wird auf der *Suchen*-Schaltfläche angezeigt.

➢ *OpenSearch-Auto-Discovery* – Manche Browser unterstützen das automatische Hinzufügen neuer Suchmaschinen in die Browserliste. Wenn man im Firefox auf den Pfeil bei den verfügbaren Suchmaschinen klickt, wird eine entsprechende Liste angezeigt. Wird die Option *Open-Search autodiscovery* auf *Ja* gesetzt, wird Ihre Seite automatisch in diese Liste mit aufgenommen.

➢ *OpenSearch-Titel* – Hier wird der Titel der Seite eingetragen, der in der Liste der Suchmaschinen angezeigt werden soll.

➢ *Eintrags-ID setzen* – Geben Sie hier die ID des Menüeintrags an, der verwendet werden soll, wenn die Suche nicht verlinkt wurde.

Ob und wie Sie eine Schaltfläche einblenden, hängt letztendlich natürlich von der Beschaffenheit des Templates ab. Prinzipiell gilt aber, dass heutzutage auf den meisten Seiten eher auf eine Schaltfläche verzichtet wird.

Suchindex

Dieser Suchindex ist eine der Neuerungen von Joomla! 2.5. Dieser Index generiert dynamisch Suchergebnisse und zwar in Abhängigkeit der Relevanz der Inhalte. Wenn Sie das Modul Suchindex anlegen und im Frontend einbinden, werden Sie ein einfaches Suchfeld sehen. Beim ersten Aufruf der Suche über dieses Feld wird es keine Treffer geben,

Die Suche führt zu keinem Ergebnis.

Tatsächlich muss der Suchindex zunächst generiert werden. Damit der Suchindex später aktualisiert wird, wenn sich Inhalte ändern, aktivieren Sie zunächst unter *Erweiterungen/Plugins* das Plug-in *Inhalt/Suchindex*.

Das Plug-in wurde aktiviert.

Rufen Sie anschließend *Komponenten/Suchindex* auf.

So wird die Indexierung gestartet.

Über die *Index*-Schaltfläche wird die Indexierung gestartet.

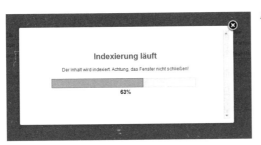

Die Indexierung läuft.

Die Indexierung kann eine Weile dauern. Wie lange, hängt vom Umfang der Inhalte ab.

Nach erfolgreicher Indexierung wurden unter *Komponenten/Suchindex* die gesamten Inhalte angelegt.

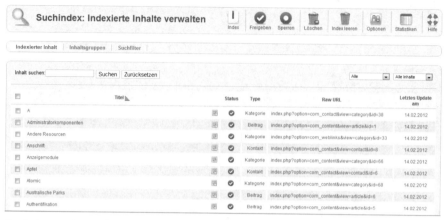

Der Index wurde erstellt.

Bei Bedarf können Sie indexierte Inhalte explizit sperren. Solche Inhalte werden dann auch nicht vom Suchindex im Frontend gefunden.

Über das Register *Inhaltsgruppen* lassen sich gleich ganze Gruppen deaktivieren. Sämtliche Inhalte, die sich dann innerhalb einer solchen Gruppe befinden, werden im Index ebenfalls nicht berücksichtigt.

Wie die Suche letztendlich aussehen und funktionieren soll, bestimmt man über die *Optionen*-Schaltfläche. Im Register *Suche* wird bestimmt, wie die Suche funktioniert. In jedem Fall aktivieren sollten Sie die Option *Suchvorschläge*. Denn dadurch werden – Sie kennen das beispielsweise von Google – beim Eintippen alternative Suchbegriffe angezeigt.

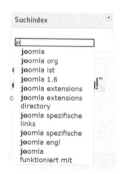

Joomla! unterbreitet Suchvorschläge.

Die weiteren Optionen sind weitestgehend selbsterklärend. Im Register *Index* lassen sich die Indexierungseinstellungen vornehmen. So kann man dort anhand von Gewichtungsfaktoren festlegen, welche Elemente bei der Indexierung wichtiger sind. Dabei gilt, je höher der Wert, umso wichtiger wird das Element bei der Gewichtung der Suchergebnisse genommen.

Syndication Feeds

Hierüber wird für die Seite, auf der das Modul angezeigt wird, ein Syndicated Feed generiert. Dabei können Sie einstellen, in welchem Format der Feed ausgeliefert werden soll. Zur Wahl stehen *RSS 2.0* und *Atom 1.0*. Normalerweise belässt man es bei der Voreinstellung *RSS 2.0*. Moderne Browser und Feedreader können aber ohnehin mit beiden Formaten umgehen.

Weblinks

Hierüber lassen sich die in der Weblink-Komponente definierten Weblinks einer Kategorie anzeigen. Das Modul greift dabei auf die unter *Komponenten/Weblinks* definierten Werte zurück. Lesen Sie ab Seite 729, wie sich die Weblinks konfigurieren lassen.

Diese Optionen gibt es.

Über die *Basisoptionen* wird festgelegt, welche Weblinks wie angezeigt werden sollen.

Im *Kategorie*-Feld wird die Kategorie ausgewählt, aus der die Weblinks angezeigt werden sollen. Wie viele Weblinks letztendlich angezeigt werden, bestimmt man über das *Anzahl*-Feld.

Bei *Zielfenster* bestimmen Sie, wo die Verweisziele geöffnet werden sollen. Üblicherweise wählt man *In neuem Fenster öffnen*. Dadurch wird beim Anklicken eines Weblinks das Verweisziel in einem neuen Browserfenster geöffnet. Das aktuelle Fenster, in dem Ihre Seite geöffnet ist, bleibt somit ebenfalls offen.

693

Die Option *Follow/No Follow* ist für Such-Robots interessant. Denn hierüber geben Sie an, ob diese den Weblinks folgen sollen.

Die anderen Optionen sind selbsterklärend. Über diese bestimmen Sie beispielsweise, ob Beschreibungstexte und die Anzahl der Zugriffe angezeigt werden sollen.

Wer ist online

Dieses Modul zeigt, wie viele Besucher sich gerade auf der Seite aufhalten.

Who's Online

Im Moment sind ein Gast und keine Mitglieder online

admin

Allzu viel tut sich noch nicht auf der Webseite.

Dieses Modul zeigt, wie viele Benutzer und Gäste sich momentan auf der Webseite tummeln – wobei Gäste normale Besucher sind, während es sich bei Benutzern um angemeldete Besucher handelt.

Über den Bereich *Basisoptionen* kann man die Anzeige des Moduls konfigurieren.

Legen Sie über das *Anzeige*-Feld fest, was genau angezeigt werden soll. Durch *Benutzernamen* werden die Namen der eingeloggten Benutzer angezeigt. Wählt man hingegen *# von Gästen/Benutzern*, sieht die Anzeige so aus: *Im Moment sind keine Gäste und ein Mitglied online*. Bei *Beides* wird eine Kombination aus beiden Varianten angezeigt.

Wrapper

Über das Wrapper-Modul können Inhalte mittels eines Inline-Frames (*iframe*) in die Seite eingebunden werden. Ein durch das HTML-Element *iframe* gekennzeichneter Bereich verhält sich anders als ein herkömmlicher Frame. Denn Inline-Frames teilen nicht den Bildschirm auf, sondern verhalten sich wie Grafiken in HTML-Seiten – nur dass anstelle einer Grafik dort vor allem HTML-Seiten angezeigt werden. So können Sie beispielsweise in einen Artikel externe Webseiten oder beispielsweise auch ein YouTube-Video einbinden.

Als wichtigster Parameter ist die URL des Inhalts anzugeben, der im Inline-Frame erscheinen soll. In diesem Zusammenhang sollten Sie die Option *Protokoll hinzufügen* auf *Ja* gestellt lassen. Dadurch wird automatisch *http://* der angegebenen URL der Seite vorangestellt, wenn das Protokoll dort nicht explizit angegeben wurde.

Während Breite und Höhe des Inline-Frames Geschmackssache sind, wollen die Einstellungen bei *Scrollbalken* gut überlegt sein. Sie sollten dort *Autom.* eingestellt lassen. Dadurch werden Bildlaufleisten nur dann angezeigt, wenn der Inhalt des Inline-Frames das erfordert.

Wird *Nein* verwendet und ist der Inhalt des Inline-Frames größer als der Inline-Frame, wird er einfach abgeschnitten. Im schlimmsten Fall können die Besucher dann wichtige Informationen nicht lesen.

Hyperlinks lassen sich so definieren, dass deren Verweisziele innerhalb des Inline-Frames angezeigt werden. Dazu muss dem *a*-Element des verweisenden Links das *target*-Attribut mit dem Namen des Inline-Frames zugewiesen werden.

- `<a href="news.php" target="news">News</a>`

Und eben jener *target*-Name ist es, den man über das Feld *Zielname* angeben kann.

Zufallsbild

Über dieses Modul können Sie auf der Webseite Zufallsbilder anzeigen lassen.

Über den Parameter *Bildtyp* wird das Format festgelegt. Wenn Sie dort *jpg* eintragen, werden aus dem angegebenen Verzeichnis alle JPEG-Bilder ausgelesen (Sie können natürlich auch *gif* oder *png* angeben).

Aus welchem Verzeichnis die Grafiken geladen werden sollen, wird über die Option *Bildverzeichnis* (z. B. *images*) bestimmt.

Über den *link*-Parameter kann ein Verweisziel angegeben werden. Dadurch werden die Zufallsbilder mit einem Hyperlink versehen.

Verzerrungen vermeiden

Die übrigen Parameter bestimmten die Breite und Höhe der Bilder in Pixel. Wenn Sie hier Werte angeben, werden alle Bilder aus dem Verzeichnis in dieser Größe angezeigt. Sollten die Grafiken nicht genauso groß sein, führt das natürlich zu Verzerrungen. Können Sie also nicht auf Bilder mit identischen Abmessungen zurückgreifen, lassen Sie diese Felder leer.

9.5 Module für Administratoren

Wirft man einen Blick auf *Erweiterungen/Module*, übersieht man leicht das Auswahlfeld, das direkt neben der *Zurücksetzen*-Schaltfläche steht.

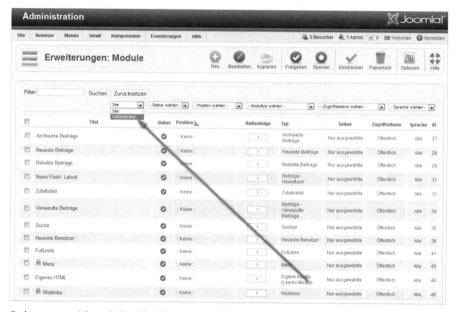

So kann man sich auch die Administratormodule anzeigen lassen.

Hier kann man die Art der angezeigten Module einstellen. Standardmäßig ist in diesem Feld der Wert *Site* eingestellt. Darin sind alle Module enthalten, die etwas mit dem Frontend zu tun haben. Diese Module haben Sie auf den vorherigen Seiten kennengelernt.

Der Wert *Administrator* ist dagegen etwas versteckt und wird daher oft übersehen.

Die hier aufgelisteten Module finden im Administratorbereich Verwendung. Sie sollten daher an dieser Stelle möglichst wenige bis gar keine Änderungen vornehmen. Diese Module sind dafür da, Ihnen die Arbeit im Backend zu erleichtern. Dennoch sollte man natürlich wissen, was sich hinter den aufgeführten Modulen verbirgt. Hier die wichtigsten:

Das sind die Administratormodule.

Sollte die Liste leer sein, klicken Sie zunächst auf die Schaltfläche *Zurücksetzen*. Daraufhin sollten die Administratormodule dann tatsächlich angezeigt werden.

➢ *Logged-in Users (Angemeldete Benutzer)* – Das Modul zeigt die derzeit einloggten Benutzer. Zu finden sind diese Informationen dann im Kontrollzentrum.

➢ *Popular Articles (Beliebt)* – Stellt die am häufigsten aufgesuchten Inhalte im Kontrollzentrum innerhalb des gleichnamigen Registers vor.

> *Recently Added Articles (Neue Beiträge)* – Zeigt die zuletzt eingefügten Artikel an.

> *Unread Message (Ungelesene Nachrichten)* – Zeigt im Kopfbereich des Administrationsbereichs an, wenn es ungelesene Nachrichten gibt.

> *User Status (Benutzer online)* – Dieses Modul zeigt, ob Benutzer online sind.

> *Quick Icons* – Auf der Startseite des Backends werden zahlreiche Symbole für den schnellen Zugriff auf Joomla!-Funktionen angezeigt. Über diese kann man blitzschnell Beiträge oder die Konfiguration aufrufen. Wird dieses Modul deaktiviert, werden die Icons von der Startseite entfernt.

> *Login* – Das ist das Anmeldeformular für das Backend. Interessant ist in den Moduleinstellungen die Option *Loginformular verschlüsseln*. Dadurch kann eine SSL-Verschlüsselung umgesetzt werden. Dazu muss der Server allerdings SSL unterstützen.

> *Admin Menu* – Sorgt dafür, dass das Menü im Admin-Bereich angezeigt wird.

> *Admin Submenu* – Dieses Modul zeigt das Untermenü-Navigation-Modul an.

Das Admin-Menü versehentlich ausgeblendet?

Wenn Sie das Admin-Menü ausblenden, können Sie auf viele Funktionen, die zum Arbeiten mit Joomla! gehören, nicht mehr zugreifen. Einblenden können Sie es allerdings auch nicht mehr, da Sie nicht mehr auf *Erweiterungen/Module* zugreifen können.

Es gibt aber eine Möglichkeit, das Menü wieder einzublenden. Öffnen Sie dazu die Joomla!-Datenbank in phpMyAdmin und rufen Sie dort die Tabelle *jos_modules* auf. Klicken Sie auf das *Bearbeiten*-Symbol in der Spalte des Datensatzes *Admin Menu* und setzen Sie den Wert bei *published* von *0* auf *1*. Nachdem Sie diese Änderung mit *OK* bestätigt haben, wird das Menü wieder im Backend angezeigt.

> *Title (Titel)* – Zeigt den Toolbar-Titel an.
> *Toolbar* – Dieses Modul sorgt dafür, dass die Werkzeugleiste zu sehen ist.

Admin-Module deaktivieren

Sollten Sie auf Informationen verzichten können, die beispielsweise das Modul Popular Articles liefert, können Sie es natürlich deaktivieren. Dazu klicken Sie in der *Freigegeben*-Spalte des betreffenden Moduls auf das grüne Hakensymbol.

Das Modul wird dadurch nicht mehr im Backend angezeigt und macht dieses dadurch möglicherweise übersichtlicher.

9.6 Diese Komponenten bringt Joomla! schon mit

Die in Joomla! standardmäßig enthaltenen Module haben Sie auf den vorherigen Seiten kennengelernt. Jetzt werden die Standardkomponenten beschrieben. Dreh- und Angelpunkt für die Komponenten ist das gleichnamige Menü.

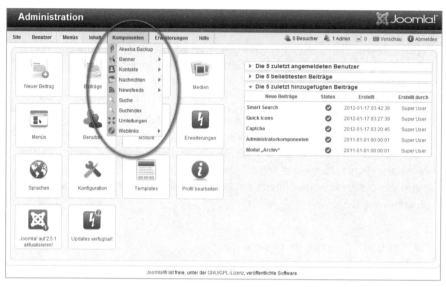

Dort sind alle Komponenten aufgeführt.

Banner

Um es vorwegzunehmen: Allein mit dem Einblenden von Werbebannern auf der eigenen Webseite wird man nicht reich. So viel ist schon mal klar. Dennoch können Werbebanner ein nettes Zubrot sein, mit dem man die Kosten für Webspace und Provider wieder hereinbekommt.

Zum Anzeigen von Werbebannern gibt es in Joomla! eine eigene Komponente. Bannerschaltungen werden bei Joomla! auf Basis von gekauften Bannereinblendungen, den sogenannten Impressions, abgerechnet. Dabei kann ein Banner sowohl aus einer Grafik als auch aus Text bestehen.

Die Banner-Komponente ist in die drei Bereiche Kunden-, Kategorien- und Bannerverwaltung eingeteilt. Wie sich die Banner-Komponente effizient nutzen lässt, wird auf den folgenden Seiten anhand eines typischen Beispiels gezeigt. Dabei wird davon ausgegangen, dass ein Werbebanner von DATA BECKER geschaltet werden soll.

Das Logo von DATA BECKER wird „entführt".

Die Grafik, die als Werbebanner fungieren soll, muss zunächst im Bannerbereich von Joomla! bekannt gemacht werden. Dazu rufen Sie *Inhalt/ Medien* auf und wählen unter *Medienverzeichnisse banners* auf.

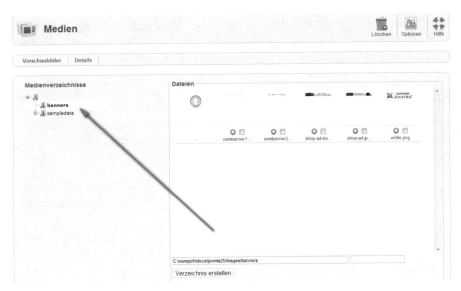

Darauf greift die Banner-Komponente zu.

Wählen Sie die Grafik über *Datei auswählen* aus und laden Sie sie in das ausgewählte *banners*-Verzeichnis.

Um die allgemeine Funktionsweise der Banner-Komponente festzulegen, ruft man *Komponenten/Banner* auf und klickt in der Werkzeugleiste auf *Optionen*.

Die allgemeinen Optionen werden eingestellt.

Legen Sie im Register *Kundenoptionen* die Zahlweise und die Statistiken fest. Die vorgenommenen Einstellungen gelten zunächst global, lassen sich für einzelne Kunden in deren Einstellungen aber ändern.

Kunden anlegen

Bevor Banner geschaltet werden können, muss man zunächst mindestens einen Kunden anlegen. Rufen Sie dazu *Komponenten/Banner/Kunden* auf. Mit *Neu* wird ein neues Kundenkonto eröffnet.

DATA BECKER wird als Kunde angelegt.

Geben Sie in diesem Dialogfenster Informationen wie Name, Kontaktname und E-Mail-Adresse des Kunden ein, für den die Banner geschaltet werden sollen.

Über die restlichen Optionen werden Zahlweise und Statistikanzeige bestimmt. Diese Einstellungen überschreiben die global gemachten.

Mit *Speichern & Schließen* werden die Einstellungen übernommen. In dem sich daraufhin öffnenden Banner-Kundenbereich werden alle Ihre Kunden sowie die Anzahl der aktiven Banner dieser Kunden angezeigt.

Kategorien anlegen

Wenn Sie sehr viele Banner schalten, empfiehlt es sich, mit Kategorien zu arbeiten. Die Kategorienverwaltung erreichen Sie über *Komponenten/Banner/Kategorien*. Um eine neue Kategorie anzulegen, klicken Sie in der Werkzeugleiste auf *Neu*.

Weisen Sie der Kategorie einen Titel und gegebenenfalls eine übergeordnete Kategorie zu. Außerdem können Sie Zugriffsebene und Sprache anpassen. Im Bereich *Veröffentlichungsoptionen* kann darüber hinaus angegeben werden, wer die Kategorie erstellt hat.

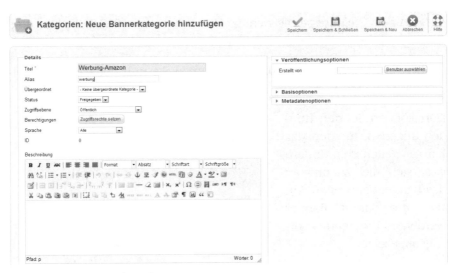

Eine neue Kategorie wird angelegt.

Mit *Speichern & Schließen* werden die Einstellungen übernommen.

Das Banner anlegen

Sobald der Kunde und gegebenenfalls die Kategorie angelegt sind, geht es an das eigentliche Banner. Angelegt wird es über *Komponenten/Banner/ Banner/Neu*. Die Einstellungen nehmen Sie im sich öffnenden Dialogfenster vor.

Hier werden die Bannereinstellungen vorgenommen.

Weisen Sie dem Banner einen Namen zu. Das letztendlich anzuzeigende Banner wählen Sie über das *Bild*-Feld aus. Achten Sie außerdem darauf, dass im Feld *Zieladresse* die richtige URL eingetragen ist. Steht hier eine Adresse, wird sie aufgerufen, wenn das Banner angeklickt wird.

Im Bereich *Veröffentlichungsoptionen* können Sie nun detaillierte Einstellungen vornehmen.

Dort können Sie den Kunden angeben, für den das Banner gelten soll. Zudem lässt sich die Wichtigkeit des Banners einstellen. Mit *Wichtig* deklarierte Banner werden im Frontend bevorzugt angezeigt.

Hinsichtlich der Berechnung der Bannerkosten sind die Felder *Insgesamte Summe aller Aufrufe* und *Summe aller Klicks* interessant. Ist der bei *Max. Anzeige* einge-

Die Detaildaten werden hier eingetragen.

tragene Wert erreicht, wird dieses Banner nicht mehr angezeigt. Somit haben die Bannerkunden volle Kostenkontrolle.

Über das *Zahlweise*-Feld lässt sich zudem noch festlegen, wie gezahlt wird.

Mit *Speichern & Schließen* wird das Banner angelegt.

In der Übersichtsseite sehen Sie alle bislang im System vorhandenen Banner. Um die Einstellungen eines Banners anzupassen, klicken Sie auf dessen Namen.

Alle bisher angelegten Banner.

Zum Einbinden des Banners in die Webseite wird das ab Seite 671 vorgestellte Banner-Modul verwendet. Um dessen Einstellungen aufzurufen, öffnen Sie das Modul über *Erweiterungen/Module* und Anklicken des Modulnamens. Sollte das Modul noch nicht vorhanden sein, muss es über *Neu/Banner* angelegt werden.

Neben den allgemeinen Moduleinstellungen ist vor allem der Bereich *Basisoptionen* interessant. Dort können Sie den Kunden und die Kategorie angeben.

Kunde und Kategorie werden ausgewählt.

Textwerbung schalten

Man kann mittels der Standard-Banner-Komponente Textanzeigen einfügen. Interessant ist das zum Beispiel bei Affiliate-Programmen. Es empfiehlt sich, eine eigene Kategorie für Textanzeigen anzulegen. Wie Sie Kategorien anlegen, wurde bereits beschrieben.

Um ein Textbanner anzulegen, rufen Sie *Komponenten/Banner/Banner* auf und klicken in der Werkzeugleiste auf *Neu*.

Es wird das gleiche Dialogfenster angezeigt, das auch beim Anlegen eines grafischen Banners erscheint. Aktivieren Sie bei *Typ* die Option *Benutzerdefiniert*.

So lassen sich Textbanner anlegen.

Wichtig sind bei Textanzeigen vor allem die folgenden Elemente:

➤ *Name* – Hier tragen Sie den Namen des Textbanners ein. Achtung: Wenn Sie, wie im aktuellen Beispiel, mit Platzhaltern arbeiten, geben Sie an dieser Stelle den Text so ein, wie er später im Frontend angezeigt werden soll. Im weiteren Verlauf dieses Abschnitts finden Sie ein detailliertes Codebeispiel.

➤ *Kategorie* – Ordnen Sie das Textbanner in eine spezielle Textbannerkategorie ein. Das erhöht die Übersichtlichkeit.

➤ *Status* – Auch wenn es sich bei einer Textanzeige nicht um ein Banner im herkömmlichen (grafischen) Sinn handelt, setzen Sie diesen Schalter auf *Ja*. Das ist die Voraussetzung dafür, dass das Banner im Frontend erscheint.

➤ *Benutzerdefinierter Code* – Um das Feld anzuzeigen, aktivieren Sie bei *Typ* die Option *Benutzerdefiniert*. Hier wird der eigentliche Bannercode eingetragen.

➤ *Zieladresse* – Geben Sie hier die Webseite ein, die nach dem Anklicken des Banners geöffnet werden soll.

Speichern Sie die Einstellungen abschließend ab.

Wenn Sie sich an Affiliate-Programmen beteiligen, bekommen Sie immer speziellen HTML-Code zugeschickt. Der könnte dann folgendermaßen aussehen:

- ```
<!-- BEGINN des zanox-affiliate HTML-Code -->
```
- ```
<!-- ( Der HTML-Code darf im Sinne der einwandfreien
Funktionalität nicht verändert werden! ) -->
```
- ```
<a href="http://www.zanox-affiliate.de/ppc/?234234234830688T">
<img src="http://
```
```

- `www.zanox-affiliate.de/ppv/?234234234830688" align="bottom"`
  `width="300" height="120" border="0" hspace="1" alt="rtrt"></a>`
- `<!-- ENDE des zanox-affiliate HTML-Code -->`

Diesen Code müssen Sie in das Feld *Benutzerdefinierter Code* eintragen. Um das Feld anzuzeigen, aktivieren Sie, wie oben beschrieben, bei *Art* die Option *Benutzerdefiniert*.

So lässt sich Code einfügen.

Google AdSense leicht gemacht

Mit Google AdSense kann man sich als Webseitenbetreiber locker den einen und anderen Euro dazuverdienen. Wie aber bekommt man die Anzeigen in seine Joomla!-Webseite? Hier hilft das Modul Phoca Google AdSense Easy weiter.

Und schon werden Anzeigen angezeigt.

Im Handumdrehen lassen sich die AdSense-Anzeigen in die eigene Seite einbinden. Im Gegensatz zu vielen anderen solcher Module muss man bei Phoca Google AdSense Easy nicht zahllose Formularfelder ausfüllen. Hier kopiert man einfach den entsprechenden AdSense-Code in ein einziges Feld. Das genügt, um die Google-Anzeigen im Frontend sichtbar zu machen.

Die Voraussetzung dafür, dass dieses Modul überhaupt eingesetzt werden kann, ist ein existierender AdSense-Account. Heruntergeladen werden kann das Mdoul von der Seite *http://www.phoca.cz/phoca-googleadsense*. Auch wenn dort Joomla! 2.5 nicht explizit aufgeführt ist, lässt sich das Modul dennoch installieren.

Dieses Modul muss heruntergeladen werden.

Rufen Sie nach erfolgreicher Installation *Erweiterungen/Module* auf. Suchen Sie dort nach Phoca Google AdSense Easy und klicken Sie auf den Modulnamen.

Im rechten Fensterbereich wird unter *AdSense Code* Ihre AdSense-Syntax erwartet. Kopieren Sie dort den Code hinein, der im Frontend angezeigt werden soll, also den, den Sie von Google bekommen haben und der in etwa folgendermaßen aussieht:

- `<script type="text/javascript"><!--`
- `google_ad_client = "ca-pub-83453454608345345345";`
- `/* Hoch rechts */`
- `google_ad_slot = "2342342439264";`
- `google_ad_width = 160;`
- `google_ad_height = 600;`
- `//-->`
- `</script>`
- `<script type="text/javascript"`

- src="http://pagead2.googlesyndication.com/pagead/show_ads.js">
- </script>

In das Feld *IP(s) Block List* können Sie zu blockende IP-Adressen eintragen. Geben Sie hier die IP-Adressen ein, deren Klicks nicht gezählt werden sollen. Das kann Ihre eigene IP-Adresse ebenso wie die eines Konkurrenten sein. Denn leider hat sich im AdSense-Markt die Unsitte breitgemacht, dass Konkurrenten absichtlich sehr oft auf fremde Anzeigen klicken, um so anderen Seitenbetreibern zu schaden. Sobald Sie feststellen, dass vermehrt Klicks von einer bestimmten IP-Adresse auftreten, können Sie diese sperren.

Den Besuchern, deren IP-Adressen Sie geblockt haben, können Sie einen alternativen Inhalt anzeigen. Der erscheint dann anstelle der AdSense-Anzeigen. Tragen Sie diesen Inhalt in das Feld *Alternate Content* ein.

So einfach lassen sich AdSense-Anzeigen integrieren.

Abschließend sorgen Sie nur noch dafür, dass das Modul aktiviert und an der richtigen Seitenposition angezeigt wird.

Achten Sie im Bereich *Menüzuweisung* unbedingt darauf, die Seiten zu aktivieren, auf denen die Anzeigen erscheinen sollen.

Kontakte

Die Kontakte-Komponente können Sie sich als Ihr ganz persönliches Adressbuch in Joomla! vorstellen. Allerdings leisten die Joomla!-Kontakte noch deutlich mehr. Denn die Kontaktinformationen lassen sich im Frontend beispielsweise auch für Kontaktformulare verwenden. Zentrale Anlaufstelle für die Kontakteverwaltung ist *Komponenten/Kontakte*.

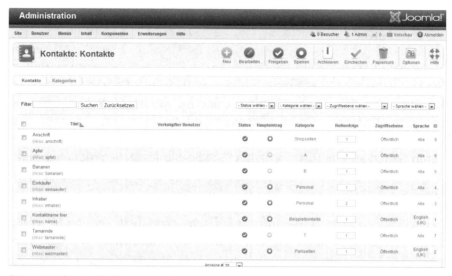

Diese Kontakte sind bislang vorhanden.

Diese Übersichtsseite ist in die beiden Register *Kontakte* und *Kategorien* unterteilt. Kontakte lassen sich also offensichtlich in Kategorien aufteilen. Das ist vor allem dann sinnvoll, wenn Sie sehr viele Kontakte verwalten müssen.

Kategorien anlegen

Über *Komponenten/Kontakte/Kategorien* wird die Kategorienübersicht angezeigt. Ob Sie eine Kategorisierung der Kontakte vornehmen, bleibt letztendlich Ihnen überlassen. Wenn Sie nur sehr wenige Kontakte haben, können Sie sie auch in die Kategorie *nicht-kategorisiert* aufnehmen. Die Kontakte sind somit nicht kategorisiert. (Letztlich handelt es sich bei *nicht-kategorisiert* natürlich ebenfalls um eine Kategorie.)

Haben Sie allerdings sehr viele Kontakte zu verwalten, wird es schnell unübersichtlich. In diesen Fällen empfiehlt sich tatsächlich der Aufbau eines Kategoriensystems. Wenn Sie eine Unternehmenswebseite betreiben, könnten Sie Kategorien anhand der verschiedenen Abteilungen aufbauen:

➢ *Entwicklung*

➢ *Vertrieb*

➢ *Presse*

➢ *Produktion*

Eine neue Kategorie wird angelegt.

Eine solche Aufteilung hat den Vorteil, dass Sie später im Frontend zum Beispiel einen Link setzen können, durch den alle Vertriebsmitarbeiter aufgelistet werden.

Um eine neue Kategorie anzulegen, klicken Sie in der Kategorienübersicht in der Werkzeugleiste auf *Neu*.

Geben Sie dort den Titel der Kategorie und gegebenenfalls die übergeordnete Kategorie an. Wenn Sie eine bestimmte Zugriffsebene oder Ähnliches setzen wollen, können Sie diese Einstellung hier ebenfalls vornehmen.

Speichern Sie die Einstellungen anschließend ab.

Wiederholen Sie diese Schritte für alle benötigten Kategorien.

Kontaktdaten eintragen

Nachdem die Kategorien angelegt sind, können Sie die Kontakte definieren. (Wobei das Anlegen von Kategorien – wie bereits erwähnt – nicht zwingend notwendig ist.) Um einen neuen Kontakt anzulegen, rufen Sie *Komponenten/Kontakte/Kontakte* auf. In der Werkzeugleiste klicken Sie auf *Neu*.

Neuer Kontakt

Name *	Michael Mueller
Alias	
Verknüpfter Benutzer	Benutzer wählen Benutzer wählen
Kategorie *	Beispielkontakte ▾
Status	Freigegeben ▾
Zugriffsebene	Öffentlich ▾
Reihenfolge	

Neue Kontakte werden immer am Ende eingefügt. Die Reihenfolge kann nach dem Speichern des Kontakts geändert werden.

Haupteintrag	Nein ▾
Sprache	alle ▾
ID	0

Ein neuer Kontakt wird angelegt.

Geben Sie in jedem Fall den Namen des Kontakts an. Handelt es sich bei dem Kontakt um einen, der bereits als Joomla!-Benutzer unter *Benutzer/ Benutzer* aufgeführt ist, können Sie ihn über die Schaltfläche *Benutzer wählen* einstellen.

Um einen Joomla!-Benutzer auszuwählen, klicken Sie diesen in der Spalte *Name* an.

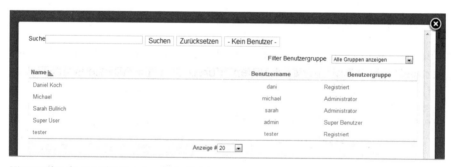

Hier werden die Joomla!-Benutzer aufgelistet.

Ist es ein Kontakt, zu dem kein Benutzer existiert, lassen Sie die Schaltfläche unberührt.

Über das *Kategorie*-Feld stellen Sie die Kategorie ein, in die der Benutzer eingeordnet werden soll. Soll der Kontakt in keine Kategorie eingeordnet werden, stellen Sie den Wert *Nicht kategorisiert* ein.

Im Bereich *Kontaktdetails* werden die eigentlichen Kontaktinformationen angelegt.

Die Kontaktdaten werden hinterlegt.

Tragen Sie hier die notwendigen Informationen ein. Über *Bild wählen* können Sie übrigens ein Bild des Kontakts einbinden.

Welche der eingetragenen Daten tatsächlich auf der Webseite angezeigt werden, lässt sich über den Bereich *Anzeigeoptionen* bestimmen.

In diesem Bereich lässt sich für jeden Kontakt explizit angeben, welche Informationen im Frontend tatsächlich sichtbar sein sollen. Dabei können Sie bei jeder Option festlegen, ob die globalen Einstellungen verwendet werden oder ob für den aktuellen Kontakt andere Einstellungen gelten sollen. Die für die einzelnen Kontakte gemachten Einstellungen überschreiben dabei immer die globalen. Wurde also in den globalen Einstellungen die Anzeige der Straße unterdrückt, beim einzelnen Kontakt aber erlaubt, wird bei diesem Kontakt die Straße angezeigt.

Die globalen Einstellungen definiert man unter *Komponenten/Kontakte*, indem man in der Werkzeugleiste auf *Optionen* klickt. In dem sich öffnenden Fenster lassen sich die globalen Einstellungen im Register *Kontakt* vornehmen.

Alles was angezeigt werden soll ...

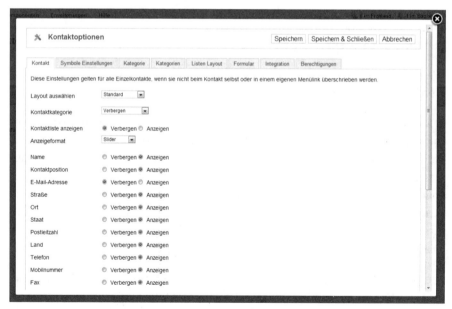

Hier werden die globalen Einstellungen definiert.

Kontaktinformationen im Frontend anzeigen

Mit dem Anlegen der Kategorien und Kontakte ist es meistens nicht getan, denn üblicherweise möchte man die Kontaktinformationen im Frontend veröffentlichen. Dafür gibt es unterschiedliche Möglichkeiten.

Eine davon besteht darin, einen Link auf eine Kontaktkategorie zu setzen. Das könnte also beispielsweise die Kategorie *Vertrieb* sein. Einen solchen Link kann man nun in ein *Kontakt*-Menü einbinden, über das sich die Kontaktdaten der einzelnen Unternehmensabteilungen aufrufen lassen.

Um einen Link auf diese Kategorie zu setzen, rufen Sie über *Menüs* das Menü auf, in das der Link eingefügt werden soll, und klicken in der Werkzeugleiste auf *Neu*. Über *Auswählen* bei *Menütyp* wird auf *Kontakte in Kategorie auflisten* geklickt.

Die Kategorie muss über das Auswahlfeld *Eine Kategorie wählen* eingestellt werden.

Lesen Sie in diesem Zusammenhang auch noch einmal die in Kapitel 3 stehenden Informationen zu den Kontaktmenüeintragstypen.

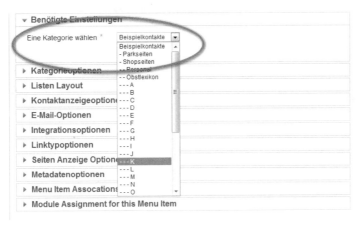

Hier wird die Kategorie eingestellt.

Nachdem die Einstellungen gespeichert sind, ist der Link auf die Kategorie im Frontend verfügbar. Klicken Sie diesen an, wird eine Übersicht der zu dieser Kategorie gehörenden Kontakte angezeigt. Welche Informationen letztendlich zu sehen sind, hängt davon ab, was im Backend eingetragen und freigeschaltet wurde.

Die Kontaktdaten werden angezeigt.

Klickt man einen der Namen an, wird die Detailseite des jeweiligen Kontakts geöffnet.

Das Aussehen dieser Kontaktseite können Sie bei Bedarf anpassen. So können Sie beispielsweise die Symbole ausblenden oder durch andere ersetzen. Die entsprechenden Einstellungen dazu finden Sie im Backend unter *Komponenten/Kontakte*. Klicken Sie dort in der Werkzeugleiste auf *Optionen*.

Die Profilseite wird angezeigt.

Im Register *Symbole Einstellungen* lassen sich die Optionen anpassen. Neben den reinen Kontaktinformationen sehen Sie auf der Seite auch den Bereich *Kontaktformular*. Öffnen Sie diesen, wird ein Kontaktformular angezeigt.

Über dieses Formular können die Besucher direkt Nachrichten an den jeweiligen Kontakt schicken. Ob das Formular überhaupt angezeigt werden soll, können Sie explizit festlegen. Wie üblich gibt es dafür zwei Möglichkeiten. Entweder man passt die Einstellungen für alle Kontakte (also global) oder für jeden Benutzer einzeln an.

Inhaber

Kontakt	⊞
Kontaktformular	⊟

Eine E-Mail senden. Alle mit * markierten Felder werden benötigt.

Name *

E-Mail *

Betreff *

Nachricht *

Eine Eigenkopie dieser Mail ☐
erhalten

›E-Mail senden

Links	⊞
Weitere Informationen	⊞

Das Formular wird eingeblendet.

Die globalen Einstellungen finden Sie unter *Komponenten/Kontakte*. Klicken Sie dort in der Werkzeugleiste auf *Optionen*. Rufen Sie das Register *Formular* auf.

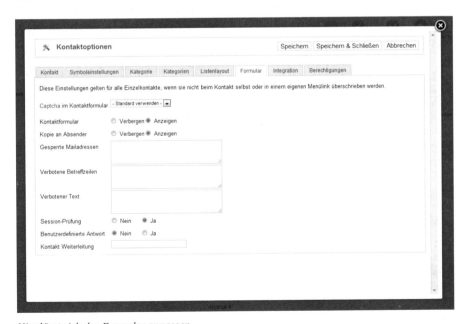

Hier lässt sich das Formular anpassen.

717

In dem sich öffnenden Fenster lässt sich das Kontaktformular bei Bedarf ausblenden. Stellen Sie dazu die Option *Kontaktformular* auf *Verbergen*. Zusätzlich können Sie festlegen, ob eine Option eingeblendet wird, über die eine Kopie der Formulardaten an den Absender gesendet werden kann.

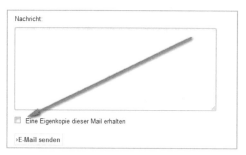

Dieses Feld kann ausgeblendet werden.

Über die drei Textfelder lassen sich zudem E-Mail-Adressen, Betreffzeilen und Text verbieten. Möchten Sie also verhindern, dass ein Benutzer, der eine bestimmte E-Mail-Adresse eingibt, Formulardaten absenden kann, tragen Sie dessen E-Mail-Adresse in das Feld *Blockierte E-Mail* ein. Versucht er dann, das Formular abzuschicken, kommt es zu einer Fehlermeldung.

HINWEIS

Die E-Mail-Adresse war verboten.

Die genannten Formulareinstellungen lassen sich auch für jeden Benutzer einzeln festlegen. Rufen Sie dazu *Komponenten/Kontakte/Kontakte* auf und klicken Sie auf den Namen des gewünschten Kontakts. Im rechten Fensterbereich öffnen Sie den Punkt *Kontaktformular*.

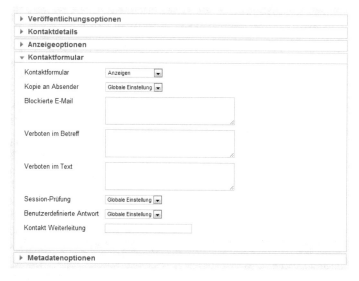

So lassen sich die Formular-einstellungen ebenfalls anpassen.

Die hier vorgenommenen Einstellungen überschreiben für diesen Benutzer die globalen Optionen.

Benutzer zu Kontakten machen

Um aus neuen Benutzern automatisch Kontakte zu machen, aktivieren Sie unter *Erweiterungen/Plugins* das Plug-in *Benutzer - Kontakterstellung*.

Neu wurde mit Joomla! 2.5 ein Spamschutz eingeführt. Dieser funktioniert über ein sogenanntes Captcha

Joomla! bringt eine Captcha-Funktion mit.

Um einen solchen Spamschutz nutzen zu können, muss unter *Erweiterungen/Plugins* zunächst *Captcha – ReCaptcha* aktiviert werden.

Zusätzlich muss das Plug-in konfiguriert werden. Klicken Sie dazu auf den Plug-in-Namen. Interessant ist in dem sich öffnenden Dialogfenster der Bereich *Basisoptionen*. Dort werden ein öffentlicher und ein privater Schlüssel erwartet. Diese Schlüssel können Sie sich kostenlos von der Seite *http://www.google.com/recaptcha* besorgen.

Das Plug-in wurde aktiviert.

Von hier bekommt man die Schlüssel.

Folgen Sie auf dieser Seite der Schaltfläche *USE reCaptcha ON YOUR SITE*. Auf der nächsten Seite klicken Sie auf *Sign up Now!*. Geben Sie nun eine Domain an und klicken Sie auf *Create Key*. Daraufhin werden die beiden Schlüssel angezeigt.

Das sind die Schlüssel.

Kopieren Sie diese Schlüssel in die Felder öffentlicher und privater Schlüssel. Die Captcha-Funktion muss nun noch aktiviert werden. Das geschieht unter *Komponenten/Kontakte/Optionen* im Register *Formular*. Im Feld *Captcha im Kontaktformular* stellen Sie *Captcha – ReCaptcha* ein.

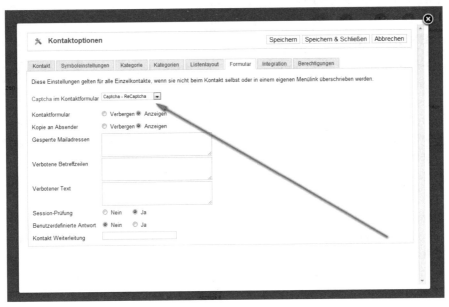

So wird die Captcha-Funktion aktiviert.

Anschließend wird reCaptcha im Frontend verwendet. Das Aussehen von reCaptcha lässt sich unter *Erweiterungen/Plugins/Captcha – ReCaptcha* im Bereich *Basisoptionen* über das Feld *Aussehen* anpassen.

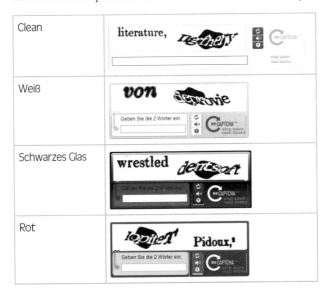

Nachrichten

Die Komponente Nachrichten erlaubt das Verschicken und Empfangen von Nachrichten über das Joomla!-Backend. Die Nachrichten-Komponente wurde detailliert in Kapitel 6 vorgestellt.

Newsfeeds

Die Newsfeeds-Komponente erlaubt es Ihnen, Newsfeeds von anderen Webseiten in Ihre eigene Seite einzubinden. Für Sie hat das den Vorteil, dass Sie Content fremder Webseiten übernehmen und somit Ihre eigene Seite aufpeppen können. Die integrierten Newsfeeds zeigen jeweils einen kurzen Einleitungstext und oft auch ein zum Beitrag gehörendes Bild an. Interessiert sich ein Besucher für eines dieser Themen, muss er nur die entsprechende Überschrift anklicken. Er landet dann auf der Seite, auf der der vollständige Artikel steht.

Genauso wie bei den Kontakten lassen sich auch Newsfeeds in Kategorien einordnen. Das hilft, den Überblick zu behalten, wenn sehr viele Feeds angelegt werden. Zudem können Sie dann im Frontend auf die Feedkategorien einen Menüeintrag setzen. Allerdings gilt auch hier: Wirklich sinnvoll sind Kategorien eigentlich nur, wenn sehr viele Feeds angelegt werden. Ansonsten kann man die Feeds auch pauschal in die Kategorie *nicht kategorisiert* einordnen.

Um eine neue Kategorie anzulegen, rufen Sie *Komponenten/Newsfeeds/ Kategorien* auf und klicken in der Werkzeugleiste auf *Neu*.

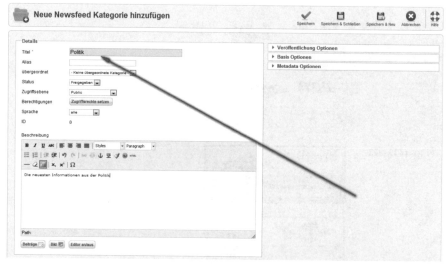

Eine neue Kategorie wird angelegt.

Der Kategorie muss in jedem Fall ein Titel zugewiesen werden. Interessant kann zudem ein Beschreibungstext sein. Dieser hilft den Besuchern später im Frontend dabei, zu erfahren, um was es sich bei der Kategorie eigentlich handelt.

Ist die Kategorie eine Unterkategorie, stellen Sie über das Feld *übergeordnet* die übergeordnete Kategorie ein.

Sind alle Einstellungen vollständig eingetragen, können sie gespeichert werden.

Nun können die Newsfeeds angelegt werden. Rufen Sie dazu *Komponenten/Newsfeeds/Feeds* auf und klicken Sie in der Werkzeugleiste auf *Neu*. Geben Sie in jedem Fall einen Titel und die URL an, unter der der jeweilige Feed zu finden ist. Soll der Feed in eine bestimmte Kategorie eingeordnet werden, stellt man diese über das gleichnamige Feld ein.

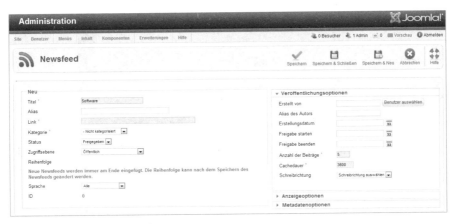

Ein neuer Newsfeed wird angelegt.

Optische Anpassungen lassen sich in den beiden Bereichen *Veröffentlichungsoptionen* und *Anzeigeoptionen* vornehmen. Legen Sie dort beispielsweise die Anzahl der angezeigten Feedbeiträge fest und bestimmen Sie, ob Feedbilder angezeigt werden sollen.

Auch hier haben Sie dann teilweise wieder die Wahl, ob die globalen Einstellungen greifen sollen oder ob der aktuelle Feed spezielle Einstellungen verwenden soll. Um die globalen Einstellungen anzupassen, klicken Sie unter *Komponenten/Newsfeeds* in der Werkzeugleiste auf *Optionen*.

Nachdem die Neewsfeeds und gegebenenfalls die Kategorien angelegt sind, müssen die Newsfeeds nun noch im Frontend sichtbar gemacht werden. Wählen Sie dazu über *Menüs* das Menü aus, in dem der Link auf die

Newsfeeds verankert werden soll. Über *Neu* wird ein neuer Menüeintrag angelegt. Mit der Schaltfläche *Auswählen* stellt man den *Menütyp* ein. In Kapitel 3 werden diese Typen detailliert vorgestellt. Im aktuellen Beispiel sollen die Newsfeeds einer bestimmten Kategorie angezeigt werden. Dazu klicken Sie unter *Newsfeeds* auf *Newsfeeds in Kategorie auflisten*.

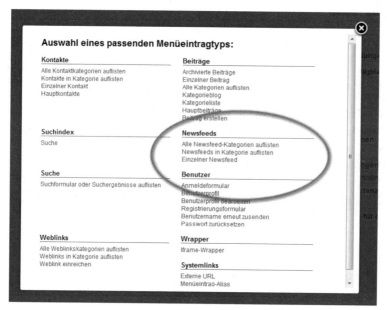

Der Menütyp wird bestimmt.

Geben Sie anschließend einen Titel und im rechten Fensterbereich die Kategorie an.

Die Kategorie wird eingestellt.

Bei Bedarf können Sie im rechten Fensterbereich weitere Einstellungen vornehmen. So lässt sich dort beispielsweise festlegen, ob in den Newsfeeds Bilder zu sehen und wie viele Wörter der jeweiligen Feedeinträge sichtbar sein sollen. Die globalen Einstellungen hierzu finden Sie unter *Komponenten/Newsfeeds*, wenn Sie auf die *Optionen*-Schaltfläche in der Werkzeugleiste klicken.

Nachdem die Einstellungen vollständig und gespeichert sind, zeigt ein Blick ins Frontend, dass die Feeds angezeigt werden.

So sieht die Feedübersicht aus.

Die Feeds sind in einer Tabelle angeordnet. Klicken Sie auf den Wert in der Spalte *Feedname*, wird der eigentliche Newsfeed direkt in der Webseite angezeigt.

Der Newsfeed wird integriert.

Klicken Sie hingegen auf den Eintrag bei *Feedlink*, wird die Feeddatei direkt geöffnet. Diese besteht jedoch aus XML-Syntax, ist also zunächst einmal nichts fürs Auge.

Suche

Über die Suche-Komponente können Sie die Suchanfragen Ihrer Besucher protokollieren und auswerten. Das kann durchaus praktisch sein, schließlich können Sie so ganz genau ermitteln, wonach die Besucher eigentlich suchen.

Das Suchprotokoll können Sie sich unter *Komponenten/Suche* anzeigen lassen.

Die Suchanfragen wurden protokolliert.

Dieses Protokoll wird bei Ihnen standardmäßig erst mal leer sein. Um das Suchprotokoll verwenden zu können, muss es aktiviert werden. Zu erkennen ist das auch an einer Statusmeldung im oberen Fensterbereich.

Die Statistiken sind deaktiviert.

Klicken Sie dazu auf die *Optionen*-Schaltfläche der Werkzeugleiste.

Das Protokoll wird aktiviert.

Stellen Sie dort die Option *Suchstatistiken erfassen* auf *Ja*. Nur dann werden die Suchanfragen tatsächlich protokolliert. Nachdem die Einstellungen mit *Speichern* übernommen wurden, können Sie jederzeit überprüfen, wonach die Besucher gesucht haben.

Umleitungen

Jedes Mal, wenn eine aufgerufene Seite im Frontend nicht gefunden werden kann, wird eine Fehlerseite ausgegeben.

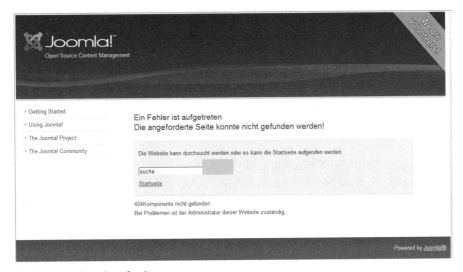

Die Seite wurde nicht gefunden.

So etwas sollte natürlich vermieden werden. Joomla! stellt dafür das passende Werkzeug zur Verfügung. Auf Wunsch protokolliert Joomla! jeden fehlerhaften Seitenaufruf. Zusätzlich können die fehlerhaften Seiten-URLs auf andere URLs umgeleitet werden. Um diese Funktionen nutzen zu können, rufen Sie *Komponenten/Umleitungen* auf. Wird dort eine rote Fehlermeldung angezeigt, muss die Funktionalität zunächst noch aktiviert werden.

Die Komponente arbeitet nicht wie gewünscht.

Um die Komponente nutzen zu können, muss das dazugehörige Plug-in aktiviert werden. Das geschieht unter *Erweiterungen/Plugins*. Dort aktivieren Sie das Plug-in *System - Umleitung*.

Dieses Plug-in muss aktiviert werden.

Ab sofort steht die Funktionalität zur Verfügung. Ob das tatsächlich der Fall ist, können Sie ganz einfach überprüfen. Rufen Sie dazu die Seite im Front-end auf. Die URL könnte folgendermaßen aussehen:

> *http://localhost/joomla25/index.php/beispielseiten2*

Ändern Sie sie nun etwas ab. Fügen Sie beispielsweise eine *2* an.

> *http://localhost/joomla25/index.php/beispielseiten2*

Wenn Sie die Seite jetzt aktualisieren, sollte es eine Fehlermeldung geben. Ein erneuter Blick unter *Komponenten/Umleitungen* zeigt, dass Joomla! den fehlerhaften Aufruf protokolliert hat.

Unter *Abgelaufene Adresse* sehen Sie die fehlerhaften Aufrufe. Um eine URL auf eine andere Seite umzuleiten bzw. sie zu korrigieren, klicken Sie sie an.

Der Fehler wurde erkannt.

Die neue URL wurde eingetragen.

Im oberen Feld *Quelladresse* ist die fehlerhafte URL zu sehen. Diese lassen Sie unverändert. In das Feld *Zieladresse* wird die URL eingetragen, auf die umgeleitet werden soll. Das könnte im Zweifelsfall auch die Startseite Ihres Webprojekts sein.

Damit die Umleitung tatsächlich greift, muss im Bereich *Optionen* der Wert von *Status* auf *Aktiviert* gestellt werden.

Jetzt wird die URL umgeleitet.

Sind die Einstellungen gespeichert, leitet Joomla! die betreffenden Seitenaufrufe fortan um. Überprüfen Sie regelmäßig, ob unter *Komponenten/ Umleitungen* Einträge vorhanden sind, und korrigieren Sie sie.

Weblinks

Bei Weblinks handelt es sich um eine Komponente, mit der sich Linklisten aufbauen und in die eigene Webseite integrieren lassen. Auch dabei besteht wieder die Möglichkeit, die Weblinks in Kategorien einzuordnen und von Joomla! die Zugriffe auf die einzelnen Links zählen zu lassen.

Werfen Sie zunächst einen Blick auf die – wenn die Beispieldatensätze installiert wurden – standardmäßig vorhandenen Kategorien. Das klappt über *Komponenten/Weblinks/Kategorien*.

Wie üblich können Sie vorhandene Kategorien bearbeiten, indem Sie auf deren Titel klicken. Um eine neue Kategorie anzulegen, rufen Sie in der Werkzeugleiste *Neu* auf.

Diese Kategorien sind standardmäßig vorhanden.

Eine neue Kategorie wird angelegt.

Wichtig ist vor allem, dass ein Titel angegeben und die Kategorie freigegeben wird. Denn nur freigegebene Kategorien können später im Frontend angezeigt werden. Speichern Sie die Änderungen schließlich ab.

Im Bereich *Veröffentlichungsoptionen* kann außerdem noch der Benutzer angegeben werden, der die Kategorie angelegt hat.

Auch hier lassen sich bei der Weblinks-Komponente die Kategorien wieder verschachteln, man kann also Unterkategorien anlegen. Dazu stellen Sie beim Anlegen der Kategorie im Feld *übergeordnet* die übergeordnete Kategorie ein. Die Unterkategorien werden auf der Kategorien-Übersichtsseite eingerückt angezeigt.

Auch Unterkategorien lassen sich anlegen.

Aus Kategorien allein kann man nun allerdings noch keine Linkliste auf-
bauen. Ein wichtiger Bestandteil fehlt nämlich noch: die eigentlichen Links.
Über *Komponenten/Weblinks/Links* kann man sich zunächst einmal einen
Überblick über die bereits vorhandenen Links verschaffen.

Einige Weblinks sind bereits vorhanden.

Im konkreten Fall soll allerdings der zuvor angelegten Kategorie *Nachrichten* ein neuer Eintrag hinzugefügt werden. Dazu klicken Sie in der Werkzeugleiste der Linkübersicht auf *Neu*.

Neuer Weblink	
Titel *	n-tv
Alias	
Webadresse *	
Kategorie	Nachrichten
Status	Freigegeben
Zugriffsebene	Öffentlich
Reihenfolge	
	Neue Weblinks werden immer am Ende eingefügt. Die Reihenfolge kann nach dem Speichern des Weblinks geändert werden.
Sprache	alle
ID	0
Beschreibung	

So schnell legt man einen neuen Weblink an.

Die Einstellungsoptionen sind wieder weitestgehend selbsterklärend. Wichtig ist vor allem, dass Sie einen Namen und eine URL eintragen. Zudem müssen Sie die Kategorie angeben. Zwar lassen sich auch unkategorisierte Weblinks veröffentlichen, das wird allerdings schnell unübersichtlich. (Wobei das natürlich auch wieder davon abhängt, wie viele Weblinks tatsächlich angelegt werden.)

Die Weblinks im Frontend anzeigen

Das Anlegen der Kategorien und der eigentlichen Weblinks haben Sie nun hinter sich gebracht. Im nächsten Schritt müssen die Links aber noch ins Frontend kommen. Damit das klappt, setzen Sie in einem Menü einen Link auf die Weblinks-Komponente. (In Kapitel 3 werden die Weblink-Linktypen detailliert beschrieben.)

1 Rufen Sie über *Menüs* das Menü auf, in das der Menüeintrag aufgenommen werden soll, und klicken Sie in der dortigen Werkzeugleiste auf *Neu*.

2 Klicken Sie auf die *Auswählen*-Schaltfläche. Sollen alle Weblinks einer Kategorie angezeigt werden, wählen Sie im Bereich *Weblinks* den Eintrag *Weblinks in Kategorie*. Im Bereich *Benötigte Einstellungen* wird dann die gewünschte Kategorie ausgewählt.

3 Speichern Sie die Einstellungen ab.

Ein anschließender Blick, einen Klick auf den zuvor angelegten Menüeintrag natürlich vorausgesetzt, zeigt eine Übersicht der in der gewählten Kategorie enthaltenen Links.

Die Kategorien erscheinen im Frontend.

Dabei wird zusätzlich zum Linknamen auch angezeigt, wie oft auf die jeweiligen Weblinks bereits geklickt wurde.

9.7 Plug-ins einsetzen

Joomla! bringt einige Plug-ins mit, bei denen es sich durchaus lohnt, genauer hinzusehen. Welche Plug-ins bei Ihnen installiert sind, können Sie über *Erweiterungen/Plugins* ermitteln.

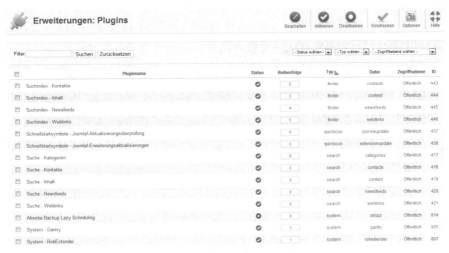

Das sind einige der Plug-ins, die auf dem System vorhanden sind.

Auf den folgenden Seiten werden die wichtigsten Standard-Joomla!-Plug-ins vorgestellt. Zunächst aber noch ein ganz allgemeiner Hinweis: Deaktivieren Sie Plug-ins nur dann, wenn Sie sich absolut sicher sind. Denn wer beispielsweise das Plug-in *Authentifizierung - Joomla!* deaktiviert, hat keine Möglichkeit mehr, sich in den Admin-Bereich der Seite einzuloggen. (Oder man muss Anpassungen an der Joomla!-Datenbank vornehmen, damit das Einloggen wieder funktioniert.)

Authentifizierung - Joomla

Dieses Plug-in ermöglicht die Benutzeranmeldung. Deaktivieren Sie dieses Plug-in nur dann, wenn Sie ein anderes Log-in-Plug-in installiert und aktiviert haben.

Authentifizierung - GMail

Ermöglicht die Authentifizierung über ein GMail-Konto. Benutzer können sich also über ihr GMail-Konto an Ihrer Webseite anmelden.

Damit das funktioniert, muss auf dem Server cURL aktiviert werden. Suchen Sie dazu innerhalb der *php.ini* nach folgender Zeile:

```
;extension=php_curl.dll
```

Entfernen Sie hier das vorangestellte Semikolon. Anschließend ist ein Serverneustart nötig.

Authentifizierung - LDAP

Auch dies ist ein Plug-in zur Authentifizierung. Bei LDAP handelt es sich um ein Netzwerkprotokoll. Die Konfiguration dieser Variante ist allerdings vergleichsweise aufwendig, was die große Parameteranzahl beweist.

Inhalt - Modulpositionen laden

Hierüber lassen sich innerhalb von Beiträgen bzw. Content-Elementen Module laden. Dazu fügen Sie an der gewünschten Stelle Folgendes ein:

```
{loadposition name}
```

Über den *Style*-Parameter können Sie festlegen, wie die Module letztendlich geladen werden sollen. Geben Sie also beispielsweise an, ob für die Ausgabe umgebende *div*-Elemente oder Tabellen verwendet werden sollen. Üblicherweise stellt man den Wert *Nicht umgeben - reiner Inhalt* ein. Der *Style*-Parameter hat hier dann übrigens dieselbe Bedeutung wie das *style*-Attribut, das man bei der Definition von Modulpositionen in der Template-Datei *index.php* angibt. Ausführliche Informationen dazu finden Sie in Kapitel 8.

Inhalt - Seitenumbruch

Um zu lange Texte zu verhindern, lassen sich Seitenumbrüche einfügen. Dazu definiert man an der gewünschten Stelle Folgendes:

```
<hr class="system-pagebreak" />
```

Der Beitrag wird dann nur bis zum ersten Vorkommen dieses Befehls angezeigt. Zusätzlich zum Seitenumbruch werden ein Inhaltsverzeichnis und ein Navigationsbereich eingefügt.

Die folgenden Syntaxformen sind ebenfalls möglich.

```
<hr class="system-pagebreak" title="Der Seitentitel" />
<hr class="system-pagebreak" alt="Die erste Seite" />
```

- `<hr class="system-pagebreak" title="Der Seitentitel" alt=
  "The first page" />`
- `<hr class="system-pagebreak" alt="Die erste Seite" title=
  "Der Seitentitel" />`

Die gesamte Funktionalität dieser Syntax lässt sich durch die Schaltfläche *Seitenumbruch*, die unterhalb des Beitragseditors angezeigt wird, allerdings komfortabler nutzen.

Inhalt - Joomla!

Dieses Plug-in steuert die Kategorien der Core-Erweiterungen. Dabei lassen sich auch Kategorienlöschungen überprüfen. Zusätzlich kann man über die Optionen festlegen, ob man über neue Beiträge per E-Mail informiert werden will.

Inhalt - E-Mail-Verschleierung

Um E-Mail-Adressen vor Spam-Bots zu schützen, sollten diese maskiert werden. Trägt man in einen Beitrag eine E-Mail-Adresse ein, wandelt Joomla! diese automatisch in einen E-Mail-Link um. Dabei sorgt das Plug-in dafür, dass die E-Mail-Adresse durch Spam-Bots nicht gelesen werden kann, indem die E-Mail-Adresse mittels JavaScript-Code dynamisch generiert wird.

```
   <p>
   <script type='text/javascript'>
   <!--
   var prefix = '&#109;a' + 'i&#108;' + '&#116;o';
 5 var path = 'hr' + 'ef' + '=';
   var addy995 = 'k&#111;nt&#97;kt' + '&#64;';
   addy995 = addy995 + 'm&#101;d&#105;&#101;nw&#101;rk&#101;' +
   '&#46;' + 'd&#101;';
   document.write('<a ' + path + '\'' + prefix + ':' + addy995 +
   '\'>');
   document.write(addy995);
10 document.write('<\/a>');
   //-->\n </script><script type='text/javascript'>
   <!--
   document.write('<span style=\'display: none;\'>');
   //-->
```

735

```
15   </script>JLIB_HTML_CLOAKING
     <script type='text/javascript'>
     <!--
     document.write('</');
     document.write('span>');
20   //-->
     </script> </p>
```

Wenn JavaScript im Browser des Besuchers deaktiviert ist, ist die E-Mail-Adresse dann allerdings nicht nutzbar. Anstelle der E-Mail-Adresse zeigt Joomla! einen allgemeinen Hinweistext an.

This e-mail address is being protected from spambots. You need JavaScript enabled to view it.

Inhalt - Codehervorhebung (GeSHi)

Dank dieses Plug-ins lässt sich Quellcode, der in Beiträgen angegeben wurde, formatiert ausgeben. Damit das funktioniert, muss der Quellcode aber direkt im HTML-Editor von Joomla! bzw. in der HTML-Ansicht eingetragen werden.

Wenn Sie Folgendes in den HTML-Code eines Beitrags eintragen, wird der Text im Frontend fett angezeigt.

```
<b>Dieser Text soll fett angezeigt werden</b>
```

Joomla! interpretiert das *b*-Element also richtig. Was aber, wenn Sie beispielsweise Programmcode in einem Beitrag erklären wollen? Der soll dann natürlich nicht umgewandelt, sondern direkt und im Originalzustand angezeigt werden. In solchen Fällen aktivieren Sie das Plug-in und fügen in den Quellcode diese spezielle Syntaxform ein:

```
<pre xml:lang="html4strict">
<b>Dieser Text soll fett angezeigt werden</b>
</pre>
```

Dabei wird all das, was innerhalb des *pre*-Elements steht, so ausgegeben, wie es im Quellcode steht.

Der Quellcode wird jetzt direkt ausgegeben.

Über *xml:lang* wird die verwendete Sprache angegeben. Mit *html4strict* zeichnet man HTML-Syntax aus. Folgende Werte sind ebenfalls möglich:

> CSS = *xml:lang="css"*
> Diff = *xml:lang="diff"*
> ini = *xml:lang="ini"*
> JavaScript = *xml:lang="javascript"*
> MySQL = *xml:lang="mysql"*
> PHP = *xml:lang="php"*
> SQL = *xml:lang="sql"*
> XML = *xml:lang="xml"*

Durch *lines="true"* lassen sich zusätzlich Zeilennummern einblenden:

▪ `<pre xml:lang="php" lines="true">`

Inhalt - Seiten Navigation

Dieses Plug-in sorgt für die Anzeige der Schaltflächen *Zurück* und *Weiter* unterhalb der Artikel.

So gelangt man zum nächsten und zum vorherigen Beitrag.

Wenn Sie das Plug-in deaktivieren, verschwinden die Schaltflächen.

Inhalt - Bewertung

Ermöglicht den Benutzern, die Beiträge zu bewerten.

Der Beitrag wurde bewertet.

Damit diese Funktionalität tatsächlich zur Verfügung steht, muss sie zusätzlich entweder in den globalen Einstellungen oder in den Optionen für die einzelnen Beiträge freigeschaltet werden. Die globalen Einstellungen finden Sie unter *Inhalt/Beiträge/Optionen*. Im Register *Beiträge* stellen Sie den Wert von *Beitragsbewertung* auf *Anzeigen*.

Editor - CodeMirror

Hierdurch wird der Editor CodeMirror zur Verfügung gestellt. Deaktiviert man das Plug-in, lässt sich der Editor nicht mehr auswählen, bzw. er steht überhaupt nicht mehr zur Auswahl zur Verfügung.

Editor - TinyMCE

Hier gilt dasselbe wie für *Editor - CodeMirror*: Deaktiviert man das Plug-in, lässt sich diese Editorvariante nicht mehr in den globalen Einstellungen bzw. den benutzerspezifischen Optionen aktivieren.

Editor - Keine

Wird dieses Plug-in deaktiviert, kann innerhalb der Profileinstellungen der Benutzer bzw. in der allgemeinen Joomla!-Konfiguration im Feld *Editor* nicht mehr *Editor - Keine* eingestellt werden. Der Eintrag taucht dort also nicht mehr auf.

Schaltfläche - Beiträge

Normalerweise besteht die Möglichkeit, in einen Beitrag einen Link auf einen anderen Beitrag einzufügen. Dazu steht unterhalb des Editorfensters die Schaltfläche *Beiträge* zur Verfügung.

So kann man auf Beiträge verweisen.

Deaktiviert man das Plug-in, gibt es diese Schaltfläche nicht mehr.

Schaltfläche - Bild

Um Bilder in Beiträge einzufügen, gibt es eine entsprechende Schaltfläche.

So lassen sich Bilder in Beiträge einfügen.

Wird das Plug-in deaktiviert, verschwindet diese Schaltfläche.

Schaltfläche - Seitenumbruch

Beim Anlegen von Beiträgen lassen sich über die gleichnamige Schaltfläche Seitenumbrüche festlegen.

Diese Schaltfläche lässt sich ausblenden.

Durch Deaktivieren des Plug-ins kann man diese Schaltfläche ausblenden.

Schaltfläche - Weiterlesen

Unterhalb des Editors wird beim Anlegen von Beiträgen die Schaltfläche *Weiterlesen* angezeigt. Diese lässt sich durch Deaktivieren des Plug-ins ausblenden.

Erweiterungen - Joomla!

Ermöglicht das Aktualisieren von Erweiterungen.

Suche - Kategorien

Hierdurch werden auch die Kategorien bei der Suche berücksichtigt.

Suche - Kontakte

Erlaubt das Durchsuchen der Kontakte.

Suche - Inhalt

Sollen die eigentlichen Inhalte durchsuchbar sein, müssen Sie dieses Plug-in aktivieren.

Suche - Newsfeeds

Damit die Suchfunktion auch die Newsfeeds berücksichtigt, muss dieses Plug-in aktiviert werden.

Suche - Weblinks

Dieses Plug-in erlaubt das Durchsuchen der Weblinks-Komponente. Die Suche berücksichtigt dann also auch die Weblinks.

System - Sprachen Filter

Dieses Plug-in filtert die auf der Webseite angezeigten Inhalte anhand ihrer Sprache. Es kommt daher im Zusammenhang mit mehrsprachigen Webseiten und dem Modul *Sprachauswahl* zum Einsatz.

System - P3P-Richtlinien

Beim **P**latform for **P**rivacy **P**references **P**roject (P3P) handelt es sich um ein Protokoll, über das sich die Inhalte von Webseiten dahin gehend spezifizieren lassen, wie sie mit Daten umgehen, die beim Aufrufen der Seite anfallen. Das Plug-in sorgt dafür, dass ein Textstring im Header mitgesendet wird.

Standardmäßig sieht der String folgendermaßen aus:

- `NOI ADM DEV PSAi COM NAV OUR OTRo STP IND DEM`

Diesen String muss man normalerweise nicht verändern. Ausführliche Informationen zu P3P finden Sie auf der Seite *http://www.w3.org/TR/P3P/*.

System - Cache

Ausführliche Informationen zum Joomla!-Cache finden Sie in Kapitel 11. Das Cache-Plug-in stellt die grundlegende Cache-Funktionalität zur Verfügung. Der Cache funktioniert allerdings nur, wenn zusätzlich zum Cache-Plug-in auch die Konfiguration angepasst wird. Rufen Sie dazu *Site/Konfiguration/System* auf und aktivieren Sie im Bereich *Zwischenspeicher Cache* eine der beiden Optionen *AN - Normales Caching* oder *AN - Erweitertes Caching*.

System - Protokollierung

Um Angriffsversuche auf das Backend zu erkennen, sollte das Plug-in *System - Protokollierung* unbedingt aktiviert sein. Denn dieses Plug-in protokolliert fehlgeschlagene Einlogversuche. Die Daten werden innerhalb der Datei *logs/error.php* gespeichert. Wie eine solche Datei typischerweise aussieht, zeigt das folgende Beispiel:

- `#<?php die('Forbidden.'); ?>`
- `#Date: 2011-07-29 04:42:18 UTC`
- `#Software: Joomla Platform 11.1 Stable+Modified [ Ember ] 01-Jun-2011 06:00 GMT`
- `#Fields: date   time   priority   clientip   category   message`
- `2011-07-29  04:42:18  INFO  127.0.0.1  Joomla UNKNOWN ERROR:`
- `2011-07-29  06:27:07  INFO  127.0.0.1  Joomla UNKNOWN ERROR:`
- `2011-07-29  18:27:52  INFO  127.0.0.1  Joomla UNKNOWN ERROR:`
- `2011-07-29  18:38:02  INFO  127.0.0.1  Joomla UNKNOWN ERROR:`
- `2011-07-30  09:57:53  INFO  127.0.0.1  Joomla FAILURE:  Falsches Passwort!`

- 2011-08-02 14:44:35 INFO 127.0.0.1 Joomla FAILURE: Falsches Passwort!

Hier sehen Sie, wann versucht wurde, sich mit einem falschen Benutzernamen oder einem fehlerhaften Passwort einzuloggen.

System - Umleitung

Nur wenn dieses Plug-in aktiviert ist, werden fehlerhafte URL-Aufrufe protokolliert und lassen sich auch umleiten. Was es mit dem Umleiten auf sich hat, wurde in diesem Kapitel ab Seite 727 ausführlich beschrieben.

System - Erinnerung

Dieses Plug-in stellt eine Funktionalität zur Verfügung, durch die die Zugangsdaten der jeweiligen Benutzer angezeigt werden, wenn diese die Seite erneut aufrufen.

System - SEF

Fügt der Webseite SEF-Support hinzu. Dadurch lassen sich in Joomla! suchmaschinenfreundliche URLs realisieren.

Suchindex (diverse)

Über die verschiedenen Suchindex-Plug-ins kann man explizit festlegen, welche Bereiche indexiert werden sollen. Möchte man also die Kontakte von der Indexierung ausschließen, deaktiviert man das Plug-in *Suchindex - Kontakte*.

Benutzer - Profile

Um die Benutzerdaten zu erweitern, kann man dieses Plug-in aktivieren. Dadurch wird unter *Benutzer/Benutzer*, wenn man auf einen Benutzernamen klickt, der neue Bereich *Benutzerprofile* angezeigt. Dort lassen sich zu den Benutzern dann zusätzliche Informationen hinterlegen.

Weitere Optionen stehen zur Verfügung.

▸ Basis Einstellungen
▾ Benutzerprofile

Adresse 1:
Adresse 2:
Stadt:
Bundesland:
Land:
Postleitzahl:
Telefon:
Webseite:
Buch Empfehlung:
Über mich:

Allgemeine Nutzungsbedingungen: ⚬ Zustimmen
Geboren am:

Benutzer - Kontakterstellung

Aktiviert man dieses Plug-in, werden für neue Benutzer automatisch Kontaktinformationen unter *Komponenten/Kontakte/Kontakte* hinterlegt. Innerhalb der Optionen lässt sich unter anderem festlegen, in welche Kategorie die neuen Kontakte automatisch eingeordnet werden sollen.

Benutzer - Joomla!

Dieses Plug-in stellt die Grundfunktionalität für die Benutzerverwaltung in Joomla! zur Verfügung. Es synchronisiert die Benutzerdaten zwischen verschiedenen Anwendungen, was hauptsächlich in Verbindung mit Drittkomponenten interessant ist.

In den Optionen dieses Plug-ins legen Sie fest, ob bei der Registrierung automatisch Benutzer erstellt werden sollen.

System - Sprachkürzel

Dadurch können die Sprachkürzel der ausgelieferten Seiten verändert werden. Das könnte beispielsweise sinnvoll sein, wenn eine deutschsprachige Seite hauptsächlich auf Luxemburg oder Österreich abzielt. Hat man das deutsche Sprachpaket installiert, werden die Seiten im Frontend hauptsächlich mit dem Sprachkürzel de-de ausgeliefert.

<html xmlns="http://www.w3.org/1999/xhtml" xml:lang="de-de" lang="de-de" dir="ltr">

Soll stattdessen jetzt aber ein spezieller Luxemburger Inhalt ausgeliefert werden, muss man dieses Plug-in aktivieren und freigeben. Anschließend wird im rechten Fensterbereich für jedes installierte Sprachpaket ein zusätzliches Feld für ein Sprachkürzel angezeigt.

Ein neues Sprachkürzel wird angegeben.

Trägt man bei *de-DE* jetzt beispielsweise *de-LU* ein, wird daraus im Frontend Folgendes:

<html xmlns="http://www.w3.org/1999/xhtml" xml:lang="de-lu" lang="de-lu" dir="ltr">

10. Profi-Formulare mit den BreezingForms

Joomla! bringt – das haben Sie in diesem Buch gesehen – eine Vielzahl an Funktionen mit. An einer Sache scheitert das System allerdings, nämlich dann, wenn es um professionelle Formulare geht. So kann man in Joomla! bekanntermaßen mit Bordmitteln lediglich Kontaktformulare anlegen. Was aber, wenn es ein Bestell- oder ein mehrseitiges Formular sein muss? Dann hilft nur der Griff zu den BreezingForms, *dem* Formular-Editor für Joomla! schlechthin.

10.1 Perfekte Formulare mit den BreezingForms

Natürlich kann man in Joomla! Formulare anlegen. Für professionelle Formulare gibt es aber bessere Möglichkeiten. Eine der interessantesten Formularerweiterungen für Joomla! sind zweifellos die BreezingForms. Einige Beispielformulare, die mithilfe dieser Extension erstellt wurden, finden Sie unter *http://crosstec.de/en/joomla-forms-demos.html*.

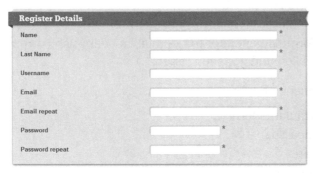

Solche Formulare sind dank der BreezingForms möglich.

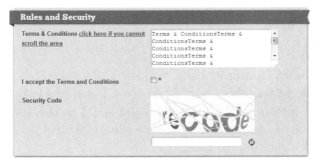

Wenn Sie sich die dort verfügbaren Beispiele ansehen, wird schnell deutlich, welches Potenzial die Formulare haben, die über die BreezingForms erstellt werden. So lassen sich beispielsweise auch mehrseitige Formulare erstellen. Und auch Ajax-Funktionalitäten werden geboten.

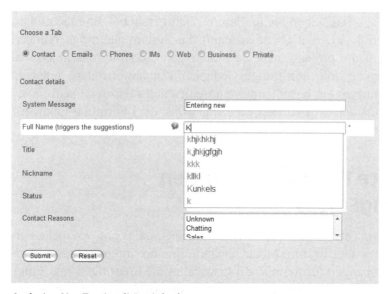

Auch eine Ajax-Funtionalität wird geboten.

Optisch machen die Formulare also schon eine Menge her. Was aber sind die funktionalen Vorteile dieser Erweiterung? Bei den BreezingForms handelt es sich um einen Formulargenerator für Joomla!, mit dem sich Formulare in einem Editor erstellen und gestalten lassen.

Hier einige Kernfunktionen:

> Validierung von Formularfeldern
> Betreffzeilen sind anpassbar
> Mehrseitige Formulare
> Formulare importieren/exportieren
> Kalenderfelder
> PayPal lässt sich integrieren
> Ajax-Datei-Uploads

Möglicherweise haben Sie im Zusammenhang mit Joomla!-Formularen bereits von *der* Lösung schlechthin gehört, den FacileForms. Dabei handelt es sich um eine der beliebtesten Erweiterungen für Joomla! 1.0. Die Entwicklung an den FacileForms wurde zwischenzeitlich allerdings eingestellt. Jetzt konzentriert man sich ganz auf die BreezingForms.

Preise

Beachten Sie, dass es die BreezingForms nicht kostenlos gibt. Die Preise reichen – je nach Lizenz – von 39 bis zu 119 US-Dollar. Das bedeutet natürlich auch, dass sich ein solcher finanzieller Aufwand eigentlich nur rentiert, wenn man die BreezingForms in mehreren Projekten professionell und über einen längeren Zeitraum einsetzt. Für die genannten Preise bekommt man allerdings nicht nur Zugriff auf die BreezingForms. Auch andere Erweiterungen können genutzt werden.

Die Entwickler der BreezingForms bieten der Joomla!-Community immer die älteren Versionen der Software kostenlos zum Download an. Die Version 1.7.3, die sich unter Joomla! 2.5 verwenden lässt, können Sie kostenlos von der Seite *http://www.joomlaos.de/option,com_remository/Itemid, 41/func, fileinfo/id,4025.html* herunterladen.

So können Sie die BreezingForms testen und sich danach entscheiden, ob diese Formularlösung etwas für Sie ist. Wenn ja, steht es Ihnen dann immer noch frei, die aktuelle Version zu kaufen.

Um aber in den Genuss aller Updates zu kommen und auch die anderen interessanten Joomla!-Extensions von CROSSTEC nutzen zu können, sollten Sie früher oder später dann doch über einen Kauf nachdenken. Die offizielle Projektwebseite finden Sie unter *http://crosstec.de/joomla-forms-download.html*. Dort gibt es ausführliche Informationen zu den Bezahloptionen.

Nach dem Download sind Sie im Besitz eines Zip-Archivs mit dem Namen *breezingforms_173_UNZIP_FIRST*. (Beachten Sie, dass sich die Dateinamen von Version zu Version verändern. Zudem zeigt die Erfahrung, dass auch die Menübezeichnungen immer mal wieder unterschiedlich sind. Die grundlegenden Schritte sind allerdings immer die gleichen.)

Wenn Sie die BreezinForms später bei einem Provider einsetzen wollen, achten Sie unbedingt darauf, dass bei dem PHP5 läuft. Ansonsten klappt die Installation nicht bzw. die BreezingForms laufen nicht richtig. Bei vielen Providern kann man die verwendete PHP-Version übrigens selbst umstellen. Hier eine Beschreibung für Strato: *http://www.strato-faq.de/artikel. html?sessionID=26211bc798107f31e6178280d5d77946&id=1568*.

Das heruntergeladene Zip-Archiv muss zunächst entpackt werden. In dem entpackten Verzeichnis finden Sie nun verschiedene Zip-Archive. Installieren Sie zunächst in Joomla! die Komponente *com_com_breezingforms_*

173.zip. Dabei handelt es sich um die Kernkomponente von Breezing-Forms.

Neben *com_breezingforms_1XX.zip* sind in dem entpackten Verzeichnis auch noch andere Archivdateien zu finden.

> *mod_breezingforms.zip* – Die BreezingForms können auch als Modul installiert werden.

> *plg_breezingforms.zip* – Das sind die BreezingForms als Plug-in. Interessant ist diese Variante beispielsweise, wenn man die Formulare innerhalb eines normalen Content-Elements platzieren möchte.

> *additional_themes* – Die Formulare lassen sich mittels Themes optisch anpassen. Die standardmäßig vorhandenen Themes liegen in diesem Verzeichnis.

Nach erfolgreicher Installation der Komponenten installieren Sie zusätzlich die mitgelieferten Beispielformulare und legen die Datenbanktabellen an. Rufen Sie dazu über das Komponenten-Menü *BreezingForms/Konfiguration* auf.

Wenn Sie die BreezinForms das erste Mal installieren, wählen Sie *Neue Installation.* Außerdem sollten Sie zu Demonstrationszwecken die beiden Kontrollkästchen im unteren Fensterbereich aktivieren. Mit *Weiter* geht es zum nächsten Fenster.

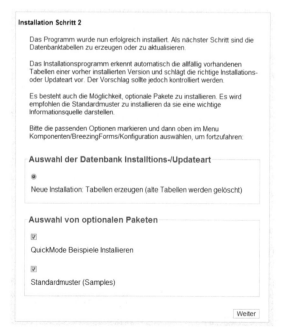

Die Tabellen werden angelegt.

Die BreezingForms legen jetzt automatisch alle notwendigen Datenbanktabellen an. Nach erfolgreicher Installation wird ein entsprechender Hinweis angezeigt.

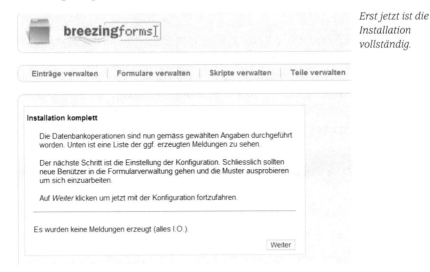

Erst jetzt ist die Installation vollständig.

Nachdem man die Meldung mit *Weiter* übernommen hat, gelangt man zum Konfigurationsdialog, mit dem Sie es während der Arbeit mit Breezing-Forms immer wieder zu tun bekommen werden.

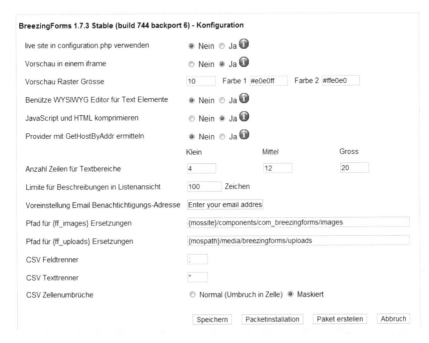

Hier wird die Grundkonfiguration vorgenommen.

Auf diese Optionen können Sie auch später immer wieder zugreifen. Idealerweise tragen Sie in das Feld *Voreinstellung Email Benachrichtigungs-Adresse* die E-Mail-Adresse ein, die standardmäßig verwendet werden soll. Mit *Speichern* werden die Einstellungen übernommen.

Rufen Sie anschließend erneut *Komponenten/BreezingForms/Konfiguration* auf, um die Beispielformulare zu installieren. Klicken Sie hier auf *Packetinstallation*. Auf der nächsten Seite wird In*stalliere Paket aus Datei auf dem Server* aktiviert und die Voreinstellung *{mospath}/administrator/ components/com_breezingforms/packages/samples.english.xml* mit *Paket installieren* übernommen.

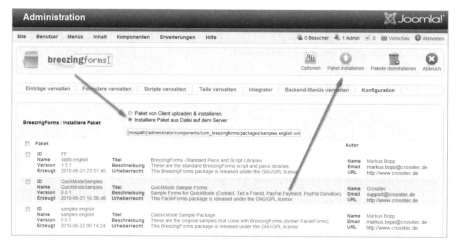

Das Paket wird installiert.

Zunächst noch ein paar Worte zur allgemeinen Arbeitsweise mit den BreezingForms. Alle Funktionen sind über *Komponenten/BreezingForms* erreichbar. Sobald Sie einen der dort verfügbaren Einträge aufrufen, wird das entsprechende Dialogfenster angezeigt. Zusätzlich sind die anderen Optionen über Register im oberen Fensterbereich verfügbar.

Das ermöglicht einen schnellen Zugriff auf die gewünschten Optionen.

10.2 Formulare anlegen und mit Inhalten füllen

Während der Installation wurden gleichzeitig auch die Beispielformulare installiert. Diese vermitteln einen ersten Eindruck darüber, was mit den BreezingForms möglich ist. Rufen Sie dazu *Komponenten/BreezingForms/ Formulare verwalten* auf. Aus dem Feld *Paket* wählen Sie *Samples*.

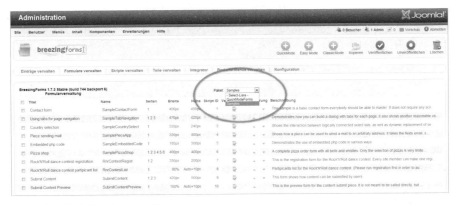

So werden die Beispiele angezeigt.

Klicken Sie anschließend auf *Contact form*. Daraufhin wird im rechten Fensterbereich ein einfaches Kontaktformular angezeigt.

Das Formular mag schlicht sein, es ist aber voll funktionsfähig. Solche und noch viel aufwendigere Formulare können Sie in BreezingForms erstellen. In dieser Woche werden Sie Ihr eigenes Kontaktformular aufbauen. Welche Felder Sie letztendlich in dieses Formular integrieren, bleibt dabei Ihnen überlassen.

Um ein Formular anzulegen, rufen Sie *Komponenten/BreezingForms/Formulare verwalten* auf. In der Werkzeugleiste stehen die drei Optionen *Quick Mode*, *Easy Mode* und *Classic Mode* zur Verfügung.

Ein einfaches Beispielformular.

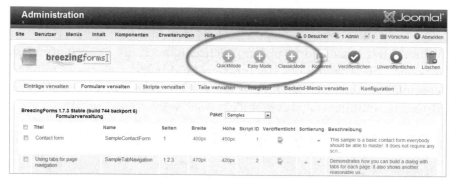

Hier lassen sich die verschiedenen Modi aufrufen.

Easy Mode ist ein WYSIWYG-Modus, der sich eher an Designer richtet. In diesem Modus kann man die gewünschten Elemente per Drag & Drop in das Formular ziehen.

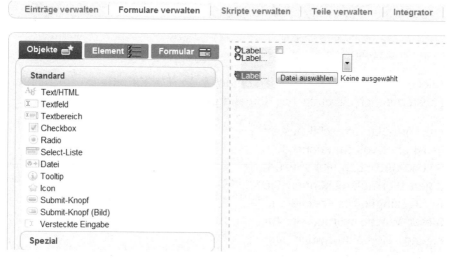

So einfach lassen sich Formulare erstellen.

Darüber hinaus haben Sie die Wahl zwischen dem Quick Mode und dem Classic Mode. Letztere Variante basiert auf den „älteren" BreezingForms. Dieser Classic Mode wird auf den folgenden Seiten verwendet. Selbstverständlich können Sie auch den anderen Modus nutzen.

Zunächst sollten allgemeine Angaben zum Formular gemacht werden. Klicken Sie dazu in der Werkzeugleiste auf *Classic Mode*. Der Wert, den man bei *Titel* einträgt, wird in der Joomla!-Administration angezeigt. Über den *Namen* hingegen lässt sich das Formular später anhand von Skripten steuern. Daher ist es wichtig, dass bei *Name* keine Sonder- und Leerzeichen verwendet werden. Im aktuellen Beispiel wurden die folgenden Werte eingesetzt:

➢ *Titel = Kontaktformular*

➢ *Name = kontakt*

Die anderen Optionen wie Größe usw. nimmt man normalerweise erst am Schluss vor. Denn erst da weiß man normalerweise, wie das Formular letztendlich aussieht.

Mit *Speichern* werden die Einstellungen übernommen. Nachdem das Formular angelegt wurde, ist es unter *Formulare verwalten* verfügbar.

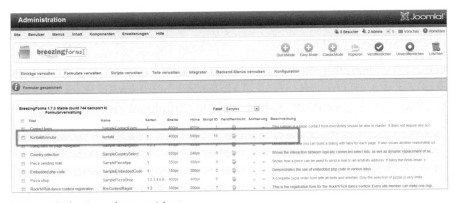

Hier wurde das Formular gespeichert.

Um den Inhalt des Formulars zu definieren, klicken Sie auf den Titel (nicht auf den Namen!). Auf den folgenden Seiten werden einige typische Formularelemente vorgestellt. Aber selbst wenn Sie später andere Elemente einsetzen wollen, werden Sie damit keine Probleme haben. Denn in der Tat funktionieren das Einfügen und Konfigurieren der Felder immer gleich.

10.3 Felder anlegen

Im ersten Schritt wird ein Textfeld für den Nachnamen angelegt. Denn dieses Feld gehört sicherlich zu denen, die in den meisten Formularen verwendet werden. Klicken Sie dazu den Formulartitel an. Sie gelangen automatisch zur Seite *Seitenlayout*. Dort klicken Sie in der Werkzeugleiste auf *Neu*. In dem sich daraufhin öffnenden Dialogfenster muss man das gewünschte Element auswählen. Zunächst soll ein Nachname-Feld angelegt werden. Aktivieren Sie dazu im Bereich *Eingaben* den Wert *Text* und bestätigen Sie das mit *Weiter*.

BreezingForms - Neues Element Text

Einstellungen	Skripte

Titel:	Name
Name:	nname
CSS Klasse für <div>:	
CSS Klasse für <input>:	inputbox
Reihenfolge:	Als erstes ▼
Veröffentlicht:	○ Nein ● Ja
In Logs aufnehmen:	○ Nein ● Ja
Position X:	10 px ▼ Position Y: 10 px ▼
Breite:	6 Spalten ▼ Max.Länge: 6 Spalten
Mailfeld:	Nein ● Ja ○
Passwort:	● Nein ○ Ja
Typ:	Aktiviert ▼

Das Nachname-Feld wird angelegt.

In dem sich daraufhin öffnenden Dialogfenster werden Name und Titel angegeben. Zusätzlich kann man beispielsweise bestimmen, ob es sich um ein E-Mail- oder ein Passwortfeld handelt. Im aktuellen Nachname-Feld braucht man hingegen nur den Titel auf *Name* und den Name auf *nname* zu setzen. Mit *Speichern* werden die Einstellungen übernommen. Das Feld wird anschließend links in der Liste der Formularelemente angezeigt. Gleichzeitig ist es rechts in der Entwurfsansicht zu sehen.

Die Entwurfsansicht ist zu sehen.

Wie die Abbildung bzw. Ihre Live-Ansicht zeigt, ist jetzt zwar ein Eingabefeld vorhanden, einen Beschreibungstext sucht man allerdings vergebens. Den muss man erst noch einfügen. Das geht über die *Neu*-Schaltfläche in der Werkzeugleiste. Im Bereich *Statisch* wählt man *Statischer Text/HTML* und bestätigt die Auswahl mit *Weiter*. Im nächsten Dialogfenster nehmen Sie die folgenden Einstellungen vor:

➢ *Titel = BS_Nachname*
➢ *Name = bs_nachname*
➢ *Text/HTML = Nachname*

Das Dialogfenster sollte folgendermaßen aussehen:

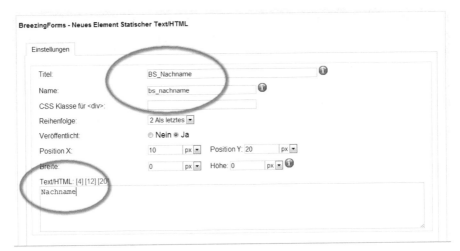

Die Beschriftung wird angelegt.

Auch diese Einstellungen werden mit *Speichern* übernommen. In der Entwurfsansicht sind jetzt beide Elemente (Text und Feld) vorhanden. Um diese an der gewünschten Stelle zu platzieren, stellen Sie die Option *Dragging* auf *an*.

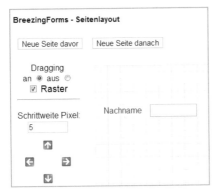

Die Formularelemente lassen sich verschieben.

Anschließend können die Formularelemente auf der Rasterfläche per Drag & Drop verschoben werden.

Damit ist das erste Feld angelegt. Dem Formular können nun beispielsweise noch die beiden ähnlichen Felder *E-Mail* und *Vorname* zugewiesen werden.

Einmal angelegte Formularelemente lassen sich übrigens auch nachträglich jederzeit ändern. Dazu braucht man nur auf den Titel des betreffenden Elements zu klicken.

Radioboxen einfügen

Ein weiteres oft benötigtes Formularelement sind Radioboxen. Diese werden beispielsweise verwendet, um zu erfragen, ob es sich bei dem Absender um eine Frau oder einen Mann handelt.

Das Besondere an Radiobuttons ist, dass man normalerweise nur ein Element auswählen kann.

Rufen Sie zunächst wieder *Neu* in der Werkzeugleiste auf und wählen Sie unter *Eingaben* den Wert *Radioknopf*. Mit *Weiter* geht es zur Konfiguration dieses Felds. Im ersten Schritt wird das *weiblich*-Feld angelegt.

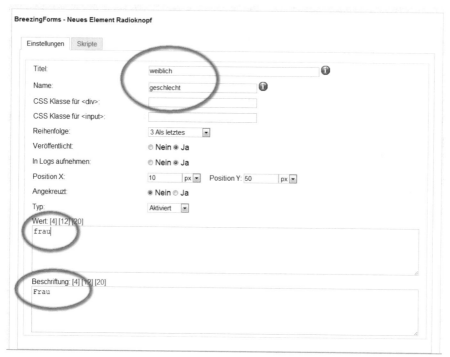

Das Formularelement wird bearbeitet.

Achten Sie darauf, dass bei *Name* im aktuellen Fall *geschlecht* steht. Der gleiche Name muss auch dem zweiten Radiobutton *maennlich* zugewiesen werden. Nur so gehören die beiden Radiobuttons zur gleichen Gruppe. Und nur das führt dazu, dass immer lediglich ein Button ausgewählt werden kann. Nachdem Sie das *weiblich*-Feld angelegt haben, erzeugen Sie auch gleich noch das männliche Gegenstück. Das machen Sie genauso, wie zuvor beschrieben. Wichtig ist, dass bei *Name* der gleiche Wert wie bei dem *weiblich*-Radiobutton eingetragen wird. Nur dann ist jeweils lediglich ein Radiobutton dieser Gruppe auswählbar.

Es kann nur jeweils eine Option gewählt werden.

Auswahlfelder anlegen

Ein weiteres oft benötigtes Element sind Dropdown-Felder. Um ein solches Element einzufügen, aktivieren Sie unter *Eingaben* den Wert *Auswahlliste* und bestätigen das mit *Weiter*.

Über die Option *Mehrfachauswahl* legt man fest, ob mehrere Einträge ausgewählt werden dürfen. Die gewünschten Optionen tragen Sie in das *Optionen*-Feld ein.

1;Kurs wählen;"
0;Joomla!;joomla
0;Drupal;drupal
0;Seo;seo

Die Syntax folgt dabei immer dem gleichen Schema. Zunächst hat man die Wahl zwischen einer *1* und einer *0*. Durch *1* wird der Standardwert gekennzeichnet. Das ist der Wert, der am Anfang des Felds angezeigt wird. Die *1* sollte man daher auch nur ein einziges Mal verwenden. Hinter dem Semikolon schließt sich der zweite Wert an. Was dort steht, bekommt der Besucher im Frontend zu sehen. Der letzte Wert wird dem *value*-Attribut des *option*-Elements zugewiesen. Hier zum besseren Verständnis der HTML-Code, der im Hintergrund generiert wird.

- `<option value="joomla">Joomla!</option>`

Das Feld wird abschließend mit *Speichern* angelegt.

Das Auswahlfeld wurde angelegt.

Auf die gezeigte Weise können Sie nun alle erdenklichen Formularelemente anlegen. Dabei muss eben immer nur die entsprechende Reihenfolge eingehalten werden:

1 Rufen Sie das betreffende Formular auf.

2 Klicken Sie in der Werkzeugleiste auf *Neu*.

3 Stellen Sie das gewünschte Element ein und bestätigen Sie die Auswahl mit *Weiter*.

4 Konfigurieren Sie das Element.

5 Übernehmen Sie die Einstellungen mit *Speichern*.

6 Platzieren Sie das Element an der gewünschten Position.

7 Speichern Sie die Änderungen ab.

Hilfetexte in Tooltipps anbieten

Ein Element der besonderen Art verdient aber noch mal eine ausführliche Betrachtung: die Tooltipps. Dieses Element kennen Sie sicherlich bereits aus Joomla. Bei den Tooltipps handelt es sich um kleine Icons. Klickt man diese an, werden in einem Hinweisfenster Hilfetexte angezeigt.

Auch Tooltipps lassen sich definieren.

So etwas eignet sich natürlich auch hervorragend für Formulare. Wenn Sie also beispielsweise wissen, dass Besucher immer wieder ein bestimmtes Feld nicht korrekt ausfüllen, können Sie über Tooltipps Hilfe anbieten.

Um ein Tooltipp anzulegen, wählen Sie im Bereich *Statische* den Wert *Hinweis*. Über *Weiter* wird wie üblich das Konfigurations-Dialogfenster aufgerufen. Dort weisen Sie dem Tooltipp einen Namen und einen Titel zu. Über *Typ* können Sie die Tooltipp-Grafik bestimmen. Sollten Ihnen die beiden Standardvarianten nicht genügen, aktivieren Sie die Option *Spezial*. In diesem Fall muss in das Feld *Grafik URL* die URL der anzuzeigenden Grafik eingefügt werden. (Diese haben Sie dann idealerweise über den Medien-Bereich von Joomla! bereits auf den Server geladen.)

Den Text, der im Tooltipp angezeigt werden soll, trägt man in das *Text*-Feld ein. Mit *Speichern* werden die Einstellungen übernommen.

10.4 Das Formular abschicken

Was jetzt noch fehlt, ist eine Möglichkeit zum Abschicken des Formulars. Das wird über eine Schaltfläche realisiert. Insgesamt stehen drei verschiedene Varianten für diesen Zweck zur Verfügung.

> *Normaler Knopf* – Das Ergebnis ist ein normaler Submit-Button, wie Sie ihn von HTML-Formularen her kennen.

> *Grafikknopf* – Hierüber können Sie eine grafische Schaltfläche einfügen. Dabei muss der Pfad zur Grafik in das Feld *Grafik URL* eingetragen werden. Zusätzlich kann auf dem Grafik-Button auch noch ein Text untergebracht werden.

> *Piktogramm* – Da hier angegebene Bild fungiert als Schaltfläche.

Welche dieser Varianten Sie letztendlich wählen, bleibt natürlich Ihnen überlassen. Wichtig ist aber die Frage, welche Funktion hinter dem Button stecken soll. Dazu wechselt man innerhalb der Button-Konfiguration in das Register *Skripte*.

Dort stehen drei Optionen zur Auswahl. Bei der Option *Kein* passiert überhaupt nichts. Interessanter wird es da schon, wenn man *Bibliothek* wählt. Dann nämlich wird ein Auswahlfeld eingeblendet, über das man verschiedene Skripte zur Verfügung gestellt bekommt.

Hier legt man fest, welche Aktion ausgeführt werden soll.

Da wären zunächst einmal solche Skripte, über die man zu einzelnen Sei-ten des Formulars gelangt.

> *FF::ff_nextpage* – nächste Seite

> *FF::ff_page1* – Seite 1 des Formulars.

> *FF::ff_page2* – Seite 2 des Formulars.

> *FF::ff_page3* – Seite 3 des Formulars.

> *FF::ff_previouspage* – vorherige Seite

Über

> FF::ff_resetForm

lassen sich die Formularinhalte löschen. Verwenden Sie diese Variante also, wenn Sie einen Löschen-Button anbieten wollen.

Bevor die weiteren Skripte vorgestellt werden, noch ein paar allgemeine Hinweise. Denn um effektiv mit den Skripten arbeiten zu können, muss man wissen, wie und wo diese zu konfigurieren sind. Denn was hilft es, wenn Ihre Benutzer im Frontend die folgende Meldung bekommen?

Die Felder wurden richtig ausgefüllt.

Wichtig ist also zunächst einmal zu wissen, woher die Skripte kommen und wie man diese bei Bedarf anpasst. Zentrale Anlaufstelle ist für diesen Zweck das Register *Skripte verwalten*. Beim ersten Aufruf des Registers wird Ihnen eine weiße Seite begegnen. Um die tatsächlich verwendeten Skripte einzublenden, wählen Sie aus dem *Paket*-Feld *FF* aus.

Das Skript wird ausgewählt.

Daraufhin werden die vorhandenen Skripte aufgeführt. Die Skripte sind in einer Tabelle angeordnet. Entscheidend ist dort die Spalte *Name*. Diese enthält die Namen der Skripte. Auf diese Weise können Sie die Skripte nun also logisch zuordnen und bei Bedarf anpassen.

Zum Anpassen eines Skripts, klicken Sie dessen Namen an. Bevor Sie Änderungen an einem Skript vornehmen, sollten Sie dessen Inhalt aber auf alle Fälle sichern. So können Sie diesen, wenn tatsächlich mal etwas schiefgehen sollte, wiederherstellen. Beachten Sie, dass Sie für Anpassungen Kenntnisse in JavaScript haben sollten. (Das gilt allerdings nicht bzw. nur bedingt, wenn es sich um „optische" Anpassungen wie beispielsweise Übersetzungen o. Ä. handelt.)

Zurück also zu den angebotenen Optionen. Über

➢ *FF::ff_showaction*

kann ein Hinweisfenster ausgegeben werden. Dessen Inhalt können Sie – und das wurde zuvor beschrieben – selbst anpassen.

Über die *FF::ff_validate*-Formulare können die Eingaben vor dem Abschicken validiert werden. Validiert bedeutet, dass man überprüft, ob alle Felder (richtig) ausgefüllt sind. Die folgenden Varianten stehen zur Verfügung.

➢ *FF::ff_validate_form*
➢ *FF::ff_validate_nextpage*
➢ *FF::ff_validate_page*
➢ *FF::ff_validate_submit*

Im aktuellen Beispiel verwenden Sie die letzte Variante. Dadurch werden die Eingaben überprüft und das Formular, wenn alles korrekt ist, abgeschickt. Dieses Skript werden Sie normalerweise am häufigsten einsetzen.

Rückmeldung geben

Standardmäßig werden die Formulare ohne weitere Meldungen verschickt. Für die Benutzer ist das nicht ideal, denn die wissen nicht genau, ob die Daten auch tatsächlich versendet wurden. Besser, die Benutzer werden nach dem Versand darüber informiert, dass alles geklappt hat.

Rufen Sie dazu *Formulare verwalten* auf und klicken Sie auf den Formularnamen. (Achtung: Nicht auf den Titel!)

In dem sich öffnenden Dialogfenster wechselt man in das *Skripte*-Register. Dort aktiviert man im Bereich *Übermittelt Skript* die Option *Bibliothek* und wählt *FF:ff_showsubmitted* aus.

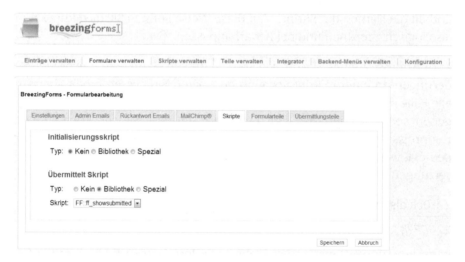

Das Skript wird ausgewählt.

Mit *Speichern* werden die Einstellungen übernommen. Sobald jetzt das Formular im Frontend erfolgreich verschickt werden konnte, wird ein entsprechender Hinweistext eingeblendet.

Die Formulardaten verwalten

Nachdem die Benutzer das Formular abgeschickt haben, wollen Sie es natürlich lesen. Das geht in den BreezingForms sehr einfach, da zentral. Alle angekommenen Formulardaten werden im Register *Einträge verwalten* aufgelistet.

Dort kann man zunächst einmal Informationen über die IP, das Sendedatum, den Namen usw. ablesen.

Interessant sind darüber hinaus auch die drei Spalten im rechten Fensterbereich.

> *Gesichtet* – Der Beitrag wurde bereits gelesen.

> *Exportiert* – Der Datensatz wurde bereits exportiert. Um einen Datensatz zu exportieren, markieren Sie dessen vorangestelltes Kontrollkästchen und klicken in der Werkzeugleiste auf *Export XML oder CSV*. Die exportierten Datensätze können dann beispielsweise per Skript oder in einem Programm wie Excel weiterverarbeitet werden.

> *Archiviert* – Der Beitrag wurde ins Archiv verschoben.

Über die Filteroptionen im oberen Fensterbereich lassen sich Datensätze nach bestimmten Kriterien ein- und ausblenden. So hat man beispielsweise die Möglichkeit, sich ausschließlich noch nicht archivierte Datensätze anzeigen zu lassen.

Um detaillierte Informationen über einen Datensatz einzuholen, klickt man auf dessen ID- oder Abgesandt-Link.

Wenn Sie in dieser Detailansicht auf *Speichern* klicken, wird der Datensatz automatisch auf *Gesichtet* gesetzt.

10.5 Formulare exportieren und weiter benutzen

Nach all der Mühe wäre es natürlich schade, wenn man seine Formulare nur in einer einzigen Joomla!-Installation nutzen könnte. Hier kommt das Paket-Konzept von BreezingForms ins Spiel. Dieses erlaubt Ihnen, ein einmal angelegtes Formular in jeder beliebigen Joomla!-Installation weiterzuverwenden. (Das gilt allerdings nur, wenn dort ebenfalls die BreezingForms installiert sind.)

Dazu rufen Sie *Konfiguration* auf und klicken im unteren Fensterbereich auf *Paket erstellen*. Im Bereich *Formular Auswahl* wird das betreffende Formular ausgewählt. Alternativ dazu kann man auch mehrere Formulare markieren. Halten Sie dazu die [Strg]-Taste gedrückt, während Sie die einzelnen Formulare anklicken.

Formular Auswahl

QuickModeForms::SampleQuickModeContactForm
QuickModeForms::SampleQuickModePaypalDonationForm
QuickModeForms::SampleQuickModePayPalForm
QuickModeForms::sampleQuickModeTellaFriendForm
Samples::kontakt
Samples::RnrContestList
Samples::RnrContestRegist
Samples::SampleContactForm
Samples::SampleCountrySelect
Samples::SampleEmbeddedCode
Samples::SamplePieceApp
Samples::SamplePizzaShop
Samples::SampleTabNavigation
Samples::SubmitContent
Samples::SubmitContentPreview

Alles auswählen   Auswahl löschen

*Das Formular
wird ausgewählt.*

Anschließend können dem Paket ein Name und andere beschreibende Elemente zugewiesen werden. Nachdem man diese Einstellungen mit *Weiter* bestätigt hat, wird das Paket von BreezingForms automatisch geschnürt und zum Download angeboten. Das Paket besteht aus einer XML-Datei, in der die notwendigen Informationen enthalten sind.

Alternativ dazu können Sie übrigens auch ganze Formularpakete exportieren. Sollen beispielsweise alle Formulare exportiert werden, die im Paket Samples liegen, stellen Sie im *ID*-Feld *Samples* ein.

Ähnlich einfach funktioniert auch der Import. Dazu klickt man in der Konfiguration auf *Paketinstallation*. Daraufhin werden alle bereits installierten Pakete angezeigt. Über die *Durchsuchen*-Schaltfläche wird die gewünschte Paket-XML-Datei ausgewählt. Mit *Paket installieren* installiert man das Formular.

10.6 Das Formular im Frontend

Wichtig ist natürlich noch der Aspekt, wie man das Formular im Frontend anzeigen kann. Üblicherweise legt man sich dafür einen entsprechenden Menüeintrag an.

Dazu rufen Sie über *Menüs* das gewünschte Menü auf und klicken Sie in der Werkzeugleiste auf *Neu*. Als *Menütyp* wird *BreezingForms/Add Form* gewählt. Neben den üblichen Einstellungen kommt dieses Mal dem Bereich *Add Form* besondere Bedeutung zu. Dort muss in das Feld *Form name* der Name des entsprechenden Formulars eingefügt werden. Sollte Ihr Formular aus mehreren Seiten bestehen, können Sie über *Page number* auch explizit die gewünschte Seite angeben.

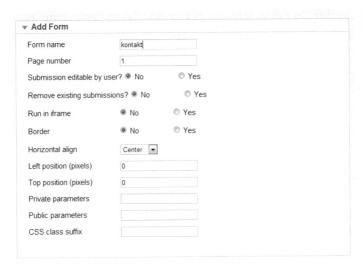

*Das Formular wird
angegeben.*

Mehr ist zum Verankern des Formulars im Frontend eigentlich nicht nötig. Mit *Speichern* werden die Einstellungen abschließend übernommen.

Nun ist das Verankern des Formulars in einem Menü nicht die einzige Möglichkeit. Auch die Anzeige von Formularen innerhalb normalen Contents ist möglich. So können Sie beispielsweise ein Formular direkt in einem Artikel anzeigen. Hier kommt das Plug-in der BreezingForms ins Spiel. Installieren Sie dieses zunächst über die Datei *plg_breezingforms.zip*. (Zu finden ist dieses Archiv im heruntergeladenen BreezingForms-Verzeichnis.)

Nach erfolgreicher Installation muss das Plug-in aktiviert werden. Rufen Sie dazu *Erweiterungen/Plugins* auf und aktivieren Sie *BreezingForms*.

Das Plug-in wurde aktiviert.

Mehr ist an Vorarbeit nicht nötig. Jetzt muss nur noch der gewünschte Beitrag geöffnet werden. Dort tragen Sie im Bearbeitungsmodus Folgendes ein:

- `{BreezingForms : formular, 1, 0}`

Beachten Sie, dass anstelle von *formular* der tatsächliche Name des einzubindenden Formulars angegeben werden muss.

- `{BreezingForms : kontakt, 1, 0}`

Der zweite Parameter (im aktuellen Beispiel die *1*) gibt an, welche Seite des Formulars angezeigt werden soll. Parameter *3* legt fest, ob ein Rahmen angezeigt werden soll.

11. Suchmaschinenoptimierung, Sicherheit und Performance

Die interessanteste Webseite ist nur halb so viel wert, wenn sie von niemandem aufgerufen wird. Genau hier setzt dieses Kapitel an. Es wird gezeigt, wie Sie Ihre Joomla!-basierte Webseite für Suchmaschinen aufbereiten. Ein weiterer Eckpfeiler wird das Thema Performance sein. Abgerundet wird das Kapitel mit Hinweisen dazu, wie man effektiv Backups seiner Webseite anlegen kann. Sollte nämlich wirklich mal etwas auf dem Server schiefgehen, können Sie Ihre Webseite im Handumdrehen wiederherstellen.

11.1 So wird Ihre Webseite gefunden

Ein paar allgemeine Worte vorweg: Im Zusammenhang mit dem Thema Suchmaschinenoptimierung (SEO) werden Ihnen Begriffe wie PageRank, Random Surfer etc. begegnen.

Hinweis: Es sind max. 5 Anfragen hintereinander möglich.

Der PageRank kann auf vielen Seiten überprüft werden.

Ergebnis:

URL: **www.databecker.de**
PageRank: 6   1 2 3 4 5 6 7 8 9 10

PageRank™ und Google™ sind geschützte Marken der Google Inc., Mountain View CA, USA.

Diese haben zwar nicht unmittelbar etwas mit Joomla! zu tun, für das Thema Suchmaschinenoptimierung sind sie aber dennoch enorm wichtig. So werden Sie beispielsweise bei einigen SEO-Erweiterungen Optionen finden, die wichtig für die Linkpopularität oder Ähnliches sind. Weiß man dann nichts mit dem Linkpopularitätsbegriff anzufangen, wird die Konfiguration der Erweiterung schwierig und zum Ratespiel. Aus diesem Grund beginnt das SEO-Thema mit einigen grundlegenden Aspekten. Danach geht es direkt mit den Joomla!-spezifischen Einstellungen weiter.

PageRank und der Random Surfer

Die meisten Besucher kommen nicht durch Zufall, sondern über eine Suchmaschine auf Ihre Seiten. Umso bedeutsamer ist es, dass man seine Seiten gut für die Suchmaschinen aufbereitet. Wichtig für eine gute Platzierung in den Trefferlisten sind

➢ gute Inhalte,

➢ logische Dokumentstrukturen,

➢ eingehende und ausgehende Links sowie

➢ etwas Geduld.

Wer glaubt, dass SEO-Maßnahmen binnen kürzester Zeit greifen, irrt gewaltig. Es kann durchaus ein paar Monate dauern, bis sich Veränderungen bemerkbar machen. Man darf also in seinen Bemühungen nicht nachlassen, auch wenn die Erfolge anfangs nicht unbedingt und unmittelbar messbar sein mögen.

Beim Thema Suchmaschinenoptimierung stellt sich zwangsläufig die Frage, welche Suchmaschinen eigentlich wirklich relevant sind. In Deutschland kann man seine SEO-Maßnahmen getrost auf Google abstimmen, da Google mit Abstand den größten Marktanteil hat. Um dort allerdings gute Trefferquoten erzielen zu können, ist einiges an Geduld und Geschick erforderlich.

Der PageRank

Ein Begriff, der Ihnen im Zusammenhang mit der Suchmaschinenoptimierung immer wieder begegnen wird, ist der PageRank. Gemeinhin wird angenommen, dass der Name PageRank vom Wort Page, also Seite, abgeleitet ist. Das ist so jedoch nicht korrekt. Vielmehr hat Lawrence Page den PageRank nach sich benannt.

Mit dem von Page entwickelten Algorithmus wird die Wahrscheinlichkeit ausgedrückt, mit der ein typischer Besucher eine bestimmte Webseite aufruft. Dieser typische Besucher besitzt im Google-Universum sogar einen eigenen Namen: Random Surfer. Dieser Gelegenheitssurfer zeichnet sich dadurch aus, dass er sich von Seite zu Seite bewegt und dabei beliebige Links nutzt, ohne explizit auf den Inhalt zu achten. Die Wahrscheinlichkeit, einem bestimmten Link zu folgen, ergibt sich dabei einzig und allein aus der Anzahl der auf der Seite verfügbaren Hyperlinks. Insgesamt lässt sich Folgendes festhalten: Je mehr Links auf eine Seite zeigen, umso höher wird der PageRank dieser Seite. Und genau das ist das Problem, mit dem es vor allem „kleine" Seiten zu tun haben – denn wie kann man andere Seitenbetreiber dazu animieren, dass sie Hyperlinks auf die eigene Seite setzen? Im Idealfall sind Ihre Seiten qualitativ so wertvoll, dass andere Seitenbetreiber gar nicht umhinkommen, einen Link zu setzen.

In der Praxis haben sich allerdings sogenannte Linktauschs durchgesetzt. Dabei schreibt ein Webmaster einem anderen und bietet ihm an, einen Link auf dessen Seiten zu setzen. Im Gegenzug erwartet er ebenfalls einen Link auf seine Seiten.

Darüber hinaus gibt es viele Plattformen, auf denen man Links einkaufen kann. Aber Achtung vor allzu großer Kaufwut, denn Google erfährt es normalerweise, wenn eine Webseite fast nur eingekaufte Links enthält, und straft diese möglicherweise ab.

Ebenfalls für die Relevanzbewertung von Dokumenten wichtig ist deren Verlinkung untereinander. Dabei wird davon ausgegangen, dass stark verlinkte Seiten für die Benutzer besseren Inhalt bieten.

Wenn Sie schon immer mal wissen wollen, wie Webseiten untereinander verlinkt sind, sollten Sie einen Blick auf die Seite *http://www.touchgraph.com/TGGoogleBrowser.php* werfen. Dort tragen Sie die gewünschte URL ein. (Das kann beispielsweise auch die URL Ihrer eigenen Webseite sein.) Nach einem Klick auf die *Go*-Schaltfläche wird der Kontext angezeigt, in den die Seite eingebunden ist (siehe Abbildung nächste Seite).

Das ist zunächst einmal natürlich eine nette Spielerei, die aber auch einen „ernsten" Hintergrund hat. Denn in der Tat lassen sich darüber Rückschlüsse ziehen, wie erfolgreich eine Webseite bei Google überhaupt sein kann. Der TouchGraph Google Browser arbeitet genauso wie Google. Und der Erfolg von Google ist maßgeblich mit dem PageRank-Verfahren verbunden. Auch wenn sich Google natürlich nicht in die Karten bzw. den Algorithmus des PageRank blicken lässt, ist das Grundprinzip dennoch klar. Je mehr Seiten auf eine Webseite verweisen, umso höher ist das Gewicht der Seite. Und je höher das Gewicht der verweisenden Seiten, umso größer ist dieser Effekt. So verhindert Google, dass automatisch generierte Webseiten, die nicht in die Strukturen des WWW eingebunden sind, in den Trefferlisten ganz oben landen.

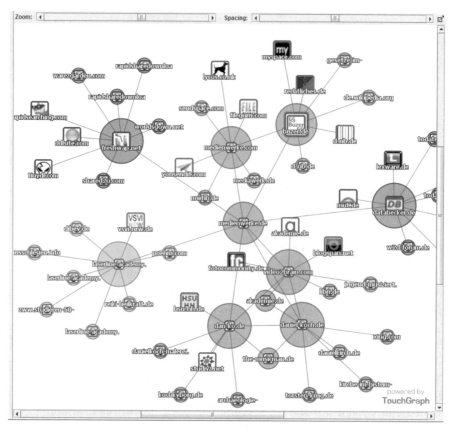

So verwoben sind die Webstrukturen (Quelle: www.touchgraph.com).

Für Sie als Seitenbetreiber stellt sich die Frage, wie man den PageRank positiv beeinflussen kann. Hier die möglichen Faktoren:

➢ Die Position des Links innerhalb eines Dokuments.

➢ Die Distanz zwischen den Webseiten.

➢ Die Stärke der Hervorhebung eines Links.

➢ Die Aktualität der verweisenden Seite.

➢ Die Bedeutung der verweisenden Seite.

An dieser Stelle darf der Hinweis nicht fehlen, dass Google den exakten Algorithmus des PageRank geheim hält (kein Wunder, schließlich bildet er die Geschäftsgrundlage des Unternehmens). Somit kann man auch nicht genau sagen, welche der genannten Faktoren in welchem Maß eine Rolle spielen. Darüber hinaus spielen auch weitere Aspekte noch eine wichtige Rolle.

> **Dämpfungsfaktor** – Der Random Surfer folgt natürlich nicht jedem Link, der sich auf einer Seite befindet. Stattdessen wendet er sich nach einer gewissen Zeit ab und ruft eine beliebige andere Seite auf. Das ist der Grund dafür, dass die Wahrscheinlichkeit, mit der ein Surfer eine neue Seite aufruft, um einen bestimmten Faktor gedämpft ist. Dieser Dämpfungsfaktor ist dann auch der Grund dafür, dass der PageRank nicht in vollem Maße an eine Seite weitergegeben wird, sondern sich auf die ausgehenden Links verteilt. Im Allgemeinen geht man von einem Dämpfungsfaktor von 0,85 aus. Je höher der Wert, desto größer ist die Wahrscheinlichkeit, dass der Random Surfer den Links des Dokuments folgt und sich nicht gelangweilt abwendet.

> **Eingehende Links** – Jeder Link, der auf die Seite zeigt, erhöht deren PageRank. Diese Links repräsentieren in gewisser Weise die Meinung anderer Seitenbetreiber zur eigenen Seite. Denn normalerweise wird nur ein Link auf eine Seite gesetzt, wenn diese auf irgendeine Weise für den verweisenden Seitenbetreiber interessant oder relevant ist. Eingehende Links erhöhen den PageRank einer Seite. Also sollten Sie in Ihrem Webprojekt – wenn es hierarchisch aufgebaut ist – von den untergeordneten Seiten auf jeden Fall einen Link zur Startseite setzen. Neben dem hierarchischen Aufbau gibt es auch Strukturen, bei denen die Webseiten in Kreisform aufgebaut sind. Dabei hat jede Seite einen Link auf die nächste Seite. In diesem Fall verteilt sich der PageRank gleichmäßig auf alle Seiten.

> **Ausgehende Links** – Da eingehende Links Einfluss auf den PageRank einer Seite haben, kann man davon ausgehen, dass dasselbe auch für ausgehende Links gilt. Dem ist aber nicht so. Denn der gewonnene PageRank des verlinkten Dokuments muss exakt so groß sein wie der PageRank-Verlust des verlinkenden Dokuments. Verlinkende Dokumente verlieren an PageRank. Auch dieser Effekt lässt sich sehr anschaulich mit dem Verhalten des Random Surfer erklären. Denn mit jedem vorhandenen ausgehenden Link steigt die Wahrscheinlichkeit, dass der Besucher einem ausgehenden eher als einem internen Link folgt. Jeder ausgehende Link sorgt damit für ein Absinken des Page-Rank der Seite. Um den PageRank der Seite hochzuhalten, könnte man nun natürlich davon ausgehen, dass man überhaupt keine ausgehenden Links definiert. Dieses Verhalten würde dann allerdings dem Hypertext-Prinzip des WWW entgegenstehen. Zudem besteht durchaus die Möglichkeit, dass ausgehende Links die Bewertung der Webseite durch Google an anderer Stelle positiv beeinflussen. Denn ohne Zweifel werten qualitativ gute ausgehende Links die eigene Webseite auf.

Die Liste der möglichen Faktoren zeigt, wie komplex es sich darstellt, den PageRank einer Seite zu ermitteln. Damit das Ganze noch etwas anschaulicher wird, hier einmal der Algorithmus, anhand dessen der PageRank berechnet werden kann:

- $PR(A) = (1 - d) + d (PR(T1)/C(T1) + ... + PR(Tn)/C(Tn))$

Dabei ist:

➤ *PR(A)* der PageRank der Seite,
➤ *PR(Ti)* der PageRank der Seiten, von denen der Link auf die Seite zeigt,
➤ *C(Ti)* die Gesamtzahl der Links auf der Seite *Ti*, und
➤ *d* ist ein Dämpfungsfaktor.

Zugegeben, dies wirkt recht abstrakt. Man kann die Formel aber auch ins Verbale übersetzen. Dann hört sich das folgendermaßen an:

1 Jede Seite des WWW wird mit einem Startwert initialisiert. Der tatsächliche Startwert spielt dabei keine Rolle, da der Algorithmus immer konvergiert. Die Wahl des Startwerts hat allerdings Einfluss darauf, wie schnell eine gute Konvergenz erzielt wird.

2 Berechnet wird der PageRank, indem der PageRank der Seiten der ausgehenden Links ermittelt und dieser durch die Anzahl der ausgehenden Links geteilt wird.

3 Aus dem PageRank der eingehenden Links wird der PageRank neu berechnet.

4 Diese Punkte werden ab Schritt 2 so oft wiederholt, bis der PageRank aller Seiten konvergiert bzw. sich ausreichend angenähert hat.

Sie sehen also, dass das Prinzip des PageRank doch nicht unbedingt nur als Formel wiedergegeben werden kann.

So ermitteln Sie den PageRank

Was es mit dem PageRank auf sich hat, wurde gezeigt. Jetzt geht es darum, wie Sie den PageRank für Ihre eigene Seite (oder die eines Konkurrenten) ermitteln können. Es gibt dafür verschiedene Möglichkeiten. Für alle Gelegenheits-PageRank-Überprüfer bietet sich der Onlineschnelltest unter *http://pagerank-check.eu/* an.

Google PageRank Check

Mit diesem Tool kann der Google PageRank einer Seite überprüft werden.

Domain URL   www.databecker.de

PagerRank Farbe   Grün ▼ Prüfung starten

Ergebnis

Eingegebene URL   www.databecker.de
PageRank Wert: 6 1 2 3 4 5 6 7 8 9 10

PageRank Button   **HTML-Code für Ihre Webseite**

PR 6 ▭   `<a target="_blank" href=""><img src="php/pr.php?color=green"`
                         `alt="Google PageRank Check" border="0" /></a>`

Der PageRank wird ermittelt.

Dort muss man nur die URL der zu überprüfenden Seite eintragen und auf *Prüfung starten* klicken. Den ermittelten PageRank kann man sich dann auch gleich noch mittels HTML-Code in seine Webseite einbinden.

Firefox-Anwender können die Google Toolbar nutzen. Diese integriert sich automatisch in den Browser und kann ganz bequem genutzt werden. Die Toolbar lässt sich von der Seite *http://toolbar.google.de* herunterladen. Nach erfolgreicher Installation und einem Neustart des Browsers muss die Funktion zur Anzeige des PageRank aktiviert werden. Dazu klicken Sie in der Toolbar auf das Schraubenschlüsselsymbol und wechseln im Dialogfenster *Toolbar-Optionen* auf die Registerkarte *Tools*. Dort wird das Kontrollkästchen *PageRank* aktiviert. Nachdem Sie die Einstellungen mit *Speichern* übernommen haben, können Sie dann den PageRank jeder beliebigen Seite überprüfen.

Wer Google Chrome verwendet, kann sich auch die Extension PageRank über den Chrome Web Store *https://chrome.google.com/webstore/detail/pneoplpmnpjoioldpodoljacigkahohc* installieren. Nach erfolgreicher Installation kann man sich über das PageRank-Symbol, das neben der Adresszeile angezeigt wird, den PageRank der aktuell aufgerufenen Seite anzeigen lassen.

Der PageRank wird angezeigt.

Die Anmeldung kann länger dauern

Wenn man mit seiner Webseite online geht, möchte man natürlich so schnell wie möglich in den Trefferlisten der Suchmaschinen auftauchen. Umso ernüchternder ist es, wenn sich in dieser Hinsicht auch nach mehreren Wochen noch nichts getan hat. Aber in solchen Fällen braucht man nicht zu verzagen, denn tatsächlich kann sich die Aufnahme in den Suchmaschinenindex schon mal über mehrere Wochen oder sogar Monate hinziehen. Hier die möglichen Gründe, die für eine Verzögerung verantwortlich sein können:

➤ **Aufnahmezeit** – Denken Sie nicht, dass Ihre Seiten sofort nach der Anmeldung in der Suchmaschine auftaucht. Wenn Sie Glück haben, dauert es bis zur Aufnahme in den Index nur wenige Tage, oft vergehen aber auch Wochen und sogar Monate. Hier gilt es also, Ruhe zu bewahren und abzuwarten.

➤ **Seitenzahl** – Besonders umfangreiche Projekte gelangen ebenfalls nicht in kurzer Zeit in den Index.

➤ **Seite nicht gefunden** – Wenn ein Crawler Ihre Seiten indexieren will, diese aber mehrmals nicht erreichbar sind, werden sie aus dem Index entfernt, und das übrigens völlig zu Recht. Denn wer will schon bei jedem zweiten Suchergebnis *Diese Seite ist nicht verfügbar* angezeigt bekommen.

> **Gesperrte IP-Adresse** – Es gibt kostengünstige Webspace-Angebote, die nur deswegen so billig sind, weil sich mehrere Seitenbetreiber eine IP-Adresse teilen müssen. Wird die IP-Adresse eines Seitenbetreibers nun wegen Spam oder ähnlichen Verstößen gesperrt, sind davon auch alle anderen Seitenbetreiber betroffen, deren Projekte unter der gleichen IP-Adresse laufen.

> **Cookies** – Manche Seiten können nur genutzt werden, wenn vom Besucher Cookies akzeptiert werden. Allerdings mögen Suchmaschinen Cookies überhaupt nicht. Auf einen generellen Cookie-Zwang auf allen Seiten eines Projekts sollte daher unbedingt verzichtet werden.

> **Verzeichnistiefe** – Suchmaschinen gehen davon aus, dass sich die wichtigen Seiten eines Projekts in den obersten Verzeichnisebenen befinden. Und genau auf diese Ebenen konzentrieren sich Suchmaschinen demzufolge. Seiten in untergeordneten Verzeichnissen werden daher oftmals nicht indexiert.

> **Linktiefe** – Ähnliches wie beim Problem mit der Verzeichnistiefe gilt auch für die Linktiefe. Denn Suchmaschinen verfolgen Links nur bis zu einer bestimmten Ebene. Als Faustregel gilt, dass Dateien nicht mehr als drei Links von der Startseite aus entfernt sein sollten.

> **SSL-Verbindung** – Während zum Beispiel Google durchaus mit SSL-geschützten Verbindungen umgehen kann, scheitern andere Suchmaschinen hier. Aus diesem Grund sollten Sie dafür sorgen, dass nur die Seiten einem SSL-Schutz unterliegen, bei denen das tatsächlich notwendig ist. So sollte zwar der Bezahlvorgang über SSL laufen, bei der Anzeige des Impressums ist SSL dann allerdings fehl am Platz.

> **Weiterleitungen** – Enthält eine Seite lediglich eine Weiterleitung auf eine andere Seite, wird diese normalerweise nicht in den Index aufgenommen. Stattdessen erscheint die Seite im Index, auf die weitergeleitet wurde.

> **Spam** – Wer mit Spam-Methoden versucht, seine Position in den Suchmaschinen zu verbessern, braucht sich natürlich nicht zu wundern, wenn seine Seiten nicht im Index erscheinen. Denn werden solche Betrugsversuche von Suchmaschinen entdeckt, kann das von einer Abmahnung über die Herabsetzung des PageRank bis hin zur Streichung aus dem Index führen.

Es gibt also viele Gründe, die für eine verspätete Aufnahme verantwortlich sein können.

Suchmaschinen mit der robots.txt steuern

Die meisten Besucher kommen nicht durch Zufall, sondern über eine Such-maschine auf Ihre Seiten. Auch wenn es sich bei der *robots.txt* nicht um ein spezielles Joomla!-Feature handelt – eine Beschreibung zum Thema Suchmaschinenoptimierung wäre nicht vollständig, wenn die *robots.txt* darin nicht behandelt würde.

Bei der *robots.txt* handelt es sich um eine Datei, mit der sich die Such-Robots und Spider der Suchmaschinen steuern lassen. Sobald eine Such-maschine Ihre Seite aufruft, kontrolliert sie, ob eine *robots.txt* vorhanden ist. Ist sie das, werden die darin enthaltenen Informationen analysiert und angewendet.

Es gibt allerdings Voraussetzungen, die erfüllt sein müssen, damit die Such-maschinensteuerung per *robots.txt* überhaupt funktioniert.

> Der Dateiname muss kleingeschrieben sein. Die Datei muss also immer *robots.txt* heißen. *ROBOTS.TXT* oder *Robots.txt* funktioniert nicht.

> Die *robots.txt* muss im Stammverzeichnis (auf der obersten Ebene) lie-gen.

> Pro Domain ist nur eine *robots.txt* zulässig.

Bei der *robots.txt* handelt es sich um eine ganz normale Textdatei, die man mit jedem Texteditor anlegen kann. Die Syntax, die innerhalb der *robots.txt* verwendet wird, muss dem Robots-Exclusion-Standard (*http://www.robotstxt.org/orig.html*) entsprechen.

So ist die robots.txt aufgebaut

Der Aufbau dieser Datei folgt immer einem exakt vorgeschriebenen Schema. Zunächst gibt man den oder die Crawler an, für die die Anwei-sungen gelten. Daran schließen sich die einzelnen Anweisungen an. Es folgen nun ein paar typische Beispiele, die man so immer mal wieder gebrauchen kann.

Will man allen Crawlern den Zugriff auf bestimmte Verzeichnisse verweh-ren, verwendet man folgende Syntax:

- User-agent: *
- Disallow: /unwichtig/
- Disallow: /cgi-local/

Durch das Wildcard-Zeichen (*) werden alle Crawler angesprochen. Die Verzeichnisse, die nicht indexiert werden sollen, gibt man über *Disallow* an. In diesem Zusammenhang kommt es immer wieder zu einem großen Missverständnis. Beachten Sie, dass die weit verbreitete Annahme, dass es sich bei der *robots.txt* um einen Zugriffsschutz handelt, schlichtweg falsch ist, denn jeder, der das möchte, kann sich den Inhalt Ihrer *robots.txt* über den Browser anzeigen lassen.

Also noch einmal: Die *robots.txt* steuert Robots und Spider, sie schützt aber nicht Ihre Webseite. Greifen Sie für einen effektiven Schutz am besten auf eine *.htaccess*-Datei zurück.

Bei *User-agent* können Sie explizit ganz bestimmte Robots nennen. Die folgende Tabelle enthält die wichtigsten Werte, die dabei zulässig sind:

Suchmaschine	Name des Robots
Abacho	AbachoBOT
Acoon	Acoon Robot
AltaVista	Scooter
Bing	msnbot
Fireball	KIT-Fireball
Google	Googlebot
Google Bilder	Google-Image

Hier ein Beispiel, wie eine solche explizite Nennung eines Robots aussehen kann:

- `User-agent: Googlebot`
- `Disallow:`

Webcrawler lesen die *robots.txt* von oben nach unten. Sie beenden das Einlesen, wenn sich ein Block auf sie bezieht. Daher sollte man innerhalb der *robots.txt* zunächst die Blöcke für einzelne Webcrawler definieren. Der letzte Block sollte sich dann an alle Crawler richten. Für jeden Crawler, der explizit genannt werden soll, muss man eine eigene Zeile anlegen.

- `User-agent: wget`
- `User-agent: webzip`
- `User-agent: webcopy`

Interessant ist die *robots.txt* auch vor dem Hintergrund, dass man einzelne Verzeichnisse und sogar Dateien von einer Indexierung ausnehmen kann.

- `User-agent: *`
- `Disallow: /seite.html`

- Disallow: /seite_zwei.html
- Disallow: /seite_drei.html

Natürlich müssen Sie die *robots.txt* nicht unbedingt manuell erstellen. Mittlerweile kann man das von entsprechenden Onlinetools erledigen lassen. Eines dieser Tools finden Sie unter *http://www.topsubmit.de/dienste/ webseiten-optimierung/robots.txt-generator/*.

Eine robots.txt wird angelegt.

Erfahrungsgemäß ist es hilfreich, wenn man sich ansieht, wie auf anderen Seiten die *robots.txt* aufgebaut sind. Ein sehr schönes Beispiel gibt es bei Wikipedia. Deren *robots.txt* können Sie sich auf der Seite *http://de. wikipedia.org/robots.txt* ansehen. Interessant sind dort vor allem die *Dis-allow*-Einträge. So sieht man, wie man Seiten vor einer Indexierung schützen kann.

Bei der *robots.txt* müssen unbedingt syntaktische Fehler vermieden werden. Zudem ist darauf zu achten, dass beim Übertragen der Datei via FTP auf den Server als Modus *ASCII* gewählt wird.

Probleme mit der Bildersuche

Der Diebstahl von Bildern fremder Seiten ist sehr einfach. Wenn man ein Bild benötigt, ruft man einfach die Google-Bildersuche auf, gibt den gewünschten Suchbegriff ein, speichert die passende Grafik ab und bindet sie in seine eigene Seite ein. Natürlich ist das illegal. Nur werden solche Urheberrechtsverletzungen oftmals nicht erkannt, weswegen viele Seitenbetreiber diesen Weg der Bildbeschaffung wählen, anstatt einen teuren Grafiker zu engagieren.

Durch einen Eingriff in die Datei *robots.txt* können Sie den Google-Robot anweisen, die Grafiken Ihrer Seiten nicht zu indexieren.

- `User-agent: Googlebot`
- `Disallow: /*.gif$`
- `User-agent: Googlebot`
- `Disallow: /*.jpg$`

Geben Sie hinter *Disallow* jeweils das gewünschte Grafikformat an. Sollten Sie zum Beispiel auch PNG-Grafiken verwenden, tragen Sie zusätzlich *Disallow: /*.png$* ein. Von Google selbst wird noch eine andere Syntax vorgeschlagen, die allerdings das Gleiche bewirkt.

- `User-Agent: Googlebot-Image`
- `Disallow: /`

Joomla! und die robots.txt

Joomla! selbst bringt standardmäßig bereits eine *robots.txt* mit, die im Hauptverzeichnis von Joomla! liegt. Diese *robots.txt* sieht folgendermaßen aus:

- `User-agent: *`
- `Disallow: /administrator/`
- `Disallow: /cache/`
- `Disallow: /cli/`
- `Disallow: /components/`
- `Disallow: /images/`
- `Disallow: /includes/`
- `Disallow: /installation/`
- `Disallow: /language/`
- `Disallow: /libraries/`
- `Disallow: /logs/`
- `Disallow: /media/`
- `Disallow: /modules/`
- `Disallow: /plugins/`
- `Disallow: /templates/`
- `Disallow: /tmp/`

Diese Datei ist schnell analysiert. Zunächst einmal wird über

- `User-agent: *`

festgelegt, dass die Robots aller Suchmaschinen die Seite indexieren dürfen. Über die einzelnen *Disallow*-Anweisungen wird den Suchmaschinen der Zugriff auf die einzelnen Joomla!-Unterverzeichnisse verboten. Das ist sinnvoll, schließlich werden die eigentlichen Inhalte von Joomla! ja nicht in den Dateien, sondern in der Datenbank gespeichert. Die Suchmaschinen-Robots würden also innerhalb der Verzeichnisse ohnehin nicht fündig werden.

Diese Datei können Sie gut als Ausgangsbasis für Ihre eigene *robots.txt* verwenden. Ergänzen Sie die vorhandene *robots.txt* also einfach um die gewünschten Einträge.

Unter *Site/Konfiguration* kann im Bereich *Globale Metadaten* explizit angegeben werden, wie die Robots den Links auf der Seite folgen sollen.

Hier werden die Robots gesteuert.

Ausführliche Informationen zu diesem Thema finden Sie ab Seite 801.

Die Inhalte suchmaschinenfreundlich aufbereiten

Dem Aufbau der einzelnen Seiten bzw. Artikel fällt eine gewisse Bedeutung zu. Wichtig ist, dass die relevanten Schlüsselwörter weit oben in der Seite stehen. In diesem Fall geht der Ranking-Algorithmus davon aus, dass der Begriff tatsächlich relevant ist. Versuchen Sie – wenn es der Text zulässt – die wichtigsten Schlüsselwörter im oberen Drittel der Seite zu platzieren.

Wichtig ist, dass bei jeder Seite auf die folgenden Elemente geachtet wird:

- ➢ Seitentitel (*title*)
- ➢ Überschriften (*h1* bis *h6*)
- ➢ die URL der Seite
- ➢ Alternativtexte für Grafiken (Attribute *alt* und *title*)
- ➢ Links
- ➢ Hervorhebungen (*b, strong, em*)

Und auch die Reihenfolge, in der Elemente auf der Seite angeordnet sind, ist wichtig. Die Möglichkeiten, die CSS bietet, verleiten viele Webentwickler allerdings dazu, die logische Struktur von Dokumenten gänzlich außer Acht zu lassen. Kein Wunder, schließlich kann ein normaler Textabsatz durch den Einsatz von CSS genau so wie eine Überschrift gestaltet werden. Das führt oft dazu, dass Webentwickler die wichtigsten Strukturen und Konventionen für Webseiten nicht mehr einhalten und somit fundamentale Ranking-Faktoren vernachlässigen.

Trotz aller Fähigkeiten von CSS sollten HTML-Seiten im Normalfall die folgenden Elemente in der dargestellten Reihenfolge enthalten (lesen Sie in diesem Zusammenhang im nächsten Abschnitt, welche Möglichkeiten HTML5 auf diesem Gebiet zu bieten hat):

> Überschrift erster Ordnung (*h1*)
> Textabsatz (*p* oder *div*)
> Überschrift zweiter Ordnung (*h2*)
> Textabsatz (*p* oder *div*)
> weitere Überschriften zweiter oder dritter Ordnung

Suchmaschinen lieben auf diese Weise strukturierte Seiten und gewichten sie demzufolge höher. Voraussetzung dafür ist allerdings, dass die Strukturen auch tatsächlich mit sinnvollen Inhalten gefüllt sind.

Joomla! bzw. die jeweiligen Editoren stellen für die genannten Punkte die entsprechenden Werkzeuge zur Verfügung.

Die Formate werden eingestellt.

Die neuen Möglichkeiten von HTML5 nutzen

Hinsichtlich der Strukturierung hatten frühere HTML-Versionen bereits einige Elemente zu bieten. So bestehen klassische Webseiten üblicherweise aus Überschriften und Absätzen.

```
     <h1>
        Kapitel
     </h1>
     <p>
5       Absatz
     </p>
     <h2>
        Unterkapitel
     </h2>
10   <p>
        Absatz im Unterkapitel
     </h2>
     <h3>
     ...
```

HTML stellt für eine Dokumentstrukturierung unter anderem die Elemente *h1* bis *h6* zur Verfügung. Eine wirklich tief verschachtelte Struktur lässt sich damit allerdings nicht anlegen, denn ein Element *h7* oder *h8* ist in HTML eben nicht vorgesehen. Genau hier setzt HTML5 an und führt einige zusätzliche Strukturierungselemente ein.

➤ *section* – Damit wird ein Dokument- oder Anwendungsabschnitt beschrieben. Von Bedeutung ist dieses Element im Zusammenhang mit den Möglichkeiten, die HTML5 hinsichtlich der Dokumentstrukturierung bietet.

➤ *article* – Dieses Element weist einen unabhängigen Teil des Inhalts eines Dokuments aus. Das kann beispielsweise ein Artikel, aber auch ein Blogeintrag sein.

➤ *aside* – Dies repräsentiert einen Teil des Inhalts eines Dokuments, der zwar direkt nichts mit dem übrigen Inhalt zu tun hat, aber durchaus in den betreffenden Kontext passt.

➤ *hgroup* – Definiert die Überschrift eines Absatzes.

➤ *header* – Hierüber kann man eine Gruppe von Einführungs- und Navigationshilfen definieren.

> *footer* – Dieses Element definiert den Fußbereich für einen Abschnitt. Üblicherweise notiert man darin Copyright-Informationen, den Autor etc.

> *nav* – Beschreibt einen Abschnitt innerhalb des Dokuments, der für die Navigation bestimmt ist.

> *dialog* – Wird für die Auszeichnung von Dialogen wie dem folgenden verwendet:

```
<dialog>
  <dt>Michael
    <dd>Hallo Jürgen, wie geht es dir?
  <dt>Jürgen
    <dd>Danke, mir geht es gut.
  <dt>Michael
    <dd>Können wir uns heute treffen?
  <dt>Jürgen
    <dd>Gerne.
  <dt>Michael
    <dd>Prima, ich rufe dich dann an.
</dialog>
```

Diese Elemente können Sie in Joomla! ebenfalls für die Strukturierung verwenden. Dazu müssen Sie allerdings direkt im HTML-Code arbeiten, da diese Strukturierungselemente derzeit noch nicht in die Editoren integriert sind.

Erwarten Sie unter optischen Gesichtspunkten von diesen Elementen keine Wunderdinge. Damit Webseiten, die auf semantischen Elementen basieren, auch ansprechend aussehen, muss CSS eingesetzt werden. Auf Basis der vorgestellten Elemente lässt sich die Grundstruktur von Webseiten sehr einfach definieren.

```
<div id="rahmen">
  <header id="header">
    <h1>DATA BECKER</h1>
    <nav>
5     <ul>
        <li class="active"><a href="#">Startseite</a></li>
        <li><a href="#">Bücher</a></li>
        <li><a href="#">Kontakt</a></li>
      </ul>
```

```
10    </nav>
      </header>
      <section id="content">
        <article>
          <h2>Herzlich Willkommen</h2>
15        <p>wir freuen uns...</p>
        </article>
      </section>
      <aside>
        <h2>Weiterführendes</h2>
20      <p>Text...</p>
        <p>Text...</p>
      </aside>
      <footer>
        <a href="#">Impressum</a>
25    </footer>
    </div>
```

Für die optischen Anpassungen ist CSS zuständig. Eine entsprechende Anwendung könnte folgendermaßen aussehen:

```
    <style type="text/css">
    /* <![CDATA[ */

    header, section, footer, aside, nav, article {
5     display: block;
    }

    body {
      font-size: 13px;
10    font-family: Verdana, Arial, sans-serif;
      margin: 0;
      padding: 0;
    }

15  #rahmen  {
      width: 800px;
      margin: 0 auto;
    }
```

```
20  #header {
        background: #333;
        padding: 0 15px;
    }

25  #header h1 {
        margin: 0;
        padding: 20px 0;
        color: #A5A5A5;
    }
30
    #header nav ul {
        list-style-type: none;
        font-weight: bold;
        margin: 0;
35      padding: 0;
    }

    #header nav ul li {
        display: inline;
40      margin: 0;
        padding: 0;
    }

    #header nav ul li a {
45      display: inline-block;
        padding: 2px 10px;
        color: #fff;
        background-color: #ccfff;
        text-decoration: none;
50  }

    #header nav ul li.active a,
    #header nav ul li a:hover {
        background-color: #fff;
55      color: #444;
    }

    #content {
        width: 440px;
```

```
60    padding: 0 15px;
      margin: 0 0 10px 0;
      float: left;
   }

65 aside {
      width: 300px;
      padding: 0 15px;
      margin: 0 0 10px 0;
      float: left;
70 }

   footer {
      clear: both;
      background: #eee;
75    text-align: right;
      padding: 10px 20px;
      margin: 10px 0 0 0;
   }

80 footer a {
      color: #999;
   }
   /* ]]> */
   </style>
```

Die HTML5-Semantik und die Browser

Die gute Nachricht vorweg: Firefox, Opera und Safari stellen die Strukturierungselemente so dar, wie es vorgesehen ist. Damit die Elemente in diesen Browsern korrekt dargestellt werden, muss man lediglich etwas CSS-Syntax definieren. Dass die genannten Browser die Strukturierungselemente richtig umsetzen, stimmt allerdings nicht uneingeschränkt. So schließen Gecko-basierte Browser kleiner als 1.9b5 sämtliche ihnen unbekannten Elemente, sobald die Browser auf ein Blockelement stoßen. Das gleiche Phänomen trifft auch auf den Internet Explorer zu.

Angenommen also, Sie haben in Ihrem HTML5-Dokument die folgende Struktur festgelegt:

```
<section class="sektion">
   <h1>Installation</h1>
```

```
<p>Inhalt</p>
</section>
<p>Sonstiger Inhalt</p>
```

Die Browser, in denen unbekannte Elemente geschlossen werden, machen daraus dann Folgendes:

```
<section class="sektion"></section>
    <h1>Installation</h1>
    <p>Inhalt</p>
</section><///section>
<p>Sonstiger Inhalt</p>
```

Die Browser erkennen nicht, dass es sich bei *section* um das öffnende und bei *</section>* um das schließende Tag des *section*-Elements handelt. Vielmehr interpretieren die Browser diese Tags als Start-Tags eines eigenen Elements. Und eben jenem Element muss – aus Browsersicht – ein schließendes Tag zugewiesen werden. Somit wird für das Tag

```
</section>
```

dann folgendermaßen geschlossen:

```
<//section>
```

Diese Fehlinterpretation führt dazu, dass sich die Strukturierungselemente, die es in HTML5 gibt, in diesen Browsern – ohne entsprechende Workarounds – nicht nutzen lassen. Eine Gestaltung via CSS ist bei solchen Konstruktionen natürlich ebenfalls nicht möglich.

Um die Strukturierungselemente in den angesprochenen Browsern verwenden zu können, gibt es verschiedene Möglichkeiten. Im einfachsten Fall greift man auf eine Kombination aus klassischem HTML und den HTML5-Strukturierungselementen zurück.

```
<div id="nav">
    <nav>
        <ul>
            <li>Startseite</li>
            <li>Über uns</li>
            <li>Kontakt</li>
            <li>Impressum</li>
        </ul>
    </nav>
</div>
```

In dieser Syntax sehen Sie zunächst einmal einen herkömmlichen *div*-Bereich. Diesem Bereich wurde die ID *nav* zugewiesen. Direkt dahinter schließt sich das HTML5-Element na*v* an. Dieses Element definiert nach HTML5-Syntax einen Navigationsbereich. Um die Seite später, wenn die meisten Browser HTML5 beherrschen, tatsächlich HTML5-konform zu machen, muss lediglich das dann überflüssige *div*-Element gelöscht werden. Zusätzlich passt man innerhalb der CSS-Datei die Definitionen an, indem man aus der ID-Definition

- `#nav`

einfach eine Element-Definition macht:

- `nav`

Für den Internet Explorer könnte man auf einen anderen Trick bzw. auf eine andere Methode zurückgreifen. Dabei wird per JavaScript das gewünschte Element im Browser „angemeldet". Für ein *section*-Element könnte das folgendermaßen aussehen:

- `document.createElement('section');`

Diese Methode können Sie prinzipiell für jedes HTML5-Element verwenden. Das bedeutet aber natürlich auch, dass Sie für jedes Element, das Sie verwenden wollen, einen solchen Aufruf anlegen müssen.

- `<script>`
- `    document.createElement("header" );`
- `    document.createElement("footer" );`
- `    document.createElement("section");`
- `    document.createElement("aside"  );`
- `    document.createElement("nav"    );`
- `    document.createElement("article");`
- `    document.createElement("hgroup" );`
- `    document.createElement("time"   );`
- `</script>`

Sie können nun noch einen *noscript*-Bereich einfügen, der greift, wenn JavaScript im Browser nicht verfügbar ist.

- `<noscript>`
- `    <strong>Achtung!</strong>`
- `    Diese Seite verwendet HTML5-Syntax und setzt`
- `    dabei auf JavaScript. JavaScript ist in Ihrem`
- `    Browser allerdings nicht verfügbar.`
- `</noscript>`

Der Bereich könnte dann folgendermaßen aussehen. Zusätzlich sollten Sie mittels Conditional Comments dafür sorgen, dass das Skript automatisch vom Internet Explorer interpretiert wird.

```
   <!--[if IE]>
     <script>
       document.createElement("header" );
       document.createElement("footer" );
5      document.createElement("section");
       document.createElement("aside" );
       document.createElement("nav"     );
       document.createElement("article");
       document.createElement("hgroup" );
10   </script>
     <noscript>
       <strong>Achtung!</strong>
       Diese Seite verwendet HTML5-Syntax und setzt
       dabei auf JavaScript. JavaScript ist in Ihrem
15     Browser allerdings nicht verfügbar.
     </noscript>
   <![endif]-->
```

Eine zeitsparende Alternative dazu ist das *HTML5 enabling script*. Dieses Skript meldet sämtliche HTML5-Elemente im Internet Explorer an. Die offizielle Projektwebseite zu *HTML5 enabling script* finden Sie unter *http://remysharp.com/2009/01/07/html5-enabling-script/*. Von dort kann das Skript heruntergeladen werden. Alternativ dazu könnten Sie auch direkt auf die Google-Code-Bibliothek (*http://html5shim.googlecode.com/svn/trunk/html5.js*) zurückgreifen.

Damit das Skript ausschließlich vom Internet Explorer interpretiert wird, empfiehlt sich auch hier das Einbinden über Conditional Comments.

```
   <!--[ If IE]>
   <script
   src="http://html5shim.googlecode.com/svn/trunk/html5.js"> </
   script>
   <! [Endif] ->
```

Um HTML5-Elemente mittels CSS zu formatieren, muss man auf diese mittels Selektoren zugreifen können. Genau das ist aber nicht ohne Weiteres möglich. Ein Beispiel für das DOM (Document Object Model), also den Grundaufbau eines HTML5-Dokuments, wie es vom Internet Explorer interpretiert wird.

```
<section></section>
<p>
    Text!
</p>
</section><///section>
```

Das Hauptproblem stellen die falsch schließenden Tags dar. Ein entsprechender Zugriff, um den Text zu gestalten, könnte also folgendermaßen aussehen:

```
section + p {
    color:#eee;
}
```

Leider wird diese Syntax beispielsweise im Internet Explorer nicht funktionieren, da dieser Browser das *section*-Element nicht kennt. Daher muss man auf passende Selektoren zurückgreifen, um auf diese Weise das direkte Angeben des Elementnamens zu umgehen. Folgendes würde funktionieren:

```
body > * + p {
    color:#eee;
}
```

Auf diese Weise kann man auf das gewünschte Element zugreifen. Alternativ dazu kann man auch Klassen- und ID-Selektoren verwenden. Allerdings darf dann nicht der Name des betreffenden Elements verwendet werden. So würde zwar

```
#blue
```

funktionieren. Mit der Angabe

```
p#blue
```

würde man jedoch scheitern.

Texte semantisch strukturieren

Neben der Strukturierung der Dokumente können auch die eigentlichen Textinhalte semantisch aufbereitet werden. Auf den folgenden Seiten wird ein detaillierter Blick auf die Elemente geworfen, die für die Semantik von Texten wichtig sind.

Code richtig darstellen

Um Programmier- bzw. Quellcode in Dokumenten hervorheben zu können, wird in HTML üblicherweise auf das *code*-Element zurückgegriffen.

```
<h1>
   Ein Programmlisting
</h1>
<code>
   var beitrag = new Array(4)
</code>
```

Der mit *code* gekennzeichnete Text wird im Dokument mit der Bedeutung, dass dies ist Quelltext ist, hervorgehoben.

In dieser Hinsicht hat sich in HTML5 nichts geändert. Allerdings empfiehlt die Spezifikation den Einsatz des *class*-Attributs. Diesem Attribut sollte nach Möglichkeit die im Code verwendete Sprache als Wert zugewiesen werden.

```
<code class="language-javascript">
   var beitrag = new Array(4)
</code>
```

Dabei wird der Sprache das Präfix *language-* vorangestellt. Weitere *class*-Werte sind beispielsweise die Folgenden:

➢ *<code class="language-html">*
➢ *<code class="language-css">*
➢ *<code class="language-php">*

Interessant ist diese spezielle Auszeichnung beispielsweise im Zusammenhang mit Skripten, die die Informationen über die verwendete Sprache auslesen und dann zum Beispiel eine Syntaxhervorhebung durchführen.

Der Einsatz von *class* und den dazugehörenden Werten ist in HTML5 fakultativ.

Adressen kennzeichnen

Für die besondere Kennzeichnung von Internetadressen gibt es das *adress*-Element.

```
<h1>
   Besuchen Sie uns online
</h1>
<address>
   Data Becker, http://www.databecker.de/
</address>
```

Das *adress*-Element definiert einen eigenen Absatz. Wie die Adresse letztendlich dargestellt wird, ist in der HTML-Spezifikation nicht festgelegt.

Verwendet wird *address* in HTML5 in erster Linie zum Anzeigen von Adressen, die im Zusammenhang mit der Urheberschaft des aktuellen Dokuments stehen. adress-Elemente lassen sich übrigens auch *article*-Elementen zuweisen. So gilt im folgenden Beispiel das erste *adress*-Element für das gesamte Dokument.

```
 <h1>Der Blog von DATA BECKER</h1>
 <address>
    <a href="info@databecker.de">Schreiben Sie uns!</a>
 </address>
5 <article>
    <h1>Presse-Lounge</h1>
    <p>Ob aktuelle Pressemitteilung, brandheiße
    Neuerscheinung, druckbares Bildmaterial oder
    stimmgewaltiges Presseecho - wir halten Sie auf dem
    Laufenden.</p>
10    <address>
       Presse: <a href="presse.html">Pressekontakt</a>
    </address>
 </article>
 <article>
15    <h1>Pressemeldung: WS SOCIAL MEDIA MARKETING</h1>
    <p>Facebook, Twitter, Xing und Co: Nachhaltiger
    Unternehmenserfolg in den sozialen Netzwerken ohne
    großes Marketing-Budget</p>
    <address>
20       Presse: <a href="presse.html">Pressekontakt</a>
    </address>
 </article>
```

Zusätzlich wurden den einzelnen *article*-Elementen jeweils eigene *adress*-Elemente zugewiesen.

Wichtige Informationen hervorheben

Auch die beiden Elemente *em* und *strong* sind Ihnen sicherlich bereits aus früheren HTML-Spezifikationen bekannt. Beide Elemente dienten der Hervorhebung von Text. Dabei zeichnete *em* Text als wichtig aus. Die Steigerung von *em* war *strong*. Die mit *strong* markierten Texte waren also noch wichtiger als die *em*-Texte.

In HTML5 hat es hinsichtlich *em* und *strong* einige Veränderungen gegeben. Ab sofort zeichnet man mit *strong* besonders wichtige Passagen aus. Dabei sind übrigens auch Verschachtelungen möglich.

- ```
  Dieser Text ist <strong>wichtig</strong>. Dieser <strong>Text
  ist auch wichtig. <strong>Dieser aber noch
  mehr.</strong></strong>
  ```

strong ist ab sofort also keine „Erweiterung" mehr von *em*. Möchte man eine Steigerungsform von *em*, verschachtelt man auch dieses Element.

- ```
  Dieser Text ist <em>wichtig</em>. Dieser <em>Text ist auch
  wichtig. <em>Dieser aber noch mehr.</em></em>
  ```

Auf Diagramme, Tabellen usw. verweisen

Innerhalb von Dokumenten kann auf Inhalte verwiesen werden, die zwar für sich stehen, aber dennoch zum Dokument gehören. Das können beispielsweise Datentabellen, Diagramme, Code-Listings oder Illustrationen sein. Solche Elemente werden über das *figure*-Element beschrieben.

Mit *figcaption* gibt es zudem ein Element, über das dem Inhalt, auf den verwiesen wurde, ein Titel zugewiesen werden kann.

Ein Beispiel:

- ```
  <p>
      <a href="#1">Figure 1</a> zeigt eine JavaScript-Code-
      alert()-Box.
  </p>
  <figure id="1">
      <figcaption>
          Figure 1. JavaScript-alert()-Box
      </figcaption>
      <code>
          alert('Hallo, Welt!');
      </code>
  </figure>
  ```

Auch wenn im vorliegenden Beispiel lediglich ein *figure*-Element verwendet wurde, können Sie innerhalb eines Dokuments tatsächlich mehrere dieser Elemente verwenden.
  ```

Abkürzungen und Akronyme

Bislang wurde für Abkürzungen das *abbr*-Element verwendet. Zum Auszeichnen von Akronymen sah die HTML-Spezifikation hingegen das *acronym*-Element vor. Diese Unterscheidung gibt es in HTML5 nicht mehr. Ab sofort sollte für Akronyme und Abkürzungen gleichermaßen das *abbr*-Element verwendet werden.

Beim *abbr*-Element sollte man in jedem Fall das *title*-Attribut verwenden. Dem *title*-Attribut weist man die Langform der Übersetzung zu. Diese Langform wird dann, sobald mit dem Mauszeiger auf die Abkürzung gezeigt wird, in einem Tooltipp-Fenster angezeigt.

Ein Beispiel:

```
Das <abbr title="World Wide Web Consortium">W3C
</abbr>
ist für HTML verantwortlich.
```

Die Browser interpretieren das *abbr*-Element völlig unterschiedlich. So versieht der Firefox die damit ausgezeichneten Elemente mit einem Unterstrich.

Genauso handhabt das auch Opera. Anders sieht es bei Safari und Chrome aus. Diese Browser stellen den Inhalt von *abbr* so wie normalen Fließtext dar. Noch problematischer ist es beim Internet Explorer. Dieser Browser kennt das *abbr*-Element bis einschließlich Version 6 überhaupt nicht. Daher werden dort dann auch die Tooltipps nicht angezeigt. Ab Version 7 kennt der Internet Explorer zwar das *abbr*-Element und stellt auch die Tooltipps dar, der Browser verzichtet aber wie Google und Safari auf eine spezielle Kennzeichnung der Abkürzungen.

Dieses Problem lässt sich mit etwas CSS lösen.

```
abbr {
    border-bottom:1px dashed #000;
    cursor:help;
}
```

Diese Syntax reicht, um das betreffende Element mit einem gepunkteten Unterstrich auszustatten.

Sollten Sie *abbr* auch in älteren IE-Versionen verwenden wollen, können Sie das Element mit Browser über die bekannte *createElement('abbr')*-Anweisung bekanntmachen.

Zeitangaben

Zeitangaben können über das neue *time*-Element speziell ausgezeichnet werden. Die Besonderheit dieses Elements besteht darin, dass die Zeitangaben von Mensch und Maschine lesbar sind.

Für Menschen werden die Zeitangaben ins *time*-Elemente geschrieben. Um den Browsern die Chance zu geben, die Zeitinformationen ebenfalls auslesen zu können, wird das *datetime*-Attribut des *time*-Elements verwendet.

Ein Beispiel:

- `<p>Am Samstag öffnen wir um <time>10:00</time>.</p>`
- `<p>Das Konzert ist <time datetime="2012-01-18">nächsten Mittwochen</time>.</p>`
- `<p>Das nächste Meeting findet zwischen<time datetime="2012-02-18T17:00-18:00">17:00 und 18:00 Uhr am nächsten Mittwoch</time> statt.</p>`

Im Browser hat das *time*-Element zunächst einmal keine optischen Auswirkungen.

Durch etwas CSS lässt sich das aber natürlich ändern.

- `time {`
- `    font:bold .9em Times;`
- `}`

Die Datums- und Uhrzeitangaben werden dadurch etwas vom übrigen Fließtext abgehoben.

Für die Zeitangaben, die dem *datetime*-Attribut zugewiesen werden, gibt es spezielle Syntaxformen. Da wäre zunächst die Datumsangabe im Format *YYYY-MM-DD*.

- `2012-01-18`

Ebenso ist eine Zeitangabe im Format *HH:MM* möglich.

- `08:00`

Wer es noch genauer mag, kann zusätzlich die Sekunden angeben. Das Format ist in diesem Fall *HH:MM:SS*.

- `08:00:37`

Und auch eine Millisekunden-Angabe ist möglich. In diesem Fall muss man das Format *HH:MM:SS:MSMSMSMS* verwenden.

- `08:00:37:2345`

Zu guter Letzt gibt es noch die Möglichkeit, Datums- und Zeitangaben miteinander zu kombinieren. In diesem Fall kann man dann sogar noch die entsprechende Zeitzone angeben. Achten Sie darauf, dass Datums- und Zeitangabe in diesem Fall durch den Buchstaben T voneinander zu trennen sind.

- `2012-08-30T07:13Z`

Für die Zeitzone kann man den Wert Z setzen. Dabei steht Z für **U**niversal **T**ime **C**oordinated (UTC). Alternativ dazu gibt man die Zeitzone im Format + oder – *HH/MM* an.

Der Wert des *datetime*-Attributs sollte den Besuchern der Seite durch die Browser visualisiert werden. Wie genau das aussehen kann und soll, beschreibt die Spezifikation nicht. Momentan wird der Wert des *datetime*-Attributs von keinem Browser sichtbar gemacht.

Das *time*-Element kennt außerdem das *pubdate*-Attribut. Darüber lässt sich das Veröffentlichungsdatum von Artikeln oder ganzen Seiten angeben. Der Wert des *pubdate*-Attributs bezieht sich dabei auf den im DOM nachfolgenden Artikel. Sollte kein Nachfolger vorhanden sein, bezieht sich die Angabe auf das gesamte Dokument.

```
<article>
    <p>Artikel geschrieben am
        <time datetime="2012-01-06T17:01+05:00" pubdate>
            1. Januar 2012 um 17:02
        </time> Uhr von Michael Mayer.
    <a href="http://www.databecker.de/">Data Becker</a>
    </p>
</article>
```

In diesem Fall entspricht das Veröffentlichungsdatum dem Wert des *datetime*-Attributs. Alternativ dazu kann man dem *pubdate*-Attribut aber auch einen anderen Wert zuweisen. Das wird nötig, wenn sich der Veröffentlichungstermin vom *time*-Wert unterscheidet. Auch hierzu wieder ein Beispiel:

```
<article>
        <p>Geschrieben am
```

- <time datetime="2012-01-01T17:02+03:00"
- pubdate>
- 1. Januar 2012 um 17:02
- </time> Uhr von Autor.
- <a href="http://www.databecker.de/">Data Becker</a>
- </p>
- </article>

Spezielle Inhalte markieren

Mit dem *mark*-Element können Textpassagen als hervorgehoben markiert werden. Das Element wird verwendet, um Text hervorzuheben, der im Kontext mit einer anderen Textpassage steht.

- <p>Social Media ist derzeit mit Abstand der einfachste und erfolgreichste Weg, um bei der gewünschten Zielgruppe auf das Radar zu kommen.
- <mark style="background-color:yellow;">Noch nie war es so einfach, so schnell und so kostengünstig neue Zielgruppen zu gewinnen – sofern man weiß, wie das geht.</mark>.
- Doch wo soll man beginnen? Genau da setzt unser neues praxisorientierte Handbuch zum Thema "Social Media" an und beschleunigt die Lernkurve.</p>

Im vorliegenden Beispiel wurde *mark* mit einer entsprechenden Stylesheet-Anweisung ausgestattet, um den Elementinhalt hervorzuheben.

Seitentitel angeben

Eine der wichtigsten Angaben für die Suchmaschinen ist der Seitentitel. Eingetragen wird der globale Seitentitel unter *Site/Konfiguration*. In das Feld *Name der Website* trägt man den Titel ein.

Dieser Titel wird von Joomla! automatisch dem *title*-Element der Seite zugewiesen. Überlegen Sie sich gut, welchen Titel Sie angeben, da der tatsächlich vergleichsweise große Auswirkungen auf das Ranking in den Suchmaschinen hat.

Innerhalb des Titels sollten Schlüsselwörter auftauchen, die den Inhalt Ihrer Seite wiedergeben.

Wichtig ist ein guter Seitentitel aber auch noch vor einem anderen Hintergrund. Tatsächlich wird der nämlich auch für die Anzeige der Suchergebnisse verwendet.

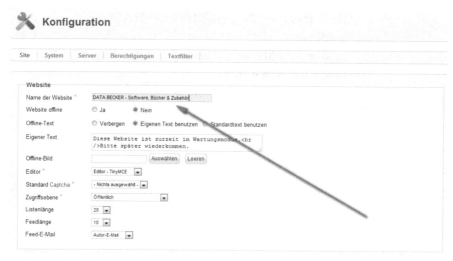

Hier wird der Titel angegeben.

Google greift auf den Seitentitel zu.

Der unter *Site/Konfiguration* angegebene Seitentitel wird allerdings nicht unbedingt von Joomla! angezeigt. Dafür sind weitere Einstellungen nötig.

Standardmäßig verwendet Joomla! für den Seitentitel den Titel *Wert* aus dem *Titel*-Feld.

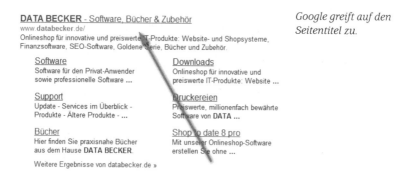

Dieser Wert wird ausgelesen.

Dieser Wert wird dem *title*-Element im Frontend zugewiesen.

- `<title>Administratorkomponenten</title>`

Der Titel des Artikels wird offensichtlich als Seitentitel verwendet. Das ist in den meisten Fällen so auch völlig in Ordnung. Es kann aber durchaus sein, dass Sie zusätzlich zum Beitragstitel auch den Namen der Webseite angeben wollen. Wenn der Webseitenname beispielsweise *DATA BECKER* ist, sähe ein kombinierter Titel dann folgendermaßen aus.

- *DATA BECKER - Administratorkomponenten*

Dazu rufen Sie *Site/Konfiguration/Site* auf und setzen im Bereich *Suchmaschinenoptimierung (SEO)* die Option *Seitenname auch im Titel* auf *Davor*.

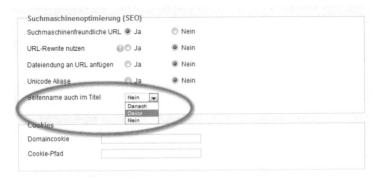

Ein alternativer Seitentitel wird angegeben.

Wie üblich müssen die Änderungen gespeichert werden. Alternativ dazu könnten Sie auch *Danach* einstellen:

- *Administratorkomponenten – DATA BECKER*

Den Startseitentitel anpassen

Oft wird nach dem Titel der Startseite gefragt. Denn standardmäßig lautet der bei Joomla!-Webseiten *Home*, was nicht eben aussagekräftig ist. Um diesen Titel anzupassen, rufen Sie *Menüs/Hauptmenü* auf. (Wenn sich der Startseitenlink in einem anderen Menü befindet, müssen Sie natürlich dann dieses Menü öffnen, in dem der Link liegt.) Dort klicken Sie auf den *Home*-Link. Interessant ist nun der Bereich *Einstellungen der Seitenanzeige*. Tragen Sie in das Feld *Seitentitel im Browser* den gewünschten Titel ein.

▸ Einstellungen des Layouts	
▸ Beitragsoptionen	
▸ Integrationseinstellungen	
▸ Einstellungen für Menülinks	
▾ Einstellungen der Seitenanzeige	

Seitentitel im Browser	Herzlich willkommen b
Seitenüberschrift anzeigen	⦿ Nein ○ Ja
Seitenüberschrift	
Seitenklasse	

▸ Metadatenoptionen	
▸ Zugeordnete Module für diesen Menüeintrag	

So lässt sich der Startseitenlink anpassen.

Nachdem die Änderungen gespeichert wurden, ist im Frontend der Seitentitel der Startseite verändert.

Das title-Element der Hyperlinks

Wenn Sie über *Menüs* ein Menü aufrufen und dort auf einen Menüeintrag klicken, wird Ihnen im rechten Fensterbereich der Punkt *Einstellungen für Menülinks* auffallen. Darin gibt es das Feld *Title-Attribute für Menülinks*.

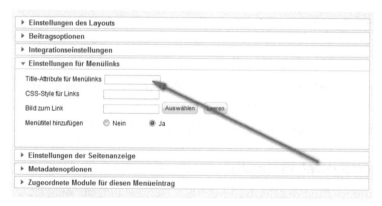

Das title-Attribut lässt sich hier setzen.

Dieses Feld wird oft unterschätzt/übersehen. Dabei spielt es durchaus eine Rolle für die Suchmaschinenoptimierung. Denn darüber kann Hyperlinks das *title*-Attribut zugewiesen werden. Der eingetragene Text wird dabei dem *title*-Attribut als Wert zugewiesen.

```
<a href="/index.php/sitemap" title="Hier geht es zur Sitemap"
>Sitemap</a>
```

Das *title*-Attribut sollte das Verweisziel näher beschreiben.

Metaangaben festlegen

Über Metaangaben kann man Suchmaschinen wichtige Informationen über seine Webseite liefern. Dazu gehören beispielsweise eine kurze Beschreibung und Schlüsselwörter. Noch bis vor einigen Jahren galten Metatags als das Wundermittel, wenn es um die Suchmaschinenoptimierung ging. Da wurden Hunderte Keywords zusammengefasst und auch optimiert, was das Zeug hergab. Das führte zu der bizarren Situation, dass auf den meisten Seiten in den Metatags nicht wirklich das stand, was dem tatsächlichen Seiteninhalt entsprach.

Je mehr der Missbrauch der Metatags stieg, umso weniger Bedeutung schenkten ihnen die Suchmaschinen. Heutzutage werden die meisten Metatags vom Großteil der Suchmaschinen ignoriert. Für viele Webentwickler ist das Grund genug, vollständig auf die Definition von Metatags zu verzichten. Dabei wird allerdings gerne übersehen, dass Metatag nicht gleich Metatag ist. Es gibt durchaus noch Tags, die für Suchmaschinen eine gewisse Bedeutung haben und daher auch eingesetzt werden sollen.

Auch wenn Metaangaben längst nicht mehr die große Bedeutung haben, sollten sie dennoch angegeben werden – in Joomla! an drei Stellen:

> ➢ für die gesamte Webseite,
> ➢ für Kategorien oder
> ➢ für einzelne Artikel.

Die Angaben, die für die gesamte Webseite gemacht werden, gelten für jede einzelne Seite, die Sie in Ihrem Joomla! anlegen. Wenn Sie jedoch für einzelne Kategorien oder Artikel Metaangaben festlegen, überlagern diese die Angaben der gesamten Webseite. Angaben für Artikel überlagern wiederum Angaben für Kategorien.

Die Metadaten, die für die gesamte Seite gelten sollen, finden Sie unter *Site/Konfiguration* im Register *Site*. Entscheidend ist hier der Bereich *Globale Metadaten*.

Die dort aufgeführten Angaben haben folgende Bedeutung:

> ➢ *Meta-Beschreibung* – Diese Angaben werden später als Wert des *description*-Attributs verwendet. Geben Sie dort einen allgemeinen Beschreibungstext Ihrer Seite ein.
> ➢ *Meta-Schlüsselwörter* – Die eingetragenen Schlüsselwörter werden dem *keyword*-Attribut zugewiesen.

> ➤ *Robots* – Hierüber kann festgelegt werden, wie die *robots.txt* arbeitet. Mehr zu den einzelnen Optionen dann gleich im Anschluss.

> ➤ *Inhaltsrechte* – Hier können Sie einen Verweis auf die Nutzungsbedingungen der Seite eintragen. Das könnte zum Beispiel der Satz *Alle Rechte liegen bei XY* sein.

> ➤ *Autor-Meta-Tag anzeigen* – Entspricht dem Metatag `<meta name="author" content="Michael Alby" />`. Dieses Metaelement wird bei den Inhaltsseiten angezeigt.

Die Metadaten werden festgelegt.

Ein Blick in den Quellcode im Frontend zeigt die Auswirkungen der Metatag-Angaben.

- `<meta name="keywords" content="data becker, Onlineshop, Software, web to date, seo-software, seo, goldene serie, zubehör, bücher" />`
- `<meta name="rights" content="Copyright by DATA BECKER" />`
- `<meta name="language" content="de-DE" />`
- `<meta name="title" content="Joomla!" />`
- `<meta name="author" content="Michal Alby" />`
- `<meta name="description" content="Onlineshop für innovative und preiswerte IT-Produkte: Website- und Shopsysteme, Finanzsoftware, SEO-Software, Goldene Serie, Bücher und Zubehör" />`
- `<meta name="generator" content="Joomla! - Open Source Content Management" />`

Diese Einstellungen gelten standardmäßig für alle Inhalte Ihrer Webseite. Allerdings können Sie – wie bereits erwähnt – diese allgemeinen Angaben überschreiben, denn Joomla! ermöglicht es, für jede Kategorie und jeden Artikel eigene Metaangaben zu definieren. In diesem Fall überschreiben dann die Angaben des Artikels die allgemeinen Werte.

Wollen Sie einer Kategorie Metaangaben zuweisen, rufen Sie *Kateogorien/ Kategorien* auf und klicken auf den Namen der betreffenden Kategorie. Im rechten Fensterbereich können die Metaangaben definiert werden.

> ▸ Veröffentlichungsoptionen
>
> ▸ Basisoptionen
>
> ▾ Metadatenoptionen
>
> Meta-Beschreibung   Einzigartige Fanpage erstellen, mit minimalem Aufwand pflegen und sich über viele neue Fans freuen!
>
> Meta-Schlüsselworte   Fanpage-Designer für Facebook, Facebook Fanpage erstellen, DATA BECKER
>
> Autor
>
> Robots   Globale Einstellung

Metaangaben für Kategorien wurden definiert.

Um einem Artikel Metaangaben hinzuzufügen, rufen Sie ihn über *Inhalt/ Beiträge* und Anklicken des Titels auf. Interessant ist im rechten Fensterbereich der Punkt *Metadatenoptionen*.

Über diesen Bereich lassen sich die Metadaten bestimmen.

Dort stehen verschiedene Optionen zur Verfügung. Die Bedeutung der Felder *Meta-Beschreibung*, *Meta-Schlüsselworte* und *Inhaltsrechte* wurde bereits beschrieben. In das Feld *Autor* können Sie den Autor des Artikels eintragen. Dieser Wert wird automatisch in die Metaangabe *author* übernommen.

- `<meta name="author" content="Michael Mayers" />`

Über das *Robots*-Feld legen Sie fest, ob die Suchmaschinen-Robots den Links innerhalb des Beitrags folgen sollen und eine Indexierung der Inhalte erlaubt ist.

- ➤ *index, follow* – Indexierung erlauben, Links folgen
- ➤ *noindex, follow* – Indexierung verbieten, Links folgen
- ➤ *index, nofollow* – Indexierung erlauben, Links nicht folgen
- ➤ *nonindex, nofollow* – Indexierung verbieten, Links nicht folgen

Die neuen Search Engine Friendly URLs

Beachten Sie, dass sprechende URLs in Sachen Suchmaschinenoptimierung zwar nach wie vor wichtig sind, aber nicht mehr die überragende Rolle spielen. Wichtig sind sprechende URLs aber dennoch, denn schließlich können sich Besucher diese URLs viel besser merken. Und auch Suchmaschinen sind solche URLs immer noch lieber als kryptische URL-Parameter-Ketten.

Bevor gezeigt wird, wie sich suchmaschinenfreundliche URLs umsetzen lassen, noch einige allgemeine Hinweise dazu. Denn es gibt einige Aspekte, die man im Vorfeld beachten sollte.

- ➤ **Struktur** – Die Seitenstruktur sollte feststehen. Das gilt vor allem für Kategorien und die Menüs. Denn muss ein Beitrag später verschoben werden, ändern sich natürlich auch deren URLs. Dadurch kann es in den Suchmaschinen zu Fehlaufrufen kommen. Und auch Links, die von externen Seiten kommen, funktionieren nicht mehr. Daher sollten die suchmaschinenfreundlichen URLs immer erst aktiviert werden, wenn die Struktur steht.

- ➤ **Aliase** – Überprüfen Sie, ob wirklich sinnvolle Aliase angelegt werden, und passen Sie diese ggf. an.

Werfen Sie zunächst einen Blick auf die folgende Adresse:

http://localhost/joomla25/index.php?option=com_content &view=article&id=35:professionals&catid=19&Itemid=478&lang=de

Dabei handelt es sich um eine typische Joomla!-Adresse. Die Adressen werden dynamisch generiert und aus verschiedenen Parametern zusammengesetzt. Verbunden sind die einzelnen Parameter durch das kaufmännische Und (&).

Google macht in seinen Hinweisen für Webmaster darauf aufmerksam, dass die Zahl der Parameter bei dynamischen Seiten möglichst gering gehalten werden sollte. Exakt heißt es dort:

„Beachten Sie bei der Verwendung dynamisch erzeugter Seiten (Seiten, deren URL ein Fragezeichen [?] enthält), dass einige Crawler dynamische Seiten im

Unterschied zu statischen Seiten nicht durchsuchen. Verwenden Sie wenige und kurze Parameter."

Man kann also davon ausgehen, dass ein bis zwei Parameter keine Probleme bereiten. Viel mehr sollten es aber normalerweise nicht sein.

Sprechende URLs in Joomla! umsetzen

Eine sprechende URL sieht folgendermaßen aus:

http://www.databecker.de/das_grosse_buch_linux.html

Das Beispiel zeigt, dass diese URLs für die Besucher deutlich angenehmer sind als die klassischen parametrisierten.

Joomla! selbst bringt in Version 2.5 bereits einige interessante SEO-Optionen mit. Diese sollten auf alle Fälle genutzt werden.

Da wäre zunächst einmal ein Plug-in, mit dem sich URLs auf die sprechende Variante umstellen lassen. Zur Aktivierung dieses Plug-ins rufen Sie *Erweiterungen/Plugins* auf.

Dieses Plug-in muss aktiviert werden.

Überprüfen Sie hier, ob das Plug-in *System - SEF* aktiviert ist, und holen Sie die Aktivierung gegebenenfalls nach. Dieses Plug-in sorgt dafür, dass auf suchmaschinenfreundliche URLs umgestellt wird.

Damit ist die Arbeit allerdings noch nicht getan. Zusätzlich muss die Konfiguration von Joomla! angepasst bzw. überprüft werden. Dazu rufen Sie *Site/Konfiguration* auf.

Interessant ist dort der Bereich *Suchmaschinenoptimierung (SEO)*.

Suchmaschinenoptimierung (SEO)		
Suchmaschinenfreundliche URL	⦿ Ja	○ Nein
URL-Rewrite nutzen	⚠○ Ja	⦿ Nein
Dateiendung an URL anfügen	○ Ja	⦿ Nein
Unicode Aliase	○ Ja	⦿ Nein
Seitenname auch im Titel	Nein ▾	

*Die SEO-
Einstellungen
werden
angepasst.*

Im Bereich *Suchmaschinenoptimierung (SEO)* stellen Sie die Option *Such-maschinenfreundliche URLs* auf *Ja*. Nach dem Speichern der Einstellungen zeigt ein Blick ins Frontend Folgendes:

http://localhost/joomla25/index.php/de/fruchtshop/35-professionals

Diese Adresse sieht nun bereits deutlich ansprechender als die parametri-sierte Variante aus. Zusätzlich können Sie bei *Dateiendung an URL anfügen* den Wert *Ja* einstellen. Dadurch hängt Joomla! den Adressen automatisch das Suffix *.html* an.

http://localhost/joomla25/index.php/de/fruchtshop/35-professionals.html

Dieses Ergebnis ist zwar bereits deutlich besser als der ursprüngliche Zu-stand, perfekt ist es allerdings noch nicht. Genau an dieser Stelle kommt das Apache-Modul mod_rewrite ins Spiel.

Mögliche Nachteile durch Suffixe

Ob man Suffixe verwenden soll, ist umstritten. Zwar sehen URLs mit Suffixen zumeist „besser" aus, hinsichtlich Google & Co. können sich aber durchaus Nachteile ergeben. Einen entsprechenden Test hierzu finden Sie auf der Seite *http://www.konzept-welt.de/promotion-news/155-seo-test-url-mit-oder-ohne-html-endung/*.

URLs mit mod_rewrite umschreiben

Eines der bekanntesten Module für den Apache-Server ist mod_rewrite.

Hintergrundwissen zu mod_rewrite

Das Modul mod_rewrite ist sehr mächtig, deswegen werden hier ausschließlich die für Joomla! relevanten Aspekte vorgestellt. Ausführliche Informationen finden Sie auf der Seite *http://httpd.apache.org/docs/1.3/mod/mod_rewrite.html*.

Die Hauptkomponente von mod_rewrite ist die Rewrite-Engine, über die URLs automatisch umgeschrieben werden. Anhand definierter Regeln zeigt der Server nach außen eine „hübsche" URL, während intern eine parametrisierte Adresse verwendet wird. Wie das Modul arbeitet, zeigt folgendes Beispiel: Werfen Sie zunächst einen Blick auf eine typische Joomla!-Adresse:

http://localhost/joomla25/index.php?option=com_content=&task=view&id=5&Itemid=6

Die Probleme, die durch solche komplexen GET-URLs im Zusammenhang mit Suchmaschinen entstehen können, haben Sie eingangs dieses Kapitels bereits kennengelernt. Suchmaschinen stören sich an den Parametern, die durch das &-Zeichen gekennzeichnet sind. Besser wäre es, wenn Suchmaschinen nicht erkennen könnten, dass es sich um GET-Parameter handelt.

http://localhost/joomla25/de/fruchtshop/35-professionals.html

Für die Suchmaschine sieht diese Adresse nun nicht mehr aus wie eine, die sich aus mehreren GET-Parametern zusammensetzt. Stattdessen wird der Eindruck erweckt, es handele sich um eine Webseite, die viele Unterverzeichnisse besitzt. Und an Unterverzeichnissen stören sich Suchmaschinen nun mal nicht.

Werfen Sie zum Vergleich noch einmal einen Blick auf eine URL, die aus der Aktivierung der Option *Suchmaschinenfreundliche Webadressen* resultiert:

http://localhost/joomla25/index.php/de/fruchtshop/35-professionals.html

Hier sehen Sie, dass beispielsweise in der URL die *index.php* auftaucht. Bei der Variante mit mod_rewrite fehlt diese Passage hingegen.

Um mod_rewrite nutzen zu können, muss es vom Provider unterstützt werden. Kontrollieren lässt sich das über folgendes PHP-Skript:

```
<?php
    echo phpinfo();
?>
```

Speichern Sie die Datei unter dem Namen *info.php* ab und rufen Sie sie im Browser – bei gestartetem Webserver – auf.

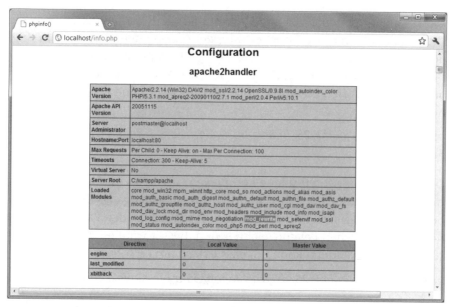

mod_rewrite ist verfügbar.

Die Funktion *phpinfo()* gibt eine große Anzahl an Informationen über die PHP-Konfiguration aus und hinsichtlich mod_rewrite, ob das benötigte Apache-Modul geladen ist.

Sie können auch direkt Joomla! für die Kontrolle nutzen. Dazu rufen Sie *Site/Systeminformationen* auf und wechseln in das Register *PHP-Informationen*.

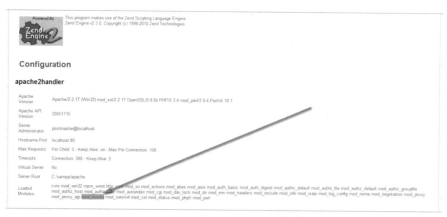

Auch hier ist mod_rewrite verfügbar.

Die meisten Provider haben mod_rewrite aktiviert. Sollte das bei Ihrem Provider nicht der Fall sein, können keine suchmaschinenfreundlichen URLs generiert werden. (Leider wird der Bereich *apache2handler* nicht bei jedem Provider angezeigt.)

Haben Sie Zugang zum Server und dessen Konfigurationsdatei *http.conf*, können Sie mod_rewrite selbst aktivieren.

Die http.conf unter XAMPP

Wenn Sie XAMPP verwenden, finden Sie die *http.conf* im Verzeichnis *http://xampp/apache/conf/httpd.conf*.

Innerhalb der *http.conf* wird nach folgender Zeile gesucht:

- ▪ `#LoadModule rewrite_module modules/mod_rewrite.so`

Entfernen Sie das vorangestellte Doppelkreuz und starten Sie den Server neu.

- ▪ `LoadModule rewrite_module modules/mod_rewrite.so`

Die Regeln für mod_rewrite lassen sich an verschiedenen Stellen definieren. Das kann entweder einer der beiden Container *VirtualHost* oder *Directory* sein, oder man nimmt die Einstellungen innerhalb einer *.htaccess*-Datei vor. Letzteres ist die gebräuchlichste Form.

Hintergrundwissen zu .htaccess

NCSA-kompatible Webserver wie der Apache kennen das Konzept der *.htaccess*-Dateien. Bei *.htaccess* handelt es sich um Konfigurationsdateien für Verzeichnisse, die für ganz unterschiedliche Zwecke eingesetzt werden können. So dienen sie zum Beispiel der Definition von Zugriffsrechten auf bestimmte Verzeichnisse, für automatische Weiterleitungen oder dem Abfangen von HTTP-Fehlermeldungen. Das dahinterstehende Konzept ist sehr kompakt, die Definition dafür aber vergleichsweise einfach. Eine entsprechende Anleitung finden Sie in der offiziellen Apache-Dokumentation unter *http://httpd.apache.org/docs/2.0/howto/htaccess.html*.

.htaccess-Dateien tragen typischerweise den Namen *.htaccess*. Unter Linux können *.htaccess*-Dateien problemlos angelegt werden. Windows bereitet allerdings Probleme.

Windows mag solche Dateinamen nicht.

Die Fehlermeldung erscheint, da Windows Dateien nach dem Schema

- `Punkt.Name`

nicht ohne Weiteres verarbeiten kann. Aus diesem Grund muss man zu einer List greifen. Öffnen Sie über *Start* und die Eingabe von *cmd* die Windows-Kommandozeile.

Anschließend gehen Sie in das Verzeichnis, in dem die Datei liegt. Üblicherweise können Sie die Standard-*.htaccess* verwenden, die Joomla! mitbringt und die sich im Wurzelverzeichnis der Joomla!-Installation unter dem Namen *htaccess.txt* befindet.

administrator	14.02.2011 08:38	Dateiordner	
cache	14.02.2011 08:38	Dateiordner	
components	16.02.2011 15:13	Dateiordner	
images	24.02.2011 09:45	Dateiordner	
includes	14.02.2011 08:38	Dateiordner	
language	14.02.2011 08:38	Dateiordner	
libraries	14.02.2011 08:39	Dateiordner	
logs	18.02.2011 15:52	Dateiordner	
media	16.02.2011 13:24	Dateiordner	
modules	25.02.2011 07:54	Dateiordner	
plugins	14.02.2011 08:39	Dateiordner	
templates	25.02.2011 17:20	Dateiordner	
tmp	25.02.2011 17:20	Dateiordner	
configuration.php	01.03.2011 07:38	PHP Script	3 KB
htaccess.txt	14.02.2011 08:23	Textdokument	3 KB
index.php	14.02.2011 08:23	PHP Script	2 KB
joomla.xml	14.02.2011 08:23	XML-Dokument	2 KB
LICENSE.txt	14.02.2011 08:23	Textdokument	18 KB
README.txt	14.02.2011 08:24	Textdokument	5 KB
robots.txt	14.02.2011 08:24	Textdokument	1 KB

Diese Datei soll umbenannt werden.

Tragen Sie in die Kommandozeile Folgendes ein:

- `c:`
- `cd \`
- `cd xampp\htdocs\joomla\`

In diesem Beispiel wird zunächst zu Laufwerk *C:* gewechselt und dort das Root-Verzeichnis aufgerufen. Anschließend folgt der Wechsel in das *xampp-*

Verzeichnis *htdocs\joomla*. Die dort enthaltene Datei *htaccess.txt* wird nun über

- `ren htaccess.txt .htaccess`
- `exit`

in *.htaccess* umbenannt. Die Kommandozeile gibt dabei übrigens keinerlei Meldung aus, wenn die Umbenennung erfolgreich war.

> **Ein anderer Name für .htaccess-Dateien**
>
> Wem das zu umständlich ist, der kann zu einem anderen Trick greifen. Nennen Sie die *.htaccess*-Datei zum Beispiel *meine.htaccess* und tragen Sie in die *http.conf* Folgendes ein.
>
> `AccessFileName meine.htaccess`
>
> Anschließend kann *meine.htaccess* wie eine ganz normale *.htaccess*-Datei genutzt werden.

Joomla! ist nun für mod_rewrite bereit. Innerhalb dieser Datei finden Sie zahlreiche Kommentare. Zu erkennen sind diese an vorangestellten Rautezeichen.

- `# RewriteEngine On`

Um einen auskommentierten Bereich zu aktivieren, entfernen Sie einfach das oder die Rautezeichen.

- `RewriteEngine On`

Der Inhalt der Standard-*.htaccess* sieht – ohne die zahlreichen Kommentare – folgendermaßen aus:

```
RewriteEngine On

RewriteCond %{QUERY_STRING} base64_encode.*\(.*\) [OR]
RewriteCond %{QUERY_STRING} (\<|%3C).*script.*(\>|%3E) [NC,OR]
RewriteCond %{QUERY_STRING} GLOBALS(=|\[|\%[0-9A-Z]{0,2}) [OR]
RewriteCond %{QUERY_STRING} _REQUEST(=|\[|\%[0-9A-Z]{0,2})
RewriteRule ^(.*)$ index.php [F,L]
RewriteCond %{REQUEST_FILENAME} !-f
RewriteCond %{REQUEST_FILENAME} !-d
RewriteCond %{REQUEST_URI} !^/index.php
RewriteCond %{REQUEST_URI} (/component/) [OR]
RewriteCond %{REQUEST_URI}
(/|\.php|\.html|\.htm|\.feed|\.pdf|\.raw|/[^.]*)$ [NC]
```

- `RewriteRule (.*) index.php`
- `RewriteRule .* - [E=HTTP_AUTHORIZATION:%{HTTP:Authorization},L]`

Mit dieser Standardkonfiguration sollten normalerweise alle Eventualitäten abgedeckt sein. Stellen Sie nun noch unter *Site/Konfiguration* im Bereich *Suchmaschinenoptimierung (SEO)* die Option *URL-Rewrite nutzen* auf *Ja*.

---

mod_rewrite für den IIS

mod_rewrite mag zwar ein reines Apache-Modul sein, eine vergleichbare Lösung existiert aber auch für den IIS. ISAPI Rewrite kann von der Seite *http://www.isapirewrite.com/* heruntergeladen werden. Wenn Sie den IIS einsetzen, benennen Sie außerdem die im Joomla!-Stammverzeichnis liegende *web.config.txt* in *web.config* um.

Fehlerseiten abfangen: Umleitungen

Eine sehr interessante Funktion verbirgt sich hinter der Umleitungen-Komponente. Diese ermöglicht das Abfangen unschöner Fehlerseiten. Mit der neuen Komponente lassen sich die altbekannten Joomla!-Fehlerseiten abfangen. (Wobei die nachfolgend gezeigte Fehlermeldung aus einer nicht vorhandenen Kategorie resultiert. Es gibt noch eine zweite Variante der Fehlermeldungen in Joomla!. Diese werden angezeigt, wenn ein bestimmter Beitrag nicht gefunden werden kann.)

Dank dieser Komponente lassen sich fehlerhafte Seitenaufrufe abfangen und Besucher auf eine andere Seite umleiten. Interessant ist das zum Beispiel, wenn Sie von Joomla! 1.5 auf Joomla! 2.5 umsteigen. Denn bekanntermaßen hat sich in Joomla! 1.6 die Struktur hinsichtlich der Aufteilung in Bereiche und Kategorien verändert. Davon betroffen können auch URLs sein.

Eine nicht vorhandene Seite wurde aufgerufen.

Ist nun eine Ihrer Seiten nicht mehr unter der alten URL erreichbar, kann das negative Auswirkungen haben. Das gilt vor allem hinsichtlich des PageRank Ihrer Seite. Denn ist eine Seite für Suchmaschinen nicht mehr verfügbar, geht deren PageRank verloren. Genau das können Sie mit der neuen Umleitungen-Komponente verhindern.

Um die Komponente nutzen zu können, muss zunächst das dazugehörende Plug-in aktiviert werden. Rufen Sie dazu *Erweiterungen/Plugins* auf. Aktivieren Sie dort das Plug-in *System - Umleitung*.

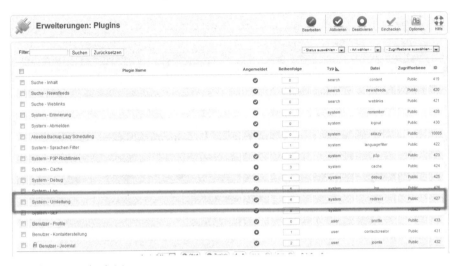

Das Plug-in wurde aktiviert.

Über *Komponenten/Umleitungen* wird anschließend die Verwaltungsoberfläche der Komponente aufgerufen. Um die Umleitungen-Komponente testen zu können, sollten Sie zunächst im Frontend absichtlich eine Fehlermeldung generieren. Dazu rufen Sie eine beliebige Seite im Frontend auf.

http://localhost/joomla25/the-joomla-project.html

Diese URL ändern Sie dann in der Adresszeile des Browsers ab:

http://localhost/joomla25/the-joomla-project2.html

In diesem Beispiel wurde *project* einfach eine *2* angefügt. Wenn Sie jetzt die [Enter]-Taste drücken, wird die bekannte Fehlermeldung generiert.

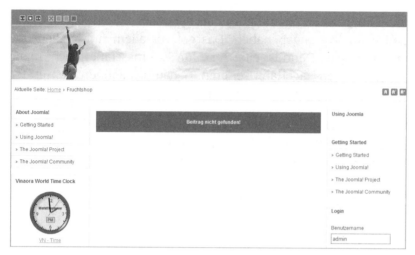

Eine Fehlermeldung wird ausgelöst.

Um solche fehlerhaften Aufrufe umzuleiten, rufen Sie *Komponenten/Umleitungen* auf. Dort sind alle fehlerhaften Aufrufe zu sehen.

Diese Fehler wurden bislang generiert.

Um eine fehlerhafte bzw. veraltete URL anzupassen, klicken Sie sie in der linken Spalte an.

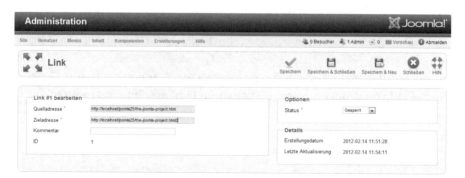

Die URL wird angepasst.

Im Feld *Quelladresse* ist die URL enthalten, die umgeleitet werden soll. Tragen Sie in das Feld *Zieladresse* die URL ein, auf die Sie umleiten wollen.

Das Feld *Kommentar* hat lediglich beschreibenden Charakter. Sie können dort einen beliebigen Text eintragen, der Ihnen später hilft, die einzelnen URLs auseinanderzuhalten.

Damit die URL tatsächlich umgeleitet wird, muss der Wert von *Status* im Bereich *Optionen* auf *Aktiviert* gestellt werden.

Sind die Einstellungen gespeichert, wird ab sofort bei jedem Aufruf der vormals fehlerhaften URL auf die neue Adresse umgeleitet.

Sie sollten in regelmäßigen Abständen überprüfen, ob fehlerhafte Seitenaufrufe unter *Komponenten/Umleitungen* auftauchen, und diese gegebenenfalls korrigieren.

XML-Sitemaps

Mit Sitemaps kann man Suchmaschinen die URLs melden, die indexiert werden sollen. Das wird über eine einfache XML-Datei realisiert, in der alle URLs aufgelistet sind. In diese XML-Datei lassen sich aber auch noch zusätzliche Informationen wie beispielsweise das Datum der letzten Änderung etc. integrieren.

Auch wenn gemeinhin von Google Sitemaps gesprochen wird, trifft das die Sache nicht ganz. Denn in der Tat handelt es sich bei den Sitemaps um einen Standard, der von verschiedenen Suchmaschinen unterstützt wird. Dazu gehören Yahoo!, Microsofts Bing und eben auch Google.

Damit Sie sich einen Eindruck davon verschaffen können, wie eine solche Sitemap aufgebaut ist, hier ein einfaches Beispiel:

```
<?xml version="1.0" encoding="UTF-8"?>
<urlset xmlns="http://www.google.com/schemas/sitemap/0.84">
    <url>
        <loc>http://www.databecker.de/</loc>
        <lastmod>2012-02-03</lastmod>
        <changefreq>monthly</changefreq>
        <priority>0.8</priority>
    </url>
    <url>
        <loc>http://databecker.de/index.php/Das-Projekt/
        joomla-lizenzrichtlinien.html</loc>
```

```
■        <changefreq>weekly</changefreq>
■     </url>
■     <url>
■        <loc>http:// databecker.de/index.php/Weblinks/</loc>
15        <lastmod>2012-04-03</lastmod>
■        <changefreq>weekly</changefreq>
■     </url>
■     <url>
■      </urlset>
```

Über *loc* wird die URL angegeben. Mit *lastmod* teilt man das Datum der letzten Änderung mit, und bei *changefreq* kann man den Rhythmus angeben, in dem die Seite voraussichtlich geändert wird. Ausführliche Informationen zu der Syntax finden Sie beispielsweise unter *http://www.toms-seiten.at/message/anhang.php?kat_id=1&thema_id=9&language=de*. Eine Sitemap kann man letztendlich als eine Bedienungsanleitung für Suchmaschinen verstehen, aus der diese Informationen darüber ziehen, welche Seiten indexiert werden sollten.

Nun müssen Sie eine solche XML-Datei nicht manuell anlegen, sondern können sie generieren lassen. Im Zusammenhang mit Joomla! geht das am besten mit einer entsprechenden Erweiterung. Wie so oft bei Joomla! gibt es auch hier wieder die verschiedensten Erweiterungen. Eine der populärsten ist aber zweifellos Xmap. Auf diese Erweiterung legen wir auch in diesem Workshop den Fokus. Mit Xmap können Sie zunächst einmal Sitemaps für Suchmaschinen generieren. Ebenso können Sie aber auch eine Sitemap anlegen, die den (menschlichen) Besuchern einen Überblick über die Struktur der Webseite liefert.

Xmap präsentiert sich sehr übersichtlich.

Die Erweiterung können Sie von der Seite *http://joomla.vargas.co.cr/en/downloads/components/xmap* herunterladen. (Achtung: Den Download-

Link finden Sie im unteren Seitenbereich. Die große Download-Schaltfläche lädt eine Übersetzungssoftware.) Nach erfolgreicher Installation rufen Sie *Komponenten/Xamp* auf.

Mit der Xmap-Komponente werden automatisch einige Plug-ins mitinstalliert. Welche das sind, können Sie sich im Extensions-Register ansehen.

Diese zusätzlichen Extensions gibt es.

Normalerweise muss nur *Xmap ~ Content Plugin* aktiviert werden. Dadurch werden Artikel und Kategorien bei der Sitemap-Generierung berücksichtigt. Die anderen Extensions sind hingegen nur wichtig, wenn Sie eine der Extensions Virtuemart, Kunea oder SobiPro verwenden. Wenn Sie die Weblink-Komponente von Joomla! verwenden, können Sie das gleichnamige Plug-in ebenfalls aktivieren.

Über *Neu* wird eine neue XML-Sitemap angelegt.

Eine neue Sitemap wird angelegt.

Interessant ist zunächst einmal das Feld *Titel*. Dort tragen Sie einen beliebigen Titel für die XML-Sitemap ein. Die weiteren Einstellungen, die im Bereich *Sitemap Details* angeboten werden, spielen für die eigentliche Sitemap-Funktionalität keine Rolle.

Unter *Menus* wählen Sie zunächst einmal die Menüs aus, die mit in die XML-Sitemap aufgenommen werden sollen. Aktivieren Sie die betreffenden Kontrollkästchen.

Die Reihenfolge der Menüs lässt sich per Drag & Drop verändern. Dadurch ändert sich dann auch die Reihenfolge innerhalb der XML-Datei.

Im Zusammenhang mit der Syntax von XML-Sitemap-Dateien habe ich bereits auf die Möglichkeit hingewiesen, die Priorität der einzelnen URLs zu bestimmen. Über diese Priorität können Suchmaschinen darüber informiert werden, wie wichtig Ihnen die jeweiligen Seiten innerhalb Ihres Webprojekts sind. Beachten Sie, dass dieser Wert keinen Einfluss auf den Vergleich mit anderen Seiten hat. Man kann darüber also nicht bestimmen, dass das eigene Webprojekt wichtiger als das eines Konkurrenten ist. Standardmäßig wird eine Priorität von *0.5* angenommen, was auch der Voreinstellung von Xmap entspricht.

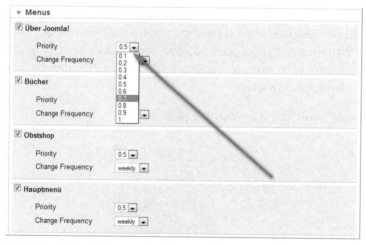

Hier lässt sich die Priorität einstellen.

Um diese Priorität zu ändern, wählen Sie den neuen Wert im *Menus*-Bereich aus den Auswahlfeldern aus.

Über das *Priority*-Feld können Sie die gewünschten Einstellungen vornehmen.

Ebenfalls lässt sich in diesem Bereich die Häufigkeit (*Change Frequency*) einstellen, in der die Seite geändert wird.

Nachdem die Einstellungen gespeichert sind, legt Xmap automatisch eine Sitemap an. Interessant ist nun natürlich die Frage, wo die Sitemap gespeichert wird, schließlich müssen Sie das den Suchmaschinen melden. Zeigen Sie dazu mit dem Mauszeiger in der Sitemap-Übersicht auf *XML Sitemap*.

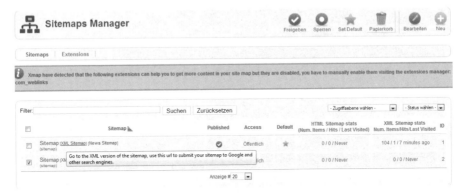

So sieht man den Pfad.

Daraufhin wird in einem *title*-Fenster der Pfad angezeigt. Weiterführende Informationen zur Anmeldung der Sitemap bei den Suchmaschinen gibt es dann im weiteren Verlauf dieses Kapitels.

Wenn sich die Felder nicht einstellen lassen

Leider funktionierten die beiden Felder *Priority* und *Change Frequency* bei Drucklegung dieses Buches in Google Chrome nicht. Um die Einstellungen vornehmen zu können, müssen Sie beispielsweise den Firefox verwenden.

Die Sitemap in die Webseite einbinden

Ich habe bereits darauf hingewiesen, dass Sie die Sitemap auch als HTML-Seite in die Webseitenstruktur einbinden können. Das hilft den menschlichen Seitenbesuchern, sich besser auf der Seite zu orientieren.

Eine solche Sitemap lässt sich sehr einfach realisieren. Rufen Sie dazu über das *Menus*-Menü das Menü auf, in das der Eintrag für die Sitemap aufgenommen werden soll. In der Werkzeugleiste wird *Neu* gewählt. In dem sich daraufhin öffnenden Dialogfenster klicken Sie auf *wählen*. Im Bereich *Xmap* klicken Sie auf *HTML Site map*.

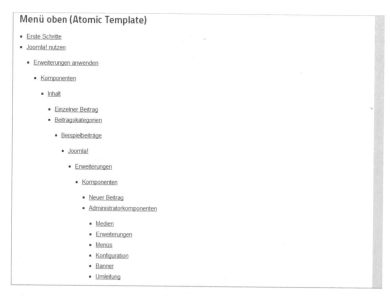

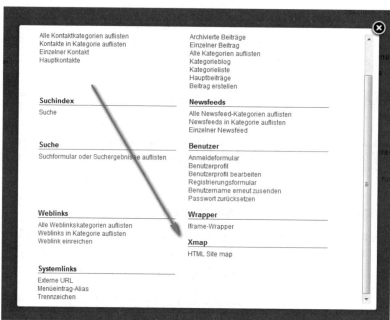

Die Menüvariante wird ausgewählt.

Jetzt muss im Bereich *Erforderliche Einstellungen* die Sitemap ausgewählt werden, die eingebunden werden soll. Dazu klicken Sie auf *Change* und stellen die gewünschte Sitemap ein.

Die Sitemap wird ausgewählt.

Schließlich weisen Sie dem Eintrag noch einen Titel zu und speichern die Einstellungen ab.

Die Sitemap anmelden

Was im Zusammenhang mit den Sitemaps gern vergessen wird: Das Anlegen der Sitemaps allein bewirkt nichts. Man muss die Suchmaschinen über die Sitemaps informieren. Nur dann greifen die Suchmaschinen tatsächlich auf die Sitemaps zu.

Den Suchmaschinen muss man die URL der XML-Sitemap mitteilen. Um sie zu ermitteln, rufen Sie *Komponenten/Xmap* auf. Interessant ist dort der in Klammern stehende Begriff *[XML Sitemap]*.

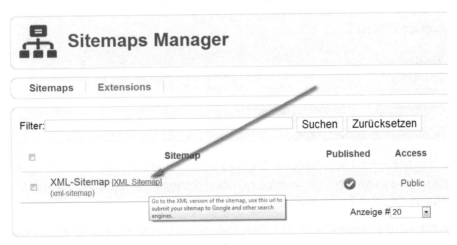

So lässt sich die URL der XML-Sitemap ermitteln.

Wenn Sie diesen Link anklicken, wird die XML-Sitemap im Browser angezeigt.

Sitemap
Number of URLs in this Sitemap: 104

If you want to make changes to this sitemap, login with a "Super User" account in the frontend and then come back to this page.

URL	Last modification date	Change freq.	Priority
http://localhost/joomla25/index.php/erste-schritte	2011-12-27T10:21:44Z	weekly	0.5
http://localhost/joomla25/index.php/joomla-nutzen	2011-12-27T10:52:45Z	weekly	0.5
http://localhost/joomla25/index.php/joomla-nutzen/erweiterungen-anwenden		weekly	0.5
http://localhost/joomla25/index.php/joomla-nutzen/erweiterungen-anwenden/komponenten		weekly	0.5
http://localhost/joomla25/index.php/joomla-nutzen/erweiterungen-anwenden/komponenten/inhalt	2011-01-10T03:28:12Z	weekly	0.5
http://localhost/joomla25/index.php/joomla-nutzen/erweiterungen-anwenden/komponenten/inhalt/einzelner-beitrag	2012-02-13T17:31:23Z	weekly	0.5
http://localhost/joomla25/index.php/joomla-nutzen/erweiterungen-anwenden/komponenten/inhalt/beitragskategorien		weekly	0.5
http://localhost/joomla25/index.php/joomla-nutzen/erweiterungen-anwenden/komponenten/inhalt/beitragskategorien/9-nicht-kategorisiert		weekly	0.5
http://localhost/joomla25/index.php/component/content/article/9-nicht-kategorisiert/67-whats-new-in-15	2010-12-31T23:00:01Z	weekly	0.5
http://localhost/joomla25/index.php/joomla-nutzen/erweiterungen-anwenden/komponenten/inhalt/beitragskategorien-als-blog		weekly	0.5
http://localhost/joomla25/index.php/park-blog/17-erster-blogeintrag	2010-12-31T23:00:01Z	weekly	0.5
http://localhost/joomla25/index.php/park-blog/18-zweiter-blogeintrag	2010-12-31T23:00:01Z	weekly	0.5
http://localhost/joomla25/index.php/joomla-nutzen/erweiterungen-anwenden/komponenten/inhalt/liste-der-beitragskategorien		weekly	0.5
http://localhost/joomla25/index.php/joomla-nutzen/erweiterungen-anwenden/komponenten/inhalt/liste-der-beitragskategorien/20-erweiterungen		weekly	0.5
http://localhost/joomla25/index.php/joomla-nutzen/erweiterungen-anwenden/module		weekly	0.5
http://localhost/joomla25/index.php/joomla-nutzen/erweiterungen-anwenden/module/inhalt		weekly	0.5
http://localhost/joomla25/index.php/joomla-nutzen/erweiterungen-anwenden/module/inhalt/archiv	2011-09-17T20:18:05Z	weekly	0.5
http://localhost/joomla25/index.php/joomla-nutzen/erweiterungen-anwenden/module/inhalt/kategorien-der-beitraege	2011-09-17T20:13:31Z	weekly	0.5
http://localhost/joomla25/index.php/joomla-nutzen/erweiterungen-anwenden/module/inhalt/beitragskategorie	2011-09-17T20:18:26Z	weekly	0.5
http://localhost/joomla25/index.php/joomla-nutzen/erweiterungen-anwenden/module/inhalt/neueste-beitraege	2011-12-27T10:25:41Z	weekly	0.5
http://localhost/joomla25/index.php/joomla-nutzen/erweiterungen-anwenden/module/inhalt/meistgelesene-beitraege	2011-12-27T10:26:41Z	weekly	0.5
http://localhost/joomla25/index.php/joomla-nutzen/erweiterungen-anwenden/module/inhalt/newsflash	2011-09-17T20:16:46Z	weekly	0.5
http://localhost/joomla25/index.php/joomla-nutzen/erweiterungen-anwenden/module/inhalt/verwandte-beitraege	2011-12-27T10:37:34Z	weekly	0.5
http://localhost/joomla25/index.php/joomla-nutzen/erweiterungen-anwenden/module/benutzer		weekly	0.5
http://localhost/joomla25/index.php/joomla-nutzen/erweiterungen-anwenden/module/benutzer/anmelden	2011-09-17T20:20:35Z	weekly	0.5
http://localhost/joomla25/index.php/joomla-nutzen/erweiterungen-anwenden/module/benutzer/wer-ist-online	2011-09-17T20:19:45Z	weekly	0.5
http://localhost/joomla25/index.php/joomla-nutzen/erweiterungen-anwenden/module/benutzer/neueste-benutzer	2011-09-17T20:21:05Z	weekly	0.5

So sieht die Sitemap aus.

Die Adresse dieser Sitemap, die in der Adresszeile des Browsers angezeigt wird, ist es, die an die Suchmaschinen übermittelt werden muss.

Bei Google rufen Sie die Webmastertools (*http://www.google.com/webmasters/sitemaps/?hl=de*) auf. Dort müssen Sie, wenn noch nicht geschehen, ein neues Konto anlegen. Anschließend klicken Sie innerhalb des Dashboards auf XML-*Sitemap einreichen* und dann erneut auf *XML-Sitemap einreichen*.

Die XML-Sitemap wird eingereicht.

Dann kann die URL der XML-Sitemap hinzugefügt werden. Mit *XML-Sitemap einreichen* wird die Sitemap an Google übermittelt. Google reagiert im Allgemeinen recht schnell auf eine Anmeldung.

Bei Bing von Microsoft funktioniert es ähnlich unkompliziert. Rufen Sie hier die Seite *http://www.bing.com/toolbox/webmaster/* auf und melden Sie sich an. Jetzt müssen Sie nur noch Ihre Webseite und die URL der Sitemap-Datei eintragen. Bing braucht vergleichsweise lange, bis auf die Anmeldung reagiert wird.

Um die Sitemap bei Yahoo! anzumelden, verwenden Sie ebenfalls die vorgestellte Bing-Variante.

Weitere Joomla!-SEO-Tipps

Auf den vorherigen Seiten wurden zahlreiche Tipps & Tricks vorgestellt, die dabei helfen, das Ranking der eigenen Seite zu verbessern. Manche Tipps wirken sofort, andere vielleicht erst später und wenig spürbar.

Die folgende Liste zeigt weitere Aspekte, die unbedingt berücksichtigt werden müssen:

➢ Aktivieren Sie unbedingt den Cache. Dadurch wird die Seite schneller, was auch dem Ranking zugute kommt. Mehr zu diesem Thema ab Seite 876.

➢ Installieren Sie nicht die Beispieldatensätze. Vergisst man diese nämlich zu löschen, werden sie von den Suchmaschinen mit indexiert. Da diese nichts mit dem Thema der Seite zu tun haben, verschlechtert dies das Ranking.

➢ Verändern Sie unbedingt die Standard-Meta-Angaben. (Sie glauben nicht, wie oft das vergessen wird.)

➢ Wenn Sie die PDF-Generierung nicht benötigen, deaktivieren Sie diese. Es hat sich in der Vergangenheit gezeigt, dass Joomla!-PDF-Dateien höher gelistet sind als die normalen Seiteninhalte. Besucher können somit zwar schnell auf eines Ihrer PDFs zugreifen, auf die normale Seite gelangen sie – aufgrund fehlender Menüs in dem PDF-Dokument – dann aber nicht.

➢ Tragen Sie für Kategorien vollständige Beschreibungstexte ein.

11.2 Joomla! absichern

Schnell lassen sich mit Joomla! ein paar Seiten „zusammenklicken". Damit allein ist es aber noch längst nicht getan. Das wird spätestens dann deutlich, wenn die eigene Seite gehackt und mit neuen – im schlimmsten Fall – illegalen Inhalten gefüllt wurde. Dem gilt es entgegenzuwirken. Das nötige Rüstzeug zum Absichern von Webserver und Joomla! liefert dieses Kapitel. Und auch für den Fall, dass Ihre Webseite doch mal gehackt wurde, finden Sie entsprechende Erste-Hilfe-Informationen.

Und da das Thema Sicherheit nicht ohne Backups funktioniert, gibt es auch zur Datensicherung in diesem Kapitel zahlreiche Hinweise.

Sicherheitsprobleme aufgedeckt

Anfangs waren Content-Management-Systeme neu und hipp. Für die CMS-Entwickler stand die Funktionalität im Vordergrund. Der Sicherheit wurde (höchstens) die zweite Priorität zugestanden. CM-Systeme sind für Angreifer ein dankbares Ziel. Durch ihre weite Verbreitung kann man davon ausgehen, dass auch weniger sicherheitsbewusste Anwender ein solches System zum Laufen bringen und in ihrer täglichen Arbeit einsetzen. Zusätzlich erlauben es solche Applikationen, wenn man denn erst einmal eine Angriffsstelle gefunden hat, direkt auf die Seiteninhalte zuzugreifen und diese zu manipulieren (Stichwort: Defacement).

Gefahren durch Defacement

Welche Auswirkungen das sogenannte Defacement auf Ihrer Webseite haben kann, zeigt die folgende Abbildung:

Die Seite wurde erfolgreich übernommen.

Beim Defacement erlangt der Angreifer Zugriff auf das System und verändert die Startseite. In der Vergangenheit wurden mehrere namhafte Seiten wie zum Beispiel Men's Health, Connect und N/X Opfer solcher Attacken.

Einen schönen Überblick über Defacement-Opfer können Sie sich auf der Seite *http://www.zone-h.org/* verschaffen. Dort sind unter dem Menüpunkt *Archive* zahlreiche Beispiele für Defacement-Seiten aufgeführt.

Und selbst wenn dem Thema Sicherheit Bedeutung geschenkt wird, beschränkt sich dies auch heute noch allzu oft auf die Serversicherheit.

Natürlich muss der Server sicher sein. (Informationen zu diesem heiklen Thema erhalten Sie ebenfalls in diesem Kapitel.) Im Zusammenhang mit Joomla! lauern die Gefahren allerdings noch an ganz anderer Stelle: Schlampig programmierter PHP-Code ist für den überwiegenden Teil der Sicherheitslücken verantwortlich.

Die Top 20 der Software-Sicherheitsrisiken

Das FBI veröffentlicht alljährlich die Liste der 20 gefährlichsten Softwareprodukte (*http://www.sans.org/top20/*). PHP-basierte Applikationen – und eben eine solche ist Joomla! – schaffen es dort bei den plattformunabhängigen Anwendungen immerhin auf Platz 3.

Im Zusammenhang mit dem Thema Sicherheit von Webapplikationen tauchen immer wieder die gleichen fehlerhaften Aussagen auf:

> **Unsere Anwendung ist durch eine Firewall geschützt** – Eine Firewall sollte natürlich Pflicht sein. Bei der Mehrzahl der Angriffe auf Webapplikationen helfen sie aber nicht weiter, denn sie werden über Port 80 vorgenommen.

> **Die ankommenden Daten kommen über eine verschlüsselte Verbindung** – Eine verschlüsselte Verbindung schützt nur, wenn der Private Key des SSL-Zertifikats nicht in falsche Hände gerät. Denn ist der Angreifer im Besitz des Schlüssels, kann er den Netzwerkverkehr mittels ssldump problemlos entschlüsseln.

Das sind nur zwei von vielen Mythen und Halbwahrheiten, die im Zusammenhang mit der IT-Sicherheit kursieren. In diesem Buch soll allerdings nicht die allgemeine IT-Sicherheit im Vordergrund stehen, sondern die von Joomla!. Eine gute und stets aktuelle Seite über Fragen der Internetsicherheit finden Sie unter *http://www.bsi.de/*.

Joomla! und die Sicherheitslücken

Bei Joomla! gibt es zwei Nahtstellen, die potenzielle Sicherheitsrisiken darstellen. Zum einen ist es das CMS selbst, denn Joomla! ist nun einmal eine „ganz normale" PHP-Anwendung, bei der immer mal wieder Sicherheitslücken bekannt werden. Und sobald Sicherheitslücken auftauchen, gibt es Angreifer, die diese ausnutzen wollen. Deswegen ist es wichtig, Joomla! mit regelmäßigen Updates auf dem neusten Stand zu halten. Updates erhalten Sie unter *http://joomla.org/*. Folgen Sie dort dem entsprechenden Versionslink unter *Download Latest*. Wie Updates eingespielt werden, wurde im 1. Kapitel dieses Buchs beschrieben.

So halten Sie das System aktuell

Es lohnt sich zudem, regelmäßig nach sicherheitsrelevanten Joomla!-Neuigkeiten Ausschau zu halten. Zentrale Anlaufstelle dafür ist *http://secunia.com/ advisories/product/5788/*.

Mögen in der Vergangenheit auch immer wieder Sicherheitslücken im CMS aufgetaucht sein, sie sind nicht das Hauptproblem. Das sind vielmehr die von Entwicklern selbst erstellten Komponenten, Plug-ins und Module. Es ist also nur die halbe Miete, wenn man Joomla! ständig aktualisiert. Auch die verwendeten Module, Komponenten und Plug-ins sowie – wenn man selbst Entwickler ist – der eigene Quellcode müssen regelmäßigen Sicherheitskontrollen unterzogen werden.

So berichtete Secunia im Oktober 2006 von einer Sicherheitslücke in der weit verbreiteten Shopsoftware VirtueMart, die das sogenannte Cross-Site Scripting ermöglicht. Wer VirtueMart einsetzt (und das sind sehr viele), läuft ohne das entsprechende Update Gefahr, dass Angreifer seine Datenbestände manipulieren.

Aktuelle Meldungen zu Komponenten, Modulen und Plug-ins finden Sie unter *http://www.joomla.de/*.

Sicherheitsmeldungen am laufenden Band.

Nun ist das natürlich längst nicht die einzige Seite, die sich der Sicherheit von Joomla! widmet. Auch die Joomla!-Entwickler selbst informieren auf ihrer Webseite unter *http://developer.joomla.org/security.html* über Sicherheitslücken innerhalb von Joomla! Wer will, kann sich die Informationen auch in Form von Newsfeeds anzeigen lassen.

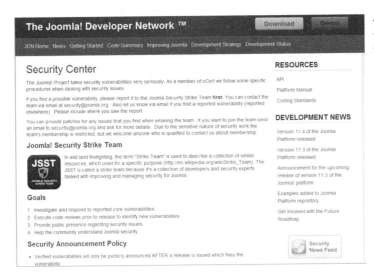

Auch auf dieser Seite kann man sich informieren.

Dazu ruft man die Seite *http://feeds.joomla.org/JoomlaSecurityNews* auf. Zusätzlich finden Sie unter *http://forum.joomla.org/viewforum.php?f=621* allgemeine Sicherheitsinformationen. Bevor Sie eine Komponente tatsächlich im Produktionsbetrieb einsetzen, sollten Sie diese Quellen in jedem Fall durchforsten.

Und als letzte, aber natürlich ebenso relevante Seite für Sicherheitsfragen bleibt Heise Security (*http://www.heise.de/security/*) zu nennen.

Auch diese Seite sollte regelmäßig besucht werden.

Immer mal wieder tauchen hier Meldungen rund um das Thema Joomla! auf.

So sicher sind Erweiterungen

Auf den folgenden Seiten erhalten Sie Informationen darüber, wie Sie Ihre eigenen Komponenten und Module sicher programmieren können. Denn wenn Ihr eigener Code Sicherheitslücken enthält, können Sie Joomla! noch so aktuell halten, dem Angreifer ist es dann trotzdem möglich, in das System einzugreifen.

Joomla!-Komponenten werden in der Skriptsprache PHP geschrieben. PHP ist zwar sehr mächtig, aber eben auch relativ einfach anzuwenden. So ermöglicht die Sprache schon mit wenigen Zeilen Code erstaunliche Effekte. Und genau hier liegt das Problem. Denn Module und Komponenten sind so schnell erstellt, dass die Sicherheitsfragen (oftmals freilich unterbewusst) außen vor gelassen werden.

Wer sich mit PHP beschäftigt, muss immer auf dem aktuellen Sicherheitsstand sein. Es gibt einige zentrale Anlaufstellen, die tagesaktuell über die neusten Entwicklungen informieren, Sicherheitslücken aufdecken und Lösungsansätze zeigen.

Mailinglisten

Wenn Sie professionell Joomla!-Projekte verwalten bzw. Serveradministrator sind, sollten Sie auf jeden Fall mindestens eine der Mailinglisten Bugtraq (*http://www.securityfocus.com/archive/1*) oder Full Disclosure (*https://lists.grok.org.uk/mailman/listinfo/full-disclosure*) abonnieren.

➢ **OWASP** – Eine der wichtigsten Anlaufstellen für die Sicherheit von Webapplikationen ist das **O**pen **W**eb **A**pplication **S**ecurity **P**roject (kurz OWASP). Auf dem unter *http://www.owasp.org/* verfügbaren Portal versammeln sich Entwickler aus aller Welt, um Richtlinien für Websicherheit zu definieren. OWASP veröffentlicht zahlreiche Checklisten und Filterbibliotheken für verschiedene Sprachen.

➢ **PHP Security Consortium** – Hinter diesem Projekt (*http://www.phpsec. org/*) stecken zahlreiche PHP-Entwickler, die alle sicherheitsrelevanten Informationen zu ihrer Sprache an zentraler Stelle veröffentlichen wollen.

➢ **Sonstiges** – Auch im deutschsprachigen Raum gibt es zahlreiche PHP-Webseiten. Die bekanntesten Vertreter sind *http://www.php-resource. de/* und *http://www.php-center.de/*. Dort sind vereinzelt Artikel zur Sicherheit in PHP-Anwendungen zu finden.

Erweiterungen automatisch aktualisieren

In Joomla! 2.5 lassen sich die Erweiterungen automatisch aktualisieren. Das gilt jedoch nur dann, wenn die Entwickler der Erweiterungen diese Möglichkeit auch tatsächlich nutzen.

Rufen Sie *Erweiterungen/Erweiterungen* auf und wechseln Sie in das Register *Aktualisieren*. Um nach möglichen Updates zu suchen, klicken Sie in der Werkzeugleiste auf *Aktualisierungen suchen*.

Es sind Updates verfügbar.

Joomla! überprüft daraufhin automatisch, ob Aktualisierungen für die installierten Erweiterungen vorhanden sind.

Um eine Erweiterung zu aktualisieren, aktivieren Sie das vorangestellte Kontrollkästchen und klicken in der Werkzeugleiste auf *Aktualisieren*. Die Aktualisierung dauert je nach Umfang mehrere Minuten.

Die Installation war erfolgreich.

Bei Erweiterungen, bei denen diese automatischen Updates nicht funktionieren, muss man den manuellen Weg einschlagen. Dabei laden Sie sich die angegebene Aktualisierung üblicherweise in Form eines Zip-Archivs herunter und entpacken dieses Archiv. Je nachdem, ob es sich um ein Plug-in oder um eine Komponente handelt, kopieren Sie die Dateien und Verzeichnisse ins *components*-, *modules*- oder ins *plugins*-Verzeichnis. Dabei überschreiben Sie die vorhandenen Daten.

11.3 So schützen Sie Joomla! effektiv vor Angriffen

In diesem Abschnitt geht es darum, wie Sie Ihr Joomla! vor Angriffen schützen können. Denn selbstverständlich helfen die besten Kenntnisse über PHP-Sicherheitslücken nichts, wenn man zum Beispiel eine zu einfache Kombination aus Benutzernamen und Passwort verwendet.

> **Tools verwenden**
>
> Denken Sie daran, dass sich Joomla! auch mit entsprechenden Tools absichern lässt. Welche das sind, wird in diesem Kapitel ebenfalls noch gezeigt.

Das Tabellenpräfix ändern

In früheren Versionen wurden standardmäßig sämtliche Joomla!-Tabellen mit dem Präfix *jos_* ausgestattet. Potenzielle Angreifer wussten natürlich um eben jenes Präfix und benutzten diesen Aspekt als Ausgangspunkt für Angriffe. Mittlerweile vergibt Joomla! Zufallssuffixe. Aus Sicherheitsgründen können Sie aber immer mal das Suffix verändern, um Angreifern das Leben schwer zu machen.

Dafür gibt es zwei Möglichkeiten:

> entweder während der Installation oder
> im laufenden Joomla!-Betrieb.

Wenn Sie während der Installation die Datenbankeinstellungen angeben, können Sie dort das Präfix ändern. Tragen Sie das Präfix in das Feld *Tabellenpräfix* ein.

Auch nach der Installation ist das Anpassen des Präfixes jederzeit möglich. Eine sehr einfache Möglichkeit dazu bietet das von Nicholas K. Dionysopoulos geschriebene PHP-Skript, das auf der Seite *http://magazine.joomla.org/topics/item/108-the-prefix-has-nothing-to-do-with-telephony* angeboten wird.

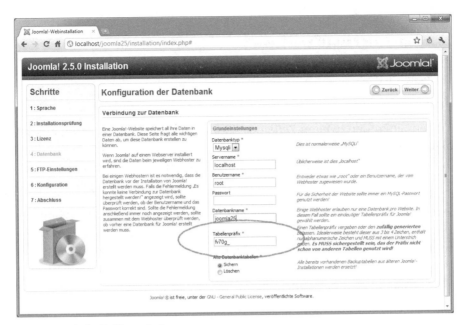

Hier lässt sich das Präfix verändern.

Dieses Skript sieht folgendermaßen aus:

```php
<?php
$new_prefix = 'new_';
require_once 'configuration.php';
$config = new JConfig;
$con = mysql_connect($config->host, $config->user, $config->password);
if(!is_resource($con)) die('Error connecting to db');
$test = mysql_select_db($config->db, $con);
if($test===false) die('Error connecting to db');
$prefix = $config->dbprefix;
$sql = "show tables where 'Tables_in_{$config->db}' like '{$prefix}%'";
$res = mysql_query($sql);
while($row = mysql_fetch_array($res))
{
    $old = $row[0];
    $new = $new_prefix . substr($old, 4);
    $temp = mysql_query("RENAME TABLE '$old' TO '$new'");
    if($temp === false) die(mysql_error());
    mysql_free_result($temp);
```

831

```
   }
20 mysql_free_result($res);
   mysql_close($con);
   echo "OK";
   ?>
```

Tragen Sie in der zweiten Zeile des Skripts das gewünschte Präfix ein. Im aktuellen Beispiel wird *new_* verwendet. Dieses Skript kopieren Sie dann auf den Server. Dabei gehört das Skript ins Stammverzeichnis von Joomla!, es muss also auf derselben Ebene wie die Datei *configuration.php* liegen.

Rufen Sie dieses Skript anschließend über den Browser auf. (Wenn die PHP-Meldung *Warning: mysql_free_result() expects parameter 1 to be resource, boolean given in ...* angezeigt wird, ist das übrigens kein ernsthaftes Problem. Das ist lediglich eine PHP-Warnung, die aufgrund der aktuellen PHP-Fehlereinstellungen angezeigt wird. Das Skript funktioniert trotzdem.)

Die Tabellen werden dadurch automatisch umbenannt. Öffnen Sie nun die *configuration.php* und suchen Sie nach folgender Zeile:

```
var $dbprefix = 'jos_';
```

Hier tragen Sie das neue Präfix ein:

```
var $dbprefix = 'new_';
```

Nun kann das Skript wieder vom Server gelöscht werden. Überprüfen Sie am besten noch einmal per phpMyAdmin, ob die Tabellennamen tatsächlich wie gewünscht umbenannt wurden. Denn das Skript arbeitet mit einer PHP-Funktion zur Manipulation von Zeichenketten und übernimmt das angegebene neue Präfix nicht unverändert.

Und noch ein Hinweis in diesem Zusammenhang. Unter *Site/Konfiguration/Server* gibt es das Feld *Präfix*.

Vorsicht ist angesagt.

Diesen Wert bitte erst dann verändern, wenn tatsächlich ein anderes Präfix angegeben wurde. Wird hier nämlich ein falsches Präfix eingetragen, hat das fatale Folgen. Man kann anschließend nämlich weder auf das Frontend noch auf das Backend zugreifen.

jos-Error: Application Instantiation Error

```
JFactory :: getApplication() @ C:\xampp\htdocs\joomla25\administrator\index.php:29
JApplication :: getInstance() @ C:\xampp\htdocs\joomla25\libraries\joomla\factory.php:102
JAdministrator -> __construct() @ C:\xampp\htdocs\joomla25\libraries\joomla\application\application.php:208
JApplication -> __construct() @ C:\xampp\htdocs\joomla25\administrator\includes\application.php:35
JApplication -> _createSession() @ C:\xampp\htdocs\joomla25\libraries\joomla\application\application.php:173
JFactory :: getSession() @ C:\xampp\htdocs\joomla25\libraries\joomla\application\application.php:1046
JFactory :: createSession() @ C:\xampp\htdocs\joomla25\libraries\joomla\factory.php:152
JSession :: getInstance() @ C:\xampp\htdocs\joomla25\libraries\joomla\factory.php:661
JSession -> __construct() @ C:\xampp\htdocs\joomla25\libraries\joomla\session\session.php:155
JSession -> _start() @ C:\xampp\htdocs\joomla25\libraries\joomla\session\session.php:118
session_start() @ C:\xampp\htdocs\joomla25\libraries\joomla\session\session.php:492
JSessionStorageDatabase -> read()
JDatabase -> loadResult() @ C:\xampp\htdocs\joomla25\libraries\joomla\session\storage\database.php:81
JDatabaseMySQLi -> query() @ C:\xampp\htdocs\joomla25\libraries\joomla\database\database.php:1109
JError :: raiseError() @ C:\xampp\htdocs\joomla25\libraries\joomla\database\database\mysqli.php:396
JError :: raise() @ C:\xampp\htdocs\joomla25\libraries\joomla\error\error.php:251
JError :: throwError() @ C:\xampp\htdocs\joomla25\libraries\joomla\error\error.php:176
call_user_func_array() @ C:\xampp\htdocs\joomla25\libraries\joomla\error\error.php:214
JError :: handleMessage()
JFactory :: getApplication() @ C:\xampp\htdocs\joomla25\libraries\joomla\error\error.php:705
JError :: raiseError() @ C:\xampp\htdocs\joomla25\libraries\joomla\factory.php:99
JError :: raise() @ C:\xampp\htdocs\joomla25\libraries\joomla\error\error.php:251
```

Es werden nur noch Fehler angezeigt.

In Panik müssen Sie in diesem Fall allerdings nicht verfallen. Öffnen Sie einfach die im Joomla!-Stammverzeichnis liegende *configuration.php* und suchen Sie dort nach folgender Zeile:

- ◾ `public $dbprefix = 'jy03r_';`

Dort können Sie das richtige Präfix eintragen. Anschließend läuft die Seite wie gewohnt.

.htaccess-Schutz einrichten

Bevor man sich im Backend bewegen kann, muss man sich anmelden. Dazu bietet Joomla! das altbekannte Anmeldeformular an.

Diese Variante kennt jeder.

Auf dieses Formular kann jeder zugreifen und beliebig oft versuchen, sich einzuloggen. So etwas gilt es zu verhindern. Eine effektive Möglichkeit dazu bieten *.htaccess*-Dateien. Setzt man diese nämlich richtig ein, muss man vor der eigentlichen Joomla!-Anmeldung eine weitere Authentifizierung überstehen. Eine Einführung zum Thema *.htaccess*-Dateien finden Sie in diesem Kapitel ab Seite 809, dort allerdings im Zusammenhang mit dem Thema Suchmaschinenoptimierung.

Ein zusätzlicher Passwortschutz wurde eingerichtet.

Erst wenn man dort die richtige Kombination aus Benutzername und Passwort angegeben hat, gelangt man zur eigentlichen Joomla!-Benutzeranmeldung.

Legen Sie sich dazu innerhalb des *administrator*-Verzeichnisses der Joomla!-Installation eine *.htaccess*-Datei mit folgendem Inhalt an.

- `AuthUserFile /home/myweb/http/boerse/web2/12/93/343443/htdocs/administrator/.htpasswd`
- `AuthName "Bitte Anmelden"`
- `AuthType Basic`
- `<Limit GET>`
- `require valid-user`
- `</Limit>`

Neben der *.htaccess* muss auch eine *.htpasswd* vorhanden sein. Diese könnte folgendermaßen aussehen:

- `dbecker:$1$w49aMUjt$PZUD3BXBiuZqIJ1j1/R8NO`

dbecker ist darin der Benutzername. Bei der Zeichenkette hinter dem Doppelpunkt handelt es sich um das Passwort. Dieses Passwort wird auf dem Apache-Server mit dem MD5-Algorithmus verschlüsselt. Einen entsprechenden Generator finden Sie unter *https://www.phpbb.de/support/doku/htpasswd.php*.

Innerhalb der *.htaccess* ist Ihnen sicherlich die Zeile *AuthUserFile* aufgefallen. Dort müssen Sie den absoluten Pfad zur *.htpasswd* angeben, die im *administrator*-Verzeichnis liegt. Diesen absoluten Pfad können Sie durch folgendes PHP-Skript ermitteln.

```
<?php
  echo $_SERVER['DOCUMENT_ROOT'];
?>
```

Laden Sie dieses Skript auf den Server und rufen Sie es im Browser auf. Der Pfad wird angezeigt und kann in die *.htaccess* eingefügt werden.

Sie müssen die Dateien übrigens nicht manuell erstellen, sondern können zum Beispiel auf den Generator zurückgreifen, der auf der Seite *http:// www.fueralles.de/htaccess-Generator.html* angeboten wird. Nach dem Ausfüllen der Felder werden Ihnen *.htaccess* und *.htpasswd* per E-Mail zugeschickt. Diese Dateien müssen dann einfach auf den Server in die genannten Verzeichnisse kopiert werden.

Der erste Administrator

Viele Benutzer legen während der Installation den Benutzer *admin* an. Das ist bei einer lokalen Installation natürlich absolut kein Problem. Sobald man aber mit der Seite auf einen öffentlich zugänglichen Server umzieht, sollte man diesen Benutzer löschen und einen anderen Super User anlegen. Das wird aber oftmals vergessen. Das wissen natürlich auch potenzielle Angreifer. Daher sollen Sie diesen Benutzer *admin* immer löschen. Bevor er gelöscht wird, legen Sie aber einen neuen Benutzer an, da Sie ansonsten gegebenenfalls nicht mehr auf das Backend zugreifen können.

Warum dieser Weg gegangen wird

Oftmals taucht der Hinweis auf, dass man den Benutzer *admin* einfach nur umzubenennen braucht. Das stimmt so zwar, hat allerdings einen entscheidenden Nachteil: Die ID des Benutzers, die in der Datenbank gespeichert ist, wird dadurch nicht verändert. Genau das wird aber erreicht, wenn man einen neuen Benutzer anlegt.

Der Standardbenutzer hat die ID 42, was natürlich auch Angreifer wissen.

Um den neuen Benutzer anzulegen, rufen Sie *Benutzer/Benutzer* auf und klicken in der Werkzeugleiste auf *Neu*. Tragen Sie anschließend die notwendigen Benutzerdaten ein.

Entscheidend sind ein sicherer Benutzername und ein ebensolches Passwort. Um ein wirklich sicheres Passwort zu erhalten, können Sie beispielsweise auf einen Generator wie den auf der Seite *http://www.gaijin.at/ olspwgen.php* angebotenen zurückgreifen. (Lesen Sie in diesem Zusammenhang auch den nächsten Abschnitt, in dem es noch einmal detailliert um Passwörter und Benutzernamen geht.)

Der neue Benutzer wird angelegt.

Stellen Sie im unteren Seitenbereich bei *Zugewiesene Gruppen* den Wert *Super Benutzer* ein.

Sobald der neue Super Benutzer gespeichert ist, können Sie den alten löschen. Melden Sie sich dazu zunächst vom System ab und loggen Sie sich mit den neuen Benutzerdaten ein. (Diese Reihenfolge ist wichtig. Denn wenn Sie den Super Benutzer löschen, bevor ein neuer angelegt ist, können Sie sich nicht mehr ins Backend einloggen.)

Anschließend aktivieren Sie in der Benutzerübersicht das vor dem alten Super User stehende Kontrollkästchen und klicken in der Werkzeugleiste auf *Löschen*.

Passwörter und Benutzernamen

Der erste Hinweis muss lauten: Suchen Sie sich eine gute und sichere Kombination aus Benutzername und Passwort heraus. Dabei soll an dieser Stelle jedoch nicht exzessiv über die richtige Passwortlänge und Ähnliches lamentiert werden. Denn eigentlich ist es ganz einfach: Hacker oder Skriptkids benutzen Programme, die die gebräuchlichsten Benutzername-Passwort-Kombinationen austesten.

Vermeiden Sie also in jedem Fall Benutzernamen und Passwörter wie

➢ *Admin*

➢ *Chef*

➢ *Webmaster*

➢ *Joomla!*

Am sichersten sind immer Zahlen-Buchstaben-Kombinationen. Ein guter Benutzername ist also:

➢ *1jon22NY23*

Ein geeignetes Passwort könnte dagegen folgendermaßen aussehen:

➢ *1w3m1i6dfs*

Beides ist zwar nicht sonderlich gut zu merken, mit einer entsprechenden Eselsbrücke ist das aber machbar. Und denken Sie immer daran: Dieser geringe Mehraufwand bei der Passworteingabe kann Ihre Webseite effektiv vor Angriffen schützen.

So hat das IT-Unternehmen Imperva insgesamt rund 32 Millionen Passwörter ausgewertet. Die folgende Tabelle zeigt, welche Passwörter besonders häufig verwendet wurden:

Passwort	Anzahl der Benutzer, die es verwendet haben
123456	290731
12345	79078
123456789	76790
Password	61958
iloveyou	51622
princess	35231
rockyou	22588
1234567	21726
12345678	20553
abc123	17542
Nicole	17168
Daniel	16409
babygirl	16094
monkey	15294
Jessica	15162
Lovely	14950
michael	14898
Ashley	14329
654321	13984
Qwerty	13856

Ausführliche Informationen zu dieser Untersuchung und Tipps zur Passwortsicherheit finden Sie unter *http://www.imperva.com/news/press/ 2010/01_21_Imperva_Releases_Detailed_Analysis_of_32_Million_Passwords. html.*

Die Admin Tools von Akeeba für mehr Sicherheit

Akeeba ist Ihnen vielleicht schon im Zusammenhang mit dem Backup-Tool Akeeba Backup begegnet. Mit den Admin Tools gibt es eine weitere interessante Erweiterung. In diesem Tool sind unter anderem die folgenden Funktionen enthalten:

➢ *.htaccess*-Schutz für den Administrationsbereich.

➢ Präfix der Datenbanktabellen ändern.

➢ ID des Super Users ändern.

➢ Verzeichnisrechte ändern.

Wie Sie sehen, leisten die Admin Tools eine ganze Menge wertvoller Dinge. Laden Sie sich die Erweiterung von der Seite *https://www.akeebabackup. com/download/admintools.html.*

Nach erfolgreicher Installation erreichen Sie die Benutzeroberfläche über *Komponenten/Admin Tools.*

So hat man alle Funktionen im Schnellzugriff.

Im Bereich *Security* fällt zunächst einmal die rote Schaltfläche *Emergency OFF-line* auf. Darüber lässt sich die Site offline schalten. Das geschieht allerdings nicht wie sonst, wenn man die Seite über *Site/Site* in den Offlinemodus setzt. Nutzt man nämlich die Funktion der Admin Tools, ist die Seite überhaupt nicht mehr erreichbar.

Objekt nicht gefunden!

Der angeforderte URL konnte auf dem Server nicht gefunden werden. Der Link auf der verweisenden Seite scheint falsch oder nicht mehr aktuell zu sein. Bitte informieren Sie den Autor dieser Seite über den Fehler.

Sofern Sie dies für eine Fehlfunktion des Servers halten, informieren Sie bitte den Webmaster hierüber.

Error 404

localhost
03/02/11 08:58:16
Apache/2.2.14 (Win32) DAV/2 mod_ssl/2.2.14 OpenSSL/0.9.81 mod_autoindex_color PHP/5.3.1 mod_apreq2-20090110/2.7.1 mod_perl/2.0.4 Perl/v5.10.1

Die Seite ist nicht mehr erreichbar.

Somit weiß auch niemand mehr, dass es sich bei der Seite um eine handelt, die auf Joomla! basiert. (Was ja bei der „sanften" Methode über *Site/Site* der Fall ist.)

Die Admin Tools fragen noch einmal nach, bevor die Seite tatsächlich offline gesetzt wird. Nur wenn diese Abfrage bestätigt wird, greift die Notfallabschaltung.

Realisiert wird das über eine *.htaccess*-Datei, die von den Admin Tools automatisch im Wurzelverzeichnis der Joomla!-Installation angelegt wird.

- `RewriteEngine On`
- `RewriteCond %{REMOTE_HOST}`   `!1`
- `RewriteCond %{REQUEST_URI}`   `!offline\.html`
- `RewriteCond %{REQUEST_URI}`   `!(\.png|\.jpg|\.gif|\.jpeg|\`
  `.bmp|\.swf|\.css|\.js)$`
- `RewriteRule (.*)`   `offline.html    [R=307,L]`

Um die Seite wieder online zu schalten, löschen Sie die *.htaccess* entweder manuell oder rufen *Komponenten/Admin Tools* auf. Über *Emergency OFFline* und *Set online* wird die Seite wieder freigegeben.

Eine weitere interessante Funktion verbirgt sich hinter dem Punkt *Password-protect Administrator*. Darüber lässt sich der Administrationsbereich mit einem zusätzlichen *.htaccess*-Schutz ausstatten. (Eine solche Funktionalität wurde bereits vorgestellt, dort mussten Sie die notwendigen Dateien allerdings manuell anlegen.)

Wenn Sie auf *Password-protect Administrator* klicken, müssen Sie eine beliebige Kombination aus Benutzername und Passwort angeben. Diese ist frei wählbar und hat nichts mit den eigentlichen Backend-Zugangsdaten für Joomla! zu tun. Sobald Sie die Einstellungen mit *Password-protect* bestätigen, müssen Sie – wenn Sie aufs Joomla!-Backend zugreifen wollen – immer erst diese Benutzername-Passwort-Kombination eingeben.

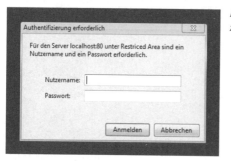

Das ist der erste Schritt zur Anmeldung.

Erst wenn diese Zugangsdaten eingetragen wurden, kann man sich am Backend anmelden.

Über die beiden Schaltflächen im oberen Fensterbereich können Sie Joomla! und die Admin Tools aktualisieren. Das wird aber erst nötig, wenn dort kein grüner Pfeil mehr zu sehen ist. In diesem Fall klicken Sie das betreffende Symbol an und laden das Update herunter.

In zehn Schritten machen Sie Joomla! sicherer

Es ist tatsächlich möglich, sich vor Angriffen zu schützen bzw. das Risiko, Opfer eines Angriffs zu werden, zu minimieren. Zehn Schritte reichen.

> **Providerwahl** – Bei der Wahl des Providers sollten Sie in jedem Fall darauf achten, dass Sicherheitsfunktionen wie SFTP aktiviert und die aktuellsten Softwareversionen installiert sind. Oft hilft übrigens bereits eine kurze Nachfrage in einem der einschlägigen Joomla!-Foren, ob ein Provider etwas taugt oder nicht. Die Community ist da sehr hilfsbereit.

> **PHP** – Installieren Sie alle offiziell veröffentlichten Sicherheitspatches. Sollte Ihre Webseite bei einem Provider laufen, bei dem Sie die Patches nicht selbst einspielen können, erkundigen Sie sich, ob dort immer die neusten Aktualisierungen laufen.

> **php.ini** – Setzen Sie in der PHP-Konfigurationsdatei den Wert *register_globals* auf *OFF*. Deaktivieren Sie *allow_url_open*. Denn durch diese Funktion wird es den sogenannten fopen-Wrappern ermöglicht, auf Dateien und andere Elemente zuzugreifen.

> **MySQL** – Stellen Sie sicher, dass der Joomla!-MySQL-Account nur über eingeschränkte Rechte verfügt. Und denken Sie im Zusammenhang mit MySQL immer daran, dass die Standardeinstellungen (Benutzer-

name *root*, kein Passwort) sehr unsicher sind und in jedem Fall geändert werden müssen.

> **HTTP-Server** – Nutzen Sie die Möglichkeiten von *.htaccess*, um sich vor Angriffen zu schützen. Achten Sie zusätzlich darauf, dass die Apache-Module mod_security und mod_rewrite konfiguriert sind, um PHP-Angriffen vorzubeugen.

> **Upgrades** – Sorgen Sie dafür, dass immer die neuste Version bzw. die aktuellsten Joomla!-Patches laufen. Informationen dazu, wie Sie Joomla! aktualisieren können, finden Sie in Kapitel 1.

> **Erweiterungen** – Verzichten Sie auf den Einsatz solcher Extensions, die *register_globals ON* erfordern. Außerdem sollten ausschließlich solche Erweiterungen eingesetzt werden, die von verlässlichen Quellen stammen.

> **Templates** – Löschen Sie alle Templates, die für Ihr Projekt nicht benötigt werden. Außerdem ist unbedingt zu vermeiden, dass innerhalb der Templates sicherheitsrelevanter Code steht.

> **Verzeichnisrechte** – Gewähren Sie nur den Dateien und Verzeichnissen Schreibrechte, für die das nötig ist. Dabei muss nach dem Zurücksetzen der Verzeichnisrechte in jedem Fall die Joomla!-Umgebung ausführlich getestet werden. Hinweise zu diesem Thema finden Sie ebenfalls in Kapitel 1.

> **Zugangsdaten** – Verwenden Sie auf keinen Fall Standardzugangsdaten wie *admin/admin* oder Ähnliches.

Sie haben gesehen, dass sich viele Risikoquellen bereits durch gesunden Menschenverstand entschärfen lassen. Hintergrundwissen zu den angesprochenen technischen Aspekten liefert dieses Buch und hier speziell dieses Kapitel.

Was tun, wenn die eigene Webseite gehackt wurde?

Trotz aller Vorsichtsmaßnahmen kann es passieren, dass Ihre Seite gehackt wird. Das kommt übrigens in den besten Familien vor. So wurde beispielsweise im letzten Jahr die Hauptseite von Joomla! *http://www.joomla.org/* Opfer eines Hackerangriffs.

Völlig gefeit vor Angriffen ist man also niemals. Umso wichtiger ist daher die Frage, wie man darauf reagieren soll, wenn die eigene Seite angegriffen wurde.

Selbstverständlich ist die Aufregung zunächst einmal groß, wenn man selbst Opfer eines solchen Angriffs geworden ist. Leider aber verfallen viele „Geschädigte" dann in blinden Aktionismus und machen die ganze Sache nur noch schlimmer.

Backups fahren

Wenn Sie viele Artikel für Ihre Webseite geschrieben haben, wäre es umso ärgerlicher, wenn diese nach einem Angriff verschwunden wären und neu angelegt werden müssten. Daher werden Sie in diesem Abschnitt immer wieder Hinweise auf die Notwendigkeit von Backups finden. Ausführliche Informationen zu diesem Thema finden Sie im weiteren Verlauf dieses Kapitels.

➢ **Daten sichern** – Sichern Sie sofort sämtliche Daten, auch wenn die Seite nicht mehr läuft. Denn bedenken Sie, dass Joomla! selbst sehr leicht wiederhergestellt werden kann. Sind jedoch die Artikel und sonstige Inhalte weg, ist das fatal. Achtung: Es darf auf keinen Fall die Backup-Lösung des Providers genutzt werden, da dadurch oft das zuletzt funktionierende Backup überschrieben wird. Gehen Sie stattdessen die folgenden Schritte:

1 Zuerst wird die Datenbank mit phpMyAdmin gesichert.

2 Weiter geht es mit dem Sichern des gesamten Template-Ordners.

3 Um die Bilder der Artikel und der Webseite in Sicherheit zu bringen, wird das *images*-Verzeichnis gesichert.

4 Sollten Komponenten wie ein Forum oder Ähnliches auf der Webseite vorhanden sein, müssen deren Daten extra gesichert werden.

➢ **Hoster informieren** – Laden Sie sich die Logfiles herunter. Denn darin sind Informationen darüber enthalten, wie der Angreifer eindringen konnte. Anschließend setzen Sie sich mit Ihrem Hoster in Verbindung, nennen ihm Namen, Webpaketnummer etc. und schildern, was passiert ist. Anhand der Logfiles kann der Hoster überprüfen, auf welchen Wegen der Angriff erfolgt ist.

➢ **Daten löschen** – Oft wird der Fehler gemacht, dass die vermeintlich beschädigten Joomla!-Daten neu aufgespielt werden. Das ist jedoch fatal, da man nicht genau weiß, an welchen Dateien der Angreifer Veränderungen vorgenommen hat. Deswegen: Sichern Sie zunächst alle wichtigen Daten, löschen Sie den kompletten Webspace und installieren Sie dann Joomla! neu.

> ➤ **Backups einspielen** – Sobald der Webspace bereinigt ist, können Sie die Backups wieder einspielen.

> ➤ **Joomla! überprüfen** – Nach der Installation von Joomla! geht es ans Testen. Denn dass es zu einem Angriff kommen konnte, hat natürlich einen Grund. Sorgen Sie daher im ersten Schritt dafür, dass ausschließlich solche Komponenten installiert sind, die tatsächlich benötigt werden. Kontrollieren Sie außerdem in den einschlägigen Foren, ob sich der Angriff auch noch bei anderen Benutzern ereignet hat.

> ➤ **Dateirechte kontrollieren** – In Kapitel 1 wurde gezeigt, wie wichtig die richtige Vergabe von Dateirechten ist. Wer hier zu lasch vorgeht, provoziert Angriffe geradezu. Weisen Sie deshalb ausschließlich solchen Verzeichnissen Schreibrechte zu, bei denen das tatsächlich nötig ist.

Sie haben gesehen, dass sich der Schaden vergleichsweise einfach beheben lässt (vom Zeitaufwand natürlich einmal abgesehen). An dieser Stelle aber dennoch einmal der ultimative Sicherheitstipp: Angriffe lassen sich am effektivsten verhindern, wenn Sie immer die aktuellsten Versionen von Joomla! mit den entsprechenden Komponenten verwenden. Zwar ist auch das kein garantierter Schutz, aber ein Großteil der Skriptkids wird dadurch bereits abgeschreckt.

Backups mit Akeeba Backup

Nun wäre Joomla! nicht Joomla!, wenn es nicht auch eine Erweiterung gäbe, mit der man Backups fahren könnte. Der Einsatz einer solchen Erweiterung hat zunächst einmal den Vorteil, dass man keine zusätzliche Backup-Software benötigt.

Und auch die manuellen Schritte kann man sich dank einer solchen Erweiterung sparen. Ein weiterer Vorteil ist, dass die Erweiterung speziell auf die Bedürfnisse von Joomla! abgestimmt ist. So kann man sich bei Akeeba Backup beispielsweise darauf verlassen, dass alle wichtigen Joomla!-Dateien gesichert werden.

Die Erweiterung ist kostenlos und kann von der Seite *http://www. akeebabackup.com/download.html* heruntergeladen werden. Nach erfolgreicher Installation können Sie die Verwaltungsoberfläche von Akeeba Backup über *Komponenten/Akeeba Backup* aufrufen. Da auf den folgenden Seiten von einer deutschsprachigen Benutzeroberfläche ausgegangen wird, laden Sie sich am besten die entsprechende Sprachdatei von der Seite

http://d2n13qx8m4psnz.cloudfront.net/language/akeebabackup/index.html
herunter und installieren diese über *Erweiterungen/Erweiterungen*.

Wenn Sie das Tool das erste Mal über *Komponenten/Akeeba Backup* aufrufen, wird die sogenannte Nachinstallationskonfiguration anzeigt.

Klicken Sie hier auf Einstellungen übernehmen.

Akeeba Backup nimmt jetzt einige Grundeinstellungen vor.

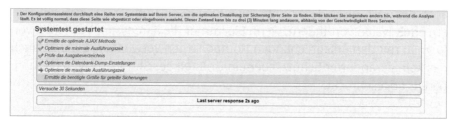

Sobald die Meldung *Gratulation! Der Durchlauf des automatischen Konfigurationsassistenten ist erfolgreich abgeschlossen. Sie können die Konfiguration nun testen, indem Sie eine Sicherung starten oder noch Feineinstellungen auf den Konfigurationsseiten vornehmen.* angezeigt wird, kann mit Akeeba Backup gearbeitet werden.

Rufen Sie zunächst die Konfiguration auf. Interessant ist dort das Feld *Ausgabeverzeichnis*.

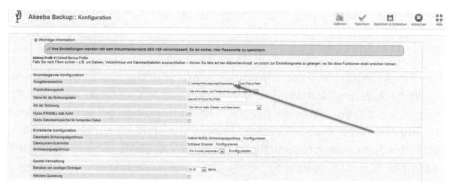

Das Ausgabeverzeichnis wird festgelegt.

Darüber legen Sie das Verzeichnis fest, in das die Backups geladen werden sollen. Das angegebene Verzeichnis muss auf alle Fälle beschreibbar sein. Um das Verzeichnis auszuwählen, klicken Sie auf die *Durchsuchen*-Schaltfläche. In dem sich daraufhin öffnenden Fenster wird das Verzeichnis ausgewählt und mit *Nutze* bestätigt.

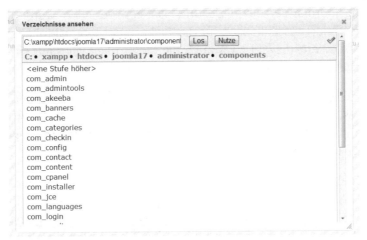

Das Verzeichnis wird eingestellt.

Standardmäßig werden alle Dateien und Verzeichnisse gesichert. Das ist in aller Regel in Ordnung, Sie können einzelne Verzeichnisse aber auch explizit ausschließen.

Dazu verlassen Sie die Konfiguration und klicken im Bereich *Daten von der Sicherung* auf *Ausschluss von Dateien und Verzeichnissen*. Aktivieren Sie dort alle Verzeichnisse, die nicht gesichert werden sollen. Interessant ist das beispielsweise bei den Verzeichnissen *cache* und *language*. Hier lohnt sich das Sichern eigentlich kaum.

Um Verzeichnisse und/oder Dateien von der Sicherung auszuschließen, klicken Sie auf deren vorangestelltes Verbotszeichen.

Dateien und Verzeichnisse werden ausgeschlossen.

Über die Schaltfläche *Einstellungen*, die innerhalb der Werkzeugleiste zu sehen ist, werden die Einstellungen bestätigt.

Innerhalb der Konfiguration kann man im Bereich *Grundlegende Konfiguration* festlegen, was gesichert werden soll. Üblicherweise verwendet man *Nur die Dateien der Webseite* oder *Nur die Datenbank*. Während durch die erste Option die Joomla!-Verzeichnisse und -Dateien gesichert werden, sorgt die zweite Option ausschließlich für das Sichern der Joomla!-Inhalte, wie Benutzer, Artikel etc. (Es gibt zwar auch die Möglichkeit, alles auf einmal zu sichern, das wird aber schnell unübersichtlich.)

Es empfiehlt sich, bei der ersten Sicherung beide Option durchzuführen. Später kommt es dann darauf an, ob und wo Änderungen durchgeführt wurden. Wenn also beispielsweise ausschließlich neue Artikel angelegt wurden, genügt *Nur die Datenbank*.

Sind die Einstellungen vollständig durchgeführt, wird das Backup im Startbildschirm von Akeeba Backup mit *Jetzt sichern* gestartet. In dem sich öffnenden Dialogfenster können Sie dem Backup eine Kurzbeschreibung und einen Kommentar hinzufügen. Beides hilft später dabei, die einzelnen Backups besser auseinanderhalten zu können.

Mit *Jetzt sichern* wird das Backup begonnen.

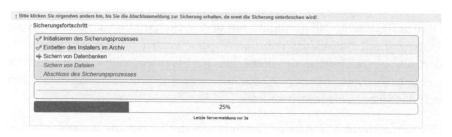

Das Backup läuft.

Nach erfolgreicher Sicherung wird eine entsprechende Meldung angezeigt.

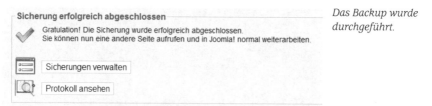

Das Backup wurde durchgeführt.

Über *Sicherungen verwalten* können Sie sich einen Überblick über die bislang angelegten Backups verschaffen.

So behalten Sie den Überblick.

Die Sicherung liegt anschließend in dem angegebenen Verzeichnis in Form von JPA-Dateien vor. (Alternativ dazu können Sie auch ein anderes Format verwenden. Die entsprechenden Einstellungen finden Sie in der Konfiguration im Bereich *Erweiterte Konfiguration*. Wählen Sie dort beispielsweise *Zip-Format* aus.) Nach der Sicherung sollten Sie die Daten zunächst per Download herunterladen und dann entsprechend sichern. Es ist nicht sinnvoll, die Daten ausschließlich auf dem Server liegen zu lassen, denn wenn dieser angegriffen wird, ist nicht nur Joomla! davon betroffen, auch die Backups könnten verloren sein.

Im Backup-Verzeichnis finden Sie neben dem eigentlichen Backup auch noch die folgenden Dateien:

> *.htaccess*
> *akeeba.log*

Die *.htaccess* verhindert den direkten Zugriff auf dieses Verzeichnis. Über die Log-Datei können Sie den gesamten Backup-Prozess noch einmal nachvollziehen. (Wobei Letzteres wichtig werden kann, wenn es beim Backup Probleme gab.)

Nachdem Sie die Daten heruntergeladen haben, löschen Sie sie über den Punkt *Sicherungen verwalten*. Aktivieren Sie dazu die vorangestellten Kontrollkästchen und klicken Sie in der Werkzeugleiste auf *Löschen*.

Das Wiederherstellen der Daten funktioniert ähnlich einfach und ist in wenigen Schritten erledigt.

1   Entpacken Sie das heruntergeladene Archiv. Wenn Sie das JPA-Format verwenden, laden Sie sich dazu den Akeeba eXtract Wizard von der Seite *http://www.akeebabackup.com/download/official/akeeba-extract-*

wizard/akeeba-extract-wizard-3-2.html herunter. Nach der Installation dieses Tools wählen Sie das JPA-Archiv aus und geben an, wohin es entpackt werden soll.

2 Kopieren Sie die extrahierten Daten per FTP auf den Server. Eventuell vorhandene Daten können dabei überschrieben werden.

Durch diese Schritte sind zunächst einmal die eigentlichen Joomla!-Daten wieder da. Wenn Sie nur die Datenbank gesichert haben, legt Akeeba Backup eine SQL-Datei an. Diese muss wiederhergestellt werden. Das geht am besten mittels phpMyAdmin.

1 Rufen Sie die Startseite von phpMyAdmin auf, wählen Sie die gewünschte Datenbank und klicken Sie dort auf *Importieren*.

2 Per *Durchsuchen*-Schaltfläche wird die gesicherte SQL-Datei ausgewählt. Begonnen wird der Import dann mit *OK*.

Die Daten sind jetzt wieder in Joomla! verfügbar, und Sie können wie gewohnt mit dem System arbeiten.

Wenn Ihnen diese manuelle Variante zu aufwendig ist, können Sie auch Akeeba Kickstart (*http://www.akeebabackup.com/download/official/akeeba-kickstart.html*) nutzen. Dieses Tool extrahiert die Archive automatisch und lädt die relevanten Dateien auf den Server.

Akeeba Kickstart wird als Zip-Archiv heruntergeladen und muss entpackt werden. Der Inhalt des entpackten Archivs muss zusammen mit dem JPA-Archiv, das wiederhergestellt werden soll, ins Stammverzeichnis der Joomla!-Installation kopiert werden. Rufen Sie anschließend das Kickstart-Skript auf. Bei einer lokalen Installation könnte das folgendermaßen aussehen:

http://localhost/joomla17/kickstart.php

Daraufhin werden einige allgemeine Informationen zum Kickstarter angezeigt.

Der Kickstarter meldet sich.

Diese Meldung kann über den Link im unteren Fensterbereich geschlossen werden. Überprüfen Sie nun, ob die Voreinstellungen stimmen.

Der Kickstarter ist bereit.

Mit *Start* wird die Wiederherstellung eingeleitet. Klicken Sie anschließend auf *Installationsroutine starten*. Durch die weiteren Einstellungen führt ein Assistent. Bei dem müssen die PHP-Einstellungen überprüft und die Datenbank-Angaben gemacht werden.

Die Wiederherstellung läuft.

Abschließend muss das *installations*-Verzeichnis aus dem Joomla!-Verzeichnis gelöscht werden.

Wirkungsvollen Spam-Schutz einrichten

Sie können und sollten dafür sorgen, dass das Spam-Aufkommen über Ihre Joomla!-Seite so gering wie möglich ist. Dazu treffen Sie zwei Maßnahmen:

> Verschlüsseln Sie Ihre E-Mail-Adresse.

> Sichern Sie Formulare mittels Captcha ab.

Immer dann, wenn Sie auf Ihrer Webseite eine E-Mail-Adresse veröffentlichen, sollten Sie sie gegen sogenannte Spam-Bots absichern. Diese scannen Webseiten automatisch nach E-Mail-Adressen, die, wenn sie gefunden werden, in sogenannten Spam-Adressdatenbanken landen. Das gilt es natürlich zu verhindern. Joomla! stellt hierfür ein entsprechendes Plug-in zur Verfügung. Dieses Plug-in verschlüsselt alle E-Mail-Adressen Ihrer Webseite automatisch per JavaScript.

Aus einer normalen E-Mail-Adresse im Format

- *mailto:kontakt@databecker.de*

wird dann im Quelltext der Seite Folgendes:

```
   <script type='text/javascript'>
   <!--
   var prefix = '&#109;a' + 'i&#108;' + '&#116;o';
   var path = 'hr' + 'ef' + '=';
 5 var addy19904 = 'k&#111;nt&#97;kt' + '&#64;';
   addy19904 = addy19904 + 'm&#101;d&#105;&#101;nw&#101;rk&#101;' +
   '&#46;' + 'd&#101;';
   document.write('<a ' + path + '\'' + prefix + ':' + addy19904 +
   '\'>');
   document.write(addy19904);
   document.write('<\/a>');
10 //-->\n </script><script type='text/javascript'>
   <!--
   document.write('<span style=\'display: none;\'>');
   //-->
```

```
     </script>Cloaking
15   <script type='text/javascript'>
     <!--
     document.write('</');
     document.write('span>');
     //-->
20   </script>
```

Die E-Mail-Adresse wird also automatisch verschlüsselt. Für Spam-Bots sind diese Zeichenfolgen wertlos. Stellen Sie sicher, dass unter *Erweiterungen/ Plugins* das Plug-in *Inhalt - E-Mail-Verschleierung* aktiviert ist.

Dieses Plug-in verschlüsselt die E-Mail-Adresse.

Weitere Schritte sind nicht nötig, damit die E-Mail-Adressen verschlüsselt werden. Sobald Sie eine E-Mail-Adresse in einen Beitrag einfügen, wird diese im Frontend automatisch verschlüsselt.

Einen Haken hat die Sache allerdings: Die Verschlüsselung funktioniert ausschließlich bei aktiviertem JavaScript. Benutzer, die JavaScript in ihrem Browser deaktiviert haben, bekommen keine E-Mail-Adresse zu sehen.

Dort sollte eigentlich eine E-Mail-Adresse zu sehen sein.

Die Besucher Ihrer Seite bekommen also anstelle der E-Mail-Adresse einen Satz angezeigt. Ideal ist das natürlich nicht. Um dieses Problem zu umgehen, können Sie eine Grafik einbinden, auf der die E-Mail-Adresse abgebildet ist.

11.4 Gezielte Tuning-Maßnahmen einsetzen

Auch die interessantesten Inhalte helfen nichts, wenn die Webseite langsam ist. Was aber kann man machen, damit die Seite schneller läuft? Genau um diesen Aspekt geht es in diesem Kapitel. Denn wer seinen Besuchern dauerhaft eine langsame Seite präsentiert, wird sie über kurz oder lang vergraulen.

Leistungssteigerung für das System

Im Mittelpunkt der Bemühungen, die eigene Seite schneller zu machen und deren Ladezeiten zu optimieren, steht die Performance. Der Begriff Performance ist leider nicht exakt spezifiziert. Im Allgemeinen wird er jedoch dazu verwendet, Aussagen über Verfügbarkeit und Ladezeit der Webseite zu treffen. In diesem Zusammenhang spielen verschiedene Faktoren eine Rolle:

➢ Anbindung des Servers an das Internet

➢ zu leistungsschwacher Server

➢ Peering-Probleme zwischen Providern

➢ schlecht programmierte Seiten bzw. Templates

All das muss man also im Blick haben, wenn man die Performance seiner Webseite verbessern möchte. Der im Zusammenhang mit Joomla! weitverbreitete Glaube, dass man allein mit den Joomla!-Bordmitteln große Performancesprünge hinlegen kann, greift also nicht bzw. zu kurz. Es müssen auch andere Aspekte berücksichtigt werden. Wenn der Server beispielsweise unterdimensioniert ist und einer wachsenden Besucheranzahl nicht standhalten kann, helfen normalerweise auch keine Joomla!-Einstellungen mehr weiter. Achten Sie also darauf, dass die Voraussetzungen für eine schnelle Webseite hinsichtlich Server, Provider etc. gegeben sind. Hinweise zur Auswahl des richtigen Providers und Webhosting-Angebots gibt es im ersten Kapitel dieses Buchs.

Die Geschwindigkeits-Checkliste für Joomla!

Ganz unterschiedliche Aspekte sind für die Ausführungsgeschwindigkeit von Joomla! verantwortlich. Bevor die wichtigsten Aspekte detailliert vorgestellt werden, kommt hier eine Schnelle-Hilfe-Checkliste, mit der Sie das System schneller machen können.

Seitencache aktivieren

Aktivieren Sie den Seitencache. Dazu rufen Sie *Site/Konfiguration* auf und wechseln in das Register *System*. Dort stellen Sie bei *Zwischenspeicher (Cache)* den Wert von *Cache* auf *AN - Normales Caching* oder *AN - Erweitertes Caching*. Ausführliche Informationen zum Cache-System von Joomla! finden Sie ab Seite 876.

Seiten komprimiert ausliefern

Ebenfalls aktiviert werden sollte die GZIP-Funktion. Die entsprechenden Einstellungen sind unter *Site/Konfiguration* im Register *Server* zu finden. Dort aktivieren Sie die Option *GZIP-Komprimierung*.

Wenn Server und Browser diese Funktion unterstützen, werden die Webseiten im GZIP-Format ausgeliefert und im Browser des Clients wieder entpackt. Das kann den Seitenaufbau erheblich beschleunigen.

> **Vorsicht bei ausgelasteten Servern**
>
> Bei Servern, die ohnehin bereits stark ausgelastet sind, sollte man diese Option nur wählen, wenn die benötigten GZIP-Bibliotheken direkt eingebunden sind. Oftmals ist es bei ausgelasteten Servern sogar besser, wenn man gleich ganz auf die GZIP-Komprimierung verzichtet.

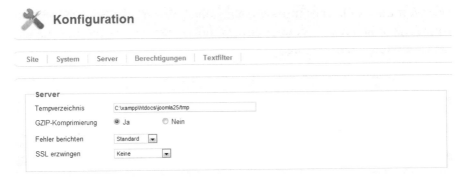

Die GZIP-Komprimierung ist eingeschaltet.

Genau an dieser Stelle geben sich viele Joomla!-Anwender hinsichtlich der GZIP-Komprimierung zufrieden. Das ist allerdings ein Fehler. Denn damit die GZIP-Funktionalität überhaupt genutzt werden kann, muss sie vom Server unterstützt werden – und das ist leider nicht immer gegeben. Informieren Sie sich bei Ihrem Provider, ob die GZIP-Komprimierung unterstützt wird. Bei einer lokalen Installation können Sie übrigens selbst herausfinden, ob GZIP genutzt werden kann. Rufen Sie dazu, wenn Sie XAMPP nutzen, die *phpinfo.php* auf:

- `http://localhost/xampp/phpinfo.php`

Andernfalls legen Sie einfach eine entsprechende Datei an. Deren Inhalt sollte folgendermaßen aussehen:

- `<?php`
- `    phpinfo();`
- `?>`

Speichern Sie diese beispielsweise unter dem Namen *phpinfo.php* im Wurzelverzeichnis Ihres Servers ab und rufen Sie sie über den Browser auf.

Suchen Sie in der angezeigten PHP-Konfiguration nach dem Eintrag *zlib. output_compression*.

zlib

ZLib Support	enabled
Stream Wrapper support	compress.zlib://
Stream Filter support	zlib.inflate, zlib.deflate
Compiled Version	1.2.3
Linked Version	1.2.3

Directive	Local Value	Master Value
zlib.output_compression	Off	Off
zlib.output_compression_level	-1	-1
zlib.output_handler	no value	no value

Die Kompression wurde noch nicht aktiviert.

Der Wert dieses Eintrags muss auf *On* stehen, wenn die GZIP-Komprimierung funktionieren soll. Steht er auf *Off*, öffnen Sie die *php.ini* und suchen nach dem folgenden Eintrag:

- `zlib.output_compression = Off`

Diesen ändern Sie entsprechend ab.

- `zlib.output_compression = On`

Anschließend müssen die Änderungen gespeichert und der Server neu gestartet werden.

Keine Bridges einsetzen

Verzichten sollte man normalerweise auf Bridges. Denn obwohl eine Funktionalität hinzugefügt wurde, laufen im Hintergrund immer zwei Kerne gleichzeitig. Verwenden Sie daher stets dann, wenn es möglich ist, eine echte Joomla!-Erweiterung anstelle einer Bridge.

Templates optimieren

Die Seite kann nur so schnell sein, wie es das Template zulässt. Wer also ein Template einsetzt, das überwiegend mit ladeintensiven Grafiken arbeitet, braucht sich nicht zu wundern, wenn die Seite langsam ist. Und auch die Qualität der Quelltexte des Templates ist entscheidend. Löschen Sie alles Überflüssige aus dem Template-Code heraus. Das hat zwar nur minimale Auswirkungen auf die Ladezeit, aber auch hier gilt, dass die Summe der kleinen Maßnahmen die Seite schneller machen wird.

Extensions überprüfen

Verzichten sollte man in aller Regel auf Statistik-Extensions. Diese verwenden meistens aufwendige Datenbankabfragen und blähen die Datenbank unnötig auf.

Überprüfen Sie außerdem, ob Funktionen, die Daten von Dritten beziehen, tatsächlich benötigt werden. RSS-Feeds, Wetter-Daten usw. sind wahre Performancebremsen.

Favicon einfügen

Bei jedem Seitenaufruf wird überprüft, ob ein Favicon vorhanden ist.

Hier gibt es ein Favicon.

Und genau das verursacht unnötige Serverlast und – wenn auch geringen – Zeitverlust beim Laden der Seite. Fügen Sie also ein Favicon überall dort ein, wo danach gesucht wird. Bei Joomla! legen Sie das bzw. die Favicons in die Template-Verzeichnisse.

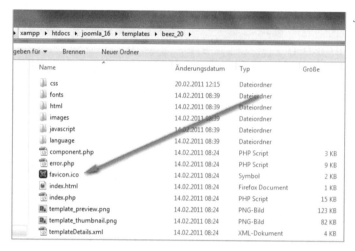

Jedem Template sein Favicon.

Schlechte Queries (Datenbankabfragen) finden

Viele Erweiterungen arbeiten mit schlechten Queries bzw. verkomplizierten, unlogischen Datenbankabfragen. Über den Debug-Modus können Sie herausfinden, welche Erweiterungen solche Abfragen produzieren. Ab Seite 859 gibt es ausführliche Informationen zu diesem Thema.

Den richtigen Server wählen

Sorgen Sie in jedem Fall dafür, dass der Server, auf dem Ihr Joomla! läuft, ausreichend dimensioniert ist. Dabei haben Sie prinzipiell immer die Wahl zwischen einem virtuellen Server, einem managed Server und einem dezidierten Server. Die folgende Tabelle zeigt die Vor- und Nachteile der einzelnen Varianten:

Vorteile	Nachteile
Virtueller Server	
Kostengünstig.	Bei Problemen ist man auf den Support des ISP angewiesen.
Wenige EDV-Kenntnisse nötig.	Es kann zu Performanceengpässen kommen.
Schnelle Einrichtung.	

Vorteile	Nachteile
Virtueller dezidierter Server	
Kostengünstig.	Neustart kaum möglich.
Das System wird oft durch den ISP gewartet.	Es sind sehr gute Kenntnisse im Bereich des verwendeten Betriebssystems notwendig.
Dedizierter Server	
Die Performance wird nicht auf mehrere Kunden verteilt, sondern steht allein Ihnen zur Verfügung.	
Normalerweise kann man sich das Betriebssystem selbst auswählen.	Es werden sehr gute Administratorkenntnisse benötigt.
Managed Server	
Besitzt alle Vorteile eines echten dedizierten Servers.	Relativ hohe Kosten.

Letztendlich müssen Sie abwägen, welche Servervariante Sie für Ihre Seite einsetzen. Es gilt aber, dass man bei wachsenden Ansprüchen mit einem dedizierten Server sicherlich nichts falsch machen kann.

Kostenfalle IP-Traffic

Bei vielen Providern steht im Kleingedruckten, dass für Traffic, der über einem bestimmten Wert liegt, zusätzlich bezahlt werden muss. Solche Angebote sollten Sie meiden. Denn es kann immer mal passieren, dass der Traffic in einem Monat steigt. Diese Mehrkosten können im Vorfeld nicht kalkuliert werden.

Außerdem zeigt die Praxis, dass erhöhter Traffic schneller zustande kommt, als das gemeinhin angenommen wird. Verschafft sich ein Angreifer Root-Rechte auf dem Server, kann er dort beispielsweise eine Tauschbörse installieren. Und die überschreitet dann binnen kürzester Zeit mit Garantie den Inklusiv-Traffic.

Auch IP-Traffic-Inklusiv-Angebote sollten Sie genau prüfen. So heißt es etwa bei Strato: *„Keine zusätzlichen Kosten durch Traffic (bei Traffic-Verbrauch über 1.000 GB/Monat und danach je weitere 300 GB erfolgt eine Umstellung der Anbindung auf 10 MBit/s statt sonst 100 MBit/s.*

Die Anbindung wird ab einem bestimmten Wert also automatisch gedrosselt, was Ihre Seite langsamer macht. Gerade bei Onlineshops oder hoch frequentierten Seiten kann das natürlich fatal sein.

Die Performance messen

Bevor man überhaupt mit der Optimierung der Seite beginnen kann, sollte man wissen, welche Performance die Webseite eigentlich aufweist. Denn nur dann lassen sich später Rückschlüsse darüber ziehen, ob die getroffenen Maßnahmen tatsächlich zu einer Verbesserung der Performance beigetragen haben. Es gibt verschiedene Möglichkeiten, die Geschwindigkeit der Seite zu testen:

➢ per PHP-Skript
➢ Joomla!-eigene Werte anzeigen lassen
➢ Webdienste nutzen

Alle drei Varianten werden auf den folgenden Seiten vorgestellt. Zuvor darf allerdings nicht der Hinweis fehlen, dass die Performancemessung nicht immer zuverlässig ist. Das gilt zumindest, wenn man diese manuell durchführt, so wie das auf den folgenden Seiten gezeigt wird. Zwar reichen diese Methoden normalerweise völlig aus, wer genaueste Ergebnisse braucht, kann aber auch einen professionellen Anbieter in Anspruch nehmen. Mittlerweile gibt es zahlreiche Unternehmen, die Performancemessungen durchführen. Hier eine kleine Auswahl solcher Firmen:

➢ *http://www.sysformance.de/*
➢ *http://www.zott.net/*
➢ *http://www.keynote.com/*

Die unter den genannten Adressen angebotenen Dienstleistungen sind nicht kostenlos und lohnen daher normalerweise nur, wenn das eigene Projekt tatsächlich sehr professionell aufgezogen werden soll.

Geschwindigkeit per PHP-Skript anzeigen

Für einen ersten Geschwindigkeitstest der Seite kann man auf ein einfaches PHP-Skript zurückgreifen. Dank dieses Skripts wird die Anzahl der Sekunden (und Millisekunden) angezeigt, die die Seite zum Laden benötigt hat.

Powered by **Joomla!**. Design-Joomla.de Valid XHTML and CSS	*So lange brauchte die Seite, um geladen zu werden.*
Ladezeit: 0.00376 Sek	

Dieses Skript muss in das aktuell verwendete Template eingefügt werden. Wählen Sie dazu *Erweiterungen/Templates*. Dort markieren Sie das betreffende Template und rufen *Bearbeiten* in der Werkzeugleiste auf. Mit *HTML bearbeiten* wird der HTML-Quellcode der *index.php* angezeigt. In den Kopfbereich (nach dem öffnenden *head*-Element) der Seite fügen Sie folgenden Code ein:

- ```php
  <?php
  ```
- ```php
  $startzeit = explode(" ", microtime());
  ```
- ```php
  $startzeit = $startzeit[0]+$startzeit[1];
  ```
- ```php
  ?>
  ```

Die eigentliche Ausgabe der Ladezeit kann an jeder beliebigen Stelle der Seite erfolgen. Am besten fügen Sie den Code aber im Fußbereich (vor dem schließenden *body*-Element) der Seite ein.

- ```php
  <?php
  ```
- ```php
  $endzeit=explode(" ", microtime());
  ```
- ```php
  $endzeit=$endzeit[0]+$endzeit[1];
  ```
- ```php
  echo "    Ladezeit: ".round($endzeit - $startzeit,6)." Sek ";
  ```
- ```php
  ?>
  ```

Nachdem die Änderungen gespeichert wurden, kann die Seite im Front-end aufgerufen werden. Dort wird nun angezeigt, wie lange die Seite zum Laden gebraucht hat. Natürlich ist das immer nur ein Mittelwert, dennoch kann man damit zwischendurch kurz die tatsächliche Geschwindigkeit seiner Seite kontrollieren. Interessant ist dann beispielsweise auch der Vergleich vor und nach eventuellen Optimierungsmaßnahmen.

Beachten Sie, dass die Ausgabe nicht unbedingt gleich zu sehen ist. Möglicherweise müssen Sie den unteren Seitenbereich markieren, um die Ausgabe erkennen zu können.

Weiterführende Informationen anzeigen

Das gezeigte PHP-Skript liefert immerhin die Geschwindigkeit, in der die Seite aufgebaut wurde. Mit dieser Information allein muss man sich allerdings nicht zufriedengeben. Darüber hinaus können nämlich auch Fragen nach

- ➤ dem Speicherverbrauch,
- ➤ den SQL-Anfragen und
- ➤ den geladenen Sprachdateien

interessant sein. Um an diese Informationen zu kommen, müssen Sie sich nicht mal um die Entwicklung eigener Skripten kümmern. Stattdessen können Sie ganz bequem auf Joomla!-Bordmittel zurückgreifen.
  ```

Rufen Sie dazu *Site/Konfiguration* auf und wechseln Sie in das Register *System*. Dort muss im Bereich *Fehlersuche (Debug)* die Option *System debuggen* auf *Ja* gestellt werden.

Die Option System debuggen ist aktiviert.

Nachdem die Einstellungen übernommen wurden, werden die entsprechenden Informationen im Frontend und im Backend angezeigt.

```
Profil zum Laufzeitverhalten
Application 0.001 seconds (+0.001); 0.52 MB (+0.52) - afterLoad
Application 0.058 seconds (+0.056); 3.76 MB (+3.24) - afterInitialise
Application 0.179 seconds (+0.121); 4.78 MB (+1.02) - afterRoute
Application 0.628 seconds (+0.450); 7.67 MB (+2.88) - afterDispatch
Application 1.861 seconds (+1.233); 8.47 MB (+0.81) - afterRender
Speichernutzung
8.49 MB (8,907,416 Bytes)
22 Queries Logged
    1. SELECT 'data'
       FROM 'new_session'
       WHERE 'session_id' = 'fl07tano5ghjee0uagjs58brn1'
    2. DELETE
       FROM 'new_session'
       WHERE 'time' < 1299043607
    3. SELECT m.id, m.menutype, m.title, m.alias, m.path AS route, m.link, m.type, m.level,m.browserNav, m.access, m.params, m.home, m.img, m.template_style_id,
       m.parent_id,m.language,e.element as component
       FROM new_menu AS m
       LEFT JOIN new_extensions AS e
       ON m.component_id = e.extension_id
       WHERE m.published = 1
       AND m.parent_id > 0
```

Diese Abfragen wurden verwendet.

Neben dem Profil zum Laufzeitverhalten werden unter anderem auch die für die Anzeige verwendeten Datenbankabfragen angezeigt. Sollte Ihre Webseite langsam sein, können Sie anhand der Abfragen überprüfen, ob möglicherweise durch eine Erweiterung unnötige Datenbankfelder abgefragt werden.

Von Joomla! und den integrierten Erweiterungen werden leider oftmals Abfragen nach folgendem Muster gestartet:

- `SELECT *`

Hier wäre es zukünftig wünschenswert, dass explizit die entsprechenden Felder nach dem Muster

- `SELECT id, title, module, position, content, showtitle, control, params` abgefragt werden. Allein das hilft nämlich bereits dabei, Anwendungen schneller zu machen. Mehr dazu erfahren Sie im nächsten Abschnitt.

Ebenso kann man anhand des Debug-Modus die geladenen Sprachdateien erkennen. Interessant ist das beispielsweise im Zusammenhang mit Erweiterungen. So können Sie hier überprüfen, ob für die geladene Erweiterung auch tatsächlich eine Sprachdatei vorhanden ist.

Im Livebetrieb abschalten

Vergessen Sie nicht, dass es sich im wahrsten Sinne des Wortes um einen Debug-Modus handelt. Das bedeutet natürlich auch, dass dieser im Livebetrieb deaktiviert werden sollte. Nachdem Sie die Seite also entsprechend kontrolliert haben, schalten Sie den Debug-Modus wieder aus.

Die Datenbank optimieren

Joomla! speichert den gesamten Datenbestand innerhalb einer Datenbank. Es liegt also auf der Hand, dass man versuchen sollte, diese Datenbank zu optimieren – schließlich führt eine optimierte Datenbank zu einer schnelleren Seite. MySQL ist von Hause aus bereits eine sehr schnelle Datenbank. Daher fallen fehlende Indizes und verschachtelte Queries bei kleinen Projekten nicht weiter ins Gewicht. Anders sieht das Ganze allerdings aus, wenn die Webseite und damit auch die Datenbank größer werden. Dann nämlich können gestiegene Besucherzahlen dafür sorgen, dass das gesamte System zum Stillstand kommt, da mehr Anfragen gestellt als abgearbeitet werden.

Damit Datenbanken leistungsfähig bleiben, müssen sie regelmäßig gepflegt werden. Die Optimierungsmaßnahmen können dabei allgemein auf dem MySQL-Server oder/und in den einzelnen Datenbanken erfolgen.

Am MySQL-Server werden Sie normalerweise nicht direkt Hand anlegen können, da er vom Provider verwaltet wird. Um diese Thematik soll es daher an dieser Stelle nicht gehen. Vielmehr werden hier Aspekte beleuchtet, die Sie tatsächlich in Ihrer Datenbank umsetzen können. Nun kann es aber natürlich sein, dass Sie einen eigenen Server betreiben. In diesem Fall sollten Sie sich unbedingt mit Dingen wie Serverparametern und der Abfrageoptimierung auseinandersetzen.

Ausführliche Informationen

An dieser Stelle können nicht alle MySQL-Optimierungsmöglichkeiten vorgestellt werden. Wenn Sie sich für das Thema interessieren und Ihre Datenbanken optimieren wollen, sollten Sie auf alle Fälle einen Blick in das MySQL-Referenzhandbuch (*http://dev.mysql.com/doc/refman/5.1/de/optimization.html*) werfen. Dort finden Sie ausführliche Informationen.

Sobald Sie bemerken, dass die Datenbank langsamer wird, sollten Sie eingreifen. Problematisch sind die Optimierungsmaßnahmen, bei denen man die Datenbank umstrukturieren müsste. Das ist bei Joomla! natürlich nur bedingt möglich. Allerdings kann es durchaus sein, dass Sie früher oder später direkt an der Datenbankstruktur arbeiten. Dann sind die folgenden Tipps hilfreich (es wird übrigens auch noch Hinweise zum Optimieren von Datenbanken geben, die Sie auf alle Fälle ausführen können).

Zunächst ist ein Blick in die Logdateien ratsam. So bietet MySQL beispielsweise die Möglichkeit, langsame Queries zu protokollieren. Das Loggen langsamer Queries lässt sich in der *my.cnf* aktivieren.

> ➢ *log-slow-queries*
> ➢ *long_query_time = 3*

Das Logfile wird anschließend im MySQL-Datenverzeichnis unter dem Namen *Servername-slow.log* angezeigt. Über den Parameter *long_query_ time* legen Sie die Anzahl der Sekunden fest, ab der ein Query als langsam eingestuft wird. Im gezeigten Beispiel gelten somit alle Queries als langsam, die länger als drei Sekunden zur Ausführung brauchen. Ab sofort sollten die Einträge innerhalb der *Servername-slow.log* genauer untersucht und mittels Explain analysiert werden. Normalerweise fängt man dabei mit den Queries an, die sehr oft in der Logdatei auftauchen. Das kann man direkt mit dem Explain-Befehl oder in phpMyAdmin machen. Rufen Sie dazu in phpMyAdmin die betreffende Datenbank auf, wechseln Sie in das Register *SQL* und tragen Sie dort folgenden Befehl ein:

```
EXPLAIN SELECT * FROM new_banners
```

Mit *OK* werden die Einstellungen bestätigt.

Sollten Sie ein anderes Suffix als *new_* verwendet haben, müssen Sie den Aufruf entsprechend (z. B. *jos_banners*) anpassen. Die Ausgabe sieht dann beispielsweise folgendermaßen aus:

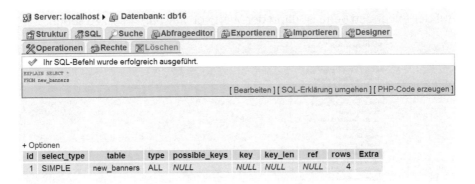

Hier ist alles im grünen Bereich.

Bei dieser Ausgabe ist alles in Ordnung, Sie müssen also nicht weiter eingreifen. Anders sieht es aus, wenn es eine Ausgabe nach folgendem Schema gibt:

- id: 1
- select_type: SIMPLE
- table: jos_banner
- type: ref
- possible_keys: cid, type
- key: name
- key_len: 150
- ref: const
- rows: 2156
- Extra: Using where; Using filesort

Hier ist beispielsweise zu erkennen, dass bei *possible_keys* die theoretisch von MySQL verwertbaren Indizes aufgeführt sind. Bei *key* ist hingegen der Index zu sehen, der von MySQL tatsächlich verwendet wird. In einem solchen Fall empfiehlt sich der Aufbau eines mehrspaltigen Index (auch hier wieder der Verweis auf das MySQL-Referenzhandbuch, darin wird ausführlich beschrieben, wie Sie manuell Indizes einfügen können).

Hilfreich kann ebenfalls der Eingriff in die Konfigurationsdatei *my.cnf* sein. In der kann man zum Beispiel überprüfen, ob der Wert von *key buffer size* groß genug ist. Dieser sollte so groß sein, dass alle Indizes in den Buffer passen. Die entsprechenden Werte können Sie sich übrigens auch über phpMyAdmin anzeigen lassen. Dort wechseln Sie auf der Startseite in das Register *Variablen*.

Auf der folgenden Seite ist dann der Wert von *key buffer size* zu sehen.

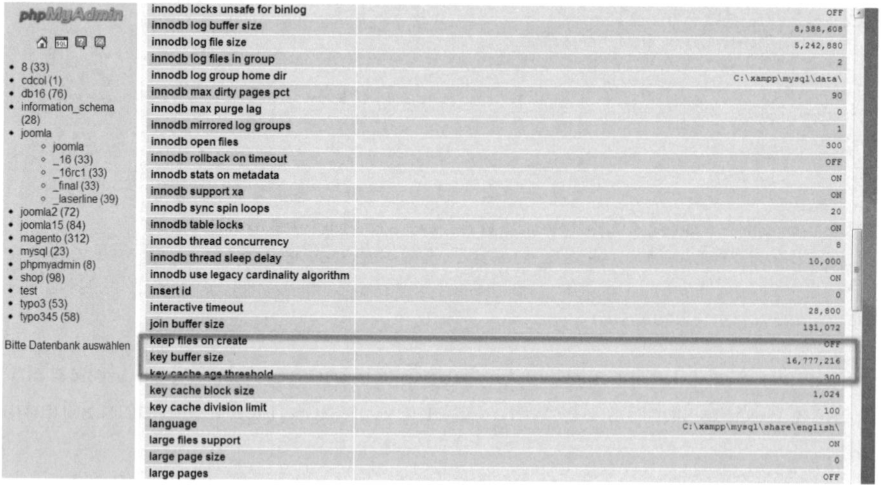

Das ist der aktuell verwendete Wert.

Befehle zur Optimierung

Es ist bereits angeklungen, dass man die Datenbanken hin und wieder optimieren sollte. Hier helfen vor allem die beiden Befehle

- REPAIR TABLE

und

- OPTIMIZE TABLE

weiter. Während *REPAIR* für das Reparieren fehlerhafter Daten zuständig ist, sorgt *OPTIMIZE* für das Zusammenfassen fragmentierter Tabellen. Dabei können die Befehle direkt per MySQL-Konsole gesetzt werden. Es geht allerdings auch mit phpMyAdmin.

Wählen Sie dort die betreffende Joomla!-Datenbank aus und markieren Sie auf der Übersichtsseite alle Tabellen. Klicken Sie dazu unterhalb der Tabellen auf den Link *Alle auswählen*. Im unteren Fensterbereich wird aus dem Auswahlfeld *markierte:* entweder der Eintrag *Optimiere Tabelle* oder *Repariere Tabelle* ausgewählt.

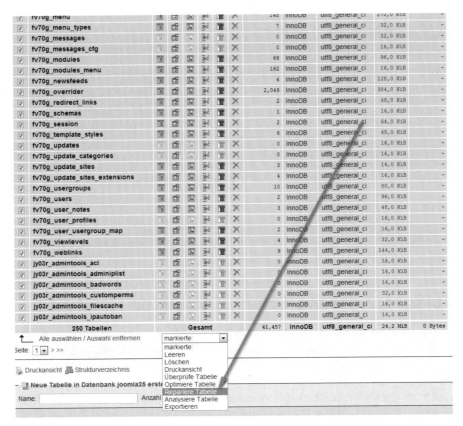

Die Tabelle wird repariert.

Sie sollten das Reparieren und Optimieren der Tabellen in regelmäßigen Abständen (zwei bis drei Monate genügen) wiederholen.

Die Reparatur war erfolgreich.

Joomla! bringt jetzt auch Bordmittel mit, anhand derer kontrolliert werden kann, ob mit der Datenbank alles in Ordnung ist. Die entsprechende Option finden Sie unter *Erweiterungen/Erweiterungen* im Register *Datenbank*.

Diese Funktion überprüft, ob nach einem Update oder Upgrade das Datenbank-Schema aktuell ist. Interessant ist das natürlich in erster Linie für all diejenigen, die Aktualisierungen per FTP durchführen. Denn das Hochladen von Dateien per FTP wirkt sich nicht auf die Datenbank aus. Sollten jedoch Änderungen an der Datenbank notwendig werden, zeigt es diese neue Funktion an. Um das Datenbank-Schema anzupassen, klicken Sie in der Werkzeugleiste auf *Reparieren*.

Die Datenbnk ist in Ordnung.

Wer Updates über die vorgestellte interne Joomla!-Möglichkeit per Maus-klick durchführt, braucht diese Funktion nicht.

Fortgeschrittene Tuning-Techniken für MySQL

Für die Performance und die Verfügbarkeit einer Seite spielt MySQL die entscheidende Rolle. Fällt die Datenbank aus, ist die Joomla!-basierte Web-seite nicht mehr erreichbar.

Auch an dieser Stelle darf der Hinweis nicht fehlen, dass das Tuning von MySQL sehr zeitaufwendig und komplex ist. Das wird beispielsweise daran deutlich, dass man sich MySQL-Experten ganz gezielt für mehrere Tage in sein Unternehmen holen kann. Diese versuchen dann, die Performance des MySQL-Servers zu steigern. Ein solcher Service kostet natürlich. Daher sollte niemand annehmen, dass sich eine spürbare Verbesserung der Per-formance in wenigen Minuten erzielen lässt. Dennoch kann man natürlich einiges in dieser Richtung unternehmen.

Das Tuning beginnt eigentlich schon mit dem Kompilieren von MySQL. Setzt man dabei nämlich auf statische Libraries, läuft MySQL dadurch be-reits gut 10 Prozent schneller als bei dynamischen. Und selbstverständlich spielen auch Hard- und Softwareaspekte eine wichtige Rolle. So wird bei-spielsweise von offizieller MySQL-Seite darauf hingewiesen, dass Linux sowohl beim Schreiben wie auch beim Lesen von Datensätzen deutlich schneller ist als Windows ohne MyODBC (den ODBC-Treiber für MySQL).

Bevor man sich an die Optimierung macht, sollte man zunächst über-prüfen, wie gut die Datenbank eigentlich läuft. Dafür können Sie beispiels-weise auf das Skript *tuning-primer.sh* zurückgreifen. Dieses Skript stammt von den MySQL-Entwicklern und dient der Analyse des aktuellen Systems.

Zudem liefert es Verbesserungsvorschläge. Wie eine typische Ausgabe dieses Skripts aussieht, zeigt das folgende Beispiel:

```
  MAX CONNECTIONS
  Current max_connections = 25
  Current threads_connected = 1
  Historic max_used_connections = 5
5 The number of used connections is 20% of the configured maximum.
  Your max_connections variable seems to be fine.

  MEMORY USAGE
  Max Memory Ever Allocated : 9 M
10 Configured Max Per-thread Buffers : 26 M
  Configured Max Global Buffers : 4 M
  Configured Max Memory Limit : 31 M
  Total System Memory : 10 G
  Max memory limit seem to be within acceptable norms
15
  KEY BUFFER
  Current MyISAM index space = 1 M
  Current key_buffer_size = 1 M
  Key cache miss rate is 1 : 190
20 Key buffer fill ratio = 6.00 %
  Your key_buffer_size seems to be too high.
  Perhaps you can use these resources elsewhere
```

Die Einstellungen im Bereich *MAX CONNECTIONS* sind offenbar in Ordnung. Und auch die Angaben für *MEMORY USAGE* liegen im annehmbaren Bereich. Lediglich für den *KEY BUFFER* moniert das Skript die Einstellungen. Es scheint, als wäre der Wert von *key_buffer_size* zu hoch. Mit diesem Hinweis ausgestattet, kann man nun die MySQL-Systemvariable *key_buffer_size* anpassen. Auf diese Weise lassen sich alle Empfehlungen des Skripts umsetzen. Das Skript gibt Hinweise für die folgenden Bereiche:

- ➢ *Slow Query Log*
- ➢ *Max Connections*
- ➢ *Worker Threads*
- ➢ *Key Buffer*
- ➢ *Query Cache*
- ➢ *Sort Buffer*
- ➢ *Joins*

> *Temp Tables*
> *Table (Open & Definition) Cache*
> *Table Locking*
> *Table Scans (read_buffer)*
> *Innodb Status*

Die Installation von *tuning-primer.sh* ist denkbar einfach. Zunächst muss das Skript heruntergeladen werden:

- `wget http://www.day32.com/MySQL/tuning-primer.sh`

Anschließend weist man ihm die entsprechenden Zugriffsrechte zu:

- `chmod 755 tuning-primer.sh`

Jetzt kann das Skript aufgerufen werden:

- `tuning-primer.sh`

Durch die Konfiguration des Skripts führt ein „Assistent". Nach dessen Abschluss analysiert *tuning-primer.sh* die aktuelle MySQL-Umgebung. Die Ausgabe entspricht nun dem zuvor Beschriebenen.

Query Performance

Früher oder später werden Sie es mit dem Thema Query Performance zu tun bekommen. Dahinter verbirgt sich die Frage, wie man Abfragen schneller machen kann. Denn in der Tat ist es so, dass Abfrage nicht gleich Abfrage ist. Es gibt tatsächlich schlechte und gute Queries.

Bei der Definition einer Abfrage sollten Sie sich stets die Frage stellen, welche Daten eigentlich abgefragt werden sollen. In welchen Feldern und Tabellen liegen diese Daten? Ein Fehler, der immer wieder gemacht wird, ist der Einsatz von *SELECT* *. Dadurch werden alle Felder einer Tabelle abgefragt. Meistens braucht man tatsächlich nur einige wenige Felder. Entlasten Sie daher den Server, indem Sie ausschließlich die Felder abfragen, die Sie auch tatsächlich benötigen. Dazu geben Sie anstelle des Sterns die Feldnamen explizit an.

- `SELECT feld1, feld,2 feld3`

Durch diese – auf den ersten Blick vielleicht aufwendigere Syntax – reduziert man zunächst einmal das Datenaufkommen. Zudem bekommen Sie tatsächlich nur die Daten geliefert, die Sie benötigen.

Für die Beurteilung der Qualität von Datenbankabfragen spielt der *EXPLAIN*-Befehl eine entscheidende Rolle.

■ EXPLAIN SELECT * FROM 'new_banner' WHERE 1

Die Ausgabe dieses Befehls sieht in phpMyAdmin folgendermaßen aus:

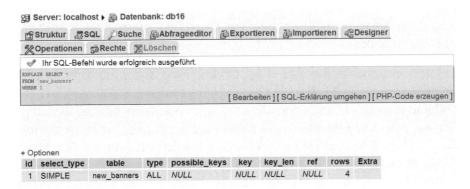

EXPLAIN liefert eine Ausgabe.

Anhand dieser Abfrage kann man sehen, welche Indizes benutzt werden und wie die Tabellen untereinander verknüpft sind. Die einzelnen Tabellenspalten verdienen dabei noch einmal eine genauere Betrachtung.

Bei *table* ist die Tabelle aufgeführt, die abgefragt wurde. Innerhalb der *type*-Spalte sieht man die Verknüpfungsart der Tabelle. Dabei kann *type* einen von sieben Join-Typen aufweisen.

➤ *ALL* – Es wurden alle Datensätze der angegebenen Tabelle ausgelesen.

➤ *RANGE* – Dabei handelt es sich um die Schlüsselspalte inklusive Index und Wertebereich.

➤ *INDEX* – Die gesamte Indexdatei wird eingelesen.

➤ *SYSTEM* – Wird verwendet, wenn die abgefragte Tabelle lediglich aus einer Zeile besteht.

➤ *CONST* – Gibt die Tabelle lediglich eine Zeile aus, wird der Wert der Spalte vom Query Optimizer als Konstante behandelt.

➤ *EQ_REF* – Wird verwendet, wenn alle Teile eines Index vom Join genutzt werden.

➤ *REF* – Wird immer dann verwendet, wenn der Schlüssel *not unique* oder *primary key* ist.

Innerhalb der *possible_keys*-Spalte kann man die Indizes sehen. Wurde kein Index verwendet, ist die Spalte leer bzw. *NULL*.

Unter *key* ist der tatsächlich verwendete Index aufgeführt. Dessen Größe steht in der Spalte *key_len*.

In der Spalte *ref* sind die Spalten aufgeführt, die man verwenden kann, um Zeilen auszulesen. Die Anzahl der Zeilen, die von MySQL untersucht werden mussten, um die Abfrage auszuführen, steht in der Spalte *rows*.

Und dann gibt es noch die *Extra*-Spalte. Darin sind Informationen über die Abfrage enthalten.

Ein ganz entscheidender Aspekt der Optimierung ist der Index. Wie wichtig der konsequente Einsatz von Indizes ist, zeigen aktuelle Berechnungen. So kann man davon ausgehen, dass bei einer normalen Tabelle, die lediglich aus einem *ID*-Feld und einem *Name*-Feld besteht, ein Index bei mehreren Tausend Einträgen ein bis zu 60-mal schnelleres Ergebnis liefert. Allerdings ist ein Index nicht zwangsläufig sinnvoll. Prinzipiell lässt sich festhalten, dass ein Index immer dann auf eine Tabellenspalte gesetzt werden sollte, wenn über diese eine Auswahl mit *WHERE* getroffen wird.

Tuning mit dem Query Cache

MySQL bringt von Hause aus bereits eine Funktion zur Verbesserung der Performance mit. Der MySQL Query Cache speichert Abfrageergebnisse in einen Zwischenspeicher. Kommt es zu derselben Abfrage, wird diese zwischengespeicherte Abfrage erneut ausgeführt. Die Daten müssen also nicht noch einmal aus der Datenbank extrahiert werden. Das bringt deutliche Geschwindigkeitsvorteile.

Richtig wirkungsvoll ist der MySQL Query Cache, wenn die folgenden Bedingungen erfüllt sind:

➢ Gleiche Abfragen werden sehr oft ausgeführt.
➢ Die betroffenen Daten werden selten geändert.

Überprüfen Sie zunächst, ob der Query Cache bereits aktiviert wurde.

- `show variables like 'query%';`

Das können Sie beispielsweise auch in phpMyAdmin über das *SQL*-Register erledigen (siehe Abbildung nächste Seite).

Steht der Wert von *query_cache_type* auf *ON*, ist der Query Cache aktiv und wird verwendet.

Die Größe des Query Cache zeigt der Wert *query_cache_size* an. Im aktuellen Beispiel ist dieser *0*. Das gilt es zu ändern.

- ```
  set global query_cache_size=10000000;
  ```

In diesem Beispiel wurde der Query Cache auf eine Größe von 10 MByte festgelegt, seine Mindestgröße beträgt 40 KByte.

Variable_name	Value
query_alloc_block_size	8192
query_cache_limit	1048576
query_cache_min_res_unit	4096
query_cache_size	0
query_cache_type	ON
query_cache_wlock_invalidate	OFF
query_prealloc_size	8192

Der Cache läuft.

Die aktuelle Auslastung des Query Cache kann man sich über den Befehl

- ```
  show status like 'qc%';
  ```

anzeigen lassen. Beachten Sie, dass die entsprechende Ausgabe erst sinnvoll ist, wenn der Server bereits eine Weile gelaufen ist.

Variable_name	Value
Qcache_free_blocks	1
Qcache_free_memory	9986352
Qcache_hits	3
Qcache_inserts	3
Qcache_lowmem_prunes	0
Qcache_not_cached	0
Qcache_queries_in_cache	3
Qcache_total_blocks	9

So steht es momentan um den Cache.

Interessant ist in jedem Fall der Wert *Qcache_lowmem_prunes*. Dieser gibt Auskunft darüber, ob der Cache bereits schon mal übergelaufen ist. Im Idealfall steht dort *0*. Wächst die Anzahl der Überläufe, deutet das auf einen zu kleinen Cache hin. Erhöhen Sie in diesem Fall die Cache-Größe.

Ebenso sollten Sie den Wert bei *Qcache_free_blocks* im Auge behalten. Wächst dieser Wert, fragmentiert der Query Cache. In diesem Fall passen Sie die Blockgröße über

- ```
  qcache_min_block_size
  ```
  ```

an. *Qcache_free_memory* zeigt an, wie viel Platz im Query Cache noch verfügbar ist. Ist der Wert zu niedrig, sollte der Wert erhöht werden.

Wissen, was läuft: Monitoring-Tools einsetzen

Bevor man das laufende System versucht zu verbessern, sollte zunächst dessen tatsächliche Leistungsfähigkeit ermittelt werden. An dieser Stelle kommen Monitoring-Tools zum Einsatz. Mit diesen kann man die Performance seines MySQL-Servers auf Herz und Nieren untersuchen. Die in diesem Abschnitt vorgestellten Tools stellen einen Querschnitt der möglichen Applikationen dar. Sämtliche Anwendungen haben sich in der Praxis bewährt und leisten gute Dienste.

Der Fokus wird in diesem Abschnitt auf kostenlos verfügbaren Anwendungen liegen. Zwar sind kommerzielle Tools wie beispielsweise der MySQL Enterprise Monitor (*http://www.mysql.de/products/enterprise/monitor.html*) in vielerlei Hinsicht leistungsfähiger, dafür aber für Normalanwender schlichtweg zu teuer, oder sie stehen erst mit der Enterprise-Version von MySQL zur Verfügung.

Auf den folgenden Seiten werden einige der wichtigsten Monitoring-Tools vorgestellt. Selbstverständlich konnte die Auswahl nur nach subjektiven Gesichtspunkten erfolgen. Und noch ein Hinweis darf nicht fehlen: Das Thema Monitoring ist äußerst komplex und füllt ganze Bücher. Daher können die folgenden Seiten nur einen kurzen Einstieg bieten.

MyTop für Queries

Der Klassiker schlechthin ist zweifellos MyTop. Dieses Perl-Skript können Sie sich von der Seite *http://jeremy.zawodny.com/mysql/mytop/* herunterladen. MyTop ist ein MySQL-Monitor, mit dem man die Performance seines MySQL-Servers auf der Shell kontrollieren kann. Aufgebaut ist MyTop wie das weit verbreitete Tool top.

Die Installation von MyTop ist unproblematisch. Zunächst müssen Sie das Perl-Modul TermReadKey installieren. Dieses Perl-Modul stellt eine einfache Steuerung über den Terminal-Treiber-Modus bereit.

- ```
  cd /usr/local/src
  ```
- ```
  wget http://search.cpan.org/CPAN/authors/id/J/JS/JSTOWE/
  TermReadKey-2.30.tar.gz
  ```
- ```
  tar -zxf TermReadKey-2.30.tar.gz
  ```
- ```
  cd TermRead*
  ```

- `perl Makefile.PL`
- `make test`
- `make`
- `make install`
- `cd ..`

Anschließend installieren Sie gleich noch ein weiteres Perl-Modul: DBI. Perl-DBI stellt Perl-Anwendungen eine einheitliche Datenbankschnittstelle zur Verfügung.

- `wget http://search.cpan.org/CPAN/authors/id/T/TI/TIMB/`
  `DBI-1.48.tar.gz`
- `tar -zxf DBI-1.48.tar.gz`
- `cd DBI*`
- `perl Makefile.PL`
- `make test`
- `make`
- `make install`
- `cd ..`

Jetzt wird das eigentliche MyTop installiert. Im folgenden Beispiel wird Version 1.6 verwendet. Überprüfen Sie auf der Entwicklerseite, ob es bereits eine aktuellere Version gibt. Zentrale Anlaufstelle für MyTop ist die Seite *http://jeremy.zawodny.com/mysql/mytop/*.

- `wget http://jeremy.zawodny.com/mysql/mytop/mytop-1.6.tar.gz`
- `tar -zxf mytop-1.4.tar.gz`
- `cd mytop*`
- `perl Makefile.PL`
- `make test`
- `make`
- `make install`

Über

- `touch /root/.mytop`

wird die MyTop-Konfigurationsdatei angelegt. Diese Datei muss anschließend mit den passenden Werten gefüllt werden.

- `user=root`
- `pass=passwort`
- `host=localhost`
- `db=test`

- `delay=5`
- `port=3306`
- `socket=`
- `batchmode=0`
- `header=1`
- `color=1`
- `idle=1`

Überprüfen Sie vor allem die Angaben bei *pass* und *host*. Sind die Änderungen gespeichert, kann das Tool über

- `mytop`

gestartet werden. Unter *http://jeremy.zawodny.com/mysql/mytop/mytop. html* finden Sie eine ausführliche Dokumentation zu MyTop.

MyTop kennt drei verschiedene Anzeigemodi.

➢ **Thread-Ansicht** – Darin ist eine Liste aller MySQL-Threads enthalten.

➢ **Befehlsansicht** – Diese Ansicht zeigt, wie oft der Server aufgefordert wurde, Befehle und Queries auszuführen.

➢ **Statusansicht** – Dabei handelt es sich um eine Zusammenfassung der Werte von *SHOW STATUS*.

Die Ausgabe aller Werte wird standardmäßig alle fünf Sekunden aktualisiert.

ajaxMyTop und phpMyTop

Alternativ können Sie auch auf eines der beiden webbasierten Anwendungen ajaxMyTop und phpMyTop zurückgreifen. Interessant sind diese Tools vor allem, wenn man keinen Shell-Zugriff hat und nicht per Remote auf den Datenbankserver zugreifen darf, aber einen Webserver für den Zugriff nutzen kann.

Zentrale Anlaufstelle für ajaxMyTop ist die Seite *http://sourceforge.net/ projects/ajaxmytop/*. Dank der verwendeten Ajax-Technologie werden die Informationen bei ajaxMyTop permanent aktualisiert, ohne dass die Seite neu geladen werden muss.

Eine vergleichbare Anwendung ist phpMyTop. Die Entwicklerseite dieses Tools finden Sie unter *http://sourceforge.net/projects/phpmytop/*.

Den Server überwachen

Neben der Query-Überwachung lohnt natürlich ein regelmäßiger Blick auf die Aktivitäten des Servers. Auch dafür gibt es zahlreiche Tools und Skripten auf dem Markt. Perl-Freunde kennen möglicherweise das unter *http:// www.perlmonks.org/?node_id=559540* verfügbare Measuring MySQL resources consumption. Dieses Skript ermittelt, wie viele MySQL-Prozesse auf einem Linux-Server laufen.

Ein weiteres interessantes Perl-Skript ist mysqlreport, das Sie von der Seite *http://hackmysql.com/mysqlreport* herunterladen können. Mit mysqlreport können Sie sich zahlreiche Informationen über den MySQL-Server ausgeben lassen. Insgesamt setzt sich die Ausgabe aus 14 verschiedenen Sektionen zusammen.

Beispielsweise werden die Verbindungen, Threads und die Details zu den *SELECT*-Abfragen angezeigt. Welche Reports das Tool liefert, wird unter *http://hackmysql.com/mysqlreportguide* sehr ausführlich beschrieben.

Webbasierte Tools als Ergänzung zu phpMyAdmin

Wer überwiegend mit phpMyAdmin arbeitet, weiß die Vorzüge webbasierter Anwendungen zu schätzen. Was liegt da näher, als auch für das Monitoring auf eine solche Webapplikation zu setzen?

Der MySQL Monitor

Mit dem MySQL Monitor liegt ein Tool vor, das sich bezüglich des Funktionsumfangs an phpMyAdmin orientiert. Herunterladen können Sie sich den MySQL Monitor von der Projektwebseite (*http://www.quicomm.com/ mysql_monitor_descript.htm*).

Werfen Sie zunächst einen Blick darauf, was der MySQL Monitor alles kann:

➤ Es wird eine Liste aller Datenbanktabellen angezeigt.
➤ Tabellenstrukturen lassen sich einblenden.
➤ Die Größe einzelner und aller Tabellen kann man sich anzeigen lassen.
➤ Daten lassen sich importieren und exportieren.
➤ Zudem lassen sich die wichtigsten SQL-Befehle direkt ausführen.

Der MySQL Monitor bietet ähnliche Funktionen wie phpMyAdmin, ist aber nicht ganz so umfangreich. Genau dieser Punkt ist es auch, der das Tool gerade für MySQL-Einsteiger interessant macht. phpMyAdmin ist zwar zweifellos genial, bietet aber so viele Funktionen, dass Neulinge oftmals überfordert sind.

Wer eine einfach strukturierte Oberfläche für die Verwaltung seiner Datenbanken sucht, liegt mit dem MySQL Monitor goldrichtig. Echtes Monitoring ist damit allerdings nicht möglich.

MySysOp

Wer es etwas moderner mag, sollte sich einmal MySysOp genauer ansehen. Auch mit diesem Ajax-basierten Tool lässt sich der MySQL-Server überprüfen. Mit MySysOp können Sie Prozesse, Variablen und den Status des Servers überprüfen. Die Anwendung lässt sich von der Seite *http://www.fillon.org/* kostenlos herunterladen.

Nach der Installation werden die überwachten Werte in einer typischen Ajax-Ansicht geliefert. Diese zeigt unter anderem die verwendeten Queries, den pro Sekunde verursachten Traffic sowie die Werte der entsprechenden Servervariablen.

11.5 Das Caching-Konzept von Joomla!

Die Datenbank zu optimieren, sollte immer nur der erste Schritt sein. Auch Joomla! selbst hat einige interessante Funktionen zu bieten, mit denen man das System schneller machen kann. Eine der effektivsten Optionen ist zweifellos der integrierte Cache.

So arbeiten Caching-Systeme

Sie kennen Caching-Systeme wahrscheinlich vor allem von WWW-Browsern. Ist dort das Caching aktiviert, wird eine Seite inklusive aller Grafiken etc. beim Aufruf lokal gespeichert. Sobald die Seite das nächste Mal aufgerufen wird und der Browser feststellt, dass sich an der Seite nichts bzw. kaum etwas geändert hat, lädt er die lokale Kopie, wodurch die Seite deutlich schneller angezeigt werden kann.

Wie lässt sich dieser Geschwindigkeitsvorteil nun aber auf Joomla! anwenden? CM-Systeme sind ja schließlich gerade dafür da, Seiten mit häufig wechselnden Inhalten zu verwalten. Hier hilft ein Blick auf den Aufbau der von Joomla! generierten Seiten. Diese werden nicht etwa am Stück ausgeliefert, sondern setzen sich aus mehreren Einzelteilen zusammen. So wirken viele Seiten zwar dynamisch, sind es in Wirklichkeit aber gar nicht. Selbst bei Webseiten mit stark wechselnden Inhalten geht man davon aus, dass sie nur einige Male pro Stunde tatsächlich neuen Content liefern. Es wäre also durchaus vertretbar, wenn Joomla! Webseiten nicht permanent neu generieren müsste.

Ohne aktivierten Cache müssen vom System bei jedem Seitenaufruf die folgenden Schritte durchgeführt werden:

1 Das CMS wird gestartet.

2 Die Daten werden aus der Datenbank geholt.

3 Die Seite wird zusammengesetzt und veröffentlicht.

Das ist übrigens nicht nur eine Frage der Performance. Auch die Kosten für die Webseite steigen aufgrund der ständigen Datenbankzugriffe. Diese finanziellen Nachteile und Geschwindigkeitsverluste können mit nur wenigen Handgriffen beseitigt werden. Die notwendigen Einstellungen dazu finden Sie unter *Site/Konfiguration*. Wechseln Sie dort in das *System*-Register.

Hier werden die Cache-Einstellungen vorgenommen.

Im Bereich *Zwischenspeicher (Cache)* sehen Sie sich drei Optionen gegenüber.

➢ *Cache* – Um den Cache auszuschalten, aktivieren Sie die Option *AUS - Cache deaktiviert*. Will man den Cache verwenden, gibt es zwei Möglichkeiten. Die Option *AN - Normales Caching* wählt man für einen kleineren Cache, die erweiterte Variante ist schneller und stellt einen größeren Cache zur Verfügung. Bei normal großen Seiten können Sie *AN - Normales Caching* wählen. Wenn die Seite allerdings sehr groß ist, stellt man üblicherweise *AN - Erweitertes Caching* ein.

➢ *Cachespeicher* – Durch *Datei* wird für den Cache die Dateispeicherung verwendet. Zukünftig soll auch noch die Datenbankspeicherung möglich sein. Die wurde bislang allerdings noch nicht implementiert. Momentan kann man hier lediglich *Datei* einstellen.

> ➤ *Cachedauer* – Wie lange die gecachten Seiten maximal im Cache gehalten werden, bestimmen Sie über diesen Wert. Welcher Zeitraum dabei eingestellt wird, hängt natürlich von den Anforderungen der entsprechenden Seiten ab. Mittlerweile hat sich ein Wert von ca. 15 Minuten etabliert. Sieht man sich dann die Startseite an, geschieht Folgendes: Beim nächsten Aufruf der Seite wird eine Datei mit dem Suffix *.php* erzeugt und im Dateisystem des Servers gespeichert. Innerhalb der nächsten 15 Minuten greift dann Joomla! beim Aufrufen der Startseite auf diese Datei zurück.

Ob das Caching tatsächlich funktioniert, können Sie am besten durch einen Blick in das *cache*-Verzeichnis der Joomla!-Installation herausfinden. In diesem Verzeichnis sind von den jeweiligen Modulen Unterverzeichnisse zu sehen.

Der Cache wurde aktiviert.

In den Verzeichnissen liegen neben einer *index.html* (über die der direkte HTTP-Zugriff auf das Verzeichnis verhindert wird) Dateien mit Namen wie *a9d061cea8e589e37b1559fd8665407f-cache-com_content-3628b619e145ea 6016b888c8810aed9c.php*.

Wenn das Verzeichnis leer ist

Das Cache-Verzeichnis wird anfangs bis auf die *index.html* leer sein. Erst wenn Sie die Joomla!-Seite im Frontend anzeigen, werden gecachte Inhalte abgelegt.

Ein Blick in eine solche Datei fördert in etwa Folgendes zutage (wobei der tatsächliche Inhalt von der Komponente oder dem Modul abhängt, für das gecacht wurde):

```
    <?php die("Access Denied"); ?>#x#a:4:{s:4:"body";s:2916:"
    <div class="blog-featured">
    <div class="items-leading">
    <div class="leading-0">
5   <h2>
```

- `<a href="/joomla25/using-joomla/extensions/components/content-component/article-category-list/8-beginners.html">Beginners</a>`
- `</h2>`
- `<p>If this is your first Joomla site or your first web site, you have come to the right place. Joomla will help you get your website up and running quickly and easily.</p>`
- `<p>Start off using your site by logging in using the administrator account you created when you installed Joomla!.</p>`
10 `<p class="readmore">`
- `<a href="/joomla25/using-joomla/extensions/components/content-component/article-category-list/8-beginners.html">Read more: Beginners</a>`
- `</p>`
- `<div class="item-separator"></div>`
- `  </div>`
15 `</div>`
- `<div class="items-row cols-3 row-0">`
- `<div class="item column-1"><h2>`
- `<a href="/joomla25/using-joomla/extensions/components/content-component/article-category-list/24-joomla.html">`
- `Joomla!</a>`
20 `</h2>`
- `<p>Congratulations! You have a Joomla! site! Joomla! makes your site easy to build a website just the way you want it and keep it simple to update and maintain.</p><p>Joomla! is a flexible and powerful platform, whether you are building a small site for yourself or a huge site with hundreds of thousands of visitors. Joomla is open source, which means you can make it work just the way you want it to.</p>`
- `<div class="item-separator"></div>`
- `</div>`
- `<div class="item column-2">`
25 `<h2>`
- `<a href="/joomla25/using-joomla/extensions/components/content-component/article-category-list/50-upgraders.html">`
- `Upgraders</a>`
- `</h2>`
- `<p>If you are an experienced Joomla! 1.5 user, 1.6 will seem very familiar. There are new templates and improved user interfaces, but most functionality is the same. The biggest changes are improved access control (ACL) and nested categories.</p>`

```
30  <p class="readmore">
    <a href="/joomla25/using-joomla/extensions/components/content-
    component/article-category-list/50-upgraders.html">
    Read more: Upgraders</a>
    </p>
    <div class="item-separator"></div>
35  </div>
    <div class="item column-3">
    <h2>
    <a href="/joomla25/using-joomla/extensions/components/content-
    component/article-category-list/35-professionals.html">
    Professionals</a>
40  </h2>
    <p>Joomla! 2.5 continues development of the Joomla Framework and
    CMS as a powerful and flexible way to bring your vision of the
    web to reality. With the administrator now fully MVC, the
    ability to control its look and the management of extensions is
    now complete.</p>
    <p class="readmore">
    <a href="/joomla25/using-joomla/extensions/components/content-
    component/article-category-list/35-professionals.html">Read
    more: Professionals</a>
    </p>
45  <div class="item-separator"></div>
    </div>
    <span class="row-separator"></span>
    </div>
    </div>
```

Auch wenn es sich dabei lediglich um einen Dateiauszug handelt, ist er doch ganz typisch für gecachte Joomla!-Dateien. Alle gecachten Dateien stellen keineswegs den gesamten Seiteninhalt dar. Vielmehr sind es gerenderte Ausgaben einzelner Joomla!-Module.

Einzelne Module cachen

Es lassen sich übrigens nicht nur normale Seiteninhalte cachen. Ebenso unterstützen zahlreiche Module das Caching. Gute Beispiele dafür sind Menüs und das Archiv. Ob sich die Inhalte eines Moduls cachen lassen, können Sie ganz einfach herausfinden. Rufen Sie dazu die betreffende Modulseite über *Erweiterungen/Module* auf (beispielsweise *Breadcrumbs*).

Im rechten Fensterbereich finden Sie unter *Erweiterte Optionen* den Parameter *Caching*, über den sich der Cache aktivieren oder deaktivieren lässt. Um ihn zu aktivieren, setzen Sie den Wert auf *Globale Einstellungen*. Aber Achtung: Gecacht wird dann tatsächlich nur, wenn der Cache – so wie das auf den vorherigen Seiten gezeigt wurde – in den globalen Einstellungen aktiviert wurde. Zusätzlich lässt sich dort die *Cache-Dauer* einstellen. Über die wird bestimmt, welche Zeit bis zur erneuten Zwischenspeicherung des Moduls vergehen soll.

Der Cache ist aktiv.

Den Cache leeren

Hin und wieder sollte der Cache gelöscht werden. Sinnvoll ist das beispielsweise nach Wartungsarbeiten an der Seite.

Diese Elemente liegen im Cache.

In solchen Fällen sollte man nicht darauf warten, dass der in der globalen Konfiguration eingestellte Wert greift. Joomla! ermöglicht das manuelle Löschen des Caches. Rufen Sie dazu *Site/Wartung/Cache leeren* auf.

Auf dieser Seite sind die im Cache liegenden Elemente zu sehen. Um eines dieser Elemente zu löschen, markieren Sie das vorangestellte Kontrollkästchen und rufen über die Werkzeugleiste *Löschen* auf. Ein Warnhinweis wird vor dem Löschen nicht ausgegeben. Gelöscht ist also gelöscht.

Über *Site/Wartung/Abgelaufener Cache* lassen sich die abgelaufenen Cache-Dateien löschen. Dieser Menüpunkt ist leider etwas unlogisch, denn normalerweise sollten gecachte Dateien nach Ablauf einer angegebenen Zeitspanne automatisch gelöscht werden. Joomla! macht das allerdings nicht, sondern weist diesen die Dateierweiterung *.php_expire* zu und belässt die abgelaufenen Dateien im Dateisystem. Daher sollte man von Zeit zu Zeit den genannten Befehl aufrufen. Mehr dazu im nächsten Abschnitt.

Der abgelaufene Cache wird geleert.

Probleme mit dem Cache

Wie das Caching-System arbeitet und wie man es aktiviert, wurde auf den vorherigen Seiten gezeigt. Nun ist es bekanntermaßen immer so eine Sache, wie etwas funktionieren sollte und wie sich das dann tatsächlich in der Praxis darstellt. Beim Joomla!-Cache sieht es nicht anders aus. Leider bleibt das Verzeichnis */cache*, in dem die Cache-Dateien von Joomla! abgelegt werden, vom Cache-leeren-System unberührt. Das bedeutet natürlich auch, dass sich im Laufe der Zeit in diesem Verzeichnis immer mehr Dateien befinden.

Es ist ja bereits angeklungen, dass Joomla! die Cache-Dateien mit der Erweiterung *.php* im Verzeichnis */cache* ablegt. Nun könnte man annehmen, dass die Dateien nach Ablauf der eingestellten Cache-Zeit automatisch gelöscht werden. So funktioniert das zumindest bei den meisten vergleichbaren Cache-Systemen. Bei Joomla! sieht das ein klein wenig anders aus, denn abgelaufene Cache-Dateien werden durch eine gleichnamige Datei mit der Endung *.php_expire* ergänzt.

Innerhalb dieser Datei ist ein Zeitstempel hinterlegt.

- 1247648189

Mit der Zeit sammeln sich somit Hunderte, manchmal sogar Tausende dieser Dateien. Sinnvoll ist das sicherlich nicht. Lösen lässt sich das Problem, indem man den Cache manuell oder mittels Cronjob löscht. Für diesen Zweck wurde in Joomla! die Funktion *Abgelaufenen Cache leeren* integriert.

Zu erreichen ist diese über *Site/Wartung/Abgelaufenen Cache leeren*. Jetzt stellt sich vielleicht die Frage nach dem Unterschied zur Funktion *Cache leeren*. Mit *Abgelaufenen Cache leeren* werden tatsächlich ausschließlich die als abgelaufen gekennzeichneten Dateien gelöscht. Alle anderen Cache-Dateien bleiben erhalten.

Es ist daher ratsam, in regelmäßigen Abständen die neu integrierte Funktion *Abgelaufenen Cache leeren* zu nutzen.

11.6 Performancemaßnahmen außerhalb von Joomla!

Bislang ging es eher darum, wie Sie Joomla! direkt über Bordmittel oder die Datenbank optimieren können. Damit sind die Möglichkeiten, die man für eine Performancesteigerung hat, aber längst noch nicht erschöpft. Auf den folgenden Seiten werden zwei Aspekte genauer betrachtet, die für eine Leistungsverbesserung ebenfalls infrage kommen: FastCGI und PHP-Cache-Systeme.

FastCGI einsetzen

Wer einen Root-Server oder vServer einsetzt, kann noch einiges mehr hinsichtlich der Performance tun als das, was bislang beschrieben wurde. Das Zauberwort heißt hier FastCGI. Bei FastCGI handelt es sich um einen Standard für die Einbindung externer Software für die Generierung dynamischer Webseiten innerhalb von Webservern. Ausführliche Informationen zu FastCGI finden Sie auf der Seite *http://www.fastcgi.com/*.

Einrichten lässt sich FastCGI vergleichsweise einfach. Das gilt zumindest für Debian-Systeme. Bei anderen Distributionen sieht die Sache etwas komplizierter aus, ist es aber nicht wirklich. Dort kann es allerdings passieren, dass man zunächst das PHP-5-Modul deinstallieren muss, bevor man mit der eigentlichen FastCGI-Installation beginnen kann.

FastCGI unter Windows

Auch auf Windows-Systemen kann man FastCGI nutzen. Eine entsprechende Anleitung finden Sie unter *http://blogs.msdn.com/jansche/archive/2009/06/16/php-auf-windows-azure-mit-visual-studio-2010.aspx*.

Auf einem Ubuntu-System funktioniert die Installation folgendermaßen:

■ `apt-get install php5-cgi apache2-mpm-worker libapache2-mod-fcgid`

Achten Sie nach der Installation darauf, dass das fcgi-Modul auch tatsächlich aktiviert ist. Bei Ubuntu müssen dafür im Verzeichnis *etc/apache2/mods-enabled* zwei Softlinks enthalten sein.

➢ *fcgid.load*
➢ *fcgid.conf*

Im nächsten Schritt müssen die PHP-Dateien mit dem FastCGI-Handler verknüpft werden. Dazu öffnen Sie die VirtualHost-Konfiguration, für die FastCGI aktiviert werden soll. Dort wird folgende Direktive hinzugefügt:

■ `<VirtualHost*>`
■ `# ...`
■ `DocumentRoot /var/www/`
■ `AddHandler fcgid-Skript.php`
■ `<Directory/>`
■ `# ...`
■ `</Directory>`
■ `# ...`
■ `</VirtualHost>`

Ebenso müssen Sie für das verwendete *DocumentRoot* den FastCGI-Wrapper angeben. Und dann muss auch noch die Option *ExecCGI* gesetzt werden. Das geschieht über die *Options*-Zeile.

■ `<Directory "/var/www/vhosts/[pfad]/httpdocs">`
■ `# ...`
■ `FCGIWrapper "/usr/bin/php5-cgi -c`
■ `/etc/phpconfigs/[DIR FÜR PHP-INI]" .php`
■ `Options ExecCGI`
■ `DirectoryIndex index.php index.html`
■ `</Directory>`

Nach einem Neustart des Servers sollte FastCGI verfügbar sein.

FastCGI mit Suexec

Im zuvor gezeigten Konfigurationsbeispiel läuft das CGI-Binary noch mit den Rechten des Servers. Da in diesem Fall Webserver und PHP-Interpreter allerdings noch voneinander getrennt sind, kann man genau so wie bei normalem CGI mit Suexec die PHP-Skripten mit den Rechten des Besitzers ausführen.

> **Weiterführendes zu Suexec**
>
> Das Apache-Modul Suexec sorgt dafür, dass sich CGI-Programme in einer geschützten Umgebung ausführen lassen. Ausführliche Informationen zu Suexec finden Sie unter *http://httpd.apache.org/docs/1.3/suexec.html.*

Sinnvoll ist der Einsatz von Suexec nur in Verbindung mit VirtualHosts. Im ersten Schritt muss man das Modul installieren und aktivieren. Das geht beispielsweise folgendermaßen:

- `apt-get install apach2-suexec`
- `a2enmod suexec`

Ebenso kann man aber auch den Softlink

- `/etc/apache2/mods-enabled`

setzen. Anschließend wird ein entsprechendes Wrapper-Skript definiert:

- `/var/www/bin/domain.de/php-fcgi-starter`

Dieses Skript wird dem Benutzer zugewiesen, dessen Skripten ausgeführt werden sollen.

- `chown data:becker php-fcgi-starter`
- `chmod 0750 php-fcgi-starter`

Bei Debian müssen die Wrapper-Skripten immer unterhalb von */var/www/* liegen. Daher sollte man die Zugriffsrechte auf */var/www/bin/* stets sehr streng setzen. Das eigentliche Skript sieht folgendermaßen aus:

- `#!/bin/sh`
- `exec /usr/bin/php5-cgi`

Um Missbrauch zu vermeiden, empfiehlt sich das Setzen des sogenannten System-Immutable-Flag. Dadurch kann das Skript dann nicht mehr bearbeitet werden, nicht mal mehr durch den Besitzer.

- `chattr +i php-fcgi-starter`

Weiter geht es mit dem Konfigurieren des VirtualHost. Hier sehen Sie ein Beispiel dafür, wie eine entsprechende Konfiguration aussehen kann:

- `<VirtualHost*:80>`
- `    <Directory "/var/www/domain.de/">`

- FCGIWrapper /var/www/bin/domain.de/php-fcgi-starter.php
- Options ExecCGI
- </Directory>
- ServerName domain.de:80
- SuexecUserGroup data becker
- AddHandler fcgid-Skript.php
- DocumentRoot "/var/www/domain.de"
- DirectoryIndex index.html index.php
- </VirtualHost>

Damit sind die Einstellungen abgeschlossen, und FastCGI ist einsatzbereit.

PHP-Cache-Systeme

Zu guter Letzt können Sie noch direkt an der Quelle selbst, also an PHP, ansetzen. So gibt es mittlerweile einige Cache-Systeme für PHP auf dem Markt. Das bekannteste ist dabei sicherlich **PHP A**ccelerator (PHPA). Diese Erweiterung für die PHP Zend Engine ermöglicht eine enorme Beschleunigung von PHP-Skripten, ohne dass die eigentlichen Skripten dabei verändert werden müssen. PHPA speichert bereits ausgeführte PHP-Skripten und lädt sie bei einem erneuten Aufruf aus dem Cache. Das hat den Vorteil, dass der Server die Skripten nicht bei jedem Aufruf erneut ausführen muss. Die Entwickler versprechen eine Beschleunigung der Ausführungsgeschwindigkeit um das Fünf- bis Zehnfache.

Den PHPA können Sie sich kostenlos von der Seite *http://www.php-accelerator.co.uk/* herunterladen. Momentan ist PHPA für BSDi, Linux, OpenBSD, FreeBSD und Solaris verfügbar.

Nach dem Download entpacken Sie das Archiv und kopieren das Modul *php_accelerator.so* in das entsprechende PHP-Module-Verzeichnis. Anschließend muss die *php.ini* angepasst werden.

- ;
- ; PHP-Accelerator
- ;
- zend_extension = ""
- phpa = on
- phpa.c0_size = 4
- phpa.cache_dir = /tmp
- phpa.c0_logging = on
- phpa.c0_stats_check_period = 5m

- `phpa.c0_ttl = 12h`
- `;phpa.ignore_files = ""`
- `;phpa.ignore_dirs =`

Nach einem Neustart des Apache-Servers ist PHPA verfügbar.

Wer XAMPP nutzt, kann übrigens ebenfalls einen PHP-Beschleuniger nutzen. Dort kommt standardmäßig der eAccelerator (*http://eaccelerator.net/*) zum Einsatz. Der eAccelerator lässt sich auf GNU/Linux, FreeBSD, Mac OS X, Solaris und Windows mit dem Apache HTTP Server 1.3, 2.0 und 2.2, lighttpd (über FastCGI) und IIS nutzen.

Bei XAMPP öffnen Sie, um den eAccelerator zu aktivieren, die *php.ini* und entfernen die Kommentarzeichen (Semikola) vor den folgenden Zeilen:

- `zend_extension = "C:\xampp\php\ext\php_eaccelerator.dll"`
- `eaccelerator.shm_size = "0"`
- `eaccelerator.cache_dir = "\xampp\tmp"`
- `eaccelerator.enable = "1"`
- `eaccelerator.optimizer = "1"`

Nach einem Neustart des Servers wird beim Aufruf von *phpinfo()* ein entsprechender Hinweis ausgegeben.

This program makes use of the Zend Scripting Language Engine:
Zend Engine v2.3.0, Copyright (c) 1998-2009 Zend Technologies
  with eAccelerator v0.9.6-rc1, Copyright (c) 2004-2007 eAccelerator, by eAccelerator

Der eAccelerator ist verfügbar.

12. Ihr Weg zur eigenen Joomla!-Webseite von A bis Z

Joomla! ist – das haben Sie in den bisherigen Kapiteln gesehen – eine komplexe Software, bei der es viel zu beachten gilt. Dabei ist es mit der Bedienung der Software jedoch nicht getan. Denn gerade Joomla!-Neueinsteigern ist oft nicht klar, wie sie eine Joomla!-Webseite wirklich von Grund auf neu aufbauen und dann online stellen können. Genau hier setzt dieses Kapitel an. Sie erfahren Schritt für Schritt, wie Sie eine Webseite in Joomla! anlegen und diese online bringen.

Dabei dient diese Beschreibung als roter Faden, der Ihnen dabei hilft, die richtige Reihenfolge bei der Webseiten-Erstellung zu beachten und somit erfolgreich Ihre Seite der breiten Öffentlichkeit zu präsentieren.

Dabei werden an dieser Stelle die in diesem Buch vermittelten Grundkenntnisse zum Anlegen von Kategorien, Menüs usw. vorausgesetzt. Sie erfahren, wie Sie Ihre Webseite lokal entwickeln, das richtige Webspace-Paket beim Provider inklusive Domain registrieren können und Ihre lokal entwickelte Webseite online stellen.

12.1 Die grundlegenden Schritte

Natürlich hat jeder Joomla!-Anwender seine eigenen Vorstellungen davon, wie die eigene Seite erfolgreich online gestellt werden kann. Dennoch gibt eine grundlegende Vorgehensweise, die man einhalten sollte, damit sich das Projekt „Eigene Webseite" schnell und problemlos erfolgreich realisieren lässt.

> Es wird eine lokale Entwicklungsumgebung aufgesetzt.
> Dort wird Joomla! ohne Beispieldateien installiert.
> Das gewünschte Template wird installiert.
> Innerhalb dieser Testumgebung legt man die Struktur und die Inhalte der Webseite an.
> Man besorgt sich Webspace bei einem Provider.
> Die lokalen Daten werden auf den Server kopiert.
> Die Konfigurationsdatei wird angepasst und auf den Server kopiert.
> Aus der lokalen Joomla!-Installation werden die Inhalte mittels phpMyAdmin exportiert.
> Diese Inhalte importiert man auf den Webspace.

Es gibt auch noch eine alternative Variante, die auch gut funktioniert. Dabei installiert man Joomla! lokal und auf dem Server des Providers. Dann muss man beim Provider allerdings die Erweiterungen erneut installieren usw.

In diesem Kapitel wird aber die andere Vorgehensweise beschrieben.

Selbstverständlich können Sie die Webseite auch direkt bei Ihrem Provider aufsetzen, ohne den Umweg über eine lokale Testumgebung zu gehen. Davon rate ich jedoch ab. Lokal kann man viel besser Dinge ausprobieren und läuft vor allem nicht Gefahr, dass der aktuelle Entwicklungsstand von Dritten eingesehen wird.

12.2 Eine typische Webseite

Im ersten Schritt sollte man sich überlegen, was alles auf der Seite angezeigt werden soll. Natürlich variieren dabei die relevanten Inhalte, je nachdem, wen man mit der Webseite erreichen möchte. Im folgenden Beispiel wird von einer ganz typischen Webseite für einen selbstständig tätigen Fotografen ausgegangen.

Die folgenden Elemente sollen in der Webseite enthalten sein:

➢ Startseite
➢ Impressum
➢ Kontaktformular
➢ Haftungsausschluss
➢ Ein fortlaufendes Tagebuch, was vergleichbar mit einem Blog ist. (Wobei es zum Betreiben eines Blogs natürlich bessere Software als Joomla! gibt. Daher wird hier der Begriff Tagebuch verwendet.)

Es geht an dieser Stelle natürlich nicht darum, dass Ihre Webseite exakt dieselben Dinge enthalten muss. Hintergrund ist vielmehr zu zeigen, wie sich eine Webseite typischerweise aufbauen lässt. Ob Ihre Seite dann anstelle von Referenzen einen Produkte-Bereich o. Ä. enthält, spielt keine Rolle.

Und selbstverständlich wird Ihre Webseite mehr Seiten enthalten, als hier aufgeführt ist. Das grundlegende Verständnis, wie Sie Menüs und Inhalte anlegen, wurde im Verlauf dieses Buchs allerdings ausführlich gezeigt. Hier steht also tatsächlich der sprichwörtliche rote Faden im Vordergrund.

Vorbereitungen

Laden Sie sich das aktuellste Joomla!-Paket herunter und installieren Sie es auf einer lokalen Testumgebung. Dabei gehen Sie so vor, wie das in diesem Buch bereits beschrieben wurde. Allerdings sind jetzt einige Dinge zu beachten, die im Folgenden beschrieben werden. (Wobei nur auf die Aspekte eingegangen wird, die tatsächlich für diese Art der Installation relevant sind. Alles andere entspricht nämlich einer herkömmlichen lokalen Installation.)

Die Schritte Sprachauswahl, Installationsprüfung, Lizenz entsprechend denen einer lokalen Installation. Interessant wird es erstmalig im Bereich Konfiguration der Datenbank. Dort könnte jetzt nämlich bereits der Name der Datenbank angegeben werden, der auch später beim Provider verwendet wird.

Wenn Sie den Namen jetzt bereits verwenden wollen, tragen Sie ihn in das Feld *Datenbankname* ein. Das hat den Vorteil, dass Sie diesen später nicht in der Konfigurationsdatei von Joomla! anpassen müssen. Allerdings muss die Konfigurationsdatei später ohnehin noch einmal verändert werden.

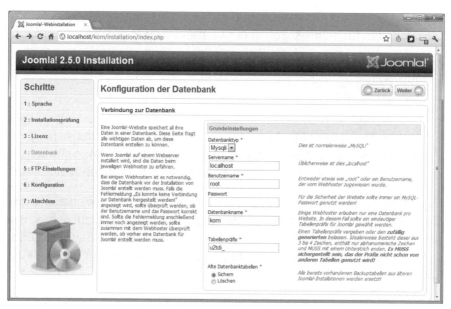

Die Datenbankeinstellungen werden angegeben.

Mit *Weiter* geht es zum nächsten Schritt. Dort können Sie bereits die FTP-Daten Ihres Servers angeben. Ab Seite 923 wird gezeigt, wie Sie die entsprechenden Informationen bei Strato ermitteln. Auch hier gilt wieder:

Wenn Sie die Daten jetzt eintragen, müssen Sie das später nicht mehr machen.

Die FTP-Daten könnten angegeben werden.

Aus Sicherheitsgründen wird empfohlen, das FTP-Passwort nicht zu speichern. Vielmehr sollten die Daten immer nur dann im Backend eingetragen werden, wenn man die FTP-Funktionalität tatsächlich benötigt. Das mag umständlich sein, schützt aber vor Angriffen.

Wenn Sie bei einer lokalen Installation bereits die FTP-Daten des späteren Servers angeben, kommt es bei der Installation von Extensions zu einer Fehlermeldung.

Die Installation klappte trotz Fehlermeldung.

Diese Fehlermeldung weist auf falsche FTP-Angaben hin. Die Joomla!-Funktionalität wird dadurch nicht eingeschränkt, die Extensions lassen sich also trotz dieser Meldung installieren.

Mit *Weiter* geht es zum nächsten Schritt, in dem die Grundkonfiguration vorgenommen wird. Geben Sie zunächst alle relevanten Informationen im Bereich *Grundeinstellungen* und *Erweiterte Einstellungen (optional)* ein.

Die Grundkonfiguration wird vorgenommen.

Achten Sie unbedingt auf einen „guten" Namen. Denn dieser Name wird automatisch dem *title*-Element der Seite zugewiesen. Und eben jenes *title*-Element ist auch und gerade hinsichtlich der Suchmaschinenoptimierung wichtig.

Die Werte, die man bei *Meta-Beschreibung* und *Meta-Schlüsselwörter* notiert, werden als globale Angaben für die Meta-Tags der Seite verwendet.

Ob Sie bei *Website offline* den Wert *Ja* einstellen, müssen Sie letztendlich selbst entscheiden. Normalerweise ist das bei der in diesem Abschnitt vorgestellten Installationsvariante nicht nötig.

Geben Sie außerdem die E-Mail-Adresse und die Zugangsdaten für das Backend an. Anders als bei einer lokalen Installation üblich, sollte hier dann allerdings eine sichere Benutzername-Passwort-Kombination angegeben werden. (Das gilt hier auch, obwohl Sie Joomla! ja zunächst lokal installieren. Es sind aber letztendlich die Zugangsdaten, mit denen Sie sich auch später auf dem Server Ihres Providers am Backend anmelden. Daher sollte gleich von Anfang an eine sichere Kombination gewählt werden.)

Die Zugangsdaten werden angegeben.

Installieren Sie auf keinen Fall die Beispieldateien, sondern übernehmen Sie die Einstellungen mit *Weiter*. Die Beispieldateien würden Ihr Backend nicht nur unübersichtlich machen, sie schaden auch dem Ranking in den Suchmaschinen, wenn man sie mitinstalliert.

Nachdem das Installationsverzeichnis gelöscht wurde, kann auf das Backend zugegriffen werden. Jetzt geht es mit der Gestaltung der Webseite weiter.

12.3 Die Template-Wahl

Eine der wichtigsten Entscheidungen für Ihre Webseite ist sicherlich deren Design. Wie soll die Seite also aussehen? Wie in diesem Buch bereits ausführlich beschrieben, wird das Design von Joomla!-Seiten über Templates gesteuert. Dabei hat man immer die Wahl zwischen einer Eigenkreation und einem vorgefertigten Template, das man an seine eigenen Bedürfnisse anpasst.

In diesem Kapitel wird von einem kostenlos verfügbaren Template ausgegangen, das sich sehr leicht an die eigenen Bedürfnisse anpassen lässt. Zu finden ist dieses Template auf der Seite *http://www.siteground.com/joomla-templates.htm*. Es nennt sich *Junior Snapshot*.

Ein „veraltetes" Template

Das genannte Template ist ausgewiesen für Joomla! 1.6 und 1.7. Da es hinsichtlich der Templates zwischen Joomla! 1.7 und 2.5 allerdings nur marginale Unterschiede gibt, können die „alten" Templates auch in Version 2.5 verwendet werden.

Eine Demo-Anwendung des Templates können Sie sich unter *http://www.siteground.com/template-preview/joomla_16/siteground-j16-24* ansehen.

Dieses Template wird verwendet.

Selbstverständlich können Sie auch jedes andere Template verwenden, das Ihnen gefällt. Die grundlegenden Schritte sind dann identisch mit den hier beschriebenen.

Das Template ist kostenlos verfügbar. Um es nutzen zu können, ist lediglich die Angabe des Namens und der E-Mail-Adresse nötig. (Geben Sie unbedingt eine gültige E-Mail-Adresse an. An die wird nämlich der Download-Link gesendet.)

Melden Sie sich an Ihrem Backend an.

http://localhost/korn/administrator/

Das Template kommt – wie man das bei Joomla! gewohnt ist – als Zip-Archiv daher, das man nicht manuell entpackt. Um das Template zu installieren, ruft man im Backend *Erweiterungen/Erweiterungen* auf. Über *Datei auswählen* ruft man das heruntergeladene Template-Zip-Archiv auf und installiert es mit *Hochladen & Installieren*.

Nach erfolgreicher Installation wird das Template als Standard eingestellt. Das geschieht unter *Erweiterungen/Templates*. Klicken Sie dort bei *siteground-j16-24 - Standard* in der Spalte *Standard* auf den Stern.

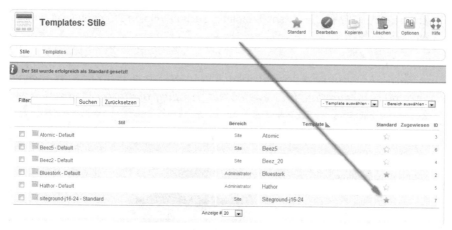

Der Stil wurde als Standard eingestellt.

Wenn Sie jetzt über den Vorschau-Link das Frontend aufrufen, ist das Template bereits zu sehen.

Im oberen Fensterbereich ist der unter *Site/Konfiguration* im Feld *Name der Webseite* eingetragene Wert zu sehen. Den können Sie natürlich bei Bedarf jederzeit anpassen.

Das Template wird verwendet.

12.4 Die Startseite

Als Erstes soll ein Begrüßungstext für die Startseite erstellt werden. Für einen solchen Text wird ein neuer Beitrag angelegt. Dieser Beitrag muss normalerweise nicht speziell kategorisiert werden. Stattdessen kann man ihn in die standardmäßig vorhandene Kategorie *Uncategorised* einordnen.

Um den Begrüßungstext anzulegen, ruft man *Inhalt/Beiträge/Neuer Beitrag* auf. Nehmen Sie dort die folgenden Einstellungen vor:

➢ *Titel* – Der eingetragene Wert wird als Überschrift im Frontend angezeigt. Für die Startseite könnte man *Herzlich Willkommen* wählen.

➢ *Kategorie – Uncategorised*

➢ *Status – Freigegeben*

➢ *Haupteintrag – Ja*

➢ *Beitragsinhalt* – Hier tragen Sie Ihren Begrüßungstext ein.

Gestalten Sie den Beitrag auf Wunsch mit dem WYSIWYG-Editor.

Der Beitrag kann jetzt abgespeichert werden. Wenn Sie das Frontend aufrufen, ist der dort bereits zu sehen, er weist allerdings noch einige Schönheitsfehler auf.

So könnte die Startseite aussehen.

Die Startseite
wurde angelegt.

Störend wirken sich zwei Aspekte aus:

➢ Der *Home*-Schriftzug über der Beitragsüberschrift *Herzlich Willkommen*.

> ➤ Die Beitragsoptionen wie Druck-Symbol sowie die Hinweise, wann und von wem der Artikel veröffentlich wurde. Diese Dinge sollten von der Startseite verschwinden.

Beide Punkte werden auf den folgenden Seiten erledigt.

Home von der Startseite entfernen

Zunächst geht es um die Überschrift *Home*, die auf der Startseite angezeigt wird. Diese soll entfernt werden. Rufen Sie dazu *Menüs/Main Menu* auf. Klicken Sie auf den *Home*-Link.

Interessant ist im rechten Fensterbereich der Punkt *Seitenanzeigeoptionen*. Dort muss die Option *Seitenüberschrift anzeigen* auf *Nein* gesetzt werden.

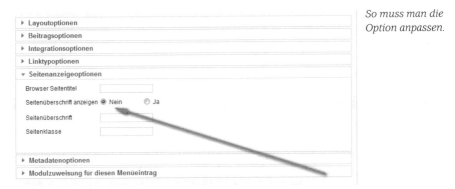

So muss man die Option anpassen.

Nachdem man die Änderungen übernommen hat, liefert ein Blick ins Frontend der Seite das gewünschte Bild.

Die Home-Überschrift ist weg.

Die allgemeinen Beitragsoptionen anpassen

Wenn Sie sich den zuvor erstellten Startseitenbeitrag ansehen, werden Sie feststellen, dass dort zahlreiche Elemente enthalten sind, die man normalerweise nicht auf der Startseite sehen möchte. (Es sei denn, man möchte tatsächlich einen Blog aufbauen, bei dem Artikel fortlaufend angezeigt werden. Das ist aber im konkreten Fall nicht das Ziel.)

Es sind störende Elemente enthalten.

Es sollen tatsächlich nur die eigentlichen Texte angezeigt werden. Sowohl die Grafiken als auch Dinge wie Veröffentlichungsdatum und die Anzahl der Zugriffe auf den Artikel sollen hingegen nicht zu sehen sein.

Prinzipiell gibt es zwei Möglichkeiten:

➢ Man deaktiviert die ungewünschten Dinge für einzelne Artikel.

➢ Man deaktiviert die ungewünschten Dinge global und aktiviert diese bei Bedarf für einzelne Artikel.

Da auf der gesamten Webseite die Anzeige der aufgeführten Dinge nicht geplant ist, wird hier auf letztere Variante zurückgegriffen.

Rufen Sie dazu *Inhalt/Beiträge* auf und klicken Sie in der Werkzeugleiste auf *Optionen*. Die folgenden Einstellungen sind im Register *Beiträge* ratsam. (Die Optionen, bei denen die Voreinstellungen übernommen werden können, sind an dieser Stelle nicht explizit mit aufgeführt.)

➢ *Kategorie = Verbergen*

➢ *Autor = Verbergen*

➢ *Veröffentlichungsdatum = Verbergen*

➢ *Seitenaufrufe = Verbergen*

- ➢ *Symbole/Text = Verbergen*
- ➢ *Drucksymbol = Verbergen*
- ➢ *E-Mail-Symbol = Verbergen*

Übernehmen Sie die Einstellungen mit *Speicher & Schließen*. Ein anschließender Blick ins Frontend liefert schon ein recht gutes Ergebnis.

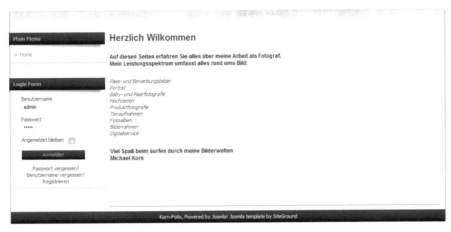

Die störenden Elemente sind verschwunden.

Die Startseite könnte nun natürlich noch mit Bildern usw. aufgepeppt werden. Das nötige Rüstzeug, wie sich so etwas umsetzen lässt, lieferte dieses Buch.

12.5 Die Seitenstruktur anlegen

Nehmen Sie sich etwas Zeit, um sich zu überlegen, wie die Seite eigentlich strukturiert werden soll.

Zunächst einmal gibt es einige Inhalte, die auf jeder Seite vorhanden sein sollten. Diese werden der Kategorie *Uncategorised* zugewiesen. (Man könnte dafür zwar eine zusätzliche Kategorie anlegen. Warum aber mehr Aufwand als nötig betreiben?)

- ➢ Der Beitrag, der auf der Startseite angezeigt wird.
- ➢ *Haftungssauschluss*
- ➢ *Impressum*

Für einen Fotografen könnte es dann eine *Foto*-Kategorie geben, in der verschiedene Unterkategorien enthalten sind.

- ➢ *Hochzeit*
- ➢ *Babys*

> ➢ *Tiere*
> ➢ *Kinder*
> ➢ *Porträt*
> ➢ *Bewerbung*
> ➢ *Landschaften*

Legen Sie zunächst die oberste Kategorie *Foto* an. Entscheidend ist dabei, dass im Feld *Übergeordnet* der Wert *Keine übergeordnete Kategorie* eingestellt wird.

Anschließend können die Unterkategorien von *Foto* angelegt werden. Dabei ist dann unbedingt darauf zu achten, dass jeweils als *Übergeordnet* die Kategorie *Foto* vergeben wird.

Die untergeordnete Kategorie wird angelegt.

Auf diese Weisen können Sie nun alle notwendigen Kategorien anlegen. Welche Kategorien Sie letztendlich benötigen, ist dabei zweifellos individuell verschieden. Planen Sie die Kategorien aber in jedem Fall im Voraus. Das erspart Ihnen später viele Arbeit.

Im aktuellen Beispiel genügen zunächst die folgenden Kategorien:

> ➢ *Uncategorised*
> ➢ *Tagebuch*
> ➢ *Fotos*
> ➢ *Über uns*

Weitere Kategorien können natürlich jederzeit nachträglich hinzugefügt werden.

12.6 Auf das Impressum achten

Eine der wichtigsten Informationen, die auf eine Webseite gehören, ist das Impressum. Und obwohl es sich mittlerweile eigentlich herumgesprochen haben müsste, wie wichtig ein Impressum ist, stolpern hierüber viele Seitenbetreiber. Denn im Einzelfall kann das Fehlen eines Impressums als Ordnungswidrigkeit eingestuft werden, die eine Geldbuße von bis zu 50.000 Euro nach sich ziehen kann.

Obwohl die Impressumspflicht einen negativen Touch hat, ist sie durchaus sinnvoll. So weiß jeder Besucher einer Webseite, mit wem er es eigentlich zu tun hat. Geregelt ist die Impressumspflicht im neuen **Telemediengesetz** (TMG).

Im TMG ist exakt festgelegt, wer ein Impressum auf seinen Seiten unterbringen muss und was darin enthalten sein soll.

Die Angaben im Impressum dienen hauptsächlich dem Verbraucherschutz. Daher müssen Sie als Seitenbetreiber nicht nur das Impressum anlegen, sondern die Pflichtangaben auch

➢ leicht erkennbar,

➢ unmittelbar erreichbar und

➢ permanent verfügbar

halten.

Wer kein Impressum braucht

Es ist übrigens längst nicht so, dass jeder, der eine Webseite betreibt, auch tatsächlich ein Impressum anlegen muss. Denn aus dem § 55 I RStV ergibt sich eindeutig, dass eine Webseite völlig anonym ins Internet gestellt werden kann, wenn dieses Angebot ausschließlich familiären und privaten Zwecken dient.

Nicht kennzeichnungspflichtig ist demnach private Kommunikation, auch wenn sie über die reine Telekommunikation hinausgeht. Dies betrifft etwa die Einstellung von Meinungsäußerungen in Foren, aber auch den gelegentlichen privaten wirtschaftlichen Geschäftsverkehr, etwa bei der Veräußerung von Waren, unmittelbar durch den privaten Anbieter oder aber über dritte Plattformen. In diesen Fällen ist entweder durch die persönliche Bekanntschaft zwischen Anbieter und Nutzer oder aber über den Plattformanbieter sichergestellt, dass die schutzwürdigen Belange der Beteiligten gewahrt werden können. Eine Kennzeichnungspflicht würde ansonsten dazu führen, dass entweder die Privatsphäre in diesen Fällen nicht mehr geschützt wäre oder aber die Kommunikation unterbliebe.

Es ist also mitnichten so, dass auf jeder Webseite unbedingt ein Impressum zu stehen hat.

Das Standard-Impressum

In ein normales Impressum gehören die folgenden Informationen:

➢ Name und Anschrift des Händlers
➢ Die Rechtsform des Unternehmens
➢ Der Vertretungsberechtigte
➢ Telefonnummer, Faxnummer
➢ E-Mail-Adresse
➢ Der Name des Handelsregisters und die Handelsregisternummer (natürlich nur, wenn die Firma im Handelsregister steht)
➢ Steuernummer oder Umsatzsteueridentifikationsnummer

Ein solches Impressum reicht für die meisten Webseiten völlig aus.

Das Impressum als Grafik

Gerne wird das Impressum in Form einer Grafik eingebunden. Damit soll verhindert werden, dass die im Impressum stehende E-Mail-Adresse den Spam-Bots, also den automatischen E-Mail-Adressensammlern, in die Hände fällt. Was clever klingt, ist aus rechtlicher Sicht allerdings nicht gestattet. Fügen Sie das Impressum also immer in Textform ein.

Besondere Berufsgruppen brauchen ein besonderes Impressum

Was letztendlich in das Impressum gehört, hängt davon ab, wer die Webseite betreibt. So erfordert die Seite eines Arztes andere Angaben als die eines Rechtsanwalts. Auf den folgenden Seiten finden Sie einige typische Impressums-Varianten. Sollte die von Ihnen gesuchte nicht dabei sein, erhalten Sie normalerweise Hilfe auf den für Ihren Beruf zuständigen Seiten. Das könnte zum Beispiel die Handwerkskammer oder Ähnliches sein.

Eine GmbH

Max Mustermann
Musterstraße 11
12345 Musterstadt
Telefon: +49 40 000 000
Telefax: +49 40 000 001
E-Mail: info@max.mustermann.de
Internet: www.max.mustermann.de

Vertretungsberechtigter Geschäftsführer: Max Mustermann

Registergericht: AG Musterstadt

Registernummer: HRB 6789

Umsatzsteueridentifikationsnummer gemäß § 27 a Umsatzsteuergesetz:
DE 1234567

Ein Einzelunternehmen ohne Handelsregistereintrag

Max Mustermann

Musterstraße 11

12345 Musterstadt

Telefon: +49 40 000 000

Telefax: +49 40 000 001

E-Mail: info@max.mustermann.de

Internet: www.max.mustermann.de

Umsatzsteueridentifikationsnummer gemäß § 27 a Umsatzsteuergesetz:
DE 1234567

Arzt

Praxis Dr. med. Max Mustermann

Musterstraße 1

00000 Musterstadt

Telefon: +49 40 000000

Telefax*: +49 40 000000

E-Mail: info@example.com

Internet*: www.example.com

Zuständige Kammer: Landesärztekammer Musterstaat, Musterstraße 1,
00000 Musterstadt

Zuständige kassenärztliche Vereinigung: Kassenärztliche Vereinigung von
Musterstadt, Musterstraße 1, 00000 Musterstadt

Berufsbezeichnung: Arzt (verliehen in der Bundesrepublik Deutschland)

Berufsrechtliche Regelungen:

– Berufsordnung der Landesärztekammer von Musterstaat

– Heilberufegesetz des Landes Musterstaat

Die Regelungen finden sich im Gesetzblatt des Landes Musterstaat XYZ,
Seite 00

Umsatzsteueridentifikationsnummer gemäß § 27 a Umsatzsteuergesetz:
DE 0000000

Wirtschaftsidentifikationsnummer gemäß § 139c Abgabenordnung:
DE 0000000

Es gibt auch Impressum-Generatoren

Natürlich können an dieser Stelle nicht alle Berufsgruppen berücksichtigt werden. Wenn Sie auch sonst keine Informationen darüber finden, was in das Impressum Ihrer Webseite gehört, dann hilft sicherlich der Webimpressum-Assistent (*http://www.digi-info.de/de/netlaw/webimpressum/assistent.php*) weiter.

So kann sich jeder im Handumdrehen sein Impressum generieren (lassen).

Der Assistent berücksichtigt die folgenden Berufsgruppen:

➢ AG
➢ Anstalten des öffentlichen Rechts (hier Sparkassen)
➢ Apotheker als Einzelperson
➢ Architekt (als Freiberufler)
➢ Architektenkammer
➢ Arzt
➢ Einzelkaufmann
➢ Einzelkaufmann (eingetragen im Register)
➢ Einzelunternehmer (ohne Gewerbeerlaubnis)
➢ Freiberufler (selbstständig, ohne Pflichtmitgliedschaft)
➢ Gastronom (als Einzelperson)
➢ GbR (ohne Pflichtmitgliedschaft)
➢ Gemeinden (als Gebietskörperschaft)
➢ Genossenschaften (hier Baugenossenschaft)
➢ Genossenschaften (hier Volks- oder Raiffeisenbank)
➢ GmbH (ohne reglementierte Berufe)
➢ GmbH & Co. KG
➢ GmbH (ohne reglementierte Berufe)
➢ Handwerker mit Meisterbrief als Einzelperson
➢ Handwerker mit Meisterbrief in GbR
➢ Handwerker mit Meisterbrief in GmbH
➢ Handwerker mit Meisterbrief in OHG
➢ Industrie- und Handelskammer (IHK)
➢ KG
➢ OHG (ohne Pflichtmitgliedschaft)
➢ Partnerschaftsgesellschaft (am Beispiel für Anwälte)
➢ Rechtsanwalt als Einzelperson
➢ Rechtsanwaltskammer
➢ Städte
➢ Steuerberater als Einzelperson

- ➢ Stiftung (nach öffentlichem Recht)
- ➢ Stiftung (nach BGB)
- ➢ Universitäten (ohne Unterseiten von Fakultäten)
- ➢ Verein – nichtwirtschaftlicher Idealverein (e. V.)
- ➢ Wirtschaftsprüfer als Einzelperson
- ➢ Zahnarzt als Einzelperson

Nachdem Sie die passende Berufsgruppe ausgewählt haben, führt Sie der Assistent durch die weiteren Schritte. Als Ergebnis bekommen Sie ein Musterimpressum, das Sie an Ihre Daten anpassen können.

Das Impressum in Joomla! anlegen und verlinken

Das Joomla! sollte immer gut erreichbar sein, sobald man die Webseite aufruft. Im Beispiel-Template gibt es dafür die Position *menuload*. Ein Menü, das man dort einfügt, wird horizontal angeordnet.

Alle wichtigen Informationen sind so immer griffbereit.

In den meisten Templates gibt es eine solche Position. Ist die verfügbar, sollte sie auch tatsächlich für Menüeinträge wie Impressum, Haftungsausschluss, Kontakt usw. verwendet werden.

Legen Sie sich dazu über *Menüs/Menüs/Neues Menü* ein neues Menü an.

Das Menü wird angelegt.

Menüs: Menü hinzufügen

Menüdetails

Titel *	Oben
Menütyp *	oben
Beschreibung	

Als *Titel* könnte man *Oben*, als *Menütyp oben* angeben. Mit *Speichern &
schließen* werden die Einstellungen übernommen. In der Menüübersicht
klicken Sie in der Spalte *Zum Menü verlinkte Module* bei *Oben* auf *Ein
Modul für diesen Menütyp hinzufügen*.

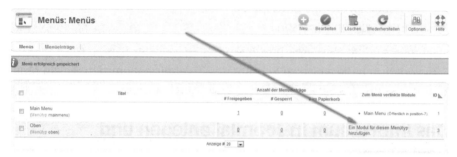

So wird das Modul angelegt.

Geben Sie nun die Daten für das Modul an. Stellen Sie bei *Titel anzeigen*
den Wert *Verbergen* ein. Im Beispiel-Template gibt man die Position
menuload an. Achten Sie außerdem darauf, dass das Menü auf allen Seiten
angezeigt wird.

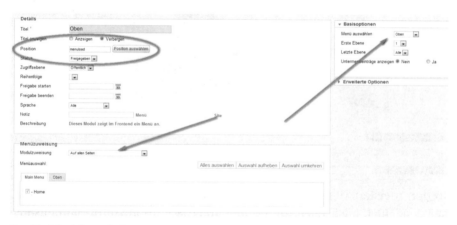

Das Modul wird angelegt.

Mit *Speichern & schließen* wird das Modul angelegt. Jetzt können Sie das
Impressum über *Inhalt/Beiträge/Neuer Beitrag* anlegen.

Anschließend können die Menüeinträge hinzugefügt werden. Für das Impressum rufen Sie also *Menüs/Oben/Neuer Menüeintrag* auf. Als *Menütyp*
wird *Einzelner Beitrag* ausgewählt. Im rechten Fensterbereich klickt man
auf *Auswählen/Wechseln* und stellt das *Impressum* ein. Weitere Einstellungen sind tatsächlich nicht nötig.

Neuer Beitrag	
Titel *	Impressum
Alias	impressum
Kategorie *	- Beispielbeiträge
Status	Freigegeben
Zugriffsebene	Öffentlich
Berechtigungen	Zugriffsrechte setzen
Haupteintrag	Nein
Sprache	Alle
ID	0
Beitragsinhalt	

Das Impressum wird angelegt.

Auf diese Weise können Sie in das obere Menü dann auch noch den Haftungsausschluss und eine Kontaktmöglichkeit aufnehmen.

Der Haftungsausschluss

Interessant ist die Frage, was eigentlich passiert, wenn Sie auf eine Webseite verlinken, die rechtwidrige Inhalte anbietet. Denn auch wenn die fremden Inhalte nicht zu Ihrer Seite gehören, ermöglichen Sie dem Besucher, dass er diese leichter findet. Und genau hier setzte im Jahr 1998 das Landgericht Hamburg mit seinem Urteil an.

Zu verhandeln war ein Fall, bei dem der Kläger durch die Zusammenstellung einer Linksammlung, die Texte fremder Seiten bündelte. Der Kläger sah sich dadurch in seinen Persönlichkeitsrechten verletzt. Das Gericht entschied, dass sich der Beklagte durch die Verweise auf die Texte schuldig gemacht habe. Außerdem stellte das Gericht fest, dass sich der Beklagte nur dadurch hätte schützen können, wenn er sich ausdrücklich von den verlinkten Inhalten distanziert hätte.

Aufgrund dieses Urteils machte sich nun unter den deutschen Seitenbetreibern schiere Panik breit. Denn jeder ging nun davon aus, dass er für Links verantwortlich gemacht werden könne. Herausgekommen ist ein Haftungsausschluss, der sich in dieser Form heute auf fast jeder deutschen Webseite befindet.

Mit dem Urteil vom 12. September 1998 – 312 0 58/98 – „Haftung für Links" hat das Landgericht Hamburg entschieden, dass man durch die Anbringung eines Links die Inhalte der gelinkten Seiten ggf. mit zu verantworten hat. Dieses kann – so das Landgericht – nur dadurch verhindert werden, indem man sich ausdrücklich von diesen Inhalten distanziert. Hiermit distanziere ich mich ausdrücklich von allen Inhalten der von mir verlinkten Seiten.

Der Text klingt gut und viele Seitenbetreiber gehen davon aus, dass Sie sich dadurch aus der Verantwortung ziehen und nicht belangt werden können.

Aber weit gefehlt. Denn die Frage, ob Sie für Inhalte, auf die Sie verlinken, verantwortlich gemacht werden können, lässt sich eben nicht durch einen solchen Disclaimer beantworten.

Um ganz sicher zu gehen, sollten Sie auf keine Seiten verlinken, die illegale Inhalte enthalten. (Das gilt übrigens auch und gerade für Tauschbörsen usw.) Das ist in jedem Fall besser, als einfach blind heraus Disclaimer einzusetzen. Da hilft übrigens auch nicht der folgende Text, der in letzter Zeit auf verschiedenen Webseiten zu finden ist.

In der deutschen Rechtsprechung wird die Auffassung vertreten, der Betreiber einer Homepage mache sich durch die Anbringung von Links auf fremde Internet-Seiten die dortigen Äußerungen zu eigen und sei damit unter bestimmten Umständen zum Schadensersatz verpflichtet (Landgericht Hamburg, Urteil vom 12.5.1998, 312 O 85/98). Dies könne nur durch die ausdrückliche Distanzierung von Inhalten dieser Seiten verhindert werden. Wir betonen hiermit ausdrücklich, dass wir keinerlei Einfluss auf Gestaltung und Inhalt dieser Seiten haben (...).

Um es noch einmal klarzustellen: Gegen einen der gezeigten Disclaimer ist grundsätzlich nichts einzuwenden. Nur sollte man sich eben vor Augen führen, dass das Urteil aus dem Jahr 1998 sich explizit auf „Meinungen" bezog. Von Bildern, Videos, MP3-Dateien usw. war dort überhaupt nicht die Rede.

Einen ausführlichen Disclaimer, den Sie für Ihre Webseite verwenden können, finden Sie unter *http://www.e-recht24.de/muster-disclaimer.htm*.

Ein Kontaktformular

Zu jeder Webseite sollte natürlich eine Kontaktmöglichkeit gehören. Für die Fotografen-Webseite wird dafür eine zweigeteilte Kontaktmöglichkeit angelegt. Da wären zunächst einmal allgemeine Kontaktmöglichkeiten.

*Die allgemeinen
Kontaktdaten.*

Zusätzlich wird es aber auch ein Kontaktformular geben.

Beides lässt sich mit Joomla!-Bordmitteln sehr einfach umsetzen.

Dazu muss man zunächst einmal *Komponenten/Kontakte/Kontakte* und *Neu* aufrufen. Selbstverständlich bleibt es Ihnen selbst überlassen, welche Informationen Sie auf der Seite anzeigen wollen. Das Grundprinzip wird jedenfalls hier beschrieben.

Im Bereich *Kontakt bearbeiten* werden zunächst allgemeine Informationen angegeben. Dazu gehört in jedem Fall der Name. Achten Sie außerdem darauf, den Wert von *Status* auf *Freigegeben* zu stellen.

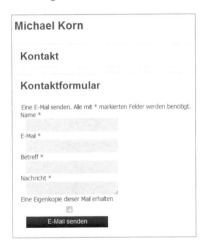

Auch ein Kontaktformular gibt es.

Ein neuer Kontakt wird angelegt.

Der Name wird für die Anzeige auf der Kontaktseite verwendet. Tragen Sie hier also tatsächlich den richtigen Namen ein und achten Sie auf Groß- und Kleinschreibung.

Welche zusätzlichen Informationen im Frontend zu sehen sein sollen, bestimmt man über den Bereich *Kontaktdetails*. Für eine „normale" Kontaktseite verwendet man üblicherweise die folgenden Felder bzw. füllt diese mit Inhalten:

> *E-Mail-Adresse = korn@foto-korn.de*
> *Adresse = Keplerstraße 3*
> *10624 Berlin*
> *Telefon = 030 4544999*

Speichern Sie diese Informationen ab. Jetzt kann ein Menüeintrag auf diesen Kontakt angelegt werden. Im aktuellen Fall wird dieser in das Menü *Oben* eingefügt. Rufen Sie also *Menüs/Oben/Neuer Menüeintrag* auf.

Über die *Auswählen*-Schaltfläche stellt man *Einzelner Kontakt* ein. Im rechten Fensterbereich wählen Sie den Kontakt aus.

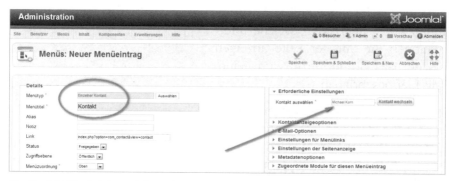

Der Kontakt-Menüeintrag wird angelegt.

Nachdem die Änderungen gespeichert wurden, ist der Kontakt über den entsprechenden Link erreichbar.

Das Tagebuch

Wenn man einen Blog betreiben möchte, ist Joomla! sicherlich nicht die richtige Wahl. Da sollte man dann doch eher zu WordPress ö. Ä. greifen. Allerdings meint nicht jeder wirklich Blog, wenn er Blog sagt bzw. haben will. So verhält es sich auch bei unserem Fotografen. Der will nämlich einfach nur ein Tagebuch, in das er täglich einen kurzen Eintrag schreibt.

Kommentarfunktion oder überhaupt eine Interaktivität mit Nutzern ist nicht geplant. Und genau für solche Zwecke ist Joomla! ideal.

Für das Tagebuch muss eine neue Kategorie angelegt werden, die dann auch gleich *Tagebuch* heißt. Diese Kategorie besitzt keine übergeordnete Kategorie und muss freigegeben werden.

Die Kategorie wird angelegt.

Das Tagebuch muss natürlich noch konfiguriert und in die Webseite eingebunden werden. Dazu muss man sich zunächst überlegen, wie die Tagebucheinträge angezeigt werden sollen. Im Fall unseres Fotografen sollen insgesamt jeweils elf Einträge pro Seite untereinander stehen.

Die Einträge werden untereinander angezeigt.

Tagebuch

23. Februar 2012

Auf die Gefahr, dass ich mich wiederhole: Richter könnte ich nicht sein, auch Staatsanwalt nicht. Denn ich würde wie weiland das HB-Männchen sofort unter die Decke schweben, wenn so ein Rotzlöffel von Angeklagtem, der mehr Vorstrafen hat als ein gut sortierter Scheich eigene Söhne, mal eben vierzig Minuten zu spät im Gerichtssaal erscheinen und dort dämliche Erklärungssätze herausplappert. Dann fehlt auch noch der wichtigste Zeuge, der es für geraten hält, einfach nicht zu kommen, weil er in diesem speziellen Fall möglicherweise selbst besser auf der Anklagebank sitzen sollte. Da Gelassenheit zeigen, da bestenfalls cool ein mittleres Ordnungsgeld verhängen, das wäre meine Sache nicht. Auch könnte ich mir das Lachen schwer verbeißen, wenn wieder einer unauffällig so lügt, dass sich nicht nur die Balken biegen. Ist schon so, dass ich nur in mein zerfallendes Notizbuch schreiben muss, was ich höre. Abgründe, bis drei Millimeter tief manche.

22. Februar 2012

An einem solchen Tag bin ich früher zu einem Ereignis gewandert, welches mit dem Essen von Rollmöpsen und dem Anhören von lustigen Reden eigentlich ernster Leute verbunden war. Seit mich meine gesellschaftliche Bedeutung verlassen hat, bin ich auf mich selbst verwiesen und an einem Aschermittwoch fällt die Bilanz immer besonders trostlos aus. Zum Beispiel mangelt es mir vollkommen an jenem moralischen Adel, der mich verpflichtet, so lange kein Leberwurstbrötchen mehr zu essen, bis der Hunger in Afrika besiegt ist. Auch renne ich nicht siebenmal die Woche zu einer Kampfdemonstration, nur weil der Ungeist in der Welt immer noch nicht Geist geworden ist. Ich habe die nicht mehr unterdrückbare Ahnung, dass es dem Ungeist scheißegal ist, ob ich gegen ihn ein Plakat hochhalte und wenn ich dann schon mal ein Gedicht schreibe, selten genug kommt es vor, renne ich anschließend nicht drei Tage mit beseelter Visage umher. Dem Leben ist es wurscht.

21. Februar 2012

Die Ära des neuen Bundespräsidenten beginnt mit Journalisten-Blödsinn, ehe er gewählt ist. Er wollte Journalist werden, höre ich im Fernsehen, das dazu nötige Germanistik-Studium habe ihm die SED verwehrt. Man musste alles mögliche sein, um Journalist werden zu können, vor allem Absolvent des „Roten Klosters" Leipzig nach Volontariat vor dem Studium, Germanist aber brauchte keiner der „Propagandisten der Arbeiterklasse" zu sein. Wovon ich rede, weiß ich genau, denn 1973 wurde mir nach „ideologischer Rückentwicklung" der bereits mit Zulassungsurkunde bestätigte Studienplatz Journalistik zu Leipzig wieder entzogen. In der nach dem Mauerfall benannten Bundespräsidenten benannten Behörde waren zwanzig Jahre danach bei meiner Akteneinsicht die entsprechenden Unterlagen nicht gespeichert. Nicht erst jetzt bin ich froh, dass es anno 73 klappte, dafür bin ich heute seit exakt 50 Jahren Sparkassen-Kunde, völlig rückentwicklungsfrei.

Die restlichen/älteren Einträge sind dann im unteren Seitenbereich über eine Paginierung erreichbar.

So kann auch auf ältere Beiträge zugegriffen werden.

Um diese Einstellungen vorzunehmen, ruft man *Inhalt/Kategorien* auf und klickt auf *Optionen*. Wechseln Sie anschließend in das Register *Blog/Hauptbeiträge*.

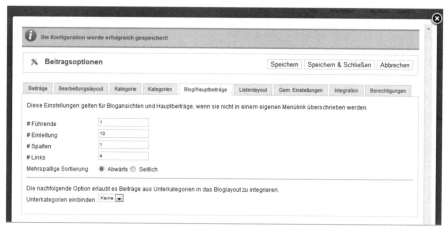

So wird die gewünschte Anzeige erreicht.

Bei *#Führende* wird *1* eingestellt. Dadurch wird der Einleitungstext – also jeweils der aktuelle Eintrag – über die gesamte Breite angezeigt. Über den Wert *#Einleitung* bestimmt man die Anzahl der Einträge, die sichtbar sein sollen, bevor sie automatisch in die Paginierung übernommen werden. Die restlichen Optionen können unverändert übernommen werden.

Öffnen Sie anschließend das Menü, in dem der Eintrag für das Tagebuch enthalten sein soll. Bei *Menütyp* muss man *Katagorieblog* einstellen. Im Bereich *Erforderliche Einstellungen* wählt man dann die Kategorie *Tagebuch* aus.

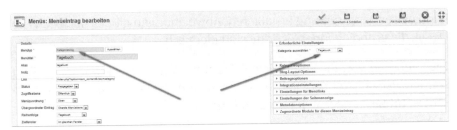

Der Menüeintrag wird angelegt.

Wenn man jetzt einen Eintrag in das Tagebuch einfügen will, legt man einen neuen Beitrag an. Als Titel könnte man das aktuelle Datum verwenden. Entscheidend ist allerdings, dass als Kategorie tatsächlich *Tagebuch* gewählt wird.

Ein neuer Tagebucheintrag wird angelegt.

Ab sofort kann das Tagebuch mit Inhalten gefüllt werden. Alles Weitere wie Paginierung usw. läuft voll automatisch.

12.7 Das richtige Joomla!-Provider-Paket

In Kapitel 1 dieses Buches wurde auf die Provider-Thematik eingegangen. Dabei ist auch deutlich geworden, dass es sehr viele Provider gibt, bei denen sich Joomla! installieren lässt. Für unsere Firmenwebseite fiel die Wahl auf Strato. Das hat einfach den Grund, dass erfahrungsgemäß viele Leser bereits Kunde bei diesem Provider sind. Wenn Sie sich für einen anderen Provider entscheiden, können Sie Joomla! dort ebenfalls problemlos anhand dieser Beschreibung installieren. Abweichungen gibt es höchstens im Detail, die grundlegenden Schritte sind identisch.

Die Webseite von Strato erreichen Sie unter *http://www.strato.de/*. Dort werden verschiedenste Dienstleistungen und Pakete angeboten. Interessant ist für Sie zunächst der Bereich *Hosting*.

Zahlreiche Dienstleistungen werden geboten.

Wenn Sie auf den Menüeinträg mit dem Mauszeiger zeigen, wird ein Untermenü geöffnet, in dem Sie auf *Basic Hosting* klicken.

Kleines Paket am Anfang

Ich gehe bei dieser Beschreibung bewusst von einem kleinen Hosting-Paket aus. So können Sie zunächst testen, ob Ihnen die Leistung dieses Pakets ausreicht. Wenn Sie später mehr Speicherplatz oder zusätzlichen Traffic benötigen, können Sie immer noch auf ein anderes Paket upgraden.

In dem sich öffnenden Fenster sind die einzelnen Tarife aufgeführt.

Interessant ist auf dieser Seite das Paket *BasicWebXL*. Hier stellt sich natürlich die Frage, wie man herausfindet, warum gerade dieses Paket das Richtige ist? Entscheidend sind dafür zwei Dinge:

➢ Es muss eine Datenbank im Paket enthalten sein.

➢ PHP muss unterstützt werden.

Bei vielen Providern gibt es zudem extra einen Hinweis, wenn Joomla! unterstützt wird. Das ist auch bei Strato so. Öffnen Sie dazu den Bereich *Profi-Features*.

Diese Tarife bietet Strato.

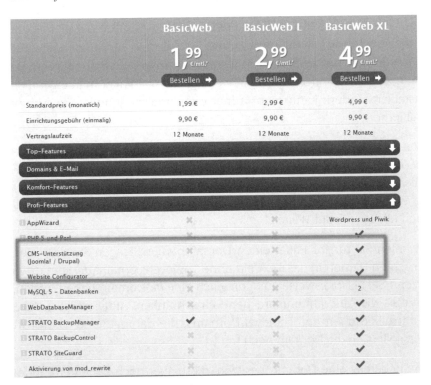

So überprüft man, ob das Paket geeignet ist.

Dort finden Sie den Punkt *CMS-Unterstützung*, bei dem Joomla! und Drupal aufgeführt sind. Das Paket BasicWeb XL unterstützt also Joomla!.

Im Zweifel nachfragen

Wenn Sie keinen expliziten Hinweis darauf finden, dass ein von Ihnen gewähltes Paket für Joomla! geeignet ist, sollten Sie in jedem Fall direkt beim Provider nachfragen. So vermeiden Sie unangenehme Überraschungen.

Viele Provider – darunter auch Strato – bieten übrigens auch sogenannte 1-Klick-Installation für Joomla! an. Bei Strato gibt es diese Funktion ab Paket PowerWeb Basic. Greift man auf diese Möglichkeit zurück, ist die Installation sehr schnell erledigt. Bei Strato muss man dabei lediglich die Joomla!-Grundkonfiguration vornehmen. Eine ausführliche Beschreibung für eine solche 1-Klick-Installation finden Sie – dort allerdings am Beispiel TYPO3 – unter *http://strato-faq.de/1563*. Ich werde an dieser Stelle nicht näher auf diese Installationsart eingehen, weil

> nicht alle Provider eine solche Option bieten,

> diese ohnehin selbsterklärend ist und

> ich es immer besser finde, die Installation manuell vorzunehmen. So hat man volle Kontrolle darüber, welches Joomla!-Paket man eigentlich installiert. Zudem kann man immer die aktuellste Joomla!-Version installieren.

Um das Paket BasicWeb XL zu bestellen, klicken Sie auf die *Bestellen*-Schaltfläche. Bei Strato kann man im nächsten Schritt optional Software mitbestellen. Aktuell handelt es sich dabei um Fotosoftware und den Editor Namo WebEditor 8. Entscheiden Sie, ob Sie diese Software bestellen wollen, und klicken Sie auf *Weiter*.

Nun wählen Sie für Ihr Paket einen Domainnamen. Tragen Sie dazu den gewünschten Namen in das Textfeld ohne Toplevel-Domain (*de, com* usw.) ein. Wenn Sie beispielsweise ausschließlich eine *de*-Domain haben wollen, können Sie die Auswahl entsprechend einschränken. Aktivieren Sie dazu die Kontrollkästchen der Toplevel-Domains, die dahingehend überprüft werden sollen, ob die Domain noch frei ist.

Wenn Sie bereits eine Domain besitzen, diese aber noch bei einem anderen Provider registriert ist, tragen Sie diese ebenfalls in das Textfeld ein.

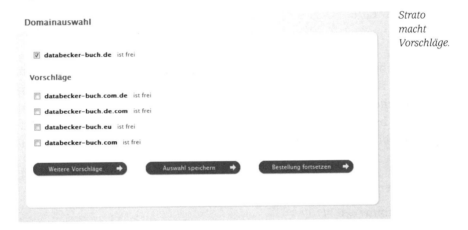

Nach der Domain wird gesucht.

Über *Wunschname prüfen* wird kontrolliert, ob der Domainname noch verfügbar ist. Im nächsten Dialogfenster sehen Sie dann das Ergebnis.

Strato macht Vorschläge.

Wenn die Domain frei ist oder/und Ihnen einer der Alternativvorschläge gefällt, aktivieren Sie das oder die vorangestellten Kontrollkästchen. Ist die Domain bereits vergeben, müssen Sie die Prüfung mit einer anderen Domain wiederholen.

Mit *Bestellung fortsetzen* geht es zum nächsten Schritt. Darin müssen Sie Ihre Adressdaten und die Bankverbindung angeben. Nach einer nochmaligen Kontrolle kann dann die Bestellung im letzten Schritt abgeschlossen werden. Strato sendet Ihnen anschließend eine Bestätigungs-E-Mail zu, die in etwa folgenden Inhalt hat:

Sehr geehrte(r) Herr Daniel Koch,

vielen Dank für Ihre Bestellung eines STRATO Produkts.

917

Ihre Bestellnummer lautet: 73325532

Sollten Sie die Bestätigung Ihrer Bestellung über die Eingabe des Ihnen

per SMS zugesendeten Codes noch nicht durchgeführt haben, so klicken Sie bitte diesen Link:

https://www.strato.de/ordering?SMSauth=1&key=KC7sdfsfwerfgssss

(Sollte ein Internet-Browser nicht automatisch gestartet werden, so starten Sie einen Internet-Browser und kopieren Sie diesen Link in das Adressfeld des Browsers.)

Wir bemühen uns, Ihnen Ihr neues Paket so schnell wie möglich bereit zu stellen. Ihre Auftragsbestätigung erhalten Sie, sobald Ihr Produkt für Sie aktiviert wurde. Eine Berechnung findet selbstverständlich erst statt, wenn Ihr Produkt aktiviert ist und Ihnen zur Verfügung steht.

Mit freundlichen Grüßen,

Ihr Customer Care

...

Damit ist schon mal der erste Schritt getan. Loslegen können Sie jetzt allerdings noch nicht. Strato muss zunächst nämlich noch einige Dinge erledigen, über die Sie mittels weiterer E-Mails auf dem Laufenden gehalten werden. So bekommen Sie – meistens schon nach wenigen Minuten – eine weitere E-Mail, in der Sie darauf hingewiesen werden, dass das Paket freigeschaltet wurde.

Kundennummer: 43577231

Auftragsnummer: 2574189

Sehr geehrte(r) Herr Koch,

wir danken Ihnen für Ihren Auftrag und freuen uns sehr, Sie als unseren Kunden begrüßen zu dürfen.

Ihr STRATO Paket wurde für Sie freigeschaltet und ist im Internet zunächst wie folgt erreichbar:

http://55679121.de.strato-hosting.eu

Sobald die von Ihnen bestellte(n) Domain(s) konnektiert sind, informieren wir Sie erneut.

...

Was jetzt noch fehlt, ist die Freischaltung der eigentlichen Domain. Auch das ist aber in aller Regel recht schnell erledigt, und Strato informiert Sie darüber ebenfalls per E-Mail.

Kundennummer: 43577231

Auftragsnummer: 2574189

Sehr geehrte(r) Herr Koch,

wir freuen uns Ihnen mitzuteilen, dass Ihre Domain(s)

korn-foto.de

für Sie registriert und freigeschaltet wurde.

Wir wünschen Ihnen viel Spaß und Erfolg mit Ihrem Internetauftritt.

...

Damit sind Sie fast am Ziel. Jetzt muss nur noch ein Passwort eingerichtet werden, über das Sie Zugang zu Ihrem Strato-Kundenbereich bekommen. Auch dazu gibt es wieder eine E-Mail.

Sehr geehrte(r) Herr Koch,

um Ihr neues Produkt bei STRATO nutzen können, vergeben

Sie bitte nun Ihr Kundenpasswort. Das Passwort können Sie später

jederzeit ändern.

Zum Anlegen des Kundenpassworts folgen Sie diesem Link und geben Sie

das gewünschte Passwort zwei Mal an:

...

Nachdem das Passwort eingerichtet wurde, kann mit der eigentlichen Arbeit begonnen werden. Rufen Sie dazu die Seite *https://www.strato.de/ apps/CustomerService* auf und melden Sie sich dort mit Ihrer Kundennummer oder dem Domainnamen und dem Passwort, das Sie zuvor festgelegt haben, an.

Innerhalb Ihres Kundenbereichs haben Sie Zugriff auf alle wichtigen Funktionen, die Sie zum Bearbeiten Ihrer Joomla!-Webseite benötigen.

Interessant ist zunächst einmal der Bereich *Verwaltung*. Rufen Sie dort den Punkt *Datenbankverwaltung* auf. In Ihrem gewählten Webspace-Paket können Sie maximal zwei Datenbanken verwalten, von denen eine bereits eingerichtet ist. Um Joomla! installieren zu können, benötigen Sie die Daten dieser Datenbank. Die notwendigen Informationen sind im Bereich *Datenbankverwaltung* übersichtlich aufgeführt.

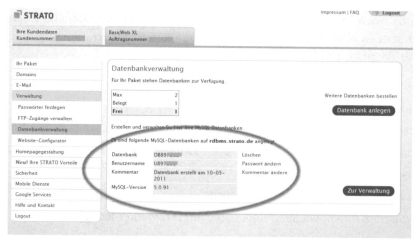

Hier findet man die benötigten Daten.

Notieren Sie sich den Namen des MySQL-Datenbankservers (*rdbms.strato. de*) sowie den Datenbanknamen und den Benutzernamen. Diese Informationen müssen Sie später bei der Joomla!-Installation angeben.

Im nächsten Schritt legen Sie ein neues Masterpasswort an. Dieses Passwort kann später an verschiedenen Stellen – u. a. auch für den FTP-Zugang – verwendet werden. Um das Masterpasswort festzulegen, rufen Sie im Strato-Account *Verwaltung/Passwörter* festlegen auf.

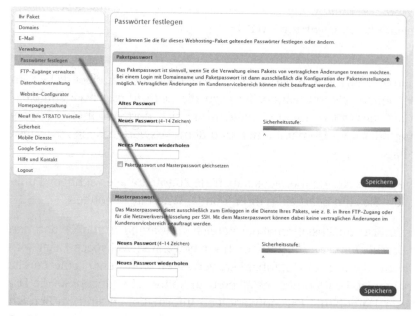

Das Masterpasswort wird bestimmt.

Im Bereich *Masterpasswort* kann das Passwort angelegt und mit *Speichern* übernommen werden.

Damit die Joomla!-Dateien auf den Server geladen werden können, müssen Sie die FTP-Zugangsdaten ermitteln. (Mehr dazu, was es mit diesem FTP auf sich hat und wie man es nutzt, dann im nächsten Abschnitt.)

Rufen Sie innerhalb Ihres Strato-Accounts *Verwaltung/FTP-Zugänge verwalten* auf. Dort ist ein vordefinierter FTP-Zugang aufgeführt, den Sie direkt benutzen können.

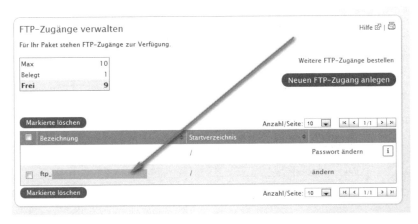

Das ist der passende FTP-Zugang.

Notieren Sie sich den Namen der in der Spalte *Bezeichnung* steht und in etwa folgendermaßen aussieht:

tp_ei2qqq4@medienwerke.de

Damit haben Sie alle Informationen zusammen, um Joomla! bei Ihrem Provider installieren zu können.

12.8 Die lokalen Joomla!-Dateien übertragen

Die Daten, die lokal eingepflegt wurden, müssen nun natürlich noch in die Joomla!-Installation beim Provider übertragen werden. Am einfachsten funktioniert das mit phpMyAdmin. Der Vorteil dabei: Dieses Tool ist bei XAMPP dabei und auch bereits bei Strato vorinstalliert.

Zwei Schritte sind nötig, um die lokalen Dateien zu übertragen:

1. Die Daten müssen lokal exportiert werden.
2. Beim Provider muss man diese Daten wieder importieren.

Wenn Sie mit XAMPP arbeiten, rufen Sie phpMyAdmin folgendermaßen auf:

http://localhost/phpmyadmin/

Im linken Bereich sind sämtliche Datenbanken aufgeführt, die Sie bislang angelegt haben. Klicken Sie die Datenbank an, in der die Inhalte Ihrer Joomla!-Webseite liegen.

Das sind die Joomla!-Tabellen.

Wechseln Sie anschließend in das Register *Exportieren*. Achten Sie dort darauf, dass alle Datenbanktabellen markiert sind. Zudem sollte – wenn es sehr viele Inhalte sind – im *Senden*-Bereich *GZip-komprimiert* aktiviert werden. (Strato unterstützt Zip nicht. Daher muss für diesen Provider GZip gewählt werden. Bei anderen Providern ist Zip hingegen durchaus üblich.)

Nehmen Sie ansonsten dieselben Einstellungen wie auf der Abbildung vor. Mit *OK* werden die Daten exportiert. Die *OK*-Schaltfläche befindet sich im unteren rechten Fensterbereich (hier im Bildausschnitt nicht mehr sichtbar). phpMyAdmin generiert automatisch ein Zip-Archiv, in dem sämtliche Datenbankinhalte liegen.

Diese Daten werden später wieder importiert, dann allerdings in die Datenbank Ihres Providers.

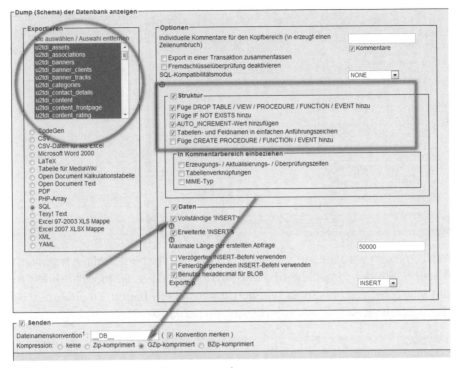

So lassen sich die Daten problemlos exportieren.

Joomla! hochladen

Nun müssen Ihre gesamten Joomla!-Dateien und Verzeichnisse auf den Server Ihres Providers geladen werden. Dazu stellen Sie eine FTP-Verbindung her. Dazu können Sie jedes beliebige FTP-Tool verwenden. Eines der besten und dazu noch kostenlos verfügbar ist FileZilla, das von der Seite *http://www.filezilla.de/* heruntergeladen werden kann.

Nachdem Sie FileZilla installiert und gestartet haben, rufen Sie *Datei/Servermanager* auf. In dem sich öffnenden Dialogfenster klicken Sie auf *Neuer Server*.

Im rechten Fensterbereich müssen Sie die FTP-Daten eintragen, die Sie von Ihrem Provider bekommen haben. Für Strato müssten die folgenden Daten angegeben werden:

> *Server = www.ihr-benutzername.de*
> *Servertyp = FTP-File Transfer Protocol*
> *Verbindungsart = Normal*
> *Benutzer = ftp_sdfsdfsfd@ihr-benutzername.de*
> *Passwort* = Ihr Passwort

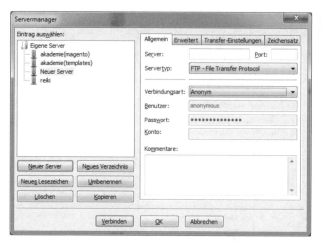

Hier müssen die FTP-Daten angegeben werden.

Mit *Verbinden* wird die Verbindung zum FTP-Server hergestellt. Ich gehe an dieser Stelle der Einfachheit halber davon aus, dass Sie Joomla! direkt in das Wurzelverzeichnis Ihres Webauftritts installiert haben. Zu erkennen ist das Wurzelverzeichnis am vorangestellten Schrägstrich /.

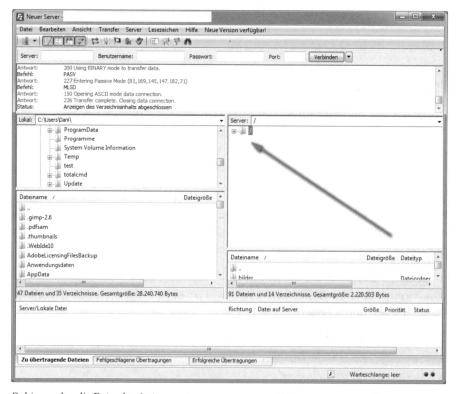

Dahin werden die Daten kopiert.

Der Vorteil dieser direkten Variante: Ohne weitere Einstellungen in Ihrem Strato-Account ist Ihre Joomla!-Webseite dann direkt unter *http://www.ihre-domain.de/* erreichbar.

Bei Strato liegen im Wurzelverzeichnis standardmäßig bereits die beiden Verzeichnisse *cgi-data* und *cgi-bin*. Und genau auf diese Ebene kopieren Sie sämtliche Joomla!-Verzeichnisse und Dateien auf Ihrer lokalen Umgebung. Suchen Sie dazu im linken oberen Fensterbereich von FileZilla nach der lokalen Joomla!-Installation. Wenn Sie XAMPP unter *C:\XAMPP* installiert haben, werden Sie unter *C:\XAMPP\htdocs* fündig.

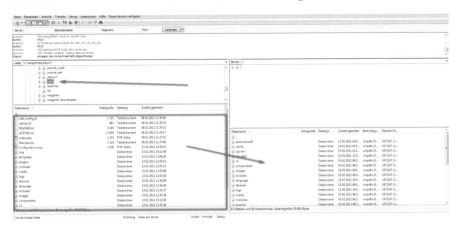

So werden die Daten übertragen.

Klicken Sie das Verzeichnis an, in dem die lokale Joomla!-Installation liegt. Daraufhin werden im unteren linken Fensterbereich die Joomla!-Inhalte angezeigt.

Nun braucht man nur noch die Dateien und Verzeichnisse zu markieren, die im unteren Fensterbereich zu sehen sind. Anschließend klickt man die markierten Verzeichnisse/Dateien mit der rechten Maustaste an und wählt *Hochladen*.

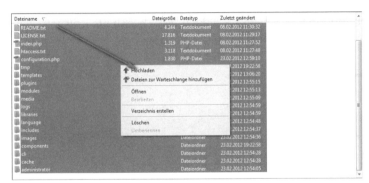

Die Daten werden hochgeladen.

Die Daten liegen jetzt auf dem Server. Nun müssen noch die Inhalte wie Menüs, Beiträge usw. hochgeladen werden. Diese liegen in der Datenbank.

Inhalte importieren

Jetzt geht es mit dem Hochladen der eigentlichen Inhalte weiter. Diese haben Sie zuvor mittels phpMyAdmin als GZip-Archiv exportiert. Und dieses GZip-Archiv muss nun in die Datenbank des Providers importiert werden.

Bei Strato loggen Sie sich in Ihren Account ein und rufen *Verwaltung/ Datenbankverwaltung* auf.

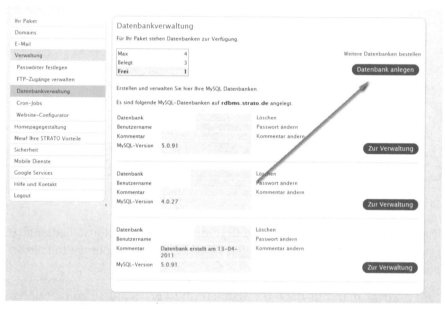

Eine neue Datenbank wird angelegt.

In dieser Übersichtsseite sind Ihre sämtlichen Datenbanken aufgeführt. An dieser Stelle wird davon ausgegangen, dass Sie für Joomla! eine neue Datenbank verwenden wollen. Klicken Sie dazu auf *Datenbank anlegen*. Daraufhin wird die neue Datenbank automatisch erstellt.

Es sind folgende MySQL-Datenbanken auf **rdbms.strato.de** angelegt.

Datenbank	DB1	Löschen
Benutzername	U10	Passwort ändern
Kommentar	Datenbank erstellt am 24–02–2012	Kommentar ändern
MySQL-Version	5.0.91	Zur Verwaltung

Die Datenbank wurde angelegt.

Auf dieser Übersicht sehen Sie nun drei Informationen, die Sie später benötigen:

> Servername = *rdbms.strato.de*
> Datenbank = *DB10...*
> Benutzername = *U103...*

Was jetzt noch fehlt, ist ein Passwort für die Datenbank. Das können Sie selbst über den Link *Passwort ändern* angeben.

Das Passwort wird bestimmt.

Vergeben Sie dort ein Passwort für die Datenbank und übernehmen Sie die Einstellungen mit *Speichern*.

Wieder zurück im Übersichtsfenster klicken Sie neben der eben angelegten Datenbank auf *Zur Verwaltung*. Daraufhin wird phpMyAdmin geöffnet. Dort klicken Sie im linken Fensterbereich auf den Namen der Datenbank.

So wird die Datenbank geöffnet.

Über die Schaltfläche *Datei auswählen* wählen Sie das Zip-Archiv aus, das Sie zuvor aus Ihrem lokalen phpMyAdmin exportiert haben.

927

Das Archiv wurde ausgewählt.

Stellen Sie im Bereich *Kompression* das richtige Format ein. Bei Strato wird das in aller Regel *GZip-komprimiert* sein. Mit *OK* werden die Einstellungen übernommen.

Der Import selbst kann dann einen kurzen Moment dauern. Nach erfolgreicher Installation wird eine entsprechende Meldung ausgegeben. Außerdem sind im linken Fensterbereich die angelegten Datenbanktabellen zu sehen.

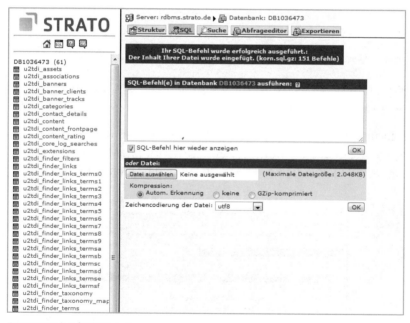

Der Import hat funktioniert.

Bei anderen Providern könnte phpMyAdmin vielleicht etwas anders aussehen. Das hängt dann von der verwendeten phpMyAdmin-Version ab. Das Prinzip ist jedoch immer dasselbe. Beim Importieren könnte es zu einer Fehlermeldung kommen.

CREATE TABLE IF NOT EXISTS `u2tdi_usergroups` (
`id` INT(10) UNSIGNED NOT NULL AUTO_INCREMENT COMMENT 'Primary Key',
`parent_id` INT(10) UNSIGNED NOT NULL DEFAULT '0' COMMENT 'Adjacency List Reference Id',
`lft` INT(11) NOT NULL DEFAULT '0' COMMENT 'Nested set lft.',
`rgt` INT(11) NOT NULL DEFAULT '0' COMMENT 'Nested set rgt.',
`title` VARCHAR(100) NOT NULL DEFAULT '',
PRIMARY KEY (`id`),
UNIQUE KEY `idx_usergroup_parent_title_lookup` (`parent_id`, `title`),
KEY `idx_usergroup_title_lookup` (`title`),
KEY `idx_usergroup_adjacency_lookup` (`parent_id`),
KEY `idx_usergroup_nested_set_lookup` (`lft`, `rgt`) USING BTREE
) ENGINE = INNODB DEFAULT CHARSET = utf8 AUTO_INCREMENT =9;
MySQL meldet:
#1064 - You have an error in your SQL syntax; check the manual that corresponds to your MySQL server version for the right syntax to use near 'USING BTREE
) ENGINE=InnoDB DEFAULT CHARSET=utf8 AUTO_INCREMENT=9' at line 11

Schuld daran ist eine veraltete MySQL-Version. In diesem Fall müssen Sie beim Exportieren im Bereich *Optionen* bei *SQL-Kompatibilitätsmodus* den Wert *MYSQL 323* einstellen.

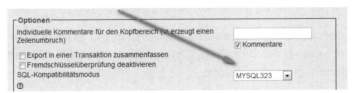

So lassen sich Fehler beim Importieren vermeiden.

Die Konfigurationsdatei anpassen

Nun muss noch die Konfigurationsdatei von Joomla! angepasst werden. Diese liegt im Joomla!-Stammverzeichnis und heißt *configuration.php*. Am besten laden Sie sich diese Datei per FTP vom Server herunter. Anschließend öffnen Sie diese in einem Editor wie Dreamweaver.

Den Standardeditor verwenden

Wenn Sie keinen speziellen HTML- bzw. PHP-Editor installiert haben, klicken Sie die *configuration.php* mit der rechten Maustaste an und wählen *Öffnen mit/ Editor*.

In dieser Datei sind die folgenden Einstellungen relevant:

- `public $host = 'localhost';`
- `public $user = 'root';`
- `public $password = '';`
- `public $db = 'korn';`
- `public $dbprefix = 'u2tdi_';`

Tragen Sie hier die Daten Ihres Providers ein. Für Strato würde das folgendermaßen aussehen:

- `public $host = 'rdbms.strato.de';`
- `public $user = 'U89345345';`
- `public $password = 'k444o98-dd';`
- `public $db = 'DB8dfdfg';`
- `public $dbprefix = 'kji9_';`

Geben Sie also den Namen der zuvor angelegten Datenbank an, in die Sie das GZip-Archiv importiert haben. Nachdem die Änderungen gespeichert wurden, kann die *configuration.php* wieder auf den Server geladen werden. Überschreiben Sie dabei die vorhandene *configuration.php*.

Sie können sich nun auf dem Server Ihres Providers in Ihr Joomla!-Backend einloggen. Verwenden Sie dabei die Zugangsdaten, die Sie während der lokalen Installation angegeben haben.

Anhang

Auf den folgenden Seiten finden Sie zunächst Informationen dazu, wie Sie eine Entwicklungsumgebung manuell aufsetzen können. Interessant ist das für all diejenigen, die sich nicht auf XAMPP & Co verlassen wollen. Anschließend erhalten Sie einen Überblick der wichtigsten von Joomla! verwendeten CSS-Klassen und -IDs.

Eine sichere Umgebung unter Windows

Sie haben gesehen, wie einfach sich eine Entwicklungsumgebung mittels eines All-in-one-Pakets realisieren lässt. Allerdings sind diese Pakete für den professionellen Einsatz nicht bzw. nur bedingt geeignet. Das liegt vor allem daran, dass die meisten Anwender die Konfiguration ihres Servers natürlich exakt kennen und sich nicht auf Dritte verlassen möchten.

Erschwerend kommt die notwendige Balance zwischen Sicherheit und Benutzerfreundlichkeit hinzu, auf die beispielsweise die Entwickler von XAMPP Rücksicht nehmen müssen bzw. wollen.

In diesem Abschnitt geht es nun darum, wie man seine ganz persönliche Serverumgebung aufsetzen kann.

Den Apache installieren ·

Laden Sie sich zunächst die aktuelle Apache-Version (*http://httpd.apache. org/download.cgi*) herunter. Wer mit Windows 9.x oder ME arbeitet, benötigt zusätzlich den MSI Installer, den es kostenlos auf der Seite *http:// support.microsoft.com/default.aspx?scid=kb;de;292539* gibt. Andere Windows-Versionen wie XP, Vista oder Windows 7 sind davon nicht betroffen. Für Windows verwenden Sie in aller Regel die Version *Win32 Binary without crypto (no mod_ssl) (MSI Installer)*.

Gestartet wird die Installation durch Anklicken der heruntergeladenen MSI-Datei. Ein Assistent führt durch die Installation des Apache-Servers. Der Willkommensbildschirm kann mit *Next* übersprungen werden. Akzeptieren Sie anschließend die Lizenzbestimmungen und klicken Sie auf *Next*. Das Dialogfenster *Read this first* kann ebenfalls mit *Next* bestätigt werden.

Und was ist mit IIS?

Als Webserver wird üblicherweise Apache eingesetzt, so auch in diesem Tutorial. Ebenso können Sie aber andere Webserver nutzen. So sind die Microsoft Internet Information Services (IIS, vormals Microsoft Internet Information Server) durchaus eine denkbare Alternative. Ausführliche Informationen zu diesem Server finden Sie auf der Seite *http://www.iis.net/*.

Sobald das Fenster mit den Serverdaten erscheint, geben Sie für eine lokale Installation Folgendes ein:

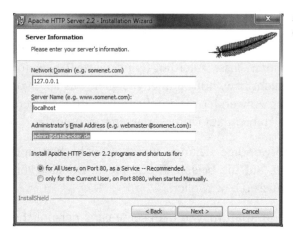

Die Zugangsdaten werden eingegeben.

Bei *Network Domain* geben Sie also *127.0.0.1* ein. Als *Server Name* wird *localhost* verwendet. Die E-Mail-Adresse spielt zwar bei einer lokalen Installation keine Rolle, ohne sie lässt sich der Apache allerdings nicht installieren.

Mit *Next* geht es zum nächsten Schritt. Bestätigen Sie *Typical* ebenfalls mit *Next*. Ändern Sie bei Bedarf das Installationsverzeichnis über *Change* und bestätigen Sie auch dieses Fenster mit *Next*.

Die Installation kann dann über *Install* abgeschlossen werden.

Unter Windows 7, Vista, XP und NT läuft der Server nach der Installation als Service. Wer Apache auf einer Windows-9.x- oder einer ME-Plattform betreiben will, muss ihn per Hand über die *Apache.exe* starten, die im *bin*-Verzeichnis von Apache liegt.

Legen Sie sich anschließend die Verzeichnisse an, in denen später die Joomla!-Dateien gespeichert werden sollen. (Soll der Server nicht nur für Joomla! genutzt werden, können Sie beispielsweise auch ein allgemeines *html*-Verzeichnis anlegen und dort später ein *joomla*-Unterverzeichnis erzeugen.)

- `C:\apache\htdocs\joomla`

Um zu überprüfen, ob der Server tatsächlich läuft, rufen Sie im Browser *http://localhost* auf.

Der Server läuft.

Der Server sollte nun noch konfiguriert werden. Die Konfigurationsdatei finden Sie standardmäßig im Verzeichnis *C:\Program Files\Apache Software Foundation\Apache2.2\conf/* unter dem Namen *httpd.conf*. Über diese Datei wird der Apache gesteuert.

Suchen Sie nach folgender Zeile:

- `DocumentRoot "C:/Program Files/Apache Software Foundation/Apache2.2/htdocs"`

Hier wird der Pfad zum Joomla!-Verzeichnis angegeben. Sie müssen diesen Wert nur dann verändern, wenn Sie ein anderes Installationsverzeichnis angegeben haben, beispielsweise:

- `DocumentRoot "C:/apache/htdocs/joomla"`

Suchen Sie anschließend nach den Eintrag *ServerRoot*. Auch dort muss gegebenenfalls der Pfad angepasst werden.

- `ServerRoot "C:/apache/htdocs/joomla"`

Weiter geht es mit den Dokumentverzeichnissen.

- ```
  <Directory "C:/Program Files/Apache Software
  Foundation/Apache2.2/htdocs">
  ```
- ```
  ...
  ```
- ```
  </Directory>
  ```

Ersetzen Sie die erste Zeile durch folgenden Eintrag:

- ```
  <Directory "C:/apache/htdocs/html">
  ```

Auch das gilt natürlich nur, wenn das Installationsverzeichnis tatsächlich *apache* heißt.

Sicherlich kennen Sie das Phänomen: Wenn ein URI mit einem Verzeichnis, aber ohne Datei am Ende aufgerufen wird, wird dennoch eine Datei angezeigt. Geben Sie beispielsweise *http://www.meinserver.de/publika tionen/* ein, erscheint automatisch die Seite *http://www.meinserver.de/ publikationen/index.html*. Dafür ist folgende Zeile zuständig:

- ```
  DirectoryIndex index.html
  ```

Standardmäßig wird dieses Verhalten nur auf *index.html*-Dateien angewendet. Damit beispielsweise die *index.php* angezeigt wird, wenn keine *index.html* existiert, passen Sie den Eintrag folgendermaßen an:

- ```
  DirectoryIndex index.php index.html index.htm index.html.var
  ```

Apache protokolliert nicht nur alle Seitenaufrufe, auch Fehler des Servers, von PHP und MySQL werden protokolliert. Standardmäßig werden die Protokolldateien in einem Apache-Unterverzeichnis abgelegt.

- ```
  ErrorLog logs/error.log
  ```

Besser ist es allerdings, wenn man sie sich direkt in seinem *htdocs*-Verzeichnis speichern lässt. So hat man einen einfacheren Zugriff darauf.

- ```
  ErrorLog C:/apache/htdocs/log/error.log
  ```

Gleiches gilt auch für die Zugriffsdateien:

- ```
  CustomLog logs/access.log common
  ```

Und dieser Eintrag wird ebenfalls abgeändert:

- ```
  CustomLog C:/apache/htdocs/log/access.log common
  ```

Damit steht die Grundkonfiguration für den Apache. In der Konfigurationsdatei sind noch zahlreiche weitere Optionen einstellbar. Informationen dazu finden Sie unter *http://httpd.apache.org/docs/2.0/*.

> **Weiterführende Informationen zur http.conf**
>
> An dieser Stelle konnten nur die wichtigsten Optionen der Apache-Konfigurationsdatei vorgestellt werden. Eine sehr umfangreiche Einführung in diese Thematik finden Sie beispielsweise auf der Seite *http://web.mit.edu/rhel-doc/4/RH-DOCS/rhel-rg-de-4/s1-apache-config.html*.

Der Server ist nach der Installation automatisch gestartet. Sie können ihn aber natürlich jederzeit anhalten und neu starten. Rufen Sie dazu den Apache-Monitor über die Taskleiste auf.

Hier können Sie den Server starten, anhalten und neu starten.

So lässt sich der Server bedienen.

Um den Server zu testen, rufen Sie in Ihrem Browser die zuvor angelegte *tester.htm* auf.

- `localhost/joomla/tester.htm`

Die manuelle PHP-Installation

Es ist noch gar nicht so lange her, dass PHP für Windows eher belächelt wurde. Inzwischen hat sich das natürlich grundlegend geändert, und die PHP-Windows-Kombination ist durchaus gebräuchlich.

Mittlerweile gibt es einen Installer, der durch die früher doch recht holprig ablaufende Installation führt. Heruntergeladen werden kann er von der Seite *http://www.php.net/downloads.php*. Am besten laden Sie die Zip-Version der Windows-Binaries herunter. (Verwenden Sie die Zip-Version, die im Bereich *Thread Safe* angeboten wird, nicht die aus dem Bereich *Non Thread Safe*.)

1. Entpacken Sie dafür zunächst das heruntergeladene Zip-Archiv in ein beliebiges Verzeichnis wie beispielsweise *C:\PHP*.

2. Kopieren Sie aus dem PHP-Verzeichnis die Datei *php.ini-development* in das *Windows*-Verzeichnis. Üblicherweise liegt dieses direkt unter *C:*, also *C:\Windows*.

3 Die *php.ini-development* muss in *php.ini* umbenannt werden. Diese *php.ini* ist die Konfigurationsdatei von PHP. Man legt darüber fest, wie PHP arbeiten soll. So kann man über die *php.ini* beispielsweise bestimmen, wie lange ein Skript maximal ausgeführt und ob der Safe-Mode aktiviert werden soll. Wenn Sie ein Shared-Hosting-Paket bei einem Provider gemietet haben, können Sie übrigens nicht auf die *php.ini* zugreifen, um Änderungen an der PHP-Konfiguration vorzunehmen. Betreiben Sie hingegen einen eigenen Webserver, stehen Ihnen dahin gehend alle Möglichkeiten offen. Die Datei ist in mehrere Abschnitte unterteilt, über die sich jeweils ganz bestimmte Funktionen konfigurieren lassen. Mehr zur *php.ini* dann aber später. Zunächst muss nämlich Apache für PHP konfiguriert werden.

4 Suchen Sie nun in der Apache-Konfigurationsdatei *http.conf* nach folgendem Eintrag:

- #
- # Dynamic Shared Object (DSO) Support
- #
- # To be able to use the functionality of a module which was built
- # as a DSO you have to place corresponding 'LoadModule' lines
- # at this location so the directives contained in it are actually
- # available _before_ they are used. Statically compiled modules
- # (those listed by 'httpd -l') do not need to be loaded here.
- #
- # Example:
- # LoadModule foo_module modules/mod_foo.so
- #

5 Unterhalb dieses Blocks tragen Sie die folgende Zeile ein:

- `LoadModule php5_module C:/PHP/php5apache2_2.dll`

6 Passen Sie diesen Pfad gegebenenfalls an, wenn Sie PHP nicht unter *C:\PHP* installiert haben. Suchen Sie nun nach diesem Block:

- #
- # If the AddEncoding directives above are commented-out, then
- # you probably should define those extensions to indicate media
- # types:
- #
- `AddType application/x-compress .Z`
- `AddType application/x-gzip .gz .tgz`

7 Jetzt wird festgelegt, dass Dateien, die die Endung *.php* besitzen, auch tatsächlich als PHP-Dateien interpretiert werden. Dazu fügen Sie unter die letzte Zeile Folgendes ein:

- `AddType application/x-httpd-php .php`

8 Sollten Sie neben der Endung *.php* auch *php3*, *php4* und *php5* verwenden wollen, ergänzen Sie zusätzlich dieses:

- `AddType application/x-httpd-php .php3`
- `AddType application/x-httpd-php .php4`
- `AddType application/x-httpd-php .php5`

Die PHP-Installation ist damit abgeschlossen.

Kopieren Sie nun noch die *php_mysql.dll* aus dem Verzeichnis *php/ext* ins PHP-Hauptverzeichnis *php*.

Die gezeigte Variante verwenden Sie, wenn Sie PHP als Apache-Modul einsetzen wollen. Alternativ dazu kann PHP aber auch als CGI-Modul genutzt werden. Dazu muss die *http.conf* ebenfalls angepasst werden. Ergänzen Sie die Datei in diesem Fall um die folgenden Einträge:

- `ScriptAlias /php5/ "C:/PHP/"`
- `AddType application/x-httpd-php .php`
- `Action application/x-httpd "php5/php.exe"`

Für welche der gezeigten Varianten Sie sich letztendlich entscheiden, bleibt Ihnen überlassen. Allerdings läuft die CGI-Version nach wie vor etwas stabiler. Andererseits ist PHP als Apache-Modul ein wenig schneller. (Wobei die Geschwindigkeitsunterschiede wirklich nur marginal sind.)

PHP konfigurieren

PHP ist eine mächtige Sprache. Mit ihr kann man sehr viel machen, aber eben auch sehr viel falsch. Das fängt oftmals mit einer fehlerhaften Konfiguration an. Wie bereits angeklungen, ist die *php.ini* Dreh- und Angelpunkt, wenn es darum geht, PHP-Einstellungen vorzunehmen. In der *php.ini* finden Sie verschiedene Abschnitte, die in etwa folgendermaßen gekennzeichnet sind:

- `[Session]`

In diesen Abschnitten sind die sogenannten Direktiven enthalten. Diese setzen sich jeweils aus den Optionen und den dazugehörenden Werten zusammen. Ein typisches Beispiel dafür ist die Option *memory_limit*. Hierüber wird der Maximalwert des Arbeitsspeichers angegeben, den ein PHP-Skript verbrauchen darf. *memory_limit* soll verhindern, dass fehlerhaft programmierte Skripten den verfügbaren Speicherplatz für sich einnehmen und somit den Server lahmlegen. Um die Direktive anzupassen, wird der Option der gewünschte Wert zugewiesen.

- `memory_limit = 12MB`

In der *php.ini* können einige Direktiven deaktiviert sein. Zu erkennen sind diese an einem vorangestellten Semikolon.

- `;extension = php_curl.dll`

Um eine solche Direktive zu aktivieren, entfernen Sie das Semikolon einfach:

- `extension = php_curl.dll`

Um eine Direktive zu deaktivieren, setzt man wiederum ein Semikolon vor deren Eintrag.

Seit PHP 5 muss man normalerweise nicht allzu viele Einstellungen in der *php.ini* vornehmen, da die Standardeinstellungen recht gut gewählt sind. (Was freilich nicht bedeutet, dass es nicht sehr viele Direktiven gibt. Einen vollständigen Überblick über die möglichen Konfigurationsoptionen können Sie sich im PHP-Handbuch unter *http://php.net/manual/de/ini.list.php* verschaffen.)

Eine der wichtigsten Direktiven betrifft die Angabe dazu, wo mögliche PHP-Erweiterungen zu finden sind. Solche Erweiterungen können beispielsweise MySQLi oder CURL sein. Damit PHP auf diese Erweiterungen zugreifen kann, muss der Pfad angegeben werden, unter dem die Erweiterungen zu finden sind. Suchen Sie dazu in der *php.ini* nach folgendem Eintrag:

- `extension_dir = "./"`

Geben Sie hier den Pfad zum *ext*-Verzeichnis an. Auf Windows-Systemen liegt dieses üblicherweise unter *C:\PHP\ext* (wobei hier davon ausgegangen wird, dass PHP unter *C:\PHP* installiert wurde).

- `extension_dir = " C:\PHP\ext\"`

Zusätzlich müssen die gewünschten Erweiterungen in der *php.ini* freigeschaltet werden. Wollen Sie also beispielsweise OpenSSL nutzen, müssen Sie den dazugehörenden Eintrag – wenn noch nicht geschehen – auskommentieren. (Zum Auskommentieren entfernen Sie das vorangestellte Semikolon.)

- `extension=php_openssl.dll`

In der *php.ini* sind bereits sehr viele dieser Einträge enthalten. Sollte ein Eintrag fehlen, fügen Sie ihn manuell hinzu.

Unterschiedliche Endungen für Erweiterungen

Auf Linux-Systemen lautet die Endung für Erweiterungen übrigens nicht *.dll*, sondern *.so*.

Beachten Sie außerdem, dass manche Erweiterungen wiederum von anderen Erweiterungen abhängig sind. Damit es hier nicht zu Problemen kommt, müssen diese vom PHP-Interpreter gefunden werden können. Unter Windows müssen solche Bibliotheken in das Windows-Verzeichnis oder in das Windows-Systemverzeichnis kopiert werden.

Die Syntax der php.ini

Im Zusammenhang mit der *php.ini* kommt es immer wieder zu Missverständnissen. Das gilt vor allem für die Begriffflichkeiten. Was es beispielsweise mit den Direktiven auf sich hat, wurde im vorherigen Abschnitt gezeigt. Darüber hinaus gibt es aber auch noch andere Elemente, die in dieser Datei vorkommen.

Hier noch einmal eine Zusammenfassung der möglichen Elemente, die Ihnen in der *php.ini* begegnen können.

> **Direktiven** – Direktiven setzten sich aus einem Name-Paar-Wert zusammen. Dabei werden Name und Paar jeweils durch ein Gleichheitszeichen voneinander getrennt.

> **Sektionen** – Sektionen erkennt man an den umrahmenden, eckigen Klammern. Für die Steuerung von PHP sind diese nicht verantwortlich, interessant werden diese erst im Zusammenhang mit der Funktion *parse_ini_file()*. Mehr dazu finden Sie unter *http://php.net/manual/de/function.parse-ini-file.php*.

> **Kommentare** – Kommentare werden mit einem Semikolon eingeleitet und enden mit dem Zeilenende.

> **Variablen** – Jede Direktive lässt sich innerhalb der *php.ini* als Variable setzen. Variablen wird ein Dollarzeichen vorangestellt. Daran schließen sich geschweifte Klammern an. Innerhalb der Klammern steht dann der Variablenname. Ein Beispiel: *open_basedir=${include_path}":/ein/pfad"*

So finden Sie heraus, wo die php.ini gespeichert ist

Die Ausgabe von *phpinfo()* zeigt u. a., an welcher Stelle die *php.ini* zu finden ist. Dieses *phpinfo()* liefert Informationen zur aktuellen PHP-Konfiguration.

Eine Datei, in der die Funktion *phpinfo()* verwendet wird, sieht folgendermaßen aus.

- ```php
  <?php
  ```
- ```php
      phpinfo();
  ```
- ```php
  ?>
  ```

Lässt man sich die Ausgabe im Browser ausgeben, wird u. a. auch gezeigt, wo die *php.ini* liegt.

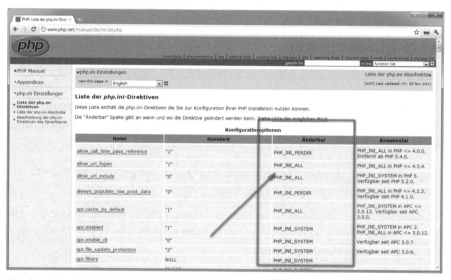

Hier liegt die php.ini.

Entscheidend ist dort die Zeile *Loaded Configuration File*. Dort sehen Sie, mit welcher *php.ini* gearbeitet wird.

Die PHP-Konfiguration über den Apache

Für die PHP-Konfiguration unter Apache gibt es prinzipiell zwei verschiedene Möglichkeiten. Welche Variante Sie verwenden, hängt von der Art ab, wie PHP installiert wurde. Das lässt sich ganz einfach ermitteln.
  ```

```
<?php
//Ermittelt das SAPI
    echo php_sapi_name();
?>
```

Im Browser wird daraufhin angezeigt, mit welchem SAPI (**S**erver **A**pplication **P**rogramming **I**nterface) man es zu tun hat.

Dieser SAPI läuft.

Als mögliche Rückgabewerte kommen die Folgenden infrage:

> *cgi*
> *cgi-fcgi*
> *apache2handler*
> *apache2filter*
> *apache*

Jedes Mal, wenn auf dem Server ein PHP-Skript ausgeführt wird, muss der PHP-Interpreter gestartet werden. Wurde PHP als CGI installiert (in diesem Fall ist der Rückgabewert entweder *cgi* oder *cgi-fcgi*), bedeutet dies, dass am Anfang der Seite ein neuer Prozess erzeugt und der PHP-Interpreter in diesen Prozess geladen werden muss. Nachteil dieser Variante ist der große Ressourcenverbrauch. Am Ende der Seite wird der Interpreterprozess beendet und der Speicher wieder freigegeben. Geschlossen werden ebenfalls alle Filehandles (also geöffnete Dateien) und Datenbankverbindungen.

Anders sieht es aus, wenn PHP als Apache-Modul installiert wird. In diesem Fall ist PHP Teil des Servers und somit permanent geladen. Das bringt enorme Performancevorteile. Daher laufen die meisten großen Webseiten, die PHP nutzen, auf Servern, bei denen PHP als Modul installiert ist.

PHP als Webservermodul

Wird PHP als Modul installiert, werden von PHP einige Konfigurationsdirektiven gesetzt.

> ➢ *php_value name value* – Setzt den angegebenen Wert (*value*) für die angegebene Direktive (*name*). Diese Direktive kann in den Apache-Konfigurationsdateien (*httpd.conf/.htaccess*) zum Steuern der PHP-Direktiven verwendet werden. Das gilt für alle Direktiven, deren Änderbarkeit auf *PHP_INI_ALL | PHP_INI_PERDIR* gesetzt ist.

> ➢ *php_flag name on/off* – Hier wird der angegebene Wert (*value*) für die mit *name* angegebene Direktive festgelegt. Das gilt für alle Direktiven, deren Änderbarkeit auf *PHP_INI_ALL | PHP_INI_PERDIR* gesetzt ist.

> ➢ *php_admin_value name value* – Setzt den angegebenen Wert (*value*) für die angegebene Direktive (*name*). Diese Einstellungen lassen sich dann nicht mehr in den *.htaccess*-Dateien überschreiben. Die Direktive kann aber innerhalb der *http.conf* verwendet werden. Das gilt für alle Direktiven, deren Änderbarkeit auf *PHP_INI_ALL | PHP_INI_PERDIR | PHP_INI_SYSTEM* gesetzt ist.

> ➢ *php_admin_flag name name on/off* – Setzt den angegebenen Wert (*value*) für die angegebene Direktive (*name*). Diese Einstellungen lassen sich dann nicht mehr in den *.htaccess*-Dateien überschreiben. Die Direktive kann aber innerhalb der *http.conf* verwendet werden. Das gilt für alle Direktiven, deren Änderbarkeit auf *PHP_INI_ALL | PHP_INI_ PERDIR | PHP_INI_SYSTEM* gesetzt ist.

Das folgende Beispiel zeigt, wie sich ein Virtual Host über die *http.conf* konfigurieren lässt.

```
<VirtualHost 127.0.0.1:80>
        ServerName      localhost
        ServerAlias     db.server
        DocumentRoot    /var/www/default

        <Directory /var/www/default>
                AllowOverride    All
                php_value        include_path
                            ".:/var/www/inc:/var/www/default/inc"
                php_admin_value memory_limit        2M
                php_admin_value open_basedir
                                            /var/www/default
                php_admin_value post_max_size       100K
```

```
    ▪                   php_admin_flag  safe_mode           On
    ▪                   php_admin_value upload_max_filesize 0
    ▪                   php_admin_value upload_tmp_dir
                                                            /var/www/uploads
15          </Directory>
    ▪       <Directory /var/www/default/html>
    ▪                   php_admin_flag  file_uploads        Off
    ▪       </Directory>
    ▪       <Directory /var/www/default/upload>
20                      php_admin_value doc_root
                                                            /var/www/default/upload
    ▪                   php_admin_flag  file_uploads        On
    ▪                   php_admin_value include_path        "."
    ▪                   php_admin_value post_max_size       14M
    ▪                   php_admin_value upload_max_filesize 12M
25          </Directory>
    ▪
    ▪           # Weitere Angaben
    ▪   </VirtualHost>
```

An dieser Stelle soll es keine ausführliche Einführung in die manuelle Konfiguration des Apache geben. Das würde den Rahmen des Buchs sprengen und ist außerdem nicht nötig, da man meistens auf vorkonfigurierte Server zurückgreift. Wenn Sie sich aber z. B. für die Konfiguration eines Virtual Hosts unter XAMPP entscheiden, werden Sie auf der Seite *http://www.wistone.ch/artikel/wamp-virtualhost* fündig.

PHP als CGI

Die CGI-Variante wird Ihnen – gerade anfangs, also wenn Sie Ihre ersten Schritte mit PHP gehen – kaum begegnen. Dennoch soll sie an dieser Stelle der Vollständigkeit halber in aller Kürze vorgestellt werden. CGI wird aber immer dann interessant, wenn man PHP als Sprache für die Definition von Shellskripten verwenden will. Ausführliche Informationen zur CGI-Variante von PHP finden Sie unter *http://www.dynamic-webpages.de/php/security.cgi-bin.php*.

Die PHP-Konfiguration mit ini_set direkt zur Laufzeit ändern

Die Konfiguration von PHP kann nicht nur in der *php.ini* gesetzt werden, sie lässt sich sogar parallel zur Laufzeit eines Skripts verändern. (Also dann, wenn das Skript ausgeführt wird.) Verwendet wird dafür *ini_set*. Die Änderungen an der Konfiguration sind dabei nicht dauerhaft, sondern gelten nur so lange, wie das Skript ausgeführt wird.

Beachten Sie, dass über *ini_set()* nicht alle Konfigurationsoptionen angepasst werden können. Welche sich tatsächlich verändern lassen, können Sie auf der Seite *http://www.php.net/manual/de/ini.list.php* überprüfen. Alle Optionen, bei denen in der dritten Spalte *PHP_INI_ALL* steht, sind per *ini_set()* anpassbar.

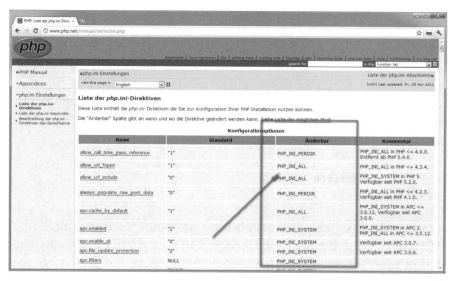

Dort sind die Einstellungen zu sehen.

ini_set() wird beispielsweise eingesetzt, wenn der Maximalwert des Speichers verändert werden soll, der einem Skript bei der Ausführung maximal zur Verfügung steht. Dazu müssen *ini_set()* zwei Parameter übergeben werden. Der erste Parameter legt die zu verändernde Option fest. Über den zweiten Parameter wird der Wert der Option neu gesetzt.

```php
<?php
//Den aktuelen Speicher ermitteln und ausgeben
    echo 'Der Maximalwert des Speichers ist:
        '.ini_get('memory_limit').'<br />';
//Den Speicher auf 16 MB setzen
    $return_ini_set = ini_set("memory_limit", "16M");
//Den neuen Speicher auslesen
    if ($return_ini_set != false) {
        echo 'Der neue Maximalwert ist
            '.ini_get('memory_limit').'<br />';
```

```
■   //Wenn der Speicher nicht geändert werden konnte
■       } else {
■           echo 'Der maximale Speicherplatz konnte nicht geändert
■               werden.';
15      }
■   ?>
```

Im aktuellen Beispiel wird zunächst über *ini_get('memory_limit')* der aktuell zur Verfügung stehende Speicherplatz ausgelesen. Anschließend wird versucht, diesen Wert über *ini_set("memory_limit", "16M")* neu zu setzen.

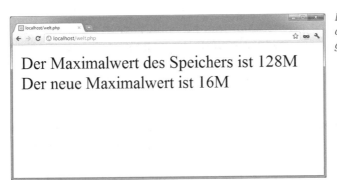

Der Speicherwert wird ausgelesen und neu gesetzt.

Konnte die Option nicht verändert werden, gibt es eine Fehlermeldung.

Die MySQL-Datenbank installieren

Nach Apache und PHP wird abschließend die Datenbank MySQL installiert, denn sämtliche Inhalte, die Sie in Joomla! anlegen, werden in einer Datenbank gespeichert. Das entsprechende Windows-Paket von MySQL kann von der Seite *http://www.mysql.de/downloads/mysql* heruntergeladen werden.

1   Unter *MySQL Community Server 5.5.21* wählen Sie *Windows (x86, 32-bit), MSI Installer.* (Wenn Sie ein 64-Bit-Betriebssystem verwenden, laden Sie sich die Version *Windows (x86, 64-bit), MSI Installer* herunter. In aller Regel werden Sie aber mit einem 32-Bit-System arbeiten. Achten Sie außerdem darauf, dass Sie nicht die Essential-Version herunterladen!

2   Die Installation wird durch Anklicken der heruntergeladenen MSI-Datei gestartet. Den ersten Schritt überspringen Sie mit *Next*.

3 Akzeptieren Sie die Lizenzbestimmungen und klicken Sie erneut auf *Next*. Bei der Installationsvariante wird *Costum* eingestellt und mit *Next* bestätigt. Über *Browse* stellen Sie das Installationsverzeichnis (typischerweise *C:\MySQL*) ein. Mit *Next* und *Install* wird die Installation eingeleitet.

4 Nach erfolgreicher Installation klicken Sie sich so lange mit *Next* durch den Installationsassistenten, bis das Fenster *Wizard Completed* angezeigt wird. Überprüfen Sie, ob das Kontrollkästchen *Launch the MySQL Instance Configuration Wizard* aktiviert ist, und klicken Sie auf *Finish*.

5 Daraufhin öffnet sich der *Configuration Wizard*, der Assistent zum Konfigurieren von MySQL. Bestätigen Sie das erste Fenster mit *Next*. Nun beginnt das eigentliche Einrichten des Datenbankservers. Rufen Sie dazu *Standard Configuration* auf und bestätigen Sie das mit *Next*.

Im nächsten Dialogfenster sollten die beiden Kontrollkästchen *Install As Windows Service* und *Launch the MySQL Server automatically* eingeschaltet sein. Zusätzlich aktivieren Sie *Include Bin Directory in Windows PATH*.

6 Mit *Next* geht es zum nächsten Schritt. Dort lassen Sie den Haken bei *Modify Security Settings*. Weisen Sie anschließend dem *root* ein Passwort zu.

7 Die Installation kann dann mithilfe des Assistenten zu Ende gebracht werden. Klicken Sie abschließend auf *Execute* und *Finish*.

Im letzten Schritt muss nun noch dafür gesorgt werden, dass MySQL über PHP ansprechbar ist. Dazu suchen Sie in der *php.ini* (*C:\Windows*) nach folgender Zeile:

```
extension=extensions\php_mysql.dll
```

und entfernen das Semikolon. Dadurch wird erreicht, dass die MySQL-Erweiterung auch tatsächlich geladen wird.

Nach einem Neustart des Apache-Servers steht eine vollständige WAMP-Umgebung zur Verfügung.

Eine sichere Umgebung unter Linux

Bei den meisten Linux-Distributionen ist ein LAMP-System bereits vorinstalliert. Sollte LAMP nicht direkt während der Installation mit eingerichtet worden sein, kann man das ganz einfach nachholen. Für die prominentesten Distributionen wird Ihnen hier gezeigt, was Sie tun müssen, wenn Sie ein LAMP-System nachträglich installieren möchten.

Die Installation unter OpenSuSE

Unter SuSE wird YaST für die Installation verwendet. Sollten Apache, PHP und MySQL noch nicht vorhanden sein, müssen die folgenden Pakete installiert werden:

- *apache2*
- *apache2-devil*
- *apache2-mod_php5*
- *mysql*
- *php5_mysql*

Gestartet wird der Apache-Server dann folgendermaßen:

```
/etc/init.d/apache2 start
```

Um ihn anzuhalten, wählen Sie den Befehl *stop*. Eine Übersicht aller Befehle liefert übrigens *help*.

Genauso einfach wird MySQL gestartet:

```
/etc/init.d/mysql start
```

Und auch der Datenbankserver wird mit *stop* angehalten.

Die Installation unter Debian und Ubuntu

Bei diesen Distributionen werden die benötigten Pakete über *apt* installiert.

➢ *apache-common*
➢ *php5*
➢ *mysql-common*
➢ *mysql-server*

Um beispielsweise PHP zu installieren, verwenden Sie den folgenden Befehl:

■ `apt-get install php`

Gestartet wird der Apache-Server über */etc/init.d/apache2 start*. Wollen Sie MySQL starten, geben Sie */etc/init.d/mysql start* an. Beendet werden Apache und MySQL jeweils mithilfe des *stop*-Befehls.

Die wichtigsten Joomla-CSS-Klassen und -IDs

Die folgende Übersicht stellt die wichtigsten Klassen und IDs vor, mit denen man es bei Joomla! zu tun bekommt.

Einige allgemeine Hinweise vorweg. Selbstverständlich sind die CSS-Klassen und IDs in Joomla! stark verschachtelt. Daher werden auf den folgenden Seiten lediglich die verkürzten Syntaxformen gezeigt. Angenommen, Sie wollen die Abstimmungsschaltflächen für Beiträge gestalten, sähe der vollständige „CSS-Pfad" folgendermaßen aus:

■ `form div.content_vote input`

Es genügt aber auch die verkürzte Syntax:

■ `div.content_vote input`

Möglich wäre ebenso dieses hier:

■ `content_vote input`

Auf den folgenden Seiten wird möglichst eine kurze Syntax verwendet. In diesem Zusammenhang sei auch noch einmal an die Möglichkeiten erinnert, die Ihnen beispielsweise die Entwicklertools im Google Chrome bieten, um CSS-Klassen und IDs zu ermitteln.

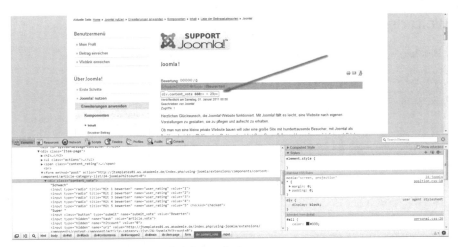

So kann man die Klassen ganz einfach herausfinden.

Inhalte und Komponenten

Druck-, E-Mail- und Editor-Symbol

Syntax	Beschreibung
ul.actions	Symbolliste
li.print-icon a img	Druck-Symbol
li.email-icon a img	E-Mail-Symbol
li.edit-icon span.hasTip a img	Editor-Symbol

Weiterlesen

Einsteiger

Die Leute, für die dies hier die erste Joomla!-Seite oder die erste Webseite ist, sind hier am richtigen Platz. Denn Joomla! hilft Einsteigern eine eigene, schnelle und leicht handhabbare Website zu erstellen.

Zu Beginn meldet man sich im Backend als Administrator an. Der Benutzername und das Passwort dazu wurden bereits bei der Installation von Joomla! eingerichtet.

> Weiterlesen: Einsteiger

Upgrader

Dem erfahrenen Anwender von Joomla! 1.5 wird die Version 1.7 sehr vertraut vorkommen. Es gibt ein paar neue Templates und einige verbesserte Benutzerschnittstellen, aber die meisten Funktionen sind unverändert. Die größten Änderungen betreffen die Zugangskontrolle (ACL) und beliebig verschachtelbare Kategorien.

> Weiterlesen: Upgrader

Fachleute

Joomla! 1.7 führt die Entwicklung des Joomla!-Frameworks und CMS als mächtiges und flexibles Werkzeug zur Verwirklichung der eigenen Webvisionen fort. Nachdem nun der Administrationsbereich vollständig dem MVC-Prinzip folgt, die Möglichkeit dessen Aussehen zu steuern erreicht ist und das Erweiterungsmanagement vervollständigt ist, hat die Entwicklung einen neuen Höhepunkt erreicht.

> Weiterlesen: Fachleute

Syntax	Beschreibung
p.readmore a	Weiterlesen-Link

Pagination (allgemein)

Titel	Autor	Zugriffe
Beispielseiten	Geschrieben von Joomla!	9
Das Joomla!-Projekt	Geschrieben von Super User	1
Die Joomla!-Community	Geschrieben von Joomla!	0
Einsteiger	Geschrieben von Joomla!	3
Erste Hilfe	Geschrieben von Joomla!	17
Erste Schritte	Geschrieben von Joomla!	2
Fachleute	Geschrieben von Joomla!	10
Joomla!	Geschrieben von Joomla!	1
Joomla! nutzen	Geschrieben von Joomla!	12
Parameter	Geschrieben von Joomla!	3

Seite 1 von 2

Start   Zurück   1   2   Weiter   Ende

Syntax	Beschreibung
div.pagination	Seitenzahlen
p.counter	Seitenanzahl der insgesamt vorhandenen Seiten
li.pagination-start	Start-Link
li.pagination-end	Ende-Link
li.pagination-next	Weiter-Link
li.pagination-prev	Zurück-Link

Pagination (Einzelbeitrag)

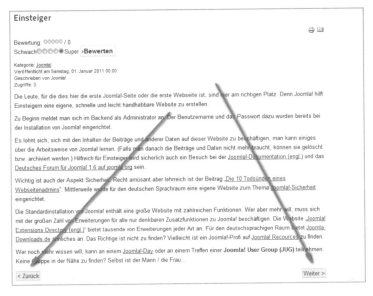

Syntax	Beschreibung
ul.pagenav	Listenelement der Pagination
li.pagenav-prev a	Zurück
li.pagenav-next a	Weiter

Artikel bewerten

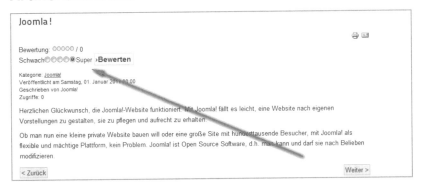

Syntax	Beschreibung
.content_rating	Abstimmung
.content_vote	Formular
.content_vote input	Eingabefeld

Wrapper

Syntax	Beschreibung
div.contentpane	Inhalt des Wrappers
iframe#blockrandom.wrapper	iFrame

Benutzerregistrierung

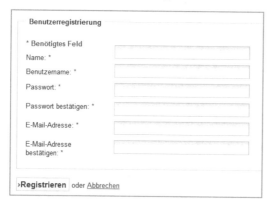

Syntax	Beschreibung
div.registration	Registrierungs-Container
form#member-registration.form-validate	Validierbares Formular
.optional	Freiwillige Angabe
button.validate	Validierbare Schaltfläche

Benutzerprofil

Profil

Name:	Super User
Benutzername:	admin
Registrierungsdatum	Donnerstag, 09. Februar 2012
Datum des letzten Besuchs	Dienstag, 21. Februar 2012

Basiseinstellungen

Editor	Keine Information eingegeben
Zeitzone	Keine Information eingegeben
Websitesprache	Keine Information eingegeben
Backend Templatestil	Keine Information eingegeben
Administratorsprache	Keine Information eingegeben
Hilfeseite	Keine Information eingegeben

Profil bearbeiten

Syntax	Beschreibung
.profile h1	Überschrift
fieldset#users-profile-core	Fieldset
profile fieldset legend	Legend

Benutzername vergessen

Bitte die für das Benutzerkonto hinterlegte E-Mail-Adresse eingeben. Der Benutzername wird dann an diese E-Mail-Adresse geschickt.

E-Mail-Adresse: *

›Senden

Syntax	Beschreibung
div.remind	Container
form#user-registration.form-validate	Das Formular ist validierbar
label#jform_email-lbl.hasTip.required span.star	Pflichtfeld

Kontakte

Kontaktname hier

Syntax	Beschreibung
div.contact	Container für den gesamten Kontaktbereich
div.contact-contactinfo	Container für den Bereich *Kontakt*
span.contact-emailto	E-Mail-Symbol
span.contact-telephone	Telefon-Symbol
span.contact-fax	Fax-Symbol
span.contact-mobile	Handy-Symbol
.contact-name	Name des Kontakts
.contact-category	Kategoriename
.contact-image	Bild des Kontakts
.contact-position	Position des Kontakts
.contact-miscinfo	Weiterführende Informationen
.contact-adress	Kontaktadresse
.contact-street	Straße des Kontakts
.contact-suburb	Stadtteil des Kontakts
.contact-state	Bundesland des Kontakts
.contact-country	Land des Kontakts
.contact-postcode	Postleitzahl des Kontakts
.contact-mailto	E-Mail-Adresse des Kontakts
.contact-website	Webseite des Kontakts

Syntax	Beschreibung
div.contact-form	Container für das Kontaktformular
.form-required	Pflichtangabe
input#jform_contact_name.required	Name
input#jform_contact_email.required	E-Mail-Adresse
textarea#jform_contact_message.required	Nachricht
input#jform_contact_email_copy	Kontrollkästchen *E-Mail-Kopie erhalten*

Beiträge

Beispielseiten

Bewertung: ○○○○○ / 0

Die Installation von Joomla! beinhaltet Beispieldaten, entwickelt, um einige der Optionen zu zeigen, die man zum Aufbau einer eigenen Website zur Verfügung hat. Neben den Informationen über Joomla! gibt es zwei Beispiele, entwickelt um den Einstieg in den Bau einer eigenen Website zu erleichtern.

Die erste Beispielseite heißt „Australische Parks". Sie zeigt, wie man es schafft schnell und einfach eine persönliche Website ausschließlich aus den Bausteinen der Joomla!-Basisinstallation zu errichten. Es werden Weblinks, ein persönlichen Blog und eine sehr einfache Bildergalerie gezeigt.

Die zweite Beispielseite heißt „Obstshop". Sie ist etwas komplexer und zeigt, was man tun sollte falls man eine Website für ein Unternehmen erstellen möchte, in diesem Falle für einen Obsthändler.

Je nachdem was für eine Art von Site man selbst erstellen möchte, könnte man auf die Idee kommen Erweiterung (engl.) hinzuzufügen, ein eigenes Template zu kaufen oder auch selbst zu erstellen. Viele Joomla!-Benutzer dagegen beginnen damit, eines der mitgelieferten Templates (engl.) anzupassen. Sie verändern CSS-Dateien, integrieren eigene Bilder und andere Gestaltungselemente die Einfluss auf die eigenen Seiten haben.

Syntax	Beschreibung
div.item-page h1	Überschrift
div.item-page h1	Überschrift der 2. Ordnung

Beiträge (Details)

Einsteiger

Bewertung: ○○○○○ / 0

Schwach○○○○●Super ›**Bewerten**

Kategorie: Joomla!
Veröffentlicht am Samstag, 01. Januar 2011 00:00
Geschrieben von Joomla!
Zugriffe: 5

Die Leute, für die dies hier die erste Joomla!-Seite oder die erste Webseite ist, sind hier am richtigen Platz. Denn Joomla! hilft Einsteigern eine eigene, schnelle und leicht handhabbare Website zu erstellen.

Zu Beginn meldet man sich im Backend als Administrator an. Der Benutzername und das Passwort dazu wurden bereits bei der Installation von Joomla! eingerichtet.

Syntax	Beschreibung
dl.article-info	Info-Container
dd.parent-category-name a	Übergeordnete Kategorie
dd.category-name a	Kategoriename
dd.create	Erstellt am
dd.modified	Zuletzt bearbeitet
dd.published	Veröffenlticht am
dd.createdby	Erstellt von
dd.hits	Aufrufe insgesamt

Kategorieliste

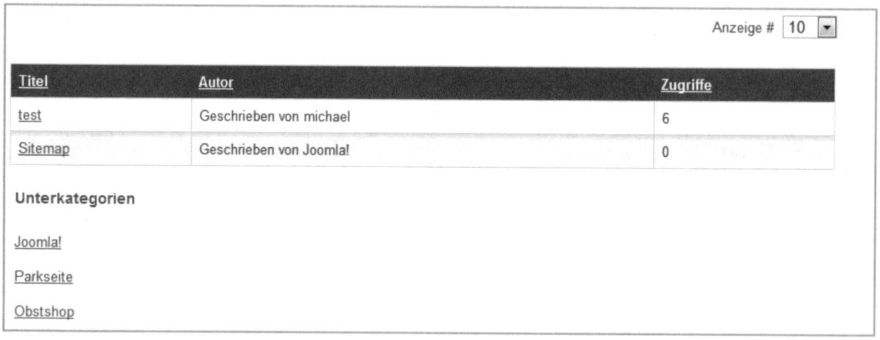

Anzeige # 10 ▼

Titel	Autor		Zugriffe
test	Geschrieben von michael		6
Sitemap	Geschrieben von Joomla!		0

Unterkategorien

Joomla!

Parkseite

Obstshop

Syntax	Beschreibung
.category-list	Container
.cat-items	Filterfelder, die oberhalb der Kategorienliste angezeigt werden
.list-title	Titel der Kategorie
.list-author	Geschrieben von
.list-hits	Anzahl der Aufrufe
.cat-children	Unterkategorien
.first	Erstes Element der Unterkategorien
.last	Letztes Element der Unterkategorien

Alle Kategorien auflisten

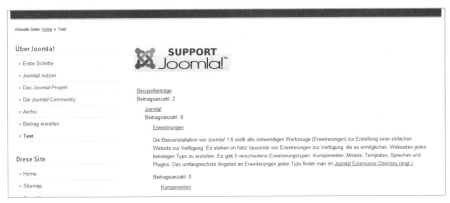

Syntax	Beschreibung
.category-list	Container
span.item-title a	Verlinkter Titel
.category-desc	Beschreibung der Kategorien

Module

Anmeldung

Syntax	Beschreibung
form#login-form	Anmeldeformular
div.login-greeting	Begrüßung nach erfolgreicher Anmeldung
input.button	Schaltfläche
.input-button	Abmeldeschaltfläche
.input fieldset	Eingabefelder
.pretext	Text, der vor den Eingabefeldern angezeigt wird.

Syntax	Beschreibung
.posttext	Text, der nach den Eingabefeldern angezeigt wird.
#form-login-username	Benutzername (Bereich)
#modlgn-username	Eingabefeld für den Benutzernamen
#form-login-password	Passwort (Bereich)
#modlgn-passwd	Eingabefeld für das Passwort
#form-login-remember	Angemeldet bleiben (Bereich)
# modlgn-remember	Angemeldet bleiben (Kontrollkästchen)

Archiv

Syntax	Beschreibung
div.archive	Archiv-Container
fieldset.filters	Fieldset der Filterfelder
fieldset.filters legend.hidelabeltxt	Label-Text der Filterfelder
ul#archive-items	Alle Beiträge des Archivs
ul#archive-items li	Einzelne Beiträge des Archivs

Beitragskategorien

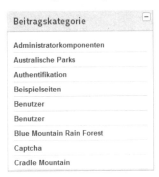

Syntax	Beschreibung
.category-module	Kategorienliste
.mod-articles-category-title	Namen der einzelnen Kategorien
.mod-articles-category-writtenby	Kategorie geschrieben von
mod-articles-category-category	Übergeordnete Kategorie
mod-articles-category-date	Datum, an dem die Kategorie erstellt, verändert, veröffentlicht wurde.
mod-articles-category-introtext	Introtext der Beiträge
mod-articles-category-readmore	Weiterlesen

Beliebteste Beiträge

Syntax	Beschreibung
div.mostread	Container
ul.mostread li a	Links auf die Beiträge

Neueste Beiträge

Syntax	Beschreibung
div. latestnews	Container
ul.latestnews li a	Links auf die Beiträge

Statistiken

Syntax	Beschreibung
div.statistics	Container
dl.stats-module	Inhalte der Statistiken

Breadcrumbs

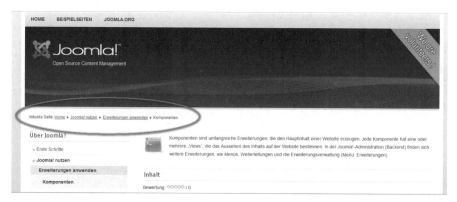

Syntax	Beschreibung
.breadcrumbs	Container
.pathway	Links der Breadcrumbs

Sprachauswahl

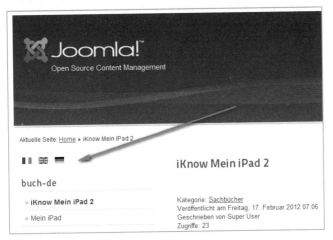

Syntax	Beschreibung
.mod_languages	Container
.pretext	Der Text, der vor der Sprachauswahl angezeigt wird
.posttext	Der Text, der nach der Sprachauswahl angezeigt wird

Suche

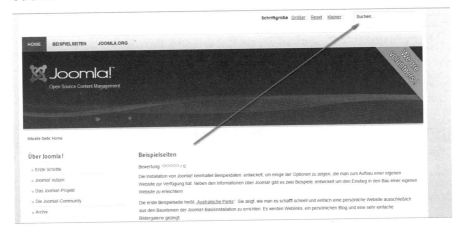

Syntax	Beschreibung
.search	Container
#mod_search_searchword	Eingabefeld für den gesuchten Begriff
.inputbox	Eingabefeld für den gesuchten Begriff
.button	Schaltfläche (wenn eingeblendet)

Wer ist online

Syntax	Beschreibung
.whoisonline	Container
.whoisonline ul li a	Links auf die Mitglieder
.whoisonline ul	Liste der Besucher und Gäste

Newsfeeds

Syntax	Beschreibung
.feed	Container
.newsfeed ul	Liste, in der die Feeds enthalten sind
.newsfeed-item li	Listenelement, in dem ein Feed steht
.feed-link	Links der Feeds

Menü

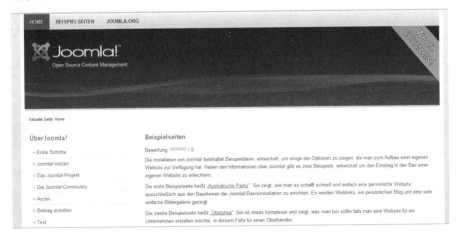

Syntax	Beschreibung
.menu ul	List der Menüpunkte
.current ul	Aktiver Menüpunkt der untersten Ebene
.active li	Aktiver Menüpunkt
.parent li	Übergeordneter Menüpunkt

Banner

Syntax	Beschreibung
.bannergroup	Container für alle Banner
.banneritem	Ein einzelnes Banner
.clr	Hebt *float* auf

Weitere Module

Syntax	Beschreibung
.random-image	Zufallsbild
.latestusers	Neueste Benutzer
.weblinks	Weblinks
.categories-module	Kategorienliste
.latestnews	Liste der letzten Beiträge
.mostread	Liste der beliebtesten Beiträge
.costum	Eigener Inhalt

Stichwortverzeichnis

T